Die richterliche Kontrolle der Abschlussverfügung der Staatsanwaltschaft im Ermittlungsverfahren

Europäische Hochschulschriften
Publications Universitaires Européennes
European University Studies

Reihe II
Rechtswissenschaft

Série II Series II
Droit
Law

Bd./Vol. 3585

PETER LANG
Frankfurt am Main · Berlin · Bern · Bruxelles · New York · Oxford · Wien

Christoph Clemens Dengler

Die richterliche Kontrolle der Abschlussverfügung der Staatsanwaltschaft im Ermittlungsverfahren

Eine rechtsvergleichende Analyse anhand des US-amerikanischen Rechts unter besonderer Berücksichtigung des Rechts Kaliforniens

PETER LANG
Europäischer Verlag der Wissenschaften

Bibliografische Information Der Deutschen Bibliothek
Die Deutsche Bibliothek verzeichnet diese Publikation in der Deutschen Nationalbibliografie; detaillierte bibliografische Daten sind im Internet über <http://dnb.ddb.de> abrufbar.

D 77
ISSN 0531-7312
ISBN 3-631-39572-8

www.peterlang.de

Diese Arbeit ist meinen Eltern sowie der Staatsanwaltschaft in Santa Barbara, Kalifornien, gewidmet.

Mein Dank gilt sowohl meinen Eltern für ihre Unterstützung wie auch Herrn Professor Perron für seine Betreuung und einen Einsatz. Das von ihm erzielte Stipendium hat meinen längeren Aufenthalt in den Vereinigten Staaten erst möglich gemacht.

Ferner bedanke ich mich bei Patrick H. Müller für seine verläßliche redaktionelle Unterstützung.

I would like to express my gratitude to the Santa Barbara District Attorney's Office. My dissertation was composed primarily at their office in Santa Barbara, California.

While doing my research and composing the dissertation, I had the opportunity to be in the midst of the Deputy District Attorneys. From this vantagepoint, I gained valuable insight into the workflow of each attorney and the various cases they handled. This provided a better illustration of their duties and brought the comparison between the German and American legal systems to life.

I would like to thank the office for their kindness each of them showed toward me. In particular, I would like to thank Patrick "The Greatest Assistant District Attorney on the Pacific Rim" McKinley for his generous assistance and tremendous support during my stay. Mr. McKinley has been instrumental in the successful completion of this dissertation. I would also like to extend my gratitude toward Gerald "The Brain" McFranklin for his endless knowledge that he shared as well as brilliant explanations to the various questions regarding the criminal procedure.

Therefore, this dissertation is dedicated to my friends at the Santa Barbara District Attorney's Office and my parents for all support.

Inhaltsverzeichnis:

Seite

Literaturverzeichnis

A. Literatur über das deutsche Recht

Alternativkommentar, Kommentar zur Strafprozeßordnung in drei Bänden, Reihe Alternativkommentare, Band 2, Neuwied 1992.
(zitiert: Alternativkommentar-Autor, §, Rdnr.)

Arndt, Adolf, Umstrittene Staatsanwaltschaft, NJW 1961, S. 1615 ff.

Arzt, Gunther, Der Ruf nach Recht und Ordnung, Tübingen 1976.
(zitiert: Arzt, Der Ruf nach Recht und Ordnung, S.)

Aschrott,Paul Felix, Die Reform des Strafprozesses, General-Referat erstattet für die XI. Versammlung der Internationalen kriminalistischen Vereinigung Gruppe Deutsches Reich, Berlin 1906, S. 36 ff.
(zitiert: Aschrott, Reform des Strafprozesses, S.)

Bachmann, Gregor, Probleme des Rechtsschutzes gegen Grundrechtseingriffe im staatlichen Ermittlungsverfahren, Berlin 1994.
(zitiert: Probleme des Rechtsschutzes, S.)

Baumann, Jürgen, Grabgesang für das Legalitätsprinzip, ZRP 1972, S. 273 ff.

Beccaria, Cesare, Über Verbrechen und Strafe, Frankfurt am Main 1966.
(zitiert: Beccaria, Über Verbrechen und Strafe, S.)

Biechtler, Hans, Die gerichtliche Anklageprüfung, NJW 1950, S. 530 ff.

Birkmeyer, Karl von, Deutscher Strafprozeß, Berlin 1898.
(zitiert: Birkmeyer: Deutscher Strafprozess, S.)

Bietau, Wolfram, Das Verhältnis der Staatsanwaltschaft zu anderen Hoheitsträgern, Wiesbaden 1989.
(zitiert: Bietau, Verhältnis der Staatsanwaltschaft, S.)

Bischoff, Georg, Das Klageerzwingungsverfahren, Gelsenkirchen 1987.
(zitiert: Bischoff, Klageerzwingungsverfahren, S.)

Bischoff, Georg, Die Praxis des Klageerzwingungsverfahrens, NStZ 1988, S. 63 ff.

Blankenburg, Erhard / Sessar, Klaus / Steffan, Wiebke, Die Staatsanwaltschaft im Prozeß strafrechtlicher Sozialkontrolle, Berlin 1978.
(zitiert: Blankenburg/ Sessar/ Steffen, Staatsanwaltschaft, S.)

Blau, Günter, Die Rechtsstellung des Verletzten im Strafverfahren, Sitzungsbericht L zum 55. Deutschen Juristentag, Hamburg 1984, L 127 ff. (zitiert: Blau, Rechtsstellung des Verletzten, L.)

Blei, Hermann, Sind Eltern und Kinder des Getöteten Verletzte i.S. des § 172 StPO?, NJW 1955, S. 332 ff.

Bloy, René, Zur Systematik der Einstellungsgründe im Strafverfahren, GA 1980, S. 161 ff.

Bock, Michael, Kriminologie, München 1995. (zitiert: Bock, Kriminologie, S.)

Böckstiegel, Karl-Heinz, Neue Aspekte der Gewaltenteilung seit Inkrafttreten des Grundgesetzes, NJW 1970, S. 1712 ff.

Bohnert, Joachim, Die Abschlußverfügung der Staatsanwaltschaft, Berlin 1992. (zitiert: Bohnert, Abschlußverfügung, S.)

Bollmann, Klaus, Die Stellung des Inquirenten bei Carpzov, Marburg 1963. (zitiert: Bollmann, Carpzov, S.)

Bornhak, Konrad, Zur Vereinfachung des Strafprozesses, GS 85 (1917), S. 115 ff.

Bottke, Wilfried, Zur Anklagepflicht der Staatsanwaltschaft, GA 1980, S. 298 ff.

Bradley, Craig M., The Convergence of the Continental and the Common Law Model of Criminal Procedure, 7 Criminal Law Forum, 1996, S. 482.

Bradley, Craig M., The Exclusionary Rule in Germany, 96 Harvard Law Review, 1983, S. 1032 ff.

Buckert, Sigurd, Der Rechtsanspruch des Bürgers auf Ablösung eines befangenen Staatsanwalts und seine Durchsetzung, NJW 1970, S. 847 ff.

Burkhard, Jörg, Der Strafbefehl im Steuerstrafrecht, Frankfurt am Main 1997. (zitiert: Burkhard, Strafbefehl, S.)

Busch, Wolfgang, Die Staatsanwaltschaft im nationalsozialistischen Staat, DtR 1934, S. 61 ff.

Carsten, Ernst, Die Geschichte der Staatsanwaltschaft in Deutschland bis zur Gegenwart, Ein Beitrag zur Reform des Strafprozesses, Breslau 1932. (zitiert: Carsten, Geschichte der Staatsanwaltschaft, S.)

Cramer, Peter, Ahndungsbedürfnis und staatlicher Sanktionsanspruch, in: Festschrift für Reinhart Maurach zum 70. Geburtstag, Karlsruhe 1972, S. 487 ff.
(zitiert: Cramer, Ahndungsbedürfnis, S.)

Dähn, Gerd, Der Abschluß des strafrechtlichen Ermittlungsverfahrens, JA 1981, S. 333.

Delbrück, Kritische Betrachtungen zur Reform des Vorverfahrens im Strafprozeß, GS 64 (1904), S. 436 ff.

Dencker, Friedrich, Die Bagatelldelike im Entwurf eines EGStGB, JZ 1973, S. 144 ff.

Dithmar, Ulrich, Der Eröffnungsbeschluß, NJW 1960, S. 758 ff.

Dohr, Manuel, Die Berücksichtigung freiwillig geleisteter Wiedergutmachung des Täters bei der Durchführung des Strafverfahrens durch den amerikanischen Staatsanwalt unter besonderer Berücksichtigung des Rechts des Bundes, Kaliforniens und Michigans, Köln 1997.
(zitiert: Dohr, Berücksichtigung, S.)

Doller, Hans, Die Rechtsstellung der Verletzten im Strafverfahren, Sitzungsbericht L zum 55. Deutschen Juristentag, Hamburg 1984, L 126.
(zitiert: Doller, Rechtsstellung der Verletzten, L.)

Dreher, Eduard, Die Behandlung der Bagatellkriminalität in: Festschrift für Hans Welzel, Berlin, New York 1974, S. 917 ff.
(zitiert: Dreher, Bagatellkriminalität, S.)

Eisenberg, Ulrich / Conen, Stefan, § 152 II StPO: Legalitätsprinzip im gerichtsfreien Raum?, NJW 1998, S. 2241 ff.

Eisenberg, Ulrich, Jugendgerichtsgesetz, 5. Auflage, München 1993.
(zitiert: Eisenberg, Jugendgerichtsgesetz, §)

Eisenberg, Ulrich, OLG Koblenz, Beschluß vom 05.09.1994, NStZ 1995, S. 50 ff.

Ernst, Christoph, Das gerichtliche Zwischenverfahren nach Anklageerhebung, Frankfurt / Main u.a., 1986.
(zitiert: Ernst, Zwischenverfahren, S.)

Eser Albin, Das rechtliche Gehör im Strafbefehls- und Strafverfügungsverfahren, JZ 1966, S. 660 ff.

Exner, Franz, Richter, Staatsanwalt und Beschuldigter im Strafprozeß des neuen Staates, ZStW 54 (1935), S. 1 ff.

Faber, Heiko, Verwaltungsrecht, 4. Auflage, Tübingen 1995
(zitiert: Faber, Verwaltungsrecht, S.)

Feltes, Thomas / Janssen, Helmut / Voß, Michael, Die Erledigung von Strafverfahren durch Staatsanwaltschaft und Gericht - Brauchen wir die sogenannten Diversionsmodelle in der Bundesrepublik? in: Hans-Jürgen Kerner / Helmut Kury / Klaus Sessar (Hrsg.), Deutsche Forschungen zur Kriminalitätsentstehung und Kriminalitätskontrolle, Band 6, 2. Teilband, Köln, Berlin, Bonn, München 1983, S. 873 ff.
(zitiert: Feltes/ Jannsen/ Voß, Erledigung von Strafverfahren, S.)

Feltes, Thomas, Die Erledigung von Ermittlungsverfahren durch die Staatsanwaltschaft, KrimJ 1984, S. 50 ff.

Fezer, Gerhard, Strafprozeßrecht, 2. Auflage, München 1995
(zitiert: Fezer, Strafprozeßrecht, S.)

Frankfurter Arbeitskreis Strafrecht (Jörg Claude, Heinz Fromm, Rainer Hamm, Winfried Hassemer, Eberhard Kempf, Odilia Lissner, Klaus Lüderssen, Regina Michalke, Christoph Schaefer, Jochen Schroers, Brigitte Tilmann, Claus-Michael Ullrich, Kristiane Weber-Hassemer), Müssen Rolle und Aufgaben der Staatsanwaltschaft neu definiert werden?, StV 8/2000, S. 460 ff.

Frase, Richard S. / Weigend, Thomas, German Criminal Justice as a Guide to American Law Reform: Similar Problems, Better Solutions ?, 28 Bosten College International & Comparative Law Review, 1995, S. 317 ff.

Freisler, Roland, Der Wandel der politischen Grundanschauungen in Deutschland und sein Einfluß auf die Erneuerung von Strafrecht, Strafprozeß und Strafvollzug, DtJ 1935, S. 1247 ff.

Freisler, Roland, Einiges vom werdenden deutsche Blutbanngericht, DtJ 1935, Sp. 585 ff.

Freisler, Roland, Grundzüge des kommenden Strafverfahrensrechts, DStR 1935, S. 228 ff.

Freisler, Roland, Schutz des Volkes oder des Rechtsbrechers, DStR 1935, S. 1 ff.

Frisch, Wolfgang, Ausschluß und Ablehnung des Staatsanwalts, in: Festschrift für Hans-Jürgen Bruns, Köln, Berlin, Bonn, München 1978, S. 385 ff.
(zitiert: Frisch: Ausschluß und Ablehnung, S.)

Fuhrmann, Hans, Die Stellung der Staatsanwaltschaft im System der Gewaltenteilung, JR 1964, S. 418 ff.

Geerds, Friedrich, zur Rechtsstellung der Verletzten im Strafprozeß, JZ 1984, S. 786 ff.

Geisler, Werner, Die Stellung und Funktion der Staatsanwaltschaft im heutigen deutschen Strafverfahren, ZStW 93, 1981, S. 1109 ff.

Germann, Richard, Der Eröffnungsbeschluß, NJW 1960, S. 758 ff.

Gneist, Rudolf, Vier Fragen zur Deutschen Strafprozeßordnung, Berlin 1874 (zitiert: Gneist, Vier Fragen, S.)

Göbel, Ostwald, Anklagezwang und Gewaltentrennung, NJW 1961, S. 856 ff.

Goldschmidt, James, Mit welchen Hauptzielen wird die Reform des Strafverfahrens in Aussicht zu nehmen sein?, DJZ 1928, S. 1138 ff.

Goldstein, Abraham S. / Marcus, Martin, The Myth of Judicial Supervision in Three „Inquisitorial" Systems: France, Italy and Germany, 87 The Yale Law Journal, 1977, S. 240 ff.

Göppinger, Hans, Kriminologie, 5. Auflage, München 1997.
(zitiert: Göppinger, Kriminologie, S.)

Görgen, Friedrich, Die organisationsrechtliche Stellung der Staatsanwaltschaft zu ihren Hilfsbeamten und zur Polizei, Bonn 1973.
(zitiert: Görgen, Stellung der Staatsanwaltschaft, S.)

Gössel, Karl Heinz, Überlegungen zur Bedeutung des Legalitätsprinzip im rechtsstaatlichen Strafverfahren in: Festschrift für Hanns Dünnebier zum 75. Geburtstag, Berlin 1982, S. 121 ff.
(zitiert: Gössel, Legalitätsprinzip, S.)

Grebing, Gerhardt, Abschaffung oder Reform der Privatklage?, GA 1984, S. 1 ff.

Grüner, Gerhard / Wasserburg, Klaus, Die Mitwirkungspflicht der Staatsanwaltschaft im Wiederaufnahmeverfahren zugunsten der Verurteilten, NStZ 1999, S.286 ff.

Grüner, Gerhard, Über den Mißbrauch von Mitwirkungsrechten und Mitwirkungspflichten des Verteidigens im Strafprozeß, Berlin 2000
(zitiert: Grüner: Mißbrauch von Mitwirkungsrechten, S.)

Grünwald, Gerald, Empfiehlt es sich, besondere strafprozessuale Vorschriften für Großverfahren einzuführen?, Gutachten für den 50. Dt. Juristentag, Band I, Gutachten C, München 1974, C31 ff.
(zitiert: Grünewald, Besondere strafprozessuale Vorschriften, C.)

Gürtner, Franz / Freisler, Roland, Das neue Strafrecht, Berlin 1936.
(zitiert; Gürtner/ Freisler, Das neue Strafrecht, S.)

Gürtner, Reichsjustizminister Dr. Gürtner über die Strafprozeßreform, DtJ 1935, S. 721 ff.

Hahn, Carl, Die gesammten Materialien zu den Reichsjustizgesetzen, Dritter Band, Die gesamten Materialien zur Strafprozeßordnung und dem Einführungsgesetz zu derselben, 1. Abteilung, Berlin 1880.
(zitiert: Hahn, Materialien zur Strafprozeßordnung, S.)

Hall, Karl Alfred, Die Wiederholung des Klageerzwingungsverfahrens, JZ 1961, S. 360 ff.

Hassemer, Winfried, Legalität und Opportunität in: Strafverfolgung und Strafverzicht, Festschrift zum 125jährigen Bestehen der Staatsanwaltschaft Schleswig-Holstein, Köln, Berlin, Bonn, München 1992, S. 529.
(zitiert: Hassemer, Legalität und Opportunität, S.)

Hausel, Uwe, Ungenutztes Beschleunigungspotential des Straf(-befehls-) verfahrens?, ZRP 1994, S. 94 ff.

Hefendehl, Roland, Der Begriff des Verletzten im Klageerzwingungsverfahren bei modernen Rechtsguts- und Deliktsstrukturen, GA 1999, S. 584 ff.

Heghmanns, Michael, Das Zwischenverfahren im Strafprozeß, Hannover 1991.
(zitiert: Heghmanns, Zwischenverfahren, S.)

Heghmanns, Michael, Auswahlermessen der Staatsanwaltschaft bei Anklageerhebung und gesetzlicher Richter, StV 5/2000, S. 277 ff.

Heinz, Wolfgang, Die Abschlußentscheidung des Staatsanwalts aus rechtstatsächlicher Sicht, Vortrag vom 16.03.1999.
(zitiert: Heinz, Abschlußentscheidung, S.)

Heinz, Wolfgang, Die Staatsanwaltschaft, Selektions- und Sanktionsinstanz im statistischen Graufeld in: Internationale Perspektiven in Kriminologie und Strafrecht, Festschrift für Günther Kaiser zum 70. Geburtstag, Erster Halbband, Berlin 1998, S. 85 ff.
(zitiert: Heinz, Staatsanwaltschaft im statistischen Graufeld, S.)

Hempel, Norbert, Richterbilder in der Weimarer Republik, Frankfurt am Main 1978.
(zitiert: Hempel, Richterbilder, S.)

Henkel, Heinrich, Die Beteiligung des verletzten am künftigen Strafverfahren, ZStW 56 (1937), S. 227 ff.

Henkel, Heinrich, Die Gestalt des künftigen Strafverfahrens, Gedanken zur Strafverfahrenserneuerung, DJZ 1935, S. 530 ff.

Henschel, Arthur, Zur Reform des Zwischenverfahrens, GS 74 (1909), S. 389 ff.

Herrmann, Joachim, Bargaining Justice - A Bargain for German Criminal Justice ?, 53 University of Pittsburgh Law Review, 1992, S. 755 ff.

Herrmann, Joachim, Das Versagen des überlieferten Strafprozeßrechts in Monsterverfahren, ZStW 85 (1973), S. 255 ff.

Herrmann, Joachim, Die Strafprozeßreform vom 1.1.1975, JuS 1976, S. 413 ff.

Herrmann, Joachim, The Rule of Compulsory Prosecution and the Scope of Prosecutorial Discretion in Germany, 41 The University of Chicago Law Review, 1974, S. 468 ff.

Hertz, Adolf, Die Geschichte des Legalitätsprinzips, Borna-Leipzig 1935.
(zitiert: Geschichte des Legalitätsprinzips, S.)

Hirsch, Hans Joachim, Gegenwart und Zukunft des Privatklageverfahrens in: Festschrift für Richard Lange zum 70. Geburtstag, Berlin 1976, S. 815 ff.
(zitiert: Hirsch, Privatklageverfahren, S.)

Hirsch, Hans Joachim, Zur Behandlung der Bagatellkriminalität in der Bundesrepublik Deutschland, ZStW 92 (1980), S. 218 ff.

Holtzendorff, Franz von, Gutachten über die Frage: Kann die Privatklage im weiteren Umfange als für die Beleidigungen in das deutsche Strafverfahren eingeführt werden?, in: Verhandlungen des 12. Deutschen Juristentages, Erster Band, Berlin 1874, S. 64 ff.
(zitiert: Holtzendorff, Privatklage als Beleidigung, S.)

Hund, Horst, Brauchen wir die „unabhängige Staatsanwaltschaft"?, ZRP 1994, S. 470 ff.

Jans, Sigrid, Die Aushöhlung des Klageerzwingungsverfahrens, Frankfurt / Main u.a. 1990.
(zitiert: Jans, Klageerzwingungsverfahren, S.)

Jescheck, Hans-Heinrich, Der Strafprozeß - Aktuelles und Zeitloses, JZ 1970, S. 201 ff.

Jung, Heike, Die Stellung des Verletzten im Strafprozeß, ZStW 93 (1981), S. 1146 ff.

Kaiser, Eberhard, Gerichtliche Überprüfung von Entscheidungen der Staatsanwaltschaft im Strafverfahren, NJW 1961, S. 1101 ff.

Kaiser, Günther, Kriminologie, 2. Auflage, Heidelberg 1988.
(zitiert: Kaiser, Kriminologie, S. bzw. §.)

Kaiser, Günther, Strategien und Prozesse strafrechtlicher Sozialkontrolle, Frankfurt am Main 1972.
(zitiert: Kaiser, Sozialkontrolle, S.)

Kalsbach, Till, Die gerichtliche Nachprüfung von Maßnahmen der Staatsanwaltschaft im Strafverfahren, Berlin 1967.
(zitiert: Kalsbach, Gerichtliche Nachprüfung, S.)

Karlsruher Kommentar zur Strafprozeßordnung, 2. Auflage, München 1987
(zitiert: Karlsruher Kommentar/ Autor, §., Rdnr.)

Kausch, Erhard, Der Staatsanwalt, Ein Richter vor dem Richter? Untersuchungen zu § 153a StPO, Berlin 1980.
(zitiert: Kausch, Der Staatsanwalt, S.)

Keller, Rainer, Zur gerichtlichen Kontrolle prozessualer Ermessensentscheidungen der Staatsanwaltschaft, GA 1983, S. 497 ff.

Kerbel, Paul, Zur Stellung, Organisation und Tätigkeit der Staatsanwaltschaft, Frankfurt 1974.
(zitiert: Kerbel, Staatsanwaltschaft, S.)

Kintzi, Heinrich, Staatsanwaltschaft - objektiver Behörde und Anwalt des Staates, DRiZ 1987, S. 457 ff.

Kirch, Hermann Josef, Das Strafbefehlsverfahren nach dem Strafverfahrensänderungsgesetz 1987, Köln 1987.
(zitiert: Kirch, Strafbefehlsverfahren, S.)

Kirstgen, Johannes Rudolf, Das Klageerzwingungsverfahren, Bonn 1986.
(zitiert: Kirstgen, Klageerzwingungsverfahren, S. bzw. §.)

Kleinknecht / Meyer-Goßner, Strafprozeßordnung, 43. Auflage, München 1997.
(zitiert: Kleinknecht/ Meyer-Goßner, Strafprozeßordnung, §, Rdnr.)

Kleinknecht-Müller, Kommentar zur Strafprozeßordnung, Darmstadt, 4. Auflage 1958.
(zitiert: Kleinknecht/ Meyer-Goßner, Kommentar zur Strafprozeßordnung, §, Rdnr.)

Knögel, Walter, Die Problematik des Klageerzwingungsverfahrens nach §§ 172 StPO, NJW 1966, S. 1400 ff.

Knögel, Walter, Noch einmal: Das Klageerzwingungsverfahren nach §§ 172 ff StPO, NJW 1967, S. 383 ff.

Kohlhaas, Max, Anmerkung zu dem Beschluß des HansOLG Hamburg vom 24.06.66, JR 1966, S. 473 ff.

Kohlhaas, Max, Die Stellung der Staatsanwaltschaft als Teil der rechtsprechenden Gewalt, Neuwied, Berlin 1963.
(zitiert: Kohlhaas, Stellung der Staatsanwaltschaft, S.)

Kohlhaas, Max, Empfiehlt es sich, besondere strafprozessuale Vorschriften für Großverfahren einzuführen?, DRiZ 1974, S. 215 ff.

Kohlhaas, Max, Fehlerhafte Anklagen und Eröffnungsbeschlüsse, GA 1955, S. 65 ff.

Kohlhaas, Max, Neue Komplikationen im Klageerzwingungsverfahren?, NJW 1962, S. 950 ff.

Kohlmann, Günther, Der Anspruch des Beschuldigten auf schnelle Durchführung des Ermittlungsverfahrens, in: Festschrift für Reinhart Maurach zum 70. Geburtstag, Karlsruhe 1972, S. 501 ff.
(zitiert: Kohlmann, Anspruch des Beschuldigten, S.)

Koller, Christoph, Die Staatsanwaltschaft - Organ der Judikative oder Exekutivbehörde; die Stellung der Anklagebehörde und die Gewaltenteilung des Grundgesetzes, Frankfurt am Main 1997.
(zitiert: Koller, Staatsanwaltschaft, S.)

Kotz, Peter, Die Wahl der Verfahrensart durch den Staatsanwalt, Frankfurt am Main 1983.
(Kotz, Verfahrensart, S.)

Kries, August von, Vorverfahren und Hauptverfahren, ZStW 9 (1889), S. 1 ff.

Kroeschell, Karl, Rechtsgeschichte Deutschlands im 20. Jahrhundert, Göttingen 1992.
(zitiert: Kroeschell, Rechtsgeschichte Deutschlands, S.)

Kröpil, Karl, Zur Überprüfbarkeit der Bejahung des besonderen öffentlichen Interesses im Sinne von § 232 StGB, NJW 1992, S. 654 ff.

Kröpil, Karl, Gerichtliche Überprüfung des von der Staatsanwaltschaft bejahten öffentlichen und besonderen öffentlichen Interesses, DRiZ 1986, S. 19 ff.

Kulemann, W., Zur Reform der Strafprozeßordnung und der Gerichtsverfassung, GS 51 (1895), S. 81 ff.

Kunz, Karl-Ludwig, Die Verdrängung des Richters durch den Staatsanwalt: eine zwangsläufige Entwicklung effizienzorientierter Rechtspflege?, KrimJ 1984, S. 39 ff.

Küper, Wilfried, Die Richteridee der Strafprozeßordnung und ihre geschichtlichen Grundlagen, Berlin 1967.
(zitiert: Küper, Richteridee, S.)

Küpper, Georg, Das Klageerzwingungsverfahren, Jura 1989, S. 281 ff.

Kürzinger, Josef, Kriminologie, 2. Auflage, Stuttgart u.a. 1996.
(zitiert: Kürzinger, Kriminologie, Rdnr.)

Kutzer, Klaus, Zum Ermessens- und Handlungsspielraum der Staatsanwaltschaft, DRiZ 1975, S. 110 ff.

Lamprecht, Rolf, Vom Mythos der Unabhängigkeit: Über das Dasein und Sosein der deutschen Richter, Baden-Baden, 1995.
(zitiert: Lamprecht, Mythos der Unabhängigkeit, S.)

Langbein, John H. / Weinreb, LLoyd L., Continental Criminal Procedure, 87 The Yale Law Journal, 1978, S. 1549 ff.

Langbein, John H., Land Without Plea Bargaining: How the Germans Do It, 78 Michigans Law Review, 1979, S. 204 ff.

Langer, Winrich, Zur Klageerzwingung wegen Verfolgung Unschuldiger, JR 1989, S. 95 ff.

Langer, Wolfgang, Staatsanwälte und Richter, justizielles Entscheidungsverhalten zwischen Sachzwang und lokaler Justizkultur, Stuttgart 1994.
(zitiert: Langer, Staatsanwälte und Richter, S.)

Lansnicker, Frank, Richteramt in Deutschland im Spannungsfeld zwischen Recht und Politik, Frankfurt am Main 1996.
(zitiert: Lansnicker, Richteramt, S.)

Leibinger, Rudolf in: Heinrich Jeschek / Rudolf Leibinger (Hrsg.), Funktion und Tätigkeit der Anklagebehörde im ausländischen Recht, Baden-Baden 1979, S. 688 ff.
(zitiert: Leibinger, Anklagebehörde im ausländischen Recht, S.)

Lorenzen, Henning, Legalitätsprinzip und Opportunitätsprinzip in: Strafverfolgung und Strafverzicht, Festschrift zum 125jährigen Bestehen der Staatsanwaltschaft Schleswig-Holstein, Köln, Berlin, Bonn, München 1992, S. 541 ff.
(zitiert: Lorenzen, Legalitäts- uns Opportunitätsprinzip, S.)

Löwe-Rosenberg, Die Strafprozeßordnung und das Gerichtsverfassungsgesetz, Großkommentar, Einleitung Abschnitt I, 22. Auflage, Berlin 1971.
(zitiert: Löwe-Rosenberg/ Autor, Großkommentar, Aufl., §, Rdnr.)

Löwe-Rosenberg, 23. Auflage, Berlin 1978.
(zitiert: Löwe-Rosenberg/ Autor, Großkommentar, Aufl., §, Rdnr.)

Löwe-Rosenberg, 24. Auflage, Berlin 1989.
(zitiert: Löwe-Rosenberg/ Autor, Großkommentar, Aufl., §, Rdnr.)

Löwe-Rosenberg, 25. Auflage, Berlin 1999.
(zitiert: Löwe-Rosenberg/ Autor, Großkommentar, Aufl., §, Rdnr.)

Lüttger, Hans, Der „genügende Anlaß“ zur Erhebung der öffentlichen Klage, GA 1957, S. 193 ff.

Machalke, Annette, Die Funktion des Oberlandesgerichts im Klageerzwingungsverfahren, Aachen 1996.
(zitiert: Machalke, Klageerzwingungsverfahren, S.)

Maiwald, Manfred, Die Beteiligung des Verletzten am Strafverfahren, GA 1970, S. 33 ff.

Mannheim, Hermann, Die Durchbrechung des Legalitätsgrundsatzes, JW 1924, S. 1646 ff.

Mayer, Elmar, Überlegungen zur verfassungsrechtlichen Stellung der Staatsanwaltschaft in: Reinhard Böttcher / Götz Hueck / Burkhard Jähnke (Hrsg.), Festschrift für Walter Odersky zum 65. Geburtstag am 17. Juli 1996, Berlin 1996, S. 233 ff.
(zitiert: Mayer, Staatsanwaltschaft, S.)

Mayer, Hellmuth, Der amtsrichterliche Strafbefehl, GS 99 (1930), S. 36 ff.

Mayer, Hellmuth, Klageerzwingungsverfahren und Opportunitätsprinzip, JZ 1955, S. 601 ff.

Meurer, Dieter, Der Strafbefehl, JuS 1987, S. 882 ff.

Meyer, Jürgen, Tagungsbericht, Die Diskussionsbeiträge der Strafrechtslehrertagung 1970 in Regensburg, ZStW 83 (1971), S. 243 ff.

Meyer-Goßner, Lutz, Die Rechtsstellung des Verletzten im Strafprozeß, ZRP 1984, S. 228 ff.

Meyer-Goßner, Lutz, Verbesserung der Rechtsstellung des Beschuldigten durch weitere nicht-öffentliche Verfahrensgänge, ZRP 1982, S. 237 ff.

Milkinovic, Stephan / Stangl, Wolfgang, Strafprozeß und Herrschaft, Neuwied, Darmstadt 1978.
(zitiert: Milkinovic/ Stangl, Strafprozeß und Herrschaft, S.)

Mittermaier, Carl Josef Anton, Die Mündlichkeit, das Anklageprinzip, die Öffentlichkeit und das Geschworenengericht in ihrer Durchführung in den verschiedenen Gesetzgebungen, Stuttgart und Tübingen 1845.
(zitiert: Mittermaier, Mündlichkeit, S.)

Moller, Hans, Klageerzwingungsverfahren und berechtigtes Vergeltungsbedürfnis, NJW 1966, S. 1253 ff.

Montesquieu, Charles de, De L'Esprit de Lois - Vom Geist der Gesetze, Übersetzung von Ernst Forsthoff, 1. Band, 2. Auflage, Tübingen 1992.
(zitiert: Montesquieu, De L'Esprit de Lois, S.)

Müller, Egon, Strafverteidigung, NJW 1981, S. 1801.

Müller, Ingo, Rechtsstaat und Strafverfahren, Frankfurt am Main 1980.
(zitiert: Müller, Rechtsstaat und Strafverfahren, S.)

Müller, Klaus Jochen, Das Strafbefehlsverfahren (§§ 407 ff. StPO). Eine dogmatisch-kriminalpolitische Studie zu dieser Form des schriftlichen Verfahrens unter besonderer Berücksichtigung der geschichtlichen Entwicklung - zugleich ein Beitrag zum StVÄG 1987, Frankfurt am Main, 1993.
(zitiert, Strafbefehlsverfahren, S.)

Müller-Roden, Helge, Rheinhausen im Lichte der Nötigungsrechtsprechung, ZRP 1988, S. 409 ff.

Nagler, Johannes, Zur Einschätzung der Verordnung über Gerichtsverfassung und Strafrechtspflege vom 4. Januar 1924, GS 90 (1924), S. 398 ff.

Nagler, Johannes, Das Zwischenverfahren, GS 111 (o.J.), S. 342 ff.

Naucke, Wolfgang, Empfiehlt es sich, in bestimmten Bereichen der kleinen Eigentums- und Vermögenskriminalität, insbesondere des Ladendiebstahls, die strafrechtlichen Sanktionen durch andere, zum Beispiel zivilrechtliche Sanktionen abzulösen, gegebenenfalls durch welche?, 51. Deutscher Juristentag, Gutachten D, München 1976, D 28 ff.
(zitiert: Naucke, Gutachten D, D.)

Naucke, Wolfgang, Über deklaratorische, scheinbare und wirkliche Entkriminalisierung, GA 1984, S. 199 ff.

Niese, Werner, Zur verfahrensmäßigen Behandlung der Beschwerde und zum Armenrecht im Anklageerzwingungsverfahren, JZ 1952, S. 647 ff.

Offenloch, Werner, zur rechtlichen Bewertung der Blockade von Militäreinrichtungen, JZ 1988, S. 12 ff.

Ostendorf, Heribert, Das öffentliche Klageerzwingungsverfahren - ein notwendiges Institut zur Kontrolle der Staatsanwaltschaft, RuP 1980, S. 200.
(zitiert: Ostendorf, Klageerzwingungsverfahren, S.)

Ostler, Friedrich, Das Klageerzwingungsverfahren §§ 172 ff StPO, Strafrechtliche Abhandlungen Heft 287, Breslau 1931, S. 12 ff.

Peters, Karl, Der neue Strafprozeß, Karlsruhe 1975.
(zitiert: Peters, Der neue Strafprozeß, S.)

Peters, Karl, Fehlerquellen im Strafprozeß, Eine Untersuchung der Wiederaufnahmeverfahren in der Bundesrepublik Deutschland, Band 2, Systematische Untersuchungen und Folgerungen, Karlsruhe 1972.
(zitiert: Peters, Fehlerquellen, S.)

Peters, Karl, Strafprozeß, 4. Auflage, Heidelberg 1985.
(zitiert: Peters, Strafprozeß, S.)

Pfeiffer / Fischer, Strafprozeßordnung, Kommentar, München 1995.
(zitiert: Pfeiffer/ Fischer, Strafprozeßordnung, §.)

Prechtel, Günter, Das Verhältnis der Staatsanwaltschaft zum Ermittlungsrichter: Eine kritische Betrachtung der Mitwirkung des Richters im Ermittlungsverfahren, insbesondere zur Bedeutung des § 162 StPO, München 1995.
(zitiert: Prechtel, Verhältnis der Staatsanwaltschaft, S.)

Ranft, Otfried, Strafprozeßrecht, 2. Auflage, Stuttgart u.a., 1995.
(zitiert: Ranft, Strafprozeßrecht, Rdnr.)

Redeker,?/ von Oertzen, ?, Verwaltungsgerichtsverordnung, 12. Auflage, Stuttgart, Berlin, Köln, 1997

(zitiert: Redeker/ von Oertzen, Verwaltungsgerichtsverordnung, S.)

Richter, Christian, Grenzen, anwaltlicher Interessenvertretung im Ermittlungsverfahren, NJW 1981, S. 1820 ff.

Rieß, Peter, Alte und neue aktuelle Fragen im Klageerzwingungsverfahren - Notanwalt, Ermittlungserzwingung, NStZ 1986, S. 433 ff.

Rieß, Peter, Die Rechtsstellung des Verletzten im Strafverfahren, Gutachten C zum 55. Deutschen Juristentag, München 1984, C 23 ff.
(zitiert: Rieß, Gutachten C, C.)

Rieß, Peter, Die Rechtsstellung des Verletzten im Strafverfahren, JA 1984, S. 485 ff.

Rieß, Peter, Die Zukunft des Legalitätsprinzips, NStZ 1981, S. 2 ff.

Roesen, Anton, Der Eröffnungsbeschluß, NJW 1959, S. 1861 ff.

Roth, Werner in: Tagungsbericht, Bericht über das Kolloquium „Staatsanwaltschaft“, ZStW 87 (1975), S. 1063 ff.

Roxin, Claus, Strafverfahrensrecht, 24. Auflage, München 1995.
(zitiert: Roxin, Strafverfahrensrecht, S. bzw. §.)

Roxin, Claus, Zur Rechtsstellung der Staatsanwaltschaft damals und heute, DRiZ 1997, S. 109 ff.

Rudolph, Kurt, Die politische Abhängigkeit der Staatsanwaltschaft, NJW 1998, S. 1205 f.

Rudolphi, Hans-Joachim, Strafprozeß im Umbruch, ZPR 1976, S. 165 ff.

Rüping, Heinrich, Die Geburt der Staatsanwaltschaft in Deutschland, GA 1992, S. 149 ff.

Scanzani, G. von, Verringerung der Verfahrensgarantien im neuen Strafprozeß, JW 1924, S. 1642 ff.

Schacky, Susanne von, Das Privatklageverfahren und seine Berechtigung heute, München 1975.
(zitiert: Schacky, Privatklageverfahren, S.)

Schaefer, Hans Christoph, Anspruch und Wirklichkeit - eine staatsanwaltschaftliche Reflexion, NJW 1994, S. 2876 ff.

Schedel, Dieter, Ausschließung und Ablehnung des befangenen oder befangen erscheinenden Staatsanwaltes, Würzburg 1984
(zitiert: Schedel, Ausschließung und Ablehnung, S.)

Schild, Wolfgang, Geschichte des Strafrechtes und Strafverfahrens in: Strafjustiz in alter Zeit, Band III der Schriftenreihe des mittelalterlichen Kriminalmuseums Rothenburg ob der Tauber, Rothenburg o.b.T, 1980, S. 62 ff.
(zitiert: Schild, Geschichte des Strafrechtes, S.)

Schmidt, Eberhard, Anklageerhebung, Eröffnungsbeschluß, Hauptverfahren und Urteil, NJW 1963, S. 1081 ff.

Schmidt, Eberhard, Der Strafprozeß, NJW 1969, S. 1143.

Schmidt, Eberhard, Lehrkommentar zur Strafprozeßordnung und zum Gerichtsverfassungsgesetz, Teil II, Göttingen 1957.
(zitiert: E. Schmidt, Lehrkommentar, §.)

Schmidt, Eberhardt, Einführung in die Geschichte der deutschen Strafrechtspflege, Band 1, 3. Auflage, Göttingen 1965.
(zitiert: E. Schmidt, Strafrechtspflege, S.)

Schmidt, Gerhard, Vorschläge zur Beschleunigung und Schaffung des Strafverfahrens, DRiZ 1971, S. 77 ff.

Schmidt-Bleibtreu, Bruno / Klein, Franz, Kommentar zum Grundgesetz, 8. Auflage, Neuwied, Kriftel, Berlin 1995.
(zitiert: Schmidt-Bleibtreu/ Klein, Kommentar zum Grundgesetz, Rdnr.)

Schöch, Heinz, Kriminologie und Sanktionsgesetzgebung, ZStW 92 (1980), S. 142 ff.

Schorn, Hubert, Das Recht der Privatklage, Neuwied, Berlin 1967.
(zitiert: Schorn, Privatklage, S.)

Schorn, Hubert, Das Strafbefehls- und Strafverfügungsverfahren, Frankfurt am Main 1962.
(zitiert: Schorn, Strafbefehls- und Strafverfügungsverfahren, S.)

Schram, Glenn, The Obligation to Prosecute in West Germany, 17 The American Journal of Comparative Law, 1969, S. 627 ff.

Schreiber, Hans-Ludwig, Akteneinsicht für Laienrichter? Zu den Grundsätzen von Mündlichkeit und Unmittelbarkeit im Strafprozeß in: Festschrift für Hans Welzel zum 70. Geburtstag am 25. März 1974, Berlin, New York 1974, S. 941 ff.
(zitiert: Schreiber, Akteneinsicht für Laienrichter?, S.)

Schroeder, Friedrich-Christian, Zur Rechtskraft staatsanwaltschaftlicher Einstellungen, NStZ 1996, S. 319 ff.

Schwarze, von, Die Reform der Staatsanwaltschaft, GS 1864, S. 401.

Schwind, Hans-Dieter, Kriminologie, 6. Auflage, Heidelberg 1995.
(zitiert: Kriminologie, S.)

Sessar, Klaus, Empirische Untersuchungen zu Funktion und Tätigkeit der Staatsanwaltschaft, ZStW 87 (1975), S. 1033 ff.

Sessar, Klaus, Prosecutorial Discretion in Germany, in: Wiliam F. McDonald (Hrsg.), The Prosecutor, Beverly Hills, Kalifornien, London 1979, S. 255 ff.
(zitiert: Sessar, Prosecutorial Discretion, S.)

Siefener, Michael, Hexerei im Spiegel der Rechtstheorie: das crime magiae in der Literatur von 1574 bis 1608, Frankfurt am Main 1992.
(zitiert: Siefener, Hexerei, S.)

Siegert, Karl, Richter, Staatsanwalt und Beschuldigter im Strafprozeß des neuen Staates, ZStW 54 (1935), S. 14 ff.

Siewert, Wolfgang / Mattheus, Axel, Die Nachermittlungspflicht von Gericht und Staatsanwaltschaft vor Eröffnung des Hauptverfahrens, DRiZ 1993, S. 353 ff.

Stern, Klaus, Das Staatsrecht der Bundesrepublik Deutschland, Band I, München 1977.
(zitiert: Stern, Staatsrecht, S.)

Stöckel, Heinz, Sühneversuch im Privatklageverfahren, München 1982
(zitiert: Stöckel, Sühneversuch, Rdnr.)

Straßer, Hansjörg, Probleme im Grenzbereich Staatsanwaltschaft und Polizei, Berlin 1979.
(zitiert: Straßer, Probleme im Grenzbereich, S.)

Swenson, Thomas, The German „Plea Barging“ Debate, 7 Pace International Law Review, 1995, S. 373 ff.

Thaman, Stephan C. in: Beweisaufnahme im Strafverfahrensrecht des Auslands: Walter Perron (Hrsg.) rechtsvergleichendes Gutachten im Auftrag des Bundesministeriums der Justiz, Freiburg 1995, S. 498 ff.
(zitiert: Thaman, Beweisaufnahme, S.)

Terbach, Matthias, Rechtsschutz gegen die staatsanwaltschaftliche Zustimmungsverweigerung zur Verfahrenseinstellung gemäß §§ 153 II, 153 a II StPO, NStZ 1998, S. 172 ff.

Töwe, Führertum und Rechtspflege, DRiZ 1935, S. 225 ff.

Tolksdorf, Klaus, Mitwirkungsverbot für die befangenen Staatsanwälte, Berlin 1989
(zitiert: Tolksdorf, Mitwirkungsverbot, S.)

Ulrich, Hans-Joachim, Nochmals: Staatsanwaltschaft - objektive Behörde und Anwalt des Staates, DRiZ 1988, S. 368 ff.

Vogel, Horst, Das „öffentliche Interesse an der Strafverfolgung“ und seine prozessuale Bedeutung, München 1967
(zitiert: H. Vogel, Das „öffentliche Interesse“, S.)

Vogel, Karl-Heinz, Das besondere öffentliche Interesse an der Strafverfolgung bei Körperverletzungen (§ 232 I StGB), NJW 1961, S. 761 ff.

Vultejus, Ulrich, Legalitäts- und Opportunitätsprinzip, ZRP 1999, S. 135 ff.

Wassermann, Rudolf, Die richterliche Gewalt: Macht und Verantwortung des Richters in der modernen Gesellschaft, Heidelberg 1985.
(zitiert: Wassermann, Die richterliche Gewalt, S.)

Weber, Hellmuth von, Die öffentliche Klage bei leichter und fahrlässiger Körperverletzung (§ 232 I StGB), MDR 1963, S. 169 ff.

Weber, Reinhold, Das öffentliche Interesse an der Strafverfolgung im neuen § 153 Abs. 2 StPO, NJW 1966, S. 1241 ff.

Weber, Victor, Gedanken über Änderungen im Strafverfahren zur Unterstützung einer Rechtsmittelreform, DRiZ 2000, S. 377 ff.

Weigend, Thomas, Anklagepflicht und Ermessen, Baden-Baden 1978.
(zitiert: Weigend, Anklagepflicht und Ermessen, S.)

Weigend, Thomas, Deliktsopfer und Strafverfahren, Berlin 1989.
(zitiert: Weigend, Deliktsopfer und Strafverfahren, S.)

Weigend, Thomas, Strafzumessung durch den Staatsanwalt?, Lösbare und unlösbare Probleme bei der Verfahrenseinstellung unter Auflagen (§ 153 a StPO), KrimJ 1984, S. 8 ff.

Weiland, Bernd, Vom Recht und Pflicht zur Anklageerhebung, NStZ 1991, S. 574 ff.

Weinrich, Alfred von, Zur Reform des Strafprozesses und des Verteidigerberufes, ZStW 13 (1893) S. 236 ff.

Werle, Gerhard, Aufbau oder Abbau des Rechtsstaates?, JZ 1991, S. 789 ff.

Werner, Karin, Der Einfluß des Verletzten auf Verfahrenseinstellungen der Staatsanwaltschaft, Neun kriminologische Studien, Band 5, Göttingen 1986.
(zitiert: Werner, Der Einfluß der Verletzten, S.)

Werner, Karin, Die Rechtsstellung des Verletzten im Strafverfahren bei staatsanwaltlichen Verfahrenseinstellungen aus Opportunitätsgründen, NStZ 1984, S. 401 ff.

Willms, Günther, Kummer mit Eröffnungsbeschlüssen, DRiZ 1961, S. 327 ff.

Willms, Günther, Offenkundigkeit und Legalitätsprinzip, JZ 1957, S. 465 ff.

Wohlers, Wolfgang, Anmerkung zu dem Beschluß des KG vom 26.03.90, NStZ 1991, S. 300 ff.

Wohlers, Wolfgang, Entstehung und Funktion der Staatsanwaltschaft, Berlin 1994.
(zitiert: Wohlers, Staatsanwaltschaft, S.)

Wolter, Jürgen, Strafverfahrensrecht und Strafprozeßreform, GA 1985, S. 49 ff.

Zachariä, Heinrich Albert, Die Gebrechen und die Reform des deutschen Strafverfahrens, Göttingen 1846.
(zitiert: Zachariä, Deutsches Strafverfahren, S.)

Zapka, Klaus, Systematische Analyse zur Rechtsstellung der Staatsanwaltschaft, RuP 1991/1992, S. 114 ff.

Zipf, Heinz, Kriminalpolitik, 2. Auflage, Heidelberg, Karlsruhe 1980.
(zitiert: Zipf, Kriminalpolitik, S.)

Zuberbier, Gerhard, Einführung in die staatsanwaltschaftliche Praxis; unter Mitarbeit von Hans-Walter Mayer und Michael Renker-Schamon, Stuttgart 1991.
(zitiert: Zuberbier, Staatsanwaltschaftliche Praxis, S.)

Zuberbier, Gerhard, Staatsanwaltschaft - objektive Behörde und Anwalt des Staates, DRiZ 1988,. S. 254 ff.

B. Literatur über das amerikanische Recht

Abrams, Kathryn, Relationship of Representation in Voting Rights Act Jurisprudence, 71 Texas Law Review, 1993, S. 1409 ff.

Abrams, Norman, Prosecutorial Charge Decision Systems, 23 UCLA Law Review, 1975, S. 1 ff.

Abrams, Norman, Internal Policy: Guiding the Exercise of Prosecutorial Discretion, 19 UCLA Law Review, 1971, S. 1 ff.

Abramson, Jeffrey, We, The Jury: The Jury System and the Ideal of Democracy, New York 1994.
(zitiert: Abramson, Jury System, S.)

Alexander, Richard P./ Portman, Sheldon, Grand Jury Indictment Versus Prosecution by Information - An Equal Protection - Due Process Issue, 25 The Hastings Law Journal, 1974, S. 997 ff.

Alschuler, Albert W., Implementing the Criminal Defendant´s Right to Trial: Alternatives to the Plea Bargaining System, 50 The University of Chicago Law Review, 1983, S. 931 ff.

American Jurisprudence, Band 38, 2. Auflage, West Group 1999.
(zitiert: American Jurisprudence, S.)

Anderson, Gary L., The Preliminary Hearing - Better Alternatives or More of the Same ?, 35 Missouri Law Review, 1970, S. 281 ff.

Antell, Melvin P., The Modern Grand Jury: Benighted Supergovernment, 51 American Bar Association Journal, 1965, S. 153 ff.

Applegate, Amy Grossman, Prosecutorial Discretion and Discrimination in the Decision to Charge, 55 Temple Law Quarterly, 1982, S. 35 ff.

Arenella, Peter, O.J. Lesson, 69 Southern California Law Review, 1996, S. 1233 ff.

Arenella, Peter, Reforming the Federal Grand Jury and the State Preliminary Hearing to Prevent Conviction without Adjudication, 78 Michigan Law Review, 1980, S. 463 ff.

Asker, Thomas, Is Our Justice System Faltering, and If So, Might the Europeans Come to Our Rescue ?: A Comparative Law Perspective, 6 San Francisco Law Review, 1996, S. 131 ff.

Baker, Newman F./ De Long, Earl H., The Prosecuting Attorney, Powers and Duties in Criminal Prosecution, 24 American Journal of Criminal Law & Criminology, 1934, S. 1025 ff.

Baldus, David C./ Woodworth, George/ Pulaski, Charles, Comperative Review of Death Sentences: An Empirical Study of the Georgia Experience, 74 The Journal of Criminal Law & Criminology, 1983, S. 661 ff.

Beck, Leland E., The Administrative Law of Criminal Prosecution: The Development of Prosecutorial Policy, 27 The American University Law Review, 1987, S. 310 ff.

Becker, Samuel, Judical Scrutiny of Prosecutorial Discretion in the Decision Not to File a Complaint, 71 Marquette Law Review, 1988, S. 749 ff.

Bennett, Leonard A., The Impossibility of Impartiality: Interest in Judicial Reflection as a Denial of Due Process for a Criminal Defendant, 4 George Mason University Civil Rights Law Journal, 1994, S. 275 ff.

Berch, Michael A./ Berch, Rebecca White/ Spritzer, Ralph S., Introduction to legal method and process, cases and materials, 2. Auflage, St. Paul, Minn. 1992, West Publishing Co.
(zitiert: Berch/ White Birch/ Spritzer, Introduction, S.)

Berend, Laura, Proposition 115 Preliminary Hearings: Sacrificing Reliability on the Altar of Expediency ?, 23 Pacific Law Journal, 1992, S. 1131 ff.

Bernstein, Herbert L., Whose Advantage After All ?: A Comment on the Comparison of Civil Justice Systems, 21 U.C. Davis Law Review, 1988, S. 587 ff.

Bickel, Alexander M., The Least Dangerous Branch, Indianapolis, New York 1962.
(zitiert: Bickel, Least Dangerous Branch, S.)

Black, Henry Campbell, Black´s Law Dictionary, 4. Auflage, St. Paul, Minn. 1968.
(zitiert: Black, Black´s Law Dictionary, S.)

Bloom, Robert M./ Brodin, Mark S., Criminal Procedure, 2. Auflage, Boston, New York, Toronto, London 1996.
(zitiert: Bloom/ Brodin, Criminal Procedure, S.)

Bradley, Craig M / Hoffmann, Joseph L., Public Perception, Justice, and the „Search for Truth" in Criminal Cases, 69 Southern California Law Review, 1996, S. 1267 ff.

Bresler, Kenneth, „I Never Lost a Trial": When Procecutors Keep Score of Criminal Convictions, 9 The Georgetown Journal of Legal Ethics, 1996, S. 537 ff.

Bresler, Kenneth, Seeking Justice, Seeking Election, and Seeking the Death Penalty: The Ethics of Prosecutorial Candidates´Campaigning on Capital Convictions, 7 The Georgetown Journal of Legal Ethics, 1994, S. 941 ff.

Bromwich, Michael R. in: Panel Discussion: The Regulation and Ethical Responsibilities of Federal Prosecutors,unter Leitung von Bruce A. Green, 26 Fordham Urban Law Journal, 1999, S. 737 ff.

Brown, Darryl K., Criminal Procedure, Justice, Ethics, and Zeal, 96 Michigan Law Review, 1998, S. 2146 ff.

Brown, Jeff, Proposition 8: Origins and Impact - A Public Defender´s Perspective, 23 Pacific Law Journal, 1992, S. 881 ff.
(zitiert: Brown, Public Defender´s Perspective, S.)

Brown, Jeff, The Emergence of a Non-Adversarial Jurisprudence in Criminal Cases: The San Francisco Experience, 7 San Francisco Law Review, 1997, S. 1 ff.

Brown, Kathryn A./ Shaut, Michael H., The Use of Mandamus to Control Prosecutorial Discretion, 13 American Law Review, 1976, S. 563 ff.

Bubany, Charles P./ Skillern, Frank F., Taming the Dragon: An Administrative Law for Prosecutiorial Decision Making, 13 The American Criminal Law Review, 1976, S. 473 ff.

Burt, Robert A., The Constitution in Conflict, Cambridge 1992.
(zitiert: Burt, Constitution, S.)

California District Attorneys Association, Trial Tactics for Prosecutors, United States 1984.
(zitiert: California District Attorneys Association, Trial Tactics, S.)

California District Attorneys Association, Ethics and Responsibility for the Californian Prosecutor, 3. Auflage, United States 1992
(zitiert: California District Attorneys Association, Ethics and Responsibility, S.)

California Jurisprudence, 3. Auflage, San Francisco, Kalifornien, 1985-1989, Stand 1999.
(zitiert: Cal Jur 3rd, S.)

Caminker, Evan, The Constitutionality of Qui Tam Actions, 99 The Yale Law Journal, 1989, S. 341 ff.

Campbell, William J., Eliminate the Grand Jury, 64 The Journal of Criminal Law & Criminology, 1973, S. 174 ff.

Canlen, Brae, Prosecutorial Zeal, California Lawyer, 1999, S. 34 ff.

Cardenas, Juan, The Crime Victim in the Prosecutorial Process, 9 Harvard Journal of Law & Public Policy, 1986, S. 356 ff.

Cates, Jr., Aubrey M., Can We Ignore Laws ? - Discretion not to Prosecute, 14 Alabama Law Review, 1961, S. 1 ff.

Chemerinsky, Erwin, Foreword: The Vanishing Constitution, 103 Harvard Law Review, 1989, S. 43 ff.

Church, W. Lawrence, History and the Constitutional Role of Courts, 4 Wisconsin Law Review, 1990, S. 1071 ff.

Cole, David, Discretion and Discrimination Reconsidered: A Reponse to the New Criminal Justice Schorlarship, 87 The Georgetown Law Journal, 1999, S. 1059 ff.

Comment, The Preliminary Examination in the Federal System: A Proposal for a Rule Change, 116 Univerity of Pennsylvania Law Review, 1968, S. 1416 ff.

Comment, Punishment for War Crimes – Duty or Discretion ? 69 Michigan Law Review, 1971, S. 1312 ff.

Comment, Unites States v. Falk: Developments in the Defense of Discrimminatory Prosecution, 72 Michigan Law Review, 1974, S. 1113 ff.

Cox, Sarah J., Prosecutorial Discretion: An Overview, 13 The American Criminal Law Review, 1975, S. 383 ff.

Curriden, Mark, Jury Reform, 81 American Bar Association Journal, 1995, S. 72 ff.

Dam, John R., Van, Preliminary Hearings in a Truckload, 8 Criminal Justice Journal, 1986, S. 195 ff.

Damaska, Mirjan, Evidentiary Barriers to Conviction and Two Models of Criminal Procedure: A Comparative Study, 112 University of Pennsylvania Law Review, 1973, S. 506.

Damaska, Mirjan, Structures of Authority and Comparative Criminal Procedure, 84 The Yale Law Journal, 1975, S. 480 ff.

Damaska, Mirjan, The Reality of Prosecutorial Discretion, 29 American Journal of Comperative Law 1981, S. 119.

Dash, Samuel, The Indicting Grand Jury: A Critcal Stage ?, 10 American Criminal Law Review, 1972, S. 807 ff.

Davis, Kenneth Culp, Discretionary Justice, A Preliminary Inquiry, Louisiana State University Press 1969.
(zitiert: Davis, Discretionary Justice, S.)

Deja, Daniel R., How Judges Are Selected: A Survey of the Judical Selection Process in the United States, 75 Michigan Bar Journal, 1996, S. 904 ff.

DeMay, Jonathan, A Distict Attorney's Decision Whether to Seek the Death Penalty: Toward an Improved Process, 26 Fordham Urban Law Journal, 1999, S. 767 ff.

Dession, George H., From Indictment to Information - Implications of the Shift, 42 Yale Law Journal, 1932, S. 163 ff.

Deutsch, Michael E., The Improper Use of the Federal Grand Jury: An Instrument for the Internment of Political Activists, 75 The Journal of Criminal Law & Criminology, 1984, S. 1159 ff.

Dooley, Laura Gaston, Our Juries, Our Selves: The Power, Perception, and Politics of the Civil Jury, 80 Cornell Law Review, 1995, S. 325 ff.

Dyke, Jon Van, The Grand Jury: Representative or Elite, 28 The Hastings Law Journal, 1976, S. 37 ff.

Ellsworth, Phoebe C., Jury Reform at the End of the Century: Real Agreement, Real Changes, 32 U. Mich. J. L. Reform, 1999, S. 213 ff.

Emerson, Deborah Day / Ames, Nancy L., The Role of the Grand Jury and the Preliminary Hearing in Pretrial Sentencing, U.S. Department of Justice 1984.
(zitiert: Emerson/ Ames, Pretrial Sentencing, S.)

Fallon, Jr., Richard H., Some Confusion About Due Process, Judical Review, and Constituional Remedies, 93 Columbia Law Review, 1993, S. 309 ff.

Ferguson, Jr., Clarence Clyde, Formulation of Enforcement Policy: An Anatomy of the Prosecutor's Discretion Prior to Accusation, 11 Rutgers Law Review, 1957, S. 507 ff.

Finck, Danielle E., Judicial Review: The United States Supreme Court Versus the German Constitutional Court, 20 Boston College International & Comparative Law Review, 1997, S. 123 ff.

Frankel, Marvin E./ Naftalis, Gary P., The Grand Jury: An Institution on Trial, New York 1977.
(zitiert: Frankel/ Naftalis, Grand Jury, S.)

Frankel, Marvin E., Partisan Justice, New York 1980.
(zitiert: Frankel, Partisan Justice, S.)

Frase, Richard S., The Decision to File Federal Criminal Charges: A Quantitative Study of Prosecutorial Discretion, 47 University of Chicago Law Review, 1980, S. 246 ff.

Friedman, Barry, Dialogue and Judicial Review, 91 Michigan Law Review, 1993, S. 577 ff.

Garcia, Alfredo, The Fifth Amendment: A Comprehensive and Historical Approach, 29 University of Toledo Law Review, 1998, S. 209 ff.

Gardner, Matthew, Warrantless Searches and Seizures, 87 The Georgetown Law Journal, 1999, S. 1124 ff.

Geary, James F., The Omnibus Hearing: A Proposal for California Criminal Pretrial Motion Procedure, 4 Pacific Law Journal, 1973, S. 861 ff.

Gershman, Bennett L., A Moral Standart for the Prosecutor's Exercise of the Charging Discretion, 20 Fordham Urban Law Journal, 1993, S. 513 ff.

Gershman, Bennett L., The New Prosecutor, 53 University of Pittsburgh Law Review, 1992, S. 393 ff.

Gerstein, Richard E./ Robinson, Laurie O., Remedy for the Grand Jury: Retain but Reform, 64 American Bar Association Journal, 1978, S. 337 ff.

Gifford, Donald G., Equal Protection and the Prosecutor's Charging Decision: Enforcing an Ideal, 49 George Washington Law Review, 1981, S. 659 ff.

Goldstein, Abraham S., Reflections on two Models: Inquisitorial Themes in American Criminal Procedure, 26 Stanford Law Review, 1974, S. 1009 ff.

Goldstein, Abraham S., The State and the Accused: A Balance of Advantage in Criminal Procedure, 69 The Yale Law Journal, 1960, S. 1149 ff.

Gorder, Jr., Charles F., Judicial Power to Dismiss Criminal Charges, 64 California Law Review, 1976, S. 495 ff.

Gorelick, Jamie S./ Litman, Harry, Prosecutorial Discretion and the Federalization Debate, 46 Hastings Law Journal, 1995, S. 967 ff.

Graham, Kenneth/ Letwin, Leon, The Preliminary Hearing in Los Angeles: Some Field Findings and Legal-Policy Observations, 18 UCLA Law Review, 1971, S. 653 ff.

Green, Bruce A., Why Should Prosecutors „Seek Justice"?, 26 Fordham Urban Law Journal, 1999, S. 607 ff.

Green, Stuart P., Private Challenges to Prosecutorial Inaction: A Model Declaratoty Judgement Statute, The Yale Law Journal, Band 97, 1988, S. 488 ff.

Greene, Dwight L., Abusive Prosecutors: Gender, Race & Class, Discretion and the Prosecution of Drug-Addicted Mothers, 39 Buffalo Law Review, 1991, S. 737 ff.

Greenspan, Rosann, Gaining Public Trust in the Criminal Legal Process, 66 Southern California Law Review, 1993, S. 2199 ff.

Hamilton, William A / Work, Charles R., The Prosecutor´s Role in the Urban Court System: The Case for Management Consciousness, 64 The Journal of Criminal Law & Criminology, 1973, S. 183 ff.

Hancock, Jr., Stewart F./ McCullough, Annelle/ Farley, Alycia A., Race, Unbridled Discretion, and the State Constitutional Validity of New York´s Death Penalty Statute - Two Questions, 59 Albany Law Review, 1996, S. 1545 ff.

Heller, Robert, Selective Prosecution and the Federalization of Criminal Law: The Need for Meaningful Judicial Review of Prosecutorial Disretion, 145 University of Pennsylvania Law Review, 1997, S. 1309 ff.

Herbrand, John S., What Constitutes Such Discriminatory Prosecution or Enforcement of Laws as to Provide Valid Defense in State Criminal Proceedings, 95 American Law Reports 3rd, 1979, S. 280 ff.

Hobbs, Gregory J., Jr., Judicial Supervision over California Plea Bargaining: Regulating the Trade, 59 California Law Review, 1971, S. 962 ff.

Horowitz, John A., Prosecutorial Discretion and the Death Penalty: Creating a Committee to Decide Whether to Seek the Death Penalty, 65 Fordham Law Review, 1997, S. 2571 ff.

Jacoby, Joan E., The American Prosecutor : A Search for Identity, Lexington Massachusetts, Toronto 1980.
(zitiert: Jacoby, American Prosecutor, S.)

Jacoby, Joan E., The Prosecutor's Charging Decision: A Policy Perspective, Washington D.C. 1976.
(zitiert: Jacoby, Charging Decision, S.)

Jampol, Melissa L., Goodbye to the Defense of Selective Prosecution, 87 Journal of Criminal Law & Criminology, 1997, S. 932 ff.

Jescheck, Hans-Heinrich, Principles of German Criminal Procedure in Comparison with American Law, 56 Virginia Law Review, 1970, S. 239 ff.

Johnston, Robert Gilbert, The Grand Jury - Prosecutorial Abuse of the Indictment Process, 65 The Journal of Criminal Law & Criminology, 1974, S. 157 ff.

Joseph, Roger P., Reviewability of Prosecutorial Discretion: Failure to Prosecute, 75 Columbia Law Review, 1975, S. 130 ff.

Kagel, John, The California Grand Jury - Two Current Problems, 52 California Law Review, 1964, S. 116 ff.

Kane, P. S., Why Have You Singled Me Out ?, The Use of Prosecutorial Discretion for Selective Prosecution, 67 Tulane Law Review, 1993, S. 2293 ff.

Kansas Statutes Annotated, Band 2 a, Topeka, Kansas 1995, Stand 1999.
(zitiert: Kansas Statutes Annotated, Topeka, S.)

Kaplan, John, The Prosecutorial Discretion - A Comment, 60 Northwestern University Law Review, 1965, S. 174 ff.

Keane, Peter G., The Jury - Some Thoughts, Historical and Personal, 47 Hastings Law Journal, 1996, S. 1249 ff.

Kennedy Lloyd W., Local Politics vs. Prosecuting Attorney, 23 Journal of the American Judicature Society, 1940, S. 180 ff.

Kennedy, Harold W./ Briggs, James W., Historical and Legal Aspects of the California Grand Jury System, 43 California Law Review, 1955, S. 251 ff.

Kinaga, Karl/ Jordan, Robert F., The Nature of the California Grand Jury: An Evaluation, 2 Santa Clara Lawyer, 1962, S. 72 ff.

King, Nancy Jean, The American Criminal Jury, 62 Law and Contemporary Problems, 1996, S. 41 ff.

Kingsley, Robert, The Work of the 1939 Legislature, Criminal Law, 13 Southern California Law Review, 1939, S. 1 ff.

Klein, Richard, District Attorney´s Decision Not to Prosecute, 32 Los Angeles Bar Bulletin, 1957, S. 323 ff.

Knoepp, Terry J., California´s Suppression Statute – An Examination of Penal Code § 1538.5, 10 San Diego Law Review, 1973, S. 209 ff.

Kosicki, Bernard A., The Function of Nolle Prosequi and Motion to Dismiss in Connecticut, 36 Connecticut Bar Journal, 1962, S. 159 ff.

Kötz, Heinz, The Reform of the Adversary Process, 48 The University of Chicago Law Review, 1981, S. 478 ff.

Kronman, Anthony T., Alexander Bickels´s Philosophy of Prudence, 94 The Yale Law Journal, 1985, S. 1567 ff.

Kunert, Karl H., Some Observations on the Origin and Structure of Evidence Rules under the Common Law System and the Civil Law System of „Free Proof" in the German Code of Criminal Procedure, 16 Buffalo Law Review, 1966, S. 122 ff.

LaFave, Wayne R., The Prosecutor´s Discretion in the United States, 18 The American Journal of Comparative Law, 1970, S. 532 ff.

LaFave, Wayne R./ Israel, Jerold H./ King, Nancy J., Criminal Procedure, 2. Ausgabe, St. Paul, Minn. 1999.
(zitiert: LaFave/ Israel/ King, Criminal Procedure, Band, S.)

LaFave, Wayne R., Arrest, The Decision to Take a Suspect into Custody, USA, Canada 1965.
(zitiert: LaFave, Take a Suspect into Custody, S.)

Lagoy, Stephan P./ Hussey, Frederick A./ Kramer, John H., The Prosecutorial Function and its Relation to Determinate Sentencing Structures, in: William F. McDonald (Hrsg.), The Prosecutor, Beverly Hills, Kalifornien, London 1979.
(zitiert: Lagoy/ Hussey/ Kramer, Determinate Sentencing Structures, S.)

Langbein, John H., Controlling Prosecutorial Discretion in Germany, 41 The University of Chicago Law Review, 1974, S. 439 ff.

Langer, Vera, Public Interest in Civil Law, Socialist Law, and Common Law Systems: the Role of the Public Prosecutor, 36 The American Journal of Comparative Law, 1988, S. 279 ff.

Lanni, Adriaan, Jury Sentencing in Noncapital Cases: An Idea Whose Time Has Come (Again) ?, 108 The Yale Law Journal, 1999, S. 1775 ff.

Lee, Cynthia Kwei Yung , Prosecutorial Discretion, Substantial Assistance, and the Federal Sentencing Guidelines, 42 UCLA Law Review, 1994, S. 105 ff.

Leipold, Andrew D., Why Grand Juries Do Not (And Cannot) Protect The Accused, 80 Cornell Law Review, 1995, S. 265 ff.

Levenson, Laurie L., Working Outside the Rules: The Undefined Responsibilities of Federal Prosecutors, 26 Fordham Urban Law Journal, 1999, S. 553 ff.

Lezak, Sidney I./ Leonard, Maureen, The Prosecutor's Discretion: Out of the Closet, Not out of Control, in: Carl F. Pinkele und Wiliam C Louthan (Hrsg.), Discretion, Justice and Democracy, A Public Policy Perspective, 1. Auflage, Iowa, Ames, 1985, S. 4 ff.
(zitiert: Lezak/ Leonard, Prosecutor's Discretion, S.)

Little, Rory K., The Federal Death Penalty: History and some Thoughts about the Department of Justice, 26 Fordham Urban Law Journal, 1999, S. 347 ff.

Logan, Wayne A., A Proposed Check on the Charging Discretion of Wisconsin Prosecutors, 6 Wisconsin Law Review, 1990, S. 1695 ff.

Louthan, William C., The Politics of Discretionary Justice among Criminal Justice Agencies in: Carl F. Pinkele und William C. Louthan (Hrsg.), Discretion, Justice, and Democracy, 1. Auflage, Iowa, Ames 1985.

Lynch, Gerard E., Columbia University Law School, in: Panel Discussion: The Expanding Prosecutorial Role from Trial Counsel to Investigator and Administrator, unter Leitung von Daniel C. Richman, 26 Fordham Urban Law Journal, 1999, S. 679 ff.

Lytton, William B., Grand Jury Secrecy – Time for a Reevaluation, 75 The Journal of Criminal Law & Criminology, 1984, S. 1100 ff.

Mack, Raneta Lawson, It's Broke So Let's Fix It: Using a Quasi Inquisitorial

Approach to Limit the Impact of Bias in the American Criminal Justice System, 7 Indiana International & Comparative Law Review, 1996, S. 63 ff.

Martin, John S. in: Panel Discussion: The Federal Prosecutor's Role in the Regulatory Process, unter Leitung von Charles M. Carberry, 26 Fordham Urban Law Journal, 1999, S. 709 ff.

McDonald, William F., The Prosecutor's Domain in: William F. McDonald (Hrsg.), The Prosecutor, Beverly Hills, Kalifornien, London 1979.
(zitiert: McDonald, Prosecutor's Domain, s.)

McIntyre, Donald M./ Lippman, David, Prosecutors and Early Disposition of Felony Cases, 56 American Bar Association Journal, 1970, S. 1154 ff.

McKaskle, Paul L., Of Wasted Votes and No Influence: An Essay on Voting Systems in the United States, 35 Houston Law Review, 1998, S. 1119 ff.

Melilli, Kenneth J., Prosecutorial Discretion in an Adversary System, Brigham Young University Law Review, 1992, S. 669 ff.

Mellon, Leonard R./ Jacoby, Joan E./ Brewer, Marion A., The Procecutor Constrained by his Environment: A New Look at Discretionary Justice in the United States, 72 The Journal of Criminal Law & Criminology, 1981, S. 52 ff.

Merryman, John Henry, The Civil Law Tradition, 2. Auflage, Stanford, Kalifornien 1985.
(zitiert: Merryman, Civil Law Tradition, S.)

Michigan Compiled Laws Annotated, Sections 760.1 to 767. End, St.Paul, Minn. 1982, Stand 1999.
(zitiert: Michigan Compiled Laws, Sections 760.1 to 767.End, S.)

Miller, Frank W., Prosecution, The Decision to Charge a Suspect with a Crime, Boston, Toronto 1969.
(zitiert: Miller, Charge a Suspect with a Crime, S.)

Miller, Frank W./ Tiffany, Lawrence P., Prosecutor Dominance of the Warrant Decision: A Study of Current Practices, 1964 Washington University Law Quarterly, 1964, S. 1 ff.

Misner, Robert L., Recasting Prosecutorial Discretion, 86 The Journal of Criminal Law and Criminology, 1996, S. 717 ff.

Moley, Raymond, The Vanishing Jury, 2 Southern California Law Review, 1928, S. 97 ff.

Morris, Norval, A Plea for Reform, Rezension des Buches von Marvin E. Frankel/ Gary P. Naftalis, The Grand Jury: An Institution on Trial, New York, 1977, 87 The Yale Law Journal, 1978, S. 680 ff.

Morris, Norval, Rezension des Buches von Lloyd L. Weinreb, Denial of Justice: Criminal Process, New York 1977, 91 Harvard Law Review, 1978, S: 1367 ff.

Morse, Wayne L., A Survey of the Grand Jury System, 10 Oregon Law Review, 1931, S. 101 ff.

National Association of Attorneys General, State Attorney General, Lynne M. Ross (Hrsg.), Powers and Responsibilities, Washington D.C. 1990.
(zitiert: *National Association of Attorneys General*, Powers and Responsibilities, S.)

National College of District Attorneys, Discretionary Authority of the Prosecutor, John Jay Douglass (Hrsg.), Discretionary Authority of the Prosecutor, Houston, Texas 1977.
(zitiert: *National College of District Attorneys*, Authority, S.)

Neddo, Anthony, Prosecutorial Discretion in Charging the Death Penalty: Opening Doors to Arbitrary Decisionmaking in New York Capital Cases, 60 Albany Law Review, 1997, S. 1949 ff.

Nissman, David M. / Hagen, Ed, The Prosecution Function, Lexington Massachusetts, Toronto 1982.
(zitiert: Nissman/Hagen, The Prosecution Function, S.)

Noll, Douglas, Controlling a Prosecutor's Screening Discretion Through Fuller Enforcement, 29 Syracuse Law Review, 1978, S. 697 ff.

Note, Discretion to Prosecute Federal Civil Rights Crimes, 74 The Yale Law Journal, 1965, S. 1297 ff.

Note, Discretion and the Constitutionality of the New Death Penalty Statutes, 87 Harvard Law Review, 1974, S. 1690 ff.

Note, Private Prosecution: A Remedy for District Attorney's Unwarranted Inaction, 65 The Yale Law Journal, 1955, S. 209 ff.

Note, Prosecutor Indiscretion: A Result of Political Influence, 34 Indiana Law Journal, 1959, S. 477 ff.

Note, Prosecutorial Discretion in the Initiation of Criminal Complaints, 42

Southern California Law Review, 1969, S 519 ff.

Note, Rezension des Buches von Marvin E. Frankel/ Gary P. Naftalis, The Grand Jury – An Institution on Trial, New York 1977, 91 Harvard Law Review, 1977, S. 522 ff.

Note, Some Aspects of the California Grand Jury System, 8 Stanford Law Review, 1956, S. 631 ff.

Note, The Function of the Preliminary Hearing in Federal Pretrial Procedure, 83 The Yale Law Journal, 1974, S. 771 ff.

Pizzi, William T., Reforming the role of the American prosecutor, 143 New Law Journal, 1993, S. 1160 f.

Pizzi, William T., The American „Adversary System"?, 100 West Virginia Law Review, 1998, S. 847 ff.

Pizzi, William T., Understanding Prosecutorial Discretion in the United States: The Limits of Comparative Criminal Procedure as an Instrument of Reform, 54 Ohio State Law Journal, 1993, S. 1330 ff.

Pizzi, William T./ Perron, Walter, CrimeVictims in German Courtrooms: A Comparative Perspective on American Problems, 32 Stanford Journal of International Law, 1996, S. 37 ff.

Ploscowe, Morris, The Development of Present-Day Criminal Procedures in Europe and America, 48 Harvard Law Review, 1935, S. 433 ff.

Pollock, Frederick/ Maitland, Frederic William, The History of English Law Before the Time of Edward I., Band 1, Band 1, 2. Ausgabe, Cambridge, Boston 1899.
(zitiert: Pollock/ Maitland, History of English Law, S.)

Post, Robert, Democracy, Popular Sovereignty and Judicial Review, 86 California Law Review, 1998, S. 429 ff.

Poulin, Anne Bowen, Prosecutorial Discretion and Selective Prosecution: Enforcing Protection after United States v. Armstrong, 34 American Criminal Law Review, 1997, S. 1071 ff.

Ragone, Patricia L./ Williams, Michael, The Death Penalty in the Twenty-First Century, 45 The American University Law Review, 1995, S. 239 ff.

Rakove, Jack N., The Origins of Judicial Review: A Plea for New Contexts, 49 Stanford Law Review, 1997, S. 1031 ff.

Ratnapala, Suri, John Locke's Doctrine of the Separation of Powers: A Re-Evaluation, The American Journal of Jurisprudence, 1993, S. 189 ff.

Rostow, Eugene V., The Democratic Character of Judicial Review, 66 Harvard Law Review, 1952, S. 193 ff.

Schneider, Bruce H., The Grand Jury: Powers, Procedures, and Problems, 9 Columbia Journal of Law and Social Problems, 1973, S. 681 ff.

Schwendiman, David, The Charging Decision: At Play in the Prosecutor's Nursery, 2 The Brigham Young University Journal of Public Law, 1987, S. 35 ff.

Sheer, Lara Beth, Preliminary Proceedings, 86 The Georgetown Law Journal, 1998, S. 1353 ff.

Sidman, Andrew, The Outmoded Concept of Private Prosecution, 25 The American University Law Review, 1976, S. 754 ff.

Sigler, Jay A., The Prosecutor: A Comparative Functional Analysis, in: William F. McDonald (Hrsg.), The Prosecutor, Beverly Hills Kalifornien, London 1979.
(zitiert: Sigler, Prosecutor, S.)

Simon, Rita J., The Jury: Its Role in American Society, Massachusetts, Toronto 1980.
(zitiert: Simon, The Jury, S.)

Sklansky, David A., Starr, Singleton, and the Prosecutor's Role, 26 Fordham Urban Law Journal, 1999, S. 509 ff.

Smith, Douglas G., Structural and Functional Aspects of the Jury: Comparative Analysis and Proposals for Reform, 48 Alabama Law Review, 1997, S. 441 ff.

Snyder, Orvill C., The District Attorney's Hardest Task, 30 Journal of the American Institute of Criminal Law and Criminology, 1940, S. 167 ff.

Spearing, Mary, New York University School of Law in: Panel Discussion: The Federal Prosecutor's Role in the Regulatory Process, unter Leitung von Charles M. Carberry, 26 Fordham Urban Law Journal, 1999, S. 709 ff.

Steinberger, Helmut, Historic Influences of American Constitutionalism upon German Constitutional Development: Federalism and Judicial Review, 36 Columbia Journal of Transnational Law, 1997, S. 189 ff.

Stuntz, William J., The Uneasy Relationship Between Criminal Procedure and

Criminal Justice, 107 The Yale Law Journal, 1997, S. 1 ff.

Sullivan, Thomas P./ Nachman, Robert D., If It Ain't Broke, Don't Fix It: Why the Grand Jury's Accusatory Function Should Not Be Changed, 75 Journal of Criminal Law & Criminology, 1984, S. 1047 ff.

Sunderland, Louis, Legal Methods for the Suppression of Organized Crime, 48 The Journal of Criminal Law, Criminology and Police Science, 1958, S. 531 ff.

Taslitz, Andrew E./ Paris, Margaret L., Constitutional Criminal Procedure, New York 1997.
(zitiert: Taslitz/ Paris, Constitutional Criminal Procedure, S.)

Thayer, James B., The Origin and Scope of the American Doctrine of Constitutional Law, 7 Harvard Law Review, 1893, S. 129 ff.

Vaira, Peter F., The Role of the Prosecutor Inside the Grand Jury Room: Where is the Foul Line ?, 75 The Journal of Criminal Law & Criminology, 1984, S. 1129.

Volkmann-Schluck, Thomas, Continental European Criminal Procedures: True or Illusive Model ?, 9 American Journal of Criminal Law, 1981, S. 1 ff.

Vorenberg, James, Decent Restraint of Prosecutorial Power, 94 Harvard Law Review, 1981, S. 1521 ff.

Wechsler, Herbert, The Challenge of a Model Penal Code, 65 Harvard Law Review, 1952, S. 1097 ff.

Weinberg, Patricia W./ Weinberg, Robert L., The Congressional Invitation to Avoid the Preliminary Hearing: An Analysis of Section 303 of the Federal Magistrates Act of 1968, 67 Michigan Law Review, 1969, S. 1360 ff.

Weinreb, Lloyd L., Denial of Justice, Criminal Justice in the United States, New York, London 1977.
(zitiert: Weinreb, Denial of Justice, S.)

Welling, Sarah N., Victims in the Criminal Process: A Utilitarian Analysis of Victim Participation in the Charging Decision, 30 Arizona Law Review, 1988, S. 85 ff.

Werhan, Keith, Normalizing the Separation of Powers, 70 Tulane Law Review, 1996, S. 2681 ff.

West, Robin, The Supreme Court 1989 Term – Foreword: Taking Freedom Seriously, 104 Harvard Law Review, 1990, S. 43 ff.

Whitebread, Charles H. / Slobogin, Christopher, Criminal Procedure, 3. Auflage, New York 1993.
(zitiert: Whitebread/ Slobogin, S.)

Wickersham, Cornelius W., The Grand Jury: Weapon Against Crime and Corruption, 51 American Bar Association Journal, 1965, S. 1157 ff.

Witkin, B. E./ Epstein, Norman L., California Criminal Law, Band 4, 2. Auflage, San Francisco, Kalifornien 1989, Stand 1999.
(zitiert: Witkin/ Epstein, S.)

Younger, Richard D., The People´s Panel: The Grand Jury in the United States, 1634-1941, Providence, Rhode Island 1963.
(zitiert: Younger, The People´s Panel, S.)

Zwerling, Matthew, Federal Grand Juries v. Attorney Independence and the Attorney-Client Privilege, 27 Hastings Law Journal, 1976, S. 1263 ff.

Abkürzungsverzeichnis

aaO	am angeführten Ort
ABA	American Bar Association
Abs.	Absatz
a.E.	am Ende
a.F.	alte Fassung
AG	Amtsgericht
AK	Alternativkommentar
ALR 3d	American Law Reports Annotated, Third Series (zitiert nach Band und Seite)
ALR 4th	American Law Reports Annotated, Fourth Series (zitiert nach Band und Seite)
ALR Fed.	American Law Reporter, Federal (zitiert nach Band und Seite)
Anm.	Anmerkung
Art.	Artikel
BayObLG	Bayerisches Oberstes Landesgericht
BGBl.	Bundesgesetzblatt
BGH	Bundesgerichtshof
BGHSt	Entscheidungen des Bundesgerichtshofs in Strafsachen (zitiert nach Band und Seite)
BtMG	Betäubungsmittelgesetz
BverfG	Bundesverfassungsgericht
BVerfGE	Entscheidungen des Bundesverfassungsgerichts (zitiert nach Band und Seite)
BW	Baden-Württemberg
DJT	Deutscher Juristentag
DriZ	Deutsche Richterzeitung (zitiert nach Jahr und Seite)
f., ff.	folgende, fortfolgende
D.2d	Federal Reporter, Second Series (zitert nach Band und Seite)
FAZ	Frankfurter Allgemeine Zeitung
Fn.	Fußnote
FRCP	Federal Rule(s) of Criminal Procedure for the United States District Courts
FS	Festschrift
GA	Goltdhammer´s Archiv für Strafrecht (zitiert nach Jahr und Seite)
GG	Grundgesetz
GS	Gerichtssaal (zitiert nach Jahr und Seite)
h.M.	herrschende Meinung
Hrsg.	Herausgeber
i.S.d.	im Sinne des
iVm	in Verbindung mit

JA	Juristische Arbeitsblätter für Ausbildung und Examen (zitiert nach Jahr und Seite)
JR	Juristische Rundschau (zitiert nach Jahr und Seite)
Jura	Juristische Ausbildung (zitiert nach Jahr und Seite)
JuS	Juristische Schulung (zitiert nach Jahr und Seite)
Justiz	Die Justiz – Amtsblatt des Justizministeriums Baden-Württemberg (zitiert nach Jahr und Seite)
JW	Juristische Wochenschrift (zitiert nach Jahr und Seite)
JZ	Juristenzeitung (zitiert nach Jahr und Seite)
Kap.	Kapitel
KG	Kammergericht
KMR	KMR Kommentar zur Strafprozeßordnung
KrimJ	Kriminologisches Journal (zitiert nach Jahr und Seite)
LG	Landgericht
LR	Löwe-Rosenberg
mwN	mit weiteren Nachweisen
MDR	Monatsschrift für Deutsches Recht (zitiert nach Jahr und Seite)
NJ	Neue Justiz (zitiert nach Jahr und Seite)
NJW	Neue Juristische Wochenschrift (zitiert nach Jahr und Seite)
No.	Number
Nr.	Nummer
NStE	Neue Entscheidungssammlung für Strafrecht (zitiert nach Paragraph und Nummer)
NStZ	Neue Zeitschrift für Strafrecht (zitiert nach Jahr und Seite)
NRW	Nordrhein-Westfalen
N.W.2d	North Wester Reporter, Second Series (zitiert nach Band und Seite)
OLG	Oberlandesgericht
OLGSt	Entscheidungen der Oberlandesgerichte zum Straf- und Strafverfahrensrecht (zitiert nach Paragraph und Nummer)
OWiG	Gesetz über Ordnungswidrigkeiten
P.2d	Pacific Reporter, Second Series (zitiert nach Band und Seite)
Rdnr.	Randnummer
Rechtspflege-Entlastungs-GE 1991	Entwurf eines Gesetzes zur Entlastung der Rechtspflege (Bundestags-Drucksache Nr. 12/1217)
RG	Reichsgericht
RGSt	Entscheidungen des Reichsgerichts in Strafsachen (zitiert nach Band und Seite)
RStPO	Reichsstrafprozeßordnung
S.	Seite
S.Ct.	Supreme Court Reporter (zitiert nach Band und Seite)

StGB	Strafgesetzbuch
StPO	Strafprozeßordnung
StV	Strafverteidiger (zitiert nach Jahr und Seite)
StVÄG 1979	Strafverfahrensänderungsgesetz 1979 vom 5.10.1978 (BGBl I 1645)
u.a.	unter anderem, unter anderen
U.S.	United States Reports (zitiert nach Band und Seite)
U.S.C.A.	United States Code Annotated
ULA	Uniform Laws Annotated
v.	versus, vom
vgl.	vergleiche
v.a.	vor allem
VwGO	Verwaltungsgerichtsordnung
ZPO	Zivilprozeßordnung
ZRP	Zeitschrift für Rechtspolitik (zitiert nach Jahr und Seite)
ZStW	Zeitschrift für die gesamte Strafrechtswissenschaft (zitiert nach Jahr und Seite)

Kurze Definition häufiger verwendeter englischer Fachausdrücke

I. arraignment

Zwei Verfahrensabschnitte werden als *arraignment* bezeichnet. Der erste wird auch *first appearance*, *preliminary appearance* oder *initial presentment* genannt. Dies ist das erste Erscheinen des Angeklagten vor Gericht zwecks Bekanntgabe der gegen ihn erhobenen vorläufigen Anklage. Ferner wird der Angeklagte auf die ihm zustehenden Rechte hingewiesen sowie eine individualisierte Kaution bei fortdauernder Haft festgesetzt. Der zweite Verfahrensabschnitt findet nach Erhebung der endgültigen Anklage vor dem für die Hauptverhandlung zuständigen Gericht statt. Bei diesem *arraignment* wird der Angeklagte in Kenntnis über diese Anklage gesetzt und gefragt, wie er sich dazu erkläre. Teilweise wird hier ein Schuldbekenntnis abgegeben.

II. Attorney General

Ist vergleichbar mit dem deutschen Generalstaatsanwalt.

III. charging decision

Entspricht in etwa dem deutschen Ausdruck der ‚Abschlußverfügung'.

IV. complaint

In Kalifornien ist dies bei schweren Verbrechen, *felonies*, eine vorläufige formale Anklage, die später durch eine endgültige in Form des *indictment* oder *information* ersetzt wird. Bei leichteren Straftaten, *misdemeanors*, ist die *complaint* zugleich die endgültige Anklage.

V. due process clause

Ist in etwa dem deutschen Rechtsstaatsprinzip gleichzusetzen.[1]

Die *due process clause* läßt sich in aller Kürze wie folgt zusammenfassen: Zum einen versteht man darunter die Einbeziehung bestimmter Regelung, die in der *Bill of Rights* niedergelegt sind. Zweitens enthält dieses Prinzip eine materiell-rechtliche Variante, „*substantive due process*" genannt, welche ungeachtet eines ordnungsgemäßen Verfahrens bestimmte willkürliche Handlungen des Staates verbietet. Und drittens wird darin die Gewähr eines fairen Verfahrens eingeschlossen, auch als „*procedural due process*" bezeichnet, die dem Staat untersagt, einen Angeklagten mit einer Geld- oder Gefängnisstrafe zu belegen oder gar zu exekutieren, ohne ihm vorher ein fairen Gerichtsprozeß zugebilligt zu haben.[2]

VI. equal protection clause

Zusammengefaßt verlangt dieser Grundsatz, daß Gleiches auch gleich behandelt wird. Unzulässig sind damit Ungleichbehandlungen vergleichbarer Sachverhalte aus diskriminierenden Gründen. Ferner schafft dieses Verfassungsprinzip kein Recht, sondern setzt ein solches voraus. Somit findet dieser Gleichbehandlungsgrundsatz seine ähnliche deutsche Entsprechung in Art. 3 I GG.[3]

---

[1] Vgl. *Bradley*, Harvard Law Review 1983, S. 1039.

[2] So Daniels v. Williams, 474 U.S. 327, 337 (1986).

[3] Siehe dazu §§ 295 ff in 13 Cal. Jur. 3rd, S. 739 ff.

VII. felony
Eine schwere Straftat, die ungefähr mit dem „Verbrechen" des § 12 StGB verglichen werden kann.

VIII. grand jury
Die *grand jury* ist ein Geschworenengremium, bestehend aus maximal 23 Laien, die nicht nur befugt sind, vermeintliche Verbrechen selbständig zu untersuchen, sondern auch Anklage zu erheben. In der Regel werden der *grand jury* die Beweise von der Staatsanwaltschaft vorgelegt. Im Anschluß daran entscheiden die Geschworenen, ob sie Anklage erheben oder nicht. Eine von der Staatsanwaltschaft initiierte Anklage heißt *indictment*, eine eigeninitiierte Anklage *presentment*.

IX. indictment
Dies ist die Anklage der *grand jury* aufgrund eines ihr durch die Staatsanwaltschaft vorgelegten Falles.

X. information
Dies ist die von der Staatsanwaltschaft bei schweren Straftaten, *felonies*, direkt erhobene Anklage ohne Beteiligung eines Geschworenengremiums (*grand jury*). In der Regel geht dieser Anklageerhebung eine richterliche Prüfung in Form des *preliminary hearing* voraus.

XI. magistrate
Eine Person, die mit Befugnissen ausgestattet ist, die dem deutschen Untersuchungs- bzw. Ermittlungsrichter gleichkommen. *Magistrates* können Laien sein, sind aber meistens und in Kalifornien zwangsläufig Berufsrichter.[4]

XII. misdemeanor
Entspricht in etwa dem „Vergehen" des § 12 StGB. In Kalifornien werden Delikte mit einer maximalen Strafandrohung von bis zu einem Jahr als *misdemeanor* angesehen, alle Delikte mit höheren Strafrahmen sind *felonies*.[5]

XIII. nolle prosequi
Die von der Staatsanwaltschaft abgegebene Erklärung *nolle prosequi* (lat.) bedeutet wörtlich „ich verfolge nicht weiter" und wird förmlich in die Akten aufgenommen. Sie kann im deutschen Recht mit einer Verfahrenseinstellung oder Klagerücknahme verglichen werden. In den meisten Bundesstaaten ist eine richterliche Zustimmung notwendig.[6]

XIV. plea bargaining
Darunter versteht man die Verhandlungen zwischen Staatsanwaltschaft und Angeklagtem zwecks Abgabe eines Schuldbekenntnisses durch den Angeklagten. Im Gegenzug dafür macht die Staatsanwaltschaft Zuge-

---

[4] Genauer *LaFave/ Israel/ King*, Criminal Procedure, Band 1, S. 92. Siehe ebenso 21 Cal.Jur. 3rd, S. 26 f.

[5] Vgl. Cal. Penal Code §§ 17, 18 mit Hinweis bei der Einstufung auf mögliche anderweitige gesetzliche Regelung: § 18 P.C.: „Exept in cases where a different punishment is prescribed by any law of this state...". Allerdings hat keine als *felony* bezeichnete Straftat eine Strafandrohung unter einem Jahr und kein als *misdemeanor* bezeichnete Tat eine Strafandrohung über ein Jahr.

[6] Siehe *Whitebread/ Slobogin*, Criminal Procedure, S. 512.

ständnisse durch Einstellung bestimmter Anklagepunkte, Reduzierung des Schweregrads der Anklage oder Abgabe einer günstigen Strafmaßempfehlung, der der Richter in der Regel folgt.

XV. postindictment preliminary hearing
Nach Erhebung der Anklage durch die *grand jury* in Form des *indictment* ermöglicht ein Antrag des Beschuldigten die Überprüfung dieses *indictment* durch ein öffentliches, meist richterlich geleitetes, kontradiktorisches Verfahren.

XVI. preliminary hearing, auch preliminary examination genannt
Dies ein Vorverfahren zur Überprüfung der Anklage. Es wird von einem *magistrate*, also in der Regel einem Richter, durchgeführt. Es kann am ehesten noch mit dem deutschen Zwischenverfahren verglichen werden, obgleich das *preliminary hearing* eine offene, kontradiktorische Verhandlung darstellt.

XVII. presentment
Darunter versteht man eine Anklageerhebung der *grand jury*, die im Gegensatz zu dem *indictment* von ihr eigeninitiiert wurde. Dieser Anklageerhebung liegen häufig eigene Informationen der Geschworenen zugrunde, die entweder durch eigene Ermittlungen erlangt
oder durch Bürgerbeschwerden an die *grand jury* herangetragen wurden.[7]

XVIII. probable cause
Der wahrscheinliche Fall der Tatbegehung durch den Tatverdächtigen.[8]

XIX. release on one's own recognizance
Dies ist ein schriftliches Versprechen des zunächst inhaftierten Beschuldigten, aufgrund dessen er auf freien Fuß gesetzt wird. In diesem Schriftstück verpflichtet sich der Beschuldigte unter Strafandrohung bei Zuwiderhandlung, zu den anberaumten gerichtlichen Verhandlungsterminen zu erscheinen.

XX. trial
Entspricht in etwa der deutschen Hauptverhandlung.

---

[7] Vgl. auch *LaFave/ Israel/ King*, Criminal Procedure, Band 4, S. 195.

[8] Vgl. Cantrell v. Zolin (1994) 23 Cal. App. 4th 128, 133, 28 Cal. Rptr. 2d 238; People v. Ingle (1960) 53 Cal.2d 407, 412, 2 Cal. Rptr.14, 348 P.2d 577: „It is such a state of facts as would lead a person of ordinary care or prudence to believe and conscientiously entertain an honest and strong suspicion that another person is guilty of a crime."

„Eine ewige Erfahrung lehrt jedoch, daß jeder Mensch, der Macht hat, dazu getrieben wird, sie zu mißbrauchen. Er geht immer weiter, bis er an Grenzen stößt. Wer hätte das gedacht: Sogar die Tugend hat Grenzen nötig. Damit die Macht nicht mißbraucht werden kann, ist es nötig, durch die Anordnung der Dinge zu bewirken, daß die Macht die Macht bremse."[9]

„To prevent the abuse of power, it is necessary that by the very disposition of things, power should be a check to power."[10]

---

[9] *Montesquieu*, De L'Esprit de Lois, S. 213.

[10] Mit diesem Zitat Charles de Montesquieus plädiert der Richter Wisdom für eine verstärkte richterliche Kontrolle in den USA, siehe seine zusätzlichen Ausführungen in dem Urteil United States v. Cox, 342 F.2d 167, 190 (5th Cir. 1965).

"Wer immer dasselbe sieht, sieht nichts.
Erst die Fremde lehrt uns richtig sehen;
sie gibt uns auch das Maß der Dinge."
(Theodor Fontane)

A. Einleitung

„Wo kein Kläger, da auch kein Richter."

Diese landläufige Redewendung zeugt nicht nur von der weichenstellenden Rolle des Anklägers in einem Strafverfahren, also der heutigen Staatsanwaltschaft. Sie zeigt auch, daß die ordnungsgemäße Wahrnehmung der unterschiedlichen Aufgaben durch Gericht und Staatsanwaltschaft sowie deren Abstimmung für eine funktionierende Strafrechtspflege unerläßlich sind. In dieser Redewendung schwingt aber auch die erkannte Gefahr mit, daß der Zugang zu den Gerichten und deren rechtskräftigen Entscheidungen nur über den Ankläger stattfindet. Nicht unbedingt die verwirklichte Straftat als solche, sondern viel maßgebender das Verhalten des Anklägers führt zu einem Richterspruch über Schuld und Strafe. Hängt jedoch die Verwirklichung des staatlichen Strafanspruches wesentlich von der Entscheidung des Anklägers ab, so kommt ihm rechtlich und faktisch eine große Entscheidungskompetenz und damit auch Machtfülle zu.[1]

Unter der Prämisse, daß jedes menschliche Verhalten – bewußt oder unbewußt – fehlerhaft sein kann,[2] liegt in der Ausübung einer großen Entscheidungskompetenz zugleich auch die Möglichkeit ihres Fehlgebrauchs oder gar Mißbrauchs. Vor allem für den betroffenen Beschuldigten, aber auch für Mitbeschuldigte, für durch die Straftat Verletzte sowie das Rechtsgefühl der Bevölkerung ist eine der weitreichendsten Entscheidungen der Staatsanwaltschaft die der Abschlußverfügung.

In der bundesdeutschen Rechtsordnung versteht man unter der Abschlußverfügung die Entscheidung der Staatsanwaltschaft, die das Ermittlungsverfahren beendet[3] in Form der Anklageerhebung, Einstellung des Verfahrens oder Verweisung auf den Privatklageweg[4]. Bei Fortführung des Gesamtverfahrens wird Anklage erhoben durch Einreichung einer Anklageschrift – vereinfacht im beschleunigten Verfahren, § 417[5] sowie durch Nachtragsklage gemäß § 266 – oder Antrag auf Erlaß eines Strafbefehls nach §§ 407, 408. Bei Einstellung des Ver-

---

[1] Mag man sich an dem eher negativ erscheinenden Begriff der „Machtfülle" stoßen, so wird dieser doch häufiger im Zusammenhang mit staatlicher Ausübung von Befugnissen in Zusammenhang gebracht, gerade bei dem für den Betroffenen belastenden Strafprozeß. So schreiben *Milkinovic/ Stangl*, Strafprozeß und Herrschaft, gleich zu Beginn auf S. 1: „Am Strafprozeß kann abgelesen werden, was dem Staat, der Gesellschaft Menschenrechte und Gerechtigkeit bedeuten... Mit der vorliegenden Untersuchung wird indes der Strafprozeß nicht mit Gerechtigkeit, sondern mit Herrschaft assoziiert, was auf Macht verweist...".

[2] Anschaulich wird dies ausgedrückt durch *Langbein*, The University of Chicago Law Review 1974, S. 440: „The prosecutor, being mortal, may err in his exercise of this power of (non)prosecution... That is a routine hazard of decision making." (Der Staatsanwalt kann als Sterblicher in seiner Ausübung dieser Kompetenz der (unterlassenen) Strafverfolgung irren... Dies ist das gewöhnliche Wagnis bei dem Treffen von Entscheidungen).

[3] So *Bohnert*, Abschlußverfügung S. 14.

[4] Vgl. *Ranft*, Strafprozeßrecht, Rdnr. 1087.

[5] Alle §§ sind solche der StPO, soweit nicht anders angegeben.

fahrens gemäß § 170 II sowie §§ 153-154 a wird das Verfahren bis auf weiteres beendet, lediglich bei § 153 a erfolgt zunächst eine vorläufige, bei Auflagenerfüllung eine endgültige Verfahrenseinstellung.[6]

Diese verschiedenen Handlungsalternativen der Staatsanwaltschaft, von der Verfahrenseinstellung und Verweisung auf den Privatklageweg mit ihrer praktisch verfahrensbeendigenden Wirkung[7] bis hin zu der Anklageerhebung mit der in der Regel daraufffolgenden öffentlichen Hauptverhandlung, stellen für alle Beteiligten tiefgreifende Entschlüsse dar.

Die Abschlußverfügung hat bereits in ihrer rechtmäßigen Form weichenstellende Auswirkungen. So kann der Eingriff in das Leben der Beschuldigten je nach Abschlußverfügung erheblich sein. Besteht jedoch bei diesen Entschlüssen aufgrund der zugrundegelegten Prämisse der Fehlbarkeit menschlichen Verhaltens die Gefahr einer bewußten oder unbewußten Fehlerhaftigkeit, so erhalten diese Entscheidungen eine weitere Dimension: Der Angeklagte, der nie hätte angeklagt werden dürfen, hadert nicht nur mit den an eine Anklageerhebung automatisch verknüpften Folgen; so muß er beispielsweise seine eigene Verteidigung einrichten oder in der öffentlichen Hauptverhandlung auf der Anklagebank Platz nehmen. Vielmehr hadert er auch über die Diskriminierung, die mit einer unbegründeten Anklage verbunden ist, die Ungerechtigkeit, die ihm widerfährt und die Frage, wieso gerade er 'in die Mühlen der Justiz' geraten ist. Ähnliches gilt auch, wenn von zehn gleichermaßen Tatverdächtigen nur einer angeklagt wird. Aber auch das Opfer einer Straftat wird ein zweites Mal viktimisiert, wenn der nachweisbare Täter zu Unrecht nicht angeklagt wird.[8]

Daß die Gefahr der Fehlerhaftigkeit der Entschließungen des Anklägers nicht nur abstrakt und allgemein besteht, sondern auch in der deutschen und anderen Rechtsordnungen wie die der Vereinigten Staaten, mögen die nun folgenden Falldarstellungen verdeutlichen.

---

[6] Diese Unterscheidung trifft *Bohnert*, Abschlußverfügung, S. 14; der Problematik, inwieweit das Verfahren jederzeit durch die Staatsanwaltschaft wieder aufgenommen werden kann oder ob aufgrund der Verfahrenseinstellung ein Verfahrenshindernis besteht, soll hier nicht weiter nachgegangen werden, vgl. dazu *Kleinknecht/ Meyer-Goßner*, Strafprozeßordnung, § 153 a, Rdnr. 52 mwN.

[7] Die praktisch verfahrensbeendigende Wirkung bei Verweisung auf den Privatklageweg wird später genauer untersucht, vorab möge lediglich auf die Tatsache hingewiesen werden, daß 1997 von 169.929 durch Verweis auf den Privatklageweg erledigte Verfahren in lediglich 1.791 Fällen tatsächlich eine Privatklage erhoben wurde, wobei davon auch nur 22 % durch Urteil oder gerichtlichen Vergleich erledigt wurden. Mit einer genaueren Aufschlüsselung siehe das unveröffentlichte Manuskript von *Heinz*, Abschlußentscheidung, S. 33. Von einer faktischen Verfahrenseinstellung spricht auch *Wolter*, GA 1985, S. 66.

[8] Zu verschiedenen Einteilungen der Viktimisierungen der Opfers siehe *Bock*, Kriminologie, S. 127.

Zunächst bezüglich der Bundesrepublik Deutschland:

Anfang und Mitte der 1980er Jahre kam es bei Demonstrationen gegen militärpolitische Entscheidungen der Regierung wie der Aufstellung von Pershing-II-Raketen auf dem Gebiet der Bundesrepublik Deutschland zu Sitzblockaden bei Militäreinrichtungen. Diese lösten Verkehrsbehinderungen aus, die von den Demonstranten bezweckt worden waren. Die Sitzblockaden wurden von der Polizei aufgelöst, die Staatsanwaltschaft nahm die strafrechtliche Verfolgung aller Demonstranten auf. Es erfolgten daraufhin Verurteilungen wegen Nötigung, § 240 StGB.[9]

In zeitlicher Nähe dazu (1987) demonstrierten von der Entlassung bedrohte Stahlarbeiter um den Erhalt ihrer Arbeitsplätze in Rheinhausen. Ebenfalls mit dem beabsichtigten Ziel der Verkehrsbehinderung besetzten sie an mehreren Tagen in Düsseldorf und Duisburg verkehrswichtige Plätze, Straßen und Brükken. Dadurch kam der Verkehr völlig zum Erliegen. Obgleich auch hier eine Nötigung bejaht wurde, wurde ausdrücklich auf eine Strafverfolgung durch Polizei und Staatsanwaltschaft verzichtet. Im Gegensatz zu den blockierten Militäreinrichtungen blieb eine strafrechtliche Reaktion des Staates bewußt aus.[10] Obgleich in beiden Fällen also dergleiche Straftatbestand verwirklicht wurde, kam es in der ersten Fallkonstellation zu Verurteilungen, in der zweiten dagegen zu einer Sanktionslosigkeit.

Diese offenkundige Ungleichbehandlung der Fälle aufgrund der unterschiedlichen staatsanwaltschaftlichen Praxis wurde heftig kritisiert, unter anderem mit dem Argument, die strafrechtliche Erheblichkeit der Fälle hänge lediglich davon ab, wie die Staatsanwaltschaft jeweils politisch zu den Blockierern und deren verfolgten Anliegen stehe.[11] Dieser Themenkreis wurde später sogar von der Unabhängigen Regierungskommission zur Verhinderung und Bekämpfung von Gewalt (Gewaltkommission) erörtert.[12]

Eine ganz ähnliche Problematik findet sich in den Vereinigten Staaten wieder. Dies mögen die nachfolgenden Fälle verdeutlichen, die auch von den Angeklagten und später Verurteilten in einem der Fälle als Vergleichspunkte gegenübergestellt wurden.

Die dem Pentagon zugehörige Vorhalle in Washington ist für die Öffentlichkeit geöffnet und dient in erster Linie dem Zu- und Ausgang der Pentagonangestellten. Gemäß 41 C.F.R. § 101-19.304 sind folgende Störungen verboten: „The disorderly conduct on property, or conduct on property which creates loud and unusual noise, or which obstructs the usual use of entrances, foyers, corridors, offices, elevators, stairways, and parking lots, or which otherwise tends to impede or disturb the public employees in the performance of their duties, or which

[9] Vgl. BGH JZ 1986, S. 1061-1065; Anmerkungen dazu von *Offenloch*, JZ 1988, S. 12-18.
[10] Siehe *Müller-Roden*, ZRP 1988, S. 409-412.
[11] *Zapka*, RuP 1991/ 1992, S. 114.
[12] Siehe *Zapka*, aaO.

otherwise impedes or disturbs the general public from obtaining the administrative services provided on property, is prohibited. The occupant agency involved in a disturbance shall have the initial responsibility for coordinationg the observance of this rule by the public...".[13]

In der Späthälfte des Jahres 1969 ist mit Genehmigung des Pentagon die Vorhalle für Veranstaltungen verschiedenster Art genutzt worden - insgesamt 16 Mal, darunter ein bischöflicher Gottesdienst für die Gesundheit des Präsidenten und zur Unterstützung der Streitkräfte, ein Konzertauftritt einer Band, eines Chores der Kadetten des West Point sowie eine Rede des Vizepräsidenten. Eine religiöse Veranstaltung beispielsweise hatte eine Besucherzahl von ca. 450 Personen. Im November 1969 erfolgte auf demselben Gelände ein ungenehmigter Gottesdienst mit 185 Teilnehmern, vom 15. bis 19. Juni 1970 erfolgten weitere Friedensgottesdienste gegen den Krieg insgesamt und den Vietnamkrieg im besonderen. Ein Antrag auf Genehmigung durch das Pentagon wurde bei letzteren Gottesdiensten gestellt, jedoch abgelehnt. Die Teilnehmerzahl pro Gottesdienst betrug jeweils – nach der zeitlichen Abfolge gerechnet – 5, 12, 8, 42 sowie 9 Personen. Obwohl die Gottesdienste in leiser Stimme abgehalten wurden, zum Teil nur mit Gitarrenbegleitung und geflüsterten Gebeten, wurden die Teilnehmer festgenommen. Zeugenaussagen zufolge war der Geräuschpegel der genehmigten Veranstaltungen, insbesondere der Bandkonzerte, weitaus höher. Gegen die Teilnehmer der ungenehmigten Veranstaltungen wurden wegen Störung gemäß 41 C.F.R § 101-19.304 Strafverfahren durch die Staatsanwaltschaft eingeleitet, gegen die Teilnehmer der sonstigen Veranstaltungen hingegen nicht.[14]

Aufgrund des verfassungsrechtlichen Grundsatzes der *equal protection clause*, die ungefähr dem deutschen Gleichheitsgrundsatz entspricht,[15] hätten die hier gegenübergestellten Veranstaltungen bei der Genehmigungserteilung nicht unterschiedlich behandelt werden dürfen.[16] Wiederum wegen der *equal protection*

---

[13] Die Vorschrift lautet: „41 C.F.R. § 101-19.304 Störungen. Verboten ist störendes Verhalten auf Eigentum, oder Verhalten auf Eigentum, welches lauten und ungewöhnlichen Lärm hervorruft, oder welches die gewöhnliche Benutzung von Eingängen, Foyers, Korridoren, Büros, Rolltreppen, Treppen und Parkplätzen beeinträchtigt, oder welches sonst darauf abzielt, öffentliche Angestellte in der Erfüllung ihrer Pflichten zu hindern oder zu stören, oder welches sonst die allgemeine Öffentlichkeit daran hindert oder dabei stört, Leistungen der Verwaltung auf dem Eigentum in Anspruch zu nehmen."

[14] Siehe United States v. Crowthers, 456 F.2d 1074, 1079 (1972).

[15] Die *equal protection clause* ist in der 14. Änderung der Verfassung der Vereinigten Staaten niedergelegt, *Fourteenth Amendment*, deren Text im Anhang abgedruckt ist. Eine ähnliche Verfassungsregelung ist auch in Kalifornien in Art I § 7 zu finden. Dort wird der Grundsatz *equal protection of the laws* genannt. Beide Verfassungsprinzipien eröffnen im wesentlichen denselben Schutz. Zusammenfassend gesprochen verlangen sie, daß Gleiches auch gleich behandelt wird. Ungleichbehandlungen vergleichbarer Sachverhalte aus diskriminierenden Gründen verstoßen gegen genannte Grundsätze. Ferner schaffen sie kein Recht, sondern setzen ein solches voraus. Somit finden diese Verfassungsprinzipien im deutschen Gleichbehandlungsgrundsatz des Art. 3 I GG ein ähnliches Pendant. Siehe insgesamt auch 13 Cal Jur 3d Part 1, San Francisco 1989, Stand 1999, Constitutional Law §§ 295 ff, S. 739 ff.

[16] Vgl. United States v. Crowthers, aaO, S. 1075.

clause hätte eine Strafverfolgung in den Fällen der nicht genehmigten Veranstaltungen nicht erfolgen dürfen. In ausnahmsweiser Abkehr von dem Grundsatz der gerichtlichen Unüberprüfbarkeit staatsanwaltlicher Entscheidungen[17] hob das betreffende amerikanische Bundesgericht die Verurteilungen auf. Das Gericht führt hierzu sehr deutlich aus:

> „In choosing whom to prosecute, it is plain that the selection is made not by measuring the amount of obstruction or noise but because of governmental disagreement with ideas expressed by the accused... We hold the government may not enforce or fail to enforce 41 C.F.R. § 101-19.304 according to whether it agrees with the views expressed."[18]

Die jeweils gegenübergestellten Fälle zeigen, wie groß der Entscheidungsspielraum der Staatsanwaltschaften in beiden Ländern ist, wie weitreichend die Auswirkungen einer Entscheidung sein können, ob Anklage erhoben wird oder nicht. Darüberhinaus wird deutlich, daß die Gefahr einer Ungleichbehandlung vergleichbarer Fälle und damit eines Machtmißbrauches sowohl in der Bundesrepublik Deutschland wie auch in den Vereinigten Staaten nicht von der Hand zu weisen ist. Daraus folgt wiederum, daß in beiden Ländern unweigerlich die gleiche Frage aufgeworfen wird: die Frage der Kontrolle der Abschlußverfügung der Staatsanwaltschaft.[19]

In beiden Ländern gibt es verschiedene direkte und indirekte Kontrollmöglichkeiten der Abschlußverfügung. Neben einer direkten behördeninternen Überprüfung wie in der Bundesrepublik Deutschland gibt es in den USA noch eine weitere indirekte Kontrolle: Durch die Volkswahl (oder Abwahl) des Staatsanwalts soll dieser zu einer untadeligen und ordnungsgemäßen Amtsführung angehalten werden.[20] Für die Bundesrepublik ist allerdings die wichtigste Kontrolle die richterliche Überprüfung der staatsanwaltschaftlichen Abschlußverfügung. Diese wird auch in den USA zunehmend propagiert und für notwendig erachtet.[21]

Daher soll diese richterliche Kontrolle der Abschlußverfügung der Staatsanwaltschaft auch Gegenstand der vorliegenden Dissertation sein; in der bundesdeut-

---

[17] So schon das U.S. Supreme Court in United States v. Thompson, 251 U.S. 407, 412-413, 415 (1920). Siehe später auch ein Berufungsgericht des Bundes in Inmates of Attica Correctional Facility v. Rockefeller, 477 F.2d 375, 379 (2d Cir. 1973).

[18] Siehe United States v. Crowthers, aaO, S. 1079: „Allein in der Auswahl, wer strafrechtlich verfolgt wird, wird deutlich, daß diese Selektion nicht aufgrund der Stärke der Behinderung oder des Lärms vorgenommen wurde, sondern aufgrund der abweichenden Meinung der Regierung gegenüber den geäußerten Vorstellungen der Angeklagten... Wir befinden, daß die Regierung nicht 41 C.F.R. § 101-19.304 strafrechtlich durchsetzen oder nicht durchsetzen kann, je nachdem, ob sie mit der geäußerten Meinung übereinstimmt."

[19] Auf die Schwierigkeit im amerikanischen Recht, eine wie im deutschen Strafverfahren zeitlich klar eingrenzbare Abschlußverfügung (*charging decision*) zu definieren, wird später eingegangen. Siehe dazu die Darstellung des amerikanischen Strafverfahrens unter dem Punkt C. I. 7. ‚Ergebnis für die Abschlußverfügung der Staatsanwaltschaft'.

[20] Vgl. *Welling*, Arizona Law Review 1988, S. 109. Zu den einzelnen Kontrollmechanismen wird später bei der Darstellung des amerikanischen Rechts eingegangen werden.

[21] Vgl. stellv. *Heller*, University of Pennsylvania Law Review 1997, S. 1340.

schen Diskussion gibt es um die Frage, inwieweit die Staatsanwaltschaft bei ihrer Abschlußverfügung durch die Gerichte kontrolliert werden soll, vereinfacht dargestellt zwei gegenläufige Tendenzen: Während die einen für einen Abbau der richterlichen Kontrolle plädieren, setzen sich andere für ihre Stärkung ein.[22]

So wird beispielsweise in Deutschland die Frage aufgeworfen, ob insgesamt eine enge richterliche Kontrolle der Staatsanwaltschaft, die sich als vertrauenswürdig erwiesen hat, fortgeführt werden soll.[23] Sollte man sich stattdessen vermehrt auf die behördeninterne Eigenkontrolle der Staatsanwaltschaft verlassen?[24] Überwindet eine starke richterliche Kontrolle nicht wieder die Trennung von Ankläger und Richter und damit die Abkehr vom früheren Inquisitionsverfahren?[25] Ist das Klageerzwingungsverfahren nicht praktisch nutzlos und sollte daher zur Verfahrensbeschleunigung und Straffung des Strafverfahrens abgeschafft werden?[26] Soll weiterhin das Zwischenverfahren als „wertlose Formalität"[27] und unnötige Verfahrensverzögerung ebenfalls gestrichen werden?[28] Ist die richterliche Zustimmung bei den Verfahrenseinstellungen nach dem Opportunitätsprinzip überhaupt eine wirksame Kontrolle gegen staatsanwaltliche Willkür?[29] Wird sie in der Realität dem ursprünglichen gesetzgeberischen Willen einer gegenseitigen Überprüfung von Gericht und Staatsanwaltschaft gerecht?[30] Oder ist sie als Routinehandlung „ohne Filterfunktion"[31] zur „Bedeutungslosigkeit" herabgesunken?[32] Sollten dann nicht die rechtlichen Verhältnisse den faktischen angeglichen werden und der Staatsanwaltschaft die alleinige Verantwortung für Verfahrenseinstellungen überlassen werden?[33]

Demgegenüber wird konträr dazu vertreten, die bestehenden Kontrollmechanismen sollten noch weiter ausgedehnt werden. Die Frage wird laut, ob man der weisungsabhängigen Staatsanwaltschaft zu große Alleinentscheidungskompetenzen anvertrauen dürfe.[34] Führe die Weisungsabhängigkeit von der Regierung nicht zu politischen und damit sogar willkürlichen Erwägungen im Strafverfah-

---

[22] Genauer dazu später bei den einzelnen Kontrollmechanismen sowie bei B. IV. 2. ‚Abstrakte Kontroverse bezüglich der Kontrollmechanismen'.

[23] Siehe dazu auch die empirischen Untersuchungen über die behördeninterne Kontrolle durch *Werner*, Einfluß des Verletzten, S. 158. Werner kommt zu dem Schluß, die staatsanwaltliche Eigenkontrolle sei schneller, unbürokratischer und kostengünstiger und daher der richterlichen vorzuziehen.

[24] So beispielsweise *Blau*, Rechtsstellung des Verletzten, L 127.

[25] Näher dazu *Eisenberg/ Conen*, NJW 1998, S. 2247.

[26] Siehe *Bohnert*, Abschlußverfügung , S. 331.

[27] So schon 1895 *Kulemann*, GS 1895, S. 101.

[28] Dafür plädiert beispielsweise *Jescheck*, JZ 1970, S. 204.

[29] Zu diesem Zweck der Einführung richterlicher Zustimmung bei den genannten Opportunitätseinstellungen schon *Nagler*, GS 1924, S. 425.

[30] Siehe BT-Drucks. IV/ 3250, S. 284. Ebenso BT-Drucks. VI/ 3478, S. 48.

[31] Vgl. *Geisler*, ZStW 1981, S. 1143 f.

[32] So *Weigend*, Anklagepflicht und Ermessen, S. 54.

[33] Kritisch zu der richterlichen Beteiligung bei den Verfahrenseinstellungen im Rahmen des Opportunitätsprinzipes äußerte sich schon *Mannheim*, JW 1924, S. 1648.

[34] Vgl. *Ostendorf*, RuP 1980, S. 200.

ren, denen nur durch einen unabhängigen Richter abgeholfen werden könne?[35] Haben sich nicht diktatorische Machtstaaten dadurch ausgezeichnet, daß eine unabhängige richterliche Kontrolle der Staatsanwaltschaft nicht stattfand,[36] wie etwa während des Nationalsozialismus?[37] Ist eine unparteiische richterliche Überprüfung nicht schon deswegen notwendig, weil der Staatsanwalt bei seiner Tätigkeit zu sehr in die Sichtweise der Strafverfolgungsbehörden gerät, deswegen nicht mehr objektiv sein kann[38] und auch nicht wie ein Richter wegen Befangenheit abgelehnt werden kann?[39] Sollte daher nicht beispielsweise das Klageerzwingungsverfahren auf die Opportunitätseinstellungen ausgedehnt werden?[40] Oder sollte alternativ dazu die richterliche Zustimmung auf alle Einstellungen nach dem Opportunitätsprinzip ausgedehnt werden?[41] Erfordert die Gefahr fehlerhafter, unbegründeter oder gar politisch motivierter Anklage nicht eine Effektivierung des Zwischenverfahrens?[42]

Diese beispielhaft aufgeführten Fragen kreisen letztendlich um die Notwendigkeit und Reichweite der richterlichen Kontrolle der staatsanwaltlichen Abschlußverfügung in der Bundesrepublik. Die sehr kontrovers geführte Diskussion um unterschiedliche Ziele soll mit Denkanstößen und Erfahrungen bereichert werden, die sich aus einem umfassenden Systemvergleich mit den US-amerikanischen Rechtsordnungen ergeben.

Ein solcher Rechtsvergleich mit dem US-amerikanischen Strafprozeß im allgemeinen ist schwierig und reizvoll zugleich: Zwar fehlt es an einer einheitlichen (Straf)Rechtsordnung für die gesamte USA, wie dies in der Bundesrepublik Deutschland der Fall ist – sieht man einmal von dem Bundesrecht ab[43] –, so daß man auf das Recht von Bundesstaaten zurückgreifen muß. Die Unterschiede und Übereinstimmungen bei der Strafrechtspflege im allgemeinen und hinsichtlich der Aufgaben und Stellung der Staatsanwaltschaft in beiden Rechtsordnungen im besonderen lassen einen Rechtsvergleich jedoch besonders interessant und fruchtbar erscheinen. Die Zugehörigkeit der Bundesrepublik Deutschland und der USA zu den führenden westlichen Industrienationen, die damit international verglichen einen ähnlich hohen Lebensstandard beider Länder beinhaltet, die Verbundenheit beider Länder zu einer kulturell bedingten Wertegemeinschaft sowie die Ähnlichkeit der politischen, wirtschaftlichen und sozialen Systeme führen auch zu ähnlich gelagerten Kriminalitätsproblematiken,[44] deren Handhabung und Lösungsvorschläge zum Teil identische Fragen und Kritikpunkte auf-

---

[35] Ähnlich *Zuberbier*, DRiZ 1988, S. 255.
[36] In diesem Sinne *Jans*, Klageerzwingungsverfahren, S. 11.
[37] Zu der Abkoppelung der Staatsanwaltschaft von richterlicher Kontrolle im Dritten Reich siehe *Freisler*, DStR 1935, S. 1 f.
[38] *Ernst*, Zwischenverfahren, S. 33.
[39] Siehe *Frisch*, Ausschluß und Ablehnung, S. 409.
[40] So *Gössel*, Legalitätsprinzip, S. 121 ff.
[41] Dafür plädiert *Cramer*, Ahndungsbedürfnis, S. 498 ff.
[42] So *Grünwald*, Besondere strafprozessuale Vorschriften, C 49.
[43] Vgl. Federal Rules of Criminal Procedure.
[44] So auch *Weigend*, Anklagepflicht und Ermessen, S. 15.

werfen. Dennoch sind die gefundenen Antworten recht unterschiedlich. Gerade dies ist für einen Rechtsvergleich sehr aufschlußreich. Interessanterweise ist auch in den USA das deutsche Strafrechtssystem das meist diskutierteste innerhalb der kontinentaleuropäischen Verfahren.[45] Spiegelbildliche Rechtsvergleiche führen mitunter gar zu Vorschlägen der Übernahme kontinentaleuropäischer Verfahren.[46]

Bei der Darstellung der Rechtslage der Vereinigten Staaten wird neben einem allgemeinen Überblick besonders auf Kalifornisches Recht eingegangen werden. Dies hat mehrere Gründe: Zum einen ist es aufgrund unterschiedlicher Regelungen und Praktiken in den einzelnen Bundesstaaten sehr schwierig, verallgemeinernde Beschreibungen abzugeben, welche für alle Staaten Gültigkeit besitzen. Um wenigstens einem Bundesstaat auch in detaillierteren Regelungen und praktischer Handhabung gerecht zu werden, muß sich eine konkrete Beschreibung auch an einen konkreten Bundesstaat anlehnen. Zum anderen ist dabei das Kalifornische Recht zur Untersuchung besonders geeignet: Als relativ junger amerikanischer Bundesstaat spiegelt er am repräsentativsten die allgemeine Tendenz zu einer verstärkten richterlichen Kontrolle wider.[47] Dies wird bei dem Abrükken von der Anklage durch ein Geschworenengremium, der *grand jury*, hin zu einer staatsanwaltlichen Anklage mit richterlicher Überprüfung deutlich werden. Diese Tendenz läßt sich auch anhand von Entscheidungen des höchsten Kalifornischen Gerichts, dem Kalifornischen Supreme Court, aufzeigen, das der richterlichen Anklageüberprüfung einen höheren Stellenwert beimißt als der traditionellen Anklageerhebung der *grand jury*.[48] Gleichzeitig repräsentiert Kalifornisches Recht keine singuläre Ausnahmeerscheinung, sondern reflektiert allgemeingültige amerikanische Grundmuster staatsanwaltlicher und richterlicher Aufgabenteilung.[49] So gehört Kalifornien beispielsweise auch zu der Mehrheit derjenigen Bundesstaaten, welche für die Einstellung des Strafverfahrens ab

---

[45] Vgl. *Pizzi*, Ohio State Law Journal 1993, S. 1330.

[46] Auch seitens der USA besteht ein großes Interesse an einer Rechtsvergleichung mit kontinentaleuropäischen Rechtsordnung und insbesondere deutschem Recht, siehe *Frase/ Weigend*, Boston College International & Comparative Law Review 1995, S. 317f. So auch *Jescheck*, Virginia Law Review 1970, S. 240. Ebenso *Goldstein/ Martin*, The Yale Law Journal 1977, S. 244 f. Dies bestätigt vor allem nach dem O.J. Simpson-Prozeß *Carl M. Selinger*, Is There a European Advantage in Criminal Procedure, 100 West Virginia Law Review, 763, 763 (1998). So auch *Volkmann-Schluck*, American Journal of Criminal Law 1981, S. 2 wie auch *Bradley*, Criminal Law Forum 1996, 482. Von der notwendigen Prüfung einer möglichen Übernahme kontinentaleuropäischer Verfahrenspraktiken sprechen auch *Langbein/ Weinreb*, The Yale Law Journal 1978, S. 1550. Mit sehr weitreichenden Vorschlägen der Abschaffung des kontradiktorischen Verfahrens und der Übernahme kontinentaleuropäischer Strafprozeßformen *Mack*, Indiana International & Comparative Law Review 1996, S. 67.

[47] Siehe beispielsweise *Younger*, The People's Panel, S. 148. So auch *Morse*, Oregon Law Review 1931, S. 121. Über diese Westbewegung vgl. *Goldstein*, The Yale Law Journal 1960, S. 1169.

[48] Vgl. Hawkins v. Superior Court, 22 Cal.3d 584, 593 (1978) sowie *J. Brown*, Pacific Law Journal 1992, S. 889.

[49] So beispielsweise für das *preliminary hearing Jacoby*, American Prosecutor, S. 286.

Einreichung einer vorläufigen Klage die richterliche Zustimmung benötigen,[50] allerdings keine gesetzlichen Sonderbestimmungen zur Erzwingung einer Anklage bei Untätigkeit der Staatsanwaltschaft haben.[51]

Wie auch sein deutscher Amtskollege, so hat der amerikanische Staatsanwalt das Anklagemonopol inne und scheint – zumindest auf den ersten Blick – auch zur Strafverfolgung verpflichtet.[52] Dennoch ist seine Stellung, verglichen mit der seines deutschen Kollegen, viel stärker,[53] seine Unabhängigkeit gegenüber gerichtlichen Überprüfungen bei Abschluß des Ermittlungsverfahrens viel größer.[54] Seine Entscheidung, Anklage zu erheben oder nicht, wird gerichtlich mit dem Hinweis auf dogmatische Gründe[55] kaum überprüft, sein weites Ermessen selten durch einen Richter korrigiert. Dennoch mehren sich in jüngster Zeit nicht nur Stimmen im amerikanischen Schrifttum, sondern auch Bestrebungen der Gerichte, die 'Abschlußverfügung' des Staatsanwalts einer verstärkten gerichtlichen Überprüfung zu unterwerfen.[56] Ebenfalls sehr umstritten und vermehrt gefordert wird die Möglichkeit der Gerichte, mit Hilfe des Rechtsbehelfes '*mandamus*' die Ermessensentscheidung der Staatsanwaltschaft bei der Frage der Anklageerhebung zu kontrollieren[57]. Die Gerichte sollen die Staatsanwaltschaft auch zur Anklageerhebung wie bei dem deutschen Klageerzwingungsverfahren zwingen können.[58]

---

[50] So ist in Kalifornien das *nolle prosequi* abgeschafft, die richterliche Anordnung der Einstellung des Verfahrens ist ab Erhebung der vorläufigen Anklage, *complaint*, notwendig, siehe §§ 1385 ff California Penal Code.

[51] Eine solch singuläre Ausnahmeerscheinung ist beispielsweise die Möglichkeit der Erzwingung der Strafverfolgung oder Anklage in Colorado, Kansas und Michigan. Dies ist allerdings für die USA insgesamt sehr untypisch, siehe § 16-5-209 *(Colorado Revised Statutes)* Judge may require prosecution, § 22-2301 *(Kansas Code of Criminal Procedure)* Commencement of prosecution sowie § 767.41. *(Michigan Compiled Laws Annotated)* Investigation by prosecutor; statement of reasons for failure to file information; order of court for filing. Vgl. auch *Davis*, Discretionary Justice, S. 212.

[52] Hierzu existieren zahlreiche Vorschriften, vgl. z. B. 28 U.S.C. § 547 (1): „each United States attorney, within his district, shall –(1) prosecute for all offences against the United States..." oder 33 U.S.C. § 413: „...it shall be the duty of United States attorneys to vigorously prosecute all offenders."

[53] Vgl. stellvertretend *Langbein*, The University of Chicago Law Review 1974, S. 443 sowie die eigene Darstellung unter Punkt C. II. 2. a) ‚Kompetenzen des Staatsanwalts'.

[54] Siehe dazu *Werner*, Einfluß des Verletzten, S. 129

[55] Gerichte verweisen hierbei insbesondere auf das Gewaltenteilungsprinzip, das ihnen die Überprüfung und Aufhebung staatsanwaltlicher Entscheidungen verbiete. Darauf wird ausführlich bei der Darstellung des amerikanischen Rechts unter dem Punkt C. III. 7. ‚Richterliche Kontrolle durch (Rechtsmittel)gerichte' eingegangen. Vgl. vorab Pugach v. Klein, 193 F.Supp. 630, 634-635 (S.D.N.Y. 1961) sowie Newman v. United States, 382 F.2d 479, 481 (D.C.Cir. 1967).

[56] Zu dieser Tendenz siehe *Werner*, Einfluß des Verletzten , S. 129 f.

[57] Vgl. stellv. *N. Abrams*, UCLA Law Review 1975.

[58] Statt aller *Brown/ Shaut*, American Law Review 1976, S. 563ff..

Insgesamt wird das Ausmaß der notwendigen und erwünschten richterlichen Kontrolle sowohl in den USA wie auch in der Bundesrepublik unterschiedlich beurteilt. Wie bereits angedeutet existieren in der bundesdeutschen Diskussion starke Bestrebungen in Richtung des Abbaus der gerichtlichen Kontrolle der Abschlußverfügung.[59] Demgegenüber verzeichnet die Entwicklung der US-amerikanischen Rechtspflege eine dazu entgegengesetzte Richtung.[60] Die Analyse der Gründe und Hintergründe dieser gegenläufigen Tendenz soll für die deutsche Kontroverse nutzbar gemacht werden.

Die somit konträr beantwortete Kernfrage

a) der grundsätzlichen Notwendigkeit sowie
b) der Ausgestaltung der richterlichen Überprüfung der Abschlußverfügung der Staatsanwaltschaft in beiden Ländern

wird erst dann klarer und verständlicher, wenn die vorgeschalteten Ausgangspunkte dieser Frage beleuchtet werden: die Entscheidungskompetenzen der Staatsanwaltschaften sowie deren Kontrollen.

Je größer die Befugnisse der Staatsanwaltschaften sind, desto weiter sind die Handlungsspielräume für bewußten oder unbewußten Fehlgebrauch dieser Befugnisse. Geht man nun von der Prämisse aus, daß menschliche Entscheidungen bewußt oder unbewußt fehlerhaft sein können und insgesamt betrachtet letztlich auch sind, so scheint proportional mit dem Anwachsen eigenständiger Befugnisse auch das Aufkommen von Fehlentscheidungen und Mißbräuchen zu steigen. Je mehr allerdings insgesamt der mit der Kompetenzausdehnung einhergehende Fehlgebrauch zunimmt, desto größer wird der dadurch verursachte Schaden. Damit erhöht sich naturgemäß auch der Ruf nach deren Eindämmung. Eine Form davon ist der Ruf nach Kontrollen durch andere Entscheidungsträger wie den Richter. Je größer also die staatsanwaltlichen Befugnisse sind, desto eher könnte von einem Bedürfnis nach richterlicher Kontrolle ausgegangen werden.

Daher soll untersucht werden,

1.) wie weitreichend rechtlich und faktisch die Entscheidungskompetenz der Staatsanwaltschaften bei Durchführung und Abschluß des Ermittlungsverfahrens in beiden Rechtsordnungen ist,
2.) welcher Art diesbezügliche Kontrollmechanismen theoretisch und vor allem praktisch sind,
3.) wie effektiv die Kontrolle, vor allem die richterliche, tatsächlich ist und schließlich
4.) wie diese in den jeweiligen Rechtsordnungen beurteilt werden.

---

[59] Stellvertretend für alle *Eisenberg/ Conen*, NJW 1998, S. 2247.

[60] *Werner*, Einfluß des Verletzten, S. 151 macht nach kurzem Rechtsvergleich ausländischer Verfahrensordnungen eine internationale Tendenz zu verstärkter Kontrolle der Einstellungstätigkeit der Staatsanwaltschaft aus, wobei diese nicht unbedingt richterlicher Natur ist, sondern auch durch Private geschehen kann wie beispielsweise durch subsidiäre Privatklage.

Bei der Untersuchung dieser Fragen soll zunächst auf die Situation der Staatsanwaltschaft in der Bundesrepublik Deutschland eingegangen werden.

B. Darstellung der Situation in der Bundesrepublik Deutschland.

Im weiteren wird nun auf die bundesdeutsche Rechtslage und -wirklichkeit eingegangen.

I. Die Entscheidungskompetenz der Staatsanwaltschaft während und nach dem Ermittlungsverfahren

1. Die grundsätzliche Stellung der Staatsanwaltschaft im Ermittlungsverfahren

Zunächst soll festgehalten werden, daß im bundesdeutschen Strafprozeß der Richter in der Hauptverhandlung die unangefochtene Zentralfigur darstellt. Seine abschließende Entscheidung über den Angeklagten hat nicht nur weitreichende Konsequenzen für diesen, sondern prägt auch entscheidend das Bild der Justiz in der Bevölkerung und in den Medien.[61] Demgegenüber wurde im gerichtlichen Verfahren dem Staatsanwalt eine prozeßtragende Rolle nie zugesprochen. Vielmehr wurden ihm lediglich eine Kontroll- und Ergänzungsfunktion zuerkannt, die sich in Äußerungs-, Einwirkungs-, und Mitwirkungsbefugnissen erschöpfen.[62]

Dieses Bezugsverhältnis zwischen Richter und Staatsanwalt, aber auch die strukturelle Bedeutung der Staatsanwaltschaft erfährt eine entscheidende Veränderung in dem vorgelagerten Ermittlungsverfahren. Hier rückt nun die Staatsanwaltschaft zu der Zentralfigur aufgrund ihrer Position und Entscheidungsmacht auf.[63]

2. Erheblicher Entscheidungsspielraum der Staatsanwaltschaft aufgrund der Art und Weise der Durchführung des Ermittlungsverfahrens

Bereits die Durchführung des Ermittlungsverfahrens eröffnet der Staatsanwaltschaft einen großen praktischen Einschätzungs- und Einflußspielraum. Sofern sie die in der Regel polizeilichen Ermittlungen leitet oder steuert,[64] bestimmt sie

---

[61] Vgl. *Kunz*, KrimJ 1984, S. 42f. Zu den wissenschaftlichen Stellungnahmen siehe *Sessar*, ZStW 1975, S. 1033.

[62] So auch *Löwe-Rosenberg/ Rieß*, Großkommentar, 25. Auflage, Rdnr. 45.

[63] Siehe *Straßer*, Probleme im Grenzbereich, S. 228, der die Hauptaufgabe der Staatsanwaltschaft in der Justizgewährung sieht, aber nicht in der Hauptverhandlung, da diese Aufgabe vorrangig durch das Gericht wahrgenommen werde, sondern im Ermittlungsverfahren.

[64] Wenn auch die Staatsanwaltschaft die konkreten Ermittlungen der Polizei überläßt und in der Regel deren Ermittlungsergebnisse übernimmt, so sind doch – gerade bei Kapital- und Wirtschaftskriminalität – eigene Ermittlungen der Staatsanwaltschaft sowie Rückverfügungen an die Polizei bzw. bei schwereren Delikten eine koordinierte Ermittlung alleine wegen der staatsanwaltschaftlichen Befugnisse nicht selten, vgl. *Kürzinger*, Kriminologie, Rdnr. 191 sowie *Kaiser*, Kriminologie, § 41, Rdnr. 13. Auch lautet die RiStBV 3 I: „Der Staatsanwalt soll in bedeutsamen oder in rechtlich oder tatsächlich schwierigen Fällen den Sachverhalt vom ersten Zugriff an selbst aufklären, namentlich den Tatort selbst besichtigen, die Beschuldigten und die wichtigsten Zeugen selbst vernehmen...“. Allerdings ist davon auszugehen, daß

entscheidend das nachfolgende gerichtliche Hauptverfahren.[65] So sprach bereits 1846 Zachariä von der „urteilsprägenden Kraft des Ermittlungsverfahrens".[66] Daran hat sich bis heute nichts geändert.[67]

Zunächst ging der historische Gesetzgeber bei Erlaß der Reichsstrafprozeßordnung davon aus, daß nicht das Vorverfahren, sondern die Hauptverhandlung den Schwerpunkt des Verfahrens bilden sollte, da hier eine endgültige Entscheidung zu treffen sei. Grundlage dafür sollten die dort erhobenen Beweise und die daraus resultierenden Erkenntnisse sein.[68] Tatsächlich jedoch ist der Sachverhalt längst vor der Hauptverhandlung in der Regel ausermittelt, die Hauptverhandlung führt lediglich zu einer Wiederholung und Zusammenfassung der dort bereits erhobenen Beweise.[69]

Zwar haben Staatsanwaltschaft und Verteidigung das Recht, zusätzliche Beweisanträge zu stellen und das Gericht kann und muß daneben wegen § 244 II selbständig ermitteln, die entscheidende Vorauswahl und Qualität der Beweise wird jedoch durch die Staatsanwaltschaft getroffen.[70] Insofern hat sich heute die Erkenntnis durchgesetzt, daß der Schwerpunkt des Strafverfahrens im Ermittlungsverfahren liegt.[71] So kann beispielsweise durch die Bestellung eines 'hausfreundlichen Sachverständigen' im Vorverfahren seitens der Staatsanwaltschaft, der in der Regel in der Hauptverhandlung übernommen wird, die gerichtliche Beweisaufnahme entscheidend beeinflußt werden.[72] Aber auch Ermittlungsfehler der Staatsanwaltschaft und Unterlassungen können die gerichtliche Hauptverhandlung und deren Ausgang maßgebend prägen: Trotz des Normbefehls der §§ 160 I, 163 I wird der Aufklärungsaufwand und die Ermittlungsintensität der Strafverfolgung nach Deliktsschwere und antizipierten Erfolgseinschätzungen dosiert und damit der Weg zu der sanktionslosen Einstellung nach § 170 II eröffnet, so daß es in aller Regel zu einem gerichtlichen Verfahren gar nicht mehr kommt.[73] Bei – bewußt oder unbewußt – zu spät einsetzenden Ermittlungen kann die Tatrekonstruktion wegen des Verlustes an Beweisen unmöglich sein,

---

der Einfluß der Polizei immer größer und die Einwirkungsmöglichkeiten der Staatsanwaltschaft immer weiter zurückgehen, vgl. *Arbeitskreis Strafrecht*, StV 2000, S. 461.

[65] So auch *Geisler*, ZStW 1981, S. 1119.

[66] *Zachariä*, Deutsches Strafverfahren, S. 77.

[67] Auch *Richter*, NJW 1981, S. 1821 spricht immer wieder von der „prägenden Kraft des Ermittlungsverfahrens".

[68] Genauer dazu *Hahn*, Materialien zur Strafprozeßordnung, S. 159.

[69] Siehe *Peters*, Fehlerquellen, S. 195.

[70] Vgl. *Ernst*, Zwischenverfahren, S. 12.

[71] Stellv. für alle *Bachmann*, Probleme des Rechtsschutzes 1994, S. 49; *Müller*, NJW 1981, S. 1806; *Richter*, NJW 1981, S. 1821.

[72] So *Kunz*, KrimJ 1984, S. 40.

[73] Siehe *Rieß*, NStZ 1981, S. 4, der sogar von einem „freiwilligen" Verfolgungsverzicht durch die Staatsanwaltschaft und Polizei spricht und hierin ein Verstoß gegen das Legalitätsprinzip sieht. Zu dem seltenen Ausnahmefall einer gerichtlichen Klageerzwingung bei einer staatsanwaltschaftlichen Einstellung des Verfahrens nach § 170 II und den Erfolgsaussichten des Klageerzwingungsverfahrens später unter dem Punkt B. III. 1. ‚Einstellung nach § 170: Klageerzwingungsverfahren'.

ebenso bei nicht genügend sorgfältigen Ermittlungen; bei zu frühzeitiger Festlegung auf das richtig gehaltene Aufklärungsergebnis befaßt sich der Richter von vornherein nur mit vorselektierten Informationen und versäumt möglicherweise unwillkürlich, andere Richtungen zu beleuchten wie beispielsweise bei einem falschen Geständnis. Auch die unzulässige Gewinnung von Beweisen kann wegen des dadurch ausgelösten Beweisverwertungsverbotes entscheidend für die Hauptverhandlung sein.[74] Eine Korrektur fehlerhafter oder gar unterbliebener Ermittlungen durch das Tatgericht ist wegen der Formstrenge und Unbeweglichkeit der Beweisaufnahme sowie der geforderten Zügigkeit und zeitlichen Straffung der Hauptverhandlung – man denke alleine an § 229 – teilweise kaum möglich.[75]

Weiterhin muß berücksichtigt werden, daß aufgrund des Unmittelbarkeitsgrundsatzes des § 250 der Zeuge in der Hauptverhandlung persönlich vernommen werden muß. Eine Verlesung einer früheren, im Ermittlungsverfahren protokollierten Aussage ist daher wegen § 250 Satz 2 grundsätzlich unzulässig. Allerdings sieht das Gesetz hiervon selbst in den §§ 251, 253, 254 Ausnahmen vor und läßt eine Verlesung der im Ermittlungsverfahren geäußerten Aussagen unter den dortigen Bedingungen zu. Auch durch den formfreien Vorhalt als 'Vernehmungsbehelf' kann auf Aussagen im Ermittlungsverfahren zurückgegriffen werden,[76] wenngleich in diesen Fällen als einzig zulässiges Beweismittel nur die auf den Vorhalt hin getätigte Aussage selbst Geltung hat, nicht jedoch der Vorhalt als solcher.[77] Ein weiterer beweistechnischer Rückgriff auf das Vorverfahren findet durch die Möglichkeit statt, den Beweis über eine im Ermittlungsverfahren gemachte Aussage durch Vernehmung des Polizeibeamten zu führen, der seinerseits den Angeklagten vernommen hat. Dabei ist es wiederum zulässig, dem Polizeibeamten zur Stützung seines Gedächtnisses Vorhaltungen aus dem Protokoll zu machen.[78]

Durch diese Rückgriffe auf Aussagen im Ermittlungsverfahren – und nicht erst in der Hauptverhandlung – gewinnt nicht nur die dortige Auswahl, sondern auch die Art und Weise der Vernehmungen stark an Bedeutung und damit der Einfluß der Staatsanwaltschaft auf das spätere Verfahren. Insofern sprechen viele davon, daß in diesem Verfahrensabschnitt des gesamten Strafverfahrens „die Weichen bereits gestellt" werden, mitunter sogar „endgültig"[79] und „die Strafzumessung bereits im Vorverfahren beginnt."[80]

---

[74] Im einzelnen dazu *Peters*, Fehlerquellen, S. 196-212 mit weiteren Ermittlungsdefiziten der Staatsanwaltschaft und deren Auswirkungen auf das weitere Verfahren.
[75] So auch *Ernst*, Zwischenverfahren, S.16 sowie *Peters*, Fehlerquellen, S. 195.
[76] Vgl. BGH 11, 338, 340.
[77] Stellv. BGH 3, 281, 283.
[78] Vgl. BGH 14, 310, 311 f; auch in diesem Fall ist Beweismittel jedoch einzig die Zeugenaussage in der Hauptverhandlung.
[79] So *Zipf*, Kriminalpolitik, S. 152.
[80] So *Kaiser*, Sozialkontrolle, S. 78.

Diese nicht abschließende Aufzählung macht deutlich, welchen großen Einfluß und Entscheidungsspielraum die Staatsanwaltschaft durch die Art und Weise der Durchführung des Ermittlungsverfahrens hat.

Betrachtet man sich die geschichtliche Entwicklung, so sind dieser Entscheidungsspielraum und die Kompetenzfülle der Staatsanwaltschaft immer weiter angewachsen.[81] So war es beispielsweise zunächst der Staatsanwaltschaft nicht möglich, auf wichtige Beweismittel wie Zeugen und Sachverständige gegen deren Willen zurückzugreifen. Zum Erscheinen und zu Aussagen waren diese Personengruppen nur vor dem Richter verpflichtet. Ebenso durfte die Staatsanwalt bei einer Durchsuchung aufgefundene Papiere, mit Ausnahme bestimmter Geschäftspapiere, nicht selbst durchsehen. Diese Befugnisse wurden mit dem Ersten Gesetz zur Reform des Strafverfahrensrechts vom 09.12.1974 (1.StVRG)[82] der Staatsanwaltschaft verliehen. Auch andere Kompetenzen wurden erheblich ausgeweitet.[83] Vor allem die Abschaffung der gerichtlichen Voruntersuchung, §§ 178 ff a.F., ließ die Staatsanwaltschaft zur 'Herrin des Vorverfahrens' werden.[84] Die gerichtliche Voruntersuchung war ein in die Hände des Untersuchungsrichters übergegangenes Ermittlungsverfahren, dessen Ziel – wie auch bei dem staatsanwaltschaftlichen Ermittlungsverfahren – die Klärung des hinreichenden Tatverdachtes des Beschuldigten gewesen ist,[85] und damit die Vorbereitung der Entscheidung über die Eröffnung des Hauptverfahrens.[86] Abgestuft nach Wichtigkeit und Schwere des Falles war die gerichtliche Voruntersuchung teils obligatorisch, teils fakultativ. Zuletzt war die gerichtliche Voruntersuchung zwingend in Strafsachen, die im ersten Rechtszug vor dem BGH oder OLG verhandelt wurden, grundsätzlich notwendig auch bei Verfahren vor den Schwurgerichten. Allerdings konnte hier von einer Voruntersuchung abgesehen werden, wenn der Sachverhalt einfach war, die Staatsanwaltschaft eine gerichtliche Voruntersuchung nicht für notwendig erachtete, und der Beschuldigte keinen Antrag auf Durchführung der Voruntersuchung stellte. Sollte die Sache jedoch vor dem Land- oder Schöffengericht verhandelt werden, so war die Voruntersuchung fakultativ und von einem Antrag der Staatsanwaltschaft oder des Beschuldigten abhängig.[87]

---

[81] Vgl. *Roxin*, DRiZ 1997, S. 120.

[82] Verkündet am 11.12.1974, BGBl I 3393 Nr. 132.

[83] Siehe *Prechtel*, Verhältnis der Staatsanwaltschaft, S. 78.

[84] Diesbezüglich existierte schon 1920 ein Reformentwurf, der die Abschaffung der Voruntersuchung forderte, so der am 02.01.1920 in den Reichsrat gelangte „Entwurf eines Gesetzes über den Rechtsgang in Strafsachen", genauer dazu *E. Schmidt*, Strafrechtspflege, S. 417; siehe auch *Wohlers*, Staatsanwaltschaft, S. 212. Kritisch dazu aus rechtsstaatlichen Erwägungen *Grünwald*, Besondere strafprozessuale Vorschriften, C 31.

[85] Vgl. *Löwe-Rosenberg/ Kohlhaas*, Großkommentar, 22. Auflage, Vor § 178, Anm. 1.

[86] Weitere Ziele der Voruntersuchung wie beispielsweise die Vorbereitung der Hauptverhandlung oder die Produktion richterlicher und damit in der Hauptverhandlung verlesbarer Vernehmungsprotokolle nennt *Heghmanns*, Zwischenverfahren, S. 26.

[87] Ausführlicher dazu *Kleinknecht-Müller*, Kommentar zur Strafprozeßordnung, Vorb. § 178, Anm. 1.

In der Praxis hatte die gerichtliche Voruntersuchung aufgrund der damit verbundenen Verfahrensverzögerung und des wachsenden Vertrauens in die Staatsanwaltschaft immer mehr an Bedeutung verloren.[88] Schließlich wurde sie durch das 1.StVRG unter anderem mit dem Argument abgeschafft, alleinige Ermittlungsbehörde solle nunmehr die Staatsanwaltschaft sein.[89]

Mit dieser Beseitigung der gerichtlichen Voruntersuchung einhergehend wurden gleichzeitig die rechtlichen Befugnisse der Staatsanwaltschaft bei der Durchführung des Ermittlungsverfahrens erweitert. Neu eingeführt wurde nunmehr eine Verpflichtung für Zeugen und Sachverständige zum Erscheinen und zur Aussage vor der Staatsanwaltschaft. Dabei erhielt die Staatsanwaltschaft zur Durchsetzung dieser Verpflichtung das Recht zur Verhängung von Zwangs- und Ordnungsmitteln mit Ausnahme der Haft, die dem Richter vorbehalten blieb, § 161 a. Auch den Beschuldigten traf nunmehr die Verpflichtung zum Erscheinen vor dem Staatsanwalt, wobei im Falle der Nichterfüllung dieser Verpflichtung die Vorführung erzwingbar wurde, § 163 a.

Weiterhin wurde der Staatsanwalt mit Rechten ausgestattet, die zuvor dem Richter vorbehalten waren. So wird nunmehr die Leichenschau von der Staatsanwaltschaft vorgenommen, § 87 I 1, bei Gefahr im Verzug kann die Leichenöffnung statt von einem Richter auch von der Staatsanwaltschaft angeordnet werden, § 87 IV 1 2. HS. Weiterhin kann die Befugnis des Richters zur Öffnung der von der Postbeschlagnahme erfaßten Fälle auf die Staatsanwaltschaft übertragen werden, § 100 III 2. Auch hat die Staatsanwaltschaft nun die Befugnis zur Durchsicht der bei einer Durchsuchung und Beschlagnahme vorgefundenen Papiere, § 110 I, sowie das Recht zur Notveräußerung beschlagnahmter oder gepfändeter Gegenstände nach § 111 l II 1. Die Bestattungsgenehmigung nach § 159 bei unnatürlichem Tod oder Leichenfund steht ebenfalls der Staatsanwaltschaft zu.[90]

Insofern läßt sich sagen, daß das 1.StVRG eindeutig die Stärkung der Staatsanwaltschaft und eine gewisse Abkoppelung von richterlicher Überprüfung bezweckt hat.[91] Die „staatsanwaltschaftliche Machtstellung“ wurde dadurch erweitert.[92]

---

[88] Auf je 1.000 voruntersuchungsfähige Fälle entfielen in den Jahren 1881-1885 etwa 405 Voruntersuchungen, 1901 nur noch 265 und 1913 lediglich 210, so mwN *Heghmanns*, Zwischenverfahren, S. 29 f; diese abnehmende Tendenz verstärkte sich immer weiter bis zu der Abschaffung der gerichtlichen Voruntersuchung, siehe auch *Herrmann*, JuS 1976, S. 414.
[89] BT-Drucks. VI/ 3478, S. 41; 7/ 551, S. 37.
[90] Vgl. *Prechtel*, Verhältnis der Staatsanwaltschaft, S. 79.
[91] So *Herrmann*, JuS 1976, S. 413 f, mwN zu der Kritik, die die Erweiterung der staatsanwaltschaftlichen Befugnisse mit sich gebracht hat.
[92] So *Peters*, Strafprozeß, S. 532.

3. Fazit

Zusammenfassend bedeutet dies, daß die Befugnisse der Staatsanwaltschaft und damit ihre Machtfülle bei der Durchführung des Ermittlungsverfahrens im Laufe der Zeit immer weiter zugenommen haben. Seit Erlaß der StPO hat die Staatsanwaltschaft an Kompetenzen und Selbständigkeit gewonnen. Der richterliche Einfluß ist spiegelbildlich dazu zunehmend aus dem Vorverfahren zurückgedrängt worden. Die Durchführung des Vorverfahrens ist wesentlich für den Ablauf und das Ergebnis des gerichtlichen Hauptverfahrens und lassen dieses zum Teil erst zustande kommen.

4. Entscheidung über die Abschlußverfügung selbst und deren Folgen

Von noch größerer Tragweite – gerade für den Betroffenen – als die Art und Weise der Durchführung des Ermittlungsverfahrens ist jedoch die Entscheidung über den Abschluß des Verfahrens, also die Abschlußverfügung.[93] Aufgrund ihrer Schnittstellenfunktion aller Verfahrensabschnitte kontrolliert und bestimmt die Staatsanwaltschaft durch die Abschlußverfügung die Zusammensetzung der Fälle, die in die gerichtliche Hauptverhandlung gelangen und jener, die zum Teil sogar ohne richterliche Mitwirkung beendet werden.[94] Sehr aufschlußreich für diese Schaltstellenfunktion der Staatsanwaltschaft und damit ihrer Einflußstärke ist eine Aufschlüsselung der unterschiedlichen Abschlußverfügungen.

Gemäß der Polizeilichen Kriminalstatistik von 1997 kam es in sämtlichen Ermittlungsverfahren, also sowohl gegen bekannte wie auch unbekannte Tatverdächtige,[95] bei lediglich 15,7 % zu einer Anklage oder einem Strafbefehl, in 75,2 % zu einer Einstellung nach § 170 II oder aus Opportunitätsgründen. Hinzuweisen sei an dieser Stelle, daß diese und folgende Angaben einen errechneten Mittelwert aus den unterschiedlichen Verfahrensweisen der Staatsanwaltschaften darstellen, es also nicht *die* Erledigung von Verfahren im Bundesgebiet durch *die* Staatsanwaltschaft gibt. Vielmehr sind sehr starke Unterschiede zwischen den einzelnen Bundesländern sowie auch innerhalb eines Bundeslandes und sogar innerhalb eines Landgerichtsbezirkes zu verzeichnen.[96] Dennoch lassen sich anhand dieser Mittelwerte sehr anschaulich allgemeine Tendenzen und Gewichtungen aufzeigen, worin gerade ihr Wert liegt.

---

[93] Zu der erheblichen praktischen Auswirkungen der Abschlußverfügung siehe *Löwe-Rosenberg/ Rieß*, Großkommentar, 25. Auflage, Rdnr. 44.

[94] Vgl. *Langer*, Staatsanwälte und Richter, S. 387.

[95] Nach der Polizeilichen Kriminalstatistik (PKS) 1997, S. 17, herausgegeben durch das Bundeskriminalamt, Wiesbaden 1998, ist „Tatverdächtig jeder, der nach dem polizeilichen Ermittlungsergebnis aufgrund zureichender tatsächlicher Anhaltspunkte verdächtig ist, einer rechtswidrige (Straf)tat begangen zu haben. Dazu zählen auch Mittäter, Anstifter und Gehilfen."

[96] Dazu *Feltes*, KrimJ 1984, S. 54; ebenso das unveröffentlichte Manuskript von *Heinz*, Abschlußentscheidung, S. 26.

Insgesamt wurden 60,3 % aller Verfahren nach § 170 II eingestellt.[97] 14,9 % aller erledigter Verfahren beruhten auf Einstellungen aus Opportunitätsgründen. 11,8 % aller Verfahrenseinstellungen erfolgten nach dem Opportunitätsprinzip ohne Auflagen,[98] 3,1 % mit Auflagen.[99] Weitere 2,1 % aller Verfahren wurden durch Verweisung auf den Privatklageweg erledigt, was letztlich wegen der geringen Beanspruchung und des Erfolges des Privatklageverfahrens einer Einstellung gleichkommt.[100] In 8,4 % aller Verfahren erging ein Antrag auf Strafbefehl,[101] eine Anklage vor dem AG oder LG fand lediglich in 6,6 % aller Verfahren statt.[102]

In absoluten Zahlen ausgedrückt bedeutet dies, daß von allen Verfahren – 8.059.068 insgesamt im Jahr 1997 – alleine 4.858.972 nach § 170 II eingestellt wurden und 1.203.327 aus Opportunitätsgründen. In lediglich 680.409 Fällen wurde ein Antrag auf Erlaß eines Strafbefehls gestellt, in 528.749 Verfahren kam es zu einer Anklage vor dem AG oder LG.[103]

War hingegen der Tatverdächtige bekannt, so änderten sich die Verhältnisse zugunsten des Strafbefehlsverfahrens und der Anklageerhebung. Insofern wurde in 12,0 % aller Ermittlungsverfahren eine Anklage vor dem AG oder LG erhoben, in 15,4 % aller Fälle ein Strafbefehl beantragt.[104] Insgesamt wurden 54,8 % aller Ermittlungsverfahren eingestellt, deren Einstellungsgründe sich wie folgt zusammensetzen: 27,6 % aller Verfahren wurden nach § 170 II beendet, 27,2 % aufgrund von Opportunitätsgründen (5,7 % unter Auflagen, 21,6 % ohne).[105] 3,8 % aller Verfahren wurden durch Verweisung auf den Privatklageweg erledigt.[106] Faßt man die Zahl aller Anklagen im weiteren Sinne[107] – 13,2 % aller

---

[97] Darunter fallen auch Zurückweisungen und Einstellungen nach § 170 II sowie Einstellungen des Verfahrens wegen Todes oder auch Schuldunfähigkeit des Beschuldigten, siehe dazu die Zusammenfassung und Auswertung der Staatsanwaltschafts-Statistik in *Heinz*, aaO, S. 33.

[98] Hierunter fallen Einstellungen nach §§154 b I-III, 154 c, 153 c, 154 d, 154 e, 153 b I (einschließlich § 29 V BtMG) sowie §§ 154 I, 153 I, 45 I, II JGG und § 31 a I BtMG, so *Heinz*, aaO, S. 33.

[99] Erfaßt werden Einstellungen nach den §§ 153 a, 45 III JGG, 37 I BtMG bzw. 38 II i.V.m. 37 I BtMG, so *Heinz*, aaO.

[100] Vgl. *Heinz*, aaO, der darauf hinweist, daß letztlich nur ca. 1 % aller auf den Privatklageweg verwiesenen Verfahren von dem Verletzten im Privatklageweg verfolgt werden. 1997 wurden von 169.929 durch Verweis auf Privatklageweg erledigten Verfahren lediglich 242 durch Urteil und 146 durch Vergleich beendet. Auch *Rieß*, Gutachten C, C 23 bestätigt, daß rund 90 % aller auf den Privatklageweg Verwiesenen diesen nicht einschlagen (Stand 1981).

[101] Inwieweit tatsächlich ein Strafbefehl erlassen wird, ist aus der Statistik nicht ersichtlich, doch ist insgesamt davon auszugehen, daß die wenigsten Anträge der Staatsanwaltschaft auf Erlaß eines Strafbefehls durch das Gericht abgelehnt werden, vgl. *Blankenburg/ Sessar/ Steffen*, Staatsanwaltschaft, S. 316.

[102] Siehe *Heinz*, Abschlußentscheidung,, S. 33.

[103] *Heinz*, aaO.

[104] Ebenso *Heinz*, aaO.

[105] So *Heinz*, aaO.

[106] Vgl. *Heinz*, aaO.

Verfahren – und aller Anträge auf Erlaß eines Strafbefehles, 15,4 % zusammen, so entfallen lediglich 28,6 % aller Ermittlungsverfahren gegen bekannte Tatverdächtige. Selbst bei bekannten Tatverdächtigen überwiegt also die Zahl der Einstellungen bei weitem die Zahl der Anklagen und Strafbefehle.

Faßt man bei Verfahren gegen bekannte und unbekannte Tatverdächtige die Einstellungen aufgrund von Opportunitätsgründen sowie die Verweisung auf den Privatklageweg zusammen,[108] so waren diese mit einer Gesamtzahl von 1.373.256 höher als Anklagen im weiteren Sinne und Strafbefehlsanträge mit insgesamt 1.261.917 Fällen.[109] Dies bedeutet, daß Abschlußverfügungen nach dem Legalitätsprinzip in der Rechtswirklichkeit gegenüber dem Opportunitätsprinzip in der Minderheit sind.

Vergegenwärtigt man sich noch einmal, daß die Staatsanwaltschaft bei ihrer Einführung in den partikularstaatlichen Verfahrensordnungen Anfang und Mitte des 19. Jahrhunderts, wie beispielsweise Bayern oder Baden,[110] ursprünglich als Anklagebehörde konzipiert war, bei Erlaß der RStPO weiterhin auch als Anklagebehörde gesehen wurde[111] und noch heute als solche bezeichnet wird,[112] so erscheint diese Benennung in Anbetracht der Rechtswirklichkeit nicht mehr gerechtfertigt. Wurden, wie bereits dargelegt, 1997 75,2 % aller Verfahren eingestellt und erfolgt nur in 15,7 % eine Anklageerhebung oder ein Strafbefehlsverfahren, so verdient die Staatsanwaltschaft vielmehr die Titulierung als „Einstellungsbehörde“.[113]

Anhand dieser Aufschlüsselung der Abschlußverfügung lassen sich nun eine Reihe von Erkenntnissen ableiten, die die Stellung der Staatsanwaltschaft sowie das gesamte Strafverfahren weiter beleuchten.

---

[107] Darunter fallen dann Anklagen vor dem AG oder LG, Anträge auf Eröffnung des Sicherungsverfahrens, auf Durchführung eines objektiven Verfahrens, auf Entscheidung im beschleunigten Verfahren sowie auf vereinfachtes Jugendverfahren, so *Heinz*, aaO.

[108] Auch hier verfügt die Staatsanwaltschaft nämlich bei der Verneinung des öffentlichen Interesses über einen inhaltlich durch die Gerichte nicht prüfbaren Entscheidungsspielraum, was allerdings umstritten ist, vgl. mwN über diese herrschende Rspr. stellv. *Fezer*, Strafprozeßrecht, Rdnr. 67. Da die Verweisung auf den Privatklageweg faktisch einer Einstellung gleichkommt, *Heinz*, Abschlußentscheidung, S. 33, wurde diese Verweisung zu den Opportunitäteinstellungen hinzu addiert.

[109] Zu den Zahlen siehe *Heinz*, aaO.

[110] Siehe *Rüping*, GA 1992, S. 149. Einer der Hauptzwecke der Einführung der Staatsanwaltschaft nach französischem Vorbild in deutsche Verfahrensordnungen war das Vertreten der Anklage, so *Kerbel*, Staatsanwaltschaft, S. 43; *Wohlers*, Staatsanwaltschaft, S. 205 verweist auf die in den 40er/ 50er Jahren des 19. Jahrhunderts allgemein akzeptierte Vorstellung, die primäre Aufgabe der Staatsanwaltschaft sei aufgrund des Anklageprinzips als öffentlicher Ankläger zu fungieren.

[111] Siehe *Wohlers*, Staatsanwaltschaft, S. 207. Ebenso *Görgen*, Stellung der Staatsanwaltschaft, S. 23 unter Hinweis auf § 152 I.

[112] So die Rspr., vgl. BGHSt 15, 159, 160 sowie *Bottke*, GA 1980, S. 302.

[113] So *Kürzinger*, Kriminologie, Rdnr. 189; *Zapka*, RuP 1991/1992, S. 117 geht sogar von einer Einstellungsquote von 80 % aus.

a) Selektionsmacht der Staatsanwaltschaft

Aufgrund ihres Anklagemonopols und des damit verknüpften Legalitätsgrundsatzes[114] besteht grundsätzlich eine Pflicht der Staatsanwaltschaft, bei Anhaltspunkten für das Vorliegen einer Straftat ein Ermittlungsverfahren durchzuführen und bei hinreichendem Tatverdacht Anklage zu erheben, §§ 152 II, 160, 170 I. Materiell-rechtlich ist diese Verpflichtung abgesichert durch § 258 a StGB, prozessual durch das Klageerzwingungsverfahren gemäß §§ 172 ff.

Dementsprechend laufen alle polizeilich registrierten Straftaten unabhängig von der Art ihres Bekanntwerdens sowie des Aufklärungserfolges bei der Staatsanwaltschaft zusammen. Diese selektiert jene Verfahren aus, bei denen keine genügende Aussicht auf gerichtliche Sanktionierung besteht. Welcher praktische Ausfiltrierungsprozeß hierbei stattfindet, kann man bereits an der Polizeilichen Kriminalstatistik ersehen. Wurden 1997 bundesweit 6.586.165 Verstöße gegen die Strafgesetze des Bundes registriert[115], so wurden davon 3.335.016 als aufgeklärt gemeldet. Dies entspricht einer Gesamtaufklärungsquote von 50,6 %.[116] Somit wurden 3.251.149 Fälle als unaufgeklärt aus der staatlichen Strafrechtspflege wieder herausgefiltert.

Damit werden durch Einstellung bereits solche Fälle ausgeschieden, bei denen es an einem konkreten Tatverdächtigen fehlt oder hinreichender Tatverdacht nicht nachzuweisen ist. Ebenso findet eine Ausfilterung jener Fälle statt, bei denen der Tatverdächtige strafunmündig ist, oder bei denen die Staatsanwaltschaft die Strafverfolgung wegen Geringfügigkeit oder des Fehlens des öffentliches Interesses nicht für notwendig erachtet.[117]

Der Entscheidungsspielraum der Staatsanwaltschaft bei der Frage, ob eine hinreichende Verurteilungswahrscheinlichkeit vorliegt, ist enorm, so daß es lediglich eine Gratwanderung im Einzelfall ist, ob das Verfahren nach § 170 II eingestellt oder doch Anklage erhoben und ob ein möglicherweise lückenhaftes Ermittlungsergebnis nachermittelt wird.[118] So kann sich der Staatsanwalt bei dieser Entscheidung von der Höhe oder Schwere des verursachten Schadens oder der Vorbelastung des Tatverdächtigen und dessen Vorstrafenart leiten lassen. Er kann beispielsweise in diesem Fall gezielt durch bewußte Nachermittlungen Beweisschwierigkeiten überwinden, die ihn in einem anderen Fall, bei denen

---

[114] Das Legalitätsprinzip wird als notwendige Ergänzung zum Anklagemonopol der Staatsanwaltschaft gesehen, damit sichergestellt wird, daß diese staatliche Monopolstellung nicht mißbräuchlich verwandt wird und alle Straftaten gleichermaßen verfolgt werden, siehe dazu *Ranft*, Strafprozeßrecht, Rdnr. 269, 278.

[115] Diese Zahl beinhaltet allerdings nicht Verkehrs- und Staatsschutzdelikte; Versuche wurden wie Vollendungen behandelt, vgl. die Polizeiliche Kriminalstatistik Bundesrepublik Deutschland, Berichtsjahr 1997, herausgegeben durch das Bundeskriminalamt Wiesbaden 1998, S. 25, 63.

[116] PKS 1997, aaO, S. 63.

[117] Vgl. *Blankenburg/ Sessar/ Steffen*, Staatsanwaltschaft, S. 3.

[118] Siehe dazu auch *Kausch*, Der Staatsanwalt, S. 234.

diese Kriterien für eine geringere Sanktionierung des Tatverdächtigen sprechen, von der Anklageerhebung abgehalten hätten. Da die Entscheidung über hinreichenden Tatverdacht unter Würdigung der Beweissituation Entscheidungsspielräume eröffnet, liegt es auf der Hand, daß in diese Entscheidung Umstände der Tat sowie persönliche soziale Verhältnisse des Täters einfließen.[119] Gerade in Grenzfällen wird der Staatsanwalt häufig bei Vorstrafen des Tatverdächtigen, zumal einschlägigen, statt einer Einstellung nach § 170 II Anklage erheben.[120]

Insofern spielen diese Schnittstellenfunktion und Auslesemöglichkeit der Staatsanwaltschaft eine ganz erhebliche Rolle, wird dadurch doch bestimmt, welche Fälle den Gerichten überhaupt bekannt werden.[121] Diese Auswahlmöglichkeit wird durch das Anklagemonopol weiter verstärkt; ohne Anklage durch die Staatsanwaltschaft gibt es keine Verurteilung, ein beispielsweise wegen mangelnden hinreichenden Tatverdachts eingestelltes Verfahren bleibt dem Gericht so gut wie immer unbekannt.[122] Insofern läßt sich mit Recht sagen, daß der Staatsanwalt selbst über die Verfolgbarkeit der Tat entscheidet.[123]

Schließlich trägt diese Filterfunktion auch den begrenzten Kapazitäten von Polizei und Justiz Rechnung,[124] die mangels Zeit, Personal und Ausrüstung gar nicht imstande wären, jeden Rechtsbruch gleichermaßen intensiv zu verfolgen und sich daher auf die für wesentlich erachteten Straftaten konzentrieren wollen.[125]

b) Sanktions- und Entscheidungsmacht der Staatsanwaltschaft

Alleine durch die Auswahl der Abschlußverfügung kommt der Staatsanwaltschaft eine entscheidende Macht- und Einflußstärke zu. Ob ein Verfahren – bei tatsächlicher und rechtlicher Vergleichbarkeit – nun von dem einen Staatsanwalt durch eine förmliche Anklage oder durch einen anderen mittels Strafbefehl weitergeführt oder gar von einem dritten Staatsanwalt unter Auflagen eingestellt wird, ist für den Betroffenen und die ihn treffende Belastung erheblich. So wird bereits durch die Wahl der Sanktionierungsform die Strafhöhe vorweggenommen.[126] Vorab erwähnt sei, dass in den USA diese Entscheidungskompetenz der

[119] So *Kürzinger*, Kriminologie, Rdnr. 190.
[120] Ähnlich *Roth*, ZStW 1975, S. 1073.
[121] Zu diesem Ausfilterungsprozeß, der auch mit einem „Trichtermodell" verglichen wird: *Schwind*, Kriminologie, § 2, Rdnr. 65; ebenso *Bock*, Kriminologie, S. 107 ff. Die meisten von der Staatsanwaltschaft erledigten Verfahren enden nicht bei den Gerichten, siehe *Feltes*, KrimJ 1984, S. 53.
[122] So auch *Heinz*, Abschlußentscheidung, S. 11. Ein nach § 170 II eingestelltes Verfahren, mit dem sich die Gerichte aufgrund eines begründeten Klageerzwingungsverfahrens inhaltlich näher auseinandersetzen, ist die seltene Ausnahme, dazu später bei dem Untersuchungspunkt B. III. 1. ‚Einstellung nach § 170: Klageerzwingungsverfahren'.
[123] So *Sessar*, ZStW 1975, S. 1035.
[124] Siehe *Kaiser*, Sozialkontrolle, S. 83.
[125] *Kaiser*, Kriminologie, S. 337.
[126] So auch *Blankenburg, Sessar, Steffen*, Staatsanwaltschaft, S. 117.

Staatsanwaltschaft noch viel stärker ausgeprägt und ihr Einfluß auf das Strafmaß weitaus höher und direkter ist als in der Bundesrepublik.[127]

Bezüglich des deutschen Rechts soll dies die folgende Darstellung verdeutlichen:

aa) Strafbefehl oder Anklageerhebung

Bei einem Strafbefehl kann beispielsweise gemäß § 407 II nur auf bestimmte limitierte Rechtsfolgen erkannt werden. Die dort genannten Beschränkungen sind bei einer öffentlichen Hauptverhandlung aufgrund einer förmlichen Anklageerhebung hingegen nicht gegeben. Selbst wenn der Angeschuldigte bei einem Strafbefehlsverfahren einen Verteidiger hat, so darf nach § 407 II 2 nur eine Freiheitsstrafe von bis zu einem Jahr festgesetzt werden, deren Vollstreckung zur Bewährung ausgesetzt sein muß.

Beschließt der Staatsanwalt mittels eines Strafbefehles statt einer Anklage vorzugehen, so entscheidet er sich für eine Sanktion aufgrund eines summarischen Verfahrens. Dies setzt voraus, daß eine Hauptverhandlung nicht durch den Richter für notwendig erachtet, § 408 III, oder durch den Angeklagten aufgrund eines Einspruches erzwungen wird, §§ 410, 411 I. Nach dem Gesetzeswortlaut wird der Strafbefehl nur auf Antrag der Staatsanwaltschaft erlassen, §§ 407 I, 408 a I 1. Erlassender ist somit der Richter und nicht der Staatsanwalt. Nach § 408 III 1 hat der Richter dem Strafbefehlsantrag zu entsprechen, wenn dem Erlaß des beantragten Strafbefehls keine Bedenken entgegenstehen. Insofern scheint auf den ersten Blick der Richter die entscheidende sanktionierende Schlüsselstellung einzunehmen.

Interessanterweise zeigt die Praxis allerdings, daß in der Regel alle Strafbefehlsanträge der Staatsanwälte vom Richter unterschrieben werden.[128] Davon ging man bereits bei Erlaß der RStPO aus.[129] Untersuchungen belegen, daß in den seltensten Fällen die Richter ihre Unterschrift unter einen beantragten Strafbefehl verweigern.[130] Dies wurde durch Praktiker bestätigt, die vom Autor diesbezüglich befragt wurden. Der Richter erläßt durchweg den von der Staatsanwaltschaft beantragten Strafbefehl und beraumt selbst so gut wie nie eine Hauptverhandlung gemäß § 408 III an. So kommt es durchschnittlich in lediglich 0,5 % aller Strafbefehlsanträge zu einer solchen Hauptverhandlung durch Entscheidung des Richters.[131] Fast alle auf einen Strafbefehlsantrag folgenden Hauptver-

---

[127] Siehe stellv. *Heller*, University of Pennsylvania Law Review 1997, S. 1310 sowie *Levenson*, Fordham Urban Law Journal 1999, S. 556.

[128] „nahezu ausnahmslos“, so *Kunz*, KrimJ 1984, S. 40.

[129] So äußerte sich das Mitglied der beratenden Kommission von Amsberg, der Amtsanwalt werde in der Regel eine größere Anzahl von Strafbefehlen gleichzeitig beantragen. In den meisten Fällen werde der Amtsrichter den Anträgen stattgeben, vgl. dazu *Hahn*, Materialien zur Strafprozeßordnung, S. 1119.

[130] So *Blankenburg/ Sessar/ Steffen*, Die Staatsanwaltschaft, S. 316.

[131] So *Kirch*, Strafbefehlsverfahren, S. 90.

handlungen werden nur durch Einspruch des Beschuldigten ausgelöst.[132] Die Unterschrift des Richters unter den staatsanwaltschaftlichen Strafbefehlsantrag mit der Folge des Erlasses des Strafbefehles ist zu einer reinen „Gegenzeichnungsprozedur“ herabgesunken.[133] Diese Gefahr der „schablonen- und routinemäßigen Erledigung der Strafbefehlsanträge durch den Richter“ werde hervorgerufen aufgrund des in der Praxis verbreiteten Verfahrens, den Strafbefehl per Verfügung „nach Antrag“ anzuordnen.[134] Zum Teil wird sogar vorgetragen, der Richter unterschreibe den Strafbefehl „mehr oder minder ungeprüft“ und reiche ihn an den Adressaten als „Angebot der Staatsanwaltschaft“ weiter[135] Dies hat zur Konsequenz, daß die Staatsanwaltschaft de facto die Strafhöhe festlegt.[136] Daraus läßt sich ableiten, daß bei den Strafbefehlen zwar die richterliche Teilhabe rein gesetzestechnisch gesichert ist, faktisch allerdings die Staatsanwaltschaft die eigentliche Entscheidungsträgerin ist.[137]

Somit kommt vorrangig dem Staatsanwalt die weitreichende Entscheidungsmacht zu, den Beschuldigten durch Anklageerhebung einer belastenden und stigmatisierenden Hauptverhandlung auszusetzen oder den „ökonomischeren,“[138] weniger stigmatisierenden Weg des Strafbefehls zu wählen.[139] In dem Strafbefehlsverfahren läßt die Staatsanwaltschaft dem Beschuldigten bewußt oder unbewußt den Schutz der Anonymität zukommen, der ihm bei öffentlicher Hauptverhandlung entzogen ist. In letzterem Fall hat die Entscheidung des Staatsanwalts über den stigmatisierenden Effekt des Richterspruches in Form eines förmlichen Urteils die weitere negative Auswirkung, daß der Angeklagte durch Fernbleiben vom Arbeitsplatz wegen seiner Anwesenheitspflicht in der Hauptverhandlung einer zusätzlichen Belastung ausgesetzt ist, die umso größer ausfällt, je länger die Verhandlung dauert.[140] So kann sich bei schwierigen Prozessen und komplizierter Sachlage die Hauptverhandlung über mehrere Tage erstrecken und somit aufgrund der Anwesenheitspflicht zu einer Einschränkung der persönlichen Freiheit des Angeklagten führen.[141] Schon die Motive des Entwurfes der RStPO von 1877 gehen davon aus, daß es für den Angeklagten ein „Übel“ sei, „auf der Anklagebank erscheinen und sich in öffentlicher Gerichtsverhandlung über eine Anschuldigung verantworten zu müssen.“[142] So muß der

[132] Nach *Heinz*, Staatsanwaltschaft, S. 115 werden 97 % aller Hauptverhandlungen wegen Einspruchs des Beschuldigten anberaumt, eine richterlich anberaumte Hauptverhandlung im Sinne des § 408 III 2 ist dagegen eine seltene Ausnahme.

[133] So *Heinz*, aaO, S. 11.

[134] *Schorn*, Strafbefehls- und Strafverfügungsverfahren, S. 31.

[135] *Hausel*, ZRP 1994, S. 96, der selbst als Amtsrichter tätig ist.

[136] Vgl. *Kunz*, KrimJ 1984, S. 40.

[137] So auch *Sessar*, ZStW 1975, S. 1035. Ähnlich auch *Kausch*, Der Staatsanwalt, S. 235.

[138] So *Langer*, Staatsanwälte und Richter, S. 387.

[139] Von der „beherrschenden Stellung“ der Staatsanwaltschaft im Strafbefehlsverfahren aufgrund ihrer Wahlmöglichkeit zwischen dem Strafbefehlsverfahren und der öffentlichen Anklage spricht auch *Schorn*, Strafbefehls- und Strafverfügungsverfahren, S. 22.

[140] Näher dazu *Heghmanns*, Zwischenverfahren, S. 62.

[141] So dauerten 1987 bei den Landgerichten 12,7 % aller Hauptverhandlungen 3 bis 5 Tage, in 7,9 % aller Fälle die Hauptverhandlung sogar mehr als 6 Tage, siehe *Heghmanns*, aaO, S. 67.

[142] Siehe *Hahn*, Materialien zur Strafprozeßordnung, S. 169.

Angeklagte beispielsweise zu Beginn der Hauptverhandlung die Verlesung der Anklageschrift über sich ergehen lassen, seine persönlichen Verhältnisse nach § 243 II offenlegen und eventuell eine Erörterung seiner Vorstrafen hinnehmen, § 243 IV 3. Möglicherweise muß der Angeklagte auch Sachverständigengutachten über sich anhören, die ihn in seinen Augen und denen der Öffentlichkeit herabsetzen.[143] Im Gegensatz zu einer anonymen und daher diskreten Sanktion durch einen Strafbefehl erscheint ein Freispruch aufgrund einer öffentlichen Hauptverhandlung in einigen Fällen dennoch stigmatisierender, da selbst der Freispruch eine völlige Rehabilitation des Angeklagten nicht herbeizuführen vermag.[144] Letztlich bleibt in den Augen der Öffentlichkeit immer ein gewisser Restverdacht und der Vorwurf zurück, „es sei doch was dran" an der Anklage.[145] Dies ist vor allem dann denkbar, wenn lediglich ein Freispruch mangels Beweisen erfolgt ist.[146] Insofern sprechen einige von der mit anderen Ermittlungseingriffen vergleichbaren Grundrechtsbeeinträchtigung des Beschuldigten durch die „Versetzung in den Anklagestand."[147]

Die Wahl des Strafbefehlverfahrens durch den Staatsanwalt hat für den Beschuldigten weiterhin den Vorteil, daß das Verfahren ohne große zeitliche Verzögerung und kostensparend erledigt wird.[148]

Durch das Strafbefehlsverfahren wird dem Beschuldigten zunächst die richterliche Anhörung entzogen, es sei denn, es würde Einspruch eingelegt oder ausnahmsweise durch den Richter eine Hauptverhandlung anberaumt.[149] In der Praxis erscheint auch denkbar, daß der Staatsanwalt das staatliche Reaktionsmittel des Strafbefehls als „Entgegenkommen" gegenüber dem Beschuldigten wählt, wenn dieser ihm dafür ein Geständnis liefert und somit die Beweissituation erleichtert.[150] Eine solche Handhabung hat gewisse Parallelen zu den Absprachen im amerikanischen Strafprozeß, bei denen die Staatsanwaltschaft im Gegenzug für ein Geständnis Zugeständnisse bei der angestrebten Sanktionierung macht.[151]

---

143 So *Ernst*, Zwischenverfahren, S. 16. *Weinrich*, ZStW 1893, S. 241, spricht in diesem Zusammenhang von einer „Demütigung" des Angeklagten, die mit der öffentlichen Verhandlung einhergehe.

144 So schon 1889 *Kries*, ZStW 1889, S. 102.

145 Vgl. *Willms*, DRiZ 1961, S. 329.

146 Vgl. dazu *Willms*, aaO.

147 Siehe *Heghmanns*, Zwischenverfahren, S. 62 ff.

148 Vgl. BVerfGE 25, 158, 164.

149 Zu der Problematik des fehlenden rechtlichen Gehörs durch einen Richter und der Möglichkeit, dieses Gehör nur um den Preis einer Hauptverhandlung aufgrund Einspruchs zu erreichen: *Eser*, JZ 1966, S. 664.

150 Näher dazu *Löwe-Rosenberg/ Schäfer*, Großkommentar, 23. Auflage, § 407, Rdnr. 55. So auch die Beobachtung von *Frase/ Weigend*, Boston College International & Comparative Law Review 1995, S. 345.

151 Der deutsche Strafbefehl wird häufig mit dem amerikanischen *plea bargaining* verglichen. Ein direkt vergleichbares Verfahren sehen *Goldstein/ Marcus*, The Yale Law Journal 1977, S. 267. Zu Recht wird allgemein ein solcher Vergleich abgelehnt. Beiden Verfahren ist zwar gemeinsam, daß der Beschuldigte auf sein Recht auf eine Hauptverhandlung verzichtet durch Annahme des ‚Angebots der Staatsanwaltschaft', allerdings gibt es folgende Unterschiede:

Insofern kommt dem Staatsanwalt eine große Machtstellung zu, die als „positive Sanktionskompetenz“ beschrieben werden kann[152] und faktisch als „quasi-richterliche Befugnis“ anzusehen ist.[153]

bb) Wahl des Gerichts

Bei Anklageerhebung obliegt dem Staatsanwalt die Entscheidung darüber, bei welchem örtlich zuständigen Gericht er anklagt, § 7 ff, sowie bei welchem Spruchkörper er anklagt, §§ 24 I Nr.3, 25 Nr. 2 GVG. Dabei nimmt er eine Vorabwertung der Schwere der Straftat und Sanktion durch Einschätzung der Rechtsfolgenerwartung – nicht mehr als zwei Jahre – und der besonderen Bedeutung der Falles vor.[154] Auch hat die Staatsanwaltschaft gemäß § 26 I GVG die Möglichkeit, bei Straftaten Erwachsener Anklage vor den Jugendgerichten zu erheben, wenn dies zweckmäßig erscheint, § 26 II GVG.[155]

Während der Strafbefehl aufgrund seiner Strafmaßbeschränkungen nur für weniger schwere Delikte in Betracht kommt, entfaltet das *plea bargaining* im amerikanischen Recht erst seine Wirkung bei schwereren Delikten. Nur bei diesen kann nämlich auf einen von Rechts wegen zustehenden Geschworenenprozeß verzichtet werden. Auch kommt das *plea bargaining* erst durch die Streichung einzelner Anklagepunkte oder die Herabstufung des schwereren Deliktes auf ein geringeres zum Tragen. Ferner nimmt der Beschuldigte häufig bei dem Erlaß eines Strafbefehls nicht im Vorfeld an Verhandlungen über das Strafmaß teil wie bei dem *plea bargaining*. Er kann den Strafbefehl nur als Ganzes akzeptieren oder durch Einlegung eines Einspruches diesen obsolet werden lassen. Mangels Tatbestandsbindung der deutschen Anklage und aufgrund der aktiven richterlichen Stellung fehlt dem deutschen Staatsanwalt auch die Machtstellung, wirksame Sanktionsreduzierungen zu versprechen, im Gegensatz zu seinem amerikanischen Pendant. Bei Bestehen auf einer Hauptverhandlung treffen den deutschen Angeklagten auch keine höheren Sanktionen wie etwa seinen amerikanischen Gegenspieler. Insoweit fehlt die für das *plea bargaining* typische Drucksituation des Angeklagten aufgrund schärferer Strafen bei Bestehen auf einer Hauptverhandlung. So im Ergebnis auch *Langbein/ Weinreb*, The Yale Law Journal 1978, S. 1565. Ebenso *Alschuler*, The University of Chicago Law Review 1983, S. 959 sowie *Langbein*, The University of Chicago Law Review 1974, S. 456-458. Derselbe auch in Land Without Plea Bargaining: How the Germans Do It, 78 Michigan Law Review, 204, 214 (1979). Vgl. ferner *Jescheck*, Virginia Law Review 1970, S. 248 und schließlich *Volkmann-Schluck*, American Journal of Criminal Law 1981, S. 28-30.

[152] Siehe *Heinz*, Abschlußentscheidung, S. 11.

[153] So *Blankenburg/ Sessar/ Steffen*, Staatsanwaltschaft, S. 7.

[154] Hinzuweisen sei auf § 209, der den Gerichten erlaubt, unabhängig von den Anträgen der Staatsanwaltschaft, § 206, eine andere Gerichtszuständigkeit anzunehmen. Da die Gerichte zu einer solchen Zuständigkeitsprüfung verpflichtet sind, relativiert sich in gewissem Sinne die staatsanwaltschaftliche Einschätzung bei der Anklage zu einem bestimmten Spruchkörper, vgl. *Kleinknecht/ Meyer-Goßner*, Strafprozeßordnung, § 209 StPO, Rdnr. 1. Auch schränkt § 25 Nr.2 GVG die Strafgewalt des Strafrichters nach § 24 II GVG – Freiheitsstrafe bis 4 Jahre – nicht ein, da es nur auf die Straferwartung bei Eröffnung des Hauptverfahrens ankommt, siehe *Kleinknecht/ Meyer-Goßner*, aaO, § 25 GVG, Rdnr. 3, 4. Insoweit ist die staatsanwaltschaftliche Einschätzung nicht endgültig.

[155] Auch hier kann das Gericht diese Entscheidung der Staatsanwaltschaft korrigieren, §§ 209 I iVm 209 a Nr.2 b.

Insofern hat die Staatsanwaltschaft nicht nur Einfluß auf die Bestimmung des gesetzlichen Richters,[156] Art. 101 I 2 GG, sondern indirekt auch Einfluß auf den Ausgang des Verfahrens durch Auswahl eines Gerichts, dem von vornherein eine bestimmte beschränkte oder unbeschränkte Strafgewalt zusteht.[157] Letztlich kommt dem Staatsanwalt dadurch ein mittelbarer Einfluß auch auf das Strafmaß zu.[158]

cc) Bindung des Gerichts durch Festlegung auf prozessuale Tat

Nach § 264 I kann keine Tat Gegenstand eines gerichtlichen Verfahrens sein, die nicht in der Anklage enthalten ist, auf die sich also nicht der autonome Verfolgungswille der Staatsanwaltschaft bezieht. Unter der Tat im Sinne der § 264 I versteht man den historischen Vorgang, der mit der Anklage dem Gericht zur Aburteilung unterbreitet ist und der sich nach natürlicher Auffassung als eine Einheit darstellt.[159] Insofern liegt eine ganz entscheidende Einflußmöglichkeit des deutschen Staatsanwalts in der Bestimmung des Verfahrensgegenstandes, mit dem sich die Gerichte überhaupt erst beschäftigen dürfen.

Im Gegensatz zur amerikanischen Rechtslage, bei der das Gericht grundsätzlich sogar an den angeklagten Tatbestand gebunden ist – wodurch das *plea bargaining* überhaupt erst seine volle Bedeutung gewinnt[160] – der deutsche Richter innerhalb der angeklagten prozessualen Tat in seiner rechtlichen Würdigung frei, §§ 155 II, 264 II.[161]

In den USA ist die Machtstellung des Staatsanwalts durch Bindung des Gerichts an den konkreten Tatbestand weitaus stärker.[162]

dd) Einstellung oder Anklage/ Strafbefehl

(1) Einstellung nach § 170 II oder Anklageerhebung[163]

Wie bereits festgestellt, wurden drei Viertel aller Ermittlungsverfahren durch die Staatsanwaltschaft eingestellt. Wird ein Verfahren mangels hinreichenden Tat-

---

[156] Siehe dazu BVerfGE 9, 223, 226.

[157] *Blankenburg/ Sessar/ Steffen* sprechen insofern von einer Entscheidung, der „kriminalpolitische Bedeutung“ zukomme, S. 117.

[158] So auch *Kausch*, Der Staatsanwalt, S. 235. Kritisch dazu *Heghmanns*, StV 2000, S. 279. *Heghmanns* fürchtet unzulässige Auswahlkriterien und hält die Regelung für verfassungwidrig.

[159] Siehe BGH 23, 270, 275; *Pfeiffer/ Fischer*, Strafprozeßordnung, § 264, Rdnr. 1.

[160] MwN *Dohr*, Wiedergutmachung des Täters, S. 48.

[161] Zu den Funktionen siehe *Roxin*, Strafverfahrensrecht, § 20, Rdnr. 1 f.

[162] Vgl. dazu *Langbein*, The University of Chicago Law Review 1974, S. 443.

[163] Obgleich bei Privatklagedelikten das öffentliche Interesse an der Strafverfolgung durch die Staatsanwaltschaft verneint werden kann und damit ein prozessuales Verfahrenshindernis nach § 170 II 1 für das Offizialverfahren besteht, wird diese Fallgruppe später gesondert und nicht unter den Erörterungen der Verfahrenseinstellung nach § 170 II behandelt. Siehe Punkt B. I. 3. b) dd) (3) ‚Verweisung auf den Privatklageweg oder Anklageerhebung.

verdachts gemäß § 170 II eingestellt, so bedeutet dies letztlich einen von der Staatsanwaltschaft ausgesprochenen Sanktionsverzicht,[164] da Gerichte sehr selten durch das Klageerzwingungsverfahren in eine Parallelwürdigung der Sachlage eingeschaltet werden.[165]

Die Gratwanderung des Staatsanwalts bei der Beurteilung des hinreichenden Tatverdachts und damit bei der Entscheidung über Anklage oder Verfahrenseinstellung wurden bereits angesprochen. Durch die Anordnung von Nachermittlungen kann der Staatsanwalt den Ausgang dieses Balanceaktes in seinem Sinne steuern. So trifft er teilweise bei beweisschwierigen Fällen die bewußte Entscheidung über eine Anklage im Vorfeld weiterer Ermittlungen, wobei die von ihm angeordneten Nachermittlungen lediglich helfen sollen, seine Entscheidung zu stützen.[166] Dadurch kann schließlich die begehrte Anklagereife erreicht werden. Insofern lautet die Entscheidung des Staatsanwalts verkürzt in diesen Fällen: Anklage und deshalb Nachermittlung oder Einstellung, und deshalb keine Nachermittlung.[167]

Dies macht nicht nur deutlich, welchen Beurteilungsspielraum[168] der Staatsanwalt bei der Einschätzung des hinreichenden Tatverdachtes hat. Ebenso zeigt sich, inwieweit er gezielt die Verurteilungswahrscheinlichkeit durch bewußtes „Nachsteuern" aufgrund von Nachermittlungen herbeiführen kann.

(2) Einstellung aus Opportunitätsgründen oder Anklageerhebung

α) Einstellung als Sanktionsverzicht

Die ohne Auflagen erfolgte Einstellung des Ermittlungsverfahrens ist wie bei § 170 II als staatsanwaltschaftlicher Sanktionsverzicht[169] anzusehen. 1997 wurden insgesamt 953.305 Verfahren durch Einstellung aus Opportunitätsgründen ohne Auflagen beendet, was 11,8 % aller Ermittlungsverfahren entspricht.[170]

---

[164] Siehe *Blankenburg/ Sessar/ Steffen*, Staatsanwaltschaft, S. 107.

[165] Nach *Rieß*, NStZ 1981, S. 7 bedeutet der Verfolgungsverzicht faktisch die endgültige Verfahrensbeendigung.

[166] Dies zeigt eine Untersuchung von *Sessar*, ZStW 1975, S. 1044. Insofern sollen die Nachermittlungen nicht in erster Linie der Aufklärung eines bisher nicht aufgeklärten Falles dienen, sondern lediglich die Entscheidung des Staatsanwalts, Anklage erheben zu wollen, absichern. Dafür spricht auch die herausgefundene Tatsache, daß es in eindeutig aufgeklärten Fällen zu weitaus mehr Nachermittlungen kommt als in unaufgeklärten.

[167] So sinngemäß *Sessar*, aaO, S. 1045.

[168] Während die Rechtsprechung von einem Beurteilunsspielraum ausgeht, gehen andere von einem Ermessenspielraum aus, mwN siehe *Kleinknecht/ Meyer-Goßner*, Strafprozeßordnung, § 170, Rdnr. 1. Von einer „Ermessensentscheidung im soziologischen Sinne", gerade nicht im juristischen Sinne spricht *Kürzinger*, Kriminologie, Rdnr. 190.

[169] Siehe *Feltes*, KrimJ 1984, S. 61; ebenso *Heinz*, Abschlußentscheidung, S. 11.

[170] *Heinz*, aaO, S. 33.

Von einem Sanktionsverzicht ist insofern auszugehen, da mangels Auflagen die Einstellung des Verfahrens folgenlos bleibt.[171]

Von einem Sanktionsverzicht gerade durch die Staatsanwaltschaft zu sprechen,[172] erscheint hingegen schwieriger. Dabei kommt es auf die Unterscheidung an, inwieweit die Staatsanwaltschaft das Verfahren mit oder ohne gerichtliche Zustimmung einstellen kann. Kann das Ermittlungsverfahren ohne Einschaltung eines Gerichts, also ohne richterliche Zustimmung alleine durch die Entscheidung der Staatsanwaltschaft beendet werden, so entscheidet diese gänzlich alleine. Mangels Möglichkeit eines Klageerzwingungsverfahrens[173] werden die Gerichte mit der Verfahrenseinstellung nicht konfrontiert. Dies betrifft die Einstellungen nach §§ 153 I 2, 153 c, 153 d, 154 I, 154 a I,[174] 154 b I-III,[175] 154 c, 154 d sowie 154 e I, ferner §§ 31 a I BtMG und 45 I, II JGG.[176] Aufgrund ihrer alleinigen Entscheidung läßt sich ein Sanktionsverzicht durch die Staatsanwaltschaft, die sich gerade nicht für eine Anklage oder einen Strafbefehl entscheidet, verständlicherweise bejahen.

Darüberhinaus vergrößert sich die Handlungsmöglichkeit der Staatsanwaltschaft durch den mit den Normen verbundenen Einschätzungs- und Ermessensspielraum.[177] Ob die Staatsanwaltschaft das Verfahren wegen Geringfügigkeit des

---

[171] So *Feltes*, KrimJ 1984, S. 53. Dabei spricht *Geisler*, ZStW 1981, S. 1123 von einer „quasi richterlichen Funktion".

[172] So aber *Löwe-Rosenberg/ Rieß*, Großkommentar, 25. Auflage, Rdnr. 42.

[173] Siehe § 172 II 3.

[174] Der Gesetzeswortlaut läßt nicht eindeutig erkennen, ob im Ermittlungsverfahren das Recht zur Einstellung nur der Staatsanwaltschaft zukommt. Dies ist jedoch anzunehmen, vgl. dazu auch *Löwe-Rosenberg/ Rieß*, aaO, § 154 a, Rdnr. 19.

[175] Auch in diesen Fällen kann die Staatsanwaltschaft ohne Zustimmung des Gerichtes von der Verfolgung absehen, siehe *Kleinknecht/ Meyer-Goßner*, Strafprozeßordnung, § 154 b, Rdnr. 2.

[176] Zu beachten ist, daß die Einstellung nach § 45 I JGG nach § 60 I Nr.7 BZRG eine Eintragung in das Erziehungsregister zur Folge hat. Ob diese Eintragung nun aufgrund einer möglichen stigmatisierenden Wirkung eine Sanktion darstellt, oder ob sie sich sogar für den Beschuldigten günstig auswirken kann bei einem späteren Verfahren, in dem aufgrund der Eintragung in dem neuen Verfahren nun eine Erziehungsmaßregel statt Zuchtmittel oder Jugendstrafe verhängt wird, soll hier nicht entschieden werden. An dieser Stelle soll vielmehr die tatsächliche Machtstellung der Staatsanwaltschaft durch die Auswahl der Abschlußverfügung untersucht werden als die trennscharfe Herausarbeitung der Begrifflichkeiten Sanktionsverzicht/ Sanktionsverhängung. Sollte nämlich die registerrechtliche Eintragung als Sanktion angesehen werden, so ändert dies an der dargestellten Entscheidungskompetenz der Staatsanwaltschaft nichts, da Sanktionsverzicht und Sanktionsverhängung lediglich spiegelbildlicher Ausdruck derselben staatsanwaltschaftlichen Machtstellung sind, um die es hier geht. Siehe im Einzelnen zu der Eintragung in das Erziehungsregister *Eisenberg*, Jugendgerichtsgesetz, § 45, Rdnr. 10.

[177] Ob dieser Spielraum nun rechtlich als Beurteilungsspielraum wegen der Verwendung unbestimmter Rechtsbegriffe oder – wovon die Rechtsprechung ausgeht – als Ermessensspielraum angesehen wird aufgrund der „Kann"-Formulierung in einigen Vorschriften wie bei § 153, soll hier nicht weiter vertieft werden. Zur Vertiefung siehe *Löwe-Rosenberg/ Rieß*, Großkommentar, 24. Auflage, § 153, Rdnr. 35. In der Praxis hat die Staatsanwaltschaft auf

verursachten Schadens ohne richterliche Zustimmung, § 153 I 2, oder beispielsweise wegen Unerheblichkeit im Hinblick auf andere Strafverfahren einstellt, § 154 I, hängt maßgeblich von der Beurteilung des Staatsanwalts ab.[178] Dieser hat es insofern in der Hand, das Gericht einzuschalten oder auch nicht. Werden die Voraussetzungen einer zustimmungsfreien Einstellung von der Staatsanwaltschaft zu Unrecht angenommen, so hat dies dennoch keine unmittelbaren prozessualen Konsequenzen, da die Einstellungsentscheidung keiner gerichtlichen Kontrolle unterliegt. Wegen § 172 II 3 scheidet ein Klageerzwingungsverfahren aus. Somit hat das Gericht von sich aus keine Möglichkeit, an die „Sache heranzukommen und eine Anklageerhebung oder eine Einholung der Zustimmung zur Einstellung zu erzwingen."[179] Da der Anzeigenerstatter in einigen Fällen, so beispielsweise bei § 153 I, von der Verfahrenseinstellung einen mit Gründen versehenen Bescheid erhält, RiStBV 89 III, ist lediglich denkbar, daß dieser im Wege der Dienstaufsichtsbeschwerde die fehlende gerichtliche Zustimmung moniert und es im Wege der staatsanwaltschaftlichen internen Kontrolle zu der Anweisung kommt, die gerichtliche Zustimmung einzuholen. Mangels Rechtsmittelbelehrung bei den Bescheiden bezüglich der Einstellung nach §§ 153 ff.[180] ist jedoch in der Regel wegen der Unkenntnis der Dienstaufsichtsbeschwerde nicht von einem solchen Weg auszugehen.

Dies zeigt, daß die Staatsanwaltschaft gerade durch die praktische Rechtsanwendung bei den Einstellungsmöglichkeiten ohne richterliche Zustimmung einen großen Handlungsspielraum hat und damit ihr allein die Entscheidung obliegt, auf eine strafrechtliche Sanktion zu verzichten.[181]

Bei Einstellungen mit gerichtlicher Zustimmung läßt sich ein Sanktionsverzicht (alleine) durch die Staatsanwaltschaft nicht so leicht begründen, da die Einstellungsentscheidung durch das Gericht mitgetragen werden muß. Insofern müßte also – rein gesetzestechnisch zumindest – von einem Sanktionsverzicht durch Staatsanwaltschaft *und* Gericht gesprochen werden.[182] Letzteres war auch die ursprüngliche Intention des Gesetzgebers, der die nach sorgfältiger Prüfung übereinstimmend befürwortete Einstellung des Verfahrens durch zwei unabhängige Institutionen, Gericht und Staatsanwaltschaft, bezweckte.[183] Es ist jedoch sehr fraglich, inwieweit diese gesetzgeberische Vorstellung heute noch der Rechtswirklichkeit entspricht. Dies hängt von den aktuellen faktischen Verhältnissen und dem praktischen Wert der gerichtlichen Zustimmung ab: Die Fälle, in

---

jeden Fall einen weiten Einschätzungsspielraum, vgl. *Kutzer*, DRiZ 1975, S. 110 f. Wegen der Weite der unbestimmten Rechtsbegriffe läuft in der praktischen Rechtsumsetzung die Handhabung dieser Begriffe auf eine ermessensähnliche Entscheidung hinaus, so *Löwe-Rosenberg/Rieß*, aaO.

[178] So *Kutzer*, DRiZ 1975, S. 110.

[179] So *Schroeder*, NStZ 1996, S. 319.

[180] Diese ergeht nur bei Einstellungen nach § 170 II wegen der Möglichkeit des Klageerzwingungsverfahrens, § 171 Satz 2, siehe auch RiStBV 91 II.

[181] Insofern kritisch zu dieser Machtfülle der Staatsanwaltschaft *Dencker*, JZ 1973, S. 147.

[182] Siehe *Wohlers*, Staatsanwaltschaft, S. 250.

[183] Genauer dazu *Wohlers*, aaO, S. 253.

denen der Richter seine Zustimmung zu einer Verfahrenseinstellung verweigert und die Staatsanwaltschaft damit zu einer Anklageerhebung zwingt, sind in der Praxis vollkommen zu vernachlässigen, da die Zustimmung zu einer Routinehandlung „ohne Filterfunktion" geworden ist.[184] Das richterliche Zustimmungserfordernis ist zur Bedeutungslosigkeit herabgesunken.[185] Die richterliche Zustimmung erfolgt so gut wie in allen Fällen,[186] die Ablehnung einer Einstellung ist eine seltene Ausnahme.[187]

Im Vorgriff auf die Rechtspraxis in den USA läßt sich dort, sofern eine Verfahrenseinstellung überhaupt eines Gerichtsbeschlusses bedarf, eine ähnliche Feststellung treffen. Auch hier wird in aller Regel der staatsanwaltliche Antrag auf eine Verfahrenseinstellung vom Richter „abgesegnet."[188]

Wird somit in der Bundesrepublik der staatsanwaltlichen Entscheidung, das Verfahren einstellen zu wollen, durch den Richter entsprochen[189] und lediglich von ihm mechanisch gegengezeichnet,[190] so liegt das Zentrum des Entscheidungsfindungsprozesses über eine Einstellung oder andere Abschlußverfügung primär bei der Staatsanwaltschaft und nicht bei dem Gericht. Damit läßt sich auch rechtfertigen, die Einstellungsentscheidung als eine Entscheidung der Staatsanwaltschaft anzusehen und ihr die faktische Sanktionskompetenz in Form des Sanktionsverzichts zuzusprechen.[191]

β) Einstellung als Sanktionsverhängung

Spiegelbildlich dazu kann man die Einstellungen aus Opportunitätsgründen unter Auflagen, also nach den §§ 153 a, 45 III JGG, 37 I BtMG bzw. 38 II i.V.m. 37 I BtMG als Sanktionsverhängung durch die Staatsanwaltschaft begreifen.[192]

In diesem Zusammenhang wird jedoch die Frage aufgeworfen, vor allem bei dem praxiswichtigen § 153 a, ob die Einstellung unter Auflagen als ‚Sanktion' angesehen werden kann oder ob sie eher ein Verzicht auf Sanktionen jeglicher Art darstelle. Für letztere Auffassung wird ins Feld geführt, die Festsetzung von Auflagen und deren Erfüllung seien lediglich freiwillige Leistungen, die das In-

---

[184] *Geisler*, ZStW 1981, S. 1143 f.

[185] So *Weigend*, Anklagepflicht und Ermessen, S. 54.

[186] Vgl. *Kunz*, KrimJ 1984, S. 46.

[187] Siehe *Blankenburg/ Sessar/ Steffen*, Staatsanwaltschaft, S. 245.

[188] Vgl. stellv. *Lee*, UCLA Law Review 1994, S. 165.

[189] So auch *Herrmann*, JuS 1976, S. 416.

[190] Alternativkommentar-*Schöch*, § 153, Rdnr. 65, spricht von einer „routinemäßigen Erteilung" der Zustimmung durch den Richter.

[191] *Kohlhaas*, Stellung der Staatsanwaltschaft, führt aus, daß die Staatsanwaltschaft rund 80 % aller Fälle, die bei ihr anhängig würden, einstelle und damit eine vorweggenommene richterliche freisprechende Funktion ausübe.

[192] Sanktionsfestsetzung als „Festsetzung der staatlichen Reaktion auf strafrechtlich relevantes Bagatellunrecht", so *Weigend*, KrimJ 1984, S. 18. Von einer Sanktionsfestsetzung durch die Staatsanwaltschaft spricht auch *Heinz*, Staatsanwaltschaft im statistischen Graufeld, S. 87.

teresse an der weiteren Strafverfolgung entfallen ließen.[193] Aufgrund der freiwilligen Erfüllung der Auflagen stünden diese einer strafähnlichen Sanktion nicht gleich,[194] zumal der Beschuldigte die Erfüllung der Auflagen noch dann unterlassen könne, wenn er der vorläufigen Einstellung zugestimmt habe. Vielmehr liege ein Beendigungsverfahren mit Selbstunterwerfung vor.[195]

Daß aber gerade bei § 153 a eine Sanktion geschaffen werden sollte, zeigen die Beratungen des Gesetzgebers. Die Auflagen sollten wenigstens die Sanktionswirkungen haben, die den Geldbußen im OWiG zugesprochen werden.[196] Die amtliche Begründung zu § 153 a läßt dazu verlauten: „§ 153 a geht von der Erkenntnis aus, daß es zahlreiche Fälle im Bereich der kleinen Kriminalität gibt, bei denen eine Einstellung nach § 153 nur deshalb nicht in Betracht kommt, weil es nicht verantwortet werden kann, den Täter ohne jede Sanktion von einer Bestrafung freizustellen.“[197] Auch haben die Auflagen Ähnlichkeiten mit Bewährungsauflagen, die ihrerseits gemäß § 56 b I 1 StGB „der Genugtuung für das begangene Unrecht“ dienen und damit auch dem Strafzweck der Sühne und Vergeltung.[198] Auch soll durch die Auflagen beispielsweise bei § 153 a das „öffentliche Interesse an der Strafverfolgung beseitigt werden“. Darunter sind Gesichtspunkte der Spezial- und Generalprävention einbegriffen, also Strafzwecke, die dann durch eine Sanktionierung des Täters durch das ‚Auferlegen’ und Erfüllen von Auflagen entfallen.[199] Auch die Freiwilligkeit der Auflagenerfüllung ist ein bedenkliches Argument zur Ablehnung des Sanktionscharakters aufgrund der geschaffenen Drucksituation auf den Beschuldigten.[200] Dieser steht vor der Wahl zwischen zwei ihn treffenden Übeln, entweder der Auflagenerfüllung oder aber der Anklage, Durchführung der Hauptverhandlung sowie möglichen Verurteilung. Die angebliche Freiwilligkeit erschöpft sich darin, zwischen zwei alternativ angedrohten Sanktionen die mildere wählen zu können. Insofern ist die Zustimmung des Betroffenen nichts anderes als die Hinnahme einer als unvermeidlich erkannten hoheitlichen Sanktion.[201]

Auf eine vertiefte Diskussion soll hier verzichtet werden, da zum einen der Begriff der Sanktionierung durch die Staatsanwaltschaft häufig nicht im juristischen, sondern soziologischen Sinne gebraucht wird.[202] Zum anderen soll lediglich auf die Reich- und Tragweite der jeweils getroffenen Abschlußentscheidung der Staatsanwaltschaft sowie die Konsequenzen für die Betroffenen hingewiesen werden.

---

[193] Vgl. *Dreher*, Bagatellkriminalität, S. 938 f.

[194] 1. Bericht des Sonderausschusses des Bundestages, BT-Drucks.7/ 1261, S. 28.

[195] *Kleinknecht/ Meyer-Goßner*, Strafprozeßordnung, § 153 a, Rdnr. 12.

[196] 7. Wahlp., Prot., S. 281.

[197] Siehe BT-Drucks. 7/ 550, S. 298.

[198] Im Einzelnen siehe *Kausch*, Der Staatsanwalt, S. 55.

[199] Siehe *Löwe-Rosenberg/ Rieß*, Großkommentar, 24. Auflage, § 153 a Rdnr. 26, § 153, Rdnr. 25 ff.

[200] Vgl. *Kausch*, Der Staatsanwalt, S. 56.

[201] *Hirsch*, ZStW 1980, S. 224.

[202] So *Blankenburg/ Sessar/ Steffen*, Staatsanwaltschaft, S. 114.

Übernimmt man den Begriff der Sanktionsverhängung, so läßt diese sich bei Einstellung unter Auflagen durch die Staatsanwaltschaft unproblematisch in den Fällen bejahen, in denen die Einstellung alleine durch die Staatsanwaltschaft ausgesprochen werden kann, wie bei § 153 a I 6 iVm § 153 I 2.[203] Wie bereits dargestellt, spielt die richterliche Zustimmung in den übrigen Fällen keine bedeutende Rolle, sondern wird vielmehr als „Gegenzeichnungsprozedur" gesehen. Der „richterliche Segen" wird „fast ausnahmslos" erteilt.[204] Daher liegt das Hauptgewicht und der Schwerpunkt der Entscheidung bei der Staatsanwaltschaft. Folglich sollte ihr die Sanktionsverhängung primär zugerechnet werden.[205]

(3) Verweisung auf den Privatklageweg oder Anklageerhebung

Einen großen Entscheidungsspielraum hat die Staatsanwaltschaft bei der Beurteilung der Frage, ob bei Privatklagedelikten ein öffentliches Interesse besteht.

Umstritten ist dabei, ob die Bejahung des öffentlichen Interesses der gerichtlichen Überprüfung unterliegt. Während teilweise eine volle gerichtliche Überprüfung gefordert, zumindest aber eine eingeschränkte Prüfung für notwendig erachtet wird,[206] gehen die Rechtsprechung und die herrschende Meinung von der inhaltlichen Unüberprüfbarkeit der staatsanwaltschaftlichen Entscheidung aus.[207]

Die Staatsanwaltschaft bestimmt somit bei der Entscheidung über den Privatklageweg alleine, ob der staatliche Strafanspruch durch sie selbst durchgesetzt wird, beispielsweise durch Anklageerhebung, oder ob das öffentliche Interesse an einer Strafverfolgung nicht besteht. In letzterem Fall wird das Verfahren gemäß § 170 II 1 aufgrund des Verfahrenshindernisses des fehlenden öffentlichen Interesses eingestellt und der Verletzte zugleich auf den Privatklageweg verwiesen, §§ 374 ff.[208]

---

203 So auch *Rudolphi*, ZRP 1976, S. 168.

204 *Wolter*, GA 1985, S. 75.

205 So auch *Heinz*, Staatsanwaltschaft im statistischen Graufeld, S. 87. Von der Vergleichbarkeit staatsanwaltschaftlicher Abschlußverfügung mit richterlichen Gestaltungsakten im Zusammenhang mit der Sanktionsbemessung sowie von einer informelle Sanktionierung durch §§ 45 JGG sowie 153 a spricht *Rieß*, NStZ 1981, S. 7. Siehe dazu auch *Weigend*, KrimJ 1984, S. 18 ff. Für eine Zurechnung eher zur Staatsanwaltschaft als zum Gericht *Wolter*, GA 1985, S. 81.

206 Siehe *Dähn*, JA 1981, S. 334.

207 Genauer dazu später bei der Untersuchung der Privatklage. Vgl. stellv. BGHSt 16, 225, 230 sowie *Kröpil*, DRiZ 1986, S. 19.

208 Welch großen Entscheidungsspielraum der Staatsanwalt bei der Prüfung des öffentlichen Interesses hat, zeigen die Richtlinien (RiStBV), die diesen Begriff näher definieren und dennoch viel Raum im individuellen Fall bei der Beurteilung lassen: Nach RiStBV 86 II liegt in der Regel ein öffentliches Interesse vor, wenn der Rechtsfrieden über den Lebenskreis des Verletzten hinaus gestört ist und die Strafverfolgung ein gegenwärtiges Anliegen der Allgemeinheit ist, z.B. wegen des Ausmaßes der Rechtsverletzung, wegen der Roheit oder Gefährlichkeit der Tat, der niedrigen Beweggründe des Täters oder der Stellung des Verletzten im

Diese Entscheidung ist in der Praxis sehr weitreichend, bedeutet doch die Verneinung des öffentlichen Interesses unter Verweisung auf den Privatklageweg mittlerweile eine faktische Verfahrenseinstellung.[209]

Dies hängt zunächst damit zusammen, daß bei Verweisung auf den Weg der Privatklage diese in der Regel nicht erhoben wird. Der Beschuldigte hat sich daher nicht vor einem Gericht zu verantworten und muß dementsprechend keine ihm auferlegte gerichtliche Sanktion erwarten. Dies ist das Ergebnis eines kontinuierlichen historischen Prozesses: In dem Zeitraum von 1877 bis ca. 1930 wurden jährlich zwischen 80.000 und 120.000 Privatklagen anhängig, 1960 waren es hingegen nur noch rund 34.000. Wurden beispielsweise 1971 noch in 17,7 % Fällen aller Verweisungen auf den Weg der Privatklage diese auch erhoben, so waren es 1978 nur noch 16,4 %, 1979 hingegen lediglich 13,6 % und 1980 nur noch 11,6 %. 1981 sank die Quote auf 10,4 %.[210] Dies bedeutet alleine einen Rückgang um ungefähr 70 % in diesen 10 Jahren.[211]

Aber nicht nur die Zahl der Privatklagen ist zurückgegangen, sondern auch die Verurteilungsrate aufgrund der Privatklage.[212]

1997 wurden insgesamt 169.929 Verfahren auf den Privatklageweg verwiesen, was 2,1 % aller Ermittlungsverfahren ausmachte,[213] wobei es in lediglich 1.791 Fällen zu einer Privatklage vor dem Amtsgericht kam. Davon wurden wiederum nur 242 durch Urteil und 146 durch Vergleich erledigt.[214] Dies bedeutet, daß von allen durch die Staatsanwaltschaft auf den Privatklageweg verwiesenen Delikten lediglich rund 1 % auch tatsächlich im Wege der Privatklage verfolgt wurden.[215] Von diesem Prozentpunkt wurden lediglich 25 % wiederum durch Urteil oder Vergleich erledigt. Somit sprechen Gerichte, sofern sie wirklich einmal mit Privatklagedelikten konfrontiert werden, in den seltensten Fällen eine Sanktion aus.[216] Grund hierfür ist vor allem das recht erfolgreiche Sühneverfahren, da et-

---

öffentlichen Leben. Ist der Rechtsfrieden über den Lebenskreis des Verletzten hinaus nicht gestört, so kann ein öffentliches Interesse auch dann vorliegen, wenn dem Verletzten wegen seiner persönlichen Beziehung zum Täter nicht zugemutet werden kann, Privatklage zu erheben, und die Strafverfolgung ein gegenwärtiges Anliegen der Allgemeinheit ist.

[209] Siehe *Rieß*, Gutachten C, C 23.

[210] Weitere Zahlen sind zu finden bei *Rieß*, Gutachten C, C 24; siehe auch *Grebing*, GA 1984, S. 6.

[211] Dieser Rückgang ist nicht auf eine verminderte Begehung der Privatklagedelikte zurückzuführen, da die Häufigkeit der Begehung relativ gleich geblieben ist oder sogar angestiegen ist, so *Grebing*, aaO, S. 7.

[212] So auch *Weigend*, Deliktsopfer und Strafverfahren, S. 480.

[213] Siehe *Heinz*, Abschlußentscheidung, S. 33.

[214] *Heinz*, aaO.

[215] Vgl. dazu *Rieß*, Gutachten C, C 23.

[216] So schreibt *Rieß*, JA 1984, S. 486: „Aus der Befugnis zur Privatklage ist im Ergebnis eine den Verletzten rechtlos stellende zusätzliche Einstellungsmöglichkeit bei Bagatellkriminalität geworden, weil der Verweisung auf den Weg der Privatklage in 90 % aller Fälle [Stand 1984, Anm.d.Verf.] keine Privatklage folgt und die erhobenen kaum zum Erfolg führen."

wa die Hälfte der Sühneversuche erfolgreich ist[217] und damit eine strafrechtliche Sanktion des Staates bewußt ausbleibt.

Damit ergibt sich bei der Verweisung auf den Privatklageweg insgesamt eine Einstellungswirkung von ca. 99 %. Insofern ist die Privatklage statistisch „fast zur Bedeutungslosigkeit herabgesunken."[218]

Verneint die Staatsanwaltschaft das öffentliche Interesse an der Strafverfolgung, so folgt schon aus § 172 II 3, daß diese Entscheidung gerichtlich nicht überprüfbar ist. Die öffentliche Klage durch den Staatsanwalt kann der Geschädigte somit nicht erzwingen.[219] Auch das Gericht kann aus eigener Kraft nicht an den Fall herankommen. Ferner kann es weder im Rahmen einer Anrufung noch einer Beschwerde gegen die staatsanwaltschaftliche Ablehnung des öffentlichen Interesses durch den Verletzten die Staatsanwaltschaft dazu zwingen, dieses öffentliche Interesse entgegen ihrer Auffassung doch zu bejahen und das Privatklageverfahren nach § 377 II zu übernehmen.[220] Zwar kann das Gericht nach § 377 I 2 der Staatsanwaltschaft die Akten des Verfahrens vorlegen, wenn es die Übernahme des Verfahrens durch die Staatsanwaltschaft für geboten hält. Die Staatsanwaltschaft ist jedoch an die gerichtliche Auffassung bei der Aktenvorlage nicht gebunden. Sie kann weiterhin eine Verfolgung und damit die Übernahme des Verfahrens ablehnen mit der Folge, daß das bisherige Privatklageverfahren ohne Mitwirkung der Staatsanwaltschaft fortgeführt wird.[221] Insofern ist die Verfolgungsablehnung der Staatsanwaltschaft durch ein Gericht unangreifbar.[222] Theoretisch wird der Verletzte dadurch jedoch nicht schutzlos gestellt, steht ihm selbst der Weg zu den Gerichten im Rahmen einer eigenen Privatklage offen.[223] Da dies jedoch einer Verfahrenseinstellung gleichsteht, liegt es in der Hand der Staatsanwaltschaft, einen Sanktionsverzicht zu bewirken. Dadurch läßt sich bei der Verweisung auf den Privatklageweg von einem faktisch alleinigen staatsanwaltlichen Sanktionsverzicht sprechen.

Dies stärkt die Position der Staatsanwaltschaft, denn ihre Entscheidung über das Vorliegen oder Nichtvorliegen des öffentlichen Interesses führt in einem Fall zum faktischen Sanktionsverzicht, in einem anderen zu einer potentiellen Sank-

---

[217] So *Rieß*, Gutachten C, C 24.

[218] So *Grebing*, GA 1984, S. 1; vgl. dazu auch *Löwe-Rosenberg/ Hilger*, Großkommentar, 25. Auflage, Vor § 374, Rdnr. 41.

[219] So die hM, stellv. *Fezer*, Strafprozeß, S. 12. Auf abweichende Auffassungen wird später eingegangen, da hier zunächst nur die herrschende Praxis dargestellt werden soll.

[220] Vgl. *Löwe-Rosenberg/ Hilger*, Großkommentar, 25. Auflage, § 377, Rdnr. 1.

[221] Genauer dazu *Schacky*, Privatklageverfahren, S. 199: In diesem Fall wird das Gericht die Privatklage entweder nach § 383 I zurückweisen oder das Verfahren nach § 206 a außerhalb der Hauptverhandlung durch Beschluß oder in der Hauptverhandlung gemäß § 389 durch Urteil einstellen, weil es ein Offizialdelikt annimmt. So auch *Schorn*, Privatklage, S. 27.

[222] So auch *Kleinknecht/ Meyer-Goßner*, Strafprozeßordnung, § 376, Rdnr. 6. Siehe ebenso den *Karlsruher Kommentar/ Pelchen*, § 376, Rdnr. 2 ff.

[223] Möglich ist auch eine Dienstaufsichtsbeschwerde gegen die Entscheidung der Staatsanwaltschaft, die bis hin zum Justizminister gehen kann, vgl. *Löwe-Rosenberg/ Hilger*, Großkommentar, 25. Auflage, § 376, Rdnr. 9.

tionierung durch gerichtliches Urteil[224] aufgrund des von der Staatsanwaltschaft fortgeführten öffentlichen Verfahrens.[225] So machte beispielsweise der Beschwerdeführer einer Verfassungsbeschwerde gegen die fehlende richterliche Überprüfung des Bestehens des öffentlichen Interesses geltend: „...so liege damit die Entscheidung, ob der Beschuldigte zu verurteilen sei, „faktisch“ allein bei der Staatsanwaltschaft; das Gericht könne allenfalls noch „Korrekturen“ im Bereich der Strafzumessung vornehmen.“[226]

c) Faktische Abschaffung des Legalitätsprinzips

Wie bereits dargelegt, überstieg 1997 die Zahl der Einstellungen nach dem Opportunitätsprinzip unter Hinzurechnung der Verweisung auf den Privatklageweg, welche ebenso wie eine alleine von der Staatsanwaltschaft einzuschätzende Verfahrenseinstellung wirkt, mit insgesamt 1.373.256 Fällen die Zahl der erhobenen Anklagen im weiteren Sinne und beantragten Strafbefehle (1.261.917).[227] Dies hat zur Folge, daß in der Rechtswirklichkeit nicht mehr das Legalitätsprinzip den Grundsatz im deutschen Strafprozeß darstellt, sondern mittlerweile vielmehr das Opportunitätsprinzip. Dadurch wird gleichzeitig der Anwendungsbereich des Klageerzwingungsverfahrens gemäß § 172 II 3 vorgegeben und der Rahmen der richterlichen Kontrolle der Einstellungsverfügung der Staatsanwaltschaft eingegrenzt. Damit ist die Machtstellung der Staatsanwaltschaft aufgrund der Zunahme der Ermessensentscheidungen gestiegen. Im internationalen Vergleich bedeutet dies aber eine faktische Annäherung an die Rechtspraxis der USA, in der ein reines Opportunitätsprinzip vorherrscht.[228] Trotz Beibehaltung unterschiedlicher dogmatischer Grundprinzipien der Strafverfolgung beider Rechtssysteme sind damit die faktischen Verhältnisse ähnlicher geworden.[229]

Daher soll diese Entwicklung hier nachvollzogen werden:

Ursprünglich war das Legalitätsprinzip bei Erlaß der Reichsstrafprozeßordnung 1877 mit klarer Mehrheit begeistert als unverrückbarer Grundpfeiler des Rechtsstaates angenommen worden.[230] Aus dem damaligen Zeitgeist des bürgerlichen Liberalismus heraus bestand das starke und zum Teil leidenschaftliche Bestre-

---

[224] Ist durch den Privatkläger Klage bereits erhoben worden, so kann der Staatsanwalt keinen Antrag mehr auf Erlaß eines Strafbefehl stellen, da aufgrund des summarischen Verfahrens nach Aktenlage die Rolle des Privatklägers und dessen Möglichkeit, nun als Nebenkläger zu fungieren, ausgeschaltet würde, siehe dazu *Schorn*, Privatklage, S. 30.

[225] *Blankenburg/ Sessar/ Steffen,* Staatsanwaltschaft, S. 2, sprechen von einem unterschiedlichen Kriminalisierungsprozeß aufgrund dieser staatsanwaltschaftlichen Entscheidung.

[226] Vgl. BVerfGE 51, 176, 178.

[227] Siehe die Darstellung unter dem Punkt B. I. 3. ‚Entscheidung über die Abschlußverfügung selbst und deren Folgen‘.

[228] Zu dem völligen Anklageermessen des Staatsanwalts siehe beispielsweise *Applegate*, Temple Law Quarterly 1982, S. 38.

[229] Ähnlich *Frase / Weigend*, Boston College International & Comparative Law Review 1995, S. 318. So auch bezüglich des *plea bargaining Herrmann*, University of Pittsburgh Law Review 1992, S. 775.

[230] Siehe *Bohnert*, Abschlußverfügung, S. 67.

ben, die staatliche und damit staatsanwaltschaftliche Tätigkeit festen Regeln zu unterwerfen. Nach der damals vorherrschenden absoluten Straftheorie der Schuldvergeltung sollte eine gleichmäßige Bestrafung aller Schuldigen erreicht werden.[231] Zur Herstellung absoluter Gerechtigkeit mußte demnach der Staat jede Übertretung des Strafgesetzes ausnahmslos und damit willkürfrei bestrafen.[232] Interessanterweise wurde eine solch radikale Einstellung in den USA nie gefordert oder für notwendig und machbar erachtet.[233] Charakteristisch für die deutsche Auffassung ist der Ausspruch Birkmeyers, die Straftat stelle einen Bruch der Rechtsordnung selbst dar; weil die Gerechtigkeit im öffentlichen Interesse Sühne durch Bestrafung des Verbrechers verlange, erwachse dem Staat ein Strafanspruch, den er um der Gerechtigkeit willen auch zu verfolgen verpflichtet und der seiner freien Disposition demnach entzogen sei.[234] Auch sollte das uneingeschränkte Legalitätsprinzip Ersatz für die dem Verletzten versagte prinzipale oder subsidiäre Privatklage sein. Letztere wurde beseitigt, um einen übergroßen Einfluß privater Interessen bei der Strafverfolgung auszuschalten.[235]

In Anbetracht der Erfahrungen mit absolutistischer Staatsgewalt, Kabinettsjustiz und obrigkeitsbestimmter Willkür[236] sollte das uneingeschränkte Legalitätsprinzip Garant, Säule und Sieg rechtsstaatlichen Denkens werden. Eine gerechte Rechtsprechung ohne Ansehung der Person sollte dadurch gewährleistet sein.[237] Auch später noch wurde dieser Gedanke immer wieder allem vorangestellt: Das Legalitätsprinzip sei „einer der Marksteine, welche die Grenzlinie zwischen einer freiheitlichen Ordnung und einer totalitären Willkürherrschaft bezeichnen.“[238]

Zusammenfassend läßt sich sagen, daß die Hauptgründe für das Legalitätsprinzip waren: die möglichst vollständige Durchsetzung des materiellen Strafanspruchs,[239] die notwendige Ergänzung zum Anklagemonopol des Staatsanwaltschaft sowie die Gewährleistung der Gerechtigkeit ohne Ansehen der Person.[240]

War somit das Legalitätsprinzip in Deutschland mit Erlaß der Reichsstrafprozeßordnung 1877 auf dem Höhepunkt seiner Geltung und Anerkennung,[241] so mehrten sich mit der Umsetzung dieses starren Prinzips auch die kritischen

---

[231] Vgl. näher dazu *Weigend*, Anklagepflicht und Ermessen, S. 29.
[232] *Kirstgen*, Klageerzwingungsverfahren, S. 10 f.
[233] Siehe *Noll*, Syracuse Law Review 1978, S. 719: „The point that full enforcement is unwise and impossible...is readily conceded.“ (Der Standpunkt, daß eine vollständige Ahndung der Verstöße unklug und unmöglich ist...wird bereitwillig anerkannt).
[234] *Birkmeyer*, Deutscher Strafprozeß, S. 64.
[235] Näher dazu *Mayer*, JZ 1955, S. 602.
[236] So auch *Weigend*, Anklagepflicht und Ermessen, S. 37.
[237] Siehe auch *Jans*, Klageerzwingungsverfahrens, S. 8.
[238] So *Willms*, JZ 1957, S. 465.
[239] Siehe *Hassemer*, Legalität und Opportunität, S. 529.
[240] In diesem Sinne *Rieß*, NStZ 1981, S. 3.
[241] Vgl. *Weigend*, Anklagepflicht und Ermessen, S. 29.

Stimmen. Gerade die ausnahmslose Verwirklichung des Legalitätsprinzips – es gab lediglich unwesentliche Ausnahmen,[242] wobei nur § 208 RStPO als Vorläufer heutiger Regelungen (§ 154) gesehen werden kann[243] – führte zu dessen Einschränkung. Zu dem Problem des rigorosen Legalitätsprinzips schrieb Paul Felix Aschrott 1906:

> „In Deutschland besteht heute das Legalitätsprinzip in einem Umfange wie wohl in keinem anderen Lande der Welt. Es haben sich daraus Mißstände entwickelt, die allseitig anerkannt werden. Die im § 152 ausgesprochene Verpflichtung der StA – abgesehen von wenigen gesetzlich statuierten Ausnahmefällen – wegen aller gerichtlich strafbaren und verfolgbaren Handlungen einzuschreiten, sofern zureichende tatsächliche Anhaltspunkte vorliegen, hat eine übermäßige Zahl von Bestrafungen zur Folge, welche sicherlich im wesentlichen Maße zu der vorhandenen Mißstimmung gegen unsere Strafjustiz beigetragen haben. Aber weiter ist...eine derartige Überlastung der Organe der Strafjustiz, der Strafgerichte und vor allem der StA eingetreten, daß es diesen Organen zum mindesten erschwert ist, den erheblicheren Straffällen die erforderliche Zeit zu widmen und das wünschenswerte Interesse entgegen zu bringen. Die Beseitigung oder Beschränkung des Legalitätsprinzipes ist deshalb eine der aktuellsten Fragen bei der Strafrechtsreform."[244]

Die weitere Geschichte des deutschen Strafprozesses ist die Geschichte des Niedergangs und der Verdrängung des Legalitätsprinzips[245] und damit die Geschichte der Stärkung der Staatsanwaltschaft und ihrer Emanzipation von richterlicher Kontrolle.[246] Die zunehmende Schaffung eigener Einschätzungs- und Handlungsspielräume der Staatsanwaltschaft durch die Ausdehnung der Opportunitätsprinzips führte zu größerer Eigenständigkeit, Unabhängigkeit und Entscheidungsmacht.[247] Zu bedenken ist weiterhin, daß damit der Anwendungsbereich des Klageerzwingungsverfahrens beschnitten wurde. Diese Entwicklung, die im wesentlichen 1924 ihren Lauf nahm, gehört zu den wenigen, die seit der Entstehung der StPO eine einheitliche Tendenz erkennen lassen und 1975 bzw. 1979 durch weitere Änderungsgesetze ihren vorläufigen Höhepunkt fanden.[248] Die Tendenz des Abrückens von dem strikten Legalitätsprinzip hin zu einer freier entscheidenden Staatsanwaltschaft bedeutet eine faktische Annäherung des deutschen Rechtssystems an das amerikanische. Während der amerikanische Strafprozeß im allgemeinen dem reinen Opportunitätsprinzip von jeher treu blieb und nicht von ihm abrückte, zeigte die deutsche Strafprozeßordnung ab 1924 starke Entwicklungsdynamiken. Damit hat sich nicht das amerikanische Recht auf das deutsche zubewegt, sondern das deutsche auf das amerikanische.

---

[242] Ausführlich dazu *Hertz*, Geschichte des Legalitätsprinzips, S. 45 ff.
[243] Siehe *Löwe-Rosenberg/ Rieß*, Großkommentar, 24. Auflage, § 154, Rdnr. 1.
[244] *Aschrott*, Die Reform des Strafprozesses, S. 36.
[245] Vgl. *Weigend*, Anklagepflicht und Ermessen, S. 30.
[246] Genauer zu dieser auch von der Staatsanwaltschaft geforderten „Emanzipation" *Rüping*, GA 1992, S. 156.
[247] *Cramer*, Ahndungsbedürfnis, S. 491 ff spricht sogar von der „Abhängigkeit des Richters von der Anklagebehörde" und erhebt Bedenken in Bezug auf die richterliche Unabhängigkeit.
[248] So *Rieß*, NStZ 1981, S. 3.

Daher soll diese Entwicklung in aller Kürze hier nachvollzogen werden:

1924 kam es in Deutschland im Bereich der Kleinkriminalität zu einer spürbaren Durchbrechung des Legalitätsprinzips zugunsten des Opportunitätsprinzips. Die Hauptgründe dafür waren die Überschwemmung der Gerichte mit Bagatellklagen und die Überlastung der Staatsanwaltschaft infolge des strikten Einhaltens des Legalitätsgrundsatzes, die leeren Staatskassen angesichts der Reparationszahlungen infolge des Ersten Weltkriegs sowie die steigende Anzahl der strafrechtlichen Normen und Nebengesetze.[249] Durch die §§ 23, 24 der sogenannten Emminger-Verordnung vom 04.01.1924 wurden die Grundtatbestände der heutigen §§ 153 ff geschaffen.[250]

Im Laufe der Zeit baute der Gesetzgeber den Ausnahmekatalog der §§ 153 ff immer weiter aus. So wurden beispielsweise[251] durch das 1. Strafrechtsänderungsgesetz 1951 der heutige § 153 b eingeführt.[252] 1957 wurde der heutige § 153 e hinzugefügt,[253] § 154 a wurde durch das StPÄG 1964 in die StPO aufgenommen.[254] Der stetige Ausbau der §§ 153 ff hing auch mit einem Wechsel der vorherrschenden Strafzwecktheorien zusammen: So wurde die absolute Straftheorie der Schuldvergeltung immer mehr durch Ziele der Spezial- und Generalprävention abgelöst.[255]

Wesentliche Eingriffe in den Geltungsbereich des Legalitätsprinzips nahm der Gesetzgeber zum einen durch das EGStGB vom 02.03.1974 vor; er führte dadurch § 154 e in das Strafprozeßrecht ein[256] sowie den für die Praxis viel wichtigeren und sehr umstrittenen § 153 a. Gerade letztere Vorschrift wurde nach anfänglichem Zögern der Staatsanwaltschaften nun regelmäßig in Anspruch genommen und hat sich zu einem nicht wegzudenkendem Bestandteil verfahrens-

---

[249] Siehe *Jans*, Klageerzwingungsverfahren, S. 8.

[250] Diesbezügliche Reformforderungen gab es schon vorher, wurden jedoch erst mit der „Emmingerschen Reform", benannt nach dem damaligen Justizminister Emminger, verwirklicht, vgl. RGBl 1924 I, S. 15. So wurde mit § 23 der Emminger-Verordnung der Vorläufer des heutigen § 153 geschaffen, während § 208 RStPO durch § 24 der Verordnung als § 154 fortentwickelt wurde, vgl. im einzelnen dazu *Wohlers*, Staatsanwaltschaft, S. 250 f.

[251] Die folgenden Aufzählung haben nur darstellenden Beispielscharakter und sind daher nicht abschließend.

[252] Das 1. StRÄndG vom 30.08.1951 führte diese Einstellungsvorschrift zunächst als § 153 a, vgl. BGBl I, S. 739, später wurde er durch Art. 21 Nr. 45 des EGStGB 1974 als § 153 b bezeichnet, vgl. BT-Drucks.7/ 551, S.70. Auf die Sonderentwicklung im 3. Reich möge an dieser Stelle verzichtet werden, da diese durch die Wiederherstellung des ursprünglichen Zustandes aufgrund des Rechtsvereinheitlichungsgesetzes vom 12.09.1950, BGBl I, S.455, größtenteils aufgehoben wurde.

[253] Durch das 4. StRÄndG, vgl. BGBl 1957 I, S. 597.

[254] BGBl I, S.1067.

[255] Vgl. *Kirstgen*, Klageerzwingungsverfahren, S. 10.

[256] BGBl I, S. 469. § 154 e hatte allerdings in § 191 StGB a.F. sowie § 164 III StGB a.F. zwei Vorläufer, die als verfahrensrechtliche Regelungen allerdings im materiellen Strafrecht angesiedelt waren, vgl. dazu *Löwe-Rosenberg/ Rieß*, Großkommentar, 24. Auflage, § 154 e, Rdnr. 1.

beendender Maßnahmen entwickelt.[257] Zum anderen wurde durch das StVÄG 1979 der Anwendungsbereich der §§ 154, 154 a erweitert.[258] Erwähnenswert ist ebenfalls die immer weitere Einschränkung des gerichtlichen Zustimmungserfordernisses bei den Einstellungen aus Opportunitätsgründen. So hat beispielsweise das am 01.03.1993 in Kraft getretene Gesetz zur Entlastung der Rechtspflege[259] nicht nur den Wegfall von dem Erfordernis der richterlichen Zustimmung weiter ausgebaut wie bei § 153 I 2.[260] Auch wurde der Anwendungsbereich des praxiswichtigen § 153 a dadurch ausgeweitet, daß statt der ursprünglich geringen Schuld die Schwere der Schuld nicht entgegenstehen dürfe, womit die mittlere Kriminalität erfaßt wurde.[261] Somit ist die Staatsanwaltschaft im Bereich der kleinen und mittleren Kriminalität zur zentralen Selektions- und Sanktionsinstanz geworden, die große Teile der Kriminalität selbständig und abschließend verwaltet.[262]

Die Gründe für die immer weitere Ausdehnung der Opportunitätseinstellungen sind vielfältig. Sie besitzen eine auffällige Ähnlichkeit zu den Gründen, die in den USA als Rechtfertigung des dortigen Opportunitätsprinzips angeführt werden.[263] Sie liegen zum einen in der Entlastung der Justiz von massenhaft anfallenden Bagatelldelikten.[264] Neben der beabsichtigten Verfahrensvereinfachung und -beschleunigung[265] soll die Verwendung der frei gewordenen Arbeitskapazitäten zur Prioritätensetzung und Konzentration auf schwierigere und strafwürdigere Verfahren der mittleren und oberen Kriminalität verwandt werden.[266] Zum anderen liegt in der Zubilligung eigenständiger Entscheidungskompetenzen ein Beweis für die immer anerkanntere Vertrauenswürdigkeit der Staatsanwaltschaft und die Tatsache, daß sich eine ursprünglich mißtrauisch beäugte Institution bewährt hat.[267] Auch sollten die Opportunitätseinstellungen der Entkriminalisierung dienen; formale Gesetzesübertretungen aufgrund zu weit gefaßter

---

257 Näher dazu *Weigend*, KrimJ 1984, S. 9.

258 Gesetz vom 05.10.1978, BGBl I, S. 1645.

259 BGBl I S. 50.

260 Weggefallen ist das Erfordernis des Vermögensvergehens, so daß die Staatsanwaltschaft nun auch in sonstigen Bagatellfällen mit geringen Tatfolgen wie beispielsweise bei §§ 229, 240, 267 StGB von der Verfolgung ohne richterliche Zustimmung absehen kann, vgl. *Kleinknecht/ Meyer-Goßner*, Strafprozeßordnung, § 153, Rdnr. 16.

261 *Kleinknecht/ Meyer-Goßner*, aaO, § 153 a, Rdnr. 1 f.

262 Vgl. *Heinz*, Staatsanwaltschaft im statistischen Graufeld, S. 88.

263 Die Argumente im amerikanischen Recht werden bei der Darstellung der Situation in den USA unter dem Punkt C. II. 2. b) ‚Gründe für staatsanwaltschaftliche Entscheidungskompetenzen' wiedergegeben.

264 Zu diesem schon historischen Argument *Weigend*, Anklagepflicht und Ermessen, S. 36. Ebenso *Peters*, Der neue Strafprozeß, S. 20.

265 Kritisch dazu, vor allem zu dem möglichen Verlust rechtsstaatlicher Sicherungen wegen Unterordnung unter die allgemein geforderte Verfahrensbeschleunigung *Rudophi*, ZRP 1976, S. 169.

266 So vor allem für § 153 a *Herrmann*, JuS 1976, S. 417. Für § 153 siehe *Bloy*, GA 1980, S. 172.

267 Vgl. dazu genauer *Kausch*, Der Staatsanwalt, S. 232 f sowie *Weigend*, Anklagepflicht und Ermessen, S. 38.

Straftatbestände, die jedoch im Einzelfall als nicht strafwürdig angesehen werden, sollten nicht verfolgt werden.[268] Somit sollte die Staatsanwaltschaft nun de facto – wenn auch nur im konkreten Einzelfall – eine dem Gesetzgeber zustehende Aufgabe, nämlich die Korrektur des teilweise zu weiten materiellen Strafrechts, übernehmen.[269]

Es ist also im Laufe der Zeit zu einer „Verlagerung vom Legalitätsprinzip zum Opportunitätsprinzip"[270] gekommen, so daß einige bereits davon sprachen, „die §§ 153 wucherten wie Metastasen" und stimmten den „Grabgesang für das Legalitätsprinzip an,"[271] welches sich in der Krise befinde.[272]

In der Rechtsdogmatik ist jedoch das Legalitätsprinzip weiterhin der tragende Grundsatz. So bestimmt das BVerfG, daß die Idee der Gerechtigkeit neben der Beachtung des Gleichheitssatzes auch die Aufrechterhaltung einer funktionstüchtigen Rechtspflege verlange.[273] Der Rechtsstaat könne sich nur verwirklichen, wenn sichergestellt werde, daß Straftäter im Rahmen der geltenden Gesetze verfolgt, abgeurteilt und einer gerechten Strafe zugeführt würden.[274] Der Grundsatz der Aufrechterhaltung einer funktionstüchtigen Rechtspflege verpflichte alle staatliche Gewalt insoweit auf das Legalitätsprinzip, als der Strafanspruch grundsätzlich durchzusetzen sei. Das Legalitätsprinzip bedeute Verfolgungszwang gegen jeden Verdächtigen und stelle somit eine Aktualisierung des Willkürverbotes dar[275] und sei Ausdruck der Gleichheit der Bürger vor dem Gesetz und falle folglich in den Schutzbereich des Art. 3 I GG.[276]

Allerdings erkennt das BVerfG – alleine schon durch die Verwendung des Wortes „grundsätzlich" – eine Reihe fest umschriebener Ausnahmen an, die dem Staat unter bestimmten Umständen ein Absehen von der weiteren Strafverfolgung gestatten.[277] Solche Ausnahmen hatte das BVerfG schon früher nach dem „Grundsatz der Verhältnismäßigkeit zwischen Mittel und Zweck"[278] als

---

[268] *Löwe-Rosenberg/ Rieß*, Großkommentar, 24. Auflage, § 153, Rdnr. 1.

[269] Wenn auch ein stärkeres Engagement des Gesetzgebers bei der Entkriminalisierung überkommener oder zu weit gefaßter Straftatbestände gefordert wird, ist man sich letztlich einig, daß man ohne eine zumindest flankierende prozessual-unterstützende Selektion durch die Staatsanwaltschaft im Einzelfall nicht auskommt, näher dazu Alternativkommentar-*Schöch*, § 153, Rdnr. 2. Bei Scheitern materiell-rechtlicher Entkriminalisierung rechnet Lorenzen mit einem weiteren Ausbau der §§ 153 ff, vgl. *Lorenzen*, Legalitätsprinzip und Opportunitätsprinzip, S. 550. Vgl. *Vultejus*, ZRP 1999, S. 136.

[270] *Kaiser*, Sozialkontrolle, S. 83.

[271] So *Baumann*, ZRP 1972, S. 275.

[272] So *Rieß*, NStZ 1981, S. 4.

[273] Siehe BVerfGE 33, 367, 383 mwN.

[274] BVerfGE 46, 214, 222 f.

[275] So BVerfG (Vorprüfungsausschuß), NStZ 1982, S. 430.

[276] Vgl. BVerfGE 20, 162, 222.

[277] BVerfGE 46, 214, 223.

[278] BVerfGE 16, 194, 202.

prinzipieller Bestandteil der ausgleichenden materiellen Gerechtigkeit anerkannt, welcher im Rechtsstaat verankert sei.[279]

Dies führte dazu, daß es dem Gesetzgeber möglich war, bei formaler Aufrechterhaltung des zumindest theoretisch vorherrschenden Legalitätsprinzips, diesen Grundsatz zunehmend auszuhöhlen.[280] Mit Zurückdrängung des Legalitätsgrundsatzes zugunsten des Opportunitätsprinzips ist gleichzeitig der gerichtlich nur eingeschränkt kontrollierte Entscheidungsspielraum und Einfluß der Staatsanwaltschaft angewachsen. Damit wurde der Staatsanwalt immer mehr zur Hauptfigur im Strafverfahren[281] und hat sich „von der Pförtnerloge der Justiz zu deren Vorstandsetage" hochgearbeitet.[282]

Zusammenfassend läßt sich sagen, daß die Geschichte des Opportunitätsprinzips eine Geschichte ihres ständigen Ausbaus unter zunehmender Vergrößerung des Kompetenzbereichs und des Einflusses der Staatsanwaltschaft ist. Während also ursprünglich das Legalitätsprinzip das nahezu uneingeschränkte Verfahrensprinzip darstellte, führte die konsequente Nutzung der Gesetzesklausel in § 152 II „soweit nicht gesetzlich ein anderes bestimmt ist" dazu, daß heute in der Rechtswirklichkeit das Opportunitätsprinzip dominiert und der einstige Grundsatz zur Ausnahme geworden ist mit der Folge eines erheblichen Machtzuwachses der Staatsanwaltschaft.[283]

d) Auffangen des gestiegenen Geschäftsanfalls durch die Staatsanwaltschaft

Vergleicht man die registrierte Kriminalität sowie das staatsanwaltschaftliche Erledigungsverhalten im Jahr 1997 mit vorangegangenen Jahren, so ergibt sich daraus, daß der stetig gewachsene Geschäftsanfall vorrangig durch die Staatsanwaltschaft aufgefangen wurde.

Zunächst zu der angestiegenen registrierten Kriminalität: Wurden 1960 insgesamt 2.034.239 Straftaten polizeilich registriert,[284] so waren dies 1970 bereits 2.413.586[285] und 1980 schon 3.815.774,[286] während 1990 insgesamt 4.455.333 Straftaten registriert wurden.[287] Insoweit hat sich auf den ersten Blick die registrierte Kriminalität seit 1960 mehr als verdoppelt. Als 1991 aufgrund der Wie-

---

[279] BVerfGE 19, 342, 348 f.

[280] So *Rieß*, NStZ 1981, S. 3.

[281] So *Kausch*, Der Staatsanwalt, S. 236. Kritisch auch zu der Aufgaben- und Bedeutungsverlagerung im Bereich der §§ 153 ff vom Richter auf den Staatsanwalt *Göppinger*, Kriminologie, S. 645.

[282] *Kunz*, KrimJ 1984, S. 39.

[283] Vgl. *Heinz*, Staatsanwaltschaft im statistischen Graufeld, S. 123. So auch *Peters*, Der neue Strafprozeß, S. 100.

[284] Dies ist bereits eine Zunahme um 4,25 % zum Vorjahr, siehe die Polizeiliche Kriminalstatistik (PKS) 1960, herausgegeben vom Bundeskriminalamt, Wiesbaden, S. 1.

[285] Vgl. PKS 1970, S. 1.

[286] PKS 1980, S. 9.

[287] PKS 1990, S. 13.

dervereinigung auch die neuen Bundesländer in die Statistik miteinbezogen wurden, machte diese Gebiets- und Personenvergrößerung dementsprechend ein Ansteigen der registrierten Kriminalität aus; es wurden 5.302.796 Straftaten erfaßt.[288] 1997 wurden insgesamt 6.586.165 Verstöße gegen die Strafgesetze des Bundes registriert.[289] Somit ist die Häufigkeit der registrierten Kriminalität unter Berücksichtigung der unterschiedlichen Einwohnerzahl[290] seit Anfang der 1960er Jahre auf fast das Dreifache gestiegen, wobei die Kriminalität im Gesamttrend stetig angestiegen ist.[291] Diese Zahlen sind zwar aufgrund zahlreicher Einflüsse wie geändertem Anzeigeverhalten, unterschiedlicher Deliktseinstufung etc. mit Vorsicht zu genießen, jedoch läßt sich die Tendenz zu tatsächlicher Zunahme der registrierten Kriminalität[292] und damit zu einem gestiegenen Geschäftsanfall der Staatsanwaltschaft erkennen.[293]

---

[288] Bei dieser Erfassung gibt es allerdings Probleme, die eine direkte Vergleichbarkeit erschweren. So gab es in den neuen Bundesländern noch unterschiedliche Strafgesetze, andere Erfassungsmodalitäten sowie Anlaufschwierigkeiten etc., vgl. PKS 1991, S. 13.

[289] Diese Zahl beinhaltet allerdings nicht Verkehrs- und Staatsschutzdelikte; Versuche wurden wie Vollendungen behandelt, vgl. die Polizeiliche Kriminalstatistik Bundesrepublik Deutschland, Berichtsjahr 1997, herausgegeben durch das Bundeskriminalamt Wiesbaden 1998, S. 25, 63.

[290] So nach anderen Berechnungen *Kürzinger*, Kriminologie, Rdnr. 224.

[291] MwN *Schwind*, Kriminologie, S. 18 ff.

[292] Insoweit ist es nicht notwendig, Aussagen über die tatsächliche Zunahme der Kriminalität insgesamt, also nicht nur der registrierten, zu machen, dafür müßten fortlaufende Dunkelfeldforschungen angestellt werden, vgl. im einzelnen *Kürzinger*, Kriminologie, Rdnr. 225. Zu dem Problem der Verzerrung der tatsächlichen Kriminalität durch eine Vorselektion der Strafverfolgungsorgane und damit einer nur relativen Aussage durch die PKS siehe *Bock*, Kriminologie, S. 105 sowie *Kaiser*, Kriminologie, S. 363.

[293] Unter den Faktoren, welche zum Anwachsen der registrierten Kriminalität beitragen, aber auch verzerrend wirken können, mögen hier die wichtigsten genannt werden: Zum einen ist im Laufe der Zeit auch die Wohnbevölkerung Deutschlands gestiegen, so daß zumindest proportional dazu unweigerlich auch die registrierte Kriminalitätsrate steigt. Dazu beigetragen haben nicht nur die Wiedervereinigung, sondern auch Zuwanderungswellen beispielsweise durch deutschstämmige Aussiedler oder ein verstärkter Zustrom durch Asylbewerber. So stieg die Wohnbevölkerung zwischen 1963 und 1994 auch infolge der Wiedervereinigung um 40 % an, vgl. *Kürzinger*, Kriminologie, S. 159. Alleine 1992 stellten 438.141 Personen einen Asylantrag in Deutschland, vgl. *Schwind*, Kriminologie, S. 44, 383, wodurch auch erst eine verstärkte Begehung ausländerspezifischer Delikte wie Straftaten gegen das Ausländergesetz oder Asylverfahrensgesetz möglich sind, welche sich erhöhend in der PKS wiederspiegeln, vgl. näher dazu *Bock*, Kriminologie, S. 151. Weiterhin muß berücksichtigt werden, daß ein wachsender Teil der angezeigten Kriminalität Delikte mit Bagetellcharakter zum Inhalt haben. Dies könnte für eine gestiegene Anzeigebereitschaft der Betroffenen sprechen, zumal auch der ausgeweitete Sachversicherungsschutz die Anzeigehäufigkeit erhöht, da andernfalls keine Versicherungsleistung gewährt wird, vgl. *Kaiser*, Kriminologie, S. 368. Darüberhinaus können sich geänderte Erfassungskriterien und Darstellungsweisen von Straftaten auf die PKS auswirken, vgl. *Göppinger*, Kriminologie, S. 469 sowie ein möglicherweise verstärkte Verfolgungsintensität durch die Polizei bei bestimmten Delikten, vgl. *Schwind*, Kriminologie, S. 44.

In der Zeit von 1971 bis 1980 nahm die Zahl der gerichtlichen Aburteilungen lediglich um 13 % zu, während die der Verfahrenseinstellungen insgesamt um über 110 % anstieg. Der Anstieg der polizeilich registrierten Kriminalität in diesem Zeitraum von rund 43,5 % wurde somit im wesentlichen durch Einstellungen seitens der Staatsanwaltschaft und des Gerichts abgebaut.[294] In diesem Zeitraum wurde die Zahl der Richter beim Amtsgericht um 27,2 % erhöht, während die Zahl der Staatsanwälte – ohne leitende Staatsanwälte und Amtsanwälte – um 43,5 % erhöht wurde.[295] Damit zog die Personalpolitik der Justizverwaltungen die Konsequenz aus einer Entwicklung, die „den Staatsanwalt aus dem Schatten des Richters drängt, diesen seinerseits in den Schatten des Staatsanwalts stellt."[296]

Den gestiegenen Geschäftsanfall der Staatsanwaltschaft zeigt auch die gewachsene Zahl der Ermittlungsverfahren. Nimmt man die Erledigung staatsanwaltschaftlicher Ermittlungsverfahren gegen bekannte Tatverdächtige von 1981 bis 1996[297] in Form der sogenannten „bereinigten Verfahren,"[298] in denen eine bessere Analyse aufgrund klarer Zuordnung der einzelnen staatsanwaltschaftlichen Erledigungen möglich ist, so ist die Verfahrensanzahl stetig gestiegen. Betrug die Gesamtzahl aller erledigter „bereinigter" Ermittlungsverfahren 1981 noch 1.739.920, so vergrößerte sie sich 1986 auf 1.782.667 und 1991 auf 1.867.699,

[294] Vgl. *Feltes/ Janssen/ Voß*, Erledigung von Strafverfahren, S. 873. Bei Würdigung dieser Zahlen sollte bedacht werden, daß wichtige Einstellungsgründe wie §§ 153, 153 a entweder erst im Laufe des Erhebungszeitraumes eingeführt oder in ihrem Anwendungsbereich erweitert wurden. Insofern ist auch die verstärkte Loslösung von der richterlichen Zustimmung nicht in dem Maße verwirklicht gewesen wie heute. Zu dem „Abbau der von der Polizei und den Anzeigeerstattern produzierten Überlast an Strafverfahren" durch nicht-formelle Erledigungsformen seitens Gericht und Staatsanwaltschaft im genannten Zeitraum siehe auch *Feltes*, KrimJ 1984, S. 52.

[295] *Feltes/ Janssen/ Voß*, Erledigung von Strafverfahren, S. 874.

[296] So *Kunz*, KrimJ 1984, S. 39, der unter Berufung auf einen Spiegelartikel vom 18.07.1983, Spiegel Nr. 29, in dem Zeitraum von 1971 bis 1980 eine Erhöhung der Richter um lediglich 23 % und bei den Staatsanwälten um 33 % angibt.

[297] Leider gibt es für den Zeitraum ab 1960 keine entsprechenden Staatsanwaltschaftsstatistiken, die einen direkten Vergleich mit den genannten Daten aus der PKS ermöglichen würden. Die Staatsanwaltschafts-Statistik wurde erst in den 70er Jahren eingeführt, jedoch nicht für alle Bundesländer gleichzeitig, sondern erst nacheinander. Daher erfassen die Zahlen ab 1981 noch nicht die Bundesländer Berlin, Hessen und Schleswig-Holstein; diese stellten erst entsprechende Statistiken 1985, 1988 bzw. 1989 auf, vgl. dazu auch *Heinz*, Staatsanwaltschaft im statistischen Graufeld, S. 90.

[298] Bereinigte Verfahren sind sämtliche erledigten Ermittlungsverfahren gegen bekannte Tatverdächtige, jedoch ohne Verfahren, in denen entweder die Entscheidung über den Fortgang und die Art der Erledigung des Verfahrens lediglich aufgeschoben ist oder in denen sie unklar und deshalb nicht zuordenbar ist. Berücksichtigt werden deshalb nur Einstellungen gemäß § 170 II, Einstellungen aus Opportunitätsgründen, Anträge auf Erlaß eines Strafbefehls sowie Anklagen im weiteren Sinn (darunter fallen Anklagen, Anträge auf Eröffnung eines Sicherungsverfahrens, Anträge auf Durchführung eines objektiven Verfahrens, Anträge auf sofortige Hauptverhandlung bzw. auf Entscheidung im beschleunigten Verfahren sowie Anträge auf vereinfachtes Jugendverfahren, siehe dazu *Heinz*, Staatsanwaltschaft im statistischen Graufeld, S. 98.

während sie 1996 sogar 2.201.129 betrug. Dies bedeutet eine Zunahme um 26,5 % seit 1981. Dieser vermehrte Geschäftsanfall wurde bewältigt durch eine starke Ausweitung der Opportunitätseinstellungen ohne Auflagen,[299] durch die über 80 % der angestiegenen Verfahren aufgefangen wurden. Während 1981 164.068 Verfahren durch Opportunitätseinstellungen ohne Auflagen beendet wurden, waren dies 1996 bereits 538.146 Verfahren, was einer Erhöhung um 228 % entspricht. Dementsprechend sind die Opportunitätseinstellungen unter Auflagen[300] nur geringfügig angestiegen, um 39 % seit 1981 – in diesem Jahr wurden 118.975 entsprechend eingestellt, 1996 165.429 Verfahren beendet. Einstellungen nach § 170 II blieben mit einem Zuwachs von nur 8,4 % relativ konstant. Während die Anzahl der Anträge auf Erlaß eines Strafbefehls 1981 noch 344.193 betrug, war sie 1996 um 27,1 % auf 437.506 angestiegen. Die Zahl der Anklage im weiteren Sinne nahm demgegenüber seit 1981 mit 477.496 Fällen um 22,2 % ab auf nur noch 371.684 Verfahren.[301]

Zusammenfassend läßt sich sagen, daß der gestiegene Geschäftsanfall nicht an die Gerichte zur Aburteilung weitergegeben, sondern nahezu vollständig durch verfahrensrechtliche Entkriminalisierung von seiten der Staatsanwaltschaft aufgefangen wurde, nämlich vorrangig durch Sanktionsverzicht in Form der Opportunitätseinstellungen ohne Auflagen.[302]

e) Verdrängung der anerkannten Verfahrensgrundsätze und der Hauptverhandlung

Alleine durch die Wahl der Abschlußverfügung entscheidet die Staatsanwaltschaft in den meisten Fällen auch über die angewandte Verfahrensart. Entscheidet sie sich nämlich für einen Strafbefehlsantrag oder eine Einstellung nach Opportunitätsgründen unter Auflagen, vor allem gemäß § 153 a, bestimmt die Staatsanwaltschaft faktisch in aller Regel auch den Verfahrenstypus, durch den das Strafverfahren durchgeführt und beendet wird.

Im deutschen Strafprozeß gilt der Grundsatz, daß Kriminalstrafen nur aufgrund mündlicher Verhandlung vor dem erkennenden Gericht unter Wahrung der tragenden Verfahrensprinzipien wie Öffentlichkeit, Mündlichkeit und Unmittelbarkeit verhängt werden dürfen.[303] Diese tragenden Grundsätze sind das Ergebnis einer historischen Entwicklung, in der nicht nur um ein gerechtes und faires

---

[299] Hierunter fallen Einstellungen nach §§154 b I-III, 154 c, 153 c, 154 d, 154 e, 153 b I (einschließlich § 29 V BtMG) sowie §§ 154 I, 153 I, 45 I, II JGG und § 31 a I BtMG, so *Heinz*, Staatsanwaltschaft im statistischen Graufeld, S. 98.

[300] Erfaßt werden Einstellungen nach den §§ 153 a, 45 III JGG, 37 I BtMG bzw. 38 II i.V.m. 37 I BtMG, so *Heinz*, aaO.

[301] Zahlen bei *Heinz*, aaO, S. 98 f.

[302] Ob diese verfahrensrechtliche Entkriminalisierung, vorrangig über § 153, eine Reaktion auf die gestiegene Bagatellkriminalität ist oder ob ihr eine Änderung der Schwereeinschätzung der Staatsanwaltschaft zugrunde liegt, läßt sich daran nicht erkennen, vgl. *Heinz*, aaO, S. 101.

[303] Siehe *Ranft*, Strafprozeßrecht, Rdnr. 1419 ff.

Strafverfahren nach dem jeweiligen Staatsverständnis gerungen wurde. Auch wurde versucht, im Wissen um die menschliche Schwäche und Fehlbarkeit Mißbrauch, Willkür und Eigenmächtigkeit durch Kontrollmechanismen und Transparenz einzudämmen.[304] Gerade durch die Prinzipien der Mündlichkeit und der Öffentlichkeit sollten die Mängel des schriftlichen Inquisitionsprozesses überwunden werden. Sie waren daher eine der dringlichsten Reformbestrebungen im 19. Jahrhundert, die noch heute als Grundpfeiler angesehen werden, wie beispielsweise § 338 Nr. 6 zeigt.

Gegenüber diesem grundsätzlichen Verfahrenstyp stellen das Strafbefehlsverfahren sowie das Verfahren nach §§ 153, 153 a eine Ausnahme dar. In beiden Fällen findet lediglich ein schriftliches Verfahren statt, das mit einer Sanktion endet.

aa) Das Strafbefehlsverfahren

Bei dem Strafbefehlsverfahren haben die den deutschen Strafprozeß tragenden Verfahrensmaximen wie Unmittelbarkeit, Mündlichkeit und Öffentlichkeit keine Wirkung.[305] Sie werden durch die §§ 407 ff. außer Kraft gesetzt. Das Strafbefehlsverfahren ist vielmehr gekennzeichnet durch Schriftlichkeit, Mittelbarkeit und Nichtöffentlichkeit.[306] Auch tritt das Strafbefehlsverfahren an die Stelle des herkömmlichen Zwischen- und Hauptverfahrens, der Strafbefehl ersetzt den Eröffnungsbeschluß und ist Anklageschrift und Urteil zugleich.[307] Nach Abschluß des Ermittlungsverfahrens wird in einem schriftlichen, summarischen Verfahren eine Strafe festgesetzt. In aller Regel wird dem Antrag der Staatsanwaltschaft auf Erlaß eines bestimmten Strafbefehls durch den Richter entsprochen. Der Richter entscheidet dabei nicht wie in der Hauptverhandlung nach freier und umfassender Beweisermittlung – er rekonstruiert also nicht das Geschehen wie im Regelstrafverfahren nach § 244 II –, sondern lediglich aufgrund des von der Staatsanwaltschaft zusammengetragenen Beweismaterials nach Aktenlage und ohne vorherige Anhörung des Beschuldigten, § 407 III.

Grund für diesen Verfahrenstypus ist die praktische Notwendigkeit in Anbetracht der großen Masse bagatellarischer Straftaten, bei denen die Durchführung einer normalen Hauptverhandlung die Kapazitäten der Justiz überfordern würde.[308] Bestünde man auf der Durchführung des zeit- und kostenaufwendigen „Normalverfahrens“ in allen einfach gelagerten Fällen der unteren und mittleren Kriminalität, so würde dies schließlich zur Lahmlegung der gesamten Strafrechtspflege führen.[309] In einer Stellungnahme des Bundestages heißt es dazu eindeutig:

---

[304] Vgl. dazu *Wohlers*, Staatsanwaltschaft, S. 204. So auch *Kerbel*, Staatsanwaltschaft, S. 43.
[305] Siehe auch *Meurer*, JuS 1987, S. 882.
[306] *Müller*, Strafbefehlsverfahren, S. 152.
[307] Vgl. *Burkhard*, Strafbefehl, S. 15.
[308] Siehe *Roxin*, Strafverfahrensrecht, S. 469.
[309] Vgl. *Kirch*, Strafbefehlsverfahren, S. 3.

„Für das praktische Funktionieren der Strafgerichtsbarkeit ist das Strafbefehlsverfahren von entscheidender Bedeutung. Die Möglichkeit, in geeigneten Fällen die Rechtsfolgen der Tat ohne Hauptverhandlung aufgrund des Akteninhalts in einem schriftlichen Verfahren festzusetzen, ist – neben der Möglichkeit der Einstellung gegen Auflagen und Weisungen nach § 153 a – das wichtigste strafprozessuale Rechtsinstitut zur ökonomischen Erledigung beweismäßig einfach gelagerter Fälle von geringerer Tatschwere.“[310]

In der Rechtstheorie wird dieser vereinfachte Verfahrenstypus des Strafbefehlsverfahrens – neben dem beschleunigten Verfahren, welches ebenfalls den Bereich bis zur mittleren Kriminalität erfaßt und in einer richterlichen Strafe endet[311] – als eine Ausnahme behandelt und betrachtet.[312]

Wurden 1997 in insgesamt 8,4 % aller Ermittlungsverfahren Anträge auf Erlaß eines Strafbefehls gestellt, so wurde lediglich in 6,6 % aller Verfahren Anklage vor dem AG oder LG erhoben.[313] Daraus folgt, daß der Strafbefehlsantrag häufiger ist als die Anklageerhebung und somit in der Rechtswirklichkeit eher den Grundsatz und die Anklageerhebung die Ausnahme darstellt. Allerdings läßt sich der StA-Statistik nicht entnehmen, inwieweit der Strafbefehlsantrag auch „erfolgreich“ im Sinne einer Antragsentsprechung durch den Richter und einer unterbliebenen Hauptverhandlung mangels Einspruch ist. Wie bereits erwähnt, ist allerdings von einer nur sehr geringen Anzahl richterlich anberaumter Hauptverhandlungen auszugehen, nämlich in 0,5 % aller Strafbefehlsanträge.[314] Eine weitere Aufschlüsselung ermöglichen die Strafverfolgungsstatistiken von Nordrhein-Westfalen und Baden-Württemberg. Daraus ergibt sich, daß 1997 in Nordrhein-Westfalen 62,8 % aller Verurteilungen nach allgemeinem Strafrecht durch einen Strafbefehl erfolgt sind, gegen den kein Einspruch eingelegt wurde, während diese Quote in Baden-Württemberg sogar 71,4 % betrug.[315] Dies bedeutet für diese beiden Länder, daß Verurteilungen im allgemeinen aufgrund mündlicher Verhandlung die Ausnahme darstellen, aufgrund schriftlichen, summarischen Verfahrens, wie dies das Strafbefehlsverfahren darstellt, dagegen die Regel.

Weiterhin erfolgte eine Verurteilung in Nordrhein-Westfalen per Strafbefehl ohne Einspruch in 76,4 % aller Geldstrafen, in Baden-Württemberg sogar in 85,3 % aller entsprechenden Verurteilungen.[316] Somit ergehen dort rund 80 % aller Verurteilungen zu einer Geldstrafe im schriftlichen Strafbefehlsverfahren.

---

[310] BT-Drucks. 10/ 1313, S. 12 f.

[311] Siehe *Kirch*, Strafbefehlsverfahren, S. 4, wobei das Strafbefehlsverfahren noch ökonomischer ist, da es sehr häufig zu keiner Hauptverhandlung kommt.

[312] So *Heinz*, Staatsanwaltschaft im statistischen Graufeld, S. 113. Ebenso *Kirch*, Strafbefehlsverfahren, S. 5.

[313] *Heinz*, Abschlußentscheidung, S. 33.

[314] So *Kirch*, Strafbefehlsverfahren, S. 90.

[315] Siehe dazu *Heinz*, Abschlußentscheidung, S. 21 sowie Schaubild 9.

[316] *Heinz*, aaO.

Wie bereits dargelegt,[317] legt der Staatsanwalt im Strafbefehlsverfahren aufgrund der in aller Regel gewährten richterlichen Unterschrift de facto die Strafhöhe fest. Darüberhinaus bestimmt er bei dem Hauptteil der Verurteilungen[318] und in rund 80 % aller Verurteilungen zu einer Geldstrafe auch von vornherein – mangels Einspruch und richterlicher Hauptverhandlungsanberaumung – den Verfahrenstypus, innerhalb dessen es zu der Sanktion kommt. Damit hat er entscheidenden Einfluß darauf, inwieweit die Verfahrensgrundsätze der Öffentlichkeit, Mündlichkeit und Unmittelbarkeit zum Tragen kommen oder gerade nicht.

bb) Das Verfahren nach §§ 153, 153 a

Ähnliches gilt auch für die Opportunitätseinstellungen unter Auflagen, vor allem aber für § 153 a. Diese Einstellungsverfahren sind ebenfalls schriftlich. Sie führen, wenn sie wie bei § 153 a I noch vor Klageerhebung das Ermittlungsverfahren beenden, ohne Hauptverhandlung zu einer Sanktion aufgrund einer Entscheidung nach Aktenlage. Auch hier trifft den Beschuldigten nach durchgeführtem Ermittlungsverfahren letztendlich eine Sanktion unter Umgehung der tragenden Prozeßgrundsätze wie Öffentlichkeit und Mündlichkeit. Sowohl das Strafbefehlsverfahren wie auch das Verfahren nach § 153 a werden als nichtöffentliche Verfahrensgänge bezeichnet.[319] Beide werden als ein „schriftliches Verfahren mit Selbstunterwerfung" betrachtet.[320] Aufgrund der Gemeinsamkeiten der beiden Verfahrensarten zielen Reformbestrebungen darauf ab, beide zu einem gemeinsamen Verfahren zusammenzuschließen.[321]

Schon bei den Gesetzgebungsberatungen zu § 153 a trifft man auf Überlegungen, mit § 153 a ein rasches und zweckmäßiges Verfahren zur Erledigung der unteren Kriminalität ohne Schuldspruch und Hauptverhandlung zu schaffen.[322] Das Verfahren nach § 153 a wird als eine besondere Verfahrensform angesehen, das neben den herkömmlichen Typus des „Normalverfahrens" tritt und zum Teil als „Entkriminalisierungsverfahren" beschrieben wird.[323] Bei dieser neuen Verfahrensart müßte „deren Vereinbarkeit mit der Verfassung und den allgemeinen Prinzipien unseres Strafverfahrens eigens dargelegt werden".[324] Auf jeden Fall

---

317 Siehe oben, stellv. für alle *Kunz*, KrimJ 1984, S. 40.

318 Nur bei Freiheitsstrafen gilt etwas anderes, da eine Verurteilung zu einer Freiheitsstrafe per Strafbefehl die Ausnahme darstellt: So wurden 1997 in NW 2,4 % und in BW 5,4 % aller Verurteilungen zu einer Freiheitsstrafe per Strafbefehl ausgesprochen, vgl. *Heinz*, Abschlußentscheidung, S. 21.

319 *Meyer-Goßner*, ZRP 1982, S. 238.

320 Für § 153 a: *Kleinknecht/ Meyer-Goßner*, Strafprozeßordnung, § 153 a, Rdnr. 12; für das Strafbefehlsverfahren mwN *Burkhard*, Strafbefehl, S. 15, allerdings nur im Hinblick auf einen unterlassenen Einspruch. Insofern muß nämlich bei dem Verfahren nach § 153 a der Beschuldigte den Auflagen zustimmen, während eine Zustimmung des Beschuldigten zu der im Strafbefehl verhängten Sanktion nicht notwendig ist, S. 34.

321 *Meyer-Goßner*, ZRP 1982, S. 237. Ebenso *Kleinknecht/ Meyer-Goßner*, Strafprozeßordnung, § 153 a, Rdnr. 1a.

322 MwN zu den Gesetzgebungsverfahren und Stellungnahmen *Naucke*, Gutachten, D 28 f.

323 *Naucke*, GA 1984, S. 199.

324 Siehe *Kausch*, Der Staatsanwalt, S. 62.

sei weder das Legalitätsprinzip weiterhin die bestimmende Verfahrensmaxime, noch seien die Rollen der Staatsanwaltschaft, der Richters und des Beschuldigten im herkömmlichen Sinne zu verstehen. Vielmehr würden in diesem neuen Verfahren eigene Regeln geschaffen bezüglich der Mündlichkeit und Öffentlichkeit, hinsichtlich der Ermittlungspflicht der Staatsanwaltschaft sowie der Aufklärungspflicht des Gerichts, der Gewährung rechtlichen Gehörs, der Begründung von Entscheidungen, deren Anfechtbarkeit sowie Rechtskraft, Kosten, Nebenfolgen etc.[325]

Da jedenfalls das Legalitätsprinzip bei diesem neuen „Unterwerfungsverfahren" zugunsten des Opportunitätsprinzips beseitigt werde,[326] sei aufgrund dieses Machtzuwachses der Staatsanwaltschaft zwar eine richterliche Kontrolle wünschenswert, jedoch sehr problematisch. Denn die neuen Rollen und Funktionen von Gericht und Staatsanwaltschaft könnten eine Kontrolle durch Erweiterung des Klageerzwingungsverfahrens in Form der Einbeziehung der §§ 153 ff de lege ferenda erschweren: Der neue Verfahrenstypus mit den daraus resultierenden unterschiedlichen Funktionen der beteiligten Institutionen könne möglicherweise nicht mehr in Einklang zu bringen sein mit den herkömmlichen Verfahrensprinzipien und Funktionen von Gericht und Staatsanwaltschaft.[327]

Eine ähnliche Problematik des Abrückens von den Grundsätzen der mündlichen Hauptverhandlung mit all ihren Schutzmechanismen zugunsten schnellerer und informellerer Verfahren findet sich bei dem *plea-bargaining*-Verfahren in den USA. Wie in Deutschland kann durch dieses zügige und weniger aufwendigere Verfahren die Massenkriminalität verarbeitet und die Funktionstüchtigkeit der Justiz aufrechterhalten werden. Auch dort besitzt der Staatsanwalt die entscheidende Schlüsselposition.[328]

f) Stärkung der Staatsanwaltschaft durch geringe gerichtliche Kontrolle

Eine reale Stärkung der Entscheidungsmacht der Staatsanwaltschaft bei der Abschlußverfügung könnte auch in Form der faktischen Ineffizienz ihrer richterlichen Kontrollen liegen. Dies hängt maßgeblich von dem Kontrollwert des Zwischenverfahrens, des Klageerzwingungsverfahrens, der richterlichen Zustimmung bei Einstellungen und anderen Kontrollen zusammen. Führen diese Kontrollen nämlich nicht zu einer tatsächlich effektiven Revision des zu kontrollierenden Aktes, sondern passieren die staatsanwaltschaftlichen Akte in aller Regel unbeanstandet die Kontrollmechanismen, so könnte sich deren Wirkung in ihrer lediglichen Existenz erschöpfen. Dies könnte möglicherweise den Weg frei ma-

---

[325] Vgl. *Naucke*, Gutachten D. Kritisch zu diesem neuartigen Verfahrenstyp, vor allem aus der Sicht des Verletzten *Dencker*, JZ 1973, S. 147.

[326] *Kaiser*, Sozialkontrolle, S. 82, der sich sehr kritisch äußert bezüglich dieses „Unterwerfungsverfahrens", durch das ein herkömmlicher Strafprozeß abgewendet werden kann, ohne daß ein Richter mitbestimmen müsse.

[327] In diesem Sinne *Jans*, Klageerzwingungsverfahren, S. 250.

[328] Siehe stellv. *Leipold*, Cornell Law Review 1995, S. 311. Ähnlich *Vorenberg*, Harvard Law Review 1981, S. 1523.

chen zu einer daraus resultierenden realen Stärkung des zu Kontrollierenden, der sich um die (geringe) Intensität der Kontrolle wohl bewußt ist.

Werden beispielsweise lediglich weniger als 1 % aller im Zwischenverfahren geprüften Anklagen im Sinne einer Nichtzulassung beanstandet,[329] hat das Klageerzwingungsverfahren eine ungefähre Erfolgsquote im Sinne einer Anklageerzwingung von rund 0,5 Prozent.[330] Wird bei Strafbefehlen sowie Einstellungsverfügungen nach dem Opportunitätsprinzip die richterliche Unterschrift so gut wie immer gewährt, so könnten die richterlichen Kontrollmechanismen leerlaufen. Die Kenntnis der Staatsanwaltschaft bezüglich der vermuteten geringen Kontrolldichte könnte zu einer Stärkung der eigenen Entscheidungsmacht und möglicherweise sogar zu einem Fehlgebrauch führen.

Die dabei strittige Kernfrage, ob die Existenz bestimmter Kontrollmechanismen in Form einer psychischen Hemmung durch antizipierte Vorwegnahme der nachfolgenden Kontrolle bereits Kontrolle genug oder hingegen völlig wirkungslos sei, ist umstritten. Sie führt auch zu der zu untersuchenden Kontroverse.

g) Fazit

Die Staatsanwaltschaft hat die mit steigender registrierter Kriminalitätsrate angestiegene Mehrbelastung aufgefangen, nicht die Gerichte. Dabei sind ihre Kompetenzen immer weiter ausgedehnt worden. Die justizielle Belastung erforderte zunehmend flexiblere staatliche Reaktionsmöglichkeiten. Diese wurden in erster Linie der Staatsanwaltschaft anvertraut, womit der richterliche Einfluß im Vorverfahren spiegelbildlich zurückging. Dies führte faktisch zu der Aufgabe des lange herrschenden Legalitätsprinzips zugunsten des Opportunitätsprinzips. Aufgrund ihrer Schnittstellenfunktion zwischen Polizei und Gericht sowie ihres Anklagemonopols filtert die Staatsanwaltschaft in erheblichem Umfang viele Strafverfahren heraus. Dies geschieht in der überwältigenden Mehrheit durch Verfahrenseinstellungen. Der insgesamt größte Anteil hierbei sind Einstellungen nach § 170 II, bei der eine richterliche Einbeziehung nur über das Klageerzwingungsverfahren stattfindet. Der erhöhte Arbeitsanfall der Strafjustiz wird aber durch die Opportunitätseinstellungen abgefangen. Die dabei teilweise notwendige richterliche Zustimmung scheint von nur untergeordneter Rolle. Damit kommt dem Staatsanwalt im Ermittlungsverfahren eine große Selektionsmacht zu.

Alleine durch die vom Staatsanwalt gewählte Abschlußverfügung spricht er entweder einen Sanktionsverzicht aus oder leitet eine Sanktion ein. Durch die Abschlußverfügung wird sogar auf die Strafhöhe Einfluß genommen. Darüberhinaus wird durch die Abschlußverfügung meistens auch die Verfahrensart vorgegeben. Bei Strafbefehlen sowie Opportunitätseinstellungen unter Auflagen

---

[329] Vgl. *Löwe-Rosenberg/ Rieß*, Großkommentar, 24. Auflage, Vor § 198, Rdnr. 16.

[330] So das Ergebnis einer Untersuchung bezüglich des Bundeslandes Nordrhein-Westfalen im Jahre 1982, vgl. *Bischoff*, Klageerzwingungsverfahren, S. 168.

legt der Staatsanwalt in der Regel nicht nur die Strafhöhe endgültig fest, sondern auch das zugrundeliegende Verfahren. Bei diesem Verfahren werden dem Betroffenen Belastungen aufgrund eines zügigen schriftlichen Verfahrens ohne mündliche Hauptverhandlungen auferlegt. Richter wirken hierbei eher bestätigend mit, die weichenstellende Entscheidung wird von dem Staatsanwalt alleine getroffen. Obwohl gesetzliche Regelungen bestimmte Vorgaben eröffnen, hat der Staatsanwalt hierbei einen erheblichen faktischen Handlungsspielraum.

Daher wird man sagen können, daß der Staatsanwalt in der Tat „immer mehr zur Hauptfigur im Strafverfahren" wird oder vielleicht sogar schon geworden ist.[331] Zwecks besseren Verständnisses gerade im Hinblick auf unterschiedliche Ausprägungen und Sichtweisen in den Vereinigten Staaten erscheint es notwendig zu erhellen, woher im deutschen Recht der Gedanke der Kontrolle der Staatsanwaltschaft stammt und wie er sich im Laufe der Zeit gewandelt hat. Im deutschen Recht war schon die Einführung der Staatsanwaltschaft mit einer Kontrollintention verbunden: Sie sollte den mächtigen Strafrichter kontrollieren. In den USA hingegen sollte der Staatsanwalt die Unzulänglichkeiten der Privatklage überwinden, also gerade keine staatlichen Organe kontrollieren.[332] Insofern möge hier ein zusammenfassender Abriß der Entwicklung und der Hintergründe der gerichtlichen Kontrolle der deutschen Staatsanwaltschaft im allgemeinen gegeben werden.

---

[331] So *Kausch*, Der Staatsanwalt, S. 236.

[332] Vgl. *Cardenas*, Harvard Journal of Law & Public Policy 1986, S. 369.

II. Gerichtliche Kontrolle der Staatsanwaltschaft im allgemeinen

Die Verknüpfung der deutschen Staatsanwaltschaft mit dem Gedanken der Kontrolle ist so alt wie sie selbst. Allerdings hat sich der Kontrollgedanke seit den Anfängen der Staatsanwaltschaft sehr gewandelt. Grund dafür ist nicht nur das jeweilige Staats- und Strafrechtsverständnis, sondern vor allem die der Staatsanwaltschaft zugewiesenen, im Laufe der Zeit veränderten Aufgaben und Funktionen.

1. Grund für die Einführung der Staatsanwaltschaft

Während die vorliegende Arbeit um die Kontrolle der Staatsanwaltschaft durch das Gericht kreist, war der ursprüngliche Grund für die Einführung der Staatsanwaltschaft in Deutschland gerade das Gegenteil: ihre Kontrolle der Gerichte.[333] Jene war die verwirklichte Konsequenz der Erkenntnis um die Schwächen des Inquisitionsprozesses. In dem geheimen und schriftlichen Inquisitionsverfahren spiegelte sich das absolutistische Staatsverständnis und der daraus folgende absolute Herrschaftsanspruch jener Zeit wieder: Der Untertan im allgemeinen war ein unmündiges Objekt der Regierungstätigkeit, während der verdächtige Untertan im besonderen als lediglichem Untersuchungsobjekt des Inquisitionsrichters angesehen wurde.[334] Letzterer leitete bei Bekanntwerden einer Straftat[335] eigene Ermittlungen ein und versuchte die objektive Wahrheit[336]

[333] Siehe dazu *Machalke*, Klageerzwingungsverfahren, S. 29 f.

[334] *E. Schmidt*, Strafrechtspflege, S. 194.

[335] Formal gab es verschiedene Wege einer Verfahrenseinleitung: Ein Strafverfahren konnte zunächst ausgelöst werden durch das Auftreten einer Privatperson vor Gericht als Ankläger. Dieses Akkusationsverfahren dürfte allerdings in der Praxis die geringste Bedeutung gehabt haben aufgrund der dem Kläger drohenden Bestrafung, wenn dieser die Anklage nicht hinreichend beweisen konnte. Zweitens kam ein Verfahren durch Nachforschung des Gerichts von Amts wegen in Gang, wenn beispielsweise dem Richter Gerüchte über eine Straftat bekannt wurden. Häufig wurde ein Verfahren von Amts wegen aufgrund einer gezielten Anzeige seitens eines Denunzianten eingeleitet, genauer dazu siehe *Siefener*, Hexerei, S. 175 f. sowie *Bollmann*, Carpzov, S. 91 ff.

[336] Diese Erforschung der ‚materiellen Wahrheit', welche auch heute noch durch den die Hauptverhandlung leitenden Richter ermittelt werden soll, sollte der Bestrafung des wahren Schuldigen dienen in Abkehr zu den formalen Beweisregeln des germanischen Rechtsdenkens. Der Ursprung dieses im deutschen Rechtsdenken verhafteten Strebens nach materieller Wahrheit, dürfte – neben praktischen Notwendigkeiten des Herausfindens des tatsächlichen Rechtsbrechers zum Schutz der bedrohten Gemeinschaft – letztlich auch in christlichen Vorstellungen wiederzufinden sein im Gegensatz zu der nur ‚formellen Wahrheit', wie sie sich im adversatorischen Parteiverfahren ergibt: So sollte der König, welcher nach den Geboten Gottes zu handeln verpflichtet war, einen Zustand göttlichen Friedens und Gerechtigkeit wahren, welchen der Rechtsbrecher störte. Insofern kam es entscheidend zur Wiederherstellung dieser gottgewollten Ordnung auf das Auffinden und die Bestrafung des tatsächlichen und schuldigen Rechtsbrechers an. Dies glaubte man nur durch einen unabhängigen ermittelnden Richter zu erreichen, vgl. dazu *Schild*, Geschichte des Strafrechtes, S. 62. Ähnlich auch *Grüner*, Mißbrauch von Mitwirkungsrechten, S. 12, 15, 26, 28 f sowie 34.

zu erforschen. Er hatte wesentlichen Einfluß auf die Beurteilung seiner eigenen Ermittlungen bei der anschließenden Urteilsfällung oder fällte dies zum Teil selbst.[337] Insofern vereinigte er in seiner Person die Aufgaben der Sachverhaltsaufklärung und die der Beweiswürdigung[338] bzw. war Ankläger, Verteidiger und Untersuchungsorgan in einem.[339] Der Inquisitionsrichter sollte also vom ersten aufkommenden Tatverdacht an bis hin zur Spruchreife des Aktenmaterials das gesamte Verfahren durchführen. Dabei oblag ihm von Amts wegen die Ermittlung der objektiven Wahrheit auch unter Wahrung der Interessen des Beschuldigten durch Berücksichtigung entlastender Momente.

Ursprünglich wies der Inquisitionsprozeß noch gewisse schützende Formen auf wie beispielsweise die klare Unterscheidung in General- und Spezialinquisition, also zunächst die Erforschung der Tat selbst und erst dann die Ermittlung des Tatverdächtigen. Später verblaßten diese schützenden Formen zugunsten eines einheitlichen Verfahrens, in dem immer mehr richterliche Willkür und Zweckmäßigkeitsgedanken um sich griffen.[340] Dies führte zu immer lauter werdender Kritik gegen die Allmacht des Inquirenten. Diesem kam es auch aufgrund des Erwartungsdruckes seines Landesherren sowie der Richterkollegien darauf an, spruchreife und begründete Akten zu erstellen und den Fall erfolgreich im Sinne einer Verurteilung abzuschließen. Ihm ging es schließlich – bewußt oder unbewußt – nur noch darum, den von ihm ursprünglich bejahten Verdacht auch bestätigt zu sehen. Entlastende Umstände blieben dabei häufig – sogar vorsätzlich – unberücksichtigt. Verschiedene Faktoren führten zu der in der Bevölkerung gefürchteten absoluten Rechtlosstellung des Beschuldigten und dessen Ausgeliefertsein gegenüber dem Inquisitionsrichter. Einige dieser Faktoren waren die fehlende Bestimmtheit und Eingrenzung des Untersuchungsgegenstands, welcher beliebig ausgeweitet werden konnte, die fehlende Verteidigungsmöglichkeit in einem zum Teil jahrelangen Untersuchungsverfahren, die nicht vorhandene Kontrolle des Inquirenten sowie die Urteilsfällung nur aufgrund der schriftlichen, vom Inquirenten erstellten Unterlagen. Daher geriet der Inquisitionsrichter immer mehr in Verruf.[341] „Unhaltbare Ergebnisse waren die Folge,

[337] Häufig leitete der Inquirent die abgeschlossenen Ermittlungsakten an ein Richterkollegium weiter, das aufgrund dieser schriftlichen Akten das Urteil aussprach, womit der wesentliche Einfluß auf das Urteil bei dem inquirierenden Richter liegt. Zum Teil war der ermittelnde Richter auch selbst in dem urteilenden Kollegium beispielsweise als Berichterstatter, zum Teil fällte er als Einzelrichter auch das Urteil selbst, vgl. *Wohlers*, Staatsanwaltschaft, S. 55 f. sowie *Prechtel*, Verhältnis der Staatsanwaltschaft, S. 19.

[338] *Grüner/ Wasserburg*, NStZ 1999, S. 287.

[339] So *Wohlers*, Staatsanwaltschaft, S. 55. Kritisch zu der häufig charakterisierten Eigenschaft des Inquirenten als Ankläger und Richter in einer Person *Bollmann*, Carpzov, S. 93, da der Inquisitionsprozeß (nicht das Akkusationsverfahren) keine Anklage kenne und somit auch keinen Ankläger. Letzere Begriffsbestimmung sei zu sehr vom Akkusationsverfahren gesehen, während das Inquisitionsverfahren sich gerade durch das völlige Fehlen eines Anklägers auszeichne.

[340] Näher dazu *E. Schmidt*, Strafrechtspflege, S. 272.

[341] Vgl. *Wohlers*, Staatsanwaltschaft, S. 55 f.

Justizirrtümer und Fehlurteile erschreckend hoch."[342] Auch wurde diese Kabinettsjustiz zur politischen Machterhaltung mit Hilfe des Strafrechts benutzt.[343]

Angetrieben von den Ideen der Aufklärung wurde der absolutistische Staat mit seinem absolutistisch-polizeistaatlichen Strafverfahren heftiger Kritik unterzogen. So schrieb Cesare Beccaria in seiner berühmt gewordenen Schrift „Über Verbrechen und Strafe" 1764:

> „Der Richter wird zum Feind des Angeklagten, eines gefesselten Menschen, welcher dem größten Elend, Qualen aller Art und der schrecklichsten Zukunft preisgegeben ist. Nicht sucht er die Wahrheit des Tatbestandes, sondern er sucht im Gefangenen das Verbrechen, stellt ihm Fallen, glaubt zu verlieren, wenn er dabei erfolglos bleibt, und jener Unfehlbarkeit Abbruch zu tun, die der Mensch sich in allen Dingen anmaßt. Die Verdachtsgründe, die zur Festnahme führen, stehen in der Gewalt des Richters."[344]

Ebenso war die vielzitierte psychologische Überforderung des Inquisitionsrichters Ansatzpunkt scharfer Kritik:[345] Ihm wurde zugemutet „bald auf die eine, bald auf die andere Seite zu springen und mit beiden Waffen (nämlich Angriff und Verteidigung) gegen sich selbst zu fechten, zugleich aber auch als Kampfrichter den Streit zu leiten."[346] Dies schien eines der „Hauptgebrechen" des Inquisitionsverfahrens zu sein und machte eine Reform dringend notwendig.[347]

Das geheimnisvolle Dunkel des schriftlichen und geheimen Inquisitionsverfahrens sowie der obrigkeitlichen Kabinettsjustiz und der richterlichen Willkür sollte im Zuge der Reformen des 19. Jahrhunderts in den deutschen Territorialstaaten durch Einführung öffentlicher und mündlicher Prozesse mit Laienbeteiligung und Anklageform transparent gemacht werden.[348] Mit anderen Worten: Man wollte „die Öffentlichkeit, dann die Mündlichkeit, dann die Anklageform und am Ende die Staatsanwaltschaft."[349]

Die Einführung der Staatsanwaltschaft war angelehnt an das französische Vorbild des ministère public und wurde dementsprechend zunächst in den einst napoleonisch geprägten süddeutschen Territorialstaaten verwirklicht.[350] Sie sollte

---

342 *Kohlhaas*, Stellung der Staatsanwaltschaft, S. 37.

343 *Fuhrmann*, JR 1964, S. 419.

344 *Beccaria*, Über Verbrechen und Strafen, S. 102.

345 Ausführlich dazu *Kausch*, Der Staatsanwalt, S. 229 ff.

346 Mit weiteren Zitaten *E. Schmidt*, Strafrechtspflege, S. 293.

347 Siehe dazu die Reformvorschläge von *Zachariä*, Deutsches Strafverfahren.

348 Siehe zu diesen Forderungen *Mittermaier*, Mündlichkeit, S. 13.

349 *Bohnert*, Abschlußverfügung, S. 35. Es hatte sich also gezeigt, daß die lediglich Verpflichtung des Inquirenten auf die materielle Gerechtigkeit nicht vor Mißbrauch und Willkür schützen konnte, vgl. *Gössel*, Legalitätsprinzip, S. 123.

350 So in den linksrheinischen Provinzen Rheinpreussen, Rheinhessen und Rheinpfalz 1810 sowie offiziell in den Entwürfen zu Strafverfahrensreformgesetzen im Königreich Württemberg 1828, Großherzogtum Baden 1835 und Königreich Bayern 1831, siehe *Wohlers*, Staatsanwaltschaft, S. 49, 65 mwN.

im Vorverfahren den Untersuchungsrichter einer Kontrolle unterwerfen und in der Hauptverhandlung die Anklage vertreten.[351]

Es ist sehr schwierig, das uneinheitliche und mannigfaltige Bild der verschiedenartig verwirklichten Staatsanwaltschaften in den einzelnen Territorialstaaten zusammenzufassen und eine einheitliche Strömung auszumachen.[352] Verallgemeinernd läßt sich jedoch sagen, daß die Aufgabe der Staatsanwaltschaft anfangs nicht – wie heute – die der Ermittlungsführung war, die nach wie vor dem Untersuchungsrichter[353] überlassen wurde. Vielmehr oblag dem Staatsanwalt die Aufarbeitung der gerichtlichen Voruntersuchung sowie die anschließende Anklagevertretung. Innerhalb des Hauptverfahrens sollte er lediglich eine kontrollierende Funktion innehaben.[354] Die Schlußentscheidung, oder moderner ausgedrückt, die Abschlußverfügung, „traf der Staatsanwalt regelmäßig also über ein Aktenverfahren, das andere geführt haben."[355] Dies bedeutet, daß die Staatsanwaltschaft ursprünglich nicht als Ermittlungsorgan konzipiert war, sondern als Kontrollorgan gegenüber dem Gericht.[356]

---

[351] Siehe *Kerbel*, Staatsanwaltschaft, S. 43. Im Sinne der Einführung der Staatsanwaltschaft als Kontrolle der Polizei und des Gerichts auch *Kohlhaas*, Stellung der Staatsanwaltschaft, S. 36 ff.

[352] Vgl. *Weigend*, Anklagepflicht und Ermessen, S. 26 sowie *Bohnert*, Abschlußverfügung, S. 35.

[353] Wodurch das inquisitorische Element nach wie vor beibehalten wurde, sieht man in dem Untersuchungs- oder Ermittlungsrichter den alten Inquirenten, vgl. *Bohnert*, Abschlußverfügung, S. 35. Während häufig die pauschale These vertreten wird, die ermittelnde und urteilende Funktion des Inquirenten habe diesen psychologisch überfordert, so daß die ermittelnde Funktion abgespalten worden sei und der Staatsanwaltschaft übertragen worden sei (so für alle *Prechtel*, Verhältnis der Staatsanwaltschaft, S. 19 sowie *E. Schmidt*, Strafrechtspflege, S. 331), so trifft die Auffassung jedoch auf Bedenken. Diese ergeben sich daraus, daß nach wie vor der Untersuchungsrichter die Ermittlungen in Form der gerichtlichen Voruntersuchung durchführte, welche erst 1974 durch das 1. StVRG abgeschafft wurde, und von der Staatsanwaltschaft dabei lediglich kontrolliert werden sollte. Häufig durfte der Staatsanwalt das Verfahren lediglich initiieren und nach Abschluß der gerichtlichen Untersuchung die formelle Endentscheidung treffen, vgl. *Bohnert*, Abschlußverfügung, S. 36. Reste dieser Stellung des Staatsanwalts hielten sich noch lange nach Erlaß der RStPO, wie in den §§ 179, 184, 190 a.F. zu sehen ist: dort konnte die Staatsanwaltschaft während der gerichtlichen Voruntersuchung lediglich Anträge stellen und Akteneinsicht nehmen, nicht aber auf den Gang und die Richtung der Untersuchung einwirken durch Aufträge etc, siehe näher dazu *Löwe-Rosenberg/ Kohlhaas*, Großkommentar, 22. Auflage, Vor § 178, Rdnr. 1. Für eine alleinbestimmende Stellung des Untersuchungsrichters im Vorverfahren zu jener Zeit auch *Wohlers*, Staatsanwaltschaft, S. 186.

[354] *Wohlers*, aaO, S. 100.

[355] So *Bohnert*, Abschlußverfügung, S. 36.

[356] Vgl. *Wohlers*, Staatsanwaltschaft, S. 220 sowie *Machalke*, Klageerzwingungsverfahren, S. 29 f.

2. Wandel der Funktion der Staatsanwaltschaft vom Kontrollorgan zum kontrollierten Organ

Es wurde also damals zunächst erkannt, daß eine der Hauptschwächen des reinen Inquisitionsprozesses die „Vereinigung des Inquisitors und entscheidenden Richters in einer Person“ und damit die „völlig fehlende Objektivität des Richters“ war.[357] Damit war aber noch nicht gesagt, daß die Aufgabe des Inquirenten im Vorverfahren nun durch einen Staatsanwalt wahrgenommen werden sollte. Die damaligen Beratungen haben im Gegenteil gezeigt, daß die Verfahrensbeteiligung der schon damals hierarchisch strukturierten und weisungsabhängigen Staatsanwaltschaft auf ein Mindestmaß reduziert werden sollte. Grund dafür war das Mißtrauen gegenüber der obrigkeitsabhängigen Staatsanwaltschaft. Dieses Mißtrauen äußerte sich Mitte des 19. Jahrhunderts in der Auffassung, „daß der Staatsanwalt ein Werkzeug der Regierung sei, der nur der Verfolgung ihrer, der Freiheit der Bürger leicht gefährlichen Pläne diene.“[358] Maßgebenden Einfluß sollten somit immer noch die Gerichte haben, die immer unabhängiger von jeglichen Einflüssen der Regierungen wurden.[359]

Somit war zunächst die Funktion der Staatsanwaltschaft auf eine lediglich anregende und kontrollierende Beobachterposition beschränkt,[360] wozu ihr zum Teil ein Rekursrecht gegen Entscheidungen der Gerichte eingeräumt wurde.[361]

Im Laufe der Zeit wurden ihr jedoch in immer stärkerem Maße Kompetenzen des Inquirenten übertragen. Sie sollte nunmehr die Funktionen innehaben, „Wächterin der Gesetze zu sein, die Übertreter der Gesetze zu verfolgen und die Bedrängten zu schützen,“[362] die Strafverfolgung wahrzunehmen sowie Übergriffen durch Polizeibeamte entgegenzuwirken.[363] Die Staatsanwaltschaft sollte sich nicht nur im Interesse des Staates, sondern in gleichem Grad auch für den Angeklagten, also für dessen Verteidigung wirksam zeigen.[364] Daraus ergab sich zweierlei: Die Staatsanwaltschaft sollte nicht nur gestärkt werden, sondern auch unparteilich sein, also nicht die Parteienstellung einnehmen, wie es in den Vereinigten Staaten üblich war und ist.[365] Auch veränderte sich damit im Laufe der

---

[357] *Carsten*, Geschichte der Staatsanwaltschaft, S. 16.

[358] *Mittermaier*, Mündlichkeit, S. 309.

[359] *Carsten*, Geschichte der Staatsanwaltschaft, S. 17. Zwischen 1815 und 1830 wurden in den deutschen Staaten die Kabinettsjustiz abgeschafft und gleichzeitig die richterliche Unabhängigkeit als Garant zur Sicherung der Freiheitsgrundrechte angestrebt. So fanden sich beispielsweise schon 1818 in § 3 der bayrischen Verfassung ansatzweise Regelungen der richterlichen Unabhängigkeit, vgl. dazu *Machalke*, Klageerzwingungsverfahren, S. 18.

[360] Siehe *Wohlers*, Staatsanwaltschaft, S. 186.

[361] *Machalke*, Klageerzwingungsverfahren, S. 30.

[362] So zusammenfassend die Auffassung des preußischen Gesetzgebungs- und Justizminister v. Savigny 1845 bei *Roxin*, DRiZ 1997, S. 110.

[363] Vgl. *Hund*, S. 471.

[364] So die beiden preußischen Justizminister v. Sagivny (Gesetzgebungsminister) und v. Mühler (Justizverwaltungsminister) in der Konferenz vom 02.12.1845, vgl. näher dazu *Roxin*, DRiZ 1997, S. 110.

[365] *Carsten*, Geschichte der Staatsanwaltschaft, S. 24.

Zeit die Bedeutung der Abschlußverfügung: In ihr sprach die Staatsanwaltschaft nicht mehr nur das Ergebnis eines Kontrollvorgangs über ein vom Untersuchungsrichter geführtes Verfahren aus, sondern schloß vielmehr ihr eigenes Verfahren ab.[366]

Auch der Regierung war an einer Stärkung der Staatsanwaltschaft gelegen, beklagte sie sich doch über eine ungenügende Aktivität der Untersuchungsrichter in politischen Angelegenheiten und eine Vernachlässigung des Staatsschutzes.[367] Damit gingen jedoch schon zu frühester Zeit Beschwerden über die Verwendung der Staatsanwaltschaft als Mittel zur Durchsetzung der Machtinteressen der Regierung einher.[368] Obgleich die Staatsanwaltschaft den „Rechtswillen und nicht den Machtwillen des Staates repräsentieren" sollte[369] und daher dem Justizministerium „als Repräsentant, Hüter und Bewahrer des staatlichen Rechtswillens" unterstellt worden war,[370] resümiert der Strafrechtshistoriker Rüping wie folgt: Die Staatsanwaltschaft sei eine

> „Institution, die geeignet und bestimmt war, liberale Freiheiten zu unterdrücken. Ernüchtert wird festgestellt, wie die Regierungen gegen alle liberale Versprechungen das Institut benutzt haben, um ihren Einfluß auf die Justiz zu sichern, und wie dem Angeklagten durch die Mitwirkung der Staatsanwaltschaft im Untersuchungsverfahren jetzt der Sache nach zwei Inquirenten gegenüberstehen."[371]

Vorab soll darauf hingewiesen werden, daß in jener Zeit die Vereinigten Staaten von einer Demokratisierungswelle erfaßt wurden, die die Wahl lokaler Beamten zur Forderung erhob. Das führte unter anderem zu der Einführung der direkten Volkswahl von Staatsanwälten. Gerade durch deren direkte demokratische Legitimation erhielten sie einen großen Gewinn an Prestige und Kompetenzen, die bis heute prägend wirken. In Deutschland hingegen blieb die Staatsanwaltschaft nach dem Scheitern der Revolution von 1848 ihrem allgemeinen Negativbild verhaftet.

Carsten faßte die Rechtswirklichkeit nach der gescheiterten Revolution von 1848 in bezug auf die eingeführten Staatsanwaltschaften zusammen:

> „...hatten die Reformen alle das eine gemeinsam, daß die Regierungen durch die Einführung der Staatsanwaltschaft nur an Macht gewonnen hatten, da sie die Einrichtung, die zum Schutz des Angeklagten gegen Willkür des Inquirenten gedacht war, dazu benutzten, ihren eigenen Einfluß auf das Strafverfahren, ihre Machtstellung gegenüber den

---

[366] Siehe *Bohnert*, Abschlußverfügung, S. 44, der bezüglich des preußischen Modells in der Reichsstrafprozeßordnung sogar die Auffassung vertritt, die Staatsanwaltschaft sei als Verfolgungsbehörde freier und unüberwachter gewesen als dies jemals der Inquisitionsrichter gewesen sei.

[367] *Rüping*, GA 1992, S. 150 f.

[368] *Gössel*, Stellung der Staatsanwaltschaft, S. 326.

[369] So die preußische traditionelle Auffassung, vgl. dazu *E. Schmidt*, Strafrechtspflege, S. 331.

[370] *Mayer*, Staatsanwaltschaft, S. 239.

[371] MwN dazu *Rüping*, GA 1992, S. 156.

Gerichten zu erhalten oder noch zu stärken. So kam es, daß, kaum daß die Staatsanwaltschaft fast überall eingeführt war, schon heftige Kritik an der Gestaltung des Instituts einsetzte."[372]

Kennzeichnend für die recht verbreitete ablehnende Haltung gegenüber der Staatsanwaltschaft in Deutschland sind die Erörterungen auf dem 5. Deutschen Juristentag 1863, welche durch den Antrag des Abgeordneten Sabarth ausgelöst wurden. Dieser lautete:

"Der Deutsche Juristentag möge beschließen:
1) Das Institut der Staatsanwaltschaft, wie sich dasselbe seither in Deutschland ausgebildet hat, ist kein Bedürfnis oder Förderungsmittel einer unparteiischen Rechtspflege.
2) Zum Wesen des Anklageprozesses sind ständige öffentliche Anklagebehörden nicht erforderlich.
3) Dem jener Prozeßform zugrundeliegenden Gerechtigkeitsprinzip wird vielmehr entsprochen, wenn für jeden speziellen Fall einer Gesetzesverletzung die Funktionen des öffentlichen Anklägers...in Bezug auf die Voruntersuchung einem einzelnen Mitgliede des Richteramts...übertragen werden."

Sowohl die erwähnte Stärkung der Staatsanwaltschaft als auch die unruhigen Jahre 1848/49 führten dazu, daß die Eingriffe der Regierung in die Strafrechtspflege aufgrund ihres Weisungsrechts als immer unerträglicher empfunden wurden. Demzufolge wurde der Ruf nach Begrenzung der staatsanwaltschaftlichen Macht immer lauter. Eine der Begrenzungen war die feste Bindung der Staatsanwaltschaft an das Legalitätsprinzip.[373] Als Ausgleich für die Abhängigkeit der Staatsanwaltschaft von der Regierung und zwecks Machtbeschränkung der staatsanwaltschaftlichen Befugnisse wurde die Stärkung der Verletztenposition in Form der subsidiären Privatklage erwogen, zum Teil sogar die Popularklage gefordert.[374]

Eine andere Machtbegrenzung stellte die Kontrolle der Staatsanwaltschaft durch eine andere Institution dar, zu deren Kontrolle ursprünglich die Staatsanwaltschaft berufen war: das Gericht.[375]

Bereits obige Anträge lassen erkennen, welchen (Ur)Vertrauens sich die deutsche Richterfigur erfreute. Trotz aller negativer Erfahrungen, die mit dem allmächtigen Inquisitionsrichter gemacht wurden, brach immer wieder das Bedürfnis nach einem starken Strafrichter hervor.[376]

---

[372] *Carsten*, Geschichte der Staatsanwaltschaft, S. 33 f.
[373] Siehe *Weigend*, Anklagepflicht und Ermessen, S. 28.
[374] Vgl. *Carsten*, Geschichte der Staatsanwaltschaft, S. 51. So auch *Werner*, Einfluß des Verletzten, S. 12 f., die darauf hinweist, daß kurz nach Einführung der Staatsanwaltschaft Stimmen gegen diese laut geworden waren und vor dem Anklagemonopol und möglichem politischen Mißbrauch aufgrund der Weisungsabhängigkeit gewarnt hatten.
[375] In diesem Sinne auch *Kausch*, Der Staatsanwalt, S. 230.
[376] *Kausch*, aaO, S. 231 schreibt in diesem Zusammenhang: „Man mag der Meinung sein, in diesem System richterlicher Kontrollen und eingeschränkter Befugnisse der Staatsanwalt-

Maßgebend dafür war die Veränderung der Bedeutung und Ausformung des Richteramtes: Nachdem der damalige Inquisitionsrichter in der Bevölkerung sehr stark an Vertrauen verloren hatte und Klagen über richterliche Willkür immer häufiger wurden,[377] wandelte sich das Richterbild und -verständnis. „Die Rolle des Richters veränderte sich dabei vom Diener des die Staatsgewalt verkörpernden Landesherren bis hin zu einem Garanten bürgerlicher Individualrechte."[378] Ursprünglich hatte die vielkritisierte und beklagte richterliche Willkür zu der Forderung geführt, eine mit Rechtsmittelbefugnis ausgestattete Staatsanwaltschaft einzusetzen.[379] Nunmehr wurde im Laufe der Zeit gefordert, die Staatsanwaltschaft einer verstärkten Kontrolle durch das Gericht zu unterziehen. Der ursprünglich zu kontrollierende Richter wurde nun seinerseits zum Kontrollorgan. Allerdings divergierten Funktion, Rolle, Ansehen und Selbstverständnis des Richters zu früheren Zeiten:[380] Der Gedanke der richterlichen Unabhängigkeit gewann in der ersten Hälfte des 19. Jahrhunderts zunehmend an Bedeutung. Die Gerichte wurden allmählich von der Macht der Landesherren freigestellt; sie durften und sollten als unabhängige Spruchbehörden ihres Amtes walten.[381] Gerade das erstarkte liberale Bürgertum, aus dessen Reihen sich mehr und mehr die Justiz rekrutierte, sah im unabhängigen Richter nicht nur die erhoffte Zurückdrängung der Einbrüche des Landesherren in die Rechtspflege. Er sollte auch ein Schutzschild gegenüber Eingriffen in ihre allmählich erkämpften Freiheitsrechte bilden.[382] So wurde in der preußischen Verfassung von 1848, Art. 85, 86, die persönliche und sachliche Unabhängigkeit des Richters garantiert. Dies geschah ebenfalls in der nie in Kraft getretenen Paulskirchenverfassung (§ 177).[383] Die aus den Ideen der Aufklärung herrührende Vorstellung eines lückenlos an das Gesetz gebundenen Richters sowie dessen gedachte Aufgabe eines bis hin zur Selbstverleugnung gehenden logisch-mechanischen Subsumierens unter den gesetzlichen Tatbestand sollte vor richterlicher Willkür schützen.[384]

---

schaft komme nur die Vorliebe des Liberalismus für die Justiz zum Ausdruck und eine Überschätzung der Position des unabhängigen Richters...".

[377] Den Richtern wurde Parteilichkeit und Überheblichkeit vorgeworfen, beispielsweise bei der preußischen Staatsregierung, siehe dazu *Hund*, ZRP 1994, S. 470.

[378] *Lansnicker*, Richteramt, S. 90.

[379] So *Gössel*, Überlegungen zur Stellung der Staatsanwaltschaft im rechtsstaatlichen Strafverfahren und über ihr Verhältnis zur Polizei, S. 325, 336.

[380] Zu der ‚in politischen Verdacht' geratenen Staatsanwaltschaft und der ‚Gewährleistung völliger richterlicher Unabhängigkeit' vgl. *Bohnert*, Abschlußverfügung, S. 67.

[381] Genauer dazu *Küper*, Richteridee, S. 157 f.

[382] Näher dazu *Wassermann*, Die richterliche Gewalt, S. 60.

[383] Dort hieß es unter „Abschnitt VI – Die Grundrechte des deutschen Volkes" zu Art. X: „§ 177: Kein Richter darf, außer durch Urteil und Recht, von seinem Amt entfernt oder an Rang und Gehalt beeinträchtigt werden. Suspension darf nicht ohne gerichtlichen Beschluß erfolgen. Kein Richter darf wider seinen Willen, außer durch gerichtlichen Beschluß in den durch Gesetz bestimmten Fällen und Formen, zu einer anderen Stelle versetzt oder in den Ruhestand versetzt werden."

[384] *Küper*, Richteridee, S. 135. Im Laufe der Zeit wurde, aufgrund des Einflusses der ‚Historischen Schule', die strenge Gesetzesbindung des Richters allerdings immer mehr zugunsten einer freien Beweiswürdigung aufgegeben, siehe dazu *Hempel*, Richterbilder, S. 18 ff.

Abhandlungen noch vor Gründung des Norddeutschen Bundes in der Zeitschrift „Gerichtssaal" 1864 zeigten, wie sehr sich das Verhältnis der ursprünglich als Kontrollorgan gedachten Staatsanwaltschaft zu dem zu kontrollierenden[385] Gericht gewandelt hat.[386] Sie manifestierten anschaulich, wie sehr nun das umgekehrte Bedürfnis geltend gemacht wurde. Das Gericht solle nun vielmehr die Staatsanwaltschaft kontrollieren:

> „Die Gefahr wird fortdauernd betont, daß die Staatsanwaltschaft eine Anklage aus *politischen* Erwägungen anstelle oder unterlasse, wo in Wahrheit jenes oder dieses vor dem höheren Forum der Gerechtigkeit unstatthaft erscheine, und daß sie Anklagen erhebe, wo die öffentliche Meinung eine Strafbarkeit gar nicht zu erkennen vermöge... Sprechen wir es offen aus: Will der Minister Willkür üben und *kann er dies nach Lage der politischen Verhältnisse*, so übt er sie unmittelbar, wie mittelbar... Die Reformfreunde verlangen neben der Unabhängigkeit der Staatsanwaltschaft von dem Justizministerium *die Abhängigkeit derselben von dem obersten Gerichtshofe*; die Gefahr, welche der Rechtspflege durch die Abhängigkeit der Staatsanwaltschaft von dem Justizministerium erwachsen soll, wird, nach dieser Ansicht, durch die Unterordnung der Staatsanwaltschaft unter den obersten Gerichtshof beseitigt."[387]

Grund für dieses geltend gemachte Kontrollbedürfnis der Staatsanwaltschaft durch das Gericht war die Tatsache, daß der Staatsanwalt nun nicht mehr lediglich kontrollierend auf die Tätigkeit anderer Staatsorgane einwirkte. Vielmehr steuerte er zunehmend auch durch eigene, selbständige Entscheidungen den Gang des Strafverfahrens und gewann damit verstärkten Einfluß auf das gesamte Strafverfahren. Damit rückte die Frage der Kontrolle der Staatsanwaltschaft immer mehr in den Vordergrund.[388] Um dieses Grundproblem kreisten auch die

---

385 Siehe *Gössel*, Stellung der Staatsanwaltschaft, S. 342.

386 *Fuhrmann*, JR 1964, S. 420 spricht von einer Entwicklung der dritten Gewalt zur entscheidenden Kontrollinstanz. Bezüglich dieses Wandels in der Entwicklung bis hin zu dem heutigen Verständnis schreibt *Schaefer*, NJW 1994, S. 2877: „Es beginnt beim Gesetzgeber der – bewußt oder unbewußt – rechtsstaatliche Garantien heute sicher nicht zuallererst durch die Staatsanwaltschaft als gewährleistet ansieht, wie es zur Entstehungszeit der Staatsanwaltschaft im Verhältnis zu einem inquisitorischen Gericht und einer einseitigen Polizei verstanden worden ist. Heute meint der Gesetzgeber, daß allenfalls ein sog. ‚Richtervorbehalt' die Garantien im Strafverfahren geben kann... Für die Staatsanwaltschaft bleibt jedenfalls im Verhältnis zum Gesetzgeber die derzeitige Erkenntnis, daß Stärkung der Rechtsstaatlichkeit...durch Einbau von Schutzgarantien erfolgt, die außerhalb der Institution liegen, die einmal als Garantien für ein rechtsstaatliches und faires Verfahren geschaffen worden ist. Denen aber, die es nicht mehr wahrhaben oder wahrhaben wollen, sollte auch deutlich gemacht werden, daß die Staatsanwaltschaft vor allem zur rechtsstaatlichen Kontrolle da ist, Kontrolle der Polizei, aber auch des Gerichts, was viele nicht so gerne hören, wie umgekehrt auch das Gericht in unserem ausbalancierten Strafverfolgungssystem die Staatsanwaltschaft zu kontrollieren hat."

387 *Von Schwarze*, GS 1864, S. 410, 415, 417.

388 *Werner*, Einfluß des Verletzten, S. 15, resümiert, daß die Frage der Kontrolle des staatsanwaltschaftlichen Anklagemonopoles zu einer der meist diskutierten Fragen der neuzuschaffenden Strafprozeßordnung wurde.

Kontroversen[389] bei den Gesetzgebungsberatungen bezüglich des Beschwerderechts des Verletzten zu den Gerichten im Falle des § 146 (Entwurf der RStPO), welcher sich zu dem heutigen Klageerzwingungsverfahren entwickeln sollte:[390]

„Abgeordneter Herz: Die Staatsanwaltschaft sei eine von den Weisungen ihrer Vorgesetzten abhängige Verwaltungsbehörde. Ihr könne unmöglich die Entscheidung der Frage endgültig überlassen bleiben, ob die Strafverfolgung einzuleiten sei oder nicht, da sie den Befehlen des Justizministers sich zu fügen habe. Dem unabhängigen Richter müsse die Entscheidung zustehen... Der Staatsanwaltschaft könne von oben verboten werden, einzuschreiten, deshalb sei die unparteiische Entscheidung der Frage, ob Verfolgung eintreten solle, von ihr nicht unbedingt zu erwarten."[391]

„Abgeordneter Bähr: Indem man den Staatsanwalt zu einem von oben abhängigen gemacht, haben man...den sehr erheblichen Rückschritt getan, daß die Strafrechtspflege tatsächlich ein Werkzeug in der Hand der Regierungen geworden. Beseitige man aber auch jene Abhängigkeit, so sei doch der Staatsanwalt, ebenso wie sein Vorgesetzer, ein einzelner Mann, der nicht die Garantien biete, wie ein Kollegialgericht."[392]

„Abgeordneter Dr. Völk: Nach Bayrischem Recht sei der Staatsanwalt der Gehilfe des Richters...wohl aber erblicke er einen Vorteil darin, wenn nicht der Staatsanwalt, sondern das Gericht endgültig entscheide, ob die Anklage zu erheben sei oder nicht... Er wiederhole, daß der Staatsanwalt nicht Herr der Anklage, sondern Gehilfe und in gewissem Sinne Diener der Richters sein solle."[393]

---

[389] Vorliegend wurden hier nur solche Vorträge ausgewählt, in denen besonders anschaulich die Grundeinstellung zum Ausdruck kommt, die bezeichnend ist für die geltend gemachte Notwendigkeit einer gerichtlichen Kontrolle der Staatsanwaltschaft.

[390] § 146 des Entwurfes zur Strafprozeßordnung lautete wie folgt: „Gibt die Staatsanwaltschaft einer von dem Verletzten gemachten Anzeige keine Folge, oder verfügt sie nach dem Abschlusse der Ermittlungen die Zurücklegung der Akten, so hat sie den Verletzten, welcher die Strafverfolgung beantragt oder Nachricht von dem Ergebnisse des Verfahrens verlangt hatte, unter Angabe der Gründe zu bescheiden. Dem Verletzten steht die Beschwerde bei dem vorgesetzten Beamten der Staatsanwaltschaft zu. Eine weitere Beschwerde findet nicht statt. Die Zurücklegung der Akten ist dem Beschuldigten bekannt zu machen, wenn er als solcher gerichtlich vernommen worden ist oder sich in Verwahrung befunden hat." Am Ende der Kommissionsberatungen wurde folgender Entwurfstext angenommen, der dem heutigen Klageerzwingungsverfahren sehr angenähert ist: § 148: „Dem Antragsteller steht gegen diesen Bescheid binnen zwei Wochen nach der Bekanntmachung die Beschwerde an den vorgesetzten Beamten der Staatsanwaltschaft und gegen dessen ablehnenden Bescheid binnen einem Monate nach der Bekanntmachung der Antrag auf gerichtliche Entscheidung zu. Der Antrag muß die Thatsachen, welche die Erhebung der öffentlichen Klage begründen sollen, und die Beweismittel angeben, und auch von einem Rechtsanwalte unterzeichnet sein. Der Antrag ist bei dem für die Entscheidung zuständigen Gerichte einzureichen. Zur Entscheidung ist in den vor das Reichsgericht gehörigen Sachen das Reichsgericht, in anderen Sachen das Oberlandesgericht zuständig."

[391] *Hahn*, Materialien zur Strafprozeßordnung, S. 728 f.

[392] *Hahn*, aaO, S. 729.

[393] *Hahn*, aaO, S. 731.

„Abgeordneter Dr. Grimm: Sei der Beschwerde stattgegeben, so akkommodiere sich der Staatsanwalt. Dieser sei ja ebenso wie das Gericht ein Organ der Rechtspflege. Das Gericht aber stehe deshalb höher, weil es bestimmt sei, Recht zu sprechen... Es widerspreche aber dem Gefühl unseres Volkes, Rechtsfragen auf das politische Gebiet verwiesen zu sehen.“[394]

Nachdem also ein starkes gesellschaftlich-politisch gefärbtes Bedürfnis für eine Kontrolle der Staatsanwaltschaft durch die Gerichte bestand, fand dieses seine eher juristisch-dogmatische Untermauerung im in der Aufklärung entstandenen Gedanken der Gewaltenteilung. John Locke hatte den Gedanken der Aufspaltung staatlicher Machtkonzentration ausgesprochen, der von Montesquieu weitergeführt wurde und für das Strafverfahren entscheidende Bedeutung errang:

„Freiheit gibt es auch nicht, wenn die richterliche Befugnis nicht von der legislativen und von der exekutiven Befugnis geschieden wird. Die Macht über Leben und Freiheit der Bürger würde unumschränkt sein, wenn jene mit der legislativen Befugnis gekoppelt wäre, denn der Richter wäre Gesetzgeber. Der Richter hätte die Zwangsgewalt eines Unterdrükkers, wenn jene mit der exekutiven Gewalt gekoppelt wäre. Alles wäre verloren, wenn ein und derselbe Mann...drei Machtvollkommenheiten ausübte: Gesetze erlassen, öffentliche Beschlüsse in die Tat umsetzen, Verbrechen und private Streitfälle aburteilen.“[395]

Die Teilung der Gewalten alleine schien jedoch noch nicht ausreichend, um Machtstreben und Willkür innerhalb der Gewalten zu verhindern: Auch diese waren nach wie vor anfällig für eine übergroße Ausdehnung ihrer Befugnisse. Ein potentieller Machtmißbrauch war damit nicht verhindert. Insofern wurde der Gedanke der gegenseitig beschränkten und sich wechselseitig kontrollierenden Gewalten entwickelt:

„Eine ewige Erfahrung lehrt jedoch, daß der Mensch, der Macht hat, dazu getrieben wird, sie zu mißbrauchen. Er geht immer weiter, bis er an Grenzen stößt. Wer hätte das gedacht: sogar die Tugend hat Grenzen nötig. Damit die Macht nicht mißbraucht werden kann, ist es nötig, durch die Anordnung der Dinge zu bewirken, daß die Macht die Macht bremse.“[396]

In politischen Systemen wie dem der deutschen Monarchie bei Reichsgründung 1871 und der repräsentativen Demokratie wie der Weimarer Republik und später der Bundesrepublik Deutschland gab es im Gegensatz zu den Vereinigten Staaten – abgesehen von der Wahl der Parlamente – kaum Elemente unmittelbaren Volkseinflusses. Daher mußte die so geforderte Kontrolle der Gewalten durch ein anderes Staatsorgan, nämlich das Gericht, ausgeübt werden.[397] In den Vereinigten Staaten hingegen ist ein ganz wesentlicher Kontrollmechanismus die Wahl des Leitenden Oberstaatsanwalts durch das Volk, wodurch es letzterem (theoretisch zumindest) obliegt, durch Wahl und Abwahl disziplinierend und

---

394 *Hahn*, aaO, S. 732 f.

395 *Montesquieu*, De L'Esprit de Lois, S. 213.

396 *Montesquieu*, aaO, S. 211.

397 *Werner*, Einfluß des Verletzten, S. 331 erkennt daher heute in Deutschland die Gerichte als die aus der Geschichte gewachsene maßgebende Kontrollinstanz an: „Die traditionelle und bewährte Kontrollinstanz gegenüber der Exekutive bilden die Gerichte.“

kontrollierend auf die Amtsführung der Staatsanwaltschaft einzuwirken. Während auch in den USA die Gewaltenteilung als Grundprinzip eines freiheitlichen Rechtsstaates akzeptiert wird, fällt dessen Auslegung unterschiedlich aus. Gerade bei der richterlichen Kontrolle der Staatsanwaltschaft spielt das Argument der Gewaltenteilung die Schlüsselrolle.[398] Aufgrund eines klassischen Verständnisses dieses Prinzips sowie der direkten Kontrolle des Staatsanwalts durch seine Wählerschaft versagen die Gerichte in aller Regel eine Überprüfung der staatsanwaltlichen Entscheidung über Anklage und Nichtanklage.[399]

3. Arten der gerichtlichen Kontrolle der Staatsanwaltschaft bei der Abschlußverfügung

Bei Erlaß der Reichsstrafprozeßordnung herrschten zwei wesentliche richterliche Kontrollmechanismen bezüglich der Abschlußverfügung der Staatsanwaltschaft vor, die heute noch Geltung haben. So wurde nach lebhaften Diskussionen bei der Gesetzgebungsberatung das Klageerzwingungsverfahren, §§ 170-175 RStPO, eingeführt, das aufgrund des fast durchgängigen Legalitätsprinzips einen noch größeren Anwendungsbereich hatte als heute.[400] Auch wurde bei Erhebung der Anklage ein richterliches Eröffnungsverfahren im Sinne eines Zwischenverfahrens zur Kontrolle der Anklage durchlaufen.[401]

Später diente die richterliche Unterschrift unter den von der Staatsanwaltschaft beantragten Strafbefehl und damit die volle Übereinstimmung des Richters mit dem Antrag ebenso als Kontrollmechanismus: Sie war neben maßgeblichen Gründen der Verfahrensbeschleunigung[402] als Kontrolle und Billigung des von der Staatsanwaltschaft eingeleiteten Strafbefehlsverfahrens gedacht.[403]

---

[398] Vgl. beispielsweise Newman v. United States, 382 F.2d 479, 481 (D.C.Cir.1967).

[399] Das *preliminary hearing* bildet hierzu eine Ausnahme, greift jedoch auch nur bei *felonies*. Zu der Praxis in den USA und den übrigen Ausnahmen wird bei der Darstellung des amerikanischen Rechts eingegangen. Vgl. i.ü. stellv. United States v. Cox, 342 F.2d 167, 171 (5th Cir.1965).

[400] *Jans*, Klageerzwingungsverfahren, S. 47.

[401] Dabei war jedoch maßgebend, ob es zu einer gerichtlichen Voruntersuchung kam, die der Anklageerhebung gleichstand, oder ob die Staatsanwaltschaft ohne eine solche Voruntersuchung in eigener Regie ermitteln konnte. Gerade in letzterem Fall wurde ein verstärktes Bedürfnis nach richterlicher Kontrolle geltend gemacht, vgl. *Heghmanns*, Zwischenverfahren, S. 25 ff.

[402] Siehe *Hahn*, Materialien zur Strafprozeßordnung, S. 1118 ff, S. 1428 f.

[403] Dieser Kontroll- und Billigungsgedanke wird bei *Mayer*, GS 1930, S. 101 f. wie folgt umschrieben: „Der Strafbefehl dagegen erkennt unmittelbar gerade den von der Anklagebehörde gestellten Antrag an. Der Richter, der den Strafbefehl erläßt, erklärt damit, daß die im Antrag behauptete strafbare Handlung hinreichend bescheinigt ist, daß sie unter die im Antrag geltend gemachte Strafbestimmung fällt, und daß die beantragte Strafe angemessen sei. Der Strafbefehl beantwortet also genau den von der Anklagebehörde gestellten Antrag.“ Heute im Sinne einer gegenseitigen Kontrolle zwischen Gericht und Staatsanwaltschaft, vgl. *Kleinknecht/ Meyer-Goßner*, Strafprozeßordnung, Vorbemerkung zu § 407, Rdnr.1.

Ähnliches gilt für die richterliche Gegenzeichnung bei Einstellungen aus Opportunitätsgründen: Einhergehend mit der Stärkung der Staatsanwaltschaft in der Weimarer Republik durch den Ausbau des Opportunitätsprinzips sollte dadurch die Kontrolle der Staatsanwaltschaft gewährleistet sein.[404]

4. Wandel des Kontrollgedankens während des Nationalsozialismus

Besonders erwähnenswert erscheint die Umgestaltung der richterlichen Kontrolle der Staatsanwaltschaft während des Nationalsozialismus. Denn zum einen wurden mit staatsphilosophisch-dogmatischen Gründen rechts- und liberalstaatliche Kontrollgedanken beseitigt. Zum anderen wurde die Stellung der Staatsanwaltschaft auch aus ganz praktischen Erwägungen der staatlichen Machtvergrößerung verstärkt. Die Auswirkungen aus den ersten beiden Punkten in Verbindung mit der nationalsozialistischen Ideologie haben zu den „schrecklichsten Kapiteln deutscher Justizgeschichte“[405] geführt.

Mit den geänderten ideologischen Vorstellungen der Nationalsozialisten über den Staat und das Individuum, deren Rolle und Selbstverständnis, kam es zu einer tiefgreifenden Umgestaltung des Strafrechts sowie des Strafprozeßrechts.[406] Der Einzelne wurde nun nicht mehr als ein mit Freiheits(abwehr)grundrechten gegen den Staat versehener, sich selbstentfaltender Bürger gesehen. Vielmehr reihte er sich lediglich als ein Mitglied einer Gemeinschaft ein, die höher angesiedelt wurde als er selbst.[407] Charakteristisch ist daher die Zweckzusammenfassung dieses neuen Denkens durch Roland Freisler in dem 1936 erschienenen Buch „Das neue Strafrecht“:

> „Das Gerechtigkeitsideal verlangt Blickrichtung des Gesetzgebers wie des Rechtswahrers auf das Ganze, nicht wie bisher auf den einzelnen. An die Stelle der Individualgerechtigkeit muß die völkische Gerechtigkeit treten... Das Strafrecht muß also...sich zu dem Grundsatz bekennen: Recht ist, was dem deutschen Volke frommt.“[408]

Entsprechend der um sich greifenden Umorientierung auf das Führerprinzip wurde der gesamte Staat „von der kleinsten Zelle bis hin zur obersten Leitung des gesamten Reiches“ neu organisiert. Der Führergedanke wirkte schließlich auch in die Strafrechtspflege hinein.[409] Demzufolge sollte das Vorverfahren vom Staatsanwalt, das Hauptverfahren vom Richter beherrscht sein. Der Staatsanwalt

---

[404] *Jans*, Klageerzwingungsverfahren, S. 106 ff sowie *Wohlers*, Staatsanwaltschaft, S. 253.
[405] *Lansnicker*, Richteramt, S. 10.
[406] So auch *Freisler*, DtJ 1935, S. 1251: „Das Strafverfahrensrecht dient der Durchsetzung des materiellen Rechts. Die Frage der Mittel zur Durchführung dieses Zwecks ist selbstverständlich ebenfalls grundanschauungsbedingt.“
[407] Siehe *Jans*, Klageerzwingungsverfahren, S. 148.
[408] *Gürtner/ Freisler*, Das neue Strafrecht, S. 40 f.
[409] So unter Verweis auf das Buch „Mein Kampf“ von Adolf Hitler: *Töwe*, DRiZ 1935, S. 225.

sei „Untersuchungsführer, der Richter Verhandlungsführer."[410] Die Staatsanwaltschaft sollte folglich in Zukunft das Ermittlungsverfahren in eigener Regie – also ohne gerichtliche Voruntersuchung sowie richterlich angeordnete Zwangseingriffe – durchführen[411] und dabei vom Gericht unkontrolliert bleiben[412] und sollte dabei „vor dem Beschuldigten einen Vorsprung haben,"[413] wurde dieser doch mit dem Verbrecher gleichgestellt.[414] Die Staatsanwaltschaft trat dem Beschuldigten nun nicht mehr in ihrer vorherigen parteiähnlichen Klägerrolle entgegen, sondern als Untersuchungsbehörde kraft staatlichen Hoheitsrechts.[415] Sie sollte keinen Strafanspruch des Staates mehr durchsetzen, sondern das Unrecht bekämpfen,[416] womit sie selbst schließlich das Recht verkörperte.[417] War das Ziel des Strafprozesses jedoch nunmehr möglichst gründlich, effektiv und kostensparend den Verbrecher zu ermitteln,[418] so führte dies zu einer Verschiebung der prozessualen Dominanz zwischen Richter und Staatsanwalt zugunsten des letzteren. Der Entscheidungsspielraum des Richters beschränkte sich auf die Entscheidung zwischen Recht, verkörpert durch die Staatsanwaltschaft, und dem Unrecht in Gestalt des Angeklagten.[419]

Diesem durch das Führerprinzip und die bewußte Nutzung des Strafrechts als Herrschaftsinstrument zukommende Rolle der Staatsanwaltschaft entsprach auch die völlige Loskoppelung von der richterlichen Kontrolle, was als Schwächung empfunden wurde.[420] Auf diese Weise sei zuvor die Stellung des Staatsanwalts geschmälert worden, vor allem dadurch, „daß man seine Tätigkeit möglichst durchgängig unter richterliche Kontrolle setzt, ja noch mehr: sie vielfach von der Entscheidung des Gerichts abhängig macht und dem Staatsanwalt so...die Hände

[410] *Exner*, ZStW 1935, S. 7. Charakteristisch für diese Vorstellung ist folgendes Zitat von *Busch*, DtR 1934, S. 62: „Die Staatsanwaltschaft ist die beste Waffe des Staates auf dem Gebiete der Rechtsordnung; ein Staat, der auf eine schlagkräftige Staatsanwaltschaft verzichtet, macht sich im Kampf gegen den Rechtsbrecher, den inneren Volksfeind, wehrlos... Die hauptsächliche Verantwortung soll man dem Staatsanwalt überlassen. Mag der Richter der Führer in dem mit der Anklageerhebung beginnenden Hauptverfahren bleiben".

[411] *Busch*, DtR 1934, S. 62. Ebenso *Siegert*, ZStW 1935, S. 21.

[412] Siehe *Freisler*, DStR 1935, S. 243.

[413] *Siegert*, ZStW 1935, S. 19.

[414] So *Freisler*, DStR 1935, S. 1 f.

[415] *Henkel*, DJZ 1935, S. 534.

[416] Die Vorstellung der Durchsetzung des staatlichen Strafanspruches erinnerte zu sehr an zivilrechtliche Parteienstellung und wurde daher aufgegeben, vgl. *Henkel*, aaO, S. 534.

[417] *Müller*, Rechtsstaat und Strafverfahren, S. 83.

[418] In der Denkschrift des Nationalsozialistischen Rechtswahrerbundes zum Entwurf einer Strafverfahrensordnung hieß es, „höchstes Ziel der in Angriff genommenen Rechtserneuerung im Strafverfahrensrecht...(sei) die Fällung des dem nationalsozialistischen Rechtsbewußtsein entsprechenden, also des gerechtesten Urteils in kürzester Zeit." Vgl. dazu die Denkschrift des Nationalsozialistischen Rechtswahrer-Bundes zum Entwurf einer Strafverfahrensordnung, einer Friedensrichter- und Schiedsmannsordnung und eines Gerichtsverfassungsgesetzes der amtlichen Strafprozeßkommission des Reichsjustizministeriums, S. 15; BArch. Koblenz R 22/ 1037, S. 341ff, 349.

[419] So *Müller*, Rechtsstaat und Strafverfahren, S. 83.

[420] Siehe *Ernst*, Zwischenverfahren, S. 27.

bindet."[421] Man müsse sich vielmehr freimachen von dem Gedanken, der Staat bedürfe einer von Mißtrauen erfüllten Überwachung aller Handlungen seiner Organe. Diese Vorstellung, die sich wie ein roter Faden durch die früheren Reformpläne hindurchgezogen habe, sei mit dem Wesen des nationalsozialistischen Staates unvereinbar.[422] Gerügt wurde, daß in der Rechtspraxis „Mißtrauen gegen die Unparteilichkeit des Staatsanwalts großgezogen"[423] worden sei. Eine richterliche Kontrolle der Staatsanwaltschaft sei jedoch gar nicht notwendig, ja sogar nicht zulässig. „Ein Garantiebedürfnis gegenüber dem weisungsgebundenen Staatsanwalt wäre ein Mißtrauen gegen die Volksführung selbst und besteht deshalb nicht. Daher wird auch die Staatsanwaltschaft nicht der Kontrolle und Korrektur durch die Gerichte unterstellt."[424] Somit wurde jeder, der auf einer rechtsstaatlichen Kontrolle auch der Staatsanwaltschaft beharrte, als Feind des deutschen Volkes und seines Führers angesehen. Nach dieser ‚Freund-Feind-Theorie' brachte sich jeder, der für eine Beibehaltung der bisherigen Sicherungs- und Kontrollmechanismen eintrat, in den Verdacht, Staats- und Volksfeind zu sein.[425] Die Auswirkungen auf das Klageerzwingungsverfahren sowie das Zwischenverfahren werden später ausführlicher dargestellt.

Konsequenz des staatsanwaltschaftlichen Machtzuwachses in Verbindung mit der Umsetzung nationalsozialistischen Gedankengutes war auf der einen Seite die Nichtverfolgung auch schwerster Verbrechen.[426] Auf der anderen Seite folgte daraus auch die bewußte Strafverfolgung zur Ausschaltung politischer Feinde. Der Strafprozeß wurde als Mittel staatlicher Machtausübung genutzt, obgleich ein strafrechtlich relevantes Verhalten nach bisherigen Maßstäben nicht auszumachen war.[427]

Insgesamt wurden daher die Machtbefugnisse der Staatsanwaltschaft erweitert. Letztere wurde von richterlicher Kontrolle abgekoppelt und entwickelte sich zu dem entscheidenden staatlichen Machtfaktor im Strafprozeß.[428] In einer Fülle von Einzelveränderungen und grundsätzlichen Umgestaltungen wurde der rich-

---

[421] *Exner*, ZStW 1935, S. 5.

[422] So der damalige Reichsjustiziminister Franz *Gürtner*, DtJ 1935, S. 722.

[423] *Henkel*, DJZ 1935, S. 531.

[424] *Freisler*, DtJ 1935, S. 1252.

[425] Vgl. *Müller*, Rechtsstaat und Strafverfahren, S. 207.

[426] So *Gössel*, Stellung der Staatsanwaltschaft, S. 343, der auch auf Absprachen zwischen Generalstaatsanwälten und Oberlandesgerichtspräsidenten hinweist.

[427] Der Beurteilungsspielraum bei der dabei vorzunehmenden Einschätzung strafrechtlich relevanten Verhaltens wurde zugunsten der Staatsanwaltschaft extrem vergrößert durch die Aufhebung des strafrechtlichen Analogieverbotes durch das Gesetz vom 28. Juni 1935, welches in § 2 RStGB folgende Fassung enthielt: „(1) Bestraft wird, wer eine Tat begeht, die das Gesetz für strafbar erklärt, oder die nach dem Grundgedanken eines Strafgesetzes und nach gesundem Volksempfinden Strafe verdient. (2) Findet auf die Tat kein bestimmtes Strafgesetz unmittelbar Anwendung, so wird die Tat nach dem Gesetz bestraft, dessen Grundgedanke auf sie am besten zutrifft." Vgl. dazu *Kroeschell*, Rechtsgeschichte Deutschlands, S. 106.

[428] Allerdings versuchte die nationalsozialistische Staatsführung auch durch die bekannten ‚Richterbriefe', auf die Richterschaft im Sinne der Staatsideologie einzuwirken, vgl. dazu *Lansnicker*, Richteramt , S. 11.

terliche Einfluß gegenüber dem staatsanwaltschaftlichen geschwächt.[429] Dies führte zu einem „gewaltigen Anwachsen der Macht des Staatsanwalts gegenüber dem Beschuldigten wie auch gegenüber dem Gericht."[430] Vergebens haben sich die deutschen Richterkreise gegen ihren Funktions- und Einflußverlust gewehrt und die Dominanz der Staatsanwaltschaft kritisiert.[431]

Die weitgehenden prozessualen Einflußmöglichkeiten des nationalsozialistischen Staates auf die Justiz in Verbindung mit dem neuen Strafrechtsverständnis führten von den rechtsstaatlichen Grundlagen der Weimarer Republik zu dem unbeschreiblichen Unrechtsregime des Dritten Reiches. Um die Dimension des geschehenen Justizterrors[432] erahnen zu können, sei auf den späteren Vorsitzenden des Volksgerichtshofes Freisler verwiesen, der im Jahre 1935 unter der Überschrift „Kämpferisches Strafrecht" schrieb:

> „Da erscheint es vielleicht zunächst als abgeschmackt, das neue Strafrecht als Kampfrecht anzusprechen und damit eine besondere Qualifizierung geben zu wollen. Allein die Kampfnatur des Strafrechts...bedeutet eine grundsätzliche Wandlung des bisherigen Strafrechts... Der Gegner, den es zu bekämpfen gilt, kann nur der sein, der Bestand, Kraft, Friede des Volkes von innen heraus bedroht. Das aber ist bei allem gewollten und bewußten Handeln der menschliche Wille, der das Handeln hervorruft, der Wille des Täters, der sich bewußt ist, Unrecht zu tun; strafrechtlich also: der schuldhafte Wille. Soll das Strafrecht seinen Zweck, das Volk zu schützen, erfüllen, so muß es diesen gegnerischen Willen angreifen, ihn vernichten. Man störe sich nicht an der Härte des Bekenntnisses, daß dieser Wille vernichtet werden muß. Es ist nunmal das Gesetz des Kampfes und des Sieges, daß der Gegner zu vernichten ist."[433]

5. Heutiges grundsätzliches Verständnis der richterlichen Kontrolle der Staatsanwaltschaft

Aufgrund der instrumentalisierten Rolle der Justiz im Dritten Reich und der damit gemachten leidvollen Erfahrungen[434] kam es zu einer Abkehr des Verständnisses der Justiz und des zugrundeliegenden staatsrechtlichen Denkens. Auch änderte sich das Verhältnis zwischen Staatsanwaltschaft und Gericht und damit die Legitimität des Kontrollgedankens. Die im Nationalsozialismus herrschende Auffassung der Unfehlbarkeit der „Volks- und Staatsführung"[435] verbot jede richterliche Kontrolle der Staatsanwaltschaft als Vertreterin dieser Volksführung.

---

[429] Siehe dazu auch *Kausch*, Der Staatsanwalt, S. 232.
[430] *E. Schmidt*, Strafrechtspflege, S. 441.
[431] *Müller*, Rechtsstaat und Strafverfahren, S. 83.
[432] Von Terrorjustiz gerade bei den Sondergerichten und dem Volksgerichtshof spricht auch *Kroeschell*, Rechtsgeschichte Deutschlands, S. 113.
[433] *Gürtner/ Freisler*, Das neue Strafrecht, S. 134.
[434] Zu der Schwierigkeit, ein einheitliches Urteil über die Rolle der Justiz im Dritten Reich zu fällen und die sehr kontroversen Auffassungen vgl. *Kroeschell*, Rechtsgeschichte Deutschlands, S. 113.
[435] *Freisler*, DtJ 1935, Sp. 588 f.

Nach dem Zusammenbruch des Dritten Reiches wurde allmählich die spätere Bundesrepublik Deutschland aufgebaut, die – nach westlich-abendländischem Denken[436] – auf rechtsstaatlichen Grundkonzeptionen basierte. Damit einhergehend machte die Auffassung der ‚Unfehlbarkeit' der Staatsführung dem Gedanken der Fehlbarkeit menschlicher Entscheidungen wieder Platz. Ebenso trat der Gedanke der Nichtigkeit des Individuums gegenüber dem Kollektiv wieder hinter den Schutz des Individuums vor dem Kollektiv in Form des Staates zurück. Unter Rückgriff auf die Gedanken der Aufklärung setzte man die „vergessene Erkenntnis" um, daß „jeder Mensch, der Macht hat, dazu getrieben wird, diese zu mißbrauchen."[437] So schreibt Fuhrmann:

> „Das Grundgesetz wollte ein Staatswesen schaffen, das auf dem Prinzip der Gewaltenteilung aufgebaut ist. Hierfür waren in erster Linie die bitteren Erfahrungen maßgebend, die das deutsche Volk mit der totalitären Staatsform des ‚Dritten Reiches' gemacht hatte. Der Mißbrauch der Macht, den die damaligen Machthaber mit der ihnen unbeschränkt zur Verfügung stehenden Staatsgewalt begangen haben, hatte die Richtigkeit der im wesentlichen auf Montesquieu zurückgehenden klassischen Gewaltenteilungslehre erwiesen."[438]

Im Gegensatz zum Führerprinzip und der damit verbundenen Machtbündelung sollte die staatliche Macht nicht mehr bei einem Organ konzentriert sein, sondern auf verschiedene Organe oder Institutionen aufgeteilt werden, die sich gegenseitig kontrollieren.[439] Da also alle Menschen fehlbar seien und irren könnten, sollte ihnen nur jeweils ein kleiner Entscheidungsspielraum übertragen werden. Dieser müsse zudem noch der Kontrolle und Korrektur durch andere Staatsorgane unterworfen werden.[440] Insofern gründet das Prinzip der Gewaltenteilung auf dem Mißtrauen, daß Staatsorgane die Tendenz hätten, ihre Machtstellung zu Lasten des Bürgers zu überschreiten.[441] Machtmonopolisierungen und staatliche Willkür, Gewaltmißbrauch und unkontrollierte Machtausübung sollen verhindert werden.[442] Daher wurde eine wechselseitige Kontrolle und Mäßigung, also ein System der ‚checks and balances', angestrebt und eingerichtet.[443] Somit wurde wieder eine gegenseitige Kontrolle der Staatsorgane untereinander bejaht und der Zweck der Gewaltenteilung im Kontrollgedanken gesehen.[444]

Diese ‚wiedergewonnene' Auffassung wurde auch in das Strafprozeßrecht übertragen. Sie prägt heute wesentlich das Verhältnis von Gericht und Staatsanwalt-

---

[436] Siehe *Stern*, Staatsrecht, S. 627.
[437] *Montesquieu*, De L'Esprit de Lois, S. 211.
[438] *Fuhrmann*, JR 1964, S. 418.
[439] *Stern*, Staatsrecht, S. 624.
[440] *Koller*, Staatsanwaltschaft, S. 147.
[441] So *Koller*, aaO.
[442] *Koller*, aaO, S. 148. Ebenso *Gössel*, Legalitätsprinzip, S. 135.
[443] Siehe dazu die grundsätzlichen Ausführungen über diesen Kontrollgedanken und den Rechtsstaatsbegriff in BVerfGE 3, 225, 247; 7, 183, 188; 9, 268, 279. Siehe dazu *Arbeitskreis Strafrecht*, StV 2000, S. 461.
[444] *Böckstiegel*, NJW 1970, S. 1714. Ebenso *Kausch*, Der Staatsanwalt, S. 233 f.

schaft. Beide Organe, obgleich voneinander völlig unabhängig, § 150 GVG, sind in ihrer Tätigkeit und der Ausübung ihrer Funktionen eng verzahnt und voneinander abhängig,[445] wodurch eine gegenseitige Kontrolle gewährleistet ist.[446]

So wirkt das Gericht kontrollierend auf die Staatsanwaltschaft im Ermittlungsverfahren durch die richterliche Zulässigkeitskontrolle bei bestimmten Zwangsmaßnahmen wie beispielsweise bei §§ 81 a II, 81 c V, 98 I, 100 I, II, 105 I, 114 I etc.[447] Auch ist die Staatsanwaltschaft bei bestimmten Zwangsmitteln an die Entscheidung des Ermittlungsrichters gebunden wie bei §§ 98 I, 100 b, 105 I etc.,[448] während das Gericht beispielsweise bei § 120 III an die Entscheidung der Staatsanwaltschaft gebunden ist. Bei einer ersuchten richterlichen Untersuchungshandlung von seiten der Staatsanwaltschaft darf nur die Zulässigkeit, nicht aber die Zweckmäßigkeit und Notwendigkeit durch das Gericht geprüft werden.[449] Für eine richterliche Handlung ist allerdings in der Regel ein Antrag notwendig wie beispielsweise bei §§ 87 I, II, 125 I, 128 II, 162, wodurch das Gericht seinerseits nur per Einschaltung durch die Staatsanwaltschaft zum Zuge kommen kann.[450] Die Notwendigkeit gegenseitigen Zusammenwirkens zeigt sich auch bei den Einstellungen von Verfahren nach §§ 153 ff, bei denen Gericht und Staatsanwalt Hand in Hand arbeiten müssen.[451] Ferner bestimmt die Staatsanwaltschaft durch Anklageerhebung und Bindung des Gerichts an die angeklagte prozessuale Tat den Umfang der gerichtlichen Untersuchung.

Auch im Hauptverfahren hat der Gesetzgeber eine Verknüpfung der Organe Gericht und Staatsanwaltschaft zwecks gegenseitiger Kontrolle vorgesehen wie bei §§ 251 I Nr. 4, II sowie 408 a.[452] Die Staatsanwaltschaft ist vor Erlaß gerichtlicher Entscheidungen grundsätzlich zu hören, §§ 33, 258, 309 und im Laufe des Strafverfahrens in unterschiedlicher Weise beteiligt, so beispielsweise bei den §§ 224, 226, 245 I 2, 257, 266, 338 Nr. 5. Wichtig ist vor allem als Kontrolle der Gerichte die Möglichkeit der Staatsanwaltschaft, Rechtsmittel gegen das gerichtliche Urteil einzulegen, §§ 296, 301, 312, 333 sowie die Möglichkeit, einen Antrag auf Wiederaufnahme des Verfahrens zu stellen, §§ 359 ff, 365.

Insofern ist der Richter auf den „Staatsanwalt, dieser auf den Richter angewiesen, und unbeschadet ihrer gegenseitigen Unabhängigkeit...ergänzen sich beide Teile doch fortwährend wie die Zahnräder eines Uhrwerks."[453] Gericht und Staatsanwaltschaft sollen also im gemeinsamen Zusammenwirken für die

---

[445] *Bietau*, Verhältnis der Staatsanwaltschaft, S. 22 f.

[446] So *Kintzi*, DRiZ 1987, S. 458. Ebenso *Prechtel*, Verhältnis der Staatsanwaltschaft, S. 53.

[447] Vgl. *Wohlers*, Staatsanwaltschaft, S. 31.

[448] *Wohlers*, aaO, S. 223.

[449] Siehe *Kleinknecht/ Meyer-Goßner*, Strafprozeßordnung, § 162, Rdnr. 14.

[450] Insofern ergibt sich lediglich aus § 165 etwas anderes, wobei der Richter dann nicht als ‚Notstaatsanwalt' handeln darf, wenn ihm bekannt ist, daß die Staatsanwaltschaft nicht handeln will, vgl. *Kleinknecht/ Meyer-Goßner*, Strafprozeßordnung, § 165, Rdnr. 1.

[451] In diesem Sinne auch *Prechtel*, Verhältnis der Staatsanwaltschaft, S. 53.

[452] *Wohlers*, Staatsanwaltschaft, S. 35.

[453] *Müller*, Rechtsstaat und Strafverfahren, S. 205.

Durchsetzung der Gerechtigkeit sorgen.[454] Die Kontrolle dieser beiden Organe ist damit eine gegenseitige.[455] Die enge Verzahnung von Richter und Staatsanwalt zeigt sich in der Praxis auch daran, daß der Staatsanwalt die gleiche Ausbildung haben muß wie der Richter, §§ 122 I, 5, 7 DRiG und daß die Möglichkeit des Laufbahnwechsels zwischen diesen beiden Berufsbildern existiert, §§ 122 II, 10 I DRiG. Meinungsverschiedenheiten zwischen Richter und Staatsanwalt werden sogar als „Zwistigkeiten zwischen Verwandten" bezeichnet.[456]

Die Staatsanwaltschaft wird daher als ein dem Gericht gleichgeordnetes Organ der Strafrechtspflege beschrieben.[457] Umstritten ist allerdings, ob sie als Organ der Judikative oder als Exekutivbehörde anzusehen ist. Während in den Vereinigten Staaten die Staatsanwaltschaft nunmehr klar der Exekutive zugeordnet wird,[458] ist dies in Deutschland immer noch Auslöser vieler Kontroversen und Streitstände. Die Rechtsprechung geht davon aus, daß die Staatsanwaltschaft nicht der rechtsprechenden Gewalt zuzuordnen ist, sondern vielmehr der Exekutive.[459] Begründet wird dies damit, daß sie der politischen Führung unterstehe, deren Weisungen nachkomme und damit ein Faktor bei der Ausübung der Regierungsgewalt sei.[460] Auch fälle sie im Gegensatz zu dem Richter keine rechtskräftige Entscheidung. Sie spreche nicht Recht, sondern beschäftige sich vielmehr hauptsächlich mit der Strafverfolgung.[461] Teilweise wird die Staatsanwaltschaft aber auch der Dritten Gewalt zugerechnet.[462] Begründet wird dies damit, daß die Staatsanwälte in Art. 92 GG mitumfaßt seien;[463] sie seien wie die Richter den Prinzipien der Wahrheit, Objektivität und Gerechtigkeit verpflichtet. Ferner obliege ihnen die Wahrung und Durchsetzung des objektiven Rechts.[464] Schließlich erledigten sie auch im Kern richterähnliche Aufgaben.[465] Häufig wird die Vergleichbarkeit des Staatsanwalts mit dem Ermittlungsrichter und dem Richter der freiwilligen Gerichtsbarkeit ins Feld geführt.[466] Viele sind daher der Auffassung, die Staatsanwaltschaft nehme eine Sonderstellung ein, sei ein

---

[454] *Fuhrmann*, JR 1964, S. 419. Von einer gemeinsamen Justizgewährung bzw. Strafrechtsgewährung durch Richter und Staatsanwalt spricht *Kintzi*, DRiZ 1987, S. 458.
[455] *Schaefer*, NJW 1994, S. 2877.
[456] So *Bietau*, Verhältnis der Staatsanwaltschaft, S. 11.
[457] So BGHSt 24, 170, 171 sowie *Kleinknecht/ Meyer-Goßner*, Strafprozeßordnung, GVG § 150, Rdnr. 1.
[458] Vgl. Pugach v. Klein, 193 F.Supp. 630, 634-635 (S.D.N.Y. 1961).
[459] Mit weiteren Kommentaren dazu siehe *Arndt*, NJW 1961, S. 1617.
[460] *Zuberbier*, DRiZ 1988, S. 254.
[461] Vgl. *Göbel*, NJW 1961, S. 857.
[462] So *Mayer* mwN, Staatsanwaltschaft, S. 242 ff. Nach *Schaefer*, Staatsanwaltschaft, Rezension des Buches „Die Abschlußverfügung des Staatsanwalts" von Bohnert, Berlin 1992, sehen sich die Staatsanwälte selbst als Teil der rechtsprechenden Gewalt und nicht der Exekutive.
[463] Siehe näher dazu *Koller*, Staatsanwaltschaft, S. 35.
[464] *Bietau*, Verhältnis der Staatsanwaltschaft, S. 23.
[465] Genauer dazu *Ulrich*, DRiZ 1988, S. 369. Alleine die Tatsache, daß die Staatsanwaltschaft praktisch wie ein Richter rund 80 % aller Verfahren einstelle und damit einen vorweggenommenen Freispruch fälle in Form eines Verzichtes auf den staatlichen Strafanspruch, führe ihn in die Nähe des Richters, so *Zapka*, RuP 1991/1992, S. 118.
[466] *Fuhrmann*, Staatsanwaltschaft im System der Gewaltenteilung, S. 419.

den Gerichten gleichgeordnetes, selbständiges Organ der Rechtspflege[467] und bilde eine Brücke zwischen Exekutive und Legislative, stehe also zwischen beiden Gewalten.[468]

Eine ausführliche Darstellung würde hier zu weit führen, hat sie letztlich doch auf die Darstellung der gegenseitigen Kontrolle in der Bundesrepublik keine praktischen Auswirkungen.

Welche Einordnung die deutsche Staatsanwalt auch immer erhält, so wird die Gleichordnung der beiden Organe Gericht und Staatsanwaltschaft immer wieder beschworen.[469] Teilweise wird sie aber auch mit dem Argument abgelehnt, die Kontrollmöglichkeiten des Gerichts, insbesondere das Klageerzwingungsverfahren, hätten die Gleichordnung der Organe in eine Teilunterordnung der Staatsanwaltschaft umgeformt. Wer die Entscheidungen anderer prüfen und aufheben könne, sei, soweit seine Befugnis dazu reiche, diesem übergeordnet.[470]

Heute ist die Dritte Gewalt im Grunde tatsächlich stärker als die beiden anderen.[471] Bezeichnend dafür ist die Aussage des BVerfG, daß „Akte der Rechtsprechung von den Trägern der anderen Gewalten nicht abgeändert werden können."[472] Umgekehrt hingegen dürfen Akte der Gesetzgebung von den Verfassungsgerichten für nichtig erklärt und Akte der Exekutive von Gerichten aufgehoben oder abgeändert werden. Somit haben sich die rechtlichen Gewichtungen innerhalb der drei Gewalten zugunsten der Dritten verschoben.[473]

Der Grund für die Verschiebung wird vor allem darin gesehen, daß die Staatsanwaltschaft aktiv agierend – bzw. initiativ-strafverfolgend – tätig ist.[474] Sie kann ohne Antragsnotwendigkeit handeln und übt damit ein ‚Mehr' an Staatsgewalt aus als die Gerichte, die eher reaktiv-abwartend tätig werden.[475] Daher sei auch eine stärkere Bindung und Kontrolle des aktiveren Organs notwendig als des passiveren.[476]

---

[467] *Mayer*, Staatsanwaltschaft, S. 233, 235.
[468] *Roxin*, DRiZ 1997, S. 114. Eine sehr ausführliche Darstellung zu diesem gesamten Streitstand enthält das Buch von *Koller*, Staatsanwaltschaft.
[469] Stellv. für alle *Prechtel*, Verhältnis der Staatsanwaltschaft, S. 54, der ein Unterordnungsverhältnis der Staatsanwaltschaft unter das Gericht ablehnt. Siehe auch *Roxin*, DRiZ 1997, S. 115. Ebenso OLG Zweibrücken, NStZ 1981, S. 193.
[470] So *Bohnert*, Abschlußverfügung, S. 330.
[471] Vgl. *Schmidt-Bleibtreu/ Klein*, Kommentar zum Grundgesetz, Art. 20, Rdnr. 19.
[472] BVerfGE 7, 182, 188.
[473] Siehe *Lamprecht*, Mythos der Unabhängigkeit, S. 49. Allerdings wird auch geltend gemacht wird, daß sich die faktischen Verhältnisse zugunsten der Exekutive verschoben hätten ohne entsprechende wechselseitige Kontrolle. So *Böckstiegel*, NJW 1970, S. 1713.
[474] So *Kerbel*, Staatsanwaltschaft, S. 92 f.
[475] Vgl. KG, Beschluß vom 26.03.90, JZ 1991, S. 46, 48, wo auf die ‚gesetzliche Funktionsteilung' hingewiesen wird, nach der die Staatsanwaltschaft das ermittelnde und das Gericht das urteilende Organ sei. Von einer „abwartend-urteilenden Aufgabe der Judikative" spricht auch *Kerbel*, Staatsanwaltschaft, S. 92 f.
[476] Siehe *Koller*, Staatsanwaltschaft, S. 386.

6. Fazit

Die Verknüpfung der Staatsanwaltschaft mit dem Kontrollgedanken ist so alt wie die Staatsanwaltschaft selbst. Diese wurde zur Kontrolle des übermächtigen Strafrichters in den deutschen Strafprozeß eingeführt. Während jedoch die zunächst kompetenzschwache Staatsanwaltschaft auf den Richter kontrollierend einwirken sollte, änderte sich diese Grundkonzeption sehr schnell. Der Richter wurde aufgrund seiner allmählich gewonnen Unabhängigkeit vom Landesherren immer mehr als Garant bürgerlicher Rechte und Freiheiten angesehen. Im Unterschied dazu geriet die Staatsanwaltschaft mit zunehmenden Befugnissen aufgrund ihrer Abhängigkeit von der Regierung immer mehr in Verruf. Damit ging die Forderung einher, der Richter solle nunmehr die Staatsanwaltschaft kontrollieren. Aus diesem Grunde war die Staatsanwaltschaft bei der Verabschiedung der RStPO in ein enges Korsett richterlicher Kontrollen geschnürt. Ein radikaler Schnitt in der deutschen Strafprozeßgeschichte erfolgte im Nationalsozialismus. Die Staatsanwaltschaft verkörperte nunmehr den Staats- und Führerwillen und diente als Machtinstrument nationalsozialistischer Herrschaft. Demzufolge wurde sie von ‚bevormundender' richterlicher Kontrolle abgekoppelt und schwang sich zu der Zentralfigur im Strafrechtssystem auf. Nach dem Zusammenbruch des Dritten Reiches kehrte die junge Bundesrepublik Deutschland zum System der gegenseitigen Kontrolle zwischen Gericht und Staatsanwaltschaft zurück. Die Vorstellung der Unfehlbarkeit der Staatsanwaltschaft als Stellvertreterin des Volkswillens machte der ‚vergessenen' Erkenntnis Platz, daß menschliche Entscheidungen bewußt oder unbewußt fehlerhaft sein können. Mit der Bejahung der Grundauffassung, daß jede menschliche Machtausübung den Keim der Willkür in sich trägt, wurde die Staatsanwaltschaft wieder in ein enges Kontrollgeflecht eingebunden. Gemäß des in Deutschland verwurzelten traditionell hohen Ansehens der Person des Richters war die der Staatsanwaltschaft gegenüber ausgeübte Kontrolle eine richterliche.

Vor diesem Hintergrund sieht die StPO heute grundsätzlich bei nahezu allen verfahrensbeendenden Maßnahmen der Staatsanwaltschaft eine Überprüfung durch einen Richter vor, die nun im einzelnen behandelt werden sollen.[477]

---

[477] Vgl. dazu auch *Kotz*, Verfahrensart, S. 32.

III. Die einzelnen Kontrollmechanismen

1. Einstellung nach § 170 II: Klageerzwingungsverfahren

Zunächst wird auf das Klageerzwingungsverfahren eingegangen. Dabei ist zu berücksichtigen, daß dieses Verfahren eine Besonderheit des deutschen Rechts ist, die es in den USA grundsätzlich nicht gibt.[478] Allerdings wird dort zunehmend ein ähnliches Verfahren gefordert, um staatsanwaltlichen Ungleichbehandlungen oder Mißbräuchen bei der Nichtanklageentscheidung entgegenzutreten.[479] Teilweise wird in den USA ausdrücklich auf das deutsche Klageerzwingungsverfahren als Beispiel verwiesen.[480]

a) Historische Ursprünge und Intentionen

Mit der Einführung der Staatsanwaltschaft durch den reformierten Strafprozeß in den einzelnen deutschen Territorialstaaten stellte sich schon bald die Frage, wie die Tätigkeit der Staatsanwaltschaft, insbesondere im Hinblick auf bewußt unterlassene Anklagen, zu kontrollieren sei. Schon vor Erlaß der RStPO wurde das Bedürfnis nach externer Kontrolle des staatsanwaltschaftlichen Anklagemonopols klar formuliert:

> „...so wünsche ich eine seit 1810 in Europa rechtsgeschichtlich gewordene Tatsache festzustellen, nämlich: daß sogar unter despotischen Militärregierungen es überall als gefährlich angesehen worden ist, der ständigen Anklagebehörde des Staats ein ausschließliches, lediglich von dem Verwaltungschef zu kontrollierendes Anklagerecht einzuräumen...“[481]

> „Angesichts der nach französischem Muster eingerichteten Staatsanwaltschaft ist man wohl niemals darüber in Zweifel gewesen, daß es den höchsten Bedenken unterliegt, einer administrativ abhängigen, dem Justizministerium untergebenen, Behörde *ausschließlich* das Recht der Strafverfolgung zu übergeben.“[482]

So wurde in einigen Territorialstaaten wie Preußen die subsidiäre Privatklage als Gegenpol zu dem staatsanwaltschaftlichen Anklagerecht und Ersatz bei dessen

---

478 Dies ist die Regel. Allerdings gibt es in einigen Bundesstaaten auch gesetzliche Regelungen, die eine richterliche Anklageerzwingung dem Papier nach ermöglichen. Zu diesen Staaten zählen Colorado, Kansas, Michigan sowie Nebraska. Ausführlich wird darauf bei der Darstellung des amerikanischen Rechts unter dem Punkt C. III. 7. c) ‚Ausnahmen der gerichtlichen Überprüfung durch legislative Regelungen‘ eingegangen.

479 Vgl. beispielsweise *Brown/Shaut*, American Law Review 1976, S. 563 ff.

480 So *Cardenas*, Harvard Journal of Law & Public Policy 1986, S. 393. Cardenas lehnt sich bei seiner Darstellung ausdrücklich an das deutsche Klageerzwingungsverfahren an und propagiert dessen Übernahme.

481 So *Holtzendorff*, Privatklage als Beleidigung, S. 66 mit dem Ziel, die Privatklage als Kontrollmechanismus und Gegengewicht zu dem Anklagemonopol der Staatsanwaltschaft einzurichten.

482 *von Holtzendorff*, aaO, S. 65.

Nichtausübung gesehen.[483] In anderen Staaten hingegen wie Württemberg, Bremen, Hamburg und Baden hatte ein dem Klageerzwingungsverfahren ähnliches Verfahren Geltung.[484]

Bei den Gesetzgebungsberatungen zur RStPO gab es scharfe Kontroversen nicht nur um das schließlich eingeführte Anklagemonopol der Staatsanwaltschaft, das mit dem Legalitätsprinzip verbunden wurde. Reibungspunkt war vor allem das Klageerzwingungsverfahren, das für einige Territorialstaaten gänzlich neu war. Auszüge aus der Diskussion um das Klageerzwingungsverfahren und das Ergebnis wurden oben unter § 146 des Entwurfes zur Strafprozeßordnung bereits dargestellt.[485] Ursprünglich wurde jedem Antragsteller das Beschwerderecht zum Gericht zugebilligt, unabhängig von einer unmittelbaren Rechtsverletzung. Daraufhin äußerten die Regierungen im Bundesrat Bedenken gegen das Verfahren, dessen Vereinbarkeit mit der scharfen Trennung der Aufgaben von Gericht und Staatsanwaltschaft sowie dessen weiten Anwendungsbereichs.[486] Das Klageerzwingungsverfahren übertrage die Anklagekompetenz auf das Gericht und bedeute einen Rückfall zum Inquisitionsverfahren durch Verbindung der anklagenden und richtenden Funktion.[487] Auch stelle das ganze Verfahren eine Kodifizierung des der Staatsanwaltschaft entgegengebrachten Mißtrauens dar.[488] Schließlich fürchtete man ohne Reduzierung des Kreises der Antragsteller „eine Überflutung der Oberlandesgerichte mit frivolen Querelen."[489]

Als Kompromiß zwischen Regierung und Reichstag wurde schließlich der Kreis der Antragsteller auf den Verletzen beschränkt[490] und das Klageerzwingungsverfahren angenommen.

Wie bereits dargestellt, galt damals das Legalitätsprinzip und damit der Anwendungsbereich des Klageerzwingungsverfahrens fast uneingeschränkt. Die allmähliche Ausdehnung des Opportunitätsprinzips, vor allem ab 1924, führte in stetiger Entwicklung bis zum heutigen Tag zu einer Einschränkung des Klageer-

[483] Allerdings sah ein 1862 der preußischen Regierung vorgelegter Entwurf vor, ein Beschwerderecht gegen die ablehnende Entscheidung der Strafverfolgung seitens des Staatsanwalts an den Oberstaatsanwalt zuzulassen. Bei Verwerfung dieser Beschwerde sollte ein Rekurs an das Appellationsgericht möglich sein, welches befugt sein sollte, die gerichtliche Verfolgung des Beschuldigten anzuordnen. Dieser Entwurf wurde allerdings abgelehnt zugunsten der Privatklage. Vgl. dazu *Jans*, Klageerzwingungsverfahren, S. 27.

[484] MwN *Jans*, aaO, S. 28 f.

[485] Siehe die Äußerungen der Abgeordneten *Herz*, *Bähr*, *Völk* und *Grimm* unter Punkt B. II. 2. ‚Wandel der Funktion der Staatsanwaltschaft vom Kontrollorgan zum kontrollierten Organ'.

[486] Vgl. *Kirstgen*, Klageerzwingungsverfahren, S. 4 ff.

[487] So die Abgeordneten Gneist und von Puttkamer, *Hahn*, Materialien zur Strafprozeßordnung, S. 730.

[488] In diesem Sinne der Abgeordnete von Schwarze, *Hahn*, aaO, S. 729, 732.

[489] So der Abgeordnete Oehlschläger, *Hahn*, aaO, S. 1849.

[490] Vgl. dazu *Kirstgen*, Klageerzwingungsverfahren, S. 6 f.

zwingungsverfahrens, wie auch in § 172 II 3 niedergelegt. Insofern spricht Jans von einer „Aushöhlung des Klageerzwingungsverfahrens."[491]

Das veränderte Verständnis des Strafrechts und Strafprozeßrechts durch die Nationalsozialisten führte dazu, daß das Klageerzwingungsverfahren als Ausdruck des Mißtrauens gegenüber der unparteilichen Staatsanwaltschaft seine Existenzberechtigung verloren hatte.[492] Demzufolge wurde das Klageerzwingungsverfahren im Jahre 1942 durch Art. 9 § 2 III der 2. Vereinfachungsverordnung ersatzlos gestrichen.[493] Nach dem Zusammenbruch des Dritten Reiches wurde das Klageerzwingungsverfahren durch Art. 3 I Nr. 72 des Vereinheitlichungsgesetzes vom 12.09.1950 in seiner ursprünglichen Form wiederhergestellt.[494]

b) Moderne Rechtswirklichkeit

In jüngster Zeit bewegt sich die Anzahl der jährlichen Klageerzwingungsverfahren bei rund 2.000 in der gesamten Bundesrepublik. Dies soll folgende Tabelle verdeutlichen, die die Gesamtzahl aller Klageerzwingungsverfahren pro Jahr in Deutschland in den letzten Jahren wiedergibt:[495]

1975: 1146	1981: 1716	1987: 2048
1976: 1559	1982: 1796	1988: 2120
1977: 1649	1983: 1903	1989: 2323
1978: 1692	1984: 1906	1990: 1895
1979: 1727	1985: 2033	1992: 1725
1980: 1731	1986: 2191	1992: 1702

In ungefähr 1 % aller staatsanwaltschaftlichen Einstellungen nach § 170 II wird eine Beschwerde vom Verletzten – gleich ob Dienstaufsichtsbeschwerde oder Vorschaltbeschwerde zum förmlichen Klageerzwingungsverfahren – erhoben. Geschätzt wird, daß auf Bundesebene in etwa 20 % dieser Fälle die Ermittlungen wieder aufgenommen werden oder direkt Anklage erhoben wird. Dabei ist die Erfolgsquote durch Stattgeben von seiten der Staatsanwaltschaft am größten, seitens des Gerichts am geringsten. Gegen den ablehnenden Bescheid des Generalstaatsanwalts wird nur in etwa 25 % das förmliche Klageerzwingungsverfahren betrieben.[496] Betrachtet man sich das Jahr 1985 mit insgesamt 657.555 Verfahrenseinstellungen nach § 170 II, so findet mit 2033 förmlichen Klageerzwingungsanträgen in lediglich ca. 0,25 % der staatsanwaltschaftlichen Einstellungen

[491] So schon der Titel des Buches von *Jans*: ‚Die Aushöhlung des Klageerzwingungsverfahrens'.

[492] Unter ausführlicher Darlegung der Unvereinbarkeit des Klageerzwingungsverfahrens mit den „heutigen verfahrensrechtlichen Grundanschauungen" *Henkel*, ZStW 1937, S. 241 f.

[493] MwN *Jans*, Klageerzwingungsverfahren, S. 166 ff.

[494] Siehe BGBl I 1950, S. 455, 486 f.

[495] Quelle: Statistisches Bundesamt, Rechtspflege, Fachserie 10, Reihe 2.2., Strafgerichte.

[496] *Rieß*, Gutachten C, C 29.

eine gerichtliche Überprüfung statt. Demzufolge entfiel auf 400 Verfahrenseinstellungen nur ein Klageerzwingungsantrag.[497]

Genauere Aufschlüsselung gibt eine rechtstatsächliche Untersuchung des Bundeslandes Nordrhein-Westfalen bezüglich des Jahres 1982. In diesem Jahr wurden dort insgesamt 265.917 Verfahren nach § 170 II eingestellt. Es wird davon ausgegangen, daß in rund 3 % aller Einstellungen eine Beschwerde gegen den Einstellungsbescheid erfolgte.[498] Von diesen Beschwerden wurde in 5.004 Fällen von seiten der Staatsanwaltschaft nicht abgeholfen, was 1,88 % aller Verfahrenseinstellungen entspricht. In insgesamt 397 Verfahren kam es zu einem gerichtlichen Klageerzwingungsantrag. Dies sind 0,15 % aller Verfahrenseinstellungen nach § 170 II, wodurch in diesem Jahr auf rund 670 Verfahrenseinstellungen ein Klageerzwingungsverfahren folgte.[499]

Dies läßt erkennen, daß das Klageerzwingungsverfahren in der Praxis kaum eine Rolle spielt,[500] weshalb einige von der „Bedeutungslosigkeit des Klageerzwingungsverfahrens" sprechen.[501]

Wurde dennoch ein förmliches Klageerzwingungsverfahren eingeleitet – 1982 war dies in 1.792 Fällen bundesweit gegeben –, so erfolgte in 949 Fällen eine Abhilfe durch die (Ausgangs)Staatsanwaltschaft im Rahmen der Vorschaltbeschwerde nach § 172 I. Dies entspricht 53,86 % aller eingeleiteten Verfahren.[502] Ferner wurden 25 Beschwerden durch Anordnung des vorgesetzten Beamten der Staatsanwaltschaft abgeholfen. Dies sind 1,42 % aller eingeleiteten Verfahren, d.h., daß von allen eingeleiteten Klageerzwingungsverfahren im Jahre 1982 ins-

---

[497] So *Bischoff*, NStZ 1988, S. 63. Ebenso *Küpper*, Jura 1989, S. 281.

[498] Die Untersuchung wurde vorgenommen von *Bischoff*, Klageerzwingungsverfahren, S. 107 mit Verweis auch auf das Gutachten von Rieß, der von nur 1 % ausgeht. Bei Bischoff handelt es sich bei den 3 % um eine Schätzung, die nicht empirisch nachgewiesen ist. Für das Bundesland Niedersachsen hat eine Untersuchung des Jahres 1982 gezeigt, daß 1,1 % aller Verfahrenseinstellungen mit einer Beschwerde angegriffen wurden, vgl. *Werner*, Einfluß des Verletzten, S. 294.

[499] Vgl. *Bischoff*, Klageerzwingungsverfahren, S. 107 f.

[500] *Jans*, Klageerzwingungsverfahren, S. 15. Ebenso *Jung*, ZStW 1981, S. 1157.

[501] So *Kintzi*, DRiZ 1987, S. 459. Ebenso *Bischoff*, Klageerzwingungsverfahren, S. 231.

[502] Abweichungen zu der Angabe von Rieß, der von einer Erfolgsquote der Beschwerden in Höhe von nur rund 20 % aller Beschwerden ausgeht, können sich dadurch ergeben, daß Rieß selbst keine rechtstatsächliche Untersuchungen vorgenommen hat, sondern auf die Staatsanwaltschaftsstatistik zurückgreift, zum anderen sich auf die Bundesebene bezieht und nicht – wie Bischoff – sich auf die Oberlandesgerichte Düsseldorf, Hamm und Köln beschränkt. Möglicherweise bezieht Rieß alle Beschwerden, also auch Dienstaufsichtsbeschwerden oder solche Vorschaltbeschwerden nach § 172 I mit ein, die zwar unzulässig sind, beispielsweise wegen Überschreitung der Zwei-Wochen-Frist, jedoch in eine Dienstaufsichtsbeschwerde umgedeutet werden. Auch ermittelt Rieß die Erfolgsquote der Beschwerde anhand aller eingelegten Beschwerden gegen eine Einstellung nach § 170 II StP0, während sich Bischoff auf die förmlichen Klageerzwingungsverfahren bezieht. Im übrigen hat Bischoff Ungenauigkeiten bei der Staatsanwaltschaftsstatistik angetroffen, vgl. *Bischoff*, Klageerzwingungsverfahren, S. 91 sowie *Rieß*, Gutachten C, C 29.

gesamt 974 Verfahren, also 55,28 % in Form der staatsanwaltschaftlichen Abhilfe durch Erfolg gekrönt waren. Insofern ist dieser staatsanwaltschaftlichen Vorschaltbeschwerde nach § 172 I eine große Abschichtungswirkung zuzusprechen.[503]

Von den weitergeführten gerichtlichen Klageerzwingungsverfahren wurden 87,23 % bereits als unzulässig gemäß § 174 und 11,01 % aller Anträge als unbegründet verworfen. In Nordrhein-Westfalen wurde 1982 in lediglich einem einzigen Fall das Klageerzwingungsverfahren erfolgreich durchlaufen: Es endete mit einer Anordnung der Anklageerhebung durch das Oberlandesgericht nach § 175. Dies entspricht 0,44 % aller Anträge auf gerichtliche Entscheidung.[504] Bundesweit wurde 1982 in 8 Verfahren durch die OLGe die Anklage angeordnet, wobei es im Laufe der sich anschließenden Hauptverhandlungen zu 6 Freisprüchen kam und lediglich einer einzigen Verurteilung.[505]

Da also über 80 % aller gerichtlichen Anträge ohne inhaltliche Prüfung allein aufgrund eines Verstoßes gegen Zulässigkeitsanforderungen verworfen werden, erscheint hier eine Aufschlüsselung der Gründe interessant: Die meisten Anträge, insgesamt 65,93 % aller unzulässigen Anträge, wurden wegen Begründungsmängeln im Sinne des § 172 III 1 als unzulässig betrachtet. Darunter fällt beispielsweise die fehlende Angabe des Sachverhaltes oder der Beweismittel wie auch die von den Gerichten zusätzlich geforderte Auseinandersetzung mit den Bescheiden der Staatsanwaltschaft. 25,55 % aller unzulässigen Anträge wurden aufgrund nicht eingehaltener Formalien abgewiesen, § 172 III 2, II 1, I 1. Darin einbegriffen waren vor allem die fehlende Unterschrift eines Rechtsanwalts, die Überschreitung der Antragsfrist oder der Beschwerdefrist. In 4,1 % aller unzulässigen Anträge fehlte die Antragsberechtigung, d. h. der Antragsteller war entweder nicht Anzeigeerstatter oder nicht Verletzter oder ihm fehlte die Prozeßfähigkeit. 4,42 % der unzulässigen Anträge scheiterten an dem durch § 172 II 3 eingeschränkten Anwendungsbereich des Klageerzwingungsverfahrens, in dem dieses dennoch eingeleitet wurde.[506]

Daraus läßt sich insgesamt ableiten, daß das Klageerzwingungsverfahren in der Rechtswirklichkeit nicht nur sehr selten eingeleitet wird[507] und damit eine Ausnahmeerscheinung darstellt, sondern daß selbst bei Betreiben des Verfahrens die Erfolgsaussichten sehr gering sind.[508] „Das strafprozessuale Klageerzwingungs-

---

503 So *Bischoff*, Klageerzwingungsverfahren, S. 105 f.

504 *Bischoff*, aaO, S. 168.

505 *Bischoff*, aaO, S. 229.

506 *Bischoff*, aaO, S. 173. Allerdings gibt es auch Fälle, in denen trotz Einstellung nach § 153 durchaus ein Klageerzwingungsverfahren als zulässig erachtet wird. So beispielsweise, wenn bei einem Verbrechen fälschlicherweise nach § 153 eingestellt wurde. Gegen diese Einstellung ist das Klageerzwingungsverfahren als grundsätzlich zulässig erachtet worden, vgl. OLG Hamm, MDR 1993, S. 460.

507 So auch *Blankenburg/ Sessar/ Steffen*, Staatsanwaltschaft, S. 107.

508 So die rechtsvergleichende Zusammenfassung von *Leibinger*, Anklagebehörde im ausländischen Recht, S. 688. Ebenso *Rieß*, NStZ 1986, S. 433.

verfahren führt nahezu nie zur Erhebung der öffentlichen Anklage durch Beschluß des OLG."[509]

c) Heutiger Zweck des Klageerzwingungsverfahrens

Bei der Frage der Ausdehnung oder Verkürzung der richterlichen Kontrolle der staatsanwaltschaftlichen Abschlußverfügung insgesamt und in Form des Klageerzwingungsverfahrens im besonderen spielen die den Kontrollmechanismen zugedachten Zwecke eine wesentliche Rolle. Je nachdem, welchen Zweck man dem Klageerzwingungsverfahren zuschreibt, wird die Antwort auf die Frage mitentschieden, inwieweit das Klageerzwingungsverfahren notwendig ist und sein Umfang reichen soll.[510] Interessant ist hierbei, daß die Gründe für das Klageerzwingungsverfahren wie auch seine Zwecke sich teilweise mit denen dekken, die in den USA für ein ähnliches Verfahren geltend gemacht werden.[511]

aa) Einhaltung des Legalitätsprinzips

Seit der Aufnahme des Klageerzwingungsverfahrens in die RStPO wurde überwiegend die Sicherung des Legalitätsprinzips als Hauptzweck des Verfahrens gesehen.[512] Dem Anklagemonopol der Staatsanwaltschaft, ergänzt um die damit für notwendig erachtete Anklagepflicht, sollte als prozessuale Absicherung die richterliche Kontrolle gegenüber gestellt werden.[513] Dadurch sollte die Einhaltung des Legalitätsprinzips durch die Staatsanwaltschaft kontrolliert sowie gewährleistet werden, daß die Monopolstellung der Staatsanwaltschaft nicht mißbräuchlich verwandt wird.[514]

bb) Absicherung der Verletztenrechte

Statt oder neben der Absicherung des Legalitätsprinzips durch das Klageerzwingungsverfahren wird als Zweck desselben auch der Schutz der Rechte des Verletzten gesehen.[515] Gegen den alleinigen Zweck des Klageerzwingungsverfahrens als Sicherung des Legalitätsprinzips wird angeführt, daß die Instrumentali-

---

509 So *Langer*, JR 1989, S. 95.

510 *Kirstgen*, Klageerzwingungsverfahren, S. 57 spricht davon, daß bei Anerkennung des Verletztenrechtes auf Anklage die Schaffung und Ausgestaltung des Klageerzwingungsverfahrens nicht mehr zur Disposition des Gesetzgebers stünde. Die vorliegende Aufzählung hat in Anbetracht der zum Teil sehr vereinzelten Auffassungen über den Zweck des Klageerzwingungsverfahrens keinen abschließenden Charakter, sondern faßt lediglich die wichtigsten zusammen.

511 Vgl. beispielsweise *Noll*, Syracuse Law Review 1978, S. 708.

512 *Jans*, Klageerzwingungsverfahren, S. 11, 252.

513 So *Ostendorf*, RuP 1980, S. 201.

514 *Weigend*, Deliktsopfer und Strafverfahren, S. 492. Schon die Diskussion bei der Einführung des Klageerzwingungsverfahrens zeigen, daß es hierbei hauptsächlich um die Eindämmung der Gefahren von seiten der weisungsabhängigen und hierarchischen Staatsanwaltschaft ging, vgl. näher dazu *Machalke*, Klageerzwingungsverfahren, S. 47.

515 So *Roxin*, Strafverfahrensrecht, S. 290. Ablehnend *Weigend*, Deliktsopfer und Strafverfahren, S. 499.

sierung des Verletzten als Auslöser eines richterlichen Kontrollmechanismuses nicht ganz überzeugend sei. Der Verletzte würde nämlich die Strafverfolgung häufig aus „gänzlich unsachlichen und willkürlichen Motiven heraus unterlassen“[516] oder im Gegenteil aus rachsüchtigen Motiven mißbrauchen.[517] Dies zeige, daß die Beteiligung des Verletzten aus anderen Motiven, eben der Anerkennung seiner Interessen und Rechte, heraus erfolge.[518]

Darüberhinaus wird auch auf die Entwicklung in der Strafrechtsgeschichte verwiesen: Der Staat habe im Kampf gegen Selbsthilfe und Privatrache das Recht zu strafen zunehmend bei sich monopolisiert. Im Gegenzug für diese Übernahme der dem Verletzten ursprünglich zustehenden Rechte sei der Staat diesem gegenüber auch verpflichtet, statt des Verletzen der Straftat die angemessene Strafe folgen zu lassen. Historisch gesehen sei der Verletzte nämlich immer weiter verdrängt und entmachtet worden. Stand der Verletzte noch zu Beginn der Strafrechtsgeschichte im Zentrum des Strafverfahrens und besaß unangefochten ein Recht ‚zur Strafe‘, so wurde es mit Verstaatlichung des Strafrechts ein Recht ‚auf Strafe‘ durch den Staat.[519] Daraus folge, daß der Verletzte einen Anspruch auf Justizgewährung habe, soweit das staatliche Justizmonopol reiche.[520] Zur Untermauerung dieser Auffassung wird darauf verwiesen, daß bei Delikten ohne Verletzte wie bei Staatsschutzdelikten ein Klageerzwingungsverfahren nicht möglich ist.[521] Insgesamt variieren allerdings die verschiedenen Auffassungen bezüglich der Natur und der Stärke der Rechtsposition des Verletzten.

(1) Recht des Verletzten auf Anklageerhebung

Die weitestgehende Position sieht im Klageerzwingungsverfahren die Absicherung des Rechts des Verletzten auf Strafe und Anklage durch den Staat. Dieses Recht sei der Ersatz für die ‚Entmachtung‘ des Verletzten durch die Übernahme seiner Rechte von seiten des Staates.[522] Stelle der Staatsanwalt das Verfahren ein, so habe er nur über den staatlichen Strafanspruch verbindlich entschieden und diesen aufgegeben. Der persönliche Strafanspruch des Verletzten hingegen befähige letzteren weiterhin, ein unabhängiges Gericht anzurufen, welches über sein Recht entscheide. Insofern bestimme das Gericht im Verfahren nach §§ 172 ff. nicht über den staatlichen Strafanspruch, sondern über den Strafanspruch des Verletzten.[523]

---

516 *Maiwald*, GA 1970, S. 51.
517 Ähnlich *Geerds*, JZ 1984, S. 790 f.
518 *Rieß*, JA 1984, S. 486.
519 So in Kurzform die Argumentation bei *H. Vogel*, Das „öffentliche Interesse“, S. 103 f.
520 Vgl. *Kalsbach*, Gerichtliche Nachprüfung, S. 93.
521 So *Roxin*, Strafverfahrensrecht, S. 290.
522 *Kalsbach*, Gerichtliche Nachprüfung, S. 92 ff.
523 Siehe *Hall*, JZ 1961, S. 362. *Hall* spricht daher von einer Parallelität der Strafansprüche: der staatliche gehe einher mit dem persönlichen des Opfers.

(2) Recht des Verletzten auf Vergeltung und Genugtuung

Während ein direktes Recht des Verletzten auf Strafe und Anklage in der Regel abgelehnt wird, so wird dem Verletzten dennoch ein Genugtuungs- und Befriedigungsinteresse zugesprochen.[524] Die Genugtuung des Opfers ist auch in anderen Regelungen angesprochen wie beispielsweise in §§ 56 II Nr. 1, III StGB, 15 I Nr. 1, 2, 23 II JGG sowie 153 I Nr. 1. Gegen ein übergesetzliches Recht des Verletzten auf Anklage und Sanktionierung des Täters wird angeführt, daß die Pflicht des Staates zur Strafverfolgung als Ausfluß der Justizgewährungspflicht noch kein spiegelbildliches, entsprechendes Recht des Verletzten bedeute.[525] Ein solches könne man auch nicht aus der ratio der gesetzlichen Regelungen entnehmen, welche die Stellung, Rechtspositionen und Mitwirkungsmöglichkeiten des Verletzten im Strafverfahren beträfen. Aus der Möglichkeit der Privatklage ergebe sich kein Anspruch auf Anklage und Bestrafung des Täters, da keine Zustimmung des Verletzten zur Einstellung des Privatklageverfahrens nach § 383 II notwendig sei.

Die Ingangsetzung oder Beendigung des Strafverfahrens durch Stellung oder Rücknahme des Strafantrags bei Antragsdelikten wird ebenfalls nicht als gesetzliche Normierung eines Rechts des Verletzten auf Bestrafung des Täters gesehen. Es wird vorgetragen, der Strafantrag diene nur dem Versöhnungsgedanken. Aufgrund des Bagatellcharakters der Delikte und des damit fehlenden Interesses der Allgemeinheit an einer Bestrafung überlasse er die Dispositionsbefugnis über eine Strafverfolgung ausnahmsweise dem Verletzten. Ferner befriedige die Nebenklagemöglichkeit lediglich ein allgemeines Interesse des Verletzten an Genugtuung und möglichen Schadensersatzansprüchen. Auch das Adhäsionsverfahren bezwecke lediglich die Effektivität der Durchsetzung zivilrechtlicher Ansprüche. Die Einstellungsmöglichkeiten nach §§ 153 ff. sowie das Gnadenrecht, Art 60 II, III GG, zeigten die fehlende Möglichkeit des Verletzten, trotz Tatbegehung und teils gerichtlichen feststellenden Urteils auf eine Strafverfolgung oder Bestrafung des Täters einzuwirken.[526]

Dennoch führte die ‚Wiederentdeckung' des Verletzen[527] und die Analyse seiner Stellung im Strafverfahren[528] in den 1980er Jahren zu einer verstärkten Anerkennung seiner Bedürfnisse und Interessen. Daher wurde dem Klageerzwingungsverfahren zunehmend auch die Befriedigung des Genugtuungsinteresses des Verletzten zuerkannt.[529]

---

[524] *Rieß*, JA 1984, S. 486.
[525] So *H. Vogel*, Das „öffentliche Interesse", S. 248, der aus der Justizgewährungspflicht nur die Allgemeinheit als berechtigt ansieht. Auf den Verletzten entfalle lediglich ein Rechtsreflex. Ablehnend auch *Werner*, Einfluß des Verletzten, S. 72 ff.
[526] So *Kirstgen*, Klageerzwingungsverfahren, S. 57 ff. Ein solches Recht des Verletzten auf Anklageerhebung und Sanktionierung des Täters lehnt auch *Weigend*, Deliktsopfer und Strafverfahren, S. 493 f, als unhistorisch ab.
[527] So *Jung*, ZStW 1981, S. 1147, ebenso *Weigend*, Deliktsopfer und Strafverfahren, S. 13.
[528] Siehe nur das Gutachten C von *Rieß*.
[529] Vgl. *Jans*, Klageerzwingungsverfahren, S. 264.

(3) Akzeptanzsteigerung des Verletzten

Eine weitere Auffassung geht zunächst von der Tatsache aus, daß nur ein bestimmter Teil der staatsanwaltschaftlichen Einstellungsverfügungen durch das Klageerzwingungsverfahren einer gerichtlichen Kontrolle unterzogen wird und lediglich Delikte erfaßt werden, die einen unmittelbar Verletzten betreffen. Daraus wird der Schluß gezogen, daß dieser Verletzte der staatsanwaltschaftlichen Entscheidung als Betroffener am ehesten mißtraut und er sich daher am wenigsten mit ihr abfinde. Folglich bestehe die Notwendigkeit, eine verstärkte Akzeptanz der staatsanwaltschaftlichen Entscheidung von Seiten des betroffenen Verletzten herbeizuführen. Um einen Rückfall in private Vergeltung und Selbstjustiz zu verhindern, müßten die Entscheidungen der staatlichen Strafverfolgungsbehörden bestmöglich akzeptiert werden. Dies geschehe dadurch, daß die staatsanwaltschaftliche Entscheidung einer Überprüfung durch eine andere und unabhängige Institution, nämlich das Gericht, unterzogen werde. Auf diese Weise werde die Einstellung der Staatsanwaltschaft am ehesten akzeptiert, der Rechtsfrieden so am besten gewahrt. Diese Funktion komme somit dem Klageerzwingungsverfahren zu.[530]

cc) Abbau von Mißtrauen

In eine ähnliche Richtung gehend wird als weiterer möglicher Zweck des Klageerzwingungsverfahrens der Schutz des Vertrauens in die Rechtspflege genannt. Der von einer Straftat Geschädigte wird häufig eine abweichende Auffassung zu dem staatsanwaltschaftlichen Einstellungsbeschluß haben und ihm daher mißtrauen. Dieses Mißtrauen soll durch die gerichtliche Überprüfungsmöglichkeit abgebaut werden.[531] Mag ein solches Mißtrauen auch unberechtigt und mißverständlich sein, so bedürfe es, da real vorhanden, eines Ventils. Ansonsten leide das allgemeine Vertrauen in die Instanzen der Rechtswahrung. Dieses stets zu erhaltende Rechtsvertrauen der Bürger müsse auch institutionell abgesichert sein, nämlich durch das Klageerzwingungsverfahren.[532]

d) Grund für geringe Anwendung und Erfolgsaussicht des Klageerzwingungsverfahrens

Als Grund für die geringe Erfolgsaussicht des gerichtlichen Klageerzwingungsverfahrens wird zunächst die effektive Filterfunktion der recht erfolgreichen Vorschaltbeschwerde bei der Staatsanwaltschaft genannt, § 172 I. Aufgrund der vorgeschalteten qualifizierten Prüfungen durch die Staatsanwaltschaft insgesamt, deren Abschichtungswirkung, die, wie festgestellt, sehr hoch ist, werden bereits die meisten begründeten Anträge durch Abhilfe herausgefiltert. Damit

---

[530] In diesem Sinne *Kirstgen*, Klageerzwingungsverfahren, S. 49 ff.

[531] Vgl. *Blei*, NJW 1955, S. 333. In diesem Sinne auch *Kirstgen*, Klageerzwingungsverfahren, S. 54, der davon spricht, daß die Entscheidung eines unabhängigen Gerichts im Rahmen der §§ 172 ff mehr Vertrauen genieße als die allein von der Staatsanwaltschaft vorgenommene Einstellungsentscheidung.

[532] Siehe *Ostendorf*, RuP 1980, S. 202.

durchlaufen häufig nur unbegründete Anträge das weitere Verfahren und tragen somit zu einer statistischen ‚Erfolglosigkeit' des Klageerzwingungsverfahrens bei. Untersuchungen haben bewiesen, daß die Staatsanwaltschaft mehrmals mit dem Sachverhalt gründlich befaßt ist und sehr exakt arbeitet, nämlich zunächst die Ausgangsstaatsanwaltschaft, dann die Generalstaatsanwaltschaft im Rahmen der Vorschaltbeschwerde und schließlich im Rahmen der Stellungnahme für das OLG. Die Bereitschaft der Staatsanwaltschaft, die Ermittlungen aufgrund eines Beschwerdevorbringens wieder aufzunehmen, ist sehr groß.[533]

Dieser Effekt löst wiederum einen Rückkoppelungseffekt bei den Gerichten aus: Durch hohe Zulässigkeitsvoraussetzungen sollen die durch die Staatsanwaltschaft ausselektierten, häufig ohnehin unbegründeten Anträge ökonomischer bearbeiten werden können.[534] Dabei sind generell die Zulässigkeitsanforderungen immer strenger geworden. Sie führen gegenwärtig in lediglich einem Fünftel aller Anträge zu einer inhaltlichen Prüfung.[535] Ein weiterer Grund hierfür liegt in der geltend gemachten Notwendigkeit zum Schutz vor querulatorischen Anträgen. Diese führten zu dem Erfordernis hoher Zulässigkeitsvoraussetzungen und bauten damit hohe Hürden für eine inhaltliche Prüfung auf.[536]

e) Beurteilung und Kritik

aa) Grundsätzliche Abschaffung oder zumindest eingeschränkter Anwendungsbereich des Klageerzwingungsverfahrens

Gegen das Klageerzwingungsverfahren werden zunächst dogmatische Gründe erhoben, die zum Teil bis in die Zeit des Erlasses der RStPO zurückreichen. So werde die Staatsanwaltschaft, die bis hin zum Generalstaatsanwalt die Strafverfolgung abgelehnt hatte, gegen ihren Willen gezwungen, Anklage zu erheben. In letzter Konsequenz wäre sie damit auch gezwungen, einen ihrer Meinung nach Unschuldigen zu verfolgen. Auch durchbreche die gerichtliche Anordnung der Anklageerhebung die Trennung der richtenden von der Anklagefunktion, die der entscheidende Schritt zur Überwindung des Inquisitionsverfahrens gewesen sei.[537] Durch das Klageerzwingungsverfahren werde nämlich das Anklagemo-

---

[533] Siehe Machalke mit einer Untersuchung der Rechtswirklichkeit des OLG Frankfurt: *Machalke*, Klageerzwingungsverfahren, S. 167 ff sowie 256 ff.

[534] In diesem Sinne *Weigend*, Deliktsopfer und Strafverfahren, S. 495.

[535] Vgl. *Machalke*, Klageerzwingungsverfahren, S. 69.

[536] Daß das Klageerzwingungsverfahren häufig aus querulatorischen Zwecken in Gang gesetzt wird, bestätigt auch *Gössel*, Legalitätsprinzip, S.143. Die Untersuchung von *Bischoff* hat gezeigt, daß die insgesamt 378 untersuchten Klageerzwingungsverfahren von lediglich 297 Antragstellern eingeleitet sind, also zum Teil auch Antragsteller mit mehr als 6 Verfahren beteiligt waren, vgl. *Bischoff*, Klageerzwingungsverfahren, S. 127. Nach *Machalke*, Klageerzwingungsverfahren, S. 257, 259 ermöglichen die umstrittenen Zulässigkeitsvoraussetzungen, insbesondere die Wiedergabe des Inhalts der staatsanwaltlichen Bescheide, die Darstellung des Ermittlungsverfahrens sowie die Auseinandersetzung mit den Argumenten der Staatsanwaltschaft die Aussiebung querulatorischer Anträge.

[537] So *Maiwald*, GA 1970, S. 50 f.

nopol der Staatsanwaltschaft zugunsten des überprüfenden und die Anklage anordnenden Gerichts durchbrochen.[538]

Gegen die Existenz des Klageerzwingungsverfahrens insgesamt wird die Rechtswirklichkeit angeführt. Sie beweise, daß dieses „reichlich unvollkommene" und „schwächliche Kontrollinstrument"[539] in der Praxis kaum von Bedeutung sei und so gut wie nie zum Erfolg führe.[540] Daraus leitet Bohnert folgendes ab:[541]

> „Die naheliegende Überlegung, ein dermaßen wirkungsloses Rechtsinstitut zu streichen, wird mit der idealistischen Hoffnung bekämpft, die bloße Existenz des Klageerzwingungsverfahrens sei schon genug und übe vertrauensstiftende, präventive Wirkung aus...Ob wahr, ob falsch, auf wen wirkt der faktisch nicht verifizierbare Präventionsschein? Auf die Staatsanwälte, die die völlige Unwahrscheinlichkeit des Behelfs kennen? Kaum! Also nur auf den Verletzten, der arglos annimmt, wo ein Recht gelte, müsse es auch Wirksamkeit haben. Des Gesetzgebers listige Vernunft hat ihn zum nützlichen Idioten öffentlicher Zwecke gemacht, und so behandelt man ihn auch."

Insofern würden nur „unverbesserliche Optimisten" den Weg des Klageerzwingungsverfahrens beschreiten.[542]

Gegen die häufig geforderte Ausdehnung des Klageerzwingungsverfahrens auf die Einstellungen nach §§ 153 ff wird angeführt, der im Gesetz niedergelegte Ausschluß sei berechtigt. Im wesentlichen handele es sich hier nur um Bagatelldelikte. Entweder sei dem Verletzten die Möglichkeit eigener Strafverfolgung durch Privatklage eröffnet, oder aber der Beschuldigte werde sowieso schon wegen anderer Delikte verfolgt. Insofern bestehe kein reales Bedürfnis für eine Stärkung der Rechtsstellung des Verletzten und eine verstärkte Kontrolle der Staatsanwaltschaft.[543] Auch diene das Klageerzwingungsverfahren nicht, wie von vielen behauptet, der Anerkennung und Sicherung der Rechte des Verletzten. Dies zeige schon die Tatsache, daß sich der historische Gesetzgeber gegen eine Kontrolle des Legalitätsprinzips durch die subsidiäre Privatklage ausgesprochen habe.[544] Schließlich würde die Ausdehnung des Klageerzwingungsver-

---

[538] Dies waren bereits Bedenken bei den Gesetzgebungsberatungen zu dem Klageerzwingungsverfahren der RStPO. So äußerte sich der Abgeordnete v. Schwarze: „Aber jedenfalls steht soviel fest, daß durch die Annahme der Bestimmungen...ein sehr maßgebender Einfluß geübt werden wird, erstens auf die Stellung und Aufgabe der Staatsanwaltschaft überhaupt, zweitens auf die Durchführung der Anklage seitens der Staatsanwaltschaft und auf die Stellung der Gerichte zu den Staatsanwälten... Es handelt sich bei diesen Paragraphen um die Beseitigung eines Monopols der Staatsanwaltschaft." So von Schwarze in *Hahn*, Materialien zur Strafprozeßordnung, S. 1840.

[539] *Gössel*, Legalitätsprinzip, S. 143.

[540] Siehe oben. Stellvertretend für alle *Langer*, JR 1989, S. 95.

[541] *Bohnert*, Abschlußverfügung, S. 331.

[542] So *Zuberbier*, Staatsanwaltschaftliche Praxis, S. 71.

[543] Vgl. *Meyer-Goßner*, ZRP 1984, S. 229.

[544] Die subsidiäre Privatklage wurde als Kontrolle der Staatsanwaltschaft abgelehnt. So führte bei den Gesetzgebungsberatungen der Abgeordnete Dr. Wolffson aus: „Als Schutz gegen

fahrens auf die Opportunitätseinstellungen auch zu einer weiteren Systemverschiebung und Veränderung der Grundstruktur innerhalb der StPO führen. Das Gericht würde noch stärker als bisher die Notwendigkeit der Anklageerhebung prüfen und eine Anklage anordnen. Dadurch würden allerdings zunehmend staatsanwaltschaftliche Tätigkeiten durch das Gericht ausgeübt werden. Auch sei sehr fraglich, ob im Bagatellbereich der §§ 153 ff. der Verletzte durch sein Verhalten eine wirksame Kontrolle der Staatsanwaltschaft bewirken könne. Häufig würde er sich vermutlich wegen der regelmäßig vorliegenden Geringfügigkeit der Delikte mit einer Verfahrenseinstellung abfinden und kein Verfahren einleiten.[545]

Die von vielen geforderte Ausdehnung des Kreises der Antragsteller wird insofern abgelehnt, als daß dies der Einführung einer Popularklage gleichkomme. Das habe der Gesetzgeber gerade vermeiden wollen. Zudem würden dadurch verstärkt mißbräuchliche und querulatorische Anträge begünstigt werden.[546]

Die Notwendigkeit eines gerichtlichen Prüfungsverfahrens wird überdies deshalb in Frage gestellt, als daß auf die Zuverlässigkeit der staatsanwaltschaftlichen Arbeit und dortige Kontrollmechanismen verwiesen wird.[547] So kann eine behördeninterne Überprüfung sämtlicher Verfahrenseinstellungen durch Einlegung einer sachlichen oder auch persönlichen Dienstaufsichtsbeschwerde sowie einer Gegenvorstellung oder durch erneutes Erstatten einer Strafanzeige erreicht werden.[548] Untermauert wird dies durch empirische Untersuchungen, die gezeigt haben, daß die Staatsanwaltschaft gerichtlich überprüfbare und nicht überprüfbare Verfahrenseinstellungen im Rahmen ihrer internen Kontrolle gleichermaßen behandelt.[549] Bei dieser Untersuchung wurden solche Verfahrenseinstellungen verglichen und nachgeprüft, die keiner Kontrolle durch das Klageerzwingungsverfahren unterliegen, und solche, die im Wege der §§ 172 ff nachgeprüft werden konnten.[550] Die Nachprüfungen der Verfahrenseinstellungen brachten das Ergebnis, daß die Entscheidung der Staatsanwaltschaft „in der ganz überwiegenden Zahl aller Fälle überzeugend oder zumindest vertretbar“ erschien.

Mißbrauch des staatsanwaltschaftlichen Monopols zur Erhebung der öffentlichen Anklage sei vielfach die Privatanklage in Vorschlag gebracht worden. Dies Mittel sei ihm jedoch immer schon bedenklich erschienen...; das, was im Interesse der öffentlichen Ordnung geschehen sollte, werde Attribut einer Privatperson, und ein Recht, das geltend zu machen zunächst dem Staate zukomme, werden dem Einzelnen zu Gebrauche in die Hand gegeben.“ Vgl. dazu *Hahn*, Materialen zur Strafprozeßordnung, S. 1068 f.

[545] In diesem Sinne *Machalke*, Klageerzwingungsverfahren, S. 236 f.

[546] *Machalke*, aaO, S. 233.

[547] So verweist beispielsweise der als OLG-Richter tätige Hans *Doller*, Rechtsstellung der Verletzten, L 126, darauf, daß „insbesondere bei der Überprüfung der Einstellungen der örtlichen Staatsanwaltschaft durch die Generalstaatsanwaltschaft außerordentlich sorgfältig gearbeitet wird.“

[548] Siehe dazu *Werner*, Einfluß des Verletzten, S. 327.

[549] *Werner*, NStZ 1984, S. 402.

[550] Zur ersteren Gruppe gehörten Verfahrenseinstellungen bei Privatklagedelikten sowie Einstellungen, die von dem Anwendungsausschluß des § 172 II 3 betroffen waren, vgl. *Werner*, aaO.

Die rechtstatsächliche Untersuchung hat somit nicht zur Aufdeckung von Mißständen bei der verwaltungsinternen Überprüfung staatsanwaltlicher Einstellungsverfügungen geführt. „Die Hypothese, daß gerichtlich nicht überprüfbare Verfahrenseinstellungen häufiger zu Unrecht erfolgten als gerichtlich überprüfbare, konnte nicht bestätigt werden."[551] Insofern wurde daraus der Schluß abgeleitet, daß ein praktisches Bedürfnis nach einer zusätzlichen, gerichtlichen Überprüfungsmöglichkeit bei den bisher nicht überprüfbaren Verfahrenseinstellungen nicht gesehen werde.[552]

Auch die Position des Beschuldigten und seine Interessen werden gegen das Klageerzwingungsverfahren in Anschlag gebracht. So bedeutet dessen Einleitung eine Verlängerung des ohnehin belastenden Strafverfahrens. Der für den Beschuldigten ungewisse Schwebezustand des Ausgangs des Verfahrens wird hinausgezögert. Obgleich die Staatsanwaltschaft diesen Zustand zunächst durch die Einstellung nach § 170 II beendet hat, ist es dem Verletzten möglich, die Ungewissheit für den Beschuldigten erneut aufleben zu lassen. Möglicherweise werden erneute Ermittlungen ausgelöst, § 173 III, und der Beschuldigte zu neuen Verteidigungshandlungen gezwungen. Damit spricht die im Interesse des Beschuldigten häufig geforderte Straffung des Strafverfahrens gegen das Klageerzwingungsverfahren.[553]

bb) Grundsätzliche Beibehaltung des Klageerzwingungsverfahrens

(1) Allgemein

Die dogmatischen Bedenken bezüglich der Durchbrechung des Anklagemonopols als Grund für die Abschaffung des Klageerzwingungsverfahrens werden überwiegend nicht geteilt.[554] Zum einen erhebe die Staatsanwaltschaft auch nach gerichtlicher Anklageanordnung formal die Anklage,[555] zum anderen bedeute das Klageerzwingungsverfahren lediglich eine Überprüfung der Aufgaben- und Kompetenzwahrnehmung, zu der die Staatsanwaltschaft per Gesetz verpflichtet sei.[556]

---

[551] So *Werner*, aaO, S. 403.

[552] In diesem Sinne *Werner*, aaO.

[553] Auf diese Bedenken weist *Weigend* hin, Deliktsopfer und Strafverfahren, S. 495 f. *Jescheck*, JZ 1970, S. 204 weist darauf hin, daß die Justizgewährungspflicht – die häufig für den Verletzten und damit das Klageerzwingungsverfahren in Anschlag gebracht wird – eine Beschleunigung und Straffung des Verfahrens erfordere und daher bestimmte Kontrollmechanismen wie die gerichtliche Voruntersuchung oder das Zwischenverfahren, die verzögernd auf das Verfahren wirkten, beseitigt werden müßten.

[554] *Kohlhaas*, JR 1966, S. 474.

[555] Siehe weiter dazu *Machalke*, Klageerzwingungsverfahren, S. 32.

[556] In diesem Sinne auch *Bohnert*, Abschlußverfügung, S. 329. *Machalke*, Klageerzwingungsverfahren, S. 32, spricht bei dem Klageerzwingungsverfahren von einer endgültigen verfahrensabschließenden Entscheidung. Solche endgültigen objektiven Entscheidungen dürften nur die Gerichte aussprechen, während die Staatsanwaltschaft lediglich subjektive, vorläufige Prognoseentscheidungen fälle. Insofern sei *diese* Kompetenz der Staatsanwaltschaft gar nicht angetastet. Ähnlich dogmatische Schwierigkeiten treten bei der Frage auf, inwieweit das OLG

Der Nutzen des Klageerzwingungsverfahrens wird weniger in seiner praktischen Anwendung als in seiner Präventivwirkung gesehen.[557] Es stelle eine Kontroll- und Sicherheitseinrichtung dar, von der zu hoffen sei, sich ihrer nicht bedienen zu müssen.[558] Das Verfahren halte die Staatsanwaltschaft alleine durch seine Existenz zu sorgfältigerer Arbeit an.[559] Auch steige dadurch die Akzeptanz der Allgemeinheit und des Verletzten zu der Arbeit der Strafverfolgungsbehörden.[560]

Für die Beibehaltung des Klageerzwingungsverfahrens wird die nach wie vor existierende Gefahr der staatsanwaltschaftlichen Abschlußentscheidung nach politischen Zweckmäßigkeitsaspekten geltend gemacht.[561] Verwiesen wird dabei auf die Erfahrungen im Dritten Reich sowie auf die Tendenz der Strafverfolgungsbehörden, Straftaten durch Amtsträger unverfolgt zu lassen.[562] Das Klageerzwingungsverfahren sei nicht nur als Mittel zur Wahrung der Interessen des Verletzten konzipiert, es stelle auch eine Waffe des Rechtsstaates gegen die Gefahren einer hierarchisch gelenkten Verwaltungsbehörde dar.[563] Gerade bei Straftaten mit politischem Einschlag oder solchen, die nur die Allgemeinheit ohne konkreten Verletzten schädigten, sei ein erhöhtes Kontrollbedürfnis gegeben. Diese Fälle würden allerdings in letzter Instanz von einem ‚politischen' Beamten, dem Generalstaatsanwalt, entschieden. Er allein bestimme, ob beispielsweise die Annahme von Vergünstigungen durch einen Ministerialbeamten eine Vorteilsannahme darstelle, oder die Aussage eines Abgeordneten vor einem

---

bei nicht ermittelten Sachverhalten- in der Regel hat die Staatsanwaltschaft aus Rechtsgründen von Ermittlungen abgesehen, weil sie das zu prüfende Verhalten als straflos betrachtet hat - die Staatsanwaltschaft ausnahmsweise dazu auffordern kann, die Ermittlungen aufzunehmen und durchzuführen. Siehe dazu *Knögel*, NJW 1967, S. 383 f. Vgl. auch KG, Beschluß vom 26.03.90, JZ 1991, S. 46 ff mit Anmerkungen von *Eisenberg*, NStZ 1995, S. 50 f. Zum Teil wird die Ermittlungsanordnung des OLG als Einbruch in die staatsanwaltschaftliche Selbständigkeit gesehen, die ihr ihren Status als eigenständiges Organ der Strafrechtspflege nehme, so *Wohlers*, NStZ 1991, S. 301.

557 So *Löwe-Rosenberg/ Rieß*, Großkommentar, 24. Auflage, § 172, Rdnr. 3. Siehe auch *Maiwald*, GA 1970, S. 50. Ebenso *Langer*, JR 1989, S. 96. Auch *Bischoff*, NStZ 1988, S. 64 sowie *Doller*, Rechtsstellung des Verletzten, L 126.

558 *Küpper*, Jura 1988, S. 281.

559 *Machalke*, Klageerzwingungsverfahren, S. 219, 221.

560 So *Kirstgen*, Klageerzwingungsverfahren, S. 83.

561 Vgl. mwN *Machalke*, Klageerzwingungsverfahren, S. 47. Ebenso *Jans*, Klageerzwingungsverfahren, S. 10 f, 252, 262, der auf Gefahren für Minderheiten durch die Kombination politischen Zweckdenkens mit staatsanwaltschaftlicher Verfolgungs- und Anklagetätigkeit hinweist.

562 MwN *Gössel*, Legalitätsprinzip, S. 142.

563 So *Werner*, NStZ 1984, S. 403. Obgleich Werner die empirische Untersuchung bezüglich der Dienstaufsichtsbeschwerden durchgeführt hatte und keine Mißstände entdeckt hatte, sondern im Gegenteil eine staatsanwaltschaftliche Gleichbehandlung der gerichtlich überprüfbaren und nicht überprüfbaren Einstellungsentscheidungen festgestellt hatte, hält sie an dem Klageerzwingungsverfahren fest. Für *E. Schmidt*, Lehrkommentar, § 172, Rdnr. 1, ist das Klageerzwingungsverfahren ein „besonders deutliches Anzeichen rechtsstaatlichen Wollens des Gesetzgebers. Kein Wunder, daß der nationalsozialistische Machtstaat das Klageerzwingungsverfahren beseitigt hat."

Untersuchungsausschuß ohne Beeinträchtigung privater Interessen ein Aussagedelikt bedeute, ob von einem einflußreichen Unternehmen mit starker Lobby Umweltdelikte begangen würden. Dabei sei eine Korrektur von außen nicht möglich. Gerade in diesen Fällen bestehe jedoch ein Bedürfnis nach Überprüfung durch einen unabhängigen Richter.[564]

Ferner wird vorgetragen, daß die Ablehnung des Klageerzwingungsverfahrens wegen der damit verbundenen Verfahrensverzögerung nicht überzeugend sei. Die mit dem Verfahren einhergehenden Zeitverluste und Verzögerungen rechtfertigten nicht den Ruf nach der Abschaffung des Klageerzwingungsverfahrens. Nach Untersuchungen im Bundesland Nordrhein-Westfalen im Jahre 1982 wurden 63,76 % aller dortig untersuchten Anträge innerhalb eines Monats vom Eingang des Antrages bei Gericht durch dasselbe entschieden, weitere 24,07 % in dem zweiten Monat. Damit wurden insgesamt 83,73 % aller untersuchten Anträge in einem Zeitraum von bis zu zwei Monaten nach Eingang beschieden.[565]

Selbst von den Verfechtern des Klageerzwingungsverfahrens[566] wird Kritik gegen die fehlende Effektivität und die hohen Zugangshürden für eine gerichtliche Kontrolle geltend gemacht.[567] Diese bezieht sich vor allem auf die häufig nicht erfüllten Zulässigkeitsvoraussetzungen des Klageerzwingungsantrags.[568] Die Hauptkritik richtet sich dabei gegen die von den Gerichten zusätzlich geforderte Auseinandersetzung mit den Bescheiden und Argumenten der Staatsanwaltschaft sowie der Schilderung des Gangs des Ermittlungsverfahrens. Dies sei so unmittelbar nicht im Gesetz geregelt, siehe § 172.[569] Denn das Klageerzwingungsverfahren diene nicht der revisionsähnlichen Prüfung des rechtmäßigen Erlasses des Bescheides der Staatsanwaltschaft, sondern der Frage, ob „genügend Anlaß zu Erhebung der öffentlichen Klage" vorliege, §§ 174 f.[570] Insofern seien nämlich die staatsanwaltschaftlichen Bescheide lediglich Voraussetzung

---

[564] In diesem Sinne *Ostendorf*, RuP 1980, S. 200.

[565] So *Bischoff*, Klageerzwingungsverfahren, S. 201.

[566] So *Küpper*, Jura 1988, S. 285.

[567] Vgl. auch *Weigend*, Deliktsopfer und Strafverfahren, S. 497 unter Hinweis auf die Tatsache, man solle die Zulässigkeitsvoraussetzungen nicht zu hoch ansetzen, da der durch sie betroffene Verletzte die Interessen der Allgemeinheit an der Kontrolle der Staatsanwaltschaft wahrnehme und so zu einer rechtsstaatlichen Sicherung des Verfahrens beitrage. Kritisch zu den hohen Zulässigkeitsvoraussetzungen auch *Kirstgen*, Klageerzwingungsverfahren, S. 136.

[568] So *Rieß*, Gutachten C, C 112. Siehe auch *Moller*, NJW 1966, S. 1254, der den Oberlandesgerichten unterstellt, mit den hohen Zulässigkeitsvoraussetzungen den Verletzten aus dem Prozeß der Strafrechtspflege herausdrängen zu wollen und ihn lediglich als Querulanten zu betrachten. Lediglich *Langer*, JR 1989, S. 96, scheint die Zulässigkeitsanforderungen zu verteidigen: Sie seien notwendig wegen der Ranghöhe des OLG und der Anzahl der vorgeschalteten Prüfungen durch die Staatsanwaltschaft. Allerdings spricht auch er sich gegen das durch die OLG ausgesprochene Gebot aus, ergänzend auf die Bescheide der Staatsanwaltschaft Bezug zu nehmen, da dies von dem Gesetz nicht mehr gedeckt sei.

[569] Vgl. *Bischoff*, Klageerzwingungsverfahren, S. 352. Abgeschwächt auch *Geerds*, JZ 1984, S. 794.

[570] In diesem Sinne *Niese*, JZ 1952, S. 648.

und Anlaß des Verfahrens, nicht aber deren Objekt.[571] Das Klageerzwingungsverfahren habe nicht den Nachweis einer Pflichtverletzung der Staatsanwaltschaft zum Ziel, sondern die Feststellung des hinreichenden Tatverdachts, welcher genügend Anlaß zur Klageerhebung gibt. Dies zeige sich daran, daß vom OLG selbst dann Anklage beschlossen werde, wenn die staatsanwaltlichen ablehnenden Bescheide rechtmäßig waren und erst im Klageerzwingungsverfahren neue Beweismittel und Tatsachen auftauchten.[572]

Bezüglich der hohen Zulässigkeitshürde schreibt Langer, es dürfte wohl kaum einen Rechtsanwalt geben, der in der Lage sei, alle Zulässigkeitsvoraussetzungen für den Antrag auf gerichtliche Entscheidung zu erfüllen.[573] Insofern scheitern viele Anträge an diesem Erfordernis. Letzteres wurde jedoch vom BVerfG nicht beanstandet.[574]

(2) Ausdehnung des Anwendungsbereiches des Klageerzwingungsverfahrens

Für eine Ausdehnung des Klageerzwingungsverfahrens auf Einstellungen nach dem Opportunitätsprinzip wird die Notwendigkeit der prozessualen Einklagbarkeit der oben beschriebenen Rechtspositionen des Verletzten geltend gemacht. Liege der Zweck des Klageerzwingungsverfahrens nämlich in der Absicherung der Rechtspositionen des Verletzten, so müßten diese auch prozessual durchsetzbar sein. Dies solle unabhängig davon sein, ob eine Einstellung nach dem Legalitäts- oder Opportunitätsprinzip vorliege. In beiden Fällen sei der Verletzte in seinen Rechtsgütern gleichermaßen betroffen. Der Staat müsse seiner Verpflichtung gleichermaßen nachkommen, das Recht auf Strafe oder zumindest Genugtuung des Verletzten, das er von diesem übernommen habe, entsprechend zu befriedigen. Es sei unvertretbar, das Genugtuungsinteresse des Verletzten für die Einhaltung des Legalitätsprinzips instrumentalisiert einzusetzen, es jedoch außerhalb dieses Prinzips überhaupt nicht zu würdigen.[575] Aus dieser Überlegung heraus sei die Ausdehnung des Klageerzwingungsverfahrens auf die Einstellung nach dem Opportunitätsprinzip notwendig.[576] Andernfalls drohe dem Verletzten ein sachlich nicht zu rechtfertigender Rechtsschutzverlust.[577]

Mittlerweile habe der Staat als Garant für den Schutz elementarer Rechtsgüter des Verletzten den Träger dieser Rechtsgüter vollkommen in den Hintergrund geschoben. Begreife man das Strafrecht als ein System zur Steuerung und Bereinigung sozialer Konflikte, so bedeute die Reduktion dieser Konflikte auf die Beziehung Staat-Beschuldigter die bewußte Ausblendung des Verletzten aus dieser Beziehung. Damit würden seine Interessen – wie schon durch den Täter –

---

[571] *Knögel*, NJW 1966, S. 1400.
[572] *Bischoff*, Klageerzwingungsverfahren, S. 316.
[573] *Langer*, JR 1989, S. 96.
[574] Siehe BVerfG, NJW 1979, S. 364. Ebenso BVerfG NJW 1988, S. 1773.
[575] So *Rieß*, Gutachten C, C 115.
[576] In diesem Sinne *H. Vogel*, Das „öffentliche Interesse", S. 104 f.
[577] *Rieß*, JA 1984, S. 489.

erneut mißachtet.[578] Rechtsfrieden könne aber nur dann errungen werden, wenn alle Beteiligten mit ihren Interessen in dem Verfahren repräsentiert seien.[579] Rechtsgüterschutz werde nur dann erreicht, wenn der Verletzte wieder entsprechend in den Vordergrund rücke.[580]

Gerade bei Meinungsverschiedenheiten zwischen dem Verletzten und dem Staatsanwalt über die Erheblichkeit oder Geringfügigkeit des Vergehens sei die Position des Verletzten inakzeptabel. Er habe keine prozessuale Garantie dafür, daß der um die Zustimmung befragte Amtsrichter ihn höre oder auch nur von seiner Auffassung erfahre. Es sei sogar zu befürchten, daß der Staatsanwalt die Zustimmung des Richters dadurch erreiche, daß er ihm unvollständige Strafakten vorlege, aufgrund derer der Richter seine Entscheidung in Form der Zustimmung fälle. Dies würde den Verletzten vollkommen entrechten. Die dagegen mögliche Dienstaufsichtsbeschwerde sei keine ausreichende Schutzeinrichtung. Sie existiere in jedem totalitären Staat.[581] Denke man den Gedanken der fehlenden Kontrollmöglichkeit bei Untätigkeit der Staatsanwaltschaft zu Ende – sie würde beispielsweise das Verfahren nach §§ 153 ff. einstellen –, so wäre eine mögliche Verfassungsbeschwerde wegen mangelnden rechtlichen Gehörs in Form der Rechtsverweigerung begründet. Das BVerfG könnte jedoch weder selbst ermitteln noch an ein anderes Gericht oder eine andere Staatsanwaltschaft in dem betreffenden OLG-Bezirk wegen der Länderhoheit verweisen.[582]

Gegen die Ausdehnung des Klageerzwingungsverfahrens auf Opportunitätseinstellungen wird vorgetragen, daß bei vielen Einstellungsgründen eine richterliche Mitwirkung bereits vorgesehen sei. Auf diese Weise sei die richterliche Kontrolle der Staatsanwaltschaft gesichert. Dagegen wird jedoch die Tatsache der geringen Kontrollintensität der richterlichen Zustimmung ins Feld geführt. Sie sei als Routinehandlung „ohne Filterfunktion“[583] von nur geringem Wert. Ferner lasse sie den Verletzten ohne Anhörungsrechte, so daß das Klageerzwingungsverfahren eine viel höherwertige richterliche Kontrolle darstelle[584] und daher der richterlichen Zustimmung vorzuziehen sei.[585]

Zugunsten der Ausdehnung des Klageerzwingungsverfahrens auf die Opportunitätseinstellungen spreche auch die Tendenz der Staatsanwaltschaften, gerade in den Bereichen der Wirtschaftskriminalität mit ihren enormen Ausmaßen und Schadenssummen auf die Einstellungsmöglichkeit des § 153 a zurückzugreifen. Sie bewirke damit eine ungerechtfertigte Gleichstellung mit der Bagatellkriminalität. Auch fehle eine Konkretisierung der angewandten und sehr unbestimmten Ermessensnormen durch ein ranghohes Gericht wie das OLG. Ein mögliches

---

578 In diesem Sinne *Jung*, ZStW 1981, S. 1152.
579 *Jung*, aaO, S. 1154.
580 So *Maiwald*, GA 1970, S. 52.
581 *Mayer*, JZ 1955, S. 603.
582 So *Kohlhaas*, NJW 1962, S. 951.
583 *Geisler*, ZStW 1981, S. 1143 f.
584 So *H. Vogel*, Das „öffentliche Interesse", S. 259.
585 Vgl. *Werner*, NStZ 1984, S. 401.

Klageerzwingungsverfahren in diesen Bereichen schaffe mehr Rechtssicherheit und -gleichheit.[586]

Darüber hinaus solle der Anwendungsbereich des Klageerzwingungsverfahrens durch Erweiterung des Verletztenbegriffs ausgedehnt werden. Dieser solle nicht nur den zur Zeit unmittelbaren Verletzten umfassen, sondern auch den mittelbar Verletzten[587] oder möglicherweise den Inhaber berechtigter Interessen.[588] Dadurch sollten nicht nur Opportunitätsentscheidungen vom Anwendungsbereich des Klageerzwingungsverfahrens umfaßt werden, sondern auch gemeinschaftsbezogene Straftaten ohne unmittelbar Verletzten.[589] Die in diesen Bereichen aufgetretenen Anwendungslücken und damit fehlende staatsanwaltliche Kontrolle solle durch die Möglichkeit der Antragstellung durch lediglich mittelbar Verletzte oder durch parlamentarische Kontrollgremien oder Abgeordnete behoben werden. Die Antragstellung durch gewählte Volksvertreter habe zweierlei Vorteile: Erstens würden die Abgeordneten ihrerseits durch das Wahlvolk kontrolliert. Zweitens hätten sie das Gemeinwohl und nicht nur Individualinteressen im Auge, siehe Art. 38 I 2 GG. Gerade für ein demokratisches Staatsverständnis dränge sich die öffentliche Klageerzwingung durch Volksvertreter auf. Die Antragsberechtigung solle für Bundes- und Landesparlamentarier bestehen, wobei die Abgeordneten des Landes auf Vorkommnisse ihres Bundeslandes beschränkt werden sollten.[590]

Für eine Ausdehnung des Klageerzwingungsverfahrens auf die Opportunitätseinstellungen wird neben der Sicherung der Rechtsinteressen des Verletzten auf den – wenn auch als verkannt angesehenen – Hauptzweck des Verfahrens zurückgegriffen. Werde dieser häufig in der Sicherung des Legalitätsprinzips gesehen, so müsse berücksichtigt werden, daß das Legalitätsprinzip nicht sich selbst diene, sondern nur der Legalität im Strafverfahren. Diese Legalität des

---

[586] Ähnlich *Weigend*, Deliktsopfer und Strafverfahren, S. 500 unter Aufwerfung der Frage, nach welchen Ermessenskriterien das Gericht seine Entscheidung denn fällen solle.

[587] Siehe dazu auch *Ostendorf*, RuP 1980, S. 201: Die herrschende Meinung verlangt einen unmittelbaren Verletzten, der allerdings weit ausgelegt wird, um zu einem größeren Anwendungsbereich des Klageerzwingungsverfahren zu gelangen. Verletzter ist demnach, wer aufgrund des behaupteten Sachverhalts Inhaber des durch den betreffenden Straftatbestand geschützten Rechtsguts ist, oder derjenige, in dessen Rechte unmittelbar eingegriffen wird, vgl. auch *Kleinknecht/ Meyer-Goßner*, Strafprozeßordnung, § 172, Rdnr. 9. Siehe auch HansOLG Hamburg, JR1966, S. 473, 473.

[588] Vgl. dazu *Küpper*, Jura 1988, S. 285. Für eine Ausdehnung auf jeden Inhaber eines ‚berechtigten Interesses' *E. Schmidt*, Lehrkommentar, § 171, Rdnr. 12.

[589] So *Jung*, ZStW 1981, S. 1166. Für eine Erweiterung des antragsbefugten Kreises *Geisler*, ZStW 1981, S. 1145.

[590] Genauer dazu und zu dem Problem der Kenntnisnahme der Parlamentarier bezüglich der staatsanwaltschaftlichen Abschlußverfügungen *Ostendorf*, RuP 1980, S. 203. Eine Benachrichtigung der Abgeordneten oder eine Bescheidung im Sinne des § 171 lehnt Ostendorf allerdings aus Gründen der fehlenden Realisierbarkeit und des Datenschutzes ab. Insofern sei die Kontrolle durch Parlamentarier ebenfalls lückenhaft, eine absolute Kontrolle wird von ihm aber auch gar nicht angestrebt. Diesen Vorschlag unterstützt auch *Jans*, Klageerzwingungsverfahren, S. 268.

Verfahrens werde aber nicht nur in den Fällen des Legalitätsprinzips tangiert, sondern auch in den Fällen des Opportunitätsprinzips. Dort stelle sich genauso die Frage der Legalität des Verfahrens. Um diese bei dem Opportunitätsprinzip sicherzustellen, bedürfe es hier genauso des Klageerzwingungsverfahrens wie in den anderen Fällen.[591]

Zusammenfassend läßt sich sagen, daß eine Ausdehnung des Klageerzwingungsverfahrens auf die §§ 153 ff[592] sowie auf die Frage der Auslegung des öffentlichen Interesses bei § 376 für notwendig erachtet wird.[593] Allerdings ist der Umfang der gerichtlichen Prüfung umstritten.

Zum Teil soll sie nur auf Ermessensfehler beschränkt sein.[594] Das wird damit begründet, daß in Übernahme und Anlehnung an die Überprüfungskompetenz der Verwaltungsgerichte lediglich eine Kontrolle der Rechtmäßigkeit, nicht aber der Zweckmäßigkeit stattfinden solle.[595] Dies könne im übrigen auch zu einer Präzisierung und Angleichung der unbestimmten Einstellungskriterien beitragen. Der Rechtsfrieden werde dadurch gefördert.[596]

Auf der anderen Seite wird für eine vollständige gerichtliche Überprüfung der Einstellungen aus Opportunitätsgründen plädiert. Die Anlehnung an das Verwaltungsrecht und die Übertragung dortiger Rechtsgrundsätze mit ihrer nur eingeschränkten gerichtlichen Prüfung, § 114 VwGO, in das Strafrecht seien nicht zulässig, denn das Strafgericht habe eine andere Funktion als das Verwaltungsgericht. Das staatsanwaltschaftliche Verfahren sei nämlich kein abgeschlossenes, unabhängiges Verfahren wie das verwaltungsrechtliche Exekutivverfahren. Es laufe vielmehr auf das gerichtliche Hauptverfahren zu, in dem dem Gericht die Letztentscheidungskompetenz bei der Beurteilung und Sanktionierung von Straftaten zukomme.[597] Auch spreche die bereits herrschende Rechtspraxis für eine volle gerichtliche Kontrolle der Opportunitätseinstellungen. Das werde bereits bei der gerichtlichen Zustimmung praktiziert. Dort stellten die Gerichte die gleichen Ermessenserwägungen an wie die Staatsanwaltschaft, womit der Hinweis auf die verwaltungsrechtliche Praxis obsolet sei.[598]

---

[591] So *H. Vogel*, Das „öffentliche Interesse", S. 256.

[592] *Gössel*, Legalitätsprinzip, S. 147. *Schöch*, ZStW 1980, S. 180 sieht bezüglich der fehlenden Anwendbarkeit des Klageerzwingungsverfahrens bei § 153 a eine „nicht unbedenkliche Beeinträchtigung der Interessen des Verletzten". Für eine Ausdehnung des Klageerzwingungsverfahrens auf die §§ 153 ff plädiert auch *Wolter*, GA 1985, S. 75.

[593] So *Geerds*, JZ 1984, S. 794.

[594] *Geerds*, aaO. So auch *Küpper*, Jura 1988, S. 286 unter Hinweis auf die Bedenklichkeit der fehlenden richterlichen Kontrolle bei den Opportunitätseinstellungen im Hinblick auf deren Anwendungshäufigkeit. Für eine Ausdehnung des Klageerzwingungsverfahrens auf die §§ 153 ff *Fezer*, Strafprozeßrecht, S. 12, wobei er die §§ 153 als Ausnahme zu dem Legalitätsprinzip sieht, welche auch im Klageerzwingungsverfahren überprüft werden müßten.

[595] So beispielsweise *Bischoff*, Klageerzwingungsverfahren, S. 260 ff, 350 f.

[596] *Werner*, NStZ 1984, S. 403.

[597] Dazu *Kröpil*, NJW 1992, S. 656.

[598] So *Werner*, NStZ 1984, S. 312 unter Berufung auf Rieß.

Teilweise wird vorgeschlagen, das richterliche Zustimmungserfordernis aufgrund der praktischen Erfahrungen gänzlich zu streichen und dafür den Anwendungsbereich des Klageerzwingungsverfahrens auf alle Opportunitätseinstellungen auszudehnen. Während die Praxis dadurch zusätzliche Belastungen befürchtet,[599] sei eine Überlastung der Oberlandesgerichte nicht zu erwarten. Letztere würden – unter Zugrundelegen der bisherigen Häufigkeit angestrengter Klageerzwingungsverfahren – lediglich mit rund 600 Verfahren jährlich mehr belastet. Der Vorteil dieser Konstruktion wäre eine Konzentration der richterlichen Prüfung auf die wirklich streitigen, schwierigen Fälle statt einer oberflächlichen wertlosen Prüfung aller Fälle.[600]

Schließlich wird dafür plädiert, bei der Ausdehnung der §§ 172 ff auf die Opportunitätseinstellungen lediglich die §§ 153 d I sowie 153 c II herauszunehmen. Als Begründung für den Ausschluß des Klageerzwingungsverfahrens wird angegeben, bei diesen Einstellungen gehe es um politische Erwägungen, die einer rein rechtlichen Prüfungen kaum zugänglich seien.[601]

f) Diskutierte Alternativen zum Klageerzwingungsverfahren

aa) Allgemeine Popularklage

Als Alternative zum Klageerzwingungsverfahren ließe sich in Anlehnung an die englische Rechtsordnung die Popularklage einführen. Damit würde jedem Bürger die Möglichkeit zur Anklageerhebung eingeräumt werden. Dieses mögliche Alternativkontrollverfahren ist jedoch in Deutschland nie ernsthaft in Erwägung gezogen worden. Die Nachteile wurden als zu gravierend angesehen. So wird zum einen auf diejenigen Länder, welche die allgemeine Popularklage kennen, verwiesen. Dort beobachtet man die Tendenz zur ihrer Zurückdrängung. Zum zweiten wird gegen die Popularklage die Unvereinbarkeit mit der strafrechtsgeschichtlichen Entwicklung vorgebracht: Sie habe das Strafklagerecht von dem Individuum auf das staatliche Kollektiv übertragen. Die Einführung der Popularklage würde jedoch eine nicht erwünschte Rückübertragung bewirken.[602] Auf diesem Wege werde auch die bisher informelle Sozialkontrolle zu einer formalen. Das Strafrecht verliere seinen ultima-ratio-Charakter, wodurch privatem Mißbrauch Tür und Tor geöffnet würden.[603]

bb) Subsidiäre Privatklage

Wie bei den Gesetzgebungsberatungen zur RStPO diskutiert, wäre die subsidiäre Privatklage ein möglicher Kontrollmechanismus der Staatsanwaltschaft. Sie könnte als Ersatz für das Klageerzwingungsverfahren dienen, wie es beispiels-

---

599 Vgl. *Weigend*, Deliktsopfer und Strafverfahren, S. 498.
600 Siehe *Rieß*, Gutachten C, C 117 ff. In diesem Sinne auch *Werner*, NStZ 1984, S. 156.
601 So *Werner*, aaO, S. 331.
602 In diesem Sinne *Bischoff*, Klageerzwingungsverfahren, S. 247.
603 *Ostendorf*, RuP 1980, S. 203.

weise in Österreich der Fall ist.[604] Allerdings treten hier diesselben Bedenken auf wie bei der Popularklage. So würden aufgrund des unterschiedlichen Klägerverhaltens weitreichende Ungleichbehandlungen gleichgelagerter Fälle auftreten. Staatsanwaltschaftliche Einstellungskriterien als Ausdruck kriminalpolitischer Entscheidungen ließen sich durch beliebige Entscheidungen des Verletzen aushebeln,[605] denn „private Willkür“ würde in nicht zu vertretender Weise Eingang in das Strafverfahren finden.[606] Auch könnte das Bewußtsein des Staatsanwalts, daß die Strafverfolgung durch andere Personen betrieben werden kann, zu einer weniger gründlichen Arbeitsweise führen.[607] Dies habe möglicherweise zur Folge, daß die Ermittlungssituation bei der Privatklage schlechter ausfallen könnte. Weitere Folge wäre die Nachermittlung durch das Gericht, § 244 II, was zu einer Mehrbelastung der Gerichte führen würde und damit zu längeren Verfahren.[608]

cc) Zusammenfassung

Im Klageerzwingungsverfahren drückt sich sehr anschaulich die dem deutschen Recht eigene hohe Wertschätzung des Richters aus. Das Vertrauen in dessen unbestechliche Kontrolle der weisungsabhängigen und damit mißtrauisch beäugten Staatsanwaltschaft ist sehr groß. Gerade bei Erlaß der RStPO war der Argwohn gegenüber der Staatsanwaltschaft am größten und daher die geltend gemachte Notwendigkeit einer richterlichen Kontrolle am stärksten. Andere Kontrollmechanismen wie die allgemeine Popularklage oder subsidiäre Privatklage, stellten nie ernsthafte Alternativen zu der richterlichen Anklageerzwingung dar. Die Überwindung staatsanwaltlicher Untätigkeit durch Erhebung einer eigenen Anklage seitens des Betroffenen oder eines jeden Bürgers wurde als untauglich betrachtet. Befürchtet wurde ein übergroßer Einfluß privater Willkür und individuellen Mißbrauchs im Strafrecht. Das daher in die RStPO eingeführte Klageerzwingungsverfahren hatte noch einen viel größeren Anwendungsbereich als heute. Dies hing mit dem fast uneingeschränkt geltenden Anwendungsbereich des Legalitätsprinzips zusammen. Seitdem ist der Anwendungsbereich kontinuierlich zurückgegangen. Heute wird das Klageerzwingungsverfahren nur sehr selten angestrengt. Während das vorgeschaltete staatsanwaltschaftsinterne Beschwerdeverfahren für den Beschwerdeführer häufig erfolgreich ist, ist das gerichtliche Verfahren fast immer erfolglos. Bei der überwältigenden Mehrheit der gerichtlichen Klageerzwingungsverfahren kommt es zu keiner inhaltlichen Prüfung. Fast alle Anträge scheitern an den hohen Zulässigkeitsvoraussetzungen. Aber selbst bei deren Überwindung kommt es fast nie zu einer gerichtlichen Anklageanordnung. Die daraus gezogenen Schlüsse sind unterschiedlich. Teilweise wird gefordert, das Klageerzwingungsverfahren abzu-

---

[604] § 48 öStPO. Allerdings wird diese sog. Subsidiaranklage ebenso selten eingeleitet wie das deutsche Klageerzwingungsverfahren mit ebenfalls geringer Erfolgsquote, vgl. mwN *Machalke*, Klageerzwingungsverfahren, S. 231.

[605] So *Rieß*, Gutachten C, C 116.

[606] Vgl. *H. Vogel*, Das „öffentliche Interesse“, S. 105.

[607] *Jans*, Klageerzwingungsverfahren, S. 19.

[608] So *Machalke*, Klageerzwingungsverfahren, S. 232.

schaffen. Die interne Kontrolle der Staatsanwaltschaft wird als ausreichend erachtet. Andere wiederum verweisen auf die psychologische Kontrollwirkung des Verfahrens sowie die prozessuale Absicherung der Verletztenrechte im Strafprozeß. Daraus resultiert die konträre Empfehlung, das Klageerzwingungsverfahren sowohl auf Opportunitätseinstellungen als auch auf Delikte ohne Verletzten auszudehnen.

2. Gerichtliche Zustimmung zu Einstellungen nach Opportunitätsgründen

a) Historischer Hintergrund und geschichtliche Entwicklung

Die stetige Entwicklung des Opportunitätsprinzips, der Grund für dessen Einführung und die damit verbundene allmähliche aber konsequente Verdrängung des Legalitätsprinzips wurden bereits dargelegt.[609]

Eingegangen werden soll hier auf den relevanten Punkt der richterlichen Kontrolle der Einstellungsverfügung der Staatsanwaltschaft. Dieses Erfordernis der richterlichen Zustimmung bei den Opportunitätseinstellungen sollte „den Ausschluß jeder Willkür gewährleisten“[610] und eine mißbräuchliche Anwendung durch eine gegenseitige Kontrolle erschweren.[611] Dabei wird zum einen die Gegenseitigkeit der Kontrolle betont, also nicht nur die Kontrolle der Staatsanwaltschaft, sondern auch des Gerichts,[612] zum Teil wird der Kontrollgedanke stärker gegenüber der Staatsanwaltschaft hervorgehoben.[613] Die Übereinstimmung des Richters und des Staatsanwalts bei der Einstellung einiger Opportunitätsvorschriften hatte aber auch als Korrelat zu der Unanfechtbarkeit richterlicher Einstellung zu fungieren. Aufgrund kriegsbedingter Sparmaßnahmen sollte eine weitere richterliche Instanz mit der Einstellung nicht mehr befaßt sein. Als Ausgleich hierfür sollte die Deckungsgleichheit mit der Staatsanwaltschaft fungieren.[614] Auch wird geltend gemacht, daß die richterliche Mitwirkung bei der Einstellung gerade für den Verletzten und das Rechtsempfinden der Bevölkerung insgesamt vertrauenserhöhend wirke. Gerade die Glaubwürdigkeit der Justiz, die durch die Mitwirkung eines unabhängigen Richters erhalten werde, begünstige eine stärkere Akzeptanz der Einstellung und verhindere so Ansätze zur Privat- oder Selbstjustiz.[615] Durch die Zustimmung zur Einstellung solle das Gericht neben der Staatsanwaltschaft einen Teil der Verantwortung übernehmen.[616]

---

[609] Siehe Punkt B. I. 3. c) ‚Faktische Abschaffung des Legalitätsprinzips‘.

[610] So *Nagler*, GS 1924, S. 425.

[611] So BT-Drucks. IV/ 3250, S. 284. Ebenso BT-Drucks. VI/ 3478, S. 48. Ebenso *Gössel*, Legalitätsprinzip, S. 141 f.

[612] BT-Drucks. IV/ 3250, S. 284.

[613] *Nagler*, GS 1924, S. 425; *Mannheim*, JW 1924, S. 1648. Ebenso *Dencker*, JZ 1973, S. 147 sowie *Cramer*, Ahndungsbedürfnis, S. 498. So auch *H. Vogel*, Das „öffentliche Interesse“, S. 260.

[614] Siehe *Cramer*, Ahndungsbedürfnis, S. 490.

[615] *Dencker*, JZ 1973, S. 147.

[616] *R. Weber*, NJW 1966, S. 1244.

Während des Nationalsozialismus wurde die Staatsanwaltschaft grundsätzlich nicht mehr an eine Zustimmung des Gerichts bei einer Verfahrenseinstellung gebunden.[617] Damit wurde sie auch in diesem Bereich von gerichtlicher Kontrolle abgekoppelt. Dieser Zustand wurde jedoch durch das Rechtsvereinheitlichungsgesetz vom 12.09.1950 wieder aufgehoben. Die richterliche Zustimmung wurde bei den Einstellungsverfügungen wieder obligatorisch.[618]

In der Bundesrepublik Deutschland hat der Gesetzgeber allerdings bei einigen Einstellungsgründen wie bei § 154 I eine richterliche Mitwirkung und damit eine gegenseitige Kontrolle nicht vorgesehen. Der Grund hierfür dürfte im Folgenden liegen: In diesem Bereich der Bagatellkriminalität minderer Bedeutung wird die Inanspruchnahme zweier Justizorgane, der Staatsanwaltschaft und des Gerichts, aus ökonomischen Gründen als unverhältnismäßig betrachtet.[619]

Auch die §§ 153 c, 153 d durchbrechen das Geflecht der gegenseitigen Kontrolle in Form der richterlichen und staatsanwaltlichen Zustimmungserteilung. Sie ermöglichen der Staatsanwaltschaft allein ein Absehen von der Strafverfolgung. Rechtfertigung hierfür sind die dort relevanten staatspolitischen Erwägungen, die als in der Regel nicht justiziabel angesehen werden und damit Gerichten nicht zugänglich sind.[620]

Vorausblickend läßt sich sagen, daß die Gründe für das Erfordernis der richterlichen Zustimmung bei einer Verfahrenseinstellung erstaunliche Parallelen im amerikanischen Recht finden. Sofern in den USA eine Verfahrenseinstellung eines staatsanwaltlichen Antrags und eines richterlichen Beschlusses bedarf, wird als Hintergrund dieser Regelung die Kontrolle der staatsanwaltlichen Machtfülle genannt. Die richterliche Einbeziehung soll hier wie in Deutschland vor staatsanwaltlicher Willkür schützen.[621]

b) Moderne Rechtswirklichkeit der richterlichen Kontrollintensität

Wie bereits dargestellt, sind die Fälle, in denen der Richter seine Zustimmung zu einer Verfahrenseinstellung verweigert und somit die Staatsanwaltschaft zu einer Anklageerhebung zwingt, in der Praxis vollkommen zu vernachlässigen. Es wird geltend gemacht, die Zustimmungserteilung sei zu einer Routinehandlung „ohne Filterfunktion“ geworden.[622] Das richterliche Zustimmungserfordernis sei zur Bedeutungslosigkeit herabgesunken,[623] es erfolge so gut wie in allen Fäl-

---

[617] Vgl. RGBl. I, S. 508.
[618] BGBl. I, S. 455.
[619] So *Wohlers*, Staatsanwaltschaft, S. 253.
[620] Vgl. BT-Drucks. V/ 898, S. 43.
[621] Siehe dazu *Kosicki*, Connecticut Bar Journal 1962, S. 160. Vgl. auch *Moley*, Southern California Law Review 1928, S. 98.
[622] *Geisler*, ZStW 1981, S. 1143 f.
[623] So *Weigend*, Anklagepflicht und Ermessen, S. 54.

len.[624] Die Ablehnung einer Einstellung sei eine seltene Ausnahme,[625] der „richterliche Segen“ werde „fast ausnahmslos“ erteilt.[626]

c) Ursachen des gering erachteten Kontrollwerts

Das gemeinsame Interesse von Staatsanwälten und Richtern an einer arbeitsökonomischen und schnellen Erledigung auch schwieriger Verfahren fördert die Tendenz einer widerspruchslosen Zustimmungserteilung zu einer Verfahrenseinstellung durch den Richter und damit zu der Automatisierung dieser gerichtlichen Zustimmung.[627] Ferner wird geltend gemacht, die Richter verließen sich in der Regel auf die ordnungsgemäße Arbeit der Staatsanwaltschaft.[628]

d) Beurteilung und Kritik

aa) Zurückdrängung des gerichtlichen Zustimmungserfordernisses

Gegen die gerichtliche Zustimmung zur staatsanwaltlichen Verfahrenseinstellung wird vorgetragen, der Richter werde durch seine Mitwirkung bei der Einstellung in die Sphäre der Strafverfolgung hineingezogen und laufe Gefahr, sich der Befangenheit auszusetzen.[629] Auch habe der Richter nur über Rechtsfragen, nicht aber über Zweckmäßigkeitsfragen zu befinden.[630] Teilweise wird vorgetragen, das gerichtliche Zustimmungserfordernis möge aufgehoben werden. Statt dessen solle der Anwendungsbereich des Klageerzwingungsverfahrens auf die Opportunitätseinstellungen ausgeweitet werden.[631]

bb) Ausdehnung des gerichtlichen Zustimmungserfordernisses auf alle Einstellungsgründe

Demgegenüber wird häufig für eine Ausdehnung des Erfordernisses der gerichtlichen Zustimmung bei Einstellungen aus Opportunitätsgründen plädiert.[632] Aus dem unterschiedlichen Rollenverständnis von Gericht und Staatsanwalt wird argumentiert, die bisher zustimmungsfreie Einstellung bedürfe einer richterlichen Mitwirkung.[633] Begründet wird dies damit, daß der Richter die entscheidende Zentralfigur bei der Frage der Sanktionsverhängung oder des Sanktions-

---

624 Vgl. *Kunz*, KrimJ 1984, S. 46. Von einer Erteilung der Zustimmung „in aller Regel“ spricht auch *Herrmann*, JuS 1976, S. 416.

625 Siehe *Blankenburg/ Sessar/ Steffen*, Staatsanwaltschaft, S. 245.

626 *Wolter*, GA 1985, S. 75.

627 Vgl. *Werner*, NStZ 1984, S. 155.

628 Ähnlich *Herrmann*, JuS 1976, S. 416.

629 Siehe *Mannheim*, JW 1924, S. 1648.

630 *Von Scanzoni*, JW 1924, S. 1645.

631 Dies wurde bereits bei der Diskussion im Rahmen des Klageerzwingungsverfahrens vorgetragen. Vgl. stellv. *Rieß*, Gutachten C, C 117 ff. In diesem Sinne auch *Werner*, NStZ 1984, S. 156.

632 *Gössel*, Legalitätsprinzip, S. 147.

633 Im Ergebnis auch *Wolter*, GA 1985, S. 75 f.

verzichtes sein solle. Nur er dürfe Verurteilungen aussprechen. Daher sei seine Mitwirkung immer notwendig. Ferner wird auch auf die spiegelbildliche Seite hingewiesen, bei der für eine richterliche Einstellung nach Klageerhebung wie bei § 153 II beispielsweise die staatsanwaltschaftliche Zustimmung immer erforderlich sei. Es könne aber der Bedeutung des Richters nicht gerecht werden, würde durch eine Weigerung der staatsanwaltlichen Zustimmung der Richter zu einer Verurteilung gezwungen, die er für kriminalpolitisch verfehlt halte, während der Staatsanwalt in vielen Bereichen allein entscheiden könne.[634] Insofern solle es auch eine Rechtsschutzmöglichkeit des Angeklagten bei einer rechtswidrig verweigerten Zustimmung der Staatsanwaltschaft im Sinne der §§ 153 II, 153 a II in Verbindung mit §§ 23 ff EGGVG geben.[635]

Überdies wird vorgetragen, die fehlende richterliche Zustimmung bei vielen Opportunitätseinstellungen sei Ausdruck eines um sich greifenden Zweckmäßigkeitsgedankens. Die Zuerkennung größerer Freiräume für die Strafverfolgungsorgane sowie die Verfolgung der Zweckmäßigkeit als Leitmaxime des Strafverfahrens sei eine gefährliche Entwicklung. Zur Vorsicht mahne gerade die deutsche Rechtsgeschichte des 20. Jahrhunderts.[636] Ein Vergleich wird aber auch mit dem Inquisitionsverfahren gezogen: Gerade bei § 153 a führe die staatsanwaltliche Machtfülle dazu, ermittelnde und sanktionierende Tätigkeiten wieder zu verschmelzen.[637] Dies sei ein Verstoß gegen das Bestimmtheitsgebot des Art. 103 II GG sowie das Gewaltenteilungsprinzip.[638]

e) Zusammenfassung

Bei der Ausdehnung des Opportunitätsprinzips sollte die richterliche Zustimmung bei den Einstellungsmöglichkeiten eine gegenseitige Kontrolle von Gericht und Staatsanwaltschaft bewirken. Mißbrauch und Willkür sollten dadurch ausgeschlossen werden. Vor allem war bezweckt, die Staatsanwaltschaft zu kontrollieren, die mit den Opportunitätseinstellungen an Macht gewonnen hatte. Der aktuelle praktische Wert der Kontrolle bleibt jedoch umstritten, stimmen die Richter doch so gut wie allen staatsanwaltlichen Einstellungen bedingungslos zu. Die Beurteilungen der Notwendigkeit richterlicher Zustimmung sind unterschiedlich, die daraus gezogenen Konsequenzen gegensätzlich. Während einige für einen Abbau des richterlichen Zustimmungserfordernisses eintreten, setzen sich andere für eine Ausdehnung desselben auf alle Opportunitätseinstellungen

---

[634] *Cramer*, Ahndungsbedürfnis, S. 498 ff: Cramer möchte die notwendige Übereinstimmung des Richters mit dem Staatsanwalt insofern aufheben, als daß der Richter auch bei Weigerung der Staatsanwaltschaft zu einer Einstellung eine solche verfügen kann und der Staatsanwalt dagegen ein Beschwerderecht zu einem höheren Gericht zusteht. Nur so sei die Abhängigkeit des Richters von der Anklagebehörde beseitigt und die richterliche Unabhängigkeit gewahrt.

[635] Siehe ausführlich dazu *Terbach*, NStZ 1998, S. 174.

[636] Vgl. *Werle*, JZ 1991, S. 796.

[637] So *Kausch*, Der Staatsanwalt, S. 235 f. Von einer Rollenvereinigung des Inquisitionsprozesses in diesem Zusammenhang spricht auch *Wolter*, GA 1985, S. 65. Ebenso *Rudolphi*, ZRP 1976, S. 168 sowie *Hirsch*, ZStW 1980, S. 230.

[638] *Kausch*, Der Staatsanwalt, S. 185.

ein. Dritte wiederum möchten die richterliche Zustimmung eingetauscht wissen gegen eine entsprechende Anwendung des Klageerzwingungsverfahrens.

3. Verweisung auf den Privatklageweg

Die Ursprünge der Privatklage gehen weit in die deutsche Rechtsgeschichte zurück. Sie entstammen aus einer Zeit, in der der Verletzte noch im Mittelpunkt des „Strafverfahrens" stand. Die weitere Geschichte des Strafrechts ist jedoch die Geschichte der Verdrängung des Verletzten.[639] Mit Verstaatlichung des Strafrechts wurde das Recht 'zur Strafe' ein Recht 'auf Strafe' durch den Staat. Mit dieser Übernahme des Strafanspruchs seitens des Staates hat dieser auch die Verpflichtung übernommen, dem Verletzten Genugtuung zu verschaffen, indem er entweder selbst anklagt oder aber zumindest dem Verletzten ein Klagerecht in die Hand gibt.[640] Dieses Klagerecht in Form der (modernen) Privatklage ist jedoch immer weiter zurückgedrängt worden. Dieselbe Entwicklung verzeichnen auch die USA. Während dort früher die Privatklage die historische Regel darstellte, ist sie mit dem Aufkommen staatlicher Ankläger immer weiter zurückgedrängt worden. Heute existiert bis auf wenige rudimentäre Überreste keine Privatklagemöglichkeit in den USA mehr.[641]

Im heutigen deutschen Strafprozeß spielt die Privatklage eine untergeordnete Rolle. Die Verweisung auf den Privatklageweg ist allerdings eine der umstrittensten Abschlußverfügungen der Staatsanwaltschaft. Der Hauptstreitpunkt bei dieser Verfügung ist der dabei gestattete Umfang der gerichtlichen Überprüfung.

a) Kontroverse um die Reichweite der gerichtlichen Kontrolle

Höchst umstritten ist die Frage, inwieweit die Entscheidung der Staatsanwaltschaft über das Bestehen des öffentlichen Interesses an der Strafverfolgung gerichtlich überprüfbar ist. Dahinter verbirgt sich letztlich die Problematik, inwieweit der Staatsanwaltschaft ein eigenständiger Entscheidungsspielraum zugebilligt werden soll, der keiner weiteren richterlichen Kontrolle unterworfen wird. Die Diskussion entzündet sich vor allem bei der Bejahung des öffentlichen Interesses durch die Staatsanwaltschaft:

aa) Problematik der grundsätzlichen gerichtlichen Überprüfung

Sehr umstritten ist bereits die grundsätzliche Ausgangsfrage, inwieweit die Entscheidung der Staatsanwaltschaft über das Bestehen des öffentlichen Interesses überhaupt gerichtlich überprüfbar ist. Zunächst möge die zur Zeit herrschende Rechtspraxis dargestellt werden.

---

[639] Genauer dazu *Weigend*, Deliktsopfer und Strafverfahren, S. 27.

[640] So in Kurzform die Argumentation bei *H. Vogel*, Das „öffentliche Interesse", S. 103 f sowie *Jung*, ZStW 1981, S. 1151 f.

[641] Vgl. stellv. *Logan*, Wisconsin Law Review 1990, S. 1726 sowie *Gershman*, University of Pittsburgh Law Review 1992, S. 408.

(1) Herrschende Auffassung der Rechtsprechung und Literatur

Die herrschende Auffassung versagt dem Gericht eine Überprüfungskompetenz.[642] Geprüft wird lediglich die wirksame Erklärung des Verfolgungsinteresses durch die Staatsanwaltschaft als Prozeßvoraussetzung, nicht jedoch das Verfolgungsinteresse selbst.[643] Ob die Annahme eines öffentlichen Interesses durch die Strafverfolgungsbehörden ausnahmsweise doch einer richterlichen Überprüfung unterliegt, wenn angesichts besonderer Umstände des Einzelfalles die staatsanwaltschaftliche Entscheidung objektiv willkürlich ist, läßt das BVerfG bewußt offen.[644]

Als Grund für die Zuerkennung dieser gerichtlich nicht überprüfbaren Entscheidungskompetenz wird zum einen der Wortlaut des § 376 vorgebracht, der auch im Zusammenhang mit den §§ 183 II, 230 I 1, 248 a, 263 IV StGB zu lesen sei, da man von einer ähnlichen Auslegung ausgehen müsse.[645] Die Gesamtschau der Normen eröffne der Staatsanwaltschaft schon vom Wortlaut her einen eigenen Einschätzungsspielraum.[646] Zum anderen wird die von den Strafverfolgungsbehörden zu beurteilende Aufwand-Nutzen-Analyse geltend gemacht: Ist das Gewicht der Straftat und die Schuld des Täters im Verhältnis zum Aufwand an Zeit und öffentlichen Mitteln, die mit einem Strafverfahren verbunden sind, gering, so sei es angebracht, das öffentliche Interesse an der Verfolgung des Täters ausnahmsweise zurücktreten zu lassen. Die Sanktionierung solle daher dem Opfer

---

[642] Stellv. für alle *Karlsruher Kommentar/ Pelchen*, § 376, Rdnr. 2 ff. Einen Überblick über nicht überprüfbare Entscheidungen der Staatsanwaltschaft seitens des Gerichtes gibt auch *R. Weber*, NJW 1966, S. 1244.

[643] So klarstellend BGHSt 16, 225, 230: Die Erklärung der Staatsanwaltschaft an dem Vorliegen eines Verfolgungsinteresses/ öffentliches Interesses an der Strafverfolgung kann formlos abgegeben werden, ein schriftlicher Bescheid ist nicht notwendig.

[644] Siehe BVerfGE 51, 176, 187.

[645] So im Ergebnis *Kröpil*, DRiZ 1986, S. 19. *H. von Weber*, MDR 1963, S. 169 vertritt die Auffassung, alle Versuche, zwischen dem „öffentliche Interesse" gemäß § 376 und dem „besonderen öffentlichen Interesse" gemäß § 232 I StGB (a.F.) zu unterscheiden, seien „Gedankenspielereien und praktisch unbrauchbar". Dagegen aber *Kleinknecht/ Meyer-Goßner*, Strafprozeßordnung, § 376, Rdnr. 3, der den Begriff des besonderen öffentlichen Interesses im StGB enger sieht als den in § 376. Gewisse Abweichungen der Begriffe zeigen auch die Auslegung durch die RiStBV, vgl. RiStBV 234 I, 243 I, III. Allerdings soll in der Bejahung des besonderen öffentlichen Interesses der §§ 183 II, 230 I 1, 248 a, 257 IV 2, 263 IV, 265 a III, 266 II StGB zugleich auch die Bejahung des öffentlichen Interesses nach § 376 liegen, so auch *Kleinknecht/ Meyer-Goßner*, aaO. Ist damit die Bejahung des öffentlichen Interesses in § 376 in der des besonderen öffentlichen Interesses mitenthalten, quasi als Minus, so muß folglich die Auslegung des besonderen öffentlichen Interesses der StGB-Normen auch Bedeutung haben für die § 376. Denn häufig werden die gleichen Grundsatzerwägungen für das öffentliche (§ 376) wie auch das besondere öffentliche Interesse (z.B. § 230 StGB) angestellt, siehe dazu *Löwe-Rosenberg/ Hilger*, Großkommentar, 25. Auflage, § 376, Rdnr. 12, 15. Sehr deutlich für eine gleiche Einschätzungskompetenz durch die Staatsanwaltschaft nicht nur bei dem besonderen öffentlichen Interesse im Sinne des StGB, sondern auch bei § 376: *Keller*, GA 1983, S. 517.

[646] Besonders auf das Wortlautargument bei § 232 StGB a.F. stützt sich das BayObLG, NJW 1991, S. 1765, 1766.

überlassen werden. Dies folge aus der Notwendigkeit der Prozeßökonomie, die der Funktionsfähigkeit der Justiz diene. Die Staatsanwaltschaft als wesentlicher Teil der Justiz solle diese Abwägung vornehmen, zu der sie kraft ihrer Erfahrung, ihres Überblicks und den ihr zugänglichen Vergleichsmöglichkeiten seitens des Gesetzgebers durch bewußte Verwendung unbestimmter Rechtsbegriffe wie dem des öffentlichen Interesses berufen sei.[647] Ausdrücklich weist auch der BGH darauf hin, daß die Rechspflegeorgane nicht gezwungen sein sollten, Zeit und öffentliche Mittel an Verfahren zu vergeuden, die wegen der Geringfügigkeit des Gegenstandes solchen Aufwand nicht rechtfertigen.[648]

Weiterhin wird argumentiert, mit der Bejahung des öffentlichen Interesses greife die Staatsanwaltschaft nicht in die Rechte des Beschuldigten ein, da der Strafanspruch des Staates mit der Straftatbegehung entstanden sei. Auch werde nicht in die Rechts des Verletzten eingegriffen, da dieser keinen Anspruch habe, daß die Verwirklichung des staatlichen Strafanspruchs von seinem Willen abhängig gemacht werde.[649] Daher liege durch die fehlende richterliche Überprüfung auch kein Verstoß gegen Art. 3 I GG durch eine mögliche Ungleichbehandlung der Staatsanwaltschaft vor. Auch Art. 19 IV GG sei nicht verletzt, da hier Rechtspositionen vorausgesetzt werden, die nicht bestünden.[650] Somit sei auch eine Anfechtung im Verfahren nach §§ 23 ff EGGVG verwehrt. Wie Art. 19 IV GG gewährten §§ 23 ff EGGVG nicht Rechtspositionen, sondern setzten deren Existenz voraus.[651]

Ein weiteres vorgebrachtes Argument für die eigenständige Entscheidungsfähigkeit der Staatsanwaltschaft unabhängig von gerichtlicher Kontrolle ist die Intention des Gesetzgebers bei Einführung der Privatklage: Dadurch sollten Bagatellen aus dem Strafverfolgungszwang herausgenommen werden und das Legalitätsprinzip, dem die Staatsanwaltschaft unterworfen ist, entlastet werden. Das Privatklageverfahren stelle insgesamt eine Ausnahme zu dem Legalitätsprinzip dar. Damit bedeute jedoch § 376 die Rückkehr zu der Regel, also zum Legalitätsprinzip. Dessen Befolgung durch die Staatsanwaltschaft unterliege aber abgesehen von dem klar geregelten Klageerzwingungsverfahren keiner gerichtlichen Nachprüfung.[652] Gerade § 172 II 3 zeige, daß der Gesetzgeber bei Privatklagedelikten eine richterliche Kontrolle der Entschließung der Staatsan-

---

[647] So die Argumentation der Bundesregierung in ihrer Stellungnahme zu einer Verfassungsbeschwerde gegen das Einschätzungsrecht der Staatsanwaltschaft bezüglich des Bestehens des öffentlichen Interesses, hier allerdings bezüglich § 232 I 1 StGB a.F., vgl. BVerfGE 51, 176, 180. Für das öffentliche Interesse im Sinne des § 376 dürfte allerdings nichts anderes gelten, so ausdrücklich *Kröpil*, DRiZ 1986, S. 19.

[648] So BGHSt 16, 225, 230.

[649] Siehe *Dähn*, JA 1981, S. 334.

[650] So das BVerfG, siehe BVerfGE 51, 176, 185.

[651] Vgl. BGHSt 16, 225, 230 sowie *Löwe-Rosenberg/ Böttcher*, Großkommentar, 25. Auflage, § 23 EGGVG, Rdnr. 121.

[652] Siehe dazu *Löwe-Rosenberg/ Hilger*, Großkommentar, Vor § 374, Rdnr. 3 sowie § 376, Rdnr. 13 ff; kritisch zu den Motiven des Gesetzgebers *H. Vogel*, Das „öffentliche Interesse", S. 268 ff.

waltschaft nicht wolle. Sie dennoch auf dem Umweg einer richterlichen Überprüfung im Wege der §§ 23 ff EGGVG einzuführen, sei zu weitgehend und unvereinbar mit dem gesetzgeberischen Willen.[653] Eine so vom Gesetz nicht vorgesehene gerichtliche Kontrolle widerspreche auch der Unabhängigkeit der Staatsanwaltschaft von den Gerichten, wie sie in § 150 GVG niedergelegt sei.[654]

(2) Minderauffassung

Gegen diese vorherrschende Auffassung wird vorgebracht, daß durch die Zubilligung eines nicht überprüfbaren Einschätzungsspielraums[655] ein Mißbrauch in Form rein justizökonomischer Entscheidungen möglich sei, den es zu unterbinden gelte. Die Gefahr bestünde, daß der einzig tragende Gedanke bei der Verweisung auf den Privatklageweg der der Arbeitsentlastung sei.[656] Diese Problematik habe schon in der Anfangszeit der Staatsanwaltschaft bestanden, wie dies bereits im Jahre 1906 anschaulich geschildert wurde:

> „Es kann keinem Zweifel unterliegen, daß bei der Entscheidung der Frage, ob im öffentlichen Interesse die Verfolgung einer strafbaren Handlung geboten sei, von seiten der Staatsanwaltschaften häufig in unrichtiger und fehlsamer Weise verfahren worden ist. Nicht nur subjektive Momente beeinflußten die Entschließungen der Staatsanwaltschaften, sondern auch Erwägungen, welche dem Ideenkreis der politischen und sozialen Interessengegensätze und Kämpfe angehörten, und gerade diese Tatsache hat in weiten Kreisen große Verstimmung erregt und jenes Mißtrauen gegen die gleichmäßige Handhabung des Anklagemonopols verursacht, mit dem wohl oder übel als einem gegebenen Faktor gerechnet werden muß. Auf der einen Seite machte sich eine maßlose Überspannung des Begriffs des öffentlichen Interesses geltend, auf der anderen Seite eine außerordentlich engherzige Auffassung."[657]

Aber auch heute sei die Gefahr ungleicher Auslegung des Begriffs des öffentlichen Interesses gegeben. So werde beispielsweise eine Beleidigung im Straßenverkehr ohne Rücksicht auf den Einzelfall unnachgiebig verfolgt durch Bejahung des öffentlichen Interesses, während bei Beleidigungen einhergehend mit weiteren Delikten wie Körperverletzungen und Hausfriedensbruch bei Nachbarstreitigkeiten das öffentliche Interesse verneint und auf den Privatklageweg zwecks Arbeitserleichterung der Staatsanwaltschaft verwiesen werde.[658]

Eine solche Fehlentscheidung sei aber eine unzumutbare Einschränkung des Opferschutzes: Die Privatklage sei ein langwieriger und hürdenreicher Weg, der

---

[653] So *Kaiser*, NJW 1961, S. 1102. Ebenso *Schorn*, Privatklage, S. 26.

[654] Ähnlich *Schacky*, Privatklageverfahren, S. 95.

[655] Der untechnische Begriff „Einschätzungsspielraum" wird bewußt verwendet, um die Diskussion, ob hier ein Beurteilungsspielraum oder eine Ermessensentscheidung vorliegt, nicht vorwegzunehmen.

[656] Vgl. Alternativkommentar-*Rössner*, § 376, Rdnr. 3 ff.

[657] So schon *Fuld*, Gestaltung des Privatklageverfahrens, I. Subsidiäre oder prinzipale Privatklage, in: *Aschrott*, Reform des Strafprozesses, S. 601.

[658] *Gössel*, Legalitätsprinzip, S. 121, 145.

den Verletzten häufig abschrecke.[659] Infolgedessen könne den Privatklageweg nur der beschreiten, der sowieso schon eine gewisse Machtstellung habe. Deshalb seien aber gerade schwache Mitglieder der Gesellschaft benachteiligt und benötigten den Schutz des öffentlichen Strafrechts und des -verfahrens, denn auch Bagatellen könnten das Opfer schwer belasten, wenn sie gezielt und gehäuft vorkämen wie beispielsweise bei Arbeitsplatzmobbing. So werde das Opfer schon dadurch belastet, daß es bei fehlender Vollaufklärung der Straftat die weiteren Ermittlungen selbst durchführen müsse, obwohl ihm die (Zwangs) Mittel dazu fehlten. Würde darüber hinaus die Verweisung auf den Privatklageweg durch eine überlastete Staatsanwaltschaft mit dem Ziel der Arbeitserleichterung ohne externe Kontrolle durch eine Gericht erfolgen, dann sei dies ein Rechtsschutzvakuum, das im Hinblick auf den Verletzten sehr bedenklich sei.[660] Geforderte Konsequenz ist die Überprüfung der staatsanwaltschaftlichen Entscheidung über das Bestehen des öffentlichen Interesses im Verfahren nach §§ 23 ff EGGVG.[661]

bb) Problematik der Reichweite der richterlichen Überprüfung bei deren grundsätzlicher Bejahung

Bejaht man nun prinzipiell die richterliche Überprüfung der Privatklageverweisung, so stellt sich allerdings die Frage nach dem Prüfungsumfang durch das Gericht. Die Antworten reichen von einer nur eingeschränkten gerichtlichen Prüfungskompetenz bis hin zu einer vollen Überprüfungsmöglichkeit.

Zum Teil wird das öffentliche Interesse als Prozeßvoraussetzung aufgefaßt, das jederzeit vom Gericht zu prüfen sei. Diese Verfahrensvoraussetzung müsse vom Gericht selbständig geprüft und auch entgegen der Auffassung der Staatsanwaltschaft verneint werden dürfen. Dies folge aus § 155 II.[662] Da die Staatsanwaltschaft bei ihrer Entscheidung allerdings Ermessen ausübe, habe das Gericht sich auf Ermessensfehler zu beschränken.[663] Dies ergebe sich zum einen daraus, daß andere Prozeßvoraussetzungen wie beispielsweise die Verhandlungsunfähigkeit des Angeklagten nicht nur auf ihre lediglich Geltendmachung geprüft werden, also die formale Erklärung, der Angeklagte sei verhandlungsunfähig, sondern daraufhin, ob sie tatsächlich vorliege. Bei der Einschätzung der Prozeßvoraussetzung des öffentlichen Interesses übe die Staatsanwaltschaft Ermessen aus, das im Hinblick auf das Gewaltenteilungsprinzip, welches sogar kontroll-

---

659 So *Geerds*, JZ 1984, S. 791.
660 Vgl. Alternativkommentar-*Rössner*, § 376, Rdnr.3 ff.
661 *Keller*, GA 1983, S. 514 bezeichnet die selbständige Entscheidung über das Bestehen des öffentlichen Interesses als Justizverwaltungsakt im Sinne des § 23 EGGVG, allerdings mit der Gefahr der Prozeßzersplitterung bei selbständiger Prüfung unabhängig von der Anklage im Zwischenverfahren. Daher solle eine Prüfung lediglich im Rahmen der Anklageprüfung nach §§ 199 ff stattfinden, vgl. S. 515.
662 In diesem Sinne *Dähn*, JA 1981, S. 335.
663 So *Keller*, GA 1983, S. 512.

freie Kompetenzen im Kernbereich jeder Gewalt zuerkenne, nur einer eingeschränkten gerichtlichen Kontrolle auf Ermessensfehler zugänglich sei.[664]

Gegen eine solch eingeschränkte Ermessensprüfung durch das Gericht wird jedoch bereits eingewandt, die Staatsanwaltschaft übe bei der Beurteilung des Bestehens gar kein Ermessen aus. Übernehme man die – wenn auch dort umstrittene – Wertung des Verwaltungsrechts, so bedeute Ermessen einen Entscheidungsspielraum auf der Rechtsfolgenseite,[665] wobei dieser auch mit einem unbestimmten Rechtsbegriff kombiniert sein könne (Koppelungstatbestand).[666] Das „öffentliche Interesse" im Sinne des § 376 sei als unbestimmter Rechtsbegriff anzusehen.[667] Maßgebend für Ermessen sei jedoch die Freiheit der Wahl zwischen mehreren Entscheidungen.[668] Dies wäre bei der Entscheidung der Staatsanwaltschaft dann anzunehmen, wenn es ihr bei Vorliegen eines öffentlichen Interesses an der Strafverfolgung freistünde, gegen den Beschuldigten einzuschreiten oder auch nicht. Dies erschiene jedoch unvereinbar mit der Stellung der Staatsanwaltschaft. Auch sei nicht ersichtlich, inwieweit sie noch ein (Handlungs)Ermessen haben solle, wenn das öffentliche Interesse zugunsten einer Strafverfolgung bestehe.[669] Daher sei eine Ermessensentscheidung der Staatsanwaltschaft abzulehnen, vielmehr habe sie über den unbestimmten Rechtsbegriff des öffentlichen Interesses zu befinden. Diese seien jedoch in aller Regel im Hinblick auf Art. 19 IV GG gerichtlich voll überprüfbar, es sei denn, es liege ein eigenständiger Beurteilungsspielraum[670] der Staatsanwaltschaft vor.[671] In diesen Fällen habe die Behörde einen eigenen Einschätzungsspielraum, ob der Sachverhalt unter den Rechtsbegriff zu subsumieren sei.[672] Grund für die Zuerkennung eines der Behörde zustehenden Einschätzungsspielraums in Form des Beurteilungsspielraums sei die Tatsache, daß die Letztentscheidungskompetenz im Verwaltungsrecht die Behörde habe, diese also die gewährende und versagende Instanz sei. Das Gericht hingegen kontrolliere lediglich.[673] Dieses verwaltungsrechtliche Verhältnis zwischen Behörde und Gericht werde aber dem Strafverfahren nicht gerecht. Nicht der Staatsanwaltschaft, sondern dem Gericht komme formal die Letztentscheidungskompetenz bei der Beurteilung und Bestrafung von Straftaten zu. Das zeige schon der Ablauf des gesamten Strafverfahrens – vom Vorverfahren über das Zwischenverfahren bis hin zum Hauptverfahren –, das auf den Richterspruch am Ende der Hauptverhandlung hinsteuere und damit als Einheit aufzufassen sei. Das von der Staatsanwaltschaft betriebene Ermittlungsverfahren bilde somit kein selbständiges Verwaltungsver-

---

664 Siehe *Keller*, aaO. Ebenso *Dähn*, JA 1981, S. 335.

665 Vgl. *Dieter Schmalz*, Allgemeines Verwaltungsrecht, 3. Auflage, Baden-Baden 1998, Rdnr. 113.

666 Näher dazu *Faber*, Verwaltungsrecht, S. 108.

667 Vgl. *H. Vogel*, Das „öffentliche Interesse", S. 23.

668 Diese und weitere Definitionen sind zu finden bei *H. Vogel*, aaO, S. 10.

669 In diesem Sinne auch *K.-H. Vogel*, NJW 1961, S. 763.

670 Auch „Tatbestandsermessen" genannt, siehe *Faber*, Verwaltungsrecht, S. 106.

671 In diesem Sinne *Kalsbach*, Gerichtliche Nachprüfung, S. 50.

672 Siehe *Schmalz*, Verwaltungsrecht, S. 70.

673 So auch *Kröpil*, DRiZ 1986, S. 20.

fahren. Die Grundsätze des Beurteilungsspielraums bzw. der nur eingeschränkten Ermessensprüfung hätten daher keine Geltung.[674]

Ferner wird vorgetragen, daß Gerichte nicht dazu verpflichtet sein sollen, Verfahren durchzuführen, deren Prozeß- oder Verfolgungsvoraussetzungen sie nicht für gegeben halten. Die herrschende Auffassung lasse der Staatsanwaltschaft eine zu große Machtfülle zukommen. So könne diese nämlich in einem laufenden Verfahren, sogar noch im Rechtsmittelverfahren, jederzeit das öffentliche Interesse wieder verneinen[675] und das Gericht auf diese Weise dazu zwingen, wegen Fehlens einer Prozeßvoraussetzung – Strafantrag ist beispielsweise nicht gestellt, Staatsanwaltschaft verneint das öffentliche Interesse – einzustellen. Eine solche „Verfahrensherrschaft" kenne die jedoch für den Verfahrensabschnitt nach Eröffnung der Hauptverfahrens nicht, so § 156.[676] Herr des Hauptverfahrens sei nicht die Staatsanwaltschaft, sondern das Gericht. Die richterliche Einschätzung gehe der staatsanwaltlichen vor, siehe §§ 155 II, 264 II.[677]

Konsequenz einer solchen Auffassung ist die Versagung eines eigenständigen Beurteilungsspielraums der Staatsanwaltschaft und die volle gerichtliche Überprüfbarkeit des ‚öffentlichen Interesses an der Strafverfolgung' als unbestimmter Rechtsbegriff.

b) Gründe für die Wirkung einer faktischen Verfahrenseinstellung

Sieht man die ursprüngliche Bedeutung der Privatklage auch in der Kontrolle der Staatsanwaltschaft oder nur als wirksamer Ersatz für das Ausbleiben staatlicher Anklagen, so liegt eine Kontrollmöglichkeit durch die Erhebung der Privatklage vor.[678] Diese Kontrolle verfehlt allerdings vollkommen die ihr zugedachte Bedeutung, wenn die Privatklage zum einen kaum erhoben wird und zum

[674] Dazu *Kröpil*, NJW 1992, S. 656.

[675] Die Geltendmachung des öffentlichen Interesses kann nach BGHSt 6, 282, 285 auch noch in der Revisionsinstanz vorgenommen werden.

[676] Ablehnend daher *Fezer*, Strafprozeßrecht, S. 13.

[677] So *K.-H. Vogel*, NJW 1961, S. 762. Hinzuzufügen sei für das Zwischenverfahren noch § 206 sowie § 207 III, welche zeigen, daß die Staatsanwaltschaft sogar eine dem Eröffnungsbeschluß entsprechende neue Anklageschrift einreichen muß. Lediglich bei § 120 III besteht eine Bindungswirkung des Richters an den Antrag des Staatsanwalts. Genauer dazu *Kröpil*, NJW 1992, S. 655.

[678] Dazu schreibt *Holtzendorff*, Privatklage als Beleidigung, S. 67, 69 schon vor Erlaß der RStPO: „Die Organisation unsrer Staatsanwaltschaft nötigt dazu, die subsidiäre Privatklage als eine wesentliche Garantie der strafrechtlichen Ordnung ins Auge zu fassen... Gegen die staatsanwaltschaftlichen Unterlassungsfehler...vermag nur die allgemeine staatsbürgerliche Anklage [*darunter versteht er die Privatklage, vgl. S. 67*] hinreichend zu schützen..." Daraus zieht er die Konsequenz: „...[So] ist die staatsbürgerliche Anklage, sofern die Staatsanwaltschaft ihr Einschreiten verweigert, freizugeben." Auch *Weigend*, Deliktsopfer und Strafverfahren, S. 115, schreibt von dem doppelten Zweck der Privatklage, nämlich auf der einen Seite der Entlastung der Justiz, auf der anderen Seite dem Einhalten der Anklageverpflichtung durch das Bewußtsein des Einschreitens eines Privatklägers.

anderen selbst im Falle ihrer Erhebung der angestrebte wirksame Rechtsschutz durch die Gerichte in der Regel nicht erreicht wird.[679]

Wie bereits angesprochen, wurde 1997 die Privatklage in lediglich 1 % aller auf den Privatklageweg verwiesenen Verfahren auch tatsächlich erhoben. Davon wurden auch nur 25 % durch Urteil oder Vergleich erledigt. Eine gerichtliche Befassung mit begangenen Straftaten aus dem Bereich der Privatklagedelikte, die nicht von der Staatsanwaltschaft weiter verfolgt werden, findet daher so gut wie nicht statt. Der mit der Privatklage unter anderem verfolgte Zweck der gerichtlichen Kontrolle der Staatsanwaltschaft durch eine private statt der unterlassenen staatsanwaltschaftlichen Klage[680] ist folglich de facto heute nicht mehr erfüllt.

Hauptgrund dafür dürfte das dem gerichtlichen Verfahren vorgeschaltete Sühneverfahren sein gemäß § 380. Vor Klageerhebung muß der Kläger zunächst ein Sühneverfahren durchlaufen, welches darauf abzielt, einen Strafprozeß zu vermeiden.[681] Kommt somit im Sühneverfahren vor der Vergleichsbehörde eine Einigung der Beteiligten zustande – und dies ist in ca. 50 % aller Sühneverfahren der Fall[682] – so ist eine Privatklage unzulässig. Die Durchführung eines solchen Verfahrens wird durch das Gericht von Amts wegen geprüft. Der erfolglose Sühneversuch wirkt sich somit als Klagevoraussetzung aus.[683] Die dahinterstehende Intention ist die Wiederherstellung des Rechtsfriedens ohne Inanspruchnahme der Gerichte sowie die Vermeidung leichtfertig und übereilt erhobener Privatklagen.[684]

Ein weiterer Grund in dem Absehen von der Erhebung der Privatklage liegt darin, daß das Privatklageverfahren „zu schwerfällig, zeitaufwendig und kostenintensiv [ist], um eine befriedigende Bewältigung von „höchstpersönlichen Bagatelldelikten" zu gewährleisten".[685]

So hat der Verletzte eine Reihe von ihm auferlegten Belastungen, die er in einem von der Staatsanwaltschaft durchgeführten Verfahren nicht hat. Zunächst muß der Privatkläger vor der Einleitung des Verfahrens die Gebühr für den Süh-

---

679 Ähnlich *Gössel*. Legalitätsprinzip, S. 146.

680 So aber auch *Gössel*, aaO.

681 Beispielsweise durch Vergleich, vgl. *Roxin*, Strafverfahrensrecht, § 61 F I, Rdnr. 16.

682 Siehe dazu mwN *Löwe-Rosenberg/ Hilger*, Großkommentar, 25. Auflage, § 380, Rdnr. 34, Fußn. 14. Von einer Vergleichsquote von rund 60 % im Sühneverfahren und einer unabhängig davon hinzukommenden Aufgabe weiterer Strafverfolgung von ca. 20 % spricht *Grebing*, GA 1984, S. 8. Daraus schließt er auf eine Filterfunktion von fast 80 %.

683 So *Löwe-Rosenberg/ Hilger*, Großkommentar, 25. Auflage, § 380, Rdnr. 43. *Stöckel*, Sühneversuch, Rdnr. 32 geht von einem Verfahrenshindernis aus. Dagegen spricht jedoch, daß ein solches in jeder Lage des Verfahrens geprüft werden müßte, das Fehlen des Sühneversuchs aber nur bis zum Eröffnungsbeschluß zu berücksichtigen ist; der Mangel des fehlenden Sühneversuches wird mit Erlaß des Eröffnungsbeschlusses geheilt, so *Löwe-Rosenberg/ Hilger*, aaO, Rdnr. 43, 47.

684 Siehe *Stöckel*, Sühneversuch, Rdnr. 21.

685 So *Kaiser*, Kriminologie, § 41, Rdnr. 18.

neversuch zahlen.[686] Dann obliegt ihm die Entrichtung des Gebührenvorschusses an das Gericht gemäß § 379 a, denn gemäß § 379 a II soll keine gerichtliche Handlung ohne Zahlung des Vorschusses vorgenommen werden. Wird nach fruchtlosem Ablauf der Frist zur Zahlung des Gebührenvorschusses dieser nicht entrichtet, so wird die Privatklage zurückgewiesen, § 379 a III, wobei die erneute Erhebung der Privatklage nach § 391 II ausgeschlossen ist.[687] Ebenso muß er auf Verlangen des Beschuldigten nach §§ 379 iVm 110 I 1 ZPO diesem Sicherheit leisten. Wird die Klage gegen den Beschuldigten zurückgewiesen, wird dieser freigesprochen oder das Verfahren eingestellt, hat der Privatkläger gemäß § 471 II die Kosten des Verfahrens sowie die dem Beschuldigten erwachsenen notwendigen Auslagen zu tragen. Nachteilig für den Privatkläger ist weiterhin die Rücknahmefiktion bei Nichterscheinen, §§ 391 II, III.

Weiterhin hat der Privatkläger zu einer erfolgreichen Aufklärung der Tat nicht die Zwangsbefugnisse der Staatsanwaltschaft, was für ihn erschwerend wirken kann.[688] Abschreckend wirken auch die unsicheren Erfolgsaussichten des Verfahrens. So kann nämlich das Gericht nach § 383 II das Verfahren in jeder Lage des Prozesses ohne Zustimmung des Privatklägers einstellen. Dies ist sogar im Berufungsverfahren durch § 390 V möglich. Von diesen Einstellungsbefugnissen wird in der Praxis starker Gebrauch gemacht.[689]

Von den eingereichten Privatklagen werden viele wegen Mängel der Anklageschrift, Nichtzahlung der Gerichtskosten, Nichtbefolgung gerichtlicher Auflagen etc. zurückgewiesen oder eingestellt. Daher erreichen weniger als die Hälfte der Privatklagen das Stadium der Eröffnung des Hauptverfahrens. Bei den verbleibenden Verfahren drängen viele Richter auf Vergleiche, um so Urteile zu vermeiden.[690] Gestritten wird häufig weniger über Schuld oder Unschuld, sondern nur darüber, wer die im Vergleich zu den ausgesprochenen Strafen horrenden Anwaltskosten zu tragen hat.[691] Daher werden in der Regel alle Beteiligten in einem ‚Informationstermin' angehört. Anschließend wird unter Zurückweisung der Privatklage oder unter Einstellung des Verfahrens eine quasi außerstrafrechtliche Sanktion im Wege der Kostenentscheidung getroffen. Selbst wenn es einmal zu einer Verurteilung kommt, so wird diese sehr häufig mit einer – unanfechtbaren – Einstellung im Rechtsmittelzug nach § 390 V obsolet.[692] Als Grund hierfür wird angegeben, daß in den Fällen der unteren Kriminalität wie bei den

---

[686] Eine einzelne Auflistung gibt *Stöckel*, Sühneversuch, Rdnr. 95 ff.

[687] Dies ist allerdings sehr umstritten, vgl. *Kleinknecht/ Meyer-Goßner*, Strafprozeßordnung, § 379 a, Rdnr. 11 sowie *Schacky*, Privatklageverfahren, S. 101.

[688] So *Fezer*, Strafprozeßrecht, S. 13. Dieses Problem wurde bereits 1906 als eines der tatsächlichen Mängel des Privatklageverfahrens problematisiert, vgl. *Aschrott*, Die Reform des Strafprozesses, S. 74.

[689] Siehe dazu *Rieß*, Gutachten C, C 23.

[690] Vgl. *Grebing*, GA 1984, S. 9 f. Von einem vom Strafrichter „mehr oder weniger aufgezwungenen Vergleich" mit Klagerücknahme spricht *Hirsch*, Privatklageverfahren, S. 816.

[691] In diesem Sinne *Arzt*, Der Ruf nach Recht und Ordnung, S. 158.

[692] So *Gössel*, Legalitätsprinzip, S. 146.

Privatklagedelikten den Richtern eine Kriminalstrafe als schärfste staatliche Sanktion unangemessen erscheint.[693]

Weiterhin dürfte ausschlaggebend für die Erfolglosigkeit des Privatklageverfahrens sein, daß die Übernahmemöglichkeit des Verfahrens durch die Staatsanwaltschaft nach § 377 so gut wie gar nicht genutzt wird.[694] Darüberhinaus hat auch die Neufassung des § 153 a[695] Auswirkungen auf das richterliche Verhalten bei erhobenen Privatklagen. Dies hängt damit zusammen, daß die Staatsanwaltschaft bei Bagatelldelikten im Offizialverfahren die Möglichkeit hat, nach § 153 a, teils sogar ohne strafrichterliche Zustimmung gemäß §§ 153 a I 6 iVm 153 I 2, ein Verfahren einzustellen, bei denen die Auflagenerfüllung das öffentliche Interesse an der Strafverfolgung beseitigt. Ist jedoch schon bei Offizialdelikten, bei denen grundsätzlich ein öffentliches Interesse an der Strafverfolgung gegeben ist, eine Verfahrenseinstellung möglich, so ist es für den Richter oft schwer einzusehen, daß er gerade bei Privatklagedelikten ohne öffentliches Strafverfolgungsinteresse sogar eine Verurteilung aussprechen soll.[696]

c) Resultierende Gesamtkritik

Die Kritik bezüglich der Privatklage betrifft nicht nur, wie oben dargelegt, den Einschätzungsspielraum der Staatsanwaltschaft bei der Frage des öffentlichen Interesses, sondern das Institut der Privatklage insgesamt. Rieß schreibt unmißverständlich: „Die wichtigste rechtspolitische Fragestellung richtet sich auf die Existenz der Privatklage überhaupt."[697] Abgesehen von einzelnen Reformvorschlägen unter grundsätzlicher Beibehaltung der Privatklage fordern viele deren Abschaffung.[698] Der Privatklage sei ohnehin schon „das Lebenslicht ausgeblasen worden."[699] So wird geltend gemacht, die ursprüngliche gesetzgeberische Intention der Entlastung der Strafverfolgungsbehörden[700] werde immer mehr auf Kosten des Privatklägers ausgetragen. Sie führe zu einer Belastung und Strafver-

---

693 So *Hirsch*, Privatklageverfahren, S. 816.

694 Dies muß bereits 1880 gegolten haben, so *Rieß*, Gutachten C, C 21; ebenso mwN *Grebing*, GA 1984, S. 10.

695 Die Neufassung des § 153 a gilt seit dem 01.01.1975 durch das 1.StVRG.

696 Siehe *Hirsch*, Privatklageverfahren, S. 817.

697 So *Rieß*, Gutachten C, C 26.

698 Das genaue Eingehen auf einzelne Reformvorschläge würde an dieser Stelle zu weit führen, es möge hier nur auf die Hauptkritikpunkte und die weitgehendste Forderung der Abschaffung der Privatklage eingegangen werden, ohne daß eine abschließende Übersicht in Anbetracht der großen Meinungsvielfacht möglich wäre. Zu solchen Reformvorschlägen siehe *Grebing*, GA 1984, S. 11 ff. *Schacky*, Privatklageverfahren, S. 340 ff, ist der Auffassung, einzelne Reformen des grundsätzlich beibehaltenen Privatklageverfahrens seien nur „Flickwerk" und führten zu keinem Erfolg. Das Privatklageverfahren sei abzuschaffen unter gleichzeitiger Beibehaltung und Neubewertung des erfolgreichen Sühneverfahrens. Für eine Abschaffung aufgrund überblicksähnlicher rechtsvergleichender Effektivitätsuntersuchung plädiert beispielsweise auch *Weigend*, Deliktsopfer und Strafverfahren, S. 491. Ebenso *Wolter*, GA 1985, S. 75.

699 *Hirsch*, ZStW 1980, S. 221.

700 Siehe *Löwe-Rosenberg/ Hilger*, Großkommentar, 25. Auflage, Vor § 374, Rdnr. 3.

folgungslast des Verletzten.[701] Der Privatkläger müsse bei Beschreiten des Klagewegs außerordentliche Mühen und Kosten auf sich nehmen und viele Hemmschwellen überwinden.[702] Er könne daher sein Ziel, durch Verurteilung des Täters Genugtuung zu erfahren, kaum erreichen. Ursache dafür sei, daß die Stellung des Verletzten im Strafverfahren verkannt werde: Nach weitverbreiteter Auffassung sei er außer in seiner Eigenschaft als Zeuge wenig erwünscht.[703] Er falle dem Beschuldigten, Staatsanwalt und Richter mit seinen persönlichen Konflikten und daraus resultierenden Genugtuungsinteressen zur Last,[704] denn häufig stelle sich die Begehung der Privatklagedelikte nur als Entladung einer Eskalation von Konflikten im zwischenmenschlichen Bereich dar. Da er insofern in gewisser Weise mitschuldig sei, habe er sich auch selbst um seine Versöhnung oder gar die Strafverfolgung zu kümmern.[705] Werde schließlich Privatklage erhoben, so werde dieses Verfahren häufig von fanatischen, uneinsichtigen und finanziell potenten Klägern zur Befriedigung ihrer Rachsucht mißbraucht.[706]

Dagegen werden jedoch die geschichtliche Entwicklung des Strafrechts und die damit einhergehende Verdrängung des Verletzten vorgebracht.[707] Der Verletzte sei immer mehr an den Rand des Strafverfahrens gedrängt worden, obwohl er der Hauptgeschädigte sei. Seine ursprünglichen Rechte zur Strafe, Genugtuung und Wiedergutmachung seien ihm allmählich durch den Staat abgenommen worden. Mit dieser Übernahme der traditionellen Rechtspositionen des Verletzten durch den Staat habe dieser auch die Verpflichtung übernommen, diesen Rechten Geltung zu verschaffen, indem der Staat entweder selbst anklagt oder aber zumindest dem Verletzten ein Klagerecht in die Hand gibt.[708] Das staatliche Verhalten sei aber insofern paradox, als daß der Staat auf der einen Seite dem Verletzten großzügig die autonome Verfahrensherrschaft als Ankläger anbiete, auf der anderen Seite diese Offerte aber de facto sogleich wieder zurücknehme, in dem er ihm die Ausübung der Klägerrolle durch viele Erschwernisse verleide.[709] Dies führe zu einer sachlich nicht gerechtfertigten Straflosigkeit des Täters und damit zu Rechtsunsicherheit.[710] Dieser „Leidensweg“ des Privatklägers münde in dessen „faktischer Rechtlosstellung.“[711] Arzt beschreibt anschaulich: „Das kostspielige und theoretisch höchst rechtsstaatliche Privatklageverfahren läuft praktisch vielfach auf eine Verweigerung des Rechtsschutzes hinaus.“[712]

---

[701] So *Rieß*, Gutachten C, C 21, 76.
[702] So *Fezer*, Strafprozeßrecht, S. 13.
[703] Zu diesem Schluß kommt *Naucke*, Gutachten D, D 19.
[704] So auch für die Beschreitung des Klageerzwingungsverfahrens durch den Verletzten, vgl. *Bohnert*, Abschlußverfügung, S. 334: Der Verletzte „stört alle: den Beschuldigten sowieso, den Staatsanwalt, den Generalstaatsanwalt, das Oberlandesgericht...“.
[705] In diesem Sinne *Maiwald*, GA 1970, S. 48.
[706] Ähnlich *Geerds*, JZ 1984, S. 790 f.
[707] Genauer dazu *Weigend*, Deliktsopfer und Strafverfahren, S. 27.
[708] Siehe Fußnote 642.
[709] *Weigend*, Deliktsopfer und Strafverfahren, S. 483.
[710] *Maiwald*, GA 1970, S. 47 f.
[711] Vgl. *Rieß*, Gutachten C, C 23, 26, 103.
[712] *Arzt*, Ruf nach Recht und Ordnung, S. 158. Ebenso mit weiterem Verweis auf *Meyer*, ZStW 1971, S. 278.

Insofern sei es geradezu Hohn,[713] würde bei Verweisung des Verletzten auf den Privatklageweg ein Standardformular mit folgendem Inhalt verwendet: „Bei der Privatklage handelt es sich um ein mit allen Rechtsgarantien ausgestattetes Verfahren, daß ihnen – nicht anders als ein Offizialverfahren – einen vollwirksamen Rechtsschutz gegen jedermann gewährt."[714] Grund für das Beibehalten der Privatklage sei lediglich der Entlastungseffekt für die Staatsanwaltschaft.[715]

Eine der weitgehendsten Konsequenzen der aus den Mißständen des Privatklageverfahrens geborenen Forderungen ist unter Abschaffung der Privatklage die Einbeziehung dieser Delikte in das Offizialverfahren.[716]

d) Zusammenfassung

Die Bedeutung der Privatklage ist immer weiter zurückgegangen. Nur in einem Bruchteil der auf den Privatklageweg verwiesenen Fälle wird auch eine Privatklage erhoben. Aufgrund des effektiven vorgeschalteten Sühneverfahrens sowie zahlreicher Erschwernisse für den Kläger kommt es bei der Privatklage kaum zu einer Verurteilung. Daher ist der Vergleich mit einer Verfahrenseinstellung gerechtfertigt. Die daraus resultierende Kritik richtet sich nicht nur gegen die prozessualen Erschwernisse des Privatklägers, sondern vor allem gegen die Privatklage selbst. Die meisten Kritiker fordern eine Abschaffung der Privatklage vor allem wegen der geltend gemachten Rechtlosstellung des Privatklägers.

An der Privatklage entzündet sich aber auch die Streitfrage, wieviel eigener Spielraum der Staatsanwaltschaft zugebilligt werden kann und wie stark die gerichtliche Kontrolle sein soll. Während nach der herrschenden Praxis die Staatsanwaltschaft über einen eigenen Einschätzungs- und Handlungsspielraum bei der Verweisung auf den Privatklageweg verfügt, fordern viele eine stärkere gerichtliche Überprüfung. Die Ansätze gehen dabei von einer nur eingeschränkten gerichtlichen Nachprüfung des öffentlichen Interesses an der Strafverfolgung bis hin zu einer vollen uneingeschränkten Kontrolle durch das Gericht.

4. Das Zwischenverfahren als Kontrollmechanismus

Das Zwischenverfahren ist eine der direktesten und wichtigsten Überprüfungen der Abschlußverfügung der Staatsanwaltschaft in Form der Anklage. Dieses Mittel der Anklageprüfung findet in den USA beispielsweise nur in einer abgewandelten Weise und nur bei schweren Straftaten Anwendung (*preliminary hea-*

---

[713] So *Grebing*, GA 1984, S. 10.

[714] Dazu *Weigend*, Deliktsopfer und Strafverfahren, S. 484.

[715] So *Weigend*, aaO, S. 483.

[716] Diese Auffassung scheint auf eine recht breite Mehrheit zu stoßen, vgl. z.B. *Gössel*, Legalitätsprinzip, S. 146; So auch *Grebing*, GA 1984, S. 19; Grundsätzlich auch *Rieß*, Gutachten C, C 105 ff mit weiteren Überlegungen, eine Mehrbelastung der Justiz bei Abschaffung der Privatklage zu vermeiden.

ring).[717] Wegen der unterschiedlichen historischen Wurzeln wird zunächst auf den geschichtlichen Ursprung des deutschen Zwischenverfahrens eingegangen.

a) Historischer Hintergrund und geschichtliche Entwicklung

Obgleich in den Partikulargesetzen der einzelnen deutschen Territorialstaaten Verfahrensabschnitte auszumachen waren, die dem späteren Zwischenverfahren gleichen, so hatten diese sehr unterschiedliche Funktionen. Gemeinsam ist ihnen, daß zumindest das rechtliche Gehör des Beschuldigten gewährleistet wurde und die Verfahrensbeteiligten auf das weitere Verfahren vorbereitet wurden. Teilweise diente der genannte Verfahrensabschnitt auch einer beschränkten inhaltlichen Kontrolle der Anklage[718] und des ermittelten Sachverhalts.[719]

Das spätere Zwischenverfahren der RStPO unterschied zwischen der Fallkonstellation der Anklageerhebung nach und ohne vorgeschalteter richterlicher Voruntersuchung. In letzterem Fall konnte die Staatsanwaltschaft direkt Anklage erheben, so daß die „höhere Garantie für eine zuverlässigere Sachverhaltsaufklärung“[720] durch den Richter wegfiel und damit eine verstärkte Notwendigkeit gesehen wurde, den Angeschuldigten vor ungerechtfertigten Anklagen zu schützen.[721] Nach gerichtlicher Voruntersuchung trat der Gedanke des Schutzes des Angeklagten mehr in den Hintergrund.[722] Aber auch hier sollte die weitere Funktion des Zwischenverfahrens, nämlich die Berücksichtigung von Verteidigerinteressen, ihre Wirkung entfalten.[723]

Schon bald nach Inkrafttreten der RStPO wurde Kritik am Zwischenverfahren als nutzlose und ineffektive Formalität geübt und später auch dessen Abschaffung gefordert.[724] Mit Einsickerung nationalsozialistischen Gedankenguts in die Strafrechtswissenschaft wurde – neben den bisher geltend gemachten praktischen Mängeln – auch die Unvereinbarkeit des Zwischenverfahrens mit der neuen Ideologie immer deutlicher, wie folgende Textpassage bezeugt:

---

[717] Zu dem *preliminary hearing* und dessen Funktionen später bei dem Abriß über das amerikanische Strafverfahren, C. I. 3., sowie im Kapitel C. III. 4. ‚Richterliche Kontrolle in Form des *preliminay hearing*‘. Siehe vorab *Langbein/ Weinreb*, The Yale Law Journal 1978, S. 1563.

[718] So beispielsweise bei der braunschweigischen StPO vom 22.08.1849.

[719] Vgl. *Heghmanns*, Zwischenverfahren, S. 24.

[720] Vgl. *Kleinknecht-Müller*, Kommentar zur Strafprozeßordnung, Vorb. § 178, Rdnr. 1.

[721] Siehe dazu die Materialien zur RStPO, *Hahn*, Materialien zur Straprozeßordnung, S. 169.

[722] Vgl. *Heghmanns*, Zwischenverfahren, S. 34.

[723] Darunter fiel beispielsweise die Information über den Anklagevorwurf und das Beweismaterial zwecks Vorbereitung der Verteidigung, vgl. *Hahn*, Materialien zur Strafprozeßordnung, S. 169.

[724] So schreibt *Goldschmidt*, DJZ 1928, S. 1139 f: „Den Schlußstein der ausschließlichen Belastung der Staatsanwaltschaft mit der Verantwortlichkeit für Vorverfahren und Anklageerhebung sehe ich im Fortfall des Eröffnungsbeschlusses. Ohnehin ist man sich über dessen Wertlosigkeit einig.“

„Eine notwendige Folge der verantwortlichen Führung des Vorverfahrens durch den Staatsanwalt wird sein, daß der Staatsanwalt allein über die Erhebung der Anklage und damit über die Frage, ob die Hauptverhandlung stattfinden soll, zu entscheiden hat. Der sogenannte Eröffnungsbeschluß des geltenden Rechts wird beseitigt werden. Das Gericht hat auf Grund der Anklage, ohne das Vorliegen eines hinreichenden Tatverdachts zu prüfen, den Termin zur Hauptverhandlung anzuberaumen."[725]

An anderer Stelle erklärt Freisler noch einmal die mit dem nationalsozialistischen Staatsverständnis unvereinbare richterliche Kontrolle der Anklage:

„Jeder Versuch, etwas ähnliches wie eine Art Anklagezulassungsbeschluß oder Eröffnungsbeschluß einzuführen, verkennt die Begrenzung der richterlichen Aufgabe und ist nur aus einem bewußten oder unbewußten Mißtrauen gegen diejenige Stelle zu erklären, die die Frage eines Bedürfnisses für die richterliche Nachprüfung einer Handlung pflichtgemäß bejaht hat... Die nationalsozialistische Volksführung muß sich mit aller Entschiedenheit gegen die bewußte oder unbewußte Unterstellung wehren, als biete diese unter unmittelbarer Weisungsgewalt der Volksführung stehende Behörde eine geringere Gewähr für die gewissenhafte und richtige Beurteilung dieser Frage als ein...Gericht. Gerade wegen der Weisungsgebundenheit der Staatsanwaltschaft würde eine solche Unterstellung sogar ein unmittelbares Mißtrauen gegen die staatliche Volksführung in ihrer für das Aufgabengebiet der Strafrechtspflege herausgestellten Spitze bedeuten! Eine Überprüfung der von der Staatsführung oder von deren weisungsgebundenen Organen vorgenommenen Entscheidung über die Notwendigkeit richterlicher Beurteilung eines Falles wäre genauso eine Unmöglichkeit, wie die Nachprüfung von anderen Entschlüssen der Volksführung etwa durch Staatsgerichtshöfe... Diese sich gegen gerichtliche Eröffnungsbeschlüsse oder ähnliche Anklagezulassungsbeschlüsse einer richterlichen Behörde erhebenden...schwerwiegenden Bedenken machen für uns den Eröffnungsbeschluß eines Gerichts nach Anklageerhebung durch die Staatsanwaltschaft an sich...zu einer Unmöglichkeit."[726]

Demzufolge wurde der Eröffnungsbeschluß 1933 zunächst für Reichsgericht- und OLG-Sachen abgeschafft,[727] 1934 beim Volksgerichtshof,[728] 1940 bei den Sondergerichten[729] und schließlich durch Verordnung vom 13.08.1942 für das Regelverfahren der RStPO.[730] Statt des bisherigen Eröffnungsbeschlusses ordnete nun der Vorsitzende die Hauptverhandlung aufgrund der eingereichten Anklage an, es sei denn, das Gericht war unzuständig oder es war aus rechtlichen oder tatsächlichen Gründen mit Sicherheit keine Verurteilung zu erwarten.[731] Somit konnte das Gericht praktisch keine Anklage mehr zurückweisen, wodurch eine richterliche Anklageprüfung faktisch beseitigt war.[732]

---

[725] So der damalige Reichsjustizminister *Gürtner*, DtJ 1935, S. 723.
[726] *Freisler*, DtJ, Sp. 589 f.
[727] Art. 3 § 1 der Verordnung vom 18.03.1933, siehe RGBl I, S. 131.
[728] Art. IV § 5 des Gesetzes vom 24.04.1934, RGBl I, S. 341 ff.
[729] Art. III § 22 der Zuständigkeitsverordnung vom 21.02. 1940, RGBl I, S. 405 ff.
[730] RGBl I, S. 512.
[731] Genauer dazu die RG-Entscheidung vom 19.11.1942, DJ 1943, S. 173, 174 sowie *Dithmar*, NJW 1960, S. 758.
[732] So *Biechtler*, NJW 1950, S. 530.

Mit dem Vereinheitlichungsgesetz vom 12.09.1950[733] wurde der Eröffnungsbeschluß in alter Form wiederhergestellt. Das StPÄG 1964[734] reduzierte den Eröffnungsbeschluß statt der bisher erforderlichen Übernahme des Tatvorwurfes durch den Richter auf die Zulassung der Anklage, § 207. Dadurch sollte der Eindruck vermieden werden, der Richter übernehme die staatsanwaltschaftliche Tatbewertung, mache sie sich zu eigen und sei daher befangen.[735]

Die nicht nur im Laufe der Geschichte, sondern auch heute in Frage gestellte Existenzberechtigung des Zwischenverfahrens hängt nicht nur von dessen beurteiltem Nutzen ab, sondern auch maßgeblich davon, welche Funktion ihm heute eingeräumt wird. Daher soll kurz darauf eingegangen werden.

b) Zweck des Zwischenverfahrens

Der wichtigste Zweck des Zwischenverfahrens wird in der gerichtlichen Kontrolle der staatsanwaltlichen Anklage gesehen, §§ 203, 207.[736] Zwecks Vermeidung einer unnötigen und überflüssigen Hauptverhandlung aufgrund einer unbegründeten Anklage, die den Angeklagten nur belastet,[737] soll der von der Staatsanwaltschaft bejahte hinreichende Tatverdacht noch einmal von einem unabhängigen Richter kontrolliert werden.[738] Dem liegt folgender Gedanke zugrunde:

> „Den Ausgangspunkt der Erwägungen muß einmal die durch zahlreiche Erfahrungen aller Zeiten erhärtete Feststellung bilden, daß mit dem Vorkommen unzutreffender, übereilter und sogar offensichtlich unbegründeter Anklagen jederzeit gerechnet werden muß. Übertriebener Pflichteifer, persönliche Voreingenommenheit, oberflächliche und flüchtige (durch die traditionelle Überlastung der Anklagebehörden gewiß entschuldigte) Erörterungsergebnisse und ähnliche Gründe lassen sich nie ganz ausschalten. Überall gibt es menschliche Unvollkommenheit und menschlichen Irrtum.“[739]

Auch heute wird die Gefahr fehlerhafter Anklagen bejaht und daraus die Notwendigkeit für deren Überprüfung durch eine unabhängige Institution wie das

---

[733] BGBl I, S. 455 ff.

[734] BGBl I, S. 1067 ff.

[735] Siehe auch die Begründung des StPÄG 1964, BT-Drucks. IV/ 178, S. 39.

[736] Vgl. *Heghmanns*, Zwischenverfahren, S. 2, 30, 57, 95, 139, 158. *E. Schmidt*, Lehrkommentar, Vorbem. zu §§ 198 ff, Rdnr. 4, spricht von der „negativen Kontrollfunktion“ des Zwischenverfahrens.

[737] Vgl. *Kohlhaas*, GA 1955, S. 66.

[738] *Kleinknecht/ Meyer-Goßner*, Strafprozeßordnung, Vorbemerkungen vor §§ 198, Rdnr. 1.

[739] So schon *Nagler*, GS (o.J.), S. 347. *Henschel*, GS 1909, S. 390 kam ebenfalls zu dem Schluß, daß „viel zu viel Anklagen erhoben und zahlreiche unnütze Hauptverhandlungstermine abgehalten werden“. Auch *Siewert/ Mattheus*, DRiZ 1993, S. 353, sehen heutzutage als Grund für gerichtliche Beanstandungen der Anklageschriften die „Hektik der täglichen Aktenflut“ sowie „überlastete Staatsanwälte“. Auch *Biechtler*, NJW 1950, S. 531 sieht die Gefahr, daß es „bei allem ernsten Willen zur Objektivität zu einer subjektiv gefärbten Beurteilung des Straffalles und damit immer wieder zu übereilten, übertriebenen und manchmal sogar völlig unbegründeten Anklagen“ kommen könne.

Gericht gezogen.[740] Die Notwendigkeit einer frühzeitigen Kontrolle der staatsanwaltlichen Anklage wird aber auch aus dem rechtsstaatlichen Verhältnismäßigkeitsgrundsatz abgeleitet. Dieser gebiete, belastendes staatliches Verhalten wie die Versetzung in den Stand eines Angeklagten und dessen Unterziehung unter eine Hauptverhandlung möglichst frühzeitig auf das absolut notwendige Minimum zu beschränken und dies durch entsprechende Kontrollmechanismen sicherzustellen.[741] Gerade aus den bereits dargestellten stigmatisierenden Auswirkungen einer öffentlichen Hauptverhandlung selbst bei einem Freispruch[742] wird die Konsequenz der vorherigen Überprüfung der Notwendigkeit einer solchen Hauptverhandlung aufgrund der Anklage gezogen.[743]

Auch wird eine frühzeitige Kontrolle der Qualität und Stichhaltigkeit der Anklage wegen der „urteilsprägenden Kraft des Ermittlungsverfahrens"[744] gefordert. Maßgebend ist hier die Erkenntnis, daß dort „die Weichen bereits gestellt" werden, teilweise sogar „endgültig"[745] und „die Strafzumessung bereits im Vorverfahren beginnt."[746] Nur so könnten Ermittlungsfehler und -defizite noch rechtzeitig behoben werden.[747]

Weitere Funktionen des Zwischenverfahrens werden in der Vorbereitung der Hauptverhandlung durch den Richter gesehen,[748] der Möglichkeit der weiteren Sachverhaltsaufklärung durch zusätzliche Beweisaufnahme, § 202, der Information des Beschuldigten und Ermöglichung seiner Verteidungsausrichtung auf die

---

[740] Vgl. *Heghmanns*, Zwischenverfahren, S. 72 ff sowie *Peters*, Fehlerquellen, S. 196-212 und die Darstellung der Beispiele in der Einleitung ‚A'.

[741] In diesem Sinne mwN *Ernst*, Zwischenverfahren, S. 20. Ähnlich auch *Heghmanns*, Zwischenverfahren, S. 62 ff, der die richterliche Kontrolle allerdings aus den Grundrechten ableitet. Für ihn bedeutet die „Versetzung in den Anklagestand" eine Grundrechtsbeeinträchtigung, Art 1 I, 2 I GG, die alleine schon deswegen einer richterlichen Entscheidung bedarf.

[742] So schon *Hahn*, Materialien zur Strafprozeßordnung, S. 169. Ebenso *Willms*, DRiZ 1961, S. 329. *Weinrich*, ZStW 1893, S. 241, spricht in diesem Zusammenhang von einer „Demütigung" des Angeklagten, die mit der öffentlichen Verhandlung einhergingen. Siehe auch *Kries*, ZStW 1889, 102.

[743] Vgl. *Zipf*, Kriminalpolitik, S. 152.

[744] *Zachariä*, Deutsches Strafverfahren, S. 77. Auch *Richter*, NJW 1981, S. 1821 spricht immer wieder von der „prägenden Kraft des Ermittlungsverfahrens".

[745] So *Zipf*, Kriminalpolitik, S. 152.

[746] So *Kaiser*, Sozialkontrolle, S. 78.

[747] Vgl. *Ernst*, Zwischenverfahren, S. 15. Ebenso *Peters*, Fehlerquellen, S. 195.

[748] Vgl. *Ernst*, Zwischenverfahren, S. 2 f unter Hinweis auf die §§ 213 ff, obgleich diese bereits außerhalb des Eröffnungsverfahrens liegen und unter die Überschrift „Vorbereitung der Hauptverhandlung" fallen. Dazu auch *Heghmanns*, Zwischenverfahren, S. 59 f.

Anklage, § 201,[749] der Begrenzung des Verhandlungsthemas, §§ 200 I, 207[750] sowie der Festlegung des Beginns der Rechtshängigkeit.[751]

c) Moderne Rechtswirklichkeit der Kontrolle

Es ist davon auszugehen, daß in Deutschland weniger als 1 % aller Anklagen im Zwischenverfahren im Sinne einer Nichtzulassung der Anklage beanstandet werden. Bereits 1938 wurde diese Quote geschätzt[752] und blieb weiterhin konstant. So wurden 1981 in der Bundesrepublik Deutschland bei insgesamt 520.699 Anklagen lediglich in 3.842 Fällen das Hauptverfahren nicht eröffnet. Dies entspricht einer Quote von 0,74 %. Beim Amtsgericht wurden in diesem Zeitraum 3.663 von 509.504 Anklagen (0,72 %), beim Landgericht 175 von 11.126 Anklagen (1,57 %) und beim Oberlandesgericht 4 von 69 Anklagen (5,80 %) zurückgewiesen.[753]

d) Kontrollintensität der Gerichte und deren Ursachen

Die angeführten statistischen Werte lassen bereits die Kontroverse um die Kontrollintensität der Gerichte erahnen. Darauf und auf die möglichen Ursachen soll im folgenden nun eingegangen werden.

aa) Kontrollintensität

Wenn auch diese empirische Zahlen per se noch keinen Rückschluß auf die Kontrollintensität der Gerichte zulassen, verbinden sie sich doch mit Stellungnahmen zahlreicher Praktiker und Strafrechtswissenschaftler zu einem einheitlichen Bild, das sich seit Bestehen der Zwischenverfahrens hartnäckig hält.

Gleichfalls vor wie auch kurze Zeit nach Inkrafttreten der RStPO wurde Kritik am Eröffnungsbeschluß laut. So heißt es in den Motiven zu der Reichsstrafprozeßordnung bezüglich des Zwischenverfahrens:

> „Sowohl die Notwendigkeit als auch die Zweckmäßigkeit einer unbeschränkten Prüfung der Anklage durch das Gericht ist vielfach bestritten worden. Man hat auf die, den statistischen Nachweisungen zufolge außerordentlich geringe Zahl der Zurückweisungen von Anklagen hingewiesen, und geltend gemacht, daß die durch die gerichtliche Prüfung der Anklage gewonnenen Vorteile in einem großen Mißverhältnis zu der durch sie herbeigeführten Vermehrung der gerichtlichen Geschäftslast stehen...."[754]

---

[749] Nach *Roxin*, Strafverfahrensrecht, S. 295, liegt eine wesentliche Bedeutung des Zwischenverfahrens darin, daß der Beschuldigte nach Mitteilung der Anklageschrift nochmals Gelegenheit erhält, durch Beweisanträge und Einwendungen die Eröffnung des Hauptverfahrens abzuwenden oder zumindest zu beeinflussen.

[750] Vgl. dazu *Heghmanns*, Zwischenverfahren, S. 58.

[751] Siehe *Ernst*, Zwischenverfahren, S. 23 f.

[752] So durch *Nagler*, GS (o.J.), S. 350.

[753] Siehe *Löwe-Rosenberg/ Rieß*, Großkommentar, Vor § 198, Rdnr. 16.

[754] Vgl. *Hahn*, Materialien zur Strafprozeßordnung, S. 168.

Daher wurde der Eröffnungsbeschluß bereits 1893 als „Zeitvergeudung“[755] und 1895 als „wertlose Formalität“ bezeichnet.[756] Noch deutlicher formulierte von Delbrück 1904:

„Auch an dem Eröffnungsbeschluß wird vielfach eine scharfe und berechtigte Kritik geübt. Man sagt, dieser Beschluß, der doch die Grundlage des ganzen weiteren Verfahrens bildet, sei zu einer leeren Form geworden, so daß man ihn ohne Schaden völlig beseitigen könne. Er beruhe der Regel nach nicht auf einer sorgfältigen Nachprüfung der Akten, sondern einem kritiklosen Abschreiben des Anklageinhaltes. Dazu sei auch die Begründung, welche oft nur die Worte des Gesetzes enthalte, ohne die Tatsachen anzugeben, in denen die gesetzlichen Merkmale des Deliktes gefunden werden, so mangelhaft, daß es für den Angeklagten unmöglich sei, daraus zu ersehen, um was es sich handele, und seine Verteidigung danach einzurichten. Diese Vorwürfe sind nicht ganz unbegründet.“[757]

Selbst in letzter Zeit, zum Teil rund 100 Jahre später, ist das Urteil über den Kontrollwert des Zwischenverfahrens auffällig ähnlich und nahezu gleich negativ:

„Gelegentlich wird sogar beklagt, daß Anklageschriften nahezu vollzählig ohne Änderungen zur Hauptverhandlung zugelassen werden, so daß der Verdacht, Hauptverfahren würden – jedenfalls in Bagatellsachen – mehr oder weniger „blind“ eröffnet, nicht ganz zu Unrecht erhoben wird.“[758]

„Wo die Übernahme der Anklageschrift zur Routine geworden ist, wo man regelmäßig von ‚Klammerverfügungen‘ Gebrauch macht oder sich gar unbesehen eines kombinierten Formulars für Anklage und Eröffnungsbeschluß bedient, in dem es nur weniger Schriftzeichen bedarf, um die Anklage kurzerhand in einen Eröffnungsbeschluß umzuwandeln, wo am Ende noch im sog. Umlaufverfahren ‚beraten und entschieden‘ wird, oder allein der Vorsitzende unterschreibt, wird die Sache bedenklich.“[759]

„Es ist üblich, daß die Staatsanwaltschaft der Anklageschrift ein vorausgefülltes Formular des entsprechenden Eröffnungsbeschlusses beifügt... Danach wird es in der Regel bedenkenlos unterschrieben... Hat der Angeschuldigte Einwendungen vorgebracht oder eine Beweiserhebung vor der Hauptverhandlung beantragt, pflegt der Beschluß durch den nichtssagenden Zusatz ergänzt zu werden, die Einwendungen stünden der Eröffnung des Hauptver-

---

[755] *Weinrich*, ZStW 1893, S. 241.

[756] *Kulemann*, GS 1895, S. 101, der vor allem darin eine Verzögerung des gesamten Verfahrens sieht. *Honemann* in: *Aschrott*, Reform des Strafprozesses, S. 86, weist auf die generelle Gefahr des Schablonisierens und einer schematischen Behandlung der Strafrechtsfälle hin.

[757] *Delbrück*, GS 1904, S. 451. *Henschel*, GS 1909, S. 392 schließt sich dieser Grundsatzwertung an und zitiert die Strafprozeßkommission, die zu dem Zwischenverfahren folgende Stellungnahme abgegeben hat: „In der Praxis finde eine eingehende Prüfung des Akteninhalts seitens des beschließenden Gerichts, wie sie der § 201 der voraussetze, nur in den wenigsten Fällen statt. Vielfach werde die Beschlußfassung ohne mündlichen Vortrag mechanisch erledigt, nachdem der Vorsitzende und der Referent in die Akten Einsicht genommen hätten.“

[758] *Siewert/Mattheus*, DRiZ 1993, S. 354.

[759] *Willms*, DRiZ 1961, S. 327.

fahrens nicht entgegen und Beweise könnten auch in der Hauptverhandlung erhoben werden."[760]

Auch andere Kritiker beklagen, daß das Hauptverfahren in der Praxis „in vielen Fällen ohne viel Federlesen eröffnet" werde[761] und das Zwischenverfahren daher seine „Schutzfunktion für den Angeklagten nie erfüllt" habe.[762] Die negative Kontrollfunktion des Eröffnungsbeschlusses gehe ins Leere und sei reduziert auf eine stereotype Schreibleistung.[763] Die Eröffnung des Hauptverfahrens würde schematisch beschlossen[764] und sei „oft zur Schablone herabgewürdigt."[765]

Allerdings gibt es auch – wenn auch wenige – Stimmen, die dem Zwischenverfahren in bestimmten Fällen eine echte Kontrollwirkung zusprechen. So bedeutete die oft anklagemäßige Eröffnung des Hauptverfahrens und die zahlreichen Freisprüche in der späteren Hauptverhandlung noch lange nicht, daß die Gerichte ihrer Prüfungspflicht nicht nachkämen.[766] Gerade in publikumswirksamen Großverfahren komme es zu einer sehr gründlichen Prüfung des hinreichenden Tatverdachts und sogar zu diesbezüglichen Kontroversen zwischen Staatsanwaltschaft und Gericht.[767] Eine schematische und summarische gerichtliche Prüfung bei solchen Verfahren sei nicht gegeben, sondern im Gegenteil eine sehr exakte. Dies geschehe alleine schon zur Vermeidung einer verstärkten Arbeitsbelastung, die eine (unnötige) Hauptverhandlung in diesen Fällen mit sich bringe.[768]

bb) Ursachen für die gering eingeschätzte Kontrollintensität

Als möglicher Erklärungsansatz für die geltend gemachte fehlende Effektivität der richterlichen Kontrolle in Form des Eröffnungsbeschlusses wird die Schriftlichkeit des Verfahrens herangezogen. Der Richter bezieht seine Erkenntnismöglichkeit aus dem schriftlichen, von der Staatsanwaltschaft präsentierten Material, ohne dies aufgrund eigener Eindrücke wie nach einer mündlicher Verhandlung bewerten zu können.[769] Gerade dieses schriftliche Material, vor allem die polizeilichen Protokolle, seien von jeher mit einem gewissen Mißtrauen bezüglich ihrer Zuverlässigkeit konfrontiert gewesen. Die teils unterstellte Fehlerhaftigkeit führe dazu, dem ganzen, diese Protokolle überprüfenden Zwischen-

---

760 *Roesen*, NJW 1959, S. 1862. Ebenso *Germann*, NJW 1960, S. 759, der allerdings davon ausgeht, daß die Beifügung vorausgefülllter Formulare für den Eröffnungsbeschluß keineswegs allgemein üblich sei.

761 So *Roxin*, Strafverfahrensrecht, S. 295.

762 *Jescheck*, JZ 1970, S. 204. So auch *E. Schmidt*, NJW 1969, S. 1143.

763 In diesem Sinne mwN *E. Schmidt*, NJW 1963, S. 1081.

764 Vgl. *Grünwald*, Besondere strafprozessuale Vorschriften, C 48. Ebenso *G. Schmidt*, DRiZ 1971, S. 78.

765 *Biechtler*, NJW 1950, S. 531.

766 *Germann*, NJW 1960, S. 758.

767 So *Siewert/ Mattheus*, DRiZ 1993, S. 354. In diesem Sinne auch *Roxin*, Strafverfahrensrecht, S. 295.

768 Vgl. *Kohlhaas*, DRiZ 1974, S. 218.

769 *Kries*, ZStW 1889, 102.

verfahren selbst entsprechend wenig Wert beizumessen.[770] Auch neigten die Gerichte bei zweifelhafter Rechtslage bezüglich des hinreichenden Tatverdachtes dazu, zunächst das Verfahren einfach zu eröffnen und die Aufklärung des Falles der Hauptverhandlung zu überlassen.[771] Dies wird darauf zurückgeführt, daß bei den chronisch überlasteten Gerichten die „geringe Neigung“ bestehe, „sich der sehr zeitraubenden und wenig anregenden Arbeit einer sorgfältigen Prüfung und Beratung sämtlicher Sachen zu unterziehen“ und so den prima-facie-Verdacht in Form der Anklage zu entkräften.[772] Hierbei wirkt die Anfechtbarkeit der Eröffnungsablehnung, § 210 II, verstärkend. Es sei nämlich davon auszugehen, daß die Staatsanwaltschaft, nachdem sie sich zu einer Anklage entschlossen hat, sie auch notfalls per sofortiger Beschwerde zur Hauptverhandlung bringen wolle. Bei Erfolg der Beschwerde habe sich der ablehnende Richter nur unnötige Arbeit gemacht. Insofern neigten die Gerichte von vornherein dazu, den Weg des geringsten Widerstands zu wählen und zu eröffnen.[773]

Weiterhin kann ein Grund für die „Nutzlosigkeit“ des Zwischenverfahrens in der für den juristischen Laien schwierigen Anwendung des § 201 liegen. „Welcher Beschuldigte hat wohl eine Ahnung davon, was es heißt, Einwendungen gegen die Eröffnung des Hauptverfahrens vorzubringen? An den ungebildeten Mann die Aufforderung zu richten, sich über diese Dinge zu erklären, ist...der reine Hohn.“[774]

Schließlich war eine Ursache für eine geringe Kontrollintensität die gesetzliche Regelung des mittlerweile abgeschafften § 23 III RStPO.[775] Der verantwortliche Berichterstatter hatte in der Regel ein geringes Interesse an einer sorgfältigen Prüfung des Falles, da er ohnehin aufgrund des Ausschlusses mit diesem nicht mehr konfrontiert war. Überdies wurde versucht, § 23 III RStPO dadurch zu umgehen, daß für den Eröffnungsbeschluß eine andere Strafkammer bestellt wurde als die später erkennende. Erstere versuchte aber wegen der Mehrbelastung die Arbeitsintensität zu minimieren und nahm daher ein gründliches Aktenstudium kaum vor.[776]

---

770 *Delbrück*, GS 1904, S. 440.

771 *Weinrich*, ZStW 1893, S. 241. Ebenso *Henschel*, GS 1909, S. 393 f.

772 *Henschel*, aaO, S. 394.

773 *Bornhak*, GS 1917, S. 117, der beschreibt, daß die Oberlandesgerichte bei der Beschwerde zur Annahme des hinreichenden Tatverdachtes neigen, um keinen Beschuldigten „nur auf Grund der Akten freizugeben“. Mache ein Richter diese Erfahrung, daß die Beschwerde in der Regel erfolgreich sei, so eröffne er bei dem nächsten Mal automatisch, um sich keine unnötige Arbeit mehr aufzubürden. Daher sei der Eröffnungsbeschluß eine „ganz überflüssige Formalität“.

774 So schon *Kries*, ZStW 1889, S. 104.

775 § 23 III RStPO lautete wie folgt: „An dem Hauptverfahren vor der Strafkammer dürfen mehr als zwei von denjenigen Richtern, welche bei der Entscheidung über die Eröffnung des Hauptverfahrens mitgewirkt haben, und namentlich der Richter, welcher Bericht über den Antrag der Staatsanwaltschaft erstattet hatte, nicht teilnehmen.“

776 Siehe dazu *Kulemann*, GS 1895, S. 99 f.

e) Beurteilung und Konsequenzen

Die Gesamtbeurteilung des Zwischenverfahrens und die daraus gezogenen Konsequenzen sind sehr konträr:

aa) Allgemeine Kritik

Eines der Hauptprobleme, die mit dem Zwischenverfahren zusammenhängen, ist die vermutete Befangenheit des eröffnenden und später erkennenden Richters.[777] Durch seine Vorbefassung mit der Anklage und die anschließende Zulassung durch Bestätigung des hinreichenden Tatverdachts identifiziere er sich mit der Anklage.[778] Diese Befangenheit ist allerdings sehr umstritten und wird aufgrund der Tatsache, daß die Hauptverhandlung in einigen Fällen mit einem Freispruch endet, als widerlegt angesehen.[779]

Gegen das Zwischenverfahren mit seinem den staatsanwaltschaftlichen Tatverdacht bestätigenden Eröffnungsbeschluß wird auch eine mögliche Präjudizierung der Hauptverhandlung angeführt. Je stärker die richterliche Beweisaufnahme im Zwischenverfahren, desto größer die Gefahr einer „Vor-Verhandlung" und damit einer „Vor-Verurteilung" des Angeklagten.[780] Gerade hierin wird das Dilemma gesehen: Der Schutz des Angeschuldigten gebietet auf der einen Seite eine möglichst intensive Prüfung des Tatverdachts im Zwischenverfahren und damit auch eine möglichst umfangreiche und abschließende Beweisaufnahme. Auf der anderen Seite würde dieses ausgedehnte Zwischenverfahren und der Schutzgedanke des Angeschuldigten andere Schutzprinzipien aushebeln und damit wiederum zu Lasten des Betroffenen gehen. So würde es bei einer abschließenden Beweisaufnahme im Zwischenverfahren zu einer Vorwegnahme der eigentlichen öffentlichen Hauptverhandlung kommen.[781] Letztere wäre ihrerseits nur noch als reine Reproduktion des nichtöffentlichen, inquisitionsähnlichen Zwischenverfahrens aufzufassen.[782] Weiterhin würde das Unmittelbarkeitsprinzip sowie das Mündlichkeitsprinzip der Hauptverhandlung beein-

[777] So schon *Kries*, ZStW 1889, S. 102, der von einer Beeinflussung des Gerichts zuungunsten des Beschuldigten spricht. Bejahend auch *Roesen*, NJW 1959, S. 1861 f.

[778] Vgl. *Roxin*, Strafverfahrensrecht, S. 295.

[779] *Germann*, NJW 1960, S. 759. Ablehnend auch *E. Schmidt*, NJW 1963, S. 1081.

[780] Siehe *Ernst*, Zwischenverfahren, S. 157.

[781] Siehe hierzu die historischen Bedenken bezüglich der Vorwegnahme der Hauptverhandlung durch eine zu ausgedehnte gerichtliche Voruntersuchung: *Hahn*, Materialien zur Strafprozeßordnung, S. 163.

[782] Vgl. *Nagler*, GS (o.J.), S. 354 f. *Heghmanns*, Zwischenverfahren, S. 92, vergleicht den Strafrichter im Zwischenverfahren mit dem Inquisitionsrichter, da er durch zusätzliche Beweiserhebungen in die Rolle eines Ermittlungsorganes verfalle und gleichzeitig über das Vorliegen des hinreichenden Tatverdachtes entscheide. Aber gerade die Vereinigung ermittelnder und urteilender Tätigkeiten in einer Person habe das Charakteristikum des Inquisitionsrichters ausgemacht.

trächtigt,[783] alleine schon durch die Produktion richterlicher Vernehmungsprotokolle im Zwischenverfahren, die in der darauffolgenden Hauptverhandlung verlesen werden könnten. Je mehr man allerdings die Beweisaufnahme reduziert, desto geringer fällt der Schutz des Angeklagten aus; eine gerichtliche Eröffnungsablehnung, welche auf unvollständiges Beweismaterial gestützt würde, zöge stets eine erfolgreiche Beschwerde der Staatsanwaltschaft nach § 210 II nach sich.[784]

Wie oben dargelegt, ist ein wesentlicher Kritikpunkt am Zwischenverfahren sein in der Regel als nicht vorhanden betrachteter Kontrollwert. Die Konsequenzen, die daraus abgeleitet werden, sind unterschiedlich.

bb) Abschaffung des Zwischenverfahrens

Zum Teil wird die Beseitigung des Zwischenverfahrens gefordert.[785] Gegen dieses Verfahren wird eingewandt, daß der Vorteil des Schutzes des Angeklagten vor ungerechtfertigten Anklagen durch die Nachteile des Verfahrens, insbesondere die dadurch hervorgerufene zeitliche Verzögerung sowie die nur oberflächliche Prüfung durch das Gericht mehr als aufgewogen werde.[786] Auch habe die Staatsanwaltschaft nicht das geringste Interesse an einer unberechtigten Anklage: Die darauffolgende Hauptverhandlung würde die Mängel der Anklage zu Tage bringen, der Angeklagte würde schließlich freigesprochen und der Ruf der Staatsanwaltschaft darunter stark leiden.[787] Die sehr hohe Quote der Verfahreneinstellungen durch die Staatsanwaltschaft, die zu vernachlässigende Anzahl der zurückgewiesenen Anklagen sowie die geringe Zahl der Freisprüche zeigten auch, daß sie keinesfalls zu unnötigen Anklagen tendiere.[788] Die Abschaffung des Eröffnungsbeschlusses habe weiterhin den Vorteil, die alte Problematik der Befangenheit aufgrund der Identität des eröffnenden und erkennenden Gerichts zu lösen.[789]

Die zugunsten des richterlichen Eröffnungsbeschlusses geltend gemachte Auffassung, allein die „Versetzung in den Anklagestand" sei eine Grundrechtsbeeinträchtigung, Art. 1 I, 2 I GG, und erfordere daher gemäß Art. 19 IV GG eine

---

[783] Diese Prinzipien seien immer schon dann gefährdet oder verletzt, wenn „Einflüsse von außerhalb der Hauptverhandlung die Entscheidung bestimmten", vgl. *Schreiber*, Akteneinsicht für Laienrichter?, S. 942.

[784] Mit weiteren Hinweisen auf diesbezügliche historische Bedenken *Heghmanns*, Zwischenverfahren, S. 38.

[785] Vgl. für die Anfangsphase der StPO *Henschel*, GS 1909, S. 420. Für eine Abschaffung des als wertlos angesehenen Zwischenverfahrens zwecks Straffung des Strafprozesses *Jescheck*, JZ 1970, S. 204. Ebenso *G. Schmidt*, DRiZ 1971, S. 78.

[786] So schon bei den Motiven zur Reichsstrafprozeßordnung, siehe *Hahn*, Materialien zur Strafprozeßordnung, S. 169.

[787] Vgl. *G. Schmidt*, DRiZ 1971, S. 78.

[788] *E. Schmidt*, NJW 1963, S. 1083. Vgl. auch *Hahn*, Materialien zur Strafprozeßordnung, S. 169.

[789] *E. Schmidt*, NJW 1963, S. 1083.

richterliche Entscheidung,[790] wird abgelehnt. Der Angeschuldigte werde nämlich mit der Anklageerhebung, die zur Rechtshängigkeit und damit zur Gerichtsanhängigkeit führe, in die Obhut und den Rechtsschutz des Gerichts gestellt. Diese Unterstellung des Angeklagten in richterlichen Schutz bedürfe im Lichte des Art. 19 IV GG keiner richterlichen Entscheidung, da Art. 19 IV GG Schutz durch den Richter, aber nicht vor dem Richter gewähren wolle.[791] Ansonsten müßte man ja folgerichtig auch die Einleitung eines Ermittlungsverfahrens der gerichtlichen Nachprüfung unterwerfen wie auch jede diesbezügliche polizeiliche Maßnahme.[792]

Darüber hinaus wird die Aufgabenverteilung zwischen Gericht und Staatsanwaltschaft gegen das Zwischenverfahren angeführt. So sollten die verschiedenartigen Kompetenzen zwischen diesen beiden Organen schärfer abgegrenzt werden. Der Staatsanwaltschaft möge alleine die Prüfung der Verdachtsfrage sowie die Erhebung der Anklage obliegen, dem Gericht die Untersuchung des Verfahrensgegenstandes in der Hauptverhandlung. Das Gericht solle aber nicht die Anklage nach § 207 „zensieren“, sondern nur auf ihre Zulässigkeit hin überprüfen.[793] Es sei systemwidrig, wenn das Gericht im Zwischenverfahren als Strafverfolgungsorgan tätig werde.[794] Vielmehr sollte die Staatsanwaltschaft die von ihr erhobene Anklage alleine verantworten und dafür gerade stehen; nur so sei sie wirklich die Herrin der Vorverfahrens.[795]

Schließlich wird die richterliche Kontrolle im Zwischenverfahren als zu spät und überflüssig erachtet. „Schon die Anklageerhebung“ stelle „für den Beschuldigten eine schwere Belastung und oft auch eine erhebliche Schädigung“ dar und werde als strafrechtliche Stigmatisierung des Beschuldigten empfunden.[796] Insofern sei eine wirksame interne Kontrolle durch die Staatsanwaltschaft wichtiger als eine spätere durch den Richter.[797]

---

[790] So *Heghmanns*, Zwischenverfahren, S. 62 ff, der der Auffassung ist, die Unterziehung des Angeklagten unter eine öffentliche Hauptverhandlung, der Ansehensverlust, die zeitliche Belastung sowie die notwendige Offenlegung der persönlichen Verhältnisse stellten eine Grundrechtsbeeinträchtigung dar, die auch nicht durch das anschließende Urteil abgedeckt würde. Gerade ein freisprechendes Urteil löse keine rückwirkende Abdeckung des belastenden Grundrechtseingriffes der Versetzung in den Anklagestand aus, da ein solches freisprechendes Urteil keine Belastung ausspreche.

[791] In diesem Sinne *E. Schmidt*, NJW 1963, S. 1086.

[792] Vgl. *E. Schmidt*, aaO.

[793] *E. Schmidt*, NJW 1969, S. 1144 sowie *derselbe*, NJW 1963, S. 1085.

[794] So *Kerbel*, Staatsanwaltschaft, S. 92 f.

[795] *Wahlberg*, zitiert bei *Nagler*, GS (o.J.) , S. 344 f. führt aus: „Die unmittelbare Anbringung der Anklage durch die Staatsanwaltschaft ohne Zwischenschiebung eines Gerichtsbeschlusses ist das allein folgerichtige, logische, das liberalere System.“ Den Gedanken der Eigenverantwortlichkeit der Staatsanwaltschaft aufgreifend *Ernst*, Zwischenverfahren, S. 78, insgesamt jedoch ablehnend, S. 40.

[796] *Lüttger*, GA 1957, S. 204.

[797] Diesen Gedanken wirft *Ernst*, Zwischenverfahren, S. 30 f. auf.

cc) Beibehaltung des Zwischenverfahrens

In erster Linie wird für die Beibehaltung des bisherigen Zwischenverfahrens die Gefahr fehlerhafter Anklagen durch die Staatsanwaltschaft gesehen.[798] Weiterhin wird geltend gemacht, daß alleine das Bewußtsein der richterlichen Prüfung der Anklage die Staatsanwaltschaft zu sorgfältigerem Vorgehen veranlasse.[799] Allein die geringe Zahl der Zurückweisungen der Anklagen oder der Nichteröffnung des Hauptverfahrens beweise noch lange nicht, daß der Kontrollwert des Zwischenverfahrens gering sei. Möglicherweise bedeute die geringe Anzahl gerichtlicher Intervention eben nur, daß die Staatsanwaltschaft entsprechend sorgfältig arbeite und den hinreichenden Tatverdacht zutreffend bejahe. Im Grunde wolle der Staatsanwalt nicht zu dem für ihn „beschämenden" Ergebnis kommen, daß der Richter im Rahmen der Prüfung desselben Aktenmaterials zu einem anderen Ergebnis gelange als er.[800]

Bei der Argumentation zugunsten der Beibehaltung der richterlichen Kontrolle im Zwischenverfahren wird zudem auf die Erfahrungen zurückgegriffen, die man mit der Abschaffung des Eröffnungsbeschlusses während des Nationalsozialismus gemacht hat. Diejenigen Stimmen nämlich, die die Abschaffung des Eröffnungsbeschlusses und des Zwischenverfahrens forderten, favorisierten im Grunde eine Lösung, die zur Zeit des Nationalsozialismus umgesetzt worden war. Die Gerichte hatten in dieser Zeit so gut wie keine Möglichkeit, aufgrund der erhobenen Anklage die Anordnung der Hauptverhandlung abzulehnen, siehe § 203 RStPO. Offensichtlich gab es in Folge dessen nicht wenige Anklagen, die auf einem ungenügend ermittelten Sachverhalt beruhten, so daß sich das Reichsgericht zu einer diesbezüglichen Stellungnahme genötigt sah. In einer 1942 ergangenen Entscheidung wurde daher ausdrücklich erklärt,[801] es bestehe Anlaß, noch auf folgendes hinzuweisen: Die Staatsanwaltschaft habe gemäß §§ 160 ff die Pflicht, alle relevanten Umstände, auch die der Entlastung des Angeklagten dienenden sowie die für die Strafzumessung relevanten, zu ermitteln. Das Zwischenverfahren setze die Einhaltung dieser Pflicht voraus. Gerade wegen der eingeschränkten gerichtlichen Möglichkeiten der Ablehnung der Anordnung der Hauptverhandlung und der damit verbundenen fast unbeschränkten Zulassung jeder Anklage müßten sowohl der gesamte Sachverhalt wie auch die Einwendungen des Beschuldigten hinreichend ausgeleuchtet sein. Schließlich kommt das RG zu dem Schluß, daß es nicht Aufgabe des Gerichts sei, in der Hauptverhandlung das Ermittlungsverfahren nachzuholen.[802]

---

[798] Vgl. *Heghmanns*, Zwischenverfahren, S. 72 ff sowie *Peters*, Fehlerquellen, S. 196-212 und die Darstellung der Beispiele in der Einleitung ‚A' dieser Arbeit, S. 3 ff.

[799] So schon die Motive zur RStPO, vgl. *Hahn*, Materialien zur Strafprozeßordnung, S. 169. Auch *Germann*, NJW 1960, S. 758, spricht von einer diesbezüglichen „mittelbaren" Wirkung. In diesem Sinne auch Vgl. *Grünwald*, Besondere strafprozessuale Vorschriften, C 49. Ebenso *Löwe-Rosenberg/ Rieß*, Großkommentar, 24. Auflage, Vor § 198, Rdnr. 16.

[800] Siehe hierzu *Ernst*, Zwischenverfahren, S. 75.

[801] Entscheidung des RG vom 19.11.1942, DJ 1943, S. 173, 174.

[802] RG-Entscheidung, aaO, S. 174.

Diese Auswirkungen einer kaum existierenden gerichtlichen Kontrolle lassen sich für die Notwendigkeit eines effektiven Zwischenverfahrens anführen.[803] Insbesondere die Erfahrungen aus der Zeit des Nationalsozialismus hätten den Gesetzgeber der Bundesrepublik Deutschland zu dem heutigen Zwischenverfahren geführt: Ein freiheitlicher Rechtsstaat dürfe seine Bürger nur dann den Nachteilen einer öffentlichen Gerichtsverhandlung aussetzen, wenn die Verdachtsgründe sorgfältig, also von zwei Institutionen, geprüft würden. Dies gebiete bereits die Unschuldsvermutung des Angeklagten.[804]

Der Vorteil des bisherigen Zwischenverfahrens wird ferner darin gesehen, daß eine unabhängige Überprüfung des hinreichenden Tatverdachts durch einen Richter stattfinde. Er sei nicht wie der Staatsanwalt durch die Ermittlungsarbeit und die Sichtweise einer Ermittlungsbehörde vorbelastet und urteile daher objektiver.[805]

f) Reformvorschläge

Diejenigen, die für eine Abschaffung oder Reduzierung des Zwischenverfahrens plädieren, möchten den Eröffnungsbeschluß entfallen lassen. Dem Gericht solle lediglich die von Amts wegen vorzunehmende Prüfung der Prozeßvoraussetzungen überlassen werden.[806]

Wegen des Zeitverlustes bei der Durchführung des Zwischenverfahrens sollte eine explizite gerichtliche Entscheidung auf Eröffnung des Hauptverfahrens nur auf schriftlichen Antrag mit Begründung seitens des Angeschuldigten ergehen. Auf diese Weise würden die Verteidigungsrechte des Angeschuldigten gewahrt bleiben und dennoch eine Verfahrensbeschleunigung erreicht werden.[807]

Andere wiederum erstreben eine Verstärkung der richterlichen Kontrolle im Zwischenverfahren. Da die gegenwärtige Kontrollintensität als zu gering erachtet wird, solle der Gesetzgeber diese durch entsprechende Regelungen intensivieren. Dies könne dadurch geschehen, daß das Gericht auch ohne entsprechen-

---

[803] So *Löwe-Rosenberg/ Rieß*, Großkommentar, 24. Auflage, Vor § 198, Rdnr. 16. Vgl. dazu auch die Bewertung durch *Heghmanns*, Zwischenverfahren, S. 48, der davon spricht, daß diese Stellungnahme des RG deutlich davon zeuge, welche Probleme die Rechtsprechung habe, mit den Auswirkungen einer derart reduzierten Anklagekontrolle fertig zu werden. *Ernst*, Zwischenverfahren, S. 36 f, 66, schließt aus den gewonnenen Erfahrungen in diesen Jahren, daß eine Fremdkontrolle durch einen Richter effektiver sei als die Selbstkontrolle durch die Staatsanwaltschaft und leitet daraus die Notwendigkeit der grundsätzlichen Beibehaltung des Zwischenverfahrens ab.

[804] *Willms*, DRiZ 1961, S. 329.

[805] So *Germann*, NJW 1960, S. 758.

[806] *G. Schmidt*, DRiZ 1971, S. 78. Siehe auch *E. Schmidt*, NJW 1963, S. 1084.

[807] So *Herrmann*, ZStW 1973, S. 276. Von dem Verhalten des Angeschuldigten sollte auch das Zwischenverfahren nach den Vorstellungen der 1902 einberufenen Reformkommission abhängig gemacht werden, welche 1905 ihre Ergebnisse präsentierte, vgl. Beschluß Nr. 146, siehe *Aschrott*, Reform des Strafprozesses, S. 22 f.

den Antrag des Angeschuldigten nach § 202 prüfen möge, ob einzelne Beweiserhebungen anzuordnen seien.[808]

Zwecks Effektivierung der richterlichen Kontrolle insbesondere im Hinblick auf die häufig kritiklose Eröffnung des Hauptverfahrens wird vorgeschlagen, dem Angeschuldigten eine befristete Eröffnungsbeschwerde mit revisionsähnlichem Charakter zu gewähren. Mit dieser solle er eine fehlende oder fehlerhafte Begründung des hinreichenden Tatverdachts, einen Verstoß gegen die richterliche Aufklärungspflicht und weitere Fehler angreifen können.[809]

g) Zusammenfassung

Das Zwischenverfahren dient vor allem der Prüfung der Begründetheit der staatsanwaltlichen Anklage. Wegen der sehr geringen Quote gerichtlicher Nichtzulassungen der Anklage wie auch zahlreicher Beschreibungen des Zwischenverfahrens als leere Formalität ist dessen Kontrollwert stark umstritten. Die Prüfung desselben Aktenmaterials durch Staatsanwalt wie Richter, das Vertrauen der Richter auf eine korrekte staatsanwaltliche Anklage, die Schwierigkeit des Angeklagten, Einwendungen und Beweise nach § 201 vorzubringen sowie die Umgehung der sofortigen Beschwerde nach § 210 II können in der Tat die Richter zu einer „blinden" Eröffnung des Hauptverfahrens veranlassen. Auf der anderen Seite zeigen gerade die Erfahrungen des abgeschafften Eröffnungsbeschlusses während des Nationalsozialismus, welche weitreichenden Folgen eine fehlende gerichtliche Anklagekontrolle nach sich ziehen kann. Für eine richterliche Kontrolle der Anklage wird auch deren psychologische Präventivwirkung angeführt, die sich kaum in Statistiken messen läßt. Daher sind die Beurteilungen des heutigen Zwischenverfahrens sehr konträr. Während viele eine Abschaffung dieses Verfahrensabschnittes anstreben, fordern andere hingegen eine Verstärkung der richterlichen Kontrolle im Zwischenverfahren.

5. Richterliche Übereinstimmung beim Strafbefehl

Der Erlaß eines Strafbefehls als eine mögliche Form der Abschlußverfügung ist eine Besonderheit des deutschen Rechts, die es in den USA so nicht gibt. Mögliche Vergleiche mit dem *plea bargaining* treffen das Charakteristikum des Strafbefehls nicht. Dies wurde bereits dargelegt.[810] In der deutschen Praxis ist der Strafbefehl als Abschlußverfügung häufiger als die Anklageerhebung.[811] Notwendig zum Erlaß eines Strafbefehls ist allerdings das vollständige Übereinstimmen des Richters mit dem staatsanwaltschaftlichen Strafbefehlsantrag,

---

808 *Grünwald*, Besondere strafprozessuale Vorschriften, C 49.

809 Genauer zu dieser „Eröffnungsbeschwerde" *Heghmanns*, Zwischenverfahren, S. 146 ff sowie S. 169 f unter Hinweis auf die Bedenken eines solchen Rechtsbehelfes, nämlich die mögliche Verzögerung des gesamten Verfahrens, die mangelnde Notwendigkeit einer Beschwerde aufgrund der Vorläufigkeit des Eröffnungsbeschlusses sowie die gering eingeschätzten Erfolgsaussichten einer solchen Beschwerde.

810 Unter Punkt B. I. 3. b) aa) ‚Strafbefehl oder Anklageerhebung'.

811 Vgl. *Heinz*, Abschlußentscheidung, S. 33.

§ 408 III. Die Gründe dafür sind vielfältig. Auf diese soll nun eingegangen werden.

a) Hintergrund des vollen Übereinstimmens des Richters mit dem Strafbefehlsantrag

Einerseits soll durch die geforderte Übereinstimmung eine erhöhte Gewähr für die Richtigkeit des Strafbefehls erzielt werden, andererseits soll sie Ersatz dafür sein, daß die Staatsanwaltschaft gegen den Strafbefehl keinen Rechtsbehelf hat.[812] Durch die übereinstimmende Beurteilung des Falles seitens des Richters und des Staatsanwalts soll der Beschuldigte geschützt werden. Letzterer wird nämlich lediglich aufgrund eines summarischen schriftlichen Verfahrens mit einer Strafe belegt und unterläßt möglicherweise aus Angst vor einer Hauptverhandlung oder Unwissenheit das Einfordern richterlichen Gehörs im Wege des Einspruchs.[813] Auch dient die notwendig identische Beurteilung des Falles sowie des Strafmaßes der Verfahrensbeschleunigung: Verzögerungen aufgrund Abweichungen von dem Antrag sollen vermieden werden.[814] Die Übereinstimmung zwischen Richter und Staatsanwaltschaft soll jedoch ebenfalls der gegenseitigen Kontrolle dieser beiden Organe dienen.[815]

b) Historische Ursprünge

Die Notwendigkeit richterlicher und staatsanwaltschaftlicher Übereinstimmung bei Erlaß des Strafbefehls reicht bis in die Zeit des Erlasses der RStPO zurück. Allerdings hat sich die richterliche Kontrollpflicht im Laufe der Zeit geändert. Die Ursprünge des Strafbefehls noch vor Erlaß der RStPO ließen zunächst eine bloß formale Überprüfung dieser „Polizeiverfügung" durch den Richter zu.[816] In diesem Fall erschöpfte sich die gerichtliche Kontrolle auf das formal einwandfreie Verfahren, also das ordnungsgemäße Vorliegen der Anklage, nicht jedoch

---

[812] Siehe *Burkhard*, Strafbefehl, S. 106 f.

[813] Alternativkommentar-*Loos*, § 408 Rdnr. 1, 9, Vor § 407, Rdnr. 5.

[814] So schon die Absichten des Gesetzgebers, vgl. *Hahn*, Materialien zur Strafprozeßordnung, S. 1428 f. Ebenso ausführlich *Kirch*, Strafbefehlsverfahren, S. 90.

[815] *Kleinknecht/ Meyer-Goßner*, Strafprozeßordnung, Vorbemerkung zu § 407, Rdnr. 1.

[816] So lautete § 122 des Preußischen Gesetzes betreffend das Verfahren in den bei dem Kammergericht zu Berlin zu führenden Untersuchungen vom 17. Juli 1846 als die maßgebende Bestimmung zu der schriftlichen Strafverfügung, welche als Vorläufer des Strafbefehles gesehen werden kann, wie folgt: „Beruht die Anklage wegen eines Polizeivergehens auf der Anzeige eines Beamten, welcher die Tat aus eigener amtlicher Wahrnehmung bekundet [wozu auch eine im Dienst befindliche Militärperson zu rechnen ist][816] und wird nicht etwa der Angeschuldigte dem Polizeirichter zugleich vorgeführt, in welchem Fall stets das ordentliche Verfahren eintreten muß, so setzt der Polizeirichter aufgrund der Anklage die Strafe fest und macht sie dem Angeschuldigten durch eine schriftliche Verfügung mit dem Bedeuten bekannt, daß wenn er durch diese Straffestsetzung sich beschwert finden sollte, er zur Ausführung seiner Verteidigung sich in einem sogleich in der Verfügung, und zwar auf mindestens 10 Tage hinaus zu stellen, im Falle seines Nichterscheinens in diesem Termin aber die Vollstreckung der Strafe zu gewärtigen habe." Zitiert nach *Mayer*, GS 1930, S. 40.

auf die inhaltliche Richtigkeit der Anklage.[817] Grund war die zu damaliger Zeit bestehende Vorstellung und Möglichkeit eines Exekutivverfahrens mit Straffestsetzung, also eine den Polizeibehörden noch verbliebene Judikatur. Dem entsprach die Anwendbarkeit dieses Verfahrens nur auf Polizeivergehen. Erst durch Veränderung der Richterrolle und -funktion kam es zu einer Kompetenzverlagerung zugunsten des Richters, die folgerichtig nun eine inhaltliche Prüfung nach sich zog.[818]

Wegen der Ideen des reformierten Strafprozesses im Zusammenhang mit den Ereignissen von 1848 kam es in Preußen schon bald zu einer Modifizierung der genannten Regelung durch das Gesetz vom 3. Mai 1852, das nicht nur anderen Ländern als Vorbild diente, sondern auch den Beratungen zur RStPO zugrunde gelegt wurde.[819]

Da nunmehr der Antrag auf Erlaß der Verfügung nicht mehr an bestimmte formale Voraussetzungen geknüpft war wie an eine amtliche Anzeige, hatte der Richter nunmehr den Antrag auch inhaltlich zu überprüfen.[820] Dies bedeutete eine Ausdehnung der richterlichen Kontroll- und Prüfungspflicht, zumal der Polizeianwalt gegen die Abweichung der Richters von dem beantragten Strafmaß kein Rechtsbehelf zustand.[821] Vor allem zwecks Verfahrensvereinfachung wurde jedoch bei der RStPO das Erfordernis der vollen Übereinstimmung des Richters und Staatsanwalts in Abkehr zum preußischen Modell eingeführt.[822]

Der Entwurf der RStPO sah dementsprechend in § 376 vor:

> „Der Amtsrichter hat dem Antrage, welcher auf eine bestimmte Strafe gerichtet sein muß, zu entsprechen, wenn der Erlassung des Strafbefehls nicht Bedenken entgegenstehen. Findet der Amtsrichter Bedenken, oder will derselbe eine andere als die beantragte Strafe fest-

---

[817] So auch *Mayer*, GS 1930, S. 41, der auf die Ähnlichkeit mit dem zivilrechtlichen Vollstreckungsverfahren hinweist. Ebenso *Erbe*, Strafbefehl, S. 51. *Burkhard*, Strafbefehl, S. 18, billigte dem Richter hingegen ein Abweichen bei der Strafzumessung zu.

[818] *Burkhard*, Strafbefehl, S. 17.

[819] Siehe *Kirch*, Strafbefehlsverfahren, S. 12. Die Bestimmung lautete wie folgt: „Artikel 122: Wenn weder der Beschuldigte vorgeführt wird, noch die Verhaftung desselben erforderlich ist, kann der Polizeianwalt bei dem Polizeirichter den Antrag stellen, daß die verwirkte Strafe ohne vorgängige Hauptverhandlung durch eine Strafverfügung festgesetzt werde. Dieser Antrag muß die Angabe der Tatsachen, durch welche die Übertretung begangen sein soll, die dafür vorhandenen Beweise sowie die Anführung der anzuwendenden Strafvorschrift enthalten und auf eine bestimmte, nach Art und Höhe zu bezeichnende Strafe gerichtet sein." Artikel 123: Der Polizeirichter hat, wenn nicht besondere Bedenken entgegenstehen, die von ihm angemessen erachtete Strafe durch Verfügung festzusetzen. Ist die festgesetzte Strafe geringer oder von anderer als die beantragte, so wird die Strafverfügung zunächst dem Polizeianwalt mitgeteilt und erst nach Art. 124 dem Beschuldigten zugestellt, wenn der Polizeianwalt nicht innerhalb dreier Tage nach dem ihm gewordenen Mitteilung die Einleitung des mündlichen Verfahrens beantragt."

[820] *Erbe*, Strafbefehl, S. 51.

[821] Vgl. *Burkhard*, Strafbefehl, S. 18.

[822] Siehe dazu *Hahn*, Materialien zur Strafprozeßordnung, S. 1118 ff., 1428 f.

setzen, während die Staatsanwaltschaft bei ihrem Antrage beharrt, so ist die Sache zur mündlichen Verhandlung zu bringen."[823]

Diese Regelung ist der heutigen sehr weit angenähert, § 408 III. Sie bedeutet aber gleichzeitig eine Stärkung der Staatsanwaltschaft, da ihr bei Abweichen von ihrem gestellten Antrag und der damit ausgelösten Hauptverhandlung ein Anwesenheitsrecht zusteht. Auch hat sie im Falle der Ablehnung des Strafantrags ein Beschwerderecht gemäß §§ 408 II 2, 204, 210 II.[824]

c) Effektivität der richterlichen Kontrolle

Wie bereits dargelegt, kommt es heute durchschnittlich in lediglich 0,5 % aller Strafbefehlsanträge zu einer Hauptverhandlung durch Anberaumung von seiten des Richters.[825] An dieser Stelle soll noch einmal in Erinnerung gerufen werden, daß nach Ansicht vieler Beobachter die Unterschrift des Richters unter den staatsanwaltschaftlichen Strafbefehlsantrag zu einer reinen „Gegenzeichnungsprozedur" verkümmert sei.[826] Strafbefehlsanträge würden vom Richter schablonen- und routinemäßig erledigt. Dies geschehe durch die weitverbreitete Praxis, den Strafbefehl per Verfügung „nach Antrag" anzuordnen.[827] Darüber hinaus wird sogar die Einschätzung vorgenommen, der Richter unterschreibe den Strafbefehl „mehr oder minder ungeprüft" und reiche ihn an den Adressaten als „Angebot der Staatsanwaltschaft" weiter.[828]

Es erscheint insofern notwendig, die Gründe für diese Praxis aufzuschlüsseln.

d) Grund für die geltend gemachte Ineffektivität des Kontrollmechanismus

Grund für die anstandslose Übernahme der staatsanwaltschaftlichen Sanktionsfestsetzung durch den Richter ist zum einen die Überlastung der Justiz und der Richter, die für eine gründliche Überprüfung jedes Strafbefehls kaum Raum läßt. So hat ein Amtsrichter nach Zahlenstatistiken aus Baden-Württemberg ein jährliches Arbeitspensum von rund 5.500 Strafbefehlen zu bewältigen. Legt man denktechnisch pro Jahr 227 Arbeitstage zu 8 Stunden zugrunde, so bleiben im Durchschnitt 20 Minuten pro Strafbefehl.[829] Dies zeigt, daß für zeitraubende Bedenken oder einen beschwerdesicheren Ablehnungsbeschluß nach §§ 408 II iVm 210 II kaum Zeit verbleibt. Hinzugedacht werden müssen noch die übrigen anderweitigen Belastungen und Aufgaben eines Richters. Daher wird der Strafbefehl auch als „Angebot der Staatsanwaltschaft gesehen."[830] Aufgrund dessen

---

[823] Diese Vorschrift entsprach in ihrer Grundkonzeption auch dem § 448 I, II der später verabschiedeten RStPO, vgl. dazu *Kirch*, Strafbefehlsverfahren, S. 13 mwN.
[824] *Burkhard*, Strafbefehl, S. 18.
[825] So *Kirch*, Strafbefehlsverfahren, S. 90.
[826] So *Heinz*, Abschlußentscheidung, S. 11.
[827] *Schorn*, Strafbefehls- und Strafverfügungsverfahren, S. 31.
[828] *Hausel*, ZRP 1994, S. 96.
[829] Angaben nach dem sogenannten Pensenschlüssel, mwN *Hausel*, aaO, S. 96.
[830] *Hausel*, aaO.

kann die Ursache für eine geringe Kontrollintensität in dem Bewußtsein liegen, daß der Betroffene gegen den Strafbefehl Einspruch erheben und somit die Folgen des Strafbefehles abwenden kann. Ferner kann die Tatsache, daß Staatsanwälte wie Richter die gleiche juristische Qualifikation besitzen, ebenfalls ein Grund für die hohe Übereinstimmungsrate beim Strafbefehl sein.[831] Ein weiterer möglicher Erklärungsansatz für die in der Regel anstandslose Gegenzeichnung durch den Richter ist die „Konfliktvermeidungsstrategie" der Staatsanwälte: Sie stellten nur solche Anträge auf Erlaß eines Strafbefehles, bei denen die richterliche Unterschrift als gesichert anzusehen sei.[832]

e) Kritik und Änderungsvorschläge

Aufgrund der faktischen Festsetzung der Strafe und des entsprechenden Verfahrens durch den Staatsanwalt und der lediglich als pro forma empfundenen richterlichen Mitwirkung wird gefordert, die rechtlichen Verhältnisse den faktischen anzupassen. Es solle nunmehr der Staatsanwalt alleine den Strafbefehl in Anlehnung an das Bußgeldverfahren erlassen. Dabei müsse allerdings bei Einspruch gegen den Strafbefehl der Richter nach wie vor eingeschaltet werden. Da die Hauptmasse der Geldstrafen per Strafbefehl erledigt würden, solle der Richter den Strafbefehl nur noch bei angeordneten Freiheitsstrafen wegen Art. 104 II GG erlassen.[833]

Untermauert wird diese Auffassung durch die Stellungnahme des BVerfG, das ausgeführt hat, daß das Strafbefehlsverfahren das Interesse des Staatsbürgers in den Vordergrund stelle, „einfachere Straffälle verhältnismäßig billig und diskret, ohne Zeitverlust und Ansehen erledigen zu können."[834]

f) Zusammenfassung

Die Ursprünge des Strafbefehls entstammen Mitte der 19. Jahrhunderts aus Preußen. War damals die richterliche Kontrolle dieser „Polizeiverfügung" eine lediglich formale, so gewann die Prüfungskompetenz des Richters immer mehr an Umfang. Sie mündete schließlich in eine volle inhaltliche Überprüfung. Die heute notwendige vollständige Übereinstimmung des Richters mit dem Staatsanwalt bei Erlaß des Strafbefehls soll eine gegenseitige Kontrolle der beteiligten Organe bewirken. Allerdings entspricht der Richter fast allen Strafbefehlsanträgen der Staatsanwaltschaft anstandslos. Beklagt wird daher die richterliche Kontrollintensität. Sie sei kaum vorhanden, da der Richter den Strafbefehlsantrag schablonenartig unterzeichne. Folglich fordern einige, die Kompetenz zum Erlaß eines Strafbefehls der Staatsanwaltschaft direkt zu übertragen ohne richterliche Beteiligung. Zu einer solchen solle es nur bei Einspruch oder bei zu verhängenden Freiheitsstrafen als Rechtsfolge kommen.

---

[831] Vgl. *Blankenburg/ Sessar/ Steffen*, Staatsanwaltschaft, S. 245.
[832] So *Blankenburg/ Sessar/ Steffen*, aaO, S. 113.
[833] *Hausel*, ZRP 1994, S. 95.
[834] Vgl. BVerfGE 25, 158, 165.

IV. Gesamtbetrachtung

1. Grundtendenzen aller Kontrollmechanismen und Effektivität der richterlichen Kontrolle

Die Untersuchung der einzelnen Kontrollmechanismen ergeben in ihrer Gesamtschau ein einheitliches Bild. Sowohl die Notwendigkeit wie auch der Umfang der richterlichen Kontrolle sind stark umstritten. Grund ist die geltend gemachte Ineffektivität der richterlichen Prüfung. Die Statistiken sprechen bezüglich aller Kontrollmechanismen eine eindeutige Sprache: Beanstandungen und der Staatsanwaltschaft konträre richterliche Entscheidungen kommen fast nicht vor. In aller Regel wird die staatsanwaltschaftliche Handlungsweise richterlich bestätigt oder ‚abgesegnet'. Daraus werden unterschiedliche Schlüsse gezogen. Die einen plädieren wegen dieser ‚Erfolglosigkeit' richterlicher Kontrollen aufgrund statistischer sowie deskriptiver Erfahrungswerte für einen Abbau jener Kontrollen. Untermauert wird diese Auffassung durch die Vertrauenswürdigkeit und Zuverlässigkeit der Staatsanwaltschaft. Andere hingegen erkennen den Wert richterlicher Kontrollen auch jenseits statistischer Werte an und fordern einen Ausbau. Die Zuverlässigkeit der Staatsanwaltschaft berechtige noch nicht zu der Aufgabe deren Kontrolle. Diese sehr kontroverse Diskussion wird im nachfolgenden noch einmal abstrakt und unabhängig von den einzelnen Kontrollmechanismen mit ihren wichtigsten Argumenten zusammengefaßt.

2. Abstrakte Kontroverse bezüglich der Kontrollmechanismen

a) Beibehaltung oder Verstärkung der gegenseitigen Kontrolle

Von den Befürwortern einer ausgedehnten oder auszudehnenden richterlichen Kontrolle werden folgende Argumente wiederholt vorgebracht.

aa) Weisungsabhängigkeit als Grund für richterliche Kontrolle

Als Grund für eine verstärkte Kontrolle der Staatsanwaltschaft durch das Gericht wird das Problem der politischen Einflußnahme auf die Staatsanwaltschaft angeführt. Per Weisung sichere sich die Regierung ihren Einfluß auf die Strafjustiz.[835] Das sei schon bei den Anfängen der RStPO ein großes Problem gewesen. So wies Franz v. Liszt bereits 1877 bei einem Vortrag auf die Gefahr hin, daß

> „die herrschende Partei ihre Stellung mit allen ihr zu Gebote stehenden Mitteln bis zum äußersten ausnutzt, daß die Staatsanwaltschaft über höhere Weisungen mit maßloser Strenge gegen die Minorität vorgeht, auch die gröbsten Ausschreitungen der ministeriellen Partei dagegen unbeachtet und unverfolgt läßt, mit einem Worte, das Strafverfolgungsrecht des Staates den politischen Leidenschaften dienstbar macht."[836]

---

[835] *Fuhrmann*, JR 1964, S. 420.
[836] Zitiert nach *Maiwald*, GA 1970, S. 51.

Heute sei sowohl in der Bevölkerung als auch in den Medien hinreichend bekannt, daß die jeweilige Regierung sehr wohl durch ihre weisungsabhängigen Staatsanwälte Einfluß auf die Strafrechtspflege nehme. 1986 überschrieb beispielsweise eine Zeitung einen Kommentar mit den Worten „Politik per Staatsanwalt.“[837] Der Verdacht eines „politischen Komplotts“ machte in den Medien die Runde.[838] Dies wurde dadurch untermauert, daß der Generalstaatsanwalt ein politischer Beamter ist.[839] Die Generalstaatsanwälte werden von der jeweiligen Regierung eingesetzt. Regierungen allerdings dächten und handelten politisch. Daher stelle sich die Frage, ob sie bei der Besetzung eines so wichtigen Postens wie den des Generalstaatsanwalts ein anderes Verhalten an den Tag legten. Der politische Wille ‚von oben‘ werde nicht nur durch Weisungen durchgesetzt, sondern auch durch das Substitutionsrecht nach § 145 GVG. Dies sei der Nährboden des „vorauseilenden Gehorsams“, der zur Durchsetzbarkeit des politischen Willens „bis an die Grenze der Willkür“ führe.[840]

bb) Notwendigkeit der richterlichen Kontrolle aus Rechtsstaatserwägungen

Die häufige Parallelwertung der strafrechtlichen und strafwürdigen Umstände eines Sachverhaltes durch Staatsanwaltschaft und Gericht wird als rechtsstaatliche Sicherung von vielen für notwendig erachtet.[841] So wird es als eine „großartige Errungenschaft des Rechtsstaates“ angesehen, „daß nur dann ein strafrechtliches Unwerturteil gesprochen wird, wenn zwei voneinander unabhängige Institutionen übereinstimmend eine Tat für strafnormwidrig halten.“[842] Das Fehlen der richterlichen Kontrolle der staatsanwaltschaftlichen Tätigkeit zeichne hingegen den Machtstaat aus.[843] Wegen des starken Machtzuwachses der Staatsanwaltschaft sei deshalb eine Kontrolle durch eine unabhängige zweite Institution notwendig. Der Tatbestand der Strafvereitelung als Sicherung gegen staatsanwaltschaftliche Unterlassungen und Manipulationen sei nicht genügend: Er stelle sich als reines „Insichgeschäft“ dar,[844] müßte doch ein Ankläger Anklage gegen einen anderen Ankläger erheben. Diese lediglich interne Selbstkontrolle sei allerdings mit der herrschenden Rechtspraxis nicht vereinbar. Auch exekuti-

[837] Hannoversche Allgemeine Zeitung vom 15.03.1986

[838] FAZ vom 14.03.1986 sowie der Spiegel Nr. 12/ 1986, S. 20.

[839] Siehe die Welt vom 22.03.1986. Vgl. *Vultejus*, ZRP 1999, S. 136.

[840] *Zuberbier*, DRiZ 1988, S. 255. Mit einem sehr instruktivem Beispiel dazu *Rudolph*, NJW 1998, S. 1205 f. Negativ auch der *Arbeitskreis Strafrecht*, StV 2000, S. 462.

[841] So *Weiland*, NStZ 1991, S. 575. Ebenso *H. Vogel*, Das „öffentliche Interesse“, S. 119, der diese doppelte Schutzwirkung als Sicherung ansieht, die auf Mißtrauen zurückzuführen sei. *Rudolf Gneist*, Vier Fragen zur Deutschen Strafprozeßordnung, Berlin 1874, S. 36 spricht in diesem Zusammenhang von dem „Angelpunkt des sog. Rechtsstaats.“ Ebenso *Delbrück*, GS 1904, S. 440.

[842] *Kintzi*, DRiZ 1987, S. 459. Für die Beibehaltung der Kontrollmechanismen auch *Fezer*, Strafprozeßrecht, S. 19.

[843] So *Jans*, Klageerzwingungsverfahren, S. 11.

[844] So *Jung*, ZStW 1981, S. 1165. Auch *Ernst*, Zwischenverfahren, S. 32, spricht von einer höheren Effektivität der Kontrolle, wenn diese durch eine zusätzliche, von der Staatsanwaltschaft getrennte Institution geschieht.

ve wie erstinstanzliche justizielle Entscheidungen würden einer Überprüfung durch eine unabhängige Institution, in der Regel durch das entsprechend zuständige Gericht, unterzogen. Eine solche externe Kontrolle, insbesondere in dem empfindlichen und medienwirksamen Bereich wie der Strafrechtspflege, sei auch insofern notwendig und nützlich, um von vornherein unberechtigte Verdächtigungen und Unterstellungen wie „Mauscheleien und Klüngeleien" durch Einschaltung des unabhängigen Richters zu unterbinden. Damit käme es zu einer Stärkung des Vertrauens in den Rechtsstaat.[845]

cc) Notwendigkeit von ausgeprägten Kontrollmechanismen aus historischen Argumenten

Wurden lange Zeit die richterlichen Kontrollmechanismen wegen des gegenüber der Staatsanwaltschaft gehegten Mißtrauens ausgearbeitet und beibehalten, so verkenne man den Grundgedanken des Rechtsstaates, wenn man Kontrollen abbaue, nur weil die bisher kontrollierte Instanz sich als vertrauenswürdig erwiesen habe.[846] Gesetzliche Sicherungs- und Kontrollmechanismen seien das bessere Mittel zur Erhaltung des Rechtsstaates als das Vertrauen in die ordnungsgemäße Gesinnung der Rechtsanwender.[847] Nicht zufällig sei die gängige Begründung der Nationalsozialisten bezüglich der Umgestaltung des Strafprozeßrechts die Vertrauenswürdigkeit der Justiz und im besonderen der Staatsanwaltschaft gewesen, um sie so für ihre Zwecke zu instrumentalisieren.[848] Man dürfe nicht in das Denken jener Zeit zurückfallen, was aber geschehe, wenn man die richterliche Kontrolle der Staatsanwaltschaft als „Ausdruck des Mißtrauens" betrachte. Das Typische eines Rechtsstaates liege gerade darin, daß er Sicherungs- und Kontrollmechanismen schaffe, um so durch ein allgemeines Mißtrauen gegenüber staatlicher Machtausübung den einzelnen vom individuellen Mißtrauen zu entlasten.[849]

Weiterhin wird für eine starke gegenseitige und damit richterliche Kontrolle der Staatsanwaltschaft geltend gemacht, die gesamte Rechtsgeschichte lehre, daß jede Gewaltausübung ein immanentes Streben nach unbeschränkter, lediglich an Zweckmäßigkeitsgesichtspunkten orientierter Machtausübung innewohne, die jedes Gerechtigkeitsstreben verdränge. Die lediglich Bindung der Machtausübenden an Prinzipien wie Gerechtigkeit und Wahrheit, wie beispielsweise beim Inquisitionsrichter, schütze vor Machtmißbrauch nicht; vielmehr müsse die wirkliche Gerechtigkeit gewährleistet werden durch die Teilung von Gewalten, die sich gegenseitig hemmten und kontrollieren.[850] Eberhard Schmidt summiert das Entstehen der grausamen Inquisitionsprozesse und die dabei immer stärker eingesetzte Folter wie folgt:

---

[845] Vgl. *Ostendorf*, RuP 1980, S. 201.
[846] In diesem Sinne *Kausch*, Der Staatsanwalt, S. 233.
[847] So *H. Vogel*, Das „öffentliche Interesse", S. 262.
[848] So *Müller*, Rechtsstaat und Strafverfahren, S. 207.
[849] *Müller*, aaO, S. 208.
[850] Vgl. *Gössel*, Stellung der Staatsanwaltschaft, S. 333.

„Nirgends aber ist die Versuchung, nach reinen Zweckmäßigkeitsgesichtspunkten zu handeln, größer als da, wo Macht verteidigt oder durchgesetzt werden soll. Dafür liefert die ganze Menschheitsgeschichte schlagenden Beweis bis auf den heutigen Tag. Die Sorge um die Macht verdrängt alle Rücksichten, die aus Erwägungen der Gerechtigkeit und aus sonstigen ethischen Gesichtspunkten sich einstellen oder zu vorsichtigem und behutsamem Vorgehen gegen den Gegner nötigen könnten."[851]

Bezüglich des von keiner Seite tatsächlich kontrollierten Inquirenten fährt Schmidt fort:

„Die psychologischen Notwendigkeiten, die das Handeln eines mit solcher Machtfülle ausgestatteten, dem eigenen Ermessen überlassenen, von der Exekutive des Staates abhängigen Richters bestimmen, wurden gänzlich verkannt. Bei allem Willen zu richterlicher Haltung mußte ihn das aller justizförmigen Garantien entbehrende Verfahren in ein polizeiliches Zweckmäßigkeitsdenken hineintreiben... Aber sie [die Zeitepoche] hat zugleich unschätzbare politische und prozeßpsychologische Erfahrungen vermittelt und alle Irrtümer herausgestellt, denen ein ungebundenes, nur auf Zweckmäßigkeit eingestelltes Ermessensdenken gar zu leicht anheimfällt. Die Menschheit hat diese Irrtümer mit Leid und Qual und mit Strömen unschuldig vergossenen Blutes bezahlen müssen. In den Hexenprozessen des 16. bis 18. Jahrhunderts sehen wir...eine furchtbare Mahnung der Geschichte..."[852]

Die Bestätigung dieser Erkenntnis wird in der leidvollen Geschichte der deutschen Justiz während der Zeit des Nationalsozialismus gesehen. Die verhängnisvolle Rolle der Justiz, deren Abkehr von rechtsstaatlichen Standarts und ihre Instrumentalisierung als Machtmittel eines diktatorischen Staates sei Hand in Hand einhergegangen mit dem Abbau richterlicher Kontrollmechanismen wie des Klageerzwingungsverfahrens oder des Zwischenverfahrens.[853]

dd) Richterliche Kontrollnotwendigkeit wegen tendenziell einseitiger Sichtweise des Staatsanwalts

Als Grund für die Kontrolle des Staatsanwalts durch den unabhängigen Richter wird die Gefahr bezeichnet, der Staatsanwalt gerate bei seiner Tätigkeit zu sehr in die Sicht einer Strafverfolgungsbehörde und könne mitunter im Einzelfall die Fähigkeit verlieren, die Umstände objektiv und unparteilich zu würdigen.[854] Bei allem Willen zur Objektivität, zu der sie gesetzlich auch verpflichtet ist, § 160 II,[855] führe doch alleine schon ihre Stellung und ihre Aufgabe, nämlich das Aufspüren von strafbaren Handlungen, deren Ermittlung und Verfolgung zu einer subjektiv gefärbten Beurteilung des Falles und damit gelegentlich zu über-

---

[851] *E. Schmidt*, Strafrechtspflege, S. 98.
[852] *E. Schmidt*, aaO, S. 209.
[853] *E. Schmidt*, Lehrkommentar, § 172, Rdnr. 1
[854] Siehe dazu *Ernst*, Zwischenverfahren, S. 33 f.
[855] Gern bezeichnet man die Staatsanwaltschaft als ein „zu Gerechtigkeit und Objektivität verpflichtetes Justizorgan" sowie als die „objektivste Behörde der Welt", siehe beispielsweise *Kleinknecht/ Meyer-Goßner*, Strafprozeßordnung, § 160, Rdnr. 14.

eilten oder gar unbegründeten Anklagen.[856] Insofern wird eine Parallele zu der psychischen Überforderung des ermittelnden, aber zu Gerechtigkeit und Objektivität verpflichteten Inquisitionsrichter gezogen.[857] Die heutzutage gelegentlich fehlende Objektivität des Staatsanwalts mache jedoch die Überprüfung durch einen unbeteiligten Richter, der kein besonderes Interesse an der „erfolgreichen" Strafverfolgung im Sinne einer Sanktionierung des (vermeintlich) ermittelten Beschuldigten hat, notwendig.[858] Untermauert wird diese Auffassung durch die frühere Fassung des § 23 II, der den die gerichtliche Voruntersuchung führenden Untersuchungsrichter als Mitglied des erkennenden Gerichts ausschloß.[859] In der Tat wurde die ermittelnde Tätigkeit als objektivitäts- und neutralitätsgefährdend angesehen.[860] Zum Teil wird sogar die Möglichkeit in Erwägung gezogen, die Staatsanwaltschaft klage bewußt an, um den Betroffenen den Nachteilen einer öffentlichen Hauptverhandlung auszusetzen, obgleich sie nicht – beispielsweise wegen ungünstiger Beweissituation – von der Verurteilung des Angeklagten ausgeht. Strafe und abschreckende Wirkung sollten in diesem Fall von der Hauptverhandlung selbst – quasi als Denkzettel – ausgehen.[861] Gerade in diesem Fall erscheint eine richterliche Kontrolle um so notwendiger.

ee) Positive psychologische Präventivwirkung der richterlichen Kontrolle

Für eine starke gerichtliche Kontrolle – selbst bei scheinbar statistischer Ineffektivität der Kontrollmechanismen – wird die Auffassung angeführt, alleine die Existenz der verschiedenen Kontrollmechanismen mache einen Großteil ihrer Wirkung aus. Jene könne nicht zahlenmäßig erfaßt werden, da sie vor allem psychologischer Natur sei und somit nicht an der tatsächlichen Geltendmachung gemessen werden könne.[862] Das Bewußtsein der Staatsanwaltschaft einer möglichen Überprüfung durch ein unabhängiges Gericht schließe von vornherein sachfremde Erwägungen aus und halte zu sorgfältiger, gesetzestreuer Arbeit an.[863] Möglicherweise passe der Staatsanwalt sein Verhalten bereits im Vorfeld der richterlichen Kontrolle an die Entscheidungskriterien des Richters so an, daß die staatsanwaltlichen Akte die Kontrollmechanismen problemlos passierten, es also gar nicht erst zu einer offiziellen Beanstandung kommen müsse. Somit überprüfe der Staatsanwalt sein eigenes Verhalten durch dessen Beurteilung aus

---

[856] So *Biechtler*, NJW 1950, S. 531.

[857] *Gössel*, Stellung der Staatsanwaltschaft, S. 343.

[858] Vgl. *Ernst*, Zwischenverfahren, S. 33, 46.

[859] § 23 II a.F. lautete: „Der Untersuchungsrichter darf in den Sachen, in denen er die Voruntersuchung geführt hat, nicht Mitglied des erkennenden Gerichts sein, auch nicht bei einer außerhalb der Hauptverhandlung ergehenden Entscheidung der Strafkammer mitwirken."

[860] Vgl. *E. Schmidt*, Lehrkommentar, § 23, Rdnr. 4 mit weiteren Hinweisen auf höchstrichterliche Rechtsprechung des RG.

[861] In diesem Sinne *Ernst*, Zwischenverfahren, S. 39.

[862] So für das Klageerzwingungsverfahren *Ostler*, Strafrechtliche Abhandlungen Heft 287, S. 12.

[863] Vgl. dazu *Jans*, Klageerzwingungsverfahren, S. 16 f.

der vorgestellten Sicht eines Richters, wodurch eine effektive, jedoch nicht meßbare Selbstkontrolle stattfinde.[864]

ee) Fehlende Ablehnungsmöglichkeit eines befangenen Staatsanwalts

Die Notwendigkeit der Überprüfung der Entscheidungen des Staatsanwalts wird auch daraus abgeleitet, daß eine für den Beschuldigten durchsetzbare Möglichkeit des Ausschlusses eines befangenen Staatsanwalts fehlt. Mangels gesetzlicher Regelungen ähnlich der §§ 22 ff. hat der Beschuldigte keinen Rechtsanspruch auf Ausschluß oder Ablösung eines befangenen Staatsanwalts.[865] Auch eine analoge Anwendung bestehender gesetzlicher Regelungen oder Wertungen wie §§ 22, 145 GVG,[866] 160 Satz 2[867] gibt dem Betroffenen keinen Anspruch auf Ablösung des Staatsanwalts.[868] Da die Substitution durch den Vorgesetzen die einzige Möglichkeit seiner Ablösung darstellt, diese Ersetzung jedoch weder erzwingbar ist, sondern einzig und allein im Gutdünken des Vorgesetzen liegt, wird die Forderung nach richterlicher kontrollierender Intervention laut.[869]

b) Abbau der gegenseitigen bzw. richterlichen Kontrolle

aa) Weisungsgebundenheit des Staatsanwalts kein Grund für verstärkte richterliche Kontrolle

Zugunsten des Abbaus der richterlichen Kontrolle wird dargelegt, die staatsanwaltschaftliche Weisungsgebundenheit führe nicht aufgrund möglicher politischer Einflußnahme zu der daraus folgenden Konsequenz einer verstärkten Kontrolle durch den unabhängigen Richter, sondern ergebe sich vielmehr notwendigerweise aus der parlamentarischen Verantwortung des Justizministers.[870] Sehe man die Staatsanwaltschaft als zur Exekutive zugehörig, folge daraus die Notwendigkeit ihrer demokratischen Legitimation und Kontrolle. Eine solche

---

864 In diesem Sinne auch *Werner*, Einfluß des Verletzten, S. 155, sowie *Blankenburg/ Sessar/ Steffen*, Staatsanwaltschaft, S. 113, die von einer staatsanwaltschaftlichen „Konfliktvermeidungsstragie" sprechen, welche sich wie folgt interpretieren läßt: in Anpassung an richterliche Entscheidungsmuster würden nur solche Handlungen vorgenommen, die vorher an diesen Entscheidungsmustern gemessen und ihnen angepaßt wurden und daher die richterliche Kontrolle beanstandungslos passierten. Von einer solchen Antizipation der Entscheidung „höherer Stellen" und dem Versuch, Rollenkonflikte durch Anpassung des eigenen Verhaltens an das der Kontrollinstanz zu vermeiden spricht auch *Bock*, Kriminologie, 109 f.

865 Vgl. BGH NJW 1980, S. 845, 846.

866 *Buckert*, NJW 1970, S. 847.

867 Vgl. die Ausführungen von *Tolksdorf*, Mitwirkungsverbot, S. 52 f.

868 *Tolksdorf*, aaO, S. 136.

869 Vgl. *Frisch*, Ausschluß und Ablehnung, S. 409. Ebenso *Schedel*, Ausschliessung und Ablehnung, S. 208 ff unter Berufung auf die Notwendigkeit richterlicher Kontrolle im Hinblick auf Art. 19 IV GG sowie auf Rechtsschutzlücken für den Beschuldigten. Ähnlich *Ernst*, Zwischenverfahren, S. 31 f., der aus der gesetzlich abgesicherten und durchsetzbaren Unparteilichkeit des Richters gegenüber dem Staatsanwalt die Notwendigkeit der Prüfung der Anklage durch den unabhängigen Richter bejaht.

870 Siehe *Schaefer*, NJW 1994, S. 2877.

Kontrolle der Tätigkeit der Exekutive liege in der Verantwortlichkeit des Justizministers vor dem Parlament. Letzeres werde durchaus sehr häufig mit strafrechtlichen Fragen konfrontiert, wie zahlreiche Kleine und Große Anfragen, Parlamentsgremien und Untersuchungsausschüsse zeigten. Aus diesem Grunde sei ein Rückzug der Regierung aus dem Bereich des Strafrechts undenkbar.[871] Über den Weg der weisungsgebundenen Staatsanwaltschaft werde eine parlamentarische Kontrolle gewährleistet.[872] Der Minister trage daher die politische Verantwortung und müsse für das Verhalten der Staatsanwaltschaft einstehen. Dies sei jedoch nur dann gerechtfertigt, wenn aus dieser Verpflichtung die spiegelbildlichen Rechte erwüchsen, wenn er also das zu verantwortende Verhalten der Staatsanwaltschaft auch entsprechend beeinflussen könne. Nur wer das entsprechende Recht zur Entscheidung und Durchsetzung habe, könne verantwortlich gemacht werden. Daraus folge die Notwendigkeit des hierarchischen Aufbaus der Behörde der Staatsanwaltschaft sowie des entsprechenden Weisungsrechts.[873] Zudem solle man sich nicht so sehr an dem Einfluß der Politik auf die Strafrechtspflege stören, denn die Frage der staatlichen Sicherheit sei immer eine politische, sowohl was die innere wie auch die äußere Sicherheit eines Landes betreffe.[874] Im übrigen sei die Exekutive und damit der Minister an Recht und Gesetz gebunden.[875] Gäbe es die Weisungsgebundenheit der Staatsanwaltschaft nicht, so reiße die demokratische Legitimationskette bis zum Justizminister mit der Folge ab, daß wie in den Vereinigten Staaten die Wahl des Staatsanwalts notwendig werde.[876]

Des weiteren seien die Grenzen des Weisungsrechts sehr eng zu ziehen und keinesfalls vergleichbar mit entsprechenden Rechten gegenüber sonstigen Verwaltungsbehörden. Eine Grenze des Weisungsrechts liege im Legalitätsprinzip sowie in den strafrechtlichen Vorschriften der §§ 258 a, 336, 344, 345 StGB.[877] Darüber hinaus machten willkürliche Differenzierungen die Weisung wegen Art. 3 I GG rechtswidrig und damit unzulässig.[878] Dies gelte vor allem für die Vorgesetzten, die das Weisungsrecht ausübten. Im übrigen sei eine kritische Medienberichterstattung sowie eine parlamentarische Kontrolle in Form von Anfragen oder Ausschußuntersuchungen Abschreckung genug für eine mißbräuchliche Verwendung des Weisungsrechts,[879] so daß deshalb eine weitere gerichtliche Kontrolle nicht notwendig sei.

Schließlich spiele das Weisungsrecht in der Praxis so gut wie keine Rolle, da es sehr selten ausgeübt werde.[880]

---

[871] Siehe *Hund*, ZRP 1994, S. 471.
[872] *Grünwald*, Besondere strafprozessuale Vorschriften, C 37.
[873] In diesem Sinne auch *Koller*, Staatsanwaltschaft, S. 384.
[874] *Zapka*, RuP 1991/1992, S. 117.
[875] Vgl. *Geisler*, ZStW 1981, S. 1128.
[876] So *Hund*, ZRP 1994, S. 472.
[877] *Mayer*, Staatsanwaltschaft, S. 243.
[878] *Prechtel*, Verhältnis der Staatsawaltschaft, S. 55.
[879] Vgl. *Hund*, ZRP 1994, S. 473.
[880] So *Prechtel*, Verhältnis der Staatsanwaltschaft, S. 55.

bb) Substitutionsrecht kein Grund für verstärkte richterliche Kontrolle

Auch das Substitutionsrecht nach § 145 GVG sei keine Gefahr einer willkürlichen Handhabung und Durchsetzung des politischen Willens, sondern vielmehr ein unverzichtbares Mittel der Dienstaufsicht, vor allem beim Vorliegen von Befangenheitsgründen eines Staatsanwalts, der ja nicht wie ein Richter ablehnbar sei.[881]

Gegen eine gerichtliche Kontrolle der Staatsanwalt wird auch die bewußte Trennung von Richter und Ankläger ins Feld geführt. Diese Trennung der verschiedenen Tätigkeiten und Rollen sei ein entscheidender Schritt zur Überwindung des früheren Inquisitionsverfahrens gewesen und drohe bei richterlicher Kontrolle der staatsanwaltschaftlichen Tätigkeit wieder verloren zu gehen. Auch werde durch eine zu starke richterliche Kontrolle das staatsanwaltschaftliche Ermittlungsverfahren zu stark gehemmt oder gar gelähmt.[882] Dies wäre jedoch mit einem raschen, zielstrebigen und erfolgreichen Strafverfahren, das auch im Interesse der Allgemeinheit liege, nicht zu vereinbaren.[883]

cc) Ausreichende behördeninterne Kontrolle

Gegen eine richterliche Fremdkontrolle wird geltend gemacht, die staatsanwaltschaftliche Eigenkontrolle sei ausreichend, verhindere internen Mißbrauch und sei sogar schneller, unbürokratischer und kostengünstiger.[884] Wie bereits dargelegt, hatten Untersuchungen der behördeninternen Kontrollmechanismen gezeigt, daß die Staatsanwaltschaft gerichtlich überprüfbare und nicht überprüfbare Verfahrenseinstellungen gleichermaßen mit zufriedenstellendem Ergebnis behandelt.[885] Insofern ergab sich aus dieser Untersuchung kein Bedürfnis für eine gerichtliche Kontrolle, auch nicht im Hinblick auf die insgesamt zuverlässige und gründliche Arbeitsweise der Staatsanwaltschaft.[886]

Diese deutsche Diskussion soll nun mit Denkanstößen, Erfahrungen und Erkenntnissen aus dem amerikanischen Rechtskreis bereichert werden.

---

881 *Ulrich*, DRiZ 1988, S. 370.

882 So *Eisenberg/ Conen*, NJW 1998, S. 2247.

883 Vgl. BGH StV 1994, S. 142, 143 sowie OLG Karlsruhe, DÖV 1976, S. 170, 172. *Kohlmann*, Anspruch des Beschuldigten, S. 512 geht von einem Anspruch des Beschuldigten aus, das Ermittlungsverfahren möglichst schnell durchzuführen.

884 Vgl. *Werner*, Einfluß des Verletzten , S. 158.

885 *Werner*, NStZ 1984, S. 402.

886 So angesprochen von *Blau*, Rechtsstellung des Verletzten, L 127.

C. Darstellung des US-amerikanischen Rechts

Viele Unterschiede zwischen dem US-amerikanischen Strafprozeßrecht und dem deutschen Recht resultieren einerseits aus der andersartigen Natur des Verfahrens als Parteiverfahren mit dementsprechender unterschiedlicher Rollenverteilung zwischen den Hauptbeteiligten. Auf der anderen Seite rührt die Verschiedenheit des Strafprozesses auch aus unterschiedlichen historischen Erfahrungen her, daraus gewachsenen Grundstrukturen und Rechtsinstituten, die wir im deutschen Recht nicht kennen.[887] Zur Verdeutlichung soll zunächst ein kurzer Abriß über den Ablauf des us-amerikanischen Strafverfahrens gegeben werden.

Dabei ist zu beachten, daß es – trotz föderaler Struktur beider Staaten – im Unterschied zu der Bundesrepublik Deutschland in den Vereinigten Staaten eine einheitliche Strafprozeßordnung in den einzelnen Bundesstaaten nicht gibt, sieht man einmal von dem Bundesrecht ab.[888] Somit hat jeder der 50 Bundesstaaten[889] eine eigene Verfassung, ein eigenes Strafprozeßrecht sowie teilweise ein eigenes Beweisrecht.[890] Auch sind im Gegensatz zur Bundesrepublik Deutschland die Staatsanwaltschaften viel dezentraler, selbst innerhalb eines Bundesstaates, so daß allgemeine Aussagen noch viel schwieriger sind und daher in Kontrast zu der Praxis und Rechtsanwendung einzelner Staatsanwaltschaften stehen können.[891] Wenn daher im folgenden von „dem Staatsanwalt" gesprochen wird, so geschieht dies aus Vereinfachungsgründen in einer dementsprechenden pauschalierenden Abstrahierung. Schon die Namensvielfalt zeigt die Fülle der verschiedenen Schattierungen der Staatsanwaltschaften wie „District Attorney", „City Attorney", „County Attorney", „State Attorney", „Public Prosecutor", „The Prosecuting Attorney", um die gebräuchlichsten zu nennen.[892]

Wenn auch die grundsätzlichen Züge des Strafverfahrens in den Vereinigten Staaten ähnlich sind, so gibt es in den einzelnen Bundesstaaten doch Abweichungen.[893] In Anbetracht der Fülle der Rechtsordnungen kann eine verallge-

---

[887] Zu der Notwendigkeit der Berücksichtigung der wesentlichen historischen, kulturellen, politischen und sozialen Einflüsse auf das Strafverfahren, welche bei einem Vergleich mit der deutschen Rechtsordnung unbedingt einfließen müssen, siehe *Volkmann-Schluck*, American Journal of Criminal Law 1981, S. 31.

[888] Siehe dazu *Bradley*, Harvard Law Review 1983, S. 1066 unter Hinweis darauf, daß jene „dezentralisierte" Rechtsstruktur die Übernahme deutschen Rechts in den USA erschwert.

[889] Hinzugerechnet werden möge noch das eigene Strafprozeßrecht des District of Columbia, von Puerto Rico, American Virgin Islands sowie Guam.

[890] Siehe *Thaman*, Beweisaufnahme, S. 498.

[891] Siehe *Pizzi*, Ohio State Law Journal 1993, S. 1326.

[892] Die Vielfalt der Staatsanwaltschaften und ihre teilweise unterschiedlichen Funktionen betont *McIntyre/ Lippman*, American Bar Association Journal 1970, S. 1154. Siehe dazu auch *Mellon/ Jacoby/ Brewer*, The Journal of Criminal Law & Criminology 1981, S. 53, die zu dem Schluß kommen, daß die Staatsanwaltschaften eine sehr große Unterschiedlichkeit aufweisen, welche auch mit externen Umständen begründet werden, auf die die Staatsanwälte keine Einfluß hätten.

[893] Siehe *Berch/ Berch/ Spritzer*, Introduction, S. 294.

meinernde Darstellung daher einzelnen Bundesstaaten nicht immer gerecht werden und zum Teil sogar im Widerspruch zu ihnen stehen. Allerdings ist dies der Preis des groben Rasters, welches ermöglichen soll, in vereinfachender Weise grundlegende und typische Abfolgen herauszuarbeiten. Um bei dieser Darstellung wenigstens einem Bundesstaat auch in detaillierteren Regelungen und praktischer Handhabung gerecht zu werden, lehnt sich die Beschreibung an kalifornisches Recht an, soweit eine allgemeine Übereinstimmung mit den übrigen Bundesstaaten bejaht werden kann. Besonderheiten des Kalifornischen Rechts, die für nicht charakteristisch bezüglich der gesamten USA erachtet werden, werden als solche gekennzeichnet.

Zwecks besserer Verständlichkeit der us-amerikanischen Entsprechungen der deutschen Abschlußverfügung und deren besseren Einordnung wird das Schwergewicht besonders auf das Vorverfahren gelegt. Besonderes Augenmerk liegt hierbei auf der maßgeblichen Anklageentscheidung der Staatsanwaltschaft. Dabei wird verständlich werden, daß es ein zeitlich eingrenzbares Pendant zu der deutschen Abschlußverfügung so nicht gibt.

I. Abriß über den Ablauf des amerikanischen Strafverfahrens

1. Beginn der Strafverfahrens (Haft und Haftprüfung)

Einen expliziten formellen Beginn des Strafverfahrens mit kodifiziert geregeltem Ermittlungsverfahren gibt es in den Vereinigten Staaten nicht.[894] Grundsätzlich beginnt das formelle Verfahren entweder mit der Verhaftung (*arrest*)[895] des Tatverdächtigen als dem Regelfall oder alternativ dazu mit Einreichen der vorläufigen Anklage (*complaint*) bei Gericht als Ausnahme. Letzterer Weg wird nur bei weniger schweren Straftaten (*misdemeanor*) – und auch nur teilweise – beschritten, nicht aber bei schwereren Straftaten (*felonies*). Im ersteren Fall muß es sich um eine geringfügige Strafe, in der Regel eine Geldbuße, handeln. Ferner muß der Tatverdächtige bekannt sein und es muß darüberhinaus davon ausgegangen werden können, daß er sich dem Verfahren stellen wird. Sodann erhält der Verdächtige entweder eine schriftliche Benachrichtigung mit der Aufforderung, zu dem festgesetzten Tag bei Gericht zu erscheinen, oder eine gerichtliche Vorladung.[896]

Der Unterschied zwischen *misdemeanor* und *felonies* liegt in aller Regel in der Strafandrohung.[897] In Kalifornien beispielsweise liegt die Unterscheidungsgrenze bei einem Jahr Freiheitsstrafe.[898] Delikte mit einer maximalen Strafandrohung bis zu einem Jahr werden als *misdemeanor* angesehen, alle darüberhinaus als *felonies*. Wenn sich dabei auch ein Vergleich zu der im deutschen Recht üblichen Einstufung als Verbrechen und Vergehen aufdrängt, § 12 StGB, so möge darauf hingewiesen werden, daß vergleichbare Delikte in den USA die Tendenz

---

894 Vgl. *Thaman*, Beweisaufnahme, S. 498.

895 In Anbetracht der Vielzahl der Strafprozeßordnungen ist eine allgemeingültige Definition der Verhaftung nicht möglich. § 834 des Kalifornischen Strafgesetzbuches (*California Penal Code*, West 2000, im folgenden zitiert als Cal. Penal Code) definiert die Verhaftung wie folgt: "An arrest is taking a person into custody, in a case and in the manner authorized by law" (Eine Verhaftung ist die Ingewahrsamnahme einer Person in den Fällen und in der Weise, die von dem Gesetz so vorgesehen sind.). An dieser Stelle möge darauf hingewiesen werden, daß alle nachfolgenden gesetzlichen Regelungen dem neusten Stand entsprechen, sofern nicht anderweitig gekennzeichnet.

896 So ist nach Auskunft kalifornischer Staatsanwälte zumindest in Kalifornien die Praxis. Erscheint der Tatverdächtige aufgrund des Schreibens nicht, so wird im Anschluß an sein Ausbleiben ein Haftbefehl beantragt. Daraufhin kann der Betroffene zwangsweise vorgeführt werden. Das weitere Verfahren, wie Entlassung auf Kaution, etc. entspricht dann wieder dem gewöhnlichen Verfahren bei sofortiger Verhaftung.

897 Siehe *Thaman*, Beweisaufnahme, S. 498.

898 Vgl. Cal. Penal Code §§ 17, 18 mit Hinweis bei der Einstufung auf mögliche anderweitige gesetzliche Regelung: § 18 P.C.: „Exept in cases where a different punishment is prescribed by any law of this state...". Allerdings hat keine als *felony* bezeichnete Straftat eine Strafandrohung unter einem Jahr und keine als *misdemeanor* bezeichnete Tat eine Strafandrohung über ein Jahr.

zu härterer Einstufung als in Deutschland haben. So sind viele Delikte, die in Deutschland als Vergehen angesehen werden, in den USA häufig *felonies*.[899]

Als Faustregel läßt sich jedoch sagen, daß der Tatverdächtige gewöhnlich verhaftet und damit das Strafverfahren formal eingeleitet wird.[900] Verhaftungen können mit oder ohne Haftbefehl vorgenommen werden. Im Gegensatz zur Bundesrepublik Deutschland[901] besteht in den Vereinigten Staaten die vorherrschende Praxis der Verhaftung ohne Haftbefehl. Dies gilt für *felonies* sogar dann, wenn genügend Zeit besteht, einen Haftbefehl einzuholen. Bei *felonies* genügt somit für den Polizeibeamten lediglich die Annahme, daß der Verdächtige die Tat wahrscheinlich begangen hat (*probable cause*), um eine Verhaftung vorzunehmen.[902] In Kalifornien wird *probable cause* wie folgt definiert: „It is such a state of facts as would lead a person of ordinary care or prudence to believe and conscientiously entertain an honest and strong suspicion that another person is guilty of a crime."[903]

Ein Haftbefehl wird im Vorfeld in aller Regel dann beantragt, wenn sich der Verdächtige in einem anderen Bundesstaat befindet und aufgrund des Haftbefehles dort festgenommen und dann ausgeliefert werden soll, ferner wenn der Tatverdächtige nicht auffindbar ist und aufgrund eines ausstehenden Haftbefehls ergriffen werden soll oder wenn bei der Verhaftung in eine Wohnung gegen den Willen des Berechtigten eingedrungen werden muß. In zahlreichen Bundesstaaten kann bei *misdemeanors* eine Verhaftung ohne vorherigen Haftbefehl nur dann vorgenommen werden, wenn nicht nur *probable cause* vorliegt, sondern die Straftat in Anwesenheit des Polizeibeamten verübt wurde. Somit wird ein

---

[899] Siehe *Herrmann*, The University of Chicago Law Review 1974, S. 484 mit folgender Auflistung: larcency (Diebstahl), embezzlement (Unterschlagung), fraud (Betrug), extortion (Erpressung), receiving stolen goods (Hehlerei), forgery (Urkundenfälschung), negligent homicide (fahrlässige Tötung), abortion (Schwangerschaftsabbruch), inflicting bodily harm with a weapon (gefährliche Körperverletzung) sowie dangerous driving (Gefährdung des Straßenverkehrs).

[900] Vgl. *Frase/ Weigend*, Boston College International & Comparative Law Review 1995, S. 327.

[901] Siehe § 127 II.

[902] Vgl. United States v. Watson, 423 U.S. 411, 411-414 (1976). Ebenso *LaFave/ Israel/ King*, Criminal Procedure, Band 1, S. 92. Die Verfassungsmäßigkeit dieser Handhabung wurde ausdrücklich und zum ersten Mal bestätigt in United States v. Watson 423 U.S. 411, 423 (1976). Die vorrangige Praxis der Verhaftung ohne Haftbefehl bestätigen auch *Miller/ Tiffany*, Washington University Law Quarterly 1964, S. 2. So auch *LaFave*, Take a Suspect into Custody, S. 15.

[903] Vgl. Cantrell v. Zolin (1994) 23 Cal. App. 4th 128, 133, 28 Cal. Rptr. 2d 238; People v. Ingle (1960) 53 Cal.2d 407, 412, 2 Cal. Rptr.14, 348 P.2d 577: *Probable cause* wird als „Stand der Tatsachen definiert, welcher eine Person von gewöhnlicher Sorgfalt und Vorsicht dazu führen würde, einen rechten und starken Verdacht der Schuld bezüglich der Straftat eines anderen anzunehmen oder gewissenhaft aufrechtzuerhalten.".

Haftbefehl notwendig, wenn ein *misdemeanor* in Abwesenheit eines Polizeibeamten begangen worden ist.[904]

In vielen Fällen, in denen ein vorheriger Haftbefehl somit notwendig ist, kann auf diesen, allerdings nur bei Gefahr in Verzug, verzichtet werden.[905]

Wird ein Haftbefehl beantragt, müssen die Ermittlungsbehörden den *probable cause* durch den Betreffenden darlegen. Dies geschieht in der Regel durch schriftliche eidliche Erklärungen der Polizeibeamten, aber auch durch andere Beweismittel.[906] Haftbefehle werden dann in den meisten Bundesstaaten durch *magistrates* ausgestellt, die häufig, aber nicht zwangsläufig Richter sind.[907] In letzterem Fall sind die *magistrates* in etwa mit dem deutschen Ermittlungsrichter vergleichbar.[908] In Kalifornien muß ein *magistrate* ein Richteramt innehaben.[909]

Meistens jedoch findet eine Verhaftung ohne Haftbefehl statt.[910] Das sich daran anschließende Verfahren kann schon bei Verhaftung variieren. Bei geringeren Vergehen kann der Verdächtige sogleich nach Ausstellung eines Strafzettels bzw. nach einer Ladung wieder auf freien Fuß gelassen werden. In diesem Schriftstück verspricht der Tatverdächtige sein ordnungsgemäßes Erscheinen bei Gericht per Unterschrift, unter Strafandrohung bei Zuwiderhandlung (in der Regel *notice to appear*, *appearance ticket* oder einfach *citation* genannt).[911] Diese

---

[904] Vgl. *LaFave/ Israel/ King*, Criminal Procedure, Band 1, S. 93. So auch in Kalifornien, vgl. § 836 (a) (1) Cal. Penal Code. Ebenso *Gardner*, The Georgetown Law Journal 1999, S. 1137.

[905] Es müssen dringende Umstände vorliegen, welche die Einholung eines Haftbefehles unmöglich machen (*exigent circumstances*), was ungefähr dem deutschen Gefahrenverzug gleichkommt, vgl. *Taslitz/ Paris*, Constitutional Criminal Procedure, S. 265.

[906] Siehe *Taslitz/ Paris*, aaO, S. 45. Maßgebend in diesem Zusammenhang ist auch die 4. Änderung der Verfassung der Vereinigten Staaten, deren Text im Anhang wiederzufinden ist.

[907] Siehe *LaFave/ Israel/ King*, Criminal Procedure, Band 1, S. 92.

[908] Siehe dazu auch *Goldstein/ Marcus*, The Yale Law Journal 1977, S. 259.

[909] Streng genommen ist – trotz Personenidentität – ein *magistrate* von dem in Kalifornien gewählten Richter zu unterscheiden. Ein *magistrate* ist ein nur per Gesetz geformtes Amt, das getrennt ist von der Eigenschaft als Richter eines bestimmten Gerichts. Ein *magistrate* hat aus historischen Gründen nur die ihm spezifisch per spezieller Regelung wie §§ 807, 808 Cal. Penal Code verliehenen Befugnisse. Sein Handeln löst daher nicht die Zuständigkeit des ihm angehörenden Gerichts aus noch ist sie demselben zuzurechnen. *Magistrates* sind Richter verschiedenster Gerichte in Kalifornien (*supreme court, court of appeal, superior court, municipal court* sowie *justice court*), siehe dazu genauer *California Jurisprudence*, 3. Auflage, S. 26 f, nachfolgend zitiert als Cal Jur 3d.

[910] So auch für die Ebene des Bundes. Dort wird ganz überwiegend ein vorheriger Haftbefehl eingeholt, siehe hierzu *Arenella*, Michigan Law Review 1980, S. 481.

[911] Je nach Bundesstaat gibt es unterschiedliche Handhabungsweisen und Bezeichnungen, vgl. im einzelnen dazu *LaFave/ Israel/ King*, Criminal Procedure, Band 1, S. 91. Aus rechtlicher Sicht liegt hier jedoch auch ein *arrest* vor. Wird das von dem Tatverdächtigen gegebene schriftliche Versprechen bei Gericht zu erscheinen willentlich gebrochen, so stellt diese Nichteinhaltung des Versprechens seinerseits ein *misdemeanor* dar, unabhängig von dem ursprünglichen Delikt, vgl. § 853.7 Cal. Penal Code.

Vorgehensweise wird in rund einem Drittel aller *misdemeanor*[912] angewandt und hängt von dem Ermessen des jeweiligen Polizeibeamten vor Ort ab.[913] Bei *felonies* ist ein diesbezügliches Verfahren, zumindest in Kalifornien, nicht möglich.

In Kalifornien ist das Vorgehen des Polizeibeamten vor Ort bei Begehung einer als *misdemeanor* eingestuften Straftat explizit geregelt. Hier soll der Tatverdächtige nicht in dauerhaften Gewahrsam genommen werden, es sei denn, einer der gesetzlich enumerierten Fälle ist einschlägig, die allerdings viel weitläufiger sind als die §§ 112 f.[914] Bei *felonies* hat der einzelne Beamte jedoch kein gesetzlich eingeräumtes Ermessen, den Tatverdächtigen aufgrund eines abgegebenen schriftlichen Versprechens, bei Gericht zu erscheinen, direkt bei oder nach Verhaftung wieder auf freien Fuß zu setzen. Mit Vorliegen des *probable cause* ist der Tatverdächtige in Haft zu nehmen. Eine Ausnahme hiervon ist, wenn der Tatverdacht gegen den Betreffenden sofort wieder fallengelassen wird.[915] Wird also der Tatverdächtige zunächst in Gewahrsam genommen, so wird er anschließend zu der entsprechenden Polizeistation oder einer Vollzugsanstalt verbracht. Bei Aufrechterhaltung des Tatverdachts kann der Tatverdächtige später nur unter zwei Bedingungen aus der Haft entlassen werden. Dies geschieht zum einen aufgrund eines schriftlichen Versprechen des Beschuldigten. In diesem verpflichtet er sich unter Strafandrohung bei Zuwiderhandlung, zu den anberaumten gerichtlichen Verhandlungsterminen zu erscheinen (*release on one's own recognizance*). Zum anderen kann der Tatverdächtige bei schwerwiegenderen Delikten auf Kaution (*bail*) aufgrund einer allgemeinen Liste mit standardisierten Geldbeträgen für das einschlägige Delikt entlassen werden. Läßt das jeweilige Delikt jedoch keine Kaution zu, wie etwa bei Kapitalverbrechen,[916] oder kann der Verdächtige die entsprechende Summe nicht aufbringen und kommt eine Entlassung auf schriftliches Versprechen (*recognizance*) wegen der Schwere des Deliktes nicht in Betracht,[917] so bleibt der Verhaftete zunächst in Gewahrsam.

Wird jedoch, wie in den meisten Fällen, der Tatverdächtige ohne Haftbefehl gleich am Tatort[918] verhaftet, so muß der Tatverdacht, *probable cause,* späte-

---

[912] Ein ähnliches Verfahren findet auch bei Ordnungswidrigkeiten, *(petty) infractions*, statt, bei denen die Staatsanwaltschaft häufig jedoch nicht oder nur gering involviert ist und die daher bei der Darstellung außen vor gelassen werden, §§ 16, 19.6 ff Cal. Penal Code sowie Cal. Vehicle Code.

[913] Siehe § 856.3 Cal. Penal Code. Diese Regelung ist als „Sollvorschrift" (shall) formuliert. Der Gebräuchlichkeit wegen wird der amerikanische Begriff des *officer* im Deutschen mit „Polizeibeamten" wiedergegeben, was jedoch nicht implizieren soll, daß damit auch ein dem deutschen Recht entsprechender Beamtenstatus verbunden ist.

[914] Siehe § 853.6 (i) Cal. Penal Code, der mit weiteren Gründen auf §§ 40302, 40303 Vehicle Code verweist. Die dort aufgelisteten Gründe decken sich zum Teil mit denen in der StPO beschriebenen.

[915] Vgl. § 849 b Cal. Penal Code.

[916] Kaution ist nicht zulässig bei Kapitalverbrechen, die mit dem Tode bestraft werden, es sei denn auf besonderen Rechtsbehelf, habeas corpus, vgl.§§ 1284 ff Cal. Penal Code.

[917] §§ 1318 ff Cal. Penal Code.

[918] Sog. *on scene arrest.*

stens 48 Stunden nach der Verhaftung durch den *magistrate* geprüft werden, sofern der Tatverdächtige nicht vorher aus der Haft entlassen wurde. Dabei werden dem *magistrate* in der Regel schriftliche Unterlagen, entweder der Polizeireport mit eidlichen Erklärungen der Polizeibeamten oder die bereits formulierte vorläufige Anklage, *complaint*,[919] vorgelegt. Aufgrund dessen entscheidet der *magistrate* über das Vorliegen des *probable cause*. Lehnt der *magistrate* diesen jedoch ab, was selten ist, so fordert er entweder die Staatsanwaltschaft auf, zusätzliche Beweise zu erbringen, oder er setzt die verhaftete Person auf freien Fuß.[920]

2. Erstes Erscheinen vor Gericht – Erhebung einer vorläufigen Anklage (*complaint*) sowie Verfahrensgang bei *misdemeanors*

Die Haftprüfung wird in vielen Bundesstaaten mit dem ersten Erscheinen des Angeschuldigten zwecks Bekanntgabe der gegen ihn erhobenen Anklage (*arraignment, first appearance*, *preliminary appearance* oder auch *initial presentment* genannt) verbunden. Je nach Bundesstaat muß bei andauernder Inhaftierung das erste Erscheinen innerhalb von 24 oder 48 Stunden nach der Verhaftung stattfinden. In Kalifornien liegt die Zeitspanne des *arraignment* bei 48 Stunden nach der Verhaftung.[921] Dies zwingt die Staatsanwaltschaft, sehr schnell eine *complaint* zu formulieren, die dem Angeschuldigten dann eröffnet wird. Daher befinden sich in größeren Staatsanwaltschaften spezialisierte und erfahrene Staatsanwälte,[922] die nichts anderes tun, als eingehende Fälle sofort zu untersuchen und die Entscheidung über eine *complaint* zu treffen.[923] Die Hauptgründe für eine unterlassene Anklage sind Mangel an Beweisen, widerwillige Kooperation der Zeugen sowie frühzeitige Diversion.[924] Weigert sich die Staatsanwaltschaft, Anklage zu erheben, so kann die Anklageerhebung in aller Regel nicht wie etwa beim deutschen Klageerzwingungsverfahren gerichtlich angeordnet werden.[925] Insofern haben Opfer und Gerichte fast keine Möglichkeit, die

---

[919] Zwecks Übersichtlichkeit mögen hier noch einmal die verschiedenen auch später verwendeten Begriffe der Anklage aufgelistet werden: eine *complaint* ist eine vorläufige Anklage in *felonies*, bildet aber in *misdemeanors* die Grundlage für das weitere Verfahren. In *felonies* wird die *complaint* später durch eine *grand jury* Anklage, *indictment*, oder eine staatsanwaltschaftliche nach in der Regel richterlicher Prüfung, *information*, ersetzt.

[920] Siehe dazu *LaFave/ Israel/ King*, Criminal Procedure, Band 1, S. 115 sowie Band 2, S. 157. Vgl. auch §§ 813 ff Cal. Penal Code.

[921] Siehe § 825 Cal.Penal Code.

[922] Vgl. *Graham/ Letwin*, UCLA Law Review 1971, S. 644.

[923] So *Taslitz/ Paris*, Constitutional Criminal Procedure, S. 45. Siehe auch *Levenson*, Fordham Urban Law Journal 1999, S. 559.

[924] Mit weiteren Gründen *LaFave/ Israel/ King*, Criminal Procedure, Band 1, S. 100. Siehe auch für Kalifornien *Klein*, Los Angeles Bar Bulletin 1957, S. 329.

[925] Dies wird von den Gerichten trotz verschiedenen Versuche immer wieder abgelehnt, vgl. auch *Langbein*, The University of Chicago Law Review 1974, S. 448. In wenigen Staaten gibt es zwar gesetzliche Regelungen zur Erzwingung einer Strafverfolgung oder Anklage; diese Regelungen werden jedoch sehr selten angewandt. Sie sind im Anhang abgedruckt. Darauf wird jedoch später unter dem Untersuchungsgegenstand der richterlichen Kontrolle v.a. durch (Rechtsmittel)gerichte eingegangen.

staatsanwaltschaftliche Strafverfolgung zu erzwingen.[926] Auch eine Verweisung auf den Privatklageweg wie in der Bundesrepublik ist dem amerikanischen Recht fremd, da eine private Strafverfolgung in Form der Privatklage statt des Staatsanwalts in den USA kaum noch existiert.[927]

Ist jedoch eine *complaint* bei Gericht eingereicht, so kann in Kalifornien eine Rücknahme derselben nur noch auf Antrag der Staatsanwaltschaft mit Zustimmung des Gerichts erfolgen.[928] Ansonsten steht es dem Staatsanwalt frei, das Verfahren vorher ohne Angabe von Gründen und ohne gerichtliche Zustimmung nicht weiter zu betreiben. Es ist in einigen Bundesstaaten für den Staatsanwalt auch möglich, insgesamt durch lediglich formelle Erklärung auf eine weitere Strafverfolgung zu verzichten, *nolle prosequi*,[929] was mit einer Verfahrenseinstellung bzw. Klagerücknahme im deutschen Recht vergleichbar ist. Es gibt aber auch viele Bundesstaaten, schätzungsweise rund 30, die eine solche Verfahrensbeendigung von einer richterlichen Zustimmung abhängig machen.[930] Zu diesen Staaten gehört auch Kalifornien.[931] Der Zeitpunkt der Notwendigkeit richterlicher Zustimmung variiert dabei je nach Rechtsordnung, wird in der Regel aber ab Erhebung einer formalen Klage angesetzt, in Kalifornien, wie oben erwähnt, mit Einreichung der *complaint* bei Gericht.[932]

Befindet sich der Tatverdächtige nicht oder nicht mehr in Haft, so kann die Anberaumung des *arraignment* länger dauern, in Kalifornien bis zu vier Wochen. Wird eine *complaint* aber bei andauernder Inhaftierung des Tatverdächtigen erhoben, so kann es theoretisch – praktisch aber selten – zu einer doppelten Prüfung der Haft kommen: Die erste Haftprüfung ist die häufig nur wenige Stunden nach der Verhaftung vorzunehmende Feststellung des *probable cause* durch den *magistrate* aufgrund der ihm vorgelegten Berichte ohne Vorführung des Verhafteten. Diese Prüfung muß nämlich möglichst schnell nach Verhaftung stattfinden.[933] Als zweite Haftprüfung kann das per Gesetz vorgeschriebene umge-

---

[926] In diesem Sinne auch *Frase/ Weigend*, Boston College International & Comparative Law Review 1995, S. 338. Denkbar ist eine Anklage in Form des *presentment* durch die *grand jury*. Notwendig dafür wäre allerdings das Ersuchen an die *grand jury*, ihrerseits selbständig zu ermitteln und Anklage zu erheben. Zu dieser Schwierigkeit wird genauer bei der Abhandlung über die *grand jury* eingegangen.

[927] Es sind lediglich noch verkümmerte Überreste der Privatklage vereinzelt anzutreffen, siehe im Überblick dazu mit einer Zusammenfassung der Rechtslage *Cardenas*, Harvard Journal of Law & Public Policy 1986, S. 374 ff. Siehe ebenso *Jacoby*, American Prosecutor, S. 10.

[928] So § 1385 Cal. Penal Code.

[929] Die Erklärung „*nolle prosequi*" bedeutet wörtlich „ich verfolge nicht weiter" und wird förmlich in die Akten aufgenommen, vgl. *Whitebread/ Slobogin*, Criminal Procedure, S. 512.

[930] Siehe dazu *Misner*, The Journal of Criminal Law and Criminology 1996, S. 748 f.

[931] In Kalifornien ist *nolle prosequi* abgeschafft, siehe § 1386 Cal. Penal Code.

[932] Vgl. § 1385 Cal. Penal Code. Insgesamt siehe *LaFave/ Israel/ King*, Criminal Procedure, Band 4, S. 37.

[933] Gemäß der weitreichenden Entscheidung bezüglich Verhaftungen ohne Haftbefehl siehe Gerstein v. Pugh, 420 U.S. 103, 114, 95 S. Ct. 854, 863, 43 L.Ed.2d.54 (1974) muß der *probable cause* der Verhaftung möglichst schnell geprüft werden. Bekräftigend ebenso County of Riverside v. McLaughlin, 500 U.S. 44, 114 L. Ed. 2d 49 (1991).

hende *arraignment* angesehen werden, in dem der Angeschuldigte dem *magistrate* vorgeführt wird und dort möglicherweise Einwände erheben kann.[934] Wie bereits dargelegt, kann dies jedoch auch je nach Bundesstaat und Handhabungsweise zeitlich zusammenfallen.

Bei *felonies* genügt somit das Vorliegen des *probable cause* alleine, um den Tatverdächtigen in Haft zu nehmen, was auch zunächst nur vom *magistrate* geprüft wird. Anders als in der Bundesrepublik Deutschland ist eine anderweitige Rechtfertigung der Haft, die über die in dem entsprechenden Verdachtsgrad liegende Vermutung der Tatbegehung hinausgeht, wie Flucht- oder Verdunklungsgefahr, nicht notwendig.[935] Auch die dem deutschen Strafprozeßrecht eigene Wahrung des Grundsatzes der Verhältnismäßigkeit[936] als im Vorfeld zu erfüllende Voraussetzung zur Inhaftnahme ist ein Faktor, der bei der Inhaftierung wegen *felonies* nicht in Erwägung gezogen wird. Sie fließt aber als ein Faktor bei Abwägung der Umstände der Haftentlassung auf Kaution oder *own recognizance* ein.[937] Insofern sind die bundesdeutschen Haftbestimmungen restriktiver als die der USA.[938] Dementsprechend ist auch die prozentual umgerechnete Anzahl der Untersuchungshäftlinge in den USA etwa zwei bis zweieinhalb mal höher als in der Bundesrepublik.[939] In allen *felonies* verbleiben rund 37 % aller Tatverdächtigen bis zum Abschluß des Verfahrens in Haft.[940]

---

934 *LaFave/ Israel/ King*, Criminal Procedure, Band 1, S. 113 ff.

935 Was in den USA allerdings zunehmend kritisiert wird, vgl. *LaFave/ Israel/ King*, aaO, Band 2, S. 159 ff.

936 Einer direkten Übertragbarkeit des dem deutschen Recht charakteristischen Verhältnismäßigkeitsgrundsatzes in amerikanische Rechtsvorstellungen muß mit Vorsicht begegnet werden. Gerade im Haftrecht erscheint eine andere Auffassung vorrangig, die durch ein Gericht wie folgt ausgedrückt wurde: „...where grounds exist to believe a person has committed a crime, the public interest in law enforcement is assumed to outweigh the individual's interest in liberty and to justify an arrest of that person." („...wo Gründe existieren anzunehmen, daß jemand ein Verbrechen begangen hat, wird das öffentliche Interesse an der Strafverfolgung als überwiegend gegenüber dem individuellen Interesse an Freiheit erachtet und die Haft desjenigen als gerechtfertigt angesehen."), vgl. State v. Klinker, 85 Wash.2d 509, 537 P.2d 268 (1975).

Ähnlich auch *Taslitz/ Paris*, Constitutional Criminal Procedure, S. 45: „Preventive detention protects the public, while bail ensures that the defendant will appear at trial." („Präventive Haft schützt die Öffentlichkeit, während die Kaution das Erscheinen des Angeklagten bei Gericht sicherstellt.").

937 Gemäß § 1275 (a) Cal. Penal Code soll der *magistrate* bei der Festsetzung der Kaution auch die Schwere des Deliktes in Betracht ziehen, ein Gedanke, der auch in § 113 seinen entsprechenden Ausdruck findet.

938 So auch *Frase/ Weigend*, Boston College International & Comparative Law Review 1995, S. 327.

939 Vgl. *Frase/ Weigend*, aaO, S. 329. Über die wesentlich geringere Anzahl an U-Häftlingen in europäischen Ländern gegenüber den USA siehe auch *Goldstein/ Marcus*, The Yale Law Journal 1977, S. 249. Der Grund für den stärkeren Gebrauch der Untersuchungshaft dürfte neben der höheren Kriminalitätsrate auch in den höheren Haftstrafen bei Verurteilung und dem geringeren Gebrauch von Geldstrafen liegen. Dem zugrunde liegt der Strafzweck der Vergeltung in den USA, der weit ausgeprägter ist als der der Resozialisierung, der in

Bezüglich des *arraignment* läßt sich sagen, daß dies ein eher kurzes Verfahren ist,[941] in dem im Gegensatz zum deutschen Haftrecht, §§ 128 I 3 iVm 115 III, eine Vernehmung des Angeschuldigten kaum stattfindet.[942] Vielmehr wird letzterer auf die Art der ihm gegenüber erhobene Anklage, das weitere Verfahren und das Recht, die Aussage zu verweigern, hingewiesen. Eine der wichtigsten Funktionen des *arraignment* ist die individualisierte Bestimmung der Kaution, sofern der Tatverdächtige nicht schon bereits vorher aus der Haft entlassen ist. Ferner wird der Angeschuldigte über sein Recht auf einen Geschworenenprozeß sowie auf einen Verteidiger bzw. Pflichtverteidiger belehrt.[943] Eine inhaltliche Überprüfung der *complaint* findet bei dem *arraignment* nicht statt, Einwendungen werden in aller Regel auf spätere Verfahrensabschnitte verwiesen.[944] Das weitere procedere hängt nun davon ab, ob die vorgeworfene Straftat eine *felony* oder *misdemeanor* darstellt. Bei *felonies* wird der Angeschuldigte ferner über sein Recht auf ein Vorverfahren zur Überprüfung der Anklage (*preliminary hearing*) belehrt, falls nicht eine Anklage durch ein Geschworenengremium (*grand jury*) ein solches Vorverfahren obsolet werden läßt.[945] Sofern der Angeschuldigte nicht auf sein Recht auf ein *preliminary hearing* verzichtet, wird ein Termin für dieses anberaumt.[946]

Bei *misdemeanors* entfällt das Recht auf ein *preliminary hearing* oder auf eine *grand jury*-Anklage, und der Angeschuldigte wird aufgefordert, sich zur Ankla-

---

Deutschland wiederum stärker als in den USA ist. Siehe dazu auch *Asker*, San Francisco Law Review 1996, S. 133 sowie 135.

940 So eine Studie der 75 größten Landkreise (*counties*) in den USA, vgl. *LaFave/ Israel/ King*, Criminal Procedure, Band 1, S. 117.

941 Vgl. *Taslitz/ Paris*, Constitutional Criminal Procedure, S. 45.

942 Im Hinblick auf Untersuchungen in Kalifornien ist die Bedeutung des *arraignment* für den Angeschuldigten eher gering. Die Schnelligkeit der Fallerledigungen, die Anberaumung neuer Folgetermine wie das des *preliminary hearing* hinterlassen bei dem Angeschuldigten häufig mehr Fragen als Antworten, so *Graham/ Letwin*, UCLA Law Review 1971, S. 650. Der Grund für die fehlende richterliche Vernehmung liegt häufig darin, daß zur Feststellung des *probable cause* dem *magistrate* oft schriftliche Unterlagen genügen und das Verfahren daher im Grunde das gleiche ist wie bei Beantragung eines Haftbefehles vor Ergreifung des Tatverdächtigen, welches auch auf bestimmte Zeugen und v.a. Berichte der Ermittlungsorgane beschränkt ist, siehe dazu *Taslitz/ Paris*, Constitutional Criminal Procedure, S. 277. Dies wird bestätigt durch *Arenella*, Michigan Law Review 1980, S. 482 f.

943 In allen Bundesstaaten hat der Angeschuldigte ein Recht auf einen Geschworenenprozeß in *misdemeanors*, wenn diese mit mehr als 6 Monaten Freiheitsstrafe bestraft werden. Die meisten Bundesstaaten gewähren auch ein Recht auf Geschworenenprozeß bei geringerem Strafmaß, vgl. *LaFave/ Israel/ King*, Criminal Procedure, Band 1, S. 134.

944 Dies hängt u.a. mit der Verfügbarkeit anderer Kontrollverfahren bei *felonies* zusammen, nämlich dem *grand-jury*-Verfahren sowie dem *preliminary hearing*. In *misdemeanor*-Fällen erscheint wegen der geringeren Tatschwere die fehlende Kontrolle der Anklage hinnehmbar. So auch *Miller*, Charge a Suspect with a Crime, S. 59 f.

945 Nicht in allen Bundesstaaten existiert ein Recht auf ein *preliminary hearing*, vgl. *Thaman*, Beweisaufnahme, S. 500.

946 Dies ist v.a. in den Bundesstaaten der Fall, in denen von der *grand jury* kaum oder kein Gebrauch mehr gemacht wird. Dazu zählt auch Kalifornien. Zu Einzelheiten siehe die Abhandlung C. III. 3. ‚Kontrolle der Staatsanwaltschaft durch die Anklage der *grand jury*'.

ge zu erklären. Dies geschieht durch Abgabe einer Erklärung, in der sich der Angeschuldigte entweder schuldig oder nicht schuldig bekennt (*plea*).[947] Da allerdings der Tatverdächtige zu diesem Zeitpunkt häufig noch nicht anwaltlich vertreten ist, wird die Erklärung zur Anklage auf einen späteren Zeitpunkt verschoben und ein vorläufiges ‚nicht schuldig' mit der Möglichkeit der nachträglichen Abänderung in das Protokoll aufgenommen. Sogleich wird ein Termin für die Hauptverhandlung, *trial*,[948] anberaumt. Allerdings schließt sich in der Regel an das *arraignment* – zwecks Abgabe eines Schuldbekenntnisses und damit Erledigung des Falles – eine vom Gesetz nicht geforderte Vorschaltkonferenz an (*pretrial settlement conference*) an. Dabei wird der Angeschuldigte häufig durch Zugeständnisse seitens der Anklage in Form von Einstellung bestimmter Anklagepunkte, Reduzierung des Schweregrades der Anklage oder durch eine günstigere Strafmaßempfehlung seitens der Staatsanwaltschaft, der der Richter in der Regel folgt,[949] zur Abgabe eines Schuldbekenntnisses bewegt, das sog. *plea bargaining*.

Dies wird dadurch erleichtert, daß die Staatsanwaltschaft nicht nur – wie in der Bundesrepublik – den Rahmen des angeklagten Lebenssachverhaltes für das Gericht bindend vorgibt, sondern darüber hinaus auch die rechtliche Beurteilung der Tat – im Gegensatz zur deutschen Strafprozeßordnung, §§ 155, 264, 265.[950] Die Beurteilung der Tatschwere unter rechtlichen Gesichtspunkten kann somit von dem Gericht nicht selbständig vorgenommen werden außer durch Reduzierung des angeklagten Deliktes auf einen geringeren, darin eingeschlossenen Straftatbestand. Dies eröffnet dem Staatsanwalt in Verbindung mit dem weiten Strafrahmen somit einen viel größeren Handlungs- und Dispositionsspielraum als dem deutschen Staatsanwalt. Weiterhin wird dies dadurch begünstigt, daß die Verfahrensrolle des amerikanischen Richters schwächer als die seines deutschen Pendants und seine Beteiligung in dem *plea-bargaining*-Verfahren daher eher formal ist.[951] Das Schuldanerkenntnis ist insofern die häufigste Verfahrensbeen-

---

947 Als Schuldbekenntnis wird neben *guilty* auch die Erklärung *nolo contendere* (lat. „ich bestreite nicht") oder *no contest* abgegeben. Diese Erklärung ist einem Schuldbekenntnis gleichzusetzen, verhindert nur zivilrechtliche Folgen. Vgl. im übrigen *LaFave/ Israel/ King*, Criminal Procedure, Band 1, S. 116 sowie *Black*, Black's Law Dictionary, S. 1199.

948 Der deutsche Begriff der Hauptverhandlung wird hier mit dem amerikanischen *trial* gleichgesetzt, um deutlich zu machen, daß in dieser ausführlichen Verhandlung über die Schuld und Unschuld des Angeklagten entschieden wird. Damit soll auch eine Abgrenzung zu anderen Gerichtsterminen mit kurzen Verhandlungen wie *arraignment* und *preliminary hearing* erreicht werden, die diesem Zweck nicht dienen und welche im deutschen Recht in dieser Form nicht existieren. Gleiches gilt für andere gerichtliche Termine wie beispielsweise die *settlement conference*, in denen durch Abgabe eines Schuldbekenntnissses, *guilty plea*, eine sehr wesentliche Weichenstellung für das gesamte Strafverfahren stattfindet.

949 Auch insgesamt folgt der Richter in den USA der Strafmaßempfehlung viel häufiger als in der Bundesrepublik, vgl. dazu *Alschuler*, The University of Chicago Law Review 1983, S. 980.

950 Siehe auch *Dohr*, Wiedergutmachung des Täters, S. 48.

951 So *Pizzi*, Ohio State Law Journal 1993, S. 1358 ff. Zu den genaueren Gründen später bei der Darstellung der Effektivität richterlicher Kontrolle bei der Haftprüfung.

digung. In lediglich 3 bis 7 % aller Fälle kommt es in *misdemeanors* zu einem Gerichtsprozeß.[952]

3. Verfahren zur Überprüfung der vorläufigen und anschließende Erhebung der endgültigen Anklage

In *felonies* ist das Vorverfahren bis zum *trial* komplizierter. Im Gegensatz zu *misdemeanors* existieren hier grundsätzlich zwei verschiedene alternative Prüfungsmechanismen zum Schutz vor unbegründeten Anklagen, auf die der Beschuldigte allerdings verzichten kann. Zum einen ist dies die Anklage durch die *grand jury*, zum anderen das *preliminary hearing,* auch *preliminary examination* genannt.

Die *grand jury* ist ein Geschworenengremium, bestehend aus maximal 23 Laien, welche zum Zwecke der Untersuchung begangener Verbrechen innerhalb des entsprechenden Zuständigkeitsbereiches ausgewählt und organisiert sind. Sie bestimmen die Wahrscheinlichkeit der Schuld der tatverdächtigen Person und entscheiden über die Erhebung der Anklage gegen den mutmaßlichen Straftäter.[953] Das Verfahren vor der *grand jury* findet in geheimen Sitzungen statt, in denen weder der Angeklagte noch ein Richter ein Anwesenheitsrecht haben und die Beweise von der Staatsanwaltschaft präsentiert werden.[954] Erachtet die notwendige Mehrheit der Mitglieder der *grand jury* die ihr vorgelegten Beweise für ausreichend, um *probable cause* anzunehmen, so erhebt sie Anklage, welche *indictment* genannt wird. Andernfalls lehnt sie die Anklageerhebung ab. Demgegenüber ist das *preliminary hearing* ein in der Regel öffentliches, kontradiktorisches, meist summarisches Verfahren, in dem der Angeschuldigte ein Anwesenheitsrecht sowie ein Recht auf Rechtsbeistand hat und ein *magistrate* aufgrund des von der Staatsanwaltschaft präsentierten Beweises über den *probable cause* der Tatbegehung zu befinden hat. Im Gegensatz zu der *grand jury* werden die von der Staatsanwaltschaft ins Feld geführten Zeugen einem ersten Kreuzverhör durch die Verteidigerseite unterzogen. Um der Gegenpartei nicht zu frühzeitig die eigene Beweisstärke oder -schwäche und jeweilige Verhandlungsstrategie zu offenbaren, versucht die Staatsanwaltschaft häufig, mit möglichst geringem Beweisaufwand die Anforderungen des *probable cause* zu erfüllen. Die Verteidigung verzichtet in der Regel ganz auf ihr Recht, Entlastungsbeweise anzutreten.[955] Teilweise wird sogar völlig auf das *preliminary hearing* verzichtet.[956] Insofern ist der Informationszugang des Beschuldigten über seinen Verteidiger im Vorverfahren in der Bundesrepublik durch das Akteneinsichtsrecht, § 147, stärker als des jeweiligen amerikanischen, dessen Rechtsanwalt ein sol-

---

[952] Vgl. *LaFave/ Israel/ King*, Criminal Procedure, Band 1, S. 132.

[953] Siehe dazu *American Jurisprudence*, § 1, S. 826.

[954] Siehe dazu *Taslitz/ Paris*, Constitutional Criminal Procedure, S. 47.

[955] Vgl. hierzu *Arenella*, Michigan Law Review 1980, S. 534. Dies stimmt mit den Ergebnissen einer durchgeführten Untersuchung überein, vgl. näher dazu *Emerson/ Ames*, Pretrial Sentencing, S. 147.

[956] Näher dazu *Taslitz/ Paris*, Constitutional Criminal Procedure, S. 47.

ches Recht nicht zusteht,[957] und der somit grundsätzlich einen geringeren Kenntnisstand über den Ermittlungsstand als sein deutsches Pendant hat.[958] Während ferner im deutschen Recht jede erhobene Anklage unabhängig von der Deliktseinstufung einer Anklageprüfung in Form des Zwischenverfahrens unterzogen wird, findet eine Anklageüberprüfung in den USA somit nur bei *felonies* statt.[959]

Wie bereits gesagt, sind in den meisten Bundesstaaten beide Verfahren alternativ anwendbar. Nur in einigen Staaten sowie auf Bundesebene ist das *grand jury* Verfahren bei *felonies* oder bestimmten Schwerverbrechen[960] vorgeschrieben und nicht durch ein *preliminary hearing* ersetzbar.[961] Bezüglich der Mehrheit der Bundesstaaten mit alternativer Wahlmöglichkeit ist die Hauptfunktion beider Verfahren gleichermaßen die Feststellung ausreichenden Beweises der Tatbegehung durch den Verdächtigen, um einen Gerichtsprozeß aufgrund der Anklage zu rechtfertigen. Findet der *magistrate* keinen *probable cause*, so stellt er das Verfahren ein, setzt den Tatverdächtigen außer Verfolgung und entläßt diesen im Falle andauernder Haft aus dieser. Allgemein liegt die Einstellungsquote in diesem Verfahrensstadium bei rund 5 bis 10 % aller Fälle, teilweise auch höher.[962] Wird jedoch *probable cause* angenommen, so wird der Angeschuldigte dem nächsten Verfahrensabschnitt zugeführt.

Dieser nächste Verfahrensabschnitt kann entweder benanntes *grand-jury*-Verfahren mit deren Anklageerhebung in Form eines nachfolgenden *indictment,* wie auf Bundesebene, oder aber wie meistens eine direkte Anklageerhebung durch die Staatsanwaltschaft selbst sein, *information* genannt.[963] Häufig wird gerade nach *preliminary hearings* im Rahmen eines *plea bargaining* ein Schuldbekenntnis des Angeschuldigten abgegeben.

In den meisten Bundesstaaten steht es dem Staatsanwalt frei, zwischen den beiden Verfahren zu wählen. Dabei verfahren die Staatsanwälte in diesen Staaten am häufigsten per *preliminary hearing.* Wurde also eine Anklage in Form des *indictment* oder *information* erhoben, so wird diese bei dem entsprechenden Gericht eingereicht und ersetzt nunmehr die frühere vorläufige Anklage, *complaint.* Dies zeigt, daß es eine zeitlich fest umrissene Abschlußverfügung der Staatsanwaltschaft in Amerika so nicht gibt, zumal die Ermittlungen mit Einreichung der jeweiligen Anklage bei Gericht nicht abgeschlossen sein brauchen, sondern – im

---

957 Ebenso *Jescheck*, Virginia Law Review 1970, S. 246.

958 So *Frase/ Weigend*, Boston College International & Comparative Law Review 1995, S. 341.

959 Siehe auch *Frase/ Weigend*, aaO, S. 340.

960 Bei „capital oder other infamous crimes“ (Kapital- oder anderen schändlichen Verbrechen), vgl. *LaFave/ Israel/ King*, Criminal Procedure, Band 1, S. 232.

961 Vgl. *Taslitz/ Paris*, Constitutional Criminal Procedure, S. 47.

962 MwN *LaFave/ Israel/ King*, Criminal Procedure, Band 1, S. 120 f.

963 So in der Regel in den meisten Bundesstaaten, vgl. *Taslitz/ Paris*, Constitutional Criminal Procedure, S. 45.

Gegensatz zur Bundesrepublik, § 169 a – sogar bis zum *trial* weiterlaufen können.[964]

Das Verfahren zur Anklageüberprüfung ist in den jeweiligen Bundesstaaten im Detail teilweise sehr verschieden, so daß hier ein genauerer Überblick über das kalifornische Verfahren gegeben werden soll: Lehnt der *magistrate* bei dem *preliminary hearing* die Feststellung des *probable cause* ab und stellt das Verfahren ein, § 871 Cal. Penal Code, so setzt er den Tatverdächtigen außer Verfolgung und entläßt ihn bei noch fortdauernder Haft aus dieser. Dies kann in der Bundesrepublik Deutschland noch am ehesten mit der Ablehnung der Eröffnung des Hauptverfahrens verglichen werden.[965] Dem Staatsanwalt steht es dann frei, entweder innerhalb von 15 Tagen einen Rechtsbehelf mit der Möglichkeit der weiteren Beschwerde gegen eine Ablehnung der Zulassung der Anklage dagegen einzulegen, §§ 871.5, 1238 (a) (9) Cal. Penal Code, oder aber erneut Anklage zu erheben. Dies kann zum einen durch wiederholtes Durchlaufen eines weiteren *preliminary hearing* geschehen, zum anderen kann sich der Staatsanwaltschaft auch an die *grand jury* wenden, die dann ihrerseits Anklage erheben kann. Wird bei Einlegung von Rechtsbehelfen spätestens der weiteren Beschwerde stattgegeben, wird die Anklage wieder zugelassen.

Lehnt die *grand jury* die Erhebung der Anklage ab, steht dem Staatsanwalt kein gerichtliches Mittel wie bei dem *preliminary hearing* zu, die *grand jury* per Rechtsbehelf zur Anklage zu zwingen. Der Staatsanwalt kann allerdings – wenn das jeweilige Bundesrecht dies erlaubt – den alternativen Anklageweg des *preliminary hearing* mit nachfolgender *information* wählen. Selbst wenn ein vorangegangenes *preliminary hearing* stattgefunden hat und der *magistrate probable cause* festgestellt hat, steht es der *grand jury* frei, eine Anklage abzulehnen. Auch im entgegengesetzten Fall der Klageabweisung durch den *magistrate* kann die *grand jury* Anklage erheben.

4. Verfahren nach Erhebung der endgültigen Anklage und Einwände

Wird also eine *information* oder ein *indictment* erhoben, so wird diese dann bei dem für die Hauptverhandlung zuständigen Gericht eingereicht. Im Anschluß daran findet ein weiteres *arraignment* bei dem nun zuständigen Gericht statt. Dort wird der Angeschuldigte in Kenntnis über die Anklage gesetzt und gefragt, wie er sich zu der Anklage erkläre. Dabei kann sich der Angeschuldigte entweder als schuldig oder unschuldig im Sinne der Anklage bekennen.[966] Allerdings

---

[964] Siehe dazu *Thaman*, Beweisaufnahme, S. 499.

[965] Das *preliminary hearing* ist nicht dem deutschen Zwischenverfahren gleichzustellen, da es zum Teil unterschiedliche Funktionen hat, auf die später noch eingegangen wird. Die prozessuale Stellung und der Hauptzweck der Überprüfung der Anklage vor entsprechender Hauptverhandlung – sofern es dazu kommt – läßt jedoch das *preliminary hearing* dem Zwischenverfahren nahekommen. Die ungefähre Vergleichbarkeit bejahen auch *Langbein/ Weinreb*, The Yale Law Journal 1978, S. 1563.

[966] Ein sog. *plea of guilty*, *not guilty* oder auch *nolo contendere*, was dem *guilty plea* nahezu gleichkommt.

wird zu diesem Zeitpunkt häufig noch kein Schuldbekenntnis abgegeben. Denn entweder hat wie bei einem *indictment* kein *preliminary hearing* stattgefunden und der Verteidigung fehlt daher der Einblick in die Beweisstärke der Anklage der Staatsanwaltschaft, oder die Verhandlungen zwischen den Parteien beginnen erst in diesem Stadium. Wird daher zunächst eine Erklärung zu der Anklage als „nicht schuldig" abgegeben, so wird ein Termin für den *trial* anberaumt, zu dem es allerdings in der Regel nicht kommt. Bei *felonies* findet im Durchschnitt in lediglich 4 bis 8 % aller Anklagen eine solche Hauptverhandlung statt.[967] Dies liegt zunächst daran, daß die spätere Abgabe eines Schuldbekenntnisses durch den Angeschuldigten aufgrund von der Staatsanwaltschaft gemachter Zugeständnisse (*plea bargaining*) einen *trial* überflüssig werden läßt und lediglich das Strafmaß anschließend richterlich festgesetzt bzw. im Sinne der Absprache der Parteien bestätigt wird. Werden alle Erledigungsarten des Verfahrens zusammengefaßt, so macht die Verfahrensbeendigung durch Schuldbekenntnis nach Absprache je nach Gerichtsbezirk rund 60 bis 85 % aus.[968] Betrachtet man alleine die Anzahl der Verurteilungen, so werden über 90 bis 97 % durch *plea bargaining* sichergestellt.[969] Darüber hinaus können sich im Laufe des Verfahrens die Umstände so geändert haben, daß der Grund für eine Anklage entfällt und die Staatsanwaltschaft die Verfahrenseinstellung bei Gericht beantragt, welcher so gut wie stets entsprochen wird. Die Anzahl der so nicht weiterverfolgten Fälle aufgrund einer solchen Verfahrenseinstellung beläuft sich auf ungefähr 5 bis 15 %, abhängig auch von der Qualität der vorangegangenen Anklageprüfung. Je stärker diese stattfindet, desto geringer ist die Einstellungsquote.[970]

Schließlich werden in diesem Verfahrensabschnitt oder im Anschluß daran häufig verschiedene Anträge gestellt. Diese betreffen in aller Regel Einwände gegenüber der Anklage und versuchen deren Aufhebung zu erreichen. Aufgrund des umfassenden Beweisverwertungsverbotes, das in der Regel viel weitreichender als das bundesdeutsche ist,[971] betreffen viele Anträge die Zulässigkeit der Erhebung eines bestimmten Beweises. Im Falle der Rechtswidrigkeit wird nicht nur dieser, sondern auch alle daraufhin erlangten Beweise von dem Verfahren ausgeschlossen, so daß damit die Anklage zu Fall gebracht werden kann,

---

[967] *Bradley*, Criminal Law Forum 1996, S. 482 spricht von rund 5 %.

[968] Vgl. *LaFave/ Israel/ King*, Criminal Procedure, Band 1, S. 126.

[969] So *Stuntz*, The Yale Law Journal 1997, S. 24 mit Hinweis auf eine vermutliche Verurteilungsrate durch *plea bargaining* in den USA insgesamt von 90 %.

[970] Siehe dazu *LaFave/ Israel/ King*, Criminal Procedure, Band 1, S. 125.

[971] Insgesamt stellt der amerikanische Prozeß höhere Anforderungen an die Beweiszulässigkeit als der deutsche. Vereinfachend läßt sich sagen, daß im Falle der rechtswidrigen Beweiserlangung nicht nur dieser ausgeschlossen wird, sondern auch der daraufhin erlangte sog. „fruit-of-the-poisonous-tree" doctrine. Im Gegensatz zu dem bundesdeutschen Recht findet eine Abwägung der gegenstreitenden Interessen nicht statt. Allerdings kennt das deutsche Recht auch den Ausschluß rechtmäßig erlangten Beweises, den demgegenüber das amerikanische Recht nicht kennt wie den Eingriff in den absoluten Kernbereich des allgemeinen Persönlichkeitsrechtes. Siehe dazu *Bloom/ Brodin*, Criminal Procedure, S. 197 ff., *Bradley*, Harvard Law Review 1983, S. 1032 ff sowie *Damaska*, University of Pennsylvania Law Review 1973, S. 550.

sollte sie hauptsächlich auf einem als nun rechtswidrig erkannten Beweis basieren.

In einigen Bundesstaaten kann die erhobene Anklage mit speziellen Anträgen angegriffen werden. In Kalifornien beispielsweise kann der Angeschuldigte mit einem Antrag nach § 995 Cal. Penal Code bei dem für die Hauptverhandlung zuständigen Gericht die *information* überprüfen lassen.[972] Hat der Antrag Erfolg, so wird der Angeschuldigte in der Regel außer Verfolgung gesetzt und bei Haft aus dieser entlassen. Das Verfahren wird eingestellt. Dagegen kann die Staatsanwaltschaft innerhalb von 15 Tagen entweder Beschwerde einlegen, §§ 1238 (a) (1), 999 (a) Cal. Penal Code, oder erneut Anklage erheben. Wird der Antrag auf Aufhebung der *information* allerdings verneint, so kann der Angeklagte dagegen wiederum Beschwerde einlegen, § 999 a, 1510 Cal. Penal Code. Andernfalls oder bei deren Ablehnung behält die *information* ihrer Gültigkeit und gelangt in das nächste Verfahrensstadium.

Der Grund für die Antragstellung noch vor dem *trial* ist die Gefahr, daß aufgrund des Verbotes der doppelten Strafverfolgung des Täters wegen derselben Tat (*double jeopardy*) – dies entspricht in etwa dem deutschen Grundsatz „ne bis in idem" – ein falsche Entscheidung des Richters nicht mehr angegriffen werden könnte. Sobald nämlich bei einem Geschworenenprozeß die Geschworenenliste aufgestellt ist und diese eingeschworen sind bzw. bei einem richterlichen Prozeß der erste Zeuge vereidigt worden ist, entfaltet dieser Grundsatz seine Wirkung.[973]

Wird eine Anklage über die *grand jury* erhoben, so ist dieses *indictment* in den Vereinigten Staaten in der Regel allgemein gerichtlich nicht überprüfbar.[974] In Kalifornien besteht allerdings die Besonderheit, daß auf Antrag des Angeschuldigten gemäß § 995 Cal. Penal Code das *indictment* aufgrund des Sitzungsprotokolls gerichtlich nachgeprüft und sogar aufgehoben werden kann. Dies ist der Fall, wenn das *indictment* nicht ordnungsgemäß zustandegekommen oder erhoben worden ist oder der Angeschuldigte ohne *probable cause* angeklagt wurde.[975] Im Falle der Aufhebung des *indictment* steht der Staatsanwaltschaft ein Rechtsbehelf dagegen zu, §§ 1238 ff Cal. Penal Code.

Eine Einstellung des Verfahrens durch den *magistrate* nach § 871 Cal. Penal Code oder eine Aufhebung des *indictment* oder der *information* nach § 995 Cal. Penal Code ist zunächst noch kein Strafverfolgungs- bzw. Verfahrenshindernis, §§ 999, 1387 Cal. Penal Code. Eine weitere Verfahrenseinstellung oder Aufhebung löst allerdings sowohl bei *information* wie auch *indictment* ein solches aus, § 1387 Cal. Penal Code.

---

[972] Gesetzeswortlaut des § 995 Cal. Penal Code im Anhang, Punkt G. I. 1.

[973] Vgl. *Taslitz/ Paris*, Constitutional Criminal Procedure, S. 48.

[974] Siehe im einzelnen *Leipold*, Cornell Law Review 1995, S. 299.

[975] Vgl. § 995 (a) (1) des Cal. Penal Code im Anhang, Punkt G. I. 1.

Insgesamt sind alle diese Anträge vor dem *trial* für eine Verfahrenseinstellung von rund 2,5 %, maximal 5 % aller erhobenen Anklagen verantwortlich.[976] Als Gesamtergebnis läßt sich weiterhin feststellen, daß insgesamt rund 30 bis 50 % aller für eine *felony* Verhafteten nie verurteilt werden. Entweder wird schon keine *complaint* durch die Staatsanwaltschaft gefertigt, die *grand jury* erhebt kein *indictment*, oder der *magistrate* bzw. das zuständige Gericht der Hauptsache stellt den Fall ein.[977]

5. Hauptverhandlung, *trial*

Ist es bis hierhin nicht zu einer Verfahrensbeendigung gekommen, findet der anberaumte *trial* statt. Während das Vorverfahren noch mehr Ähnlichkeit mit dem bundesdeutschen hat,[978] so ist das Hauptverfahren, v.a. die Hauptverhandlung, *trial*, aufgrund des adversatorischen Verfahrens unter Beteiligung der über Schuld und Unschuld entscheidenden Geschworenen doch sehr verschieden. Im Gegensatz zu den USA nimmt im bundesdeutschen Strafprozeß der Richter eine dominante Stellung ein. Er leitet die gesamte Verhandlung, befragt die Zeugen und erhebt alle Beweise, wobei er für deren Vollständigkeit sorgen muß. Die Staatsanwaltschaft und Verteidigung sind dabei eher passiv. Dies ist in den Vereinigten Staaten umgekehrt.[979] Hier wacht der Richter als unparteiischer passiver Schiedsrichter über die Einhaltung des Verfahrens, in welchem die Verteidigung als Partei und – im Gegensatz zur Bundesrepublik – die Staatsanwaltschaft als Gegenpartei die Protagonisten sind. Dabei muß die Staatsanwaltschaft ‚ihren' Fall beweisen.[980] Sie ist damit für die Vollständigkeit der Beweise verantwortlich und muß diese möglichst eindringlich präsentieren und so unter dem Gegendruck der Verteidigung die Geschworenen von der Schuld des Angeklagten (*beyond reasonable doubt*) überzeugen.[981] Häufig jedoch und v.a. in *misdeme-*

[976] Genauer dazu *LaFave/ Israel/ King*, Criminal Procedure, Band 1, S. 129.

[977] *LaFave/ Israel/ King*, aaO, S. 138.

[978] So auch *Langbein*, The University of Chicago Review 1974, S. 448.

[979] So schon *Ploscowe*, Harvard Law Review 1935, S. 433.
Genauer dazu *Pizzi/ Perron*, Stanford Journal of International Law 1996, S. 44.

[980] Siehe *Pizzi*, Ohio State Law Journal 1993, S. 1334.

[981] Dies entspricht in etwa den deutschen Anforderungen für eine Verurteilung im Sinne der gerichtlichen Überzeugung, § 261 StPO, vgl. *Frase/ Weigend*, Boston College International & Comparative Law Review 1995, S. 341. Eine genaue Definition gibt § 1096 Cal. Penal Code: „A defendant in a criminal action is presumed to be innocent until the contrary is proved, and in case of a reasonable doubt whether his or her guilt is satisfactorily shown, he or she is entitled to an acquittal, but the effect of this presumption is only to place upon the state the burden of proving him or her guilty beyond a reasonable doubt. Reasonable doubt is definded as follows: 'It is not a mere possible doubt; because everything relating to human affairs is open to some possible or imaginary doubt. It is that state of the case, which, after the entire comparison and consideration of all the evidence, leaves the minds of jurors in that condition that they cannot say they feel an abiding conviction of the truth of the charge.'" (Der Angeklagte in einem Strafverfahren wird als unschuldig angesehen, bis das Gegenteil bewiesen ist. Im Falle eines vernünftigen Zweifels hat er das Recht auf einen Freispruch. Die Auswirkung dieser Annahme ist allerdings lediglich die Auferlegung der Beweisführung auf den Staat, die Schuld des oder der Angeklagten jenseits eines vernünftigen Zweifels darzulegen. Vernünfti-

anors ist der Geschworenenprozeß durch einen richterlichen Prozeß ersetzt, in dem einzig ein Einzelrichter entscheidet.[982]

Ansonsten müssen zum Zwecke einer Verurteilung die in der Regel zwölf[983] Geschworenen einstimmig[984] – im Gegensatz zu der erforderlichen Zwei-Drittel-Mehrheit der deutschen Richter – zu einem Urteil, entweder Freispruch oder Verurteilung, kommen. Ihre Entscheidung über Schuld oder Unschuld des Angeklagten wird dann dem Gericht übergeben. Gründe für die jeweilige Entscheidung werden im Gegensatz zur Bundesrepublik weder schriftlich noch mündlich gegeben.[985] Das Gericht setzt dann in einer zweiten Verfahrensphase – anders als das deutsche Recht, welches mit dem Schuldurteil sogleich die Strafe bestimmt – das Strafmaß fest. Dabei ist das richterliche Ermessen zum einen durch gesetzgeberische Vorgaben beschränkt, die teilweise über das in der Bundesrepublik bekannte Maß hinausgehen, wie beispielsweise die lebenslängliche Freiheitsstrafe bei dreimaliger Begehung bestimmter Katalogstraftaten.[986] Auf der anderen Seite findet eine Begrenzung des richterlichen Entscheidungsspielraumes auch durch Strafmaßrichtlinien statt,[987] von denen entweder der Richter selbst in bestimmten Fällen[988] oder erst auf Antrag der Staatsanwaltschaft abweichen darf.[989] In dieser zweiten Verfahrensphase können zusätzliche Beweise erhoben und teilweise auch Zeugen vernommen werden.[990] Diese so ausgeworfenen Strafen sind viel höher als bei vergleichbaren Straftaten in der Bundesrepublik,[991] Haftstrafen viel häufiger und länger.[992] Einige Schätzungen gehen von

---

ger Zweifel wird wie folgt definiert: ‚Es ist nicht ein reiner potentieller Zweifel; denn alles, was die menschlichen Dinge angeht, ist offen für einen gewissen potentiellen oder vorstellbaren Zweifel. Es ist jener Stand des Falles, in dem nach vollständigem Vergleich und Betrachtung der gesamten Beweise die Geschworenen einen solchen Gesamteindruck gewonnen haben, daß sie nicht sagen können, sie verspürten eine fortwährende Überzeugung bezüglich der Wahrheit der Anklage.‘).

982 Sog. „*bench trial*“, vgl. *LaFave/ Israel/ King*, Criminal Procedure, Band 1, S. 134.

983 Teilweise weniger, v.a. in *misdemeanors*. Dort häufig auch nur 6 Geschworene, vgl. *LaFave/ Israel/ King*, aaO.

984 Für bestimmte Delikte kann unter bestimmten Voraussetzungen in drei Bundesstaaten davon abgewichen werden, siehe *Frase/ Weigend*, Boston College International & Comparative Law Review 1995, S. 344.

985 Siehe *Pizzi*, Ohio State Law Journal 1993, S. 1334.

986 So v.a. das in Kalifornien und anderen Bundesstaaten existierende sog. „Three Strikes Law“, das bei dreimaliger Tatbegehung bestimmter, nicht unbedingt gewalttätiger Straftaten eine mindestens 25-jährige Haftstrafe auslöst, vgl. §§ 667 ff, 1170.1 ff Cal. Penal Code. Diese Gesetze sind relativ neu. In Kalifornien wurde die erste Version des Three Strikes Law am 1. März 1993 in das Unterhaus, Assembly, eingebracht. Zu der Geschichte siehe People v. Superior Court (Romero) 13 Cal.4th 497, 504; 53 Cal. Rptr. 2d 789; 917 P.2d 628 (June 1996).

987 Sog. *sentencing guidelines*.

988 Siehe dazu *Taslitz/ Paris*, Constitutional Criminal Procedure, S. 48.

989 So v.a. durch die Federal Sentencing Guideline, Rule 5K1.1, vgl. *Levenson*, Fordham Urban Law Journal 1999, S. 566.

990 Vgl. *LaFave/ Israel/ King*, Criminal Procedure, Band 1, S. 142.

991 Siehe *Pizzi*, Ohio State Law Journal 1993, S. 1340.

992 Siehe *Herrmann*, The University of Chicago Law Review 1974, S. 473. So auch *Lezak/ Leonard*, Procecutor's Discretion, S. 45.

einem rund dreimal höheren Strafmaß in vergleichbaren Fällen aus,[993] andere sehen bei einer einmonatigen Haftstrafe in Kontinentaleuropa für ein bestimmtes Delikt eine entsprechende Reaktion in den USA in Form einer einjährigen Strafe.[994] Selbst bei einer Verurteilung zur einer Haftstrafe auf Bewährung, was seltener als in der Bundesrepublik geschieht, wird ein bestimmter Teil der Haftstrafe in den USA dennoch verbüßt.[995] Zwecks besseren Verständnisses soll an dieser Stelle auf die rund viermal höhere Kriminalitätsrate in den USA hingewiesen werden.[996]

6. Rechtsmittelverfahren

Das Rechtsmittelverfahren ist in den USA anders als im deutschen Recht ausgestaltet. Während in Deutschland sowohl die Staatsanwaltschaft wie auch der Beschuldigte mit Einlegung der Berufung gegen bestimmte Urteile, § 312, eine neue Tatsacheninstanz erhalten, ist eine solche in den USA viel seltener und nur für geringfügige Straftaten möglich, welche vor einem *magistrate* verhandelt wurden, der sog. *trial de novo*.[997] Dabei kann die Staatsanwaltschaft gegen einen Freispruch kein Rechtsmittel einlegen.[998] Da eine schriftliche Darlegung der Gründe bei einem Schuldspruch der Geschworenen nicht stattfindet, kann sich eine Revision auch nicht auf die Entscheidungsgründe der Geschworenen beziehen.[999]

7. Ergebnis für die Abschlußverfügung der Staatsanwaltschaft

Der grundsätzliche Ablauf des Strafverfahrens macht somit eines sichtbar: Im Gegensatz zum deutschen Recht gibt es eine das Ermittlungsverfahren beendende, zeitlich fest eingrenzbare Abschlußverfügung der amerikanischen Staatsanwaltschaft nicht. Vielmehr ist die dazu vergleichbare Entscheidung in mehrere Etappen aufgespalten.[1000] Diese beginnen schon viel früher als im deutschen Recht: nämlich mit Beantragung eines Haftbefehles und dessen Ausstellung vor oder gleich nach Verhaftung oder – wenn stattdessen eine sofortige Anklageerhebung stattfindet – mit der vorläufigen Anklageerhebung gleich nach der Verhaftung des Tatverdächtigen in Form der *complaint*. Sie enden spätestens mit Einreichen der endgültigen Anklageschrift (*information* oder *indictment*) bei dem für die Hauptverhandlung zuständigen Gericht.

---

[993] *Frase/ Weigend*, Boston College International & Comparative Law Review 1995, S. 348.

[994] Siehe *Pizzi*, Ohio State Law Journal 1993, S. 1340.

[995] Siehe *Frase/ Weigend*, Boston College International & Comparative Law Review 1995, S. 348.

[996] So *Langbein*, Michigan Law Review 1979, S. 209.

[997] Davon zu unterscheiden ist die Zurückverweisung des Falles zur erneuten Verhandlung durch ein Rechtsmittelgericht (*remand*).

[998] Vgl. *Frase/ Weigend*, Boston College International & Comparative Law Review 1995, S. 348.

[999] Genauer *Frase /Weigend*, aaO. Siehe ebenso *Pizzi*, Ohio State Law Journal 1993, S. 1334.

[1000] So auch. *Miller*, Charge a Suspect with a Crime, S. 11, der die Anklageentscheidung der Staatsanwaltschaft als eine über mehrere Etappen sich hinziehende Entscheidung sieht.

Aufgrund der zeitlich noch stärkeren Ausdehnung einer – teilweise mit richterlicher Zustimmung vorgenommenen – Verfahrenseinstellung für eine Abschlißverfügung, die sich bis in den *trial* hinein erstrecken kann,[1001] ist diese ein untaugliches Abgrenzungskriterium.

An dieser Stelle soll noch darauf hingewiesen werden, daß im Gegensatz zu dem deutschen Recht die Beantragung eines Haftbefehles in den meisten Staaten als erstes amtliches Dokument angesehen wird, welches die grundsätzliche Entscheidung der Staatsanwaltschaft zur Anklageerhebung und weiteren Strafverfolgung nach außen hin ausdrückt. Die Beantragung eines Haftbefehles wird ganz überwiegend als erster Schritt der *charging decision*, der Anklageerhebung, gesehen. Dies hängt mit der zeitlichen Nähe der Verhaftung und der vorläufigen direkten Anklageerhebung, *complaint* zusammen sowie mit demselben Verdachtsgrad bezüglich der Tatbegehung sowohl beim Haftbefehl als auch bei der Anklage, *probable cause*.[1002]

Demgegenüber ist in der Bundesrepublik Deutschland, wie auch nach Auffassung einiger amerikanischer Autoren, die Frage der Anklageerhebung oder Nichtanklageerhebung eine Entscheidung der Fortführung des offiziellen Strafverfahrens mit dem Ziel der darauffolgenden formalen Klärung der Schuld oder Unschuld des Verdächtigen. Die Beantragung und Ausstellung eines Haftbefehles hingegen soll lediglich der rechtlichen Legitimation der Freiheitsentziehung des Verdächtigen in Form der Untersuchungshaft dienen.[1003] Im Gegensatz zu den USA fehlt in der Bundesrepublik die zeitlich enge, gesetzlich vorgeschriebene Verknüpfung der Beantragung eines Haftbefehles mit der Anklageerhebung; die Dauer der Untersuchungshaft orientiert sich vielmehr an dem richterlichen Urteil, §§ 121 ff.

Aufgrund des in den USA anderen und höheren Stellenwerts sowie der viel häufigeren Anwendung der Untersuchungshaft und der dort herrschenden Auffassung soll die Haftbefehlsbeantragung als Teil der Anklageentscheidung und damit der ‚Abschlußverfügung' betrachtet werden.

Auch zeigt sich, daß wie in der Bundesrepublik Deutschland diese ‚Abschlußverfügung', die teilweise vereinfacht *charging decision* genannt wird, eine der staatsanwaltschaftlichen Kernentscheidungen mit großen Auswirkungen auf den Betroffenen ist.[1004] Das im Vergleich zur Bundesrepublik Deutschland höhere

---

1001 Wobei hier allerdings das Verbot der *double jeopardy* eingreift.

1002 Siehe dazu *Miller*, Charge a Suspect with a Crime, S. 12. In diesem Sinne auch *Johnston*, The Journal of Criminal Law & Criminology 1974, S. 168. Ebenso *LaFave*, Take a Suspect into Custody, S. 16 sowie 320.

1003 MwN *Miller*, Charge a Suspect with a Crime, S. 13. Dient auch in der Bundesrepublik Deutschland die Untersuchungshaft der Sicherung des weiteren Strafverfahrens, so wird die Beantragung des Haftbefehls nicht als Teil der Abschlußverfügung angesehen. Vgl. *Bohnert*, Abschlußverfügung, S. 14.

1004 Vgl. *Vorenberg*, Harvard Law Review 1981, S. 1525 f. Siehe auch *Schwendiman*, The Brigham Young University Journal of Public Law 1988, S. 35. Ebenso *Gifford*, George

Risiko einer Untersuchungshaft, gerade wenn die Kautionsbedingungen nicht erfüllbar sind, die mit Anklageerhebung mögliche Rufschädigung sowie die finanziellen Belastungen durch eine anwaltliche Verteidigung stellen tiefgreifende Belastungen für den Beschuldigten dar.[1005]

Die nun aufkommende Frage der Kontrolle dieser weitreichenden ‚Abschlußverfügung', deren Notwendigkeit, Art und Weise sowie Umfang werden in den USA insgesamt, wie der Abriß über das Strafverfahren bereits erkennen läßt, im Vergleich zu der Bundesrepublik Deutschland unterschiedlich beantwortet.[1006] Dies hängt nicht nur mit anderen politischen, kulturellen und historisch gewachsenen Strukturen zusammen, sondern auch mit einem daraus abgeleiteten anderen Verständnis der Beteiligten. Die im Vergleich zur Bundesrepublik viel größere Machtfülle amerikanischer Staatsanwaltschaften im allgemeinen,[1007] deren Kontrolle im besonderen, v.a. die richterliche Kontrolle der staatsanwaltschaftlichen Entscheidung, Anklage zu erheben oder gerade nicht, lassen sich nur in ihrer politischen und soziokulturellen Einbettung sowie aus ihrer historischen Entstehung begreifen. Daher möge auf diese nun eingegangen werden. Ein solcher geschichtlicher Überblick soll zum einen das stetige Anwachsen der Entscheidungskompetenzen der Staatsanwälte erklären. Zum anderen sollen auch allgemeine Entwicklungstendenzen aufzeigt werden. Ferner möge dadurch auch die traditionelle Bevorzugung bestimmter Institutionen wie die *grand jury* sowie eine verwurzelte Skepsis gegenüber anderen wie die des Berufsrichtertums nachvollziehbar werden. Schließlich soll bereits durch die vollkommen unterschiedliche historische Entstehung der amerikanischen und deutschen Staatsanwaltschaften auf die Schwierigkeit deren Vergleichbarkeit hingewiesen werden. Dies möge auch zu den notwendigen Vorbehalten und entsprechender Vorsicht bei der direkten Gegenüberstellung ähnlich erscheinender Kontrollmechanismen führen.[1008]

Washington Law Review 1981, S. 661. Bestätigend auch *Nissman/ Hagen*, Prosecution Function, S. 13. So auch *Mack*, Indiana International & Comparative Law Review 1996, S. 91.

[1005] Siehe *Miller*, Charge a Suspect with a Crime, S. 3. Siehe auch *Melilli,* Brigham Young University Law Review 1992, S. 671 f. Er zählt neben der Untersuchungshaft auch den möglichen Verlust des Arbeitsplatzes auf, die Rufschädigung sowie der emotionale Stress in Verbindung mit dem anhängigen Strafverfahren.

[1006] Häufig wird die Kontrolle dieser *„charging decision"* als nichtexistent beschrieben, was allerdings so nicht korrekt ist, man denke beispielsweise nur an das *preliminary hearing*. Zu der Schwierigkeit der Kontrolle siehe auch *Gershman*, Fordham Urban Law Journal 1993, S. 529.

[1007] Statt aller siehe *Pizzi*, Ohio State Law Journal 1993, S. 1336.

[1008] *Langbein/ Weinreb*, The Yale Law Journal 1978, S. 1550 sprechen in diesem Zusammenhang von der Gefahr, bei der Rechtsvergleichung das eigene, im Heimatland erworbene Verständnis bezüglich einer Berufsgruppe unbewußt in den fremden Rechts- und Kulturkreis zu projezieren; der deutsche Staatsanwalt und der amerikanische District Attorney seien eben nicht nur Staatsanwälte, die lediglich eine andere Sprache sprächen, und der deutsche und amerikanische Richter unterschieden sich eben nicht nur durch ihre Robe voneinander.

II. Stellung des US-amerikanischen Staatsanwalts

1. Historische Entstehung

Im Gegensatz zum deutschen Staatsanwalt, der sich aus der Figur des Inquisitionsrichters und der Notwendigkeit seiner Machtbegrenzung entwickelte, ging der amerikanische Staatsanwalt aus der Funktion des Privatklägers hervor.[1009] Da die meisten Siedler in den jungen amerikanischen Kolonien englischer Herkunft waren, wurden dementsprechend in erster Linie englische Rechtsvorstellungen und -gebräuche übernommen. In Übereinstimmung mit diesen wurde ein Verbrechen vorrangig als Angriff auf das Opfer und nicht auf die Gesellschaft angesehen, so daß die Regierung die Strafverfolgung hauptsächlich dem verletzten Opfer überließ.[1010] Damit wird auch der Strafprozeß als Parteiverfahren ein logischer Ausfluß einer solchen Auffassung. Dieses Verfahren ist seiner Natur nach eine Streitigkeit zwischen zwei Parteien aufgrund der Behauptung der einen Seite, die andere Partei habe eine Straftat gegen sie verübt.[1011] Die Initiative und Verantwortung für das Verfahren, das Erbringen der notwendigen Beweise und deren Präsentation vor einem Gericht oder Entscheidungsgremium obliegt der verletzten Partei. Die Staatsgewalt bzw. Regierung spielt dabei eine recht passive Rolle.[1012]

Die Ursprünge dieses Parteienprozesses gehen dabei weit in die Geschichte Englands zurück. Ihre Folgen sind heute noch tief im anglo-amerikanischen Raum verwurzelt. Die frühen Angelsachsen gingen von der Vorstellung aus, die Streitigkeit um die Begehung einer Straftat durch eine Partei müsse von beiden in einem Wettstreit ausgetragen werden. Dabei komme die Wahrheit oder Unwahrheit der Behauptung im Laufe des Wettstreites der Parteien durch göttliche Intervention ans Licht. Der Prozeß hatte ursprünglich entweder die Form eines Gottesurteils oder des Kampfes zwischen den Parteien.[1013] Auch nach Änderung der Beweisführung wurde die Auffassung des Prozesses als Widerstreit zwischen zwei Parteien um die Behauptung der einen, die andere habe eine bestimmte Straftat verübt, beibehalten. Noch heute betont der amerikanische Supreme Court immer wieder die Wichtigkeit und Effektivität des Parteiverfahrens und des dafür typischen Kreuzverhörs der Zeugen: „Confrontation...forces the

---

[1009] Siehe auch *Dohr*, Wiedergutmachung des Täters, S. 44.

[1010] Vgl. *Cardenas*, Harvard Journal of Law & Public Policy 1986, S. 366.

[1011] So auch *Damaska*, University of Pennsylvania Law Review 1973, S. 563.

[1012] Siehe näher *Goldstein*, Stanford Law Review 1974, S. 1016.

[1013] Bei dem Gottesurteil wurde der Beklagte zum Teil gefesselt in einen See oder Fluß gestoßen. Ging er ohne Schwimmbewegungen nicht unter, so nahm das „reine" Wasser ihn nicht auf, was als göttlicher Beweis seiner Schuld angesehen wurde. Ging er dagegen unter, so wurde seine Unschuld angenommen. Auch andere Gottesurteile waren üblich, wie das Hineinhalten der Hand des Beklagten in kochendes Wasser oder das Laufen über heiße Kohlen. Die Art der Verbrennungen bzw. deren Fehlen wurden dann als Zeichen der Schuld oder Unschuld gedeutet. Bei dem Prozeß durch Kampf wurde die Wahrheit dem Sieger zugesprochen. Siehe auch *Keane*, Hastings Law Journal 1996, S. 1250.

witness to submit to cross-examination, the greatest legal engine ever invented for discovery of the truth."[1014] Während ursprünglich im germanischen Rechtsdenken eine ähnliche Auffassung vorherrschte, nahm Kontinentaleuropa ab dem 12. Jahrhundert eine andere Entwicklung als das isolierte Inselreich Englands. Der Einfluß römischen Rechtsdenkens im deutschen Raum nahm immer mehr zu, gefördert durch die Stellung der römisch-katholischen Kirche sowie die Tatsache, daß sich das Deutsche Reich als ‚Heiliges Römische Reich Deutscher Nation' als Nachfolgerin des Römischen Reiches sah. Auch war die Übernahme des römischen kanonischen Rechts europäischen Herrschern zur Stärkung ihrer Macht willkommen, während man sich in England bereits einer weitgediehenen Zentralmacht durch die königliche Regierung erfreute.[1015] Statt traditioneller Bräuche und althergebrachter germanischer Beweisregeln wurde im Laufe dieser Rezension römischen Rechts dessen Normen und Denken übernommen, welche auf Logik und Autorität beruhten.[1016] England hingegen hatte diese Entwicklung nicht mitvollzogen,[1017] zum Teil aus seiner immanenten Abneigung gegen die römisch-katholische Kirche, zum Teil aufgrund seiner isolierten Insellage, eigener Traditionen sowie aufkommender Vorurteile gegen ausländisches Recht durch die Machtansprüche kontinentaler Herrscher.[1018] Somit fand auf dem Kontinent Europas ein Wechsel bezüglich der Auffassung der Straftat und deren Handhabung statt: Die Straftat wurde nun als ein Verstoß gegen die gottgewollte Ordnung aufgefaßt, zu deren Einhaltung der König oder Fürst sich berufen fühlte, regierte er doch ‚von Gottes Gnaden'. Insofern verstand er es als seine Pflicht, den Zustand göttlichen Friedens und Gerechtigkeit zu wahren, der von dem Rechtsbrecher gestört worden war. Damit kam es entscheidend auf die Wiederherstellung dieser Ordnung und auf das Auffinden und die Bestrafung des tatsächlichen und schuldigen Rechtsbrechers an.[1019] Kombiniert mit einem autoritären Staatsverständnis wurden so die geistigen Weichen für das mittelalterliche Inquisitionsverfahren gestellt, welches heute noch prägend auf die modernen kontinentaleuropäischen Verfahren wirkt.[1020]

[1014] "Konfrontation...zwingt den Zeugen, sich dem Kreuzverhör zu unterwerfen, dem großartigsten rechtlichen Mittel, das je zur Aufdeckung der Wahrheit erfunden wurde", so California v. Green, 399 U.S.149, 158 (1970). Kritisch dazu *Melilli*, Brigham Young University Law Review 1992, S. 694.

[1015] So *Ploscowe*, Harvard Law Review 1935, S. 455.

[1016] In diesem Sinne auch *Swenson*, Pace International Law Review 1995, S. 384 f.

[1017] Siehe *Merryman*, Civil Law Tradition, S. 10.

[1018] In diesem Sinne *Ploscowe*, Harvard Law Review 1935, S. 455.

[1019] Siehe auch *Schild*, Geschichte des Strafrechtes, S. 62.

[1020] So auch im Ergebnis *Grüner*, Mißbrauch von Mitwirkungsrechten, S. 12, 15, 26, 28 f. sowie 34. *Grüner* verweist darauf, daß das dem deutschen Recht wichtige und eigene materielle Schuldprinzip die Erforschung der objektiven Wahrheit geradezu erfordere. In Verbindung mit der autoritären Staatsordnung und der Allmacht des Souveräns von Gottes Gnaden sei das Verbrechen als Störung des Rechtsfriedens zu einer obrigkeitlichen Angelegenheit geworden. Der Rechtsfrieden konnte nur durch die Gewißheit eines wahren Urteils, also der Herausfindung des wahren Rechtsbrechers, wieder hergestellt werden. Der Einfluß von Prozeßparteien wie der Verteidigung wurde als Manipulationsmöglichkeit bei der Suche nach der objektiven Wahrheit mißtrauisch argwöhnt und daher gering gehalten.

Diese geschichtlich gewachsenen, grundverschiedenen Auffassungen vom Strafprozeß spiegeln sich somit noch heute im amerikanischen und deutschen Strafprozeß wider: Im Gegensatz zu der aus dem englischen Recht übernommenen amerikanischen Vorstellung des Strafprozesses als Widerstreit zweier Parteien um die Behauptung der Begehung einer Straftat durch eine Partei[1021] – was im deutschen Recht dem Prinzip der ‚formellen Wahrheit' entspricht – ist das Verfahren im kontinentaleuropäischen Denken kein Widerstreit zwischen Parteien unter passiver Beobachtung eines Richters. Vielmehr ist es eine offizielle staatliche Untersuchung durch einen aktiven Richter[1022] aus Anlaß einer möglicherweise begangenen Straftat. Dies wird in der Bundesrepublik die Ermittlung der ‚materiellen Wahrheit' genannt.[1023] Ziel des Verfahrens ist daher auch nicht die Schlichtung der Streitigkeit durch Auferlegung einer Sanktion,[1024] sondern die genaue unabhängige Wahrheitsermittlung des Geschehens durch den Staat zwecks Auferlegung einer Sanktion zur Wiederherstellung der Rechtsordnung.[1025]

Dementsprechend hat der amerikanische Richter nicht die Pflicht, die Wahrheit zu erforschen wie sein deutsches Pendant.[1026] Vielmehr sitzt er als Schiedsrichter einem Verfahren vor, in dem die Wahrheit durch den Widerstreit der Parteien an das Tageslicht gebracht werden soll. Folglich erscheint es möglich, diese aufgrund der Dispositionsfähigkeit der Parteien zum Gegenstand von Verhand-

---

1021 *Kaplan*, Northwestern University Law Review 1965, S. 1250 beschreibt die Beibehaltung des Parteiverfahrens in den USA vor dem Hintergrund der historischen Handhabung in schmunzelnd-pointierter Betrachtung wie folgt: „Trial by battle was another exemple. A champion hired by the plaintiff hacked away with sword or ax at another armed champion paid by the defendant... We have a similar system today, only now the champions are called lawyers, who wield laptop computers to bash and batter one another with motions and interrogatories." (Der Prozeß, entschieden durch Kampf, war ein anderes Beispiel. Ein durch den Kläger angeworbener Kämpfer hackte mit Schwert oder Axt auf einen anderen bewaffneten Streiter ein, welcher von dem Beklagten bezahlt war... Wir haben heute ein ähnliches System, nur daß die Streiter nun Anwälte genannt werden, die [statt des Schwertes] Laptop-Computer führen, um aufeinander einzuschlagen und einzuprügeln mit Anträgen und Befragungen.). Vgl. dazu auch die kritischen Anmerkungen bei *Melilli*, Brigham Young University Law Review 1992, S. 694.

1022 So im Hauptverfahren und v.a. in der Hauptverhandlung in Deutschland.

1023 Zu der Beschreibung der beiden Verfahrensarten mit den Begriffen „materielle" und „formelle Wahrheit" siehe auch *Bernstein*, U.C. Davis Law Review 1988, S. 592.

1024 *Volkmann-Schluck*, American Journal of Criminal Law 1981, S. 25, beschreibt das Verfahren als „litigation of a private character between the prosecutor and the accused", (als Prozeß privater Natur zwischen Staatsanwalt und Angeklagtem).

1025 Die Kontrastierung beider Verfahren erfolgt zum Zwecke der möglichst klaren Unterscheidbarkeit und muß daher leider auch eine gewisse Vereinfachung in Kauf nehmen. Siehe auch *Damaska*, University of Pennsylvania Law Review 1973, S. 564 sowie 581. Damaska führt das Prinzip der materiellen Wahrheit in Deutschland auch auf die deutsche Tradition der Gründlichkeit und Fülle bei Untersuchungen zurück. Vgl. auch *Mack*, Indiana International & Comparative Law Review 1996, S. 69.

1026 Vgl. *Pizzi/ Perron*, Stanford Journal of International Law 1996, S. 52. Siehe auch *Mack*, Indiana International & Comparative Law Review 1996, S. 69.

lungen und Vereinbarungen zu machen, womit das *plea bargaining* seine legitime Anwendung findet.[1027]

Dieser Unterschied in der Grundauffassung der Strafprozesses hat nicht nur immense Auswirkungen auf das gesamte Strafverfahren, sondern auch auf das Verständnis der daran Beteiligten sowie den Umfang und die Art und Weise der staatsanwaltschaftlichen Kontrollmechanismen.[1028] Dies wird sich besonders bei der richterlichen Kontrolle der staatsanwaltschaftlichen Entscheidung über eine Anklageerhebung zeigen.

Aufgrund vorherrschenden Mißtrauens der Siedler in den jungen amerikanischen Kolonien gegen obrigkeitliche Untersuchungen hat sich das Strafverfahren als adversatorisches Verfahren in den Vereinigten Staaten etabliert.[1029] Dies hing zum einen damit zusammen, daß die meisten Siedler Andersdenkende, ‚Abweichler' aus dem englischen Mutterland waren und daher eine Abneigung gegen die englische Krone und ihre Vertreter verspürten.[1030] Richter wurden lange Zeit als Lakaien der ungeliebten englischen Krone angesehen und somit mit einem gewissen Mißtrauen betrachtet.[1031] Das Parteiverfahren, welches die Initiative und Prozeßführung den privaten Parteien überließ und somit obrigkeitliche Einflußnahmen reduzierte, wurde als Garant individueller Rechte und als Schutz vor (autoritär-staatlichem) Machtmißbrauch geschätzt.[1032]

Ein anderer praktischer Grund, welcher ebenfalls die aus dem englischen Recht zunächst übernommene Privatklage begünstigte, lag in der Struktur der jungen Kolonien. Aufgrund der anfänglich spärlichen Besiedlung Amerikas, der großen räumlichen Distanz zu den einzelnen Ansiedlungen und den schlechten Kommunikationsmöglichkeiten untereinander war der Einfluß der englischen Zentralgewalt naturgemäß reduziert. Strafverfolgungsbehörden, wie wir sie heute

---

1027 Siehe auch *Bradley*, Criminal Law Forum 1996, S. 480 mit folgender Kurzcharakterisierung: „Indeed, what constitutes truth is subject to negotiations by the parties. Extensive plea bargaining simply produces an agreed approximation of events." (In der Tat, die Herausbildung der Wahrheit ist den Verhandlungen der Parteien unterworfen. Ausgedehntes *plea bargaining* ruft einfach eine ausgehandelte Annäherung an die Ereignisse hervor.).

1028 So schreibt auch *Langbein*, The University of Chicago Law Review 1974, S. 466: „The fundamentally different trial procedure inevitably affects the pretrial process." (Das fundamental unterschiedliche Verfahren bei der Hauptverhandlung berührt auch das Vorverfahren.).

1029 *Bradley*, Criminal Law Forum 1996, S. 472 äußert sich in diesem Zusammenhang wie folgt: „We are not comfortable, especially in the United States, where distrust of government is mother's milk, with a system in which government officials determine guilt with a little input from the defendant's advocate, and none from ordinary citizens on a jury." (Wir fühlen uns, besonders in den Vereingten Staaten, in denen Mißtrauen gegen die Regierung schon mit der Muttermilch mitgegeben wird, unwohl mit einem System, in dem staatliche Beamte zu einem Schuldspruch kommen unter geringer Beteiligung des Anwalts des Angeklagten, und ohne gewöhnliche Bürgerbeteiligung in Form einer *jury*.).

1030 So *Jacoby*, American Prosecutor, S. 12.

1031 Siehe dazu *Rakove*, Stanford Law Review 1997, S. 1060. Ebenso *Simon*, The Jury, S. 6.

1032 In diesem Sinne auch *Damaska*, University of Pennsylvania Law Review 1973, S. 583.

kennen, existierten nicht.[1033] Konnte daher schon keine ‚staatliche Strafverfolgung' wie in Kontinentaleuropa stattfinden,[1034] so war diese demzufolge den einzelnen Bürgern überlassen, was sich konsequenterweise bis in die Prozeßführung hineinzog und den Parteienprozeß zwangsläufig machte. Der Geschädigte einer Straftat war somit Strafverfolger und Ankläger in einem. Er mußte Beweise auf eigene Kosten sammeln und seine Interessen im Prozeß vertreten. Existierten in den wachsenden Städten auch Sheriffs oder Rechtskundige, so mußte das Opfer diese für deren Dienste und Unterstützung wie das Formulieren einer Anklage oder die Vertretung bei Gericht oder einem entsprechenden Gremium finanziell entlohnen.[1035]

War und blieb somit das Parteiverfahren unangetastet, so näherte sich die Strafverfolgung in Form der Privatklage ihrer Ablösung durch einen öffentlichen Ankläger. Mit Anwachsen der Kolonien, Ausdehnung der Siedlungen und Städte und häufiger auftretenden Verbrechen geriet sie immer mehr unter Kritik. Die Kosten des Bürgers sowie sein Aufwand für eine private Strafverfolgung machten diese in Anbetracht der sich ändernden Struktur der Kolonien uneffektiv und immer weniger geeignet, in den zunehmend anonymer werdenden größeren Ansiedlungen die zunehmenden Verbrechen zu ahnden.[1036] Eine öffentliche Strafverfolgung, lange Zeit mit Mißtrauen begegnet, wurde durch die Änderung der einer Straftat zugrundeliegenden Auffassung begünstigt. Durch Einflüsse der Aufklärung in Kontinentaleuropa, v.a. Cesare Beccarias, wurde die Straftat immer weniger als private Angelegenheit zwischen Aggressor und Opfer gesehen, sondern als Angelegenheit der Gesellschaft insgesamt. Die Privatklage wurde zunehmend als Mittel privater Rachsucht und elitärer Kreise zur Durchsetzung ihrer Interessen mißbilligt.[1037]

Die geistigen und kulturellen Einflüsse, die zur Etablierung des ersten öffentlichen Anklägers in den amerikanischen Kolonien führten, sind bis heute Anlaß vieler Kontroversen. Teilweise wird sein Ursprung im englischen *magistrate* gesehen, teilweise wird er aus dem französischen öffentlichen Ankläger in bewußter Abkehr englischer Traditionen abgeleitet. Andere hingegen sehen den niederländischen Einfluß in den amerikanischen Kolonien als entscheidend an.[1038] Auf jeden Fall erfolgte die erste niedergeschriebene Ernennung eines ‚*Attorney General*',[1039] eines öffentlichen Anklägers im Auftrag und Namen der

---

[1033] Vgl. *Jacoby*, American Prosecutor, S. 11 sowie *Cardenas*, Harvard Journal of Law & Public Policy 1986, S. 366.

[1034] Zu der relativ schwachen Regierung in den Kolonien und einer fehlenden Polizeigewalt siehe *Leipold*, Cornell Law Review 1995, S. 283.

[1035] Siehe *Cardenas*, Harvard Journal of Law & Public Policy 1986, S. 366.

[1036] Vgl. *Misner*, The Journal of Criminal Law and Criminology 1996, S. 729.

[1037] Siehe *Cardenas*, Harvard Journal of Law & Public Policy 1986, S. 369.

[1038] Genauer dazu siehe *McDonald*, Prosecutor's Domain, S. 20.

[1039] Ein *Attorney General* entspricht heute in etwa dem deutschen Generalstaatsanwalt. Im englischen Recht, aus dem er abgeleitet wurde, war er ursprünglich „The King's Attorney", der Anwalt des Königs mit vielseitigen Aufgaben wie die Wahrung der Rechte und Interessen englischen Krone, 1643 in Virginia. Sein Aufgabenfeld war allerdings teilweise noch nicht hinreichend klar umrissen durch Verweise auf englisches Fallrecht, dessen Anwendungsschärfe in den neuen Kolonien anfängliche Schwierigkeiten durch die Distanz zu England bereitete.[1040] Wie sein britisches Pendant konnte der *Attorney General* Strafverfahren bei bestimmten Straftaten einleiten, tat dies allerdings nur in den Fällen, die der englischen Krone besonders wichtig erschienen.[1041]

Das erste per Gesetz geschaffene öffentliche Amt eines Strafverfolgers und Anklägers wurde 1704 in Connecticut eingerichtet.[1042] Seine Aufgabe wurde zunächst wie folgt definiert: „[He was required to] prosecute and implead in the law all criminal offenders, and do all things necessary and convenient as an attorney to suppress vice and immorallities."[1043] Somit ging die Kompetenz dieses Amtes weit über das des englischen *Attorney General* hinaus, der im Grunde die Staatsmacht nur im Falle ihres Betroffenseins repräsentierte und in aller Regel die Strafverfolgung dem geschädigten Bürger überließ. Diese gesetzliche Regelung wurde später ebenfalls in anderen amerikanischen Kolonien erlassen.[1044] Mit dem Ende der Amerikanischen Revolution, gegen 1783, war die öffentliche Strafverfolgung bereits weitestgehend etabliert und die Privatklage durch das geschädigte Opfer so gut wie verdrängt. Alle Kolonialstaaten hatten nun Gesetze bezüglich des Amtes eines Anklägers und Strafverfolgers, im weiteren der Einfachheit halber Staatsanwalt genannt, erlassen.[1045] Dieser besaß somit praktisch das Monopol über die Strafverfolgung und die Anklage.[1046]

Dem amerikanischen Staatsanwalt stand es ebenfalls von jeher wie dem Privatkläger frei, nach seinem Ermessen ein Strafverfahren einzuleiten oder nicht.[1047] Eine Verpflichtung, bei genügender Beweislage Anklage zu erheben, wie dies das deutsche Legalitätsprinzip vorschreibt, ist dem amerikanischen Staatsanwalt daher schon wegen dieser geschichtlichen Entwicklung fremd.

---

des Königs, dessen Grundbesitzes sowie auch Strafverfolgung schwerer Verbrechen. Siehe näher dazu *National Association of Attorneys General*, Powers and Responsibilities, S. 4 ff.

[1040] Es ist davon auszugehen, daß schon vorher ein solches Amt existiert hat, allerdings ohne niedergeschriebene Aufzeichnung darüber, siehe im einzelnen *National Association of Attorneys General*, aaO, S. 6.

[1041] So *Cardenas*, Harvard Journal of Law & Public Policy 1986, S. 369.

[1042] Genauer dazu *Note*, Indiana Law Review 1959, S. 479. Siehe auch *Sidman*, The American University Law Review 1976, S. 763.

[1043] Er sollte sicherstellen, „alle Straftäter zu verfolgen und anzuklagen und als Anwalt alle notwendigen und angebrachten Handlungen vorzunehmen, um Laster und Unsittlichkeiten zu unterdrücken", zitiert nach *McDonald*, Prosecutor's Domain, S. 20.

[1044] Siehe dazu auch *Bubany/ Skillern*, The American Criminal Law Review 1976, S. 476.

[1045] Wenn auch die Texte auf das Amt eines „*public prosecutor*" Bezug nehmen, so wird im weiteren der deutsche Begriff des Staatsanwalts gebraucht, um die amerikanische Begriffsvielfalt für diese Tätigkeit zu vermeiden, welche weiter oben bereits angerissen wurde.

[1046] Vgl. *Cardenas*, Harvard Journal of Law & Public Policy 1986, S. 371.

[1047] So *Louthan*, Discretionary Justice, S. 13.

Die weitere Entwicklung führte immer mehr zu einer Stärkung der Position des Staatsanwalts. Sein Amt wechselte zunehmend von einer Teilzeitbeschäftigung in bestimmten Gegenden zu einer professionellen Vollzeittätigkeit, v.a. in den Städten. Nunmehr wurden auch opferlose Straftaten sowie Bedrohungen der öffentlichen Ordnung verfolgt. Etwa zwischen 1780 und 1830 wurden professionelle Polizeistrukturen aufgebaut und größere Strafvollzugsanstalten errichtet.

Die Demokratisierungswelle, die Amerika Anfang des 19. Jahrhunderts erfaßte, führte 1820 zu der Forderung der Wahl lokaler Beamter und stärkte damit das Konzept dezentralisierter Regierungsformen. Sie war die Folge der negativen Erfahrungen mit der englischen Kolonialmacht und ihrer zentralen Verwaltungsform.[1048] Zunächst wurden Richter von der entsprechenden Gemeinde gewählt. Nachdem die Richterwahl allgemein anerkannt worden war, mußte sich auch der Staatsanwalt einer Volkswahl durch seine Gemeinde stellen. Mississippi wurde der erste Bundesstaat Amerikas, welcher bereits 1832 eine Regelung in seine Verfassung aufnahm, wonach der Staatsanwalt gewählt werden mußte. Bundesstaaten, die den USA nach 1850 beigetreten waren, sahen entweder in ihrer Verfassung oder durch einfachgesetzliche Regelung die Wahl des Staatsanwalts vor.[1049] Zuvor war dieser – wie heute in der Bundesrepublik – ernannt worden, entweder durch einen Richter oder den Gouverneur.[1050] Dieser Statuswechsel des Staatsanwalts führte aufgrund der ihn nun stärkenden direkten demokratischen Legitimation zu einer Ausdehnung seiner Kompetenzen. Er war nun nicht mehr an die Auffassung und politische Meinung derer gebunden, die ihn ernannt hatten. Vielmehr bestimmte er fortan selbst die Prioritäten und Schwerpunkte der Strafverfolgung. Dabei sollte er bei seiner Tätigkeit die lokalen Vorstellungen und spezifischen Bedürfnisse der Gemeinde, die ihn gewählt hatte, umsetzen.[1051]

Diese Volkswahl ist der maßgebliche Unterschied zwischen amerikanischen und deutschen Staatsanwälten, die über eine solche direkte demokratische Legitimation nicht verfügen.[1052]

Ein weiterer Unterscheidungspunkt ist die dezentralisierte Struktur amerikanischer Staatsanwaltschaften im Vergleich zu dem hierarchischen Aufbau der Staatsanwaltschaften der einzelnen Bundesländer in Deutschland.[1053] Dies hängt, wie bereits erwähnt, mit der geographischen Besiedlung der Kolonien in Amerika zusammen. Die geringe Siedlungsdichte, die weit auseinander liegenden Niederlassungen mit teilweise fehlenden Berührungspunkten untereinander und die

---

1048 Vgl *Jacoby*, American Prosecutor, S. 23.

1049 Siehe *Misner*, The Journal of Criminal Law and Criminology 1996, S. 729.

1050 So *Jacoby*, American Prosecutor, S. 22.

1051 Vgl. *Misner*, The Journal of Criminal Law and Criminology 1996, S. 729.

1052 Das dahinterstehende Demokratieverständnis sowie die praktische Umsetzung des Demokratiegedankens durch Wahl nicht nur der Legislative, wie in Deutschland, sondern auch der Exekutive, beleuchtet genauer *McKaskle*, Houston Law Review 1998, S. 1127 ff.

1053 Ausführlicher dazu *Damaska*, The Yale Law Journal 1975, S. 487 sowie 512. Siehe auch *Moley*, Southern California Law Review 1928, S. 98.

Entfernung zur Kolonialmacht England machte es von vornherein notwendig, Formen lokaler Selbstverwaltung zu entwickeln.[1054] Diese wiederum erlaubte eine gewisse Unabhängigkeit von der englischen Zentralmacht, deren Ablehnung im Unabhängigkeitskrieg gipfelte. Die tägliche Erfahrung der Siedler mit der Nähe und Funktionstüchtigkeit ihrer örtlichen Selbstverwaltung prägte auch später ihr Verständnis von Machtausübung.[1055] Dies äußert sich noch heute in Aussagen, welche von einem tief im amerikanischen Denken verwurzelten Mißtrauen gegenüber jeglicher Zentralgewalt sprechen.[1056] Das Bewußtsein, öffentliche Strafverfolgung sei v.a. eine lokale Angelegenheit, wurde weiterhin durch eine entsprechende traditionelle englische Auffassung begünstigt. Die organisatorische Kanalisierung der Privatklage durch englische Richter, *justices of peace*, die Haftanordnung des Verdächtigen oder bestimmte strafverfolgende Tätigkeiten erfolgten ebenfalls auf lokaler Ebene.[1057]

Selbst in den Staaten, in denen der *Attorney General* die nominelle Leitung der Strafverfolgung innehatte, lag die wahre Macht bei den lokalen Staatsanwälten. Dies wurde zudem dadurch verstärkt, daß die Befugnisse des *Attorney General* von jeher recht unbestimmt waren und er lange Zeit ‚*the King's Attorney*' verkörperte, was einer Kooperation mit ihm nicht förderlich war. Insofern erwiesen sich die lokalen Staatsanwälte als sehr unabhängig.[1058]

Bereits diese historische Herausbildung eines gewählten Staatsanwalts mit direkter Wählerverantwortung auf lokaler Ebene und damit einer starken Unabhängigkeit gegenüber übrigen staatlichen Institutionen läßt den fundamentalen Unterschied zum deutschen Staatsanwalt erkennen: Letzterer ist ernannt und nicht gewählt und hat sich, eingebettet in ein hierarchisches System mit verschiedenen Rangstufen, vorrangig seinen Vorgesetzten gegenüber zu verantworten. Er ist damit einer strikten internen Kontrolle unterworfen und befindet sich schließlich in enger Verknüpfung mit den Gerichten.[1059]

Um sich später aufdrängende Vergleiche und Parallelen mit der deutschen Situation in die rechten Proportionen zu rücken, soll an dieser Stelle versucht wer-

---

[1054] Siehe *Jacoby*, American Prosecutor, S. 11.

[1055] So *Jacoby*, aaO, S. 12. Bei dieser lokalen Selbstverwaltung und dem Streben nach Unabhängigkeit gegenüber England spielte die *grand jury* eine große Rolle. Siehe dazu *Garcia*, University of Toledo Law Review 1998, S. 232.

[1056] *Pizzi*, Ohio State Law Journal 1993, S. 1342 spricht von einer Aversion gegen eine starke und zentralisierte Regierungsgewalt: „...an aversion to strong centralized governmental authority and power" sowie später: „This aversion to strong centralized governmental power runs deep in the American political tradition." Von einem Mißtrauen gegenüber dem Staat spricht auch *Langer*, The American Journal of Comparative Law 1988, S. 294.

[1057] Siehe genauer dazu *Langbein*, The University of Chicago Law Review 1974, S. 444 f.

[1058] Siehe *Jacoby*, American Prosecutor, S. 20. So auch *Moley*, Southern California Law Review 1928, S. 99.

[1059] Mit anderen, ähnlichen Vergleichen siehe *Ploscowe*, Harvard Law Review 1935, S. 436. Ähnlich *Pizzi*, New Law Journal 1993, S. 1160 f. Dabei warnt Pizzi amerikanische Juristen, gerade wegen der unterschiedlichen Rechtstraditionen vorsichtig bei der Übertragung fremder Rechtsvorstellungen zu sein.

den, die unterschiedliche berufliche Haltung, Arbeitsweise und Mentalität der deutschen und amerikanischen Staatsanwälte aufzuzeigen.

Die Einstellung als Staatsanwalt bedeutet in den Vereinigten Staaten recht häufig eine nur vorübergehende, mittelfristige Tätigkeit zum Sammeln erster Berufserfahrung. Während in der Bundesrepublik eine Anstellung als Staatsanwalt das Verbleiben in diesem Amt als Beamter auf Lebenszeit oder den Wechsel zum Richteramt nach sich zieht, nutzen viele amerikanische Junganwälte die Stellung als Staatsanwalt, um erste Gerichtserfahrung und -routine zu erwerben.[1060] Während einige anschließend in den privaten, häufiger lukrativeren Anwaltsbereich wechseln, nutzen viele, v.a. die gewählten Behördenleiter, ihren erworbenen Ruf dazu, eine politische Karriere einzuschlagen.[1061] Auch ist insgesamt die Tätigkeit der Staatsanwaltschaft in den USA viel stärker mit Politik verbunden als dies in Deutschland der Fall ist. Dies hängt v.a. mit der Wahl des Leitenden Oberstaatsanwalts und der Notwendigkeit seines Wahlkampfes zusammen.[1062] Im Gegensatz dazu wirke aus amerikanischer Sicht der deutsche Staatsanwalt nüchterner: „...he seems by comparison almost ascetic in his refusal to boldly confront policy considerations; narrowly technical, he tends to seek and try to discover ‚correct solutions' in terms of professional standards."[1063] Um gegenüber der Wählerschaft überzeugend bestehen zu können, ist der Staatsanwalt oder, bei einer größeren Behörde, der Leitende Oberstaatsanwalt um eine möglichst hohe Verurteilungsrate bemüht, die den Erfolg seiner Tätigkeit widerspiegeln soll. Solche Erwägungen sind dem deutschen Staatsanwalt fremd, da seine Beurteilung nicht durch die Wählerschaft erfolgt.[1064]

Ferner führt der Parteienprozeß zu einem Parteienverhalten des amerikanischen Staatsanwalts: Ähnlich wie im deutschen Zivilprozeß, will er bei Anklageerhebung und *trial* den ‚Fall durch Verurteilung des Angeklagten gewinnen'. Wenn der deutsche Staatsanwalt bei der Entscheidung, Anklage zu erheben, häufig eine Verurteilung erwartet und zu erreichen versucht, so empfindet er deren Ausbleiben dennoch weniger als einen persönlichen Verlust wie sein amerikanisches Pendant. Dies beruht zunächst darauf, daß in den USA der Staatsanwalt in der Hauptverhandlung für die Beweisführung und -vollständigkeit sowie die Zeugenvernehmung im Rahmen des Kreuzverhörs verantwortlich ist. In der Bundesrepublik hingegen geht diese Aufgabe vom Staatsanwalt auf den Richter über.[1065] Auch ist die Vorbereitung der Hauptverhandlung in den USA viel auf-

---

1060 Kritisch dazu *Note*, Indiana Law Journal 1959, S. 482 f.

1061 Ähnlich *Volkmann-Schluck*, American Journal of Criminal Law 1981, S. 6.

1062 Siehe dazu *McIntyre/ Lippman*, American Bar Association Journal 1970, S. 1159.

1063 Der deutsche Staatsanwalt wirke „asketisch in seiner Ablehnung, kühn politische Betrachtungen in seine Erwägungen einfließen zu lassen; er neige technisch-eng dazu, ‚korrekte Lösungen' im Sinne professioneller Maßstäbe zu suchen und herauszufinden", so *Damaska*, American Journal of Comparative Law 1981, S. 137.

1064 Vgl. *Langbein*, Michigan Law Review 1979, S. 217.

1065 Von einer nur „zweitrangigen" Verantwortung des deutschen Staatsanwalts für den Ablauf der Hauptverhandlung und damit den Prozeßausgang spricht *Langbein*, The University of wendiger als in Deutschland, obliegt es doch dem amerikanischen Staatsanwalt, die Beweise derart zu präsentieren, daß dadurch zwölf Laien bis zur Einstimmigkeit überzeugt werden können. Gerade das Parteiverfahren mit dem beabsichtigten Wettstreit des Staatsanwalts und des Verteidigers schafft ungleich stärker als in Deutschland den psychologisch begründeten Drang, besser zu sein als die ‚andere Seite' und den Fall zu gewinnen.[1066] Denn die Aufgabe des Staatsanwalts in einem solchen Verfahren wird darin gesehen, eine Verurteilung zu erzielen, während die des Verteidigers in deren Zunichtemachung besteht.[1067]

Darüberhinaus fehlt dem deutschen Staatsanwalt explizit die Parteienstellung. Er ist bei schweren Straftaten im Rahmen des Legalitätsprinzips bei ausreichender Beweislage zur Anklageerhebung verpflichtet.[1068] Daher kann er die Klärung von Zweifeln und Bedenken hinsichtlich einer ‚erfolgreichen' Verurteilung der richterlich geführten Hauptverhandlung überlassen.[1069] Demgegenüber besteht eine solche Anklageverpflichtung des amerikanischen Staatsanwalts nicht, eine Fallübernahme durch den Richter findet nicht statt. Entscheidet er sich also ohne gesetzlichen oder richterlichen Zwang zur Anklage bis hin zu einem Geschworenenprozeß, so ruht die alleinige Verantwortung für die Fallpräsentation und anschließende Verurteilung auf seinen Schultern. Insofern ist er nicht an einer gerichtlichen Einführung zusätzlicher Beweismittel oder der ‚Einmischung Dritter' wie bei der deutschen Nebenklage interessiert.[1070] Zudem fließen beim deutschen Staatsanwalt in viel geringerem Maße Überlegungen bezüglich des finanziellen Aufwandes der Strafverfolgung im Sinne einer Kosten-Nutzen-Rechnung ein als beim amerikanischen Staatsanwalt.[1071]

Schließlich ist ein anderer Prozeßausgang als durch Aburteilung des Beschuldigten für die Verurteilungsrate des Staatsanwalts sowie seiner Behörde abträglich, spielt diese Quote doch im Wahlkampf eine große Rolle.[1072]

Aus diesen Gründen ist die Identifikation des amerikanischen Staatsanwalts mit dem Prozeßausgang viel größer als die seines deutschen Pendants, sein Verhal-

---

Chicago Law Review 1974, S. 465. So auch *Mack*, Indiana International & Comparative Law Review 1996, S. 75.

1066 Siehe dazu auch *Pizzi*, West Virginia Law Review 1998, S. 850. Siehe ebenso die interessante Stellungnahme des früheren Staatsanwalts und heutigen Rechtsprofessors *Lynch*, Fordham Urban Law Journal 1999, S. 684, der aussagt, er habe als staatsanwaltlicher Berufsanfänger geglaubt, bei jedem ihm übertragenen Fall eine Verurteilung erzielen zu müssen.

1067 So *Damaska*, University of Pennsylvania Law Review 1973, S. 563. Ebenso *Bubany/ Skillern*, The American Criminal Law Review 1976, S. 482, die angeben, das letztendliche Ziel des Staatsanwalts sei, den „Fall" zu gewinnen.

1068 Mit kritischen Beispielen zu dieser Verpflichtung bei Straftaten mit politischem Einschlag *Schram*, The American Journal of Comparative Law 1969, S. 630, der sogar von einer häufigen Verletzung des Legalitätsprinzipes bei politischen Straftaten spricht.

1069 Auf diesen Unterschied auch explizit hinweisend: *Davis*, Discretionary Justice, S. 194.

1070 Vgl. *Frase/ Weigend*, Boston College International & Comparative Law Review 1995, S. 357.

1071 So *Sessar*, Prosecutorial Discretion, S. 255, auch unter Hinweis auf das Legalitätsprinzip.

1072 So auch *Langbein*, Michigan Law Review 1979, S. 217.

ten viel eher den Kategorien verhaftet, den Prozeß ‚gewonnen‘ oder ‚verloren‘ zu haben.[1073] Teilweise wird die innere Einstellung des Staatsanwalts bezüglich seiner Prozeßführung mit einem sportlichen Ereignis verglichen, in dem er nach den Regeln der Fairneß mit dem Verteidiger als Gegner um den gewünschten Prozeßausgang, die Verurteilung, ringt.[1074] Gelingt ihm die Verurteilung des Angeklagten, so wird der erfolgreiche Staatsanwalt häufig von seinen Kollegen zu seiner Leistung beglückwünscht.[1075] Wird der Angeklagte jedoch entweder für ein geringeres Delikt verurteilt oder gar freigesprochen, so nimmt der Staatsanwalt dieses ‚Versagen‘ viel persönlicher und fragt sich, was er hätte besser machen können. Seine Kollegen sprechen ihm hingegen den Trost zu, „that he did a fine job.“[1076]

Ferner drückt sich das Parteiverhalten der Staatsanwaltschaft aufgrund des kontradiktorischen Verfahrens in der Vorbereitung der späteren Aussagen von Zeugen und Sachverständigen aus. Die vom Staatsanwalt in der Hauptverhandlung benannten Zeugen sowie Sachverständigen werden von ihm zuvor auf die von ihm gestellten Fragen vorbereitet sowie auf mögliche Gegenfragen der Verteidigung eingestellt. Die staatsanwaltschaftliche Unterstützung kann dabei bis an die Formulierungshilfe der späteren Zeugenaussagen vor den Geschworenen gehen.[1077] Inhaltliche Veränderungen dürfen jedoch nicht vorgeschlagen oder einstudiert werden.[1078] Während in der Bundesrepublik schon die vorrangig richter-

[1073] Von dem Gefühl der Eigenverantwortlichkeit des Staatsanwalts für den Prozeßausgang spricht auch *Pizzi*, Ohio State Law Journal 1993, S. 1349 f. Vgl. auch *Mack*, Indiana International & Comparative Law Review 1996, S. 75.

[1074] MwN *Damaska*, University of Pennsylvania Law Review 1973, S. 582 mit Stellungnahmen über den deutschen Prozeß, der aus anglo-amerikanischer Sicht insofern als „unfair“ empfunden werde, als daß der deutsche Staatsanwalt nicht die Beweis- und Präsentationslast seines anglo-amerikanischen Pendants habe.

[1075] So *Pizzi*, Ohio State Law Journal 1993, S. 1349.

[1076] Vgl. *Weinreb*, Denial of Justice, S. 103. In diesem Sinne auch *Kaplan*, Northwestern University Law Review 1965, S. 180.

[1077] Sehr kritisch zu dieser Handhabungsweise *Frankel*, Partisan Justice, S. 16. Kritisch ebenfalls *Kötz*, The University of Chicago Law Review 1981, S. 483, der als Abhilfe den deutschen Weg der narrativen, durch den unabhängigen Richter ausgelösten Aussageerstattung vorschlägt.

[1078] *California District Attorneys Association*, Ethics and Responsibilitiy, S. 24, schreibt diesbezüglich: „The prosecutor should avoid conduct which suggests a particular answer or elicits a particular identification or other testimony from a witness who appears to be susceptible to such suggestiveness. A prosecutor may help a witness decide how to phrase testimony but may not influence the content fo that testimony. In preparing a witness for trial the prosecutor must carefully walk the line between proper preparation and influencing prospective testimony.“ (Der Staatsanwalt soll solches Verhalten vermeiden, das eine bestimmte Antwort nahelegt oder eine bestimmte Bezeichnung oder anderweitige Aussage eines Zeugen hervorruft, der für solche Anregungen empfänglich erscheint. Ein Staatsanwalt darf einem Zeugen bei der Entscheidung helfen, wie eine Aussage zu formulieren sei, aber nicht deren Inhalt beeinflussen. Bei der Vorbereitung des Zeugen für die Hauptverhandlung muß der Staatsanwaltschaft vorsichtig die Gratwanderung zwischen zulässiger Vorbereitung und Beeinflussung der voraussichtlichen Aussage vornehmen.).

liche Vernehmung außerhalb jedes adversatorischen Kreuzverhöres[1079] ein solches Verhalten obsolet werden läßt, wird eine jede ‚Modellierung' der Aussage zudem als unethisch empfunden.[1080]

Wie sein deutsches Pendant war der amerikanische Staatsanwalt ursprünglich noch der Judikative zugerechnet worden.[1081] Diese Einordnung änderte sich jedoch im Laufe der Zeit, denn er wird nunmehr als Teil des Exekutive betrachtet.[1082] Aufgrund der Übernahme des französischen Prinzips der strikten Gewaltenteilung zwischen Judikative und Exekutive legten Gerichte in aller Regel eine Haltung der Nichteinmischung in staatsanwaltschaftliche Entscheidungen an den Tag.[1083] Dies änderte sich auch nicht mit Aufkommen des Verwaltungsrechts Ende des 19. Jahrhunderts und der gerichtlichen Praxis der Kontrolle der Verwaltungsbehörden.[1084] Im Gegenteil: Während die richterliche Entscheidungskompetenz durch gesetzliche Vorschriften und Richtlinien eingedämmt wurde, ist die staatsanwaltliche angewachsen,[1085] v.a. in den letzten 20 Jahren.[1086]

Zusammenfassend läßt sich festhalten: Der amerikanische Staatsanwalt ging im Gegensatz zu seinem deutschen Pendant aus der Figur des Privatklägers hervor. Aufgrund des beibehaltenen Parteiverfahrens sowie seiner unmittelbaren demokratischen Legitimation hat er ein gänzlich anderes Selbstverständnis als der deutsche Staatsanwalt. Sowohl die dezentralisierte Struktur der amerikanischen Staatsanwaltschaften als auch die Erfüllung der Wählererwartungen führen zu einer anderen Arbeitsauffassung als bei der hierarchisch gegliederten deutschen Staatsanwaltschaft. Das Parteiverfahren prägt zudem wesentlich das Selbstverständnis und die Stellung des amerikanischen Richters. Wegen des historisch überlieferten Mißtrauens gegenüber dem Richterstand nimmt er eine neutrale

---

[1079] Siehe auch § 69 I 1, der von einer narrativen Aussagenerstattung ausgeht anstatt eines im amerikanischen Recht viel häufigeren Wechselspiels zwischen Frage und Antwort. Letztere Form der Zeugenaussagen begünstigt naturgemäß die vorherige Vorbereitung des Austausches von Frage und Antwort.

[1080] Vgl. *Pizzi/ Perron*, Stanford Journal of International Law 1996, S. 43. *Frankel*, Partisan Justice, S. 7 kritisiert teilweise die Parteienstellung des amerikanischen Staatsanwalts, welche mitunter inakzeptables Prozeßverhalten zur Folge habe: [He is concerned with] „tricks, stratagems, dodges, and ruses that wily advocates everywhere have learned and employed, in one form or another, to win unfairly, take unfair advantage, and achieve what detached observers would condemn, and have always condemned, as unjust results." ([Er ist in Sorge bezüglich] der Tricks, Kriegslisten, Schliche und Kniffe, die schlaue Anwälte überall in dieser oder jener Form gelernt und angewandt haben, um in unfairer Weise zu gewinnen, um einen unfairen Vorteil daraus zu ziehen, und um zu erreichen, was objektive Beobachter als ungerechtes Ergebnis verurteilen würden und schon immer verurteilt haben.).

[1081] Vgl. *Jacoby*, American Prosecutor, S. 6.

[1082] Für die Bundesebene siehe United State v. Cox, 342 F.2d 167, 171 (1965) sowie *Brown/ Shaut*, American Law Review 1976, S. 571.

[1083] So *Jacoby*, American Prosecutor, S. 7.

[1084] Siehe *Bubany/ Skillern*, The American Criminal Law Review 1976, S. 477.

[1085] Genauer dazu *Vorenberg*, Harvard Law Review 1981, S. 1522.

[1086] So *Gershman*, University of Pittsburgh Law Review 1992, S. 393. Von einem neuerlichen Machtzuwachs des Staatsanwalts spricht auch *Lee*, UCLA Law Review 1994, S. 107.

Schiedsrichterrolle ein und überläßt im Gegensatz zu seinem deutschen Kollegen die Prozeßführung und Beweisaufnahme den dominanten Parteien.

Im Rahmen dieser prozessualen Einbettung hat der amerikanische Staatsanwalt im Laufe der Zeit eine enorme Kompetenzfülle errungen. In welchem Umfang der Zuwachs staatsanwaltlichen Einflusses stattgefunden hat und wie sich diesbezüglich die moderne Rechtslage darstellt, soll nun erörtert werden.

2. Heutige Entscheidungskompetenz: Gründe und Kritik

a) Kompetenzen des Staatsanwalts

Ähnlich wie im deutschen Recht soll zunächst die gegenwärtige rechtliche und faktische Entscheidungskompetenz der Staatsanwaltschaft eingehender beleuchtet werden. Dadurch wird die sich stellende Frage der Kontrolle dieser staatsanwaltlichen Entscheidungen verständlicher. Auch läßt sich so die von einigen geltend gemachte Notwendigkeit einer verstärkten und v.a. richterlichen Kontrolle in einen klareren Zusammenhang einfügen.

Die historische Entwicklung vom ersten Aufkommen eines öffentlichen Anklägers bis hin zum heutigen Staatsanwalt ist die Geschichte des stetigen Anwachsens seiner Bedeutung und Macht. Heute wird der Staatsanwalt als „machtvollste Figur" des gesamten Strafverfahrens[1087] angesehen, als „machtvollstes Amt im System der Strafrechtspflege,"[1088] der verglichen mit seinem kontinentaleuropäischen Pendant „omnipotent" sei,[1089] ja sogar als „übermächtig" bezeichnet wird.[1090] Ein amerikanischer *Attorney General* faßte einmal zusammen, der Staatsanwalt habe „mehr Kontrolle über Leben, Freiheit und Ruf [der Bürger] als jeder andere in Amerika."[1091]

Wie bereits der Überblick über das Strafverfahren gezeigt hat, kann der Staatsanwalt das Verfahren bis zur Erhebung der *complaint* oder auch der *information* und *indictment* oder gar bei Anwendung des *nolle prosequi* zeitpunktunabhängig ohne richterliche Zustimmung einfach einstellen. Eine solche Einstellung kann sogar teilweise noch nach Beginn des *trial* vorgenommen werden.[1092] Dies ist

---

1087 *Bubany/ Skillern*, The American Criminal Law Review 1976, S. 477, schreiben wörtlich: „...the prosecutor now stands as the single most powerful figure in the administration of criminal justice." In diesem Sinne auch *Arenella*, Michigan Law Review 1980, S. 498: „...the prosecutor has become the most powerful and important official in our criminal process." (...der Staatsanwalt ist der mächtigste und wichtigste Beamte in unserem Strafprozess geworden.). Auch *Pizzi*, New Law Journal 1993, S. 1160 beschreibt den Staatsanwalt als weit wichtiger im Vergleich zu dem Richter. In diesem Sinne auch *Miller/ Tiffany*, Washington University Law Quarterly 1964, S. 8.

1088 Vgl. *Misner*, The Journal of Criminal Law and Criminology 1996, S. 741.

1089 So *Langbein*, The University of Chicago Law Review 1974, S. 440.

1090 Siehe *Morris*, The Yale Law Journal 1978, S. 684.

1091 So äußerte sich der ehemalige Attorney General Robert H. Jackson 1940, zitiert nach *Sigler*, Prosecutor, S. 55.

1092 Siehe *DeMay*, Fordham Urban Law Journal 1999, S. 772.

ihm unabhängig von der Schwere der vermuteten Straftat und selbst bei einer für eine Anklage ausreichenden Beweislage möglich.[1093] Unterläßt er die Anklageerhebung, so kann er kaum dazu gezwungen werden.[1094] Da auch die Privatklage nicht als Ersatz für seine Untätigkeit in Anschlag kommen kann, ist der Staatsanwalt allentscheidend.[1095] Sein deutscher Gegenspieler hingegen kann bei schweren Straftaten und ausreichender Beweislage aufgrund des Legalitätsprinzips das Verfahren nicht einstellen, sondern muß Anklage erheben. Bei ihrer Unterlassung kann er im Rahmen des Klageerzwingungsverfahrens dazu gezwungen werden. Darf er hingegen das Verfahren einstellen, so muß er in vielen Fällen unabhängig vom Zeitpunkt der Einstellung die richterliche Zustimmung einholen. Die Freiheit, Anklage zu erheben oder das Verfahren einzustellen, gibt dem amerikanischen Staatsanwalt eine noch viel größere Monopolstellung als seinem deutschen Kollegen.[1096] Insofern wird davon gesprochen, die Entscheidungskompetenz des amerikanischen Staatsanwalts bedeute die umfangreichste und am wenigsten regulierte Machtstellung im amerikanischen Strafrecht.[1097]

Neben dieser grundsätzlichen Entscheidung, ob Anklage erhoben wird, steht es ihm auch bindend für das Gericht frei, was angeklagt wird.[1098] Sich häufig über-

---

[1093] Dies geschieht, wenn der Staatsanwalt die weitere Strafverfolgung trotz hinreichender Beweislage nicht für angemessen erachtet, beispielsweise weil eine Strafverfolgung nicht den Interessen der Wählerschaft entspricht. Siehe dazu *Miller*, Charge a Suspect with a Crime, S. 4 ff. Selbst bei einer für eine Verurteilung ausreichenden Beweislage kann der Staatsanwalt von einer Anklageerhebung absehen, so *Melilli*, Brigham Young University Law Review 1992, S. 673. Diese anerkannte Freiheit des Staatsanwalts trifft allerdings nicht immer auf Zustimmung, siehe *Gifford*, George Washington Law Review 1981, S. 664.

[1094] Gerichte lehnen eine solche Anklageerzwingung trotz wiederholter diesbezüglicher Klagen ab, vgl. auch *Langbein*, The University of Chicago Law Review 1974, S. 448. In wenigen Staaten gibt es zwar gesetzliche Regelungen zur Erzwingung einer Strafverfolgung oder Anklage, diese Regelungen werden jedoch sehr selten angewandt. Sie sind im Anhang abgedruckt. Darauf sowie auf die ablehnende Haltung der Gerichte wird später unter dem Punkt C. III. 7. ‚Richterliche Kontrolle durch (Rechtsmittel)gerichte' eingegangen.

[1095] *Logan*, Wisconsin Law Review 1990, S. 1724 schreibt als Zusammenfassung dazu: „As a general rule, the decision whether to prosecute rests entirely within the discretion of public prosecutors..." (Als allgemeine Regel läßt sich sagen, daß die Entscheidung zur Strafverfolgung völlig im Ermessen des Staatsanwalts liegt...).

[1096] *Langbein*, The University of Chicago Law Review 1974, S. 443 wirft daher folgende Fragen auf: „How is it that Americans have managed to place one of the most dangerous of all governmental powers beyond review or control, in the hands of a nearly omnipotent prosecutor ? And how is it that the Germans...have been so alert to controlling the prosecutor?" (Wie kommt es, daß die Amerikaner es geschafft haben, eine der gefährlichsten aller Machtpositionen des Staates jenseits jeder Überprüfung oder Kontrolle anzusiedeln, in den Händen eines fast allmächtigen Staatsanwalts? Und wie kommt es, daß die Deutschen...so wachsam in der Kontrolle des Staatsanwalts gewesen sind?).

[1097] Stellvertretend für alle *Levenson*, Fordham Urban Law Journal 1999, S. 558.

[1098] *Sheer*, The Georgetown Law Journal 1998, S. 1354 f. beschreibt diese Machtstellung anschaulich: „A prosecutor has broad authority to decide...whether to bring charges, what charges to bring, when to bring charges, and where to bring charges." (Ein Staatsanwalt hat die weitreichende Befugnis zu entscheiden...ob Anklage erhoben wird, welche Anklage erhoben wird, wann Anklage zu erheben ist und wo die Anklage erhoben wird.). Vgl. dazu auch schneidende materiell-rechtliche Regelungen bezüglich der Strafbarkeit eines bestimmten Verhaltens geben dem Staatsanwalt darüber hinaus die Möglichkeit, demselben Verhalten eine unterschiedliche rechtliche Einordnung zukommen zu lassen.[1099] Entscheidet er sich, ein geringeres Delikt anzuklagen als die Umstände und Beweislage zulassen, so ist der Richter – im Gegensatz zur Bundesrepublik – grundsätzlich daran gehindert, die entsprechende Strafe für die eigentlich begangene Straftat auszusprechen.[1100] Wie die *grand jury* kann er kann lediglich die Tat auf ein in der angeklagten Tat mit eingeschlossenes geringeres Delikt herabstufen.[1101] In Kalifornien wie auch in anderen Bundesstaaten bezieht sich diese Bindung auch auf die Vorstrafen des Angeklagten.[1102] Werden diese nicht in die Anklageschrift eingeschlossen, so ist es dem Richter verwehrt, die teilweise gesetzlich ausgelöste Mindeststeigerung der Strafe zu verhängen.[1103] Dies ist v.a. bei Gesetzen zum Schutz vor Mehrfachtätern wie die bekannten ‚Three Strikes Laws' maßgebend.[1104] Gemäß dieser Gesetze löst die zweite Begehung einer bestimmten Straftat, einer schweren *felony*,[1105] die Verdoppelung des ursprünglichen Strafrahmens des begangenen Delikts aus, die dritte Begehung einer bestimmten Straftat eine mindestens 25-jährige oder lebenslange Haftstrafe. Dabei muß die dritte Straftat nur noch eine *felony* sein, keine schwere *felony*. Werden bei dieser die vorherigen zwei schweren *felonies* durch den Staatsanwalt nicht mit in die Anklage eingeschlossen, so kann der Richter bei deren Kenntnis zwar den Strafrahmen für die dritte Straftat innerhalb deren gesetzlichen Grenzen ausschöpfen, aber nicht die spezifische Strafe in Anwendung des Spezialgesetzes verhängen.[1106] Damit kann der Staatsanwalt maßgebend über die Strafhö-

Volkmann-Schluck, American Journal of Criminal Law 1981, S. 25. Ebenso *Bubany/ Skillern*, The American Criminal Law Review 1976, S. 480.

1099 Mit konkreten Beispielen *Misner*, The Journal of Criminal Law and Criminology 1996, S. 745.

1100 Vgl. *Lagoy/ Hussey/ Kramer*, Determinate Sentencing Structures, S. 209.

1101 Siehe insgesamt dazu *Pizzi*, Ohio State Law Journal 1993, S. 1351.

1102 Siehe *DeMay*, Fordham Urban Law Journal 1996, S. 772.

1103 Siehe dazu *Misner*, The Journal of Criminal Law and Criminology 1996, S. 748 f. So auch *Miller*, Charge a Suspect with a Crime, S. 7.

1104 Vgl. §§ 667 ff, 1170.1 ff Cal. Penal Code.

1105 Die Einstufung als *serious felony* erfolgt durch den Gesetzgeber in § 1192.7 (c) Cal. Penal Code und umfaßt Straftaten wie gefährliche oder schwere Körperverletzungsdelikte, Tötungsdelikte, Sexualdelikte, schwerere Delikte gegen die persönliche Freiheit, Vermögensdelikte unter Beeinträchtigung weiterer Rechtsgüter wie die körperliche Intergrität oder der Privatsphäre.

1106 Wenn auch nicht explizit erwähnt, so geht der Kalifornische Supreme Court von der Möglichkeit einer solchen Ermessensentscheidung des Staatsanwalts aus. Das Gericht bezieht sich dabei auf dessen Freiheit, vor Klageerhebung Entscheidungen zu treffen, die sich entscheidend auch auf die Strafhöhe auswirken. Etwas anderes ergibt sich nach Klageerhebung, also nach Einschluß der früheren Verurteilungen in die Anklage. In diesem Fall kann das Gericht die früheren Verurteilungen ohne Antrag der Staatsanwaltschaft aus eigenen Erwägungen heraus streichen, § 1385 Cal. Penal Code. Siehe näher dazu. People v. Superior Court (Romero) 13 Cal.4th 497, 497; 53 Cal.Rptr.2d 789; 917 P.2d 628 (June 1996).

he entscheiden, die bei derselben Straftat somit von wenigen Jahren, wenn überhaupt, bis hin zu lebenslänglich variieren kann.[1107]

Bei Delikten, welche die Todesstrafe nach sich ziehen können, steht es dem Staatsanwalt ebenso frei, anstelle lebenslanger Inhaftierung eine solche Anklage zu erheben.[1108] Ohne ein solches staatsanwaltliches Vorgehen kann die *jury* die Todesstrafe nicht verhängen. Ebenso kann der Staatsanwalt statt der ersuchten Todesstrafe ein Schuldbekenntnis des Angeklagten akzeptieren und auf die Einforderung der Todesstrafe verzichten.[1109] In Kalifornien beispielsweise ist bei bestimmten Tötungsdelikten die Auferlegung der Todesstrafe nur möglich, wenn ‚besondere Umstände' in der Person des Täters und seiner Tatmotive, des Opfers oder der Tatbegehung liegen, die in der Anklage vom Staatsanwalt dargelegt werden.[1110] Die Entscheidung, ob solche ‚speziellen Umstände' angeklagt werden oder nicht, liegt alleine beim Staatsanwalt. Insofern trifft er die erste weichenstellende Entscheidung, ob in einem konkreten Fall der Angeklagte bei entsprechender Verurteilung entweder exekutiert oder lebenslänglich inhaftiert wird.[1111]

Bei Zeugen, welche sich auf ein Auskunftsverweigerungsrecht berufen, um sich nicht selbst zu belasten,[1112] kann der Staatsanwalt durch Gewährung von Immunität vor Strafverfolgung die Erzwingung der Aussage erreichen.[1113] Die grundsätzliche Entscheidung, ob und in welchem Umfang Immunität gewährt wird, wird alleine vom Staatsanwalt getroffen.[1114]

Wie bereits beim Abriß über das Strafverfahren dargestellt, besitzt der amerikanische Staatsanwalt – im Gegensatz zu seinem deutschen Pendant – die ent-

---

[1107] So auch *Levenson*, Fordham Urban Law Journal 1999, S. 566. Ebenso *Misner*, The Journal of Criminal Law and Criminology 1996, S. 748.

[1108] Siehe dazu *Little*, Fordham Urban Law Journal 1999, S. 444.

[1109] Siehe dazu *Hancock./ McCullough/ Farley*, Albany Law Review 1996, S. 1563.

[1110] Siehe dazu § 190.1 Cal. Penal Code: „A case in which the death penalty may be imposed pursuant to this chapter shall be tried in separate phases as follows: The question of the defendant's guilt shall be first determined. If the trier of fact finds the defendant guilty of first degree murder, it shall at the same time determine the truth of all special circumstances charged as enumerated in Section 190.2..." (Ein Fall, in dem die Todesstrafe gemäß dieses Kapitels verhängt werden kann, soll in gesonderten Phasen verhandelt werden: Die Bestimmung der Schuld des Angeklagten soll zuerst vorgenommen werden. Befinden der oder die Personen, welche die Prozeßtatsachen zu beurteilen haben, den Angeklagten eines Mordes ersten Grades für schuldig, so sollen er oder sie sie zur selben Zeit über die Wahrheit aller angeklagten speziellen Umstände, wie sie in § 190.2 aufgezählt sind, befinden...).

[1111] Siehe dazu die ausführlichen gesetzlichen Regelungen der §§ 189 bis 190.9 Cal. Penal Code. Kritisch dazu *Little*, Fordham Urban Law Journal 1999, S. 354. Ebenso *Horowitz*, Fordham Law Review 1997, S. 2576.

[1112] Ein solches Auskunftsverweigerungsrecht ist in der 5. Änderung der Verfassung der Vereinigten Staaten (*5. Amendment*) verbürgt. Der Text ist im Anhang zu lesen.

[1113] Genauer dazu *B. A. Green*, Fordham Urban Law Journal 1999, S. 626.

[1114] So *LaFave/ Israel/ King*, Criminal Procedure, Band 3, S. 19. Ebenso *Sheer*, The Georgetown Law Journal 1998, S. 1353.

scheidende Möglichkeit des *plea bargaining*. Dessen zwischen Angeklagtem und Staatsanwalt ausgehandeltes Ergebnis wird in aller Regel von einem Richter nicht weiter in Frage gestellt, sondern von ihm übernommen.[1115]

Schließlich eröffnen Ermessensspielräume den Staatsanwälten die Möglichkeit, ein Verhalten entweder auf Bundesebene als Verstoß gegen Bundesrecht zu verfolgen, *federal prosecution*, oder als Verstoß gegen das Recht des jeweiligen Bundesstaates auf dessen Ebene, *state prosecution*. Durch dasselbe Verhalten kann eine Verletzung des Bundesrechts wie auch des Strafgesetzbuches eines Bundesstaates vorliegen. Dabei ist die Tendenz zu verzeichnen, daß die Strafrahmen für vergleichbare Verletzungen des Bundesrechts höher sind als die der jeweiligen Bundesstaaten. Der Entscheidung der Staatsanwälte des Bundes, *federal prosecutors*, einen Fall zwecks Strafverfolgung in ihrer Gerichtsbarkeit zu übernehmen oder auch parallel mit der *state prosecution* zu verfolgen oder mit der Folge einer Strafverfolgung in den Gerichten des jeweiligen Bundesstaates abzulehnen, kommt somit eine große Bedeutung zu: Es wird damit ein wesentlicher Einfluß auf die Höhe des Strafrahmens ausgeübt.[1116]

Diese weitreichenden Befugnisse des amerikanischen Staatsanwalts werfen unweigerlich die Frage nach der Legitimation einer solchen Machtfülle auf. Daher sind sie auch Anlaß zahlreicher, kontrovers geführter Debatten.[1117] Die Gründe für die Ausstattung dieses Amtes mit solchen Befugnissen sollen nun im einzelnen erläutert werden, denn sie kehren bei der Kernfrage der Notwendigkeit und des Umfanges der staatsanwaltschaftlichen Entscheidungsüberprüfung wieder. Viele Begründungen für die Notwendigkeit staatsanwaltlicher Handlungsfreiheit sind auch im deutschen Recht wiederzufinden.[1118]

b) Gründe und Argumente für die staatsanwaltschaftlichen Entscheidungskompetenzen

aa) Beschränkte Kapazitäten der Strafverfolgungsbehörden

Als klassisches Argument für die Ausstattung der Staatsanwaltschaft mit großen Ermessens- und Entscheidungsspielräumen werden die beschränkten Kapazitäten der Strafverfolgungsbehörden genannt.[1119] Eine Verfolgung aller Verstöße gegen Strafnormen sei selbst bei einer entsprechenden Verpflichtung technisch gar nicht möglich,[1120] v.a. im Hinblick auf die gesetzgeberische Überkriminalisierung.[1121] Die möglichst effektive Funktionstüchtigkeit der Strafverfolgung

---

[1115] Vgl. *Pizzi*, Ohio State Law Journal 1993, S. 1360.

[1116] Siehe mit Beispielen *Heller*, University of Pennsylvania Law Review 1997, S. 1309 f.

[1117] Zusammenfassend *Sklansky*, Fordham Urban Law Journal 1999, S. 530.

[1118] So auch *Goldstein/ Marcus*, The Yale Law Journal 1977, S. 280.

[1119] Vgl.. *Logan*, Wisconsin Law Review 1990, S. 1722. Ebenso *Bubany/ Skillern*, The American Criminal Law Review 1976, S. 492. Siehe auch *Miller*, Charge a Suspect with a Crime, S. 7. Ähnlich *LaFave*, The American Journal of Comparative Law 1970, S. 533.

[1120] So *Lezak/ Leonard*, Prosecutor's Discretion, S. 45.

[1121] So *Noll*, Syracuse Law Review 1978, S. 719.

könne nur durch eine Auswahl der zu bearbeitenden Fälle geschehen. Zur Selektion der verfolgungswürdigen Fälle sei allerdings die Einräumung von Ermessen notwendig.[1122] In Anbetracht eingeschränkter finanzieller Mittel und knapper Budgets müsse dem Staatsanwalt die notwendige Flexibilität gegeben werden, die öffentlichen Mittel zur Strafverfolgung möglichst effektiv einzusetzen. Die damit verbundene Sachkenntnis, der dazu notwendige Überblick über die Gesamtkriminalität sowie die eigenen zur Verfügung stehenden Möglichkeiten habe aber nur der Staatsanwalt.[1123]

bb) Gegengewicht zur steigenden Kriminalität

Die in den letzten Jahrzehnten zugenommene Kriminalität und der damit gestiegene Geschäftsanfall bei der Staatsanwaltschaft müssten von dieser durch hinreichende Flexibilität bei der Fallhandhabung bewältigt werden.[1124] Gerade seit den siebziger Jahren seien Straftaten komplizierter und raffinierter geworden. Dies betreffe v.a. Erpressungen, Drogendelikte, Wirtschaftskriminalität mit schwer nachvollziehbaren Betrugstatbeständen sowie Korruption von Amtsträgern.[1125] Es müsse zudem berücksichtigt werden, daß der Gesetzgeber auf die angewachsene Kriminalitätsrate mit einer Ausweitung des materiellen Strafrechts geantwortet habe, was unweigerlich eine verstärkte Arbeitsbelastung der Staatsanwälte nach sich gezogen habe.[1126] Verwiesen wird hierbei auch explizit auf die Entwicklung in der Bundesrepublik Deutschland, in der das dort herrschende Legalitätsprinzip grundsätzlich die Verfolgung jeder Straftat erfordere. Die Antwort des deutschen Staates auf gestiegene Kriminalität und entsprechende Rückstände bei deren Bearbeitung sei jedoch in Form der verstärkten Einräumung staatsanwaltlichen Ermessens erfolgt. Dies alleine spreche für die allgemeine Notwendigkeit eigener Entscheidungsfreiheiten der Staatsanwaltschaft.[1127]

cc) Effektive Strafverfolgung

Weiterhin erfordere die effektive Bekämpfung gefährlicher Kriminalität Entscheidungsspielräume des Staatsanwalts. Die teilweise schwierige Beweisbarkeit bei bestimmten Delikts- und Tätergruppen vor Gericht erfordere flexible

---

[1122] Mit weiteren Argumenten für die Bundesebene siehe *Gorelick/ Litman*, Hastings Law Journal 1995, S. 976.

[1123] Vgl. *Horowitz*, Fordham Law Review 1997, S. 2574. In diesem Sinne auch *Lee*, UCLA Law Review 1994, S. 161.

[1124] Dieses Argument aufführend auch *Bubany/ Skillern*, The American Criminal Law Review 1976, S. 492. Ebenso *Misner*, The Journal of Criminal Law and Criminology 1996, S. 742. So auch *Stuntz*, The Yale Law Journal 1997, S. 24 und 26, der von einer ab 1962 sprunghaft angestiegenen Kriminalitätsrate und der Notwendigkeit der Staatsanwaltschaft, eine verstärkte Auswahl der zu verfolgenden Delikte zu treffen, spricht.

[1125] So *Gershman*, University of Pittsburgh Law Review 1992, S. 393.

[1126] Von einem dramatischen Anstieg seit den 60er Jahren spricht in diesem Zusammenhang auch *D. K. Brown*, Michigan Law Review 1998, S. 2146. Bestätigend auch *Vorenberg*, Harvard Law Review 1981, S. 1525.

[1127] So *Lezak/ Leonard*, Prosecutor's Discretion, S. 45.

Maßnahmen der Staatsanwaltschaft, um Insiderinformationen zu erhalten.[1128] Dies geschehe beispielsweise durch Gewährung von Immunität für in Straftaten involvierte Zeugen. Es wird auch Straffreiheit im Gegenzug für Kooperation und Unterstützung zur Ergreifung und Aburteilung anderer, schwerer Straftäter zugebilligt[1129] Diese Maßnahmen erforderten die dafür notwendigen Befugnisse der Staatsanwaltschaft.

dd) Gesetzgeberische Überkriminalisierung

Als immer wiederkehrend genannte Legitimation staatsanwaltlichen Ermessens wird die legislative Überkriminalisierung angeführt.[1130] Sie spiegele sich in verschiedener Weise wider:

(1) Überlappende materiell-rechtliche Normen

Unscharfe Abgrenzungen zwischen den einzelnen Straftatbeständen, überlappende und widersprüchliche materiell-rechtliche Regelungen sowie unverständliche Formulierungen erforderten eine Konkretisierung und Abgrenzung im Einzelfall unter Berücksichtigung der gesetzgeberischen Intention.[1131] So habe der Gesetzgeber in vielen Fällen die Festlegung der strafrechtlichen Natur und Schwere eines bestimmten Verhaltens dem Staatsanwalt überlassen.[1132] Gesetzestechnisch könne der Staatsanwalt ein bestimmtes strafrechtliches Verhalten unter verschiedenartige Straftatbestände subsumieren.[1133] Um diese Aufgabe befriedigend durchführen zu können, benötige der Staatsanwalt einen entsprechenden Entscheidungsspielraum.[1134]

(2) Ausdehnung des materiellen und prozessualen Rechts

Des weiteren wird in diesem Zusammenhang die gesetzgeberische Aktivität genannt, seit den siebziger Jahren verstärkt neue Straftatbestände und prozessuale Regelungen geschafft zu haben. Es wurde nicht nur die Pönalisierung bisher straflosen Verhaltens eingeführt. Es erfolgte ebenso die Festsetzung von Min-

---

1128 Vgl. *Lezak/ Leonard*, a.a.O.

1129 Ähnlich *Logan*, Wisconsin Law Review 1990, S. 1722.

1130 Stellvertretend für alle *Langbein*, The University of Chicago Law Review 1974, S. 451.

1131 Zu unzutreffenden Formulierungen und ungenügender Präzision des Strafgesetzbuches siehe *Wechsler*, Harvard Law Review 1952, S. 1100. Zu den überlappenden Regelungen siehe auch *Hobbs*, California Law Review 1971, S. 964.

1132 In diesem Sinne *Misner*, The Journal of Criminal Law and Criminology 1996, S. 742. Vgl. dazu auch *Gifford*, George Washington Law Review 1981, S. 666: Zwecks Schließung von „Schlupflöchern“ in Gesetzen habe der Gesetzgeber bewußt weitreichende Formulierungen gewählt.

1133 Mit konkreten Beispielen bezüglich der Absprache zweier Personen zur Begehung eines Verbrechens siehe *Misner*, The Journal of Criminal Law and Criminology 1996, S. 745. Vgl. dazu auch *Welling*, Arizona Law Review 1988, S. 108.

1134 Vgl. *Note*, Southern California Law Review 1969, S. 533.

deststrafen für bereits bestehende Straftaten sowie die Einführung neuer Verfahrensarten und Gerichtsstände für bestimmte Delikts- und Tätergruppen.[1135]

(3) Strafgesetze mit moralischem Appellcharakter

US-amerikanische Gesetzgeber erließen sehr häufig Gesetze, welche eher moralische Werte verkörperten als durchzusetzende Strafnormen. Das materielle Recht diene als Spiegel moralischer oder religiöser Idealvorstellungen, ohne daß der Bruch solcher Normen strafrechtlich verfolgt werden solle. Dies sei beispielsweise der Fall bei Ehebruch, Verboten der Homosexualität, Sodomie, Unzucht oder bei Verstößen gegen das Glücksspiel.[1136] Pointiert wird diese Erscheinung des Gesetzgebers beschrieben „...to make a crime of everything that people are against, without regard of enforceability, [or] changing social concepts."[1137] Spiegele das Strafgesetzbuch allerdings eher gesellschaftlich ideale Moralwerte wider denn die ultima-ratio-Reaktion des Staates auf tatsächlich strafwürdiges Verhalten, so müsse man sich auf den Staatsanwalt verlassen, solch antiquierte Regelungen nicht strafrechtlich durchzusetzen.[1138] Eine Aufhebung dieser Normen sei politisch nicht erreichbar, denn man solle die Moral hochhalten, eine Strafverfolgung sei unerwünscht, da man sein Verhalten beizubehalten wünsche.[1139] Schließlich hebe der Gesetzgeber bewußt diese Appellnormen nicht auf, aus Angst, dieses Verhalten werde als Billigung des gesellschaftlich geächteten Verhaltens mißinterpretiert.[1140]

Darüber hinaus sei die Beschreibung strafwürdigen Verhaltens nicht hinreichend präzise und exakt genug, sondern zu weitläufig geraten. Damit allerdings falle formal solches Verhalten in den Anwendungsbereich von Straftatbeständen, welches weder vom Gesetzgeber noch von der Gesellschaft als strafwürdig angesehen und auch nicht geahndet werden solle.[1141] Machten beispielsweise die

---

[1135] Mit einer genaueren Aufzählung der einzelnen Gesetze siehe *Gershman*, University of Pittsburgh Law Review 1992, S. 406 f. Von einer Ausdehnung und Schaffung neuer Straftatbestände spricht auch *Vorenberg*, Harvard Law Review 1981, S. 1525.

[1136] Siehe dazu auch *Logan*, Wisconsin Law Review 1990, S. 1722. Ebenso *Lee*, UCLA Law Review 1994, S. 160. Ähnlich auch *Gifford*, George Washington Law Review 1981, S. 666. In diesem Sinne auch. *LaFave*, The American Journal of Comparative Law 1970, S. 533.

[1137] Der Gesetzgeber „mache ein Verbrechen aus allem, wogegen die Leute seien, ungeachtet der Durchsetzbarkeit oder geänderten sozialen Einstellungen." So die Stellungnahme eines FBI-Vertreters, zitiert nach *Misner*, The Journal of Criminal Law and Criminology 1996, S. 744 f.

[1138] Bezüglich der Bundesebene faßt Professor *Lynch*, Fordham Urban Law Journal 1999, S. 682 diese Entwicklung charakteristisch wie folgt zusammen: „Congress has cast the federal prosecutor in the role of God. It has criminalized everything and lets prosecutors decide what we really want to prosecute." (Der Kongreß hat dem Staatsanwalt des Bundes die Rolle Gottes übertragen. Er hat alles pönalisiert und überläßt es den Staatsanwälten zu entscheiden, was sie wirklich strafrechtlich verfolgen wollen.). Vgl. auch *Cox*, The American Criminal Law Review 1975, S. 387.

[1139] Siehe genauer dazu. *Lezak/ Leonard*, Prosecutor's Discretion, S. 45.

[1140] Vgl. *Note*, Southern California Law Review 1969, S. 534.

[1141] *Lee*, UCLA Law Review 1994, S. 160.

Verbote gegen das Glücksspiel keinen Unterschied zwischen kommerziellen Spielen in Kasinos einerseits und privaten zu Hause unter Freunden andererseits, so müsse der Staatsanwalt ohne jegliche Richtlinie die strafwürdige Unterscheidung in der Praxis treffen.[1142]

Daher sei staatsanwaltliches Ermessen zur sachgerechten Anwendung des Strafgesetzbuches systemimmanent notwendig.[1143]

ee) Härte der gesetzlichen Strafandrohung

Ein anderer Grund für die Notwendigkeit staatsanwaltlichen Ermessens wird in der Tendenz der amerikanischen Gesetzgeber gesehen, immer härtere strafrechtliche Sanktionen zu verhängen.[1144] Zur Erringung der Wählergunst wollten die Gesetzgeber beweisen, „knallhart gegenüber Kriminellen" zu sein.[1145] Während der Gesetzgeber somit seine Härte und Unnachgiebigkeit gegenüber Straftätern demonstrieren wolle, verlagere sich die Festsetzung des angemessenen Strafrahmens auf die staatsanwaltschaftliche Ebene. Deren Beurteilungs- und Handlungsspielraum stelle das notwendige Gegengewicht zu legislativer Übersteuerung dar. Diese Tendenz nehme weiterhin zu.[1146] Die Abmilderung der Schärfe der gesetzlich angedrohten Sanktionen durch den Staatsanwalt sei ein notwendiger und erwünschter Teil staatsanwaltlicher Tätigkeit.[1147]

ff) Notwendigkeit zur Erfüllung des Wählerauftrags

Weites Ermessen wird überdies als berechtigte Folge der demokratischen Legitimation anerkannt und für notwendig erachtet. Nur wenn der Staatsanwalt eigenverantwortlich Maßstäbe bei der Strafverfolgung setzen könne, sei er imstande, den Bedürfnissen und Erwartungen seiner Wählerschaft Rechnung zu tragen.[1148]

[1142] So *Note*, Southern California Law Review 1969, S. 534. Ebenso *Davis*, Discretionary Justice, S. 93 mit demselben Beispiel: In die Straftatbestände des verbotenen Glücksspiels fielen auch kirchliche „Bingospiele" sowie kleinere Wetten bei Sportwettkämpfen im rein gesellschaftlichen Rahmen.

[1143] Ebenso *Lee*, UCLA Law Review 1994, S. 160.

[1144] Kritisch dazu *Hobbs*, California Law Review 1971, S. 964. Siehe auch *J. Brown*, San Francisco Law Review 1997, S. 3.

[1145] So *Lanni*, The Yale Law Journal 1999, S. 1776.

[1146] Vgl. *Lezak/ Leonard*, Prosecutor's Discretion, S. 46, die die legislative Tätigkeit als Versuch bezeichnen „to get tough on criminals.".

[1147] Siehe *McIntyre/ Lippman*, American Bar Association Journal 1970, S. 1154. Auch *Goldstein/ Marcus*, The Yale Law Journal 1977, S. 241 erachten die strikte Anwendung der bestehenden Gesetze als zu rigoros.

[1148] Mit Beispielen zur Strafverfolgung bei sich ändernder Einstellung der Bevölkerung zu dem Vietnamkrieg siehe *Lezak/ Leonard*, Prosecutor's Discretion, S. 46.

gg) Erzielung von Individualgerechtigkeit

Staatsanwaltschaftliches Ermessen wird als unerläßlich zur Berücksichtigung individueller Umstände und außergewöhnlicher Hintergründe der Straftat empfunden.[1149] Dies ermögliche bereits in einem frühen Verfahrensstadium die Erzielung der wünschenswerten Einzelfallgerechtigkeit, welche die Strafnormen per se nicht zu erreichen imstande seien.[1150]

hh) Tradition

Schließlich wird noch geltend gemacht, die geschichtliche Entwicklung und Tradition rechtfertige die staatsanwaltliche Machtfülle.[1151] Die Anerkennung des Staatsanwalts als Vertreter des Volkes habe neben der Volkswahl von jeher die Zuerkennung großer Entscheidungsspielräume bedeutet.[1152]

c) Kritik an der staatsanwaltlichen Kompetenzfülle

aa) Allgemeine Kritik

In den letzten Jahren hat sich die aufgekommene Kritik am Ermessensumfang des Staatsanwalts, insbesondere hinsichtlich der Entscheidung über eine Anklage, verfestigt.[1153] Gerade das Fehlen effektiver interner und externer Kontrollen dieser Entscheidung geriet in die Hauptstoßrichtung der Kritik.[1154]

Gegen den Umfang der staatsanwaltlichen Kompetenzen wird insgesamt die Anfälligkeit für Fehlgebrauch angeführt.[1155] Zu großes Ermessen beinhalte eine

---

1149 Von einer solch notwendigen Flexibilität des Strafrechtssystems spricht auch *DeMay*, Fordham Urban Law Journal 1996, S. 772. Ebenso *Davis*, Discretionary Justice, S. 17. Vgl. auch *LaFave*, The American Journal of Comparative Law 1970, S. 534.

1150 So *N. Abrams*, UCLA Law Review 1971, S. 2. So auch *Bubany/ Skillern*, The American Criminal Law Review 1976, S. 492.

1151 Auf diese Tradition hinweisend als Rechtfertigung weiteren Machtzuwachses, allerdings mit kritischen Anmerkungen *Lee*, UCLA Law Review 1994, S. 109.

1152 In diesem Sinne *Horowitz*, Fordham Law Review 1997, S. 2573.

1153 So die Einschätzung des *National College of District Attorneys*, Discretionary Authority, S. 1.

1154 Zu dieser Zusammenfassung kommt *Jacoby*, Charging Decision, S. 1.

1155 Von solchem Mißbrauch spricht ausdrücklich *Note*, The Yale Law Journal 1955, S. 210. Ebenso *Noll*, Syracuse Law Review 1978, S. 697 spricht von einer häufig mißbrauchten Macht des Staatsanwalts: „The enormous and much abused power of prosecutors...“; sich dem anschließend auch *Kane*, Tulane Law Review 1993, S. 2310: „This Note attempted to illustrate that abuse – as manifested through racially motivated selective prosecution – is very much a part of the American criminal justice system.“ (Dieser Kommentar hat versucht darzustellen, daß Mißbrauch, wie er sich in rassistisch motivierter selektiver Strafverfolgung manifestiert, ein fester Bestandteil des amerikanischen Strafrechtssystems ist.). Bestätigend auch *Gershman*, University of Pittsburgh Law Review 1992, S. 408. *Brown/ Shaut*, American Law Review 1976, S. 594 fassen schlicht zusammen: „Unfortunately, many abuses do occur.“

starke Mißbrauchsgefahr durch Überarbeitung, politischen Druck, Nachlässigkeit oder gar Boshaftigkeit. Dies könne bei Staatsanwälten zu unbegründeten Klagen gegen Unschuldige oder überhöhten Klagen gegen solche Personen führen, die lediglich ein geringeres Delikt begangen hätten.[1156] Davis beschreibt anschaulich, daß rund neun Zehntel aller Ungerechtigkeiten des Rechtssystemes ihren Ursprung in der Ausübung von Ermessen fänden und nur ein Zehntel in gesetzlichen Regelungen.[1157] Insofern seien mehr als neun Zehntel des ausgeübten Ermessens nicht notwendig und daher zu beschneiden.[1158] Die Zubilligung eines so weiten Entscheidungsspielraumes zugunsten einer Einzelperson führe zur unweigerlichen Einbeziehung persönlicher, politischer, ethischer sowie weltanschaulicher Ansichten bei Entscheidungen, die davon unbeeinflußt bleiben sollten. Dies wiederum bedeute neben sachfremden Erwägungen eine Ungleichbehandlung gleicher Fälle und damit ein Glücksspiel des Angeklagten, durch welchen Staatsanwalt sein Fall betrieben werde. Ebenso ziehe die lokale Eigenständigkeit der Staatsanwaltschaften in Verbindung mit den weitreichenden Befugnissen die unterschiedliche Handhabung gleichgelagerter Fälle in verschiedenen Regionen nach sich.[1159] Die grundsätzliche Frage der Strafverfolgung sowie das Strafmaß hingen daher von der Zufälligkeit ab, in welchem Bezirk die Straftat verübt worden sei.[1160] Allerdings wird dies gleichzeitig als legitim angesehen, da die Staatsanwälte lediglich die weitgefächerte Meinungsvielfalt der Regionen widerspiegelten.[1161]

Die Ausübung eines solch umfangreichen Ermessens führe in den Vereinigten Staaten unweigerlich zu einer selektiven Strafverfolgung. Deren Kriterien seien allerdings, wie bereits angedeutet und wie viele Fälle zeigten,[1162] häufig verfassungswidrig. Durch sein weites Ermessen habe der Staatsanwalt gar Funktionen der Legislative und der Judikative übernommen.[1163] Das amerikanische Rechtssystem gehe allerdings von der zugrundeliegenden Prämisse der Unausweichlichkeit und generellen Akzeptanz einer solchen selektiven Strafverfolgung aus. Diese Prämisse sei allerdings falsch. Gerade kontinentaleuropäische Länder wie

(Leider kommt es zu vielen Mißbrauchsfällen.). Vgl. ferner *Mack*, Indiana International & Comparative Law Review 1996, S. 70.

[1156] Vgl. *Leipold*, Cornell Law Review 1995, S. 268.

[1157] So *Davis*, Discretionary Justice, S. 25.

[1158] Vgl. *Davis*, a.a.O., S. 166.

[1159] So anschaulich dargestellt in einer Podiumsdiskussion von *Spearing*, Professorin der Rechte an der New York Universität, Fordham Urban Law Journal 1999, S. 721 unter Hinweis darauf, derselbe Betrugstatbestand würde beispielsweise in Los Angeles nicht strafrechtlich verfolgt werden, während er in North Carolina mit mehreren Jahren Haftstrafe geahndet würde.

[1160] So *Hancock/ McCullough/ Farley*, Albany Law Review 1996, S. 1564. In diesem Sinne auch *Little*, Fordham Urban Law Journal 1999, S. 354.

[1161] Vgl. dazu *Little*, aaO, S. 468. So auch *Pizzi*, Ohio State Law Journal 1993, S. 1342.

[1162] Siehe später die Kontrolle durch Rechtsmittelgerichte aufgrund geltend gemachter diskriminierender, „rachsüchtiger“ oder „bösartiger“ Strafverfolgung.

[1163] Die Kritik an dieser staatsanwaltlichen Stellung hat Goldstein und Marcus zu einem Vergleich mit Kontinentaleuropa bewogen, siehe *Goldstein/ Marcus*, The Yale Law Journal 1977, S. 242.

Frankreich, Deutschland, Italien und skandinavische Staaten bewiesen das Gegenteil. Diese Rechtsordnungen beruhten auf der gegenteiligen Prämisse der Strukturierung sowie Überprüfung staatsanwaltlichen Ermessens, was der Vermeidung ungleicher selektiver Strafverfolgung mit all ihren Problemen diene.[1164]

Vor allem in Fällen mit potentieller Todesstrafe ziehe ungezügeltes staatsanwaltliches Ermessen ein derartiges Risiko der Willkür mit sich, daß die Verfassungsmäßigkeit der ein solches Ermessen eröffnenden Normen ernsthaft geprüft werden müsse.[1165] Diesbezüglich habe nämlich der Staatsanwalt alleine den größten Einfluß auf eine mögliche Exekution des Tatverdächtigen.[1166] Unzulässige Faktoren wie Rasse, Geschlecht, Klassenzugehörigkeit sowie politische Einstellungen der Angeklagten fänden bei diesen Entscheidungen ihren Niederschlag.[1167] Ermessensmißbrauch in Form von selektiver Strafverfolgung aufgrund rassistischer Motive gehöre fest zum amerikanischen Strafrechtssystem.[1168] Überdurchschnittlich viele Angehörige von Minderheiten würden nicht nur verstärkt strafrechtlich verfolgt, sondern auch viel härteren Strafen zugeführt.[1169] Dies lasse sich durch eine Reihe von Untersuchungen aufzeigen: Statistiken aus den Jahren 1994 und 1995 haben gezeigt, daß Tatverdächtige schwarzer Hautfarbe dreimal häufiger verhaftet werden als Weiße. In den Vollzugsanstalten liegt die Quote schwarzer Strafgefangener im Vergleich zu weißen Häftlingen um das Siebenfache höher.[1170] Auch habe eine statistische Untersuchung in Georgia gezeigt, daß bei vergleichbaren Straftaten mit potentieller Todesstrafe diese bei schwarzen Angeklagten und weißen Opfern in rund 70 % aller Fälle angestrebt wurde, während bei weißen Tatverdächtigen und schwarzen Opfern dies in lediglich 19 % erfolgt sei. Insgesamt sei das Risiko für den Angeklagten, mit der Todesstrafe belegt zu werden, 4,3 % höher, wenn das Opfer weißer statt schwarzer Hautfarbe war.[1171] Andere Untersuchungen hätten diese Grundten-

---

1164 Siehe *Davis*, Discretionary Justice, S. 166.

1165 Das Risiko der Willkür verletzte das verfassungsrechtliche Verbot der grausamen und ungewöhnlichen Bestrafung, ***prohibition of cruel and unusual punishment***, und sei daher verfassungswidrig. So *Hancock/ McCullough/ Farley*, Albany Law Review 1996, S. 1564. Die achte Änderung der Verfassung der Vereinigten Staaten verbietet eine solche grausame und ungewöhnliche Bestrafung: „Excessive bail shall not be required, nor excessive fines imposed, nor cruel and unusual punishments inflicted".

1166 Vgl. *Horowitz*, Fordham Law Review 1997, S. 2576.

1167 MwN *DeMay*, Fordham Urban Law Journal 1996, S. 772. Bestätigend auch *Vorenberg*, Harvard Law Review 1981, S. 1555. So auch *Ragone/ Williams*, The American University Law Review 1995, S. 286.

1168 Zu diesem Schluß kommt *Kane*, Tulane Law Review 1993, S. 2310. So auch *Gershman*, University of Pittsburgh Law Review 1992, S. 408.

1169 So *Noll*, Syracuse Law Review 1978, S. 699. Ähnlich und mit Hinweisen auf die verstärkte Strafverfolgung von schwarzen Amerikanern *Cole*, The Georgetown Law Journal 1999, S. 1074 ff sowie 1092. Cole verweist darauf, daß schwarze Amerikaner nur 12 % der Wohnbevölkerung darstellten, jedoch mehr als 50 % aller Gefängnisinsassen.

1170 *Mack*, Indiana International & Comparative Law Review 1996, S. 65 ff mit weiteren Statistiken.

1171 So das Ergebnis einer Studie in Georgia, in der über 2.000 Mordfälle in Georgia in den siebziger Jahren untersucht wurden. Siehe genauer dazu *Baldus/ Woodworth/ Pulaski*, The denz ebenfalls bewiesen. So würden Mörder von Personen mit weißer Hautfarbe viel rigoroser verfolgt als bei entsprechenden schwarzen Opfern, und Vergewaltigungen von Frauen mit weißer Hautfarbe durch schwarze Täter würden viel häufiger mit der Todesstrafe geahndet als im umgekehrten Fall.[1172] Insofern sei staatsanwaltliches Ermessen nicht nur eine potentielle Quelle gesellschaftlicher Ungerechtigkeiten;[1173] einige Kommentatoren bezeichnen es sogar als „gesetzlos", „tyrannisch" oder „extrem gefährlich."[1174]

bb) Kritik hinsichtlich der Gründe für die weitreichenden Entscheidungsbefugnisse

(1) Kritik am Rechtfertigungsgrund der Überkriminalisierung

Kritisiert wird teilweise die Notwendigkeit staatsanwaltlichen Anwendungsermessens bei bestimmten Gesetzen mit festgelegten Mindeststrafen. Ansatzpunkt der Kritik ist dabei allerdings eher der Gesetzgeber, welcher dazu tendiere, ‚harte Gesetze' zur Erringung der Wählergunst zu erlassen.[1175] Bei der angemessenen Anwendung im Einzelfall verlasse er sich dabei auf eine sachgerechte staatsanwaltliche Auswahl jener Straftäter, welche der gesetzgeberischen Intention nach erfaßt werden sollten. Seien auf diese Weise Gesetze mit einer zehnjährigen Mindeststrafe für Drogendealer erlassen, so erfasse deren Definition auch gewisse Konsumenten. Damit allerdings nur ‚wahre Dealer' dem Anwendungsbereich der Regelung und damit der Mindeststrafe zugeführt werden, müsse und solle der Staatsanwalt die Auswahl dieser Zielgruppe treffen.[1176]

Enthebe man den Staatsanwalt dieser legislativen Aufgabe durch Reduzierung der Überkriminalisierung, so könne man auch sein Anwendungsermessen bezüglich bestimmter Gesetze minimieren.[1177] Dies hätte mehr Rechtssicherheit zur Folge und nehme für den Betreffenden den Charakter des „Vabanquespie-

---

Journal of Criminal Law & Criminology 1983, S. 661 ff. Diese Untersuchung wurde dem U.S. Supreme Court als Beweis der Verfassungswidrigkeit der entsprechenden gesetzlichen Regelungen vorgelegt, was jedoch von diesem zurückgewiesen wurde. Siehe McCleskey v. Kemp, 481 U.S. 279, 280 (1987).

1172 Genauer dazu *Gershman*, University of Pittsburgh Law Review 1992, S. 409.

1173 *Greene*, Buffalo Law Review 1991, S. 741 schreibt wörtlich: „Prosecutorial discretion is a potential source of societal injustice".

1174 Mit Hinweis auf die verschiedenen Einstufungen *Gershman*, University of Pittsburgh Law Review 1992, S. 407.

1175 *Vorenberg*, Harvard Law Review 1981, S. 1548 kommentiert dies damit, daß die staatsanwaltliche Macht schlichtweg den Gesetzgeber als die Quelle der Probleme enthülle.

1176 Siehe *Pizzi*, Ohio State Law Journal 1993, S. 1340.

1177 *Misner*, The Journal of Criminal Law and Criminology 1996, S. 743 beschreibt den Staatsanwalt als den wahren Politiker in der Strafrechtspflege. Der Gesetzgeber sei bestenfalls der Juniorpartner, der lediglich gewisse Rahmenbedingungen vorgebe sowie Gefängnisse finanziere.

les" an, ob der Staatsanwalt nun bestimmte Mindeststrafengesetze anwende oder nicht.[1178]

Teilweise wird auf die Bundesrepublik Deutschland hingewiesen, in der durch gesetzgeberische Entkriminalisierung in Form der Aufhebung veralteter Straftatbestände sowie der Umwandlung in Ordnungswidrigkeiten nicht nur die Arbeitsbelastung des Staatsanwalts reduziert wurde. Überdies habe der Gesetzgeber selbst und nicht die Staatsanwaltschaft die Strafwürdigkeit bestimmten Verhaltens möglichst weit definiert und an geänderte gesellschaftliche Grundauffassungen angepaßt.[1179] Daher sei ebenfalls in den USA eine legislative Entkriminalisierung notwendig. Diese solle nicht nur das materielle Strafrecht an gesellschaftliche Veränderungen angleichen, sondern auch durch exaktere Durcharbeitung und Straffung des Strafgesetzbuches[1180] Kapazitäten bei den Strafverfolgungsbehörden freisetzen.[1181] Strafnormen, die lediglich unrealistische moralische Idealvorstellungen verkörperten, sollten aufgehoben und Strafgesetze, die soziale Funktionen außerhalb der Verbrechensprävention dienten, durch zivilrechtliche Reaktionen ersetzt werden.[1182] Insofern seien die viel zu weit gefaßten Straftatbestände einer der Hauptgründe für Ungerechtigkeiten im Strafrechtssystem und Nährboden für die viel umstrittene und attaktierte selektive Strafverfolgung.[1183]

Ferner müsse die Umgehung des Prozeßrechts durch die Überkriminalisierung vermieden werden. Weite und veraltete Straftatbestände, die eine Vielzahl unterschiedlichen Verhaltens pönalisierten, ermöglichten den Staatsanwälten bei Beweisschwierigkeiten bezüglich eines Deliktes den Rückzug auf ein ähnliches, mitumfaßtes Delikt. Könne der Staatsanwalt beispielsweise bei bestimmten Sexualdelikten das fehlende Einverständnis des Opfers nicht beweisen, so erlaube

---

[1178] *Pizzi*, Ohio State Law Journal 1993, S. 1341 unter Hinweis auf Entkriminalisierung in Europa durch dortige Gesetzgeber.

[1179] Siehe *Alschuler*, The University of Chicago Law Review 1983, S. 993.

[1180] Siehe dazu v.a. *Wechsler*, Harvard Law Review 1952, S. 1100. Ebenso *LaFave/ Israel/ King*, Criminal Procedure, Band 4, S. 23.

[1181] So *Langbein*, The University of Chicago Law Review 1974, S. 451 mit folgender Kurzbeschreibung: „Critics have long pointed out that these resource limitations have been aggravated by so-called overcriminalization... There is hardly a serious American writer on criminal law today who does not urge decriminalization of a number of acts, typically victimless crimes whose proscription merely reflects moral indignation instead of more substantial public interests." (Kritiker haben schon lange darauf hingewiesen, daß diese Begrenzungen der Kapazitäten erschwert wurden durch die sog. Überkriminalisierung... Es gibt heutzutage kaum einen ernsthaften Autoren über Strafrecht, der nicht auf die Entkriminalisierung von einer Reihe von Normen, in der Regel opferloser Verbrechen drängt, deren Ächtung lediglich eine moralische Entrüstung widerspiegelt statt handfester öffentlicher Interessen.). In diesem Sinne auch *Frase/ Weigend*, Boston College International & Comparative Law Review 1995, S. 351 f. Für eine Entkriminalisierung plädiert auch *Vorenberg*, Harvard Law Review 1981, S. 1568. Ebenso *LaFave*, The American Journal of Comparative Law 1970, S. 536.

[1182] So *Note*, Southern California Law Review 1969, S. 536.

[1183] Siehe *Davis*, Discretionary Justice, S. 91.

der immer noch existierende Tatbestand der Homosexualität oder des Ehebruches beispielsweise das Ausweichen auf diese. Damit entfalle die Hauptverteidigungsmöglichkeit gegen den ursprünglichen Tatentwurf zu dem „überkriminalisierten Anfangstatbestand" des Täters, welcher so in der Regel zu einem Schuldbekenntnis im Rahmen des *plea bargaining* gezwungen werde. Um ein solches Unterlaufen der prozeßrechtlichen Beweisanforderungen zu vermeiden, sei eine Revision bestimmter Straftatbestände notwendig.[1184]

An dieser Stelle erscheint es notwendig, den Vergleich zwischen den USA und der Bundesrepublik Deutschland bezüglich der Entkriminalisierung genauer zu beleuchten. Die in beiden Ländern gleichermaßen vorgebrachte Forderung der legislativen Entkriminalisierung ist von ihrem Selbstverständnis her nicht gleichzusetzen. Dies hängt mir der Natur der Rechtssysteme und den Rechtstraditionen zusammen. In den kontinentaleuropäischen Ländern und damit auch in Deutschland findet – im Vergleich zu den anglo-amerikanischen Ländern des *common law* – eine viel klarere Abgrenzung zwischen dem Gesetzgeber und der Judikative bei der Schaffung und Weiterentwicklung von Recht statt. Die dogmatische und praktische Notwendigkeit des Gesetzgebers zur Schaffung möglichst scharf abgegrenzter, exakt formulierter und durchgearbeiteter Gesetze wird in Kontinentaleuropa höher angesetzt als im anglo-amerikanischen Rechtskreis. Hintergrund dafür ist, daß im *common law* die richterliche Rechtssetzung und -fortentwicklung Tradition hat und viel eher akzeptiert ist als in den Ländern mit ‚geschriebenem Recht'. Eine flexible richterliche Auslegung weniger scharf herausgearbeiteter Gesetze ist daher im *common law* akzeptabler als in Kontinentaleuropa.[1185]

(2) Kritik am Rechtfertigungsgrund der gestiegenen Kriminalität

Gegen das Argument notwendiger staatsanwaltlicher Entscheidungsmacht zur Verarbeitung der gestiegenen Kriminalität wird angeführt, es hätte zumindest neben verstärkter Auswahl der zu verfolgenden Fälle auch eine entsprechende Erhöhung staatsanwaltlicher Stellen erfolgen sollen. Wurden 1971 weniger als 6 Millionen Indexstraftaten durch das FBI erfaßt, so lag dieses Zahl 1990 bei 14,5 Millionen. Im Zeitraum von 1974 bis 1990 stieg die Zahl der Staatsanwälte aller Bundesstaaten zusammen von 17.000 auf 20.000 an.[1186] Dies sei allerdings bei weitem nicht genug, um mit der Kriminalitätsentwicklung Schritt zu halten.[1187] Demgegenüber wird auf die Bundesrepublik Deutschland verwiesen, in der das Problem der ebenfalls gestiegenen Kriminalitätsrate zumindest auch durch stär-

[1184] In diesem Sinne *Stuntz*, The Yale Law Journal 1997, S. 7 sowie 59.
[1185] Siehe auch *Merryman*, Civil Law Tradition, S. 52.
[1186] So *Stuntz*, The Yale Law Journal 1997, S. 24 unter Hinweis auf das diesbezüglich gering vorliegende Zahlenmaterial.
[1187] So *Stuntz*, aaO, S. 25.

kere Erhöhung der staatsanwaltlichen Stellen zu lösen versucht werde.[1188] Dies gelte ebenso für richterliche Stellen.[1189]

d) Folgen

Das Ausmaß des staatsanwaltlichen Ermessens sowie die Kritik daran führen unwillkürlich zu der Frage, inwieweit es auch Kontrollen unterworfen ist. Der Umfang sowie die Art und Weise der Kontrollen hängt wiederum von den Gründen ab, die die Ermessensreichweite rechtfertigen. Dies wird um so sichtbarer, je wichtiger die staatsanwaltschaftliche Entscheidung ist. Eine der maßgebendsten Entschlüsse des amerikanischen Staatsanwalts ist die ‚Abschlußverfügung'.[1190] Insgesamt hat sich gezeigt, daß die grundsätzliche Entscheidung, Anklage zu erheben oder nicht, sowie die Art und Weise der Anklageerhebung im gesamten Strafverfahren eine zentrale Weichenstellung beinhaltet,[1191] denn dadurch kann das Strafverfahren entweder beendet sein oder erst seinen Lauf nehmen. Überdies ist die Anklageerhebung entscheidend für das *plea bargaining*, da durch die angeklagten Delikte, deren Schwere und die einbezogenen Vorstrafen die Verhandlungsposition und -taktik des Staatsanwalts festgelegt sowie eingegrenzt wird. Daher ist „die Kontrolle gegen Mißbrauch dieser Funktion immer noch das kritische Problem."[1192] Deshalb soll auf diese nun eingegangen werden.

e) Zusammenfassung

Die Kompetenzen des amerikanischen Staatsanwalts gehen weit über die seines deutschen Kollegen hinaus. Sie werden teilweise als notwendig empfunden, sind aber häufig auch Ansatzpunkt heftiger Kritik. Er nimmt in noch stärkerem Maße die Schlüsselstellung im gesamten Strafverfahren ein und bestimmt mit viel größeren Freiheiten den Umfang der strafrechtlichen Folgen für den Beschuldigten. Von der Nichterhebung der Anklage über die ungefähre Festlegung des Strafrahmens bis hin zu der Einforderung der Todesstrafe erstrecken sich seine wenig kontrollierten rechtlichen und faktischen Befugnisse. Grund für eine solche Machtkonzentration ist v.a. die direkte demokratische Legitimation des Staatsanwalts. Weitere Gründe für die staatsanwaltlichen Kompetenzen sind den deutschen sehr ähnlich. Ferner obliegt dem amerikanischen Staatsanwalt die Kompensation der gesetzgeberischen Überkriminalisierung sowohl bezüglich der überdehnten Strafnormen als auch der überzogenen Strafrahmen. Gerade die

---

1188 In diesem Sinne auch *Sessar*, Prosecutorial Discretion, S. 272. Siehe auch Ausführungen auf Seite 32.

1189 Deutschland stellt umgerechnet viel mehr richterliche Stellen zur Verfügung als die USA. So hätten die USA prozentual gesehen nur ein Drittel der Berufsrichter im Vergleich zu der Bundesrepublik Deutschland. Genauer dazu *Alschuler*, The University of Chicago Law Review 1983, S. 994.

1190 Wie bereits oben definiert bei der Zusammenfassung des Strafverfahrens.

1191 Zu dieser zentralen Funktion heutzutage wie auch in den 30er Jahren siehe *Logan*, Wisconsin Law Review 1990, S. 1695.

1192 So *Sigler*, Prosecutor, S. 53, 63.

letzten beiden Punkte werden im Schrifttum scharfer Kritik unterzogen. Bei Reduzierung dieser legislativen Schwächen könnte zudem die als zu weitreichend empfundene Ermessensfülle des Staatsanwalts beschnitten werden.

III. Einzelne Kontrollmechanismen

1. Hauptverhandlung, *trial*, als Kontrolle

a) Klassische Sichtweise

Als klassische Kontrolle der Stichhaltigkeit der Anklage wird im amerikanischen Recht der *trial*, die Hauptverhandlung unter Geschworenenbeteiligung betrachtet.[1193] Nach dieser traditionellen Auffassung würden Staatsanwälte aufgrund der Aufwendigkeit eines solchen *trials*, dem Ansehensverlust bei dessen Verlieren und damit einer schlechten Verurteilungsrate des einzelnen Staatsanwalts und der gesamten Behörde nur dann Anklage erheben, wenn sie sich auch wirklich sicher seien, eine Verurteilung des Verdächtigen im Rahmen eines solchen Prozesses zu erreichen.[1194] Eine andere Handlungsweise werde als unfair empfunden.[1195] Wie bereits die Gegenüberstellung der beruflichen Einstellung und Mentalität gezeigt hat, fühlt sich der amerikanische Staatsanwalt viel eher als sein deutsches Pendant für den Prozeßausgang verantwortlich und sieht seine Aufgabe darin, einen von ihm angestrengten *trial* auch auf jeden Fall im Sinne einer Verurteilung zu gewinnen. Insofern sei der Staatsanwalt gar nicht an der Strafverfolgung eines wenig erfolgversprechenden oder gar unbegründeten Falles interessiert.[1196] Daher wird geltend gemacht, der amerikanische Staatsanwalt setzte als Prüfungsmeßlatte bezüglich der Beweisanforderungen nicht nur *probable cause* an, sondern den viel höheren Maßstab der Verurteilungssicherheit (*proof beyond reasonable doubt*). Verfolge der Staatsanwalt daher einen unsicheren oder gar unbegründeten Fall, so gewinne er dadurch nichts, sondern verlöre nur letzten Endes den gesamten Prozeß und damit immer auch einen Teil seines Ansehens.[1197] Somit wirkten die Beweiserfordernisse des *trial* bis in das Vorverfahren und dortige Entscheidungen hinein. Auch bedeutete eine Strafverfolgung mit geringen Erfolgsaussichten, den Fall auch gegenüber den Geschworenen beweisen zu können, eine komplette Verschwendung von Zeit und Geld.[1198]

[1193] Siehe *Arenella*, Michigan Law Review 1980, S. 521. Siehe auch United States v. Mechanik, 475 U.S. 66, 70 (1986) unter Hinweis darauf, ein fairer trial stelle einen hinreichenden Schutz gegen fehlerhafte Anklagen dar. *Vorenberg*, Harvard Law Review 1981, S. 1523 faßt dies wie folgt zusammen: „The ultimate protection for one accused of crime is his „day in court," the confrontation with his accuser." (Der letztendliche Schutz für einen eines Verbrechen Angeklagten ist „sein Tag im Gericht", die Konfrontation mit seinem Ankläger.). Sehr ähnlich auch *Bubany/ Skillern*, The American Criminal Law Review 1976, S. 483.

[1194] Vgl. *Pizzi*, Ohio State Law Journal 1993, S. 1349.

[1195] So *Miller*, Charge a Suspect with a Crime, S. 23 sowie S. 347 mit Hinweis darauf, Staatsanwälte seien sich ihrer auch ethischen Verpflichtung bewußt, Unschuldige zu schützen und verfolgten daher nur solche Tatverdächtige, von deren Schuld sie überzeugt seien.

[1196] MwN *Weinberg/ Weinberg*, Michigan Law Review 1969, S. 1381. Ebenso *Frase*, University of Chicago Law Review 1980, S. 301. Bestätigend auch der ehemalige Staatsanwalt *Melilli*, Brigham Young University Law Review 1992, S. 685.

[1197] So *Emerson/Ames*, Pretrial Sentencing, S. 4 f.

[1198] *Kaplan*, Northwestern University Law Review 1965, S. 180 beschreibt die Grundauffassung vieler stellvertretender Leitender Oberstaatsanwälte wie folgt: „There are enough cases

b) Bedenken gegen die Kontrollwirkung

Gegen diese Sichtweise werden allerdings vermehrt Bedenken geltend gemacht: In einer Podiumsdiskussion faßte ein ehemaliger Staatsanwalt und heutiger Rechtsprofessor die Stellung des Staatsanwalts aufgrund der Verfahrensbeendigung durch *plea bargaining* statt Hauptverhandlung, *trial*, wie folgt zusammen:

> „Prosecutors are the judges. They decide who is guilty. We should make no bones about that. Ninty-three percent of federal cases in 1996 were disposed of without any kind of trial, either by guilty pleas or by dismissal of the case before trial. Who decided that those people were guilty? Not the judge, who does a five-minute interview..., getting a half-hearted, scripted confession as part of the guilty plea process. Not a jury, which never sees the case. The prosecutor decides whether the person was really guilty. What procedures do they use? What burden of proof do they apply?... Each prosecutor is left to make up his or her own rules. Who sentences? Here again, not the judge most of the time. Rather, it is the prosecutor who performs this function... It is inevitably going to be the system in a regime in which resources are not there to try more than seven percent of the cases. This is true in state courts as well as in federal courts."[1199]

Als Hauptproblem des Geschworenenprozesses, *jury trial*, wird dessen Zeitintensität, Umständlichkeit und Kostspieligkeit angeführt.[1200] Dies mache ihn somit vollkommen untauglich zur prozessualen Verarbeitung der gestiegenen Kriminalität.[1201] Im Gegensatz zu den dazu schnelleren kontinentaleuropäischen Hauptverhandlungen[1202] müßten in den USA erst mühsam die Geschworenen

---

that we can win without bringing any of the other kind." (Es gibt genug Fälle, die wir gewinnen können, ohne einen von den anderen anzuklagen.). Ähnlich *Miller*, Charge a Suspect with a Crime, S. 23.

[1199] So Professor *Lynch*, Fordham Urban Law Journal 1999, S. 684: „Die Staatsanwälte sind die Richter. Sie entscheiden, wer schuldig ist. Wir sollten keinen Hehl daraus machen. 93% der Fälle auf Bundesebene wurden ohne jegliche Hauptverhandlung erledigt, entweder über ein Schuldbekenntnis oder eine Verfahrenseinstellung vor Hauptverhandlung. Wer entschied, daß jene Betroffenen schuldig waren? Nicht der Richter, der mit jedem eine Fünf-Minuten-Vernehmung durchführt...und ein halbherziges, wie von einem Drehbuch abgelesene Geständnis erhält als Teil des Schuldbekenntnisverfahrens. Nicht die *jury*, die den Fall niemals zu Gesicht bekommt. Der Staatsanwalt entscheidet, ob der Betroffene wirklich schuldig ist. Welches Verfahren wenden sie an? Welche Beweisanforderung stellen sie?... Es ist jedem Staatsanwalt überlassen, seine eigenen Regeln aufzustellen. Wer bestimmt das Strafmaß? Meistens wiederum nicht der Richter. Es ist vielmehr der Staatsanwalt, der diese Funktion ausübt... [Dies] ist unausweichlich der Lauf der Dinge in einem System, in welchem die Resourcen fehlen, um mehr als 7 Prozent der Fälle einer Hauptverhandlung zu unterziehen. Dies ist wahr sowohl in Gerichten der Bundesstaaten wie auch in Bundesgerichten".

[1200] So auch *Bradley*, Criminal Law Forum 1996, S. 474. Ebenso *Langbein*, Michigan Law Review 1979, S. 206. Bestätigend gerade im Hinblick auf die teilweise langwierige Auswahl der Geschworenen *Bradley/ Hoffmann*, Southern California Law Review 1996, S. 1284.

[1201] Vgl. *Langbein*, The University of Chicago Law Review 1974, S. 446.

[1202] Siehe *Smith*, Alabama Law Review 1997, S. 457.

ausgesucht und eingeschworen werden. In den kontinentaleuropäischen Verfahren stünden die entscheidenden Richter hingegen schon im Vorfeld fest.[1203] Die Präsentation der Beweise durch die Parteien unter strikter Beachtung der weitreichenden Beweisverwertungsverbote führe einerseits aufgrund der häufigeren Meinungsunterschiede über die Zulässigkeit von Beweisen – verglichen mit dem deutschen Strafprozeß – zu längeren Verzögerungen.[1204] Andererseits werde die Entscheidung über Schuld und Unschuld des Angeklagten ausschließlich von Laien getroffen. Deren Einweisung in die juristische Fallsubsumtion, das Erklären des Funktionierens der Abläufe innerhalb der Strafverfolgungsbehörden sowie die jedermann verständliche Darlegung der jeweiligen Beweise koste viel mehr Zeit als bei einem hauptsächlich aus Berufsrichtern und – im Vergleich zu den Geschworenen – routinierteren Schöffen bestehenden Gericht.[1205] Auch die Aufspaltung des Prozesses in eine erste Phase der Schuldfeststellung und eine zweite der Festlegung des Strafmaßes führe zu einer weiteren Verzögerung im Gegensatz zu dem deutschen Verfahren. Denn dort sind beide Abschnitte innerhalb der Hauptverhandlung zusammengefaßt.[1206] Somit werden die nicht adversatorischen kontinentaleuropäischen Strafverfahren, die gerade in den USA als „inquisitorisch" bezeichnet werden,[1207] als wesentlich schneller und effizienter erachtet.[1208] Daher wird in diesen Staaten der systemimmanente Druck zur Pro-

---

[1203] Siehe dazu ausführlich die Beschreibung der Auswahl der Geschworenen durch *Peter Arenella*, Southern California Law Review 1996, S. 1238 ff.

[1204] Von solchen komplizierten Verfahrens- und Beweisregeln spricht auch *Volkmann-Schluck*, American Journal of Criminal Law 1981, S. 25. *Bradley/ Hoffmann*, Southern California Law Review 1996, S. 1290 halten insofern die bundesdeutsche richterliche Zeugenvernehmung in der Hauptverhandlung für überlegen und empfehlenswert für das amerikanische Rechtssystem.

[1205] Ähnlich *Langbein*, Michigan Law Review 1979, S. 208 f. So auch *Alschuler*, The University of Chicago Law Review 1983, S. 991.

[1206] Vgl. *Pizzi/ Perron*, Stanford Journal of International Law 1996, S. 45. *Bradley*, Criminal Law Forum 1996, S. 483 schreibt: „Similarly, the continental model, in which the court, not the parties, chooses and then for the most part conducts the eximation of expert witnesses seems a vast improvement over the ‚battling experts' system that prevails in the United States." (Gleichermaßen scheint das kontinentale Modell, in dem das Gericht und nicht die Parteien Sachverständige aussucht und dann hauptsächlich befragt, eine ungeheure Verbesserung darzustellen gegenüber dem System der ‚widerstreitenden Sachverständigen,' welches in den Vereinigten Staaten vorherrscht.).

[1207] Kritisch dazu *Alschuler*, The University of Chicago Law Review 1983, S. 990. Ebenso *Bernstein*, U.C. Davis Law Review 1988, S. 588 unter Hinweis darauf, daß das Wort „inquisitorisch" zu sehr an mittelalterliche Inquisitionsverfahren mit seinen Foltermethoden erinnere und daher auch heute noch fälschlicherweise den Eindruck ähnlicher Verfahrensmethoden in den kontinentaleuropäischen Ländern erwecke. *Jescheck*, Virginia Law Review 1970, S. 240 beschreibt die amerikanische Vorstellung bezüglich der kontinentaleuropäischen Hauptverhandlungen als ein Verfahren, das den Angeklagten um jeden Preis verurteilen wolle. Ebenso kritisch zu der Etikettierung „inquisitorisch" – „adversatorisch" *Pizzi*, West Virginia Law Review 1998, S. 847.

[1208] So beispielsweise *Smith*, Alabama Law Review 1997, S. 457.

zeßvermeidung durch informelle Verfahren wie *plea bargaining* als wesentlich geringer eingestuft.[1209]

In diesem Sinne wird weiterhin vorgetragen, daß die Tatsache akzeptiert werden müsse, daß nicht der *trial* der anvisierte Endpunkt des Verfahrens und damit die Regel sei, sondern die Ausnahme.[1210] Die Regel sei nun vielmehr das vorherige Schuldbekenntnis durch *plea bargaining* anstatt des *trials*. Auf diese Weise würde die Hauptmasse der Verurteilungen auf der Basis der Anklage des Staatsanwalts und dessen Schuldeinschätzung sichergestellt. Damit allerdings verlöre der *trial* seinen Schutzeffekt.[1211] Es könne somit nicht mehr garantiert werden, daß dieser immer noch seine Abschreckungswirkung entfalte und der Staatsanwalt nur eine Anklage in den Fällen suche, in denen er auch eine Verurteilung nach den strengen Regeln des *trials* zu erreichen imstande sei. Schutz- und Sicherungsmechanismen zur Gewährleistung eines fairen Verfahrens und einer korrekten Aburteilung nur der Schuldigen würden einem Verfahrensstadium vorbehalten bleiben, das die meisten Angeklagten nie erreichten. Daraus folge allerdings, daß das Vorverfahren mit seinen Anklageüberprüfungen durch *grand jury* und *magistrate* für fast alle Fälle nicht mehr ledigliche Zwischenstadien und einstweilige Einschätzungen der Schuld des Angeschuldigten seien. Vielmehr stellten sie die letzte gründlichere Prüfung vor Verurteilung dar.[1212] Damit erhielten die Anklageüberprüfungen einen viel entscheidenderen Stellenwert als ihnen ursprünglich zugedacht war.[1213]

In der Regel versicherten Staatsanwälte zwar, eine Anklage nur in den Fällen zu erheben, in denen sie sich sicher seien, auch eine Verurteilung in einem *trial* erzielen zu können. Von den Kritikern hingegen werden viele dagegen sprechende Gründe ins Feld geführt: Zum einen wird auf Studien verwiesen, nach denen Staatsanwälte in Fällen zweifelhafter Gewinnchancen durch unsichere Beweislage die Entscheidung der Anklageerhebung nicht an den hohen formellen Anforderungen des *trials* messen, sondern an den geringeren informellen des *plea bargaining* Verfahrens. In solch „schwachen" Fällen bluffe der Staatsanwalt die Gegenseite bezüglich der Stärke seiner möglichen Beweisführung in einem potentiellen Prozeß. In Wirklichkeit beabsichtige er jedoch niemals einen solchen, sondern mache dem Angeschuldigten vielmehr ein sehr attraktives Angebot in Form weitgehender Zugeständnisse. Auch klage er mitunter schwerere Delikte

---

1209 In diesem Sinne *Langbein/ Weinreb*, The Yale Law Journal 1978, S. 1565. Vgl auch *Arenella*, Southern California Law Review 1996, S. 1238 f.

1210 Im Hinblick auf hohe Rate der Verurteilung durch das plea bargaining, 90 % nach Angaben der Autoren, kommen diese zu dem Schluß, der *jury trial* sei irrelevant, so *Goldstein/ Marcus*, The Yale Law Journal 1977, S. 279. Ebenso *Arenella*, Michigan Law Review 1980, S. 498. Diese Beobachtung wurde bereits 1928 gemacht, siehe *Moley*, Southern California Law Review 1928, S. 97.

1211 So beispielsweise auch *Leipold*, Cornell Law Review 1995, S. 311. Ähnlich *Vorenberg*, Harvard Law Review 1981, S. 1523.

1212 Zu diesem Schluß kommt auch *Note*, The Yale Law Journal 1974, S. 786. Ähnlich auch *Bubany/ Skillern*, The American Criminal Law Review 1976, S. 495.

1213 In diesem Sinne *Arenella*, Michigan Law Review 1980, S. 498 und 522.

an als die Beweislage zulasse, um so seine Verhandlungsposition bei dem *plea bargaining* zu stärken.[1214] Mache er Zugeständnisse gegenüber dem Angeklagten, so reduziere er seine Anklage lediglich auf diejenigen Delikte und Straftatbestände, die er von vornherein hätte anklagen dürfen.[1215] Auf diese Weise würden Verurteilungen sichergestellt, zu denen es in einem *trial* niemals gekommen wäre.[1216] Während also der Staat theoretisch den angeklagten Fall vollständig und überzeugend präsentieren müsse, um die Geschworenen in seinem Sinne zu einem Schuldurteil zu bewegen, umgehe der Staatsanwalt diese hohe Hürde. Dies geschehe durch Ausübung starken Druckes auf den Angeklagten, um diesen zur Abgabe eines Schuldanerkenntnisses zu bewegen.[1217] Daher sei einer der Hauptfaktoren bei der staatsanwaltlichen Ermessensausübung die schnelle Fallabwicklung, möglichst durch das *plea bargaining.*[1218] Während zwar in den jeweiligen Verfassungen der Bundesstaaten das Recht auf eine Verurteilung durch unabhängige Dritte, in der Regel einer *jury*, verbrieft ist, werde der Angeklagte somit von deren Ausübung abgehalten. Dies geschehe durch Auferlegung einer weitaus härteren Strafe bei Bestehen auf die verbrieften Rechte verglichen mit der milderen Strafe im Rahmen der freiwilligen Aufgabe aller garantierten Rechte durch den Angeklagten aufgrund des *plea bargaining.*[1219]

Damit allerdings sei das adversatorische Verfahren stärker als jedes inquisitorische Verfahren von der Beweisführung durch Geständnis und Schuldanerkenntnis des Verdächtigen abhängig.[1220] Verkörpere der formale Geschworenenprozeß alle im Laufe der Zeit errungenen Sicherheitsmechanismen für ein faires Verfahren wie die neutrale Fallbeurteilung und den Schuldspruch durch außenstehende Dritte, so seien diese Sicherheitsgarantien im informellen *plea-bargaining*-Verfahren außer Kraft gesetzt. Der Richter ist zwar bei Absprachen aufgrund des *plea bargaining* verpflichtet, die Tatsachengrundlage für das Schuldbekenntnis zu untersuchen und sicherzustellen, daß das Schuldbekenntnis freiwillig und ohne Zwang in Kenntnis aller Umstände und der Folgen abgegeben wird.[1221] Allerdings fehlten dem Richter doch häufig die näheren Informationen des Zustandekommens der Absprache. Im Gegensatz zu der Bundesrepublik Deutschland habe er auch nicht die volle Ermittlungsakte vor sich, so daß er

---

1214 Diese Handhabung des *overcharge* betätigt auch *Lee*, UCLA Law Review 1994, S. 155.

1215 Siehe *Note*, Southern California Law Review 1969, S. 532 unter Hinweis auf Untersuchungen per Fragebogen, in denen 26,6 % aller antwortenden Staatsanwälte eingeräumt hätten, zur Stärkung der Verhandlungsposition bewußt schwerere Delikte anzuklagen als die Fakten zuließen.

1216 Vgl. *Arenella*, Michigan Law Review 1980, S. 503 ff. Von Verurteilungen im Rahmen des *plea bargaining*, die in einem *trial* möglicherweise nie hätten erzielt werden können spricht auch *Vorenberg*, Harvard Law Review 1981, S. 1533.

1217 Siehe *Bradley*, Criminal Law Forum 1996, S. 474, der ausführt, die „Schwäche" des Falles könne auch durch die Unschuld des Angeklagten bedingt sein. Ebenso *Emerson/ Ames*, Pretrial Sentencing, S. 5.

1218 So der ehemlige Staatsanwalt *Melilli*, Brigham Young University Law Review 1992, S. 700.

1219 Zu dieser Einschätzung kommt *Langbein*, Michigan Law Review 1979, S. 204.

1220 In diesem Sinne *Arenella*, Michigan Law Review 1980, S. 522.

1221 Mit Hinweis auf Rechtsprechung siehe *Hobbs*, California Law Review 1971, S. 980.

sich auch kein abschließendes, detailliertes Bild über die genaue Beweisstärke des Falles machen könne.[1222] Zudem habe er häufig durch Überlastung gar nicht die Zeit, die Hintergründe genauer zu erforschen.[1223] Insofern stelle die richterliche Beteiligung keine große Kontrolle innerhalb des *plea-bargaining*-Verfahrens dar.[1224]

Ferner finde in einem klassischen *trial* eine genau herausgearbeitete Rollenaufteilung statt: der Staatsanwalt vertrete die Anklage, die Geschworenen befänden über die Schuld des Angeklagten und der Richter setze daraufhin die angemessene Strafe fest. Bei dem *plea bargaining* hingegen würden alle diese genannten Funktionen, die eine Aufgabenaufspaltung bewirkten, in der Person des Staatsanwalts verschmelzen. Da die Beteiligung anderer Organe wie des Richters nur noch oberflächlicher, absegnender Natur seien, werde der Ausspruch über Schuld und Strafe im wesentlichen von ermittelnden staatlichen Vertretern getroffen. Dies stelle jedoch ein Grundcharakteristikum des klassischen Inquisitionsverfahrens dar.[1225] Der Staatsanwalt sei damit die einzige und überragende inquisitorische Figur in dem adversatorischen Verfahren.[1226] Die Strafrechtskommission aus dem Jahre 1973, *The National Advisory Commission on Criminal Justice Standarts and Goals*, hat daher die Abschaffung des *plea bargaining* empfohlen und sich für eine Beschränkung des staatsanwaltlichen Ermessens ausgesprochen.[1227]

Des weiteren erfordere die Nähe und berufliche Solidarität zwischen Staatsanwaltschaft und Polizeibehörden[1228] vereinzelt eine Anklageerhebung, deren Begründetheit zweifelhaft ist. Dies geschehe zur Wahrung der Harmonie zwischen beiden Gruppierungen, selbst wenn Beweisschwierigkeiten die Verurteilung wenig erfolgreich scheinen lassen.[1229] Aufgrund täglicher Zusammenarbeit und ähnlicher Werteeinstellung existiere eine große Nähe zwischen den Behörden, die es zu bewahren gelte. Gerade in Fällen schwerer Verbrechen, langer Ermittlungen und großer Anstrengungen der Strafverfolgungsbehörden versuche die Staatsanwaltschaft, deren Bemühungen nicht durch Nichtverfolgung des Falles zunichte zu machen. Daher erhebe sie zur Vermeidung von Frustration und

---

[1222] So *Pizzi*, Ohio State Law Journal 1993, S. 1358.

[1223] So *Emerson/ Ames*, Pretrial Sentencing, S. 5.

[1224] Zu dieser Beurteilung siehe *Hobbs*, California Law Review 1971, S. 964. Ebenso *Pizzi*, Ohio State Law Journal 1993, S. 1356. Zu diesem Schluß kommen auch *Graham/ Letwin*, UCLA Law Review 1971, S. 714 sowie *Gershman*, University of Pittsburgh Law Review 1992, S. 408. Ebenso *Bubany/ Skillern*, The American Criminal Law Review 1976, S. 487 f. Bestätigend auch für die Bundesgerichte *Cox*, The American Criminal Law Review 1975, S. 428 f.

[1225] So *Arenella*, Michigan Law Review 1980, S. 525.

[1226] Siehe *Morris*, The Yale Law Journal 1978, S. 684.

[1227] Mit genaueren Ausführungen. *Goldstein/ Marcus*, The Yale Law Journal 1977, S. 244 f.

[1228] Dieser deutsche Ausdruck für *law enforcement* ist in Anbetracht der Vielzahl der Organisationen wie Police Department, Sheriff' s Department, Highway Patrol etc. zu eng, wird jedoch am griffigsten und verständlichsten in obiger Weise in das Deutsche zu übertragen sein.

[1229] Zu dieser Nähe siehe *Graham/ Letwin*, UCLA Law Review 1971, S. 673. Ähnlich *Melilli*, Brigham Young University Law Review 1992, S. 689.

Wahrung der Motivation Anklage. Dies geschehe auch in der Hoffnung, eine Verurteilung durch *plea bargaining* zu erreichen[1230] oder fehlende Beweise im Laufe des weiteren Strafverfahrens zu erhalten.[1231]

Darüber hinaus führe zeitliche Überlastung und das damit verbundene schnelle Abarbeiten der Aktenberge zu Routinefehlern. Diese allerdings wirkten sich in Anklageerhebungen aus, die häufig nicht das Stadium des *trial* erreichten und damit kaum korrigiert würden.[1232]

Auch werde teilweise gerade in politisch brisanten Fällen bewußt Anklage erhoben als selbständige Sanktion im Bewußtsein um den rufschädigenden Effekt einer solchen publikumswirksamen Entscheidung.[1233] Schließlich entfalte der Kontrollmechanismus des *trial* seine Wirkung auch insofern zu spät, als daß gerade die Anklageerhebung bereits große Nachteile für den Angeklagten mit sich bringe. Neben möglichen freiheitsbeschränkenden Maßnahmen wird in den Augen der Bevölkerung die Anklage häufig mit einer Verurteilung gleichgesetzt. Diese Rufschädigung halte selbst dann an, wenn der Angeklagten später freigesprochen werde.[1234] Diese Argumentation ist im deutschen Recht gleichermaßen zu finden.[1235]

c) Zusammenfassung

Der *trial* wird als *die* klassische Kontrolle der Anklage betrachtet. Ob eine solche Sichtweise allerdings in Anbetracht der Tatsache, daß nur 7 % aller Fälle eine solche Hauptverhandlung durchlaufen, Bestand haben kann, wird stark bezweifelt. Das informelle *plea-bargaining*-Verfahren ist längst zum Standardverfahren zur Aburteilung der Hauptmasse der Beschuldigten geworden. Unangefochtene Zentralfigur hierbei ist der Staatsanwalt. Von dessen Anklage- und Verhandlungsverhalten hängt der Umfang und die Höhe der Strafe des Beschuldigten entscheidend ab. Diese mächtige Schlüsselposition des Staatsanwalts wirft große Bedenken auf. Gefürchtet werden die Aushebelung der Schutz- und Sicherungsmechanismen des *trial*, geringere Beweisanforderungen zur Sicherstellung einer Verurteilung bei dem *plea bargaining*, unzulässiger Druck auf den Beschuldigten zur Abgabe eines Schuldbekenntnisses sowie die Erhebung nicht gerechtfertigter Anklagen. Da eine effektive Kontrolle des Staatsanwalts bei

---

1230 So *Arenella*, Michigan Law Review 1980, S. 505.

1231 Vgl. *Note*, Southern California Law Review 1969, S. 532.

1232 In diesem Sinne *Melilli*, Brigham Young University Law Review 1992, S. 687.

1233 Siehe *Arenella*, Michigan Law Review 1980, S. 505.

1234 Vgl. *Leipold*, Cornell Law Review 1995, S. 268. Ebenso United States v. Serubo, 604 F.2d 807, 817 (3d Cir.1979): „[A] handing up of an indictment will often have a devastating personal and professional impact that a later dismissal or acquittal can never undo." ([Eine] Erhebung einer Anklage hat oft verheerende persönliche und berufliche Auswirkungen, die eine spätere Einstellung oder ein Freispruch niemals ungeschehen machen kann.).

1235 Siehe schon *Hahn*, Materialien zur Strafprozeßordnung, S. 169 sowie die eigenen Ausführungen auf S. 114 f.

dem informellen *plea bargaining* fehle, erhielten andere Anklageprüfungen im Vorverfahren einen neuen Stellenwert als einzige Prüfung der Anklage.

2. Richterliche Kontrolle durch die Haftprüfung

a) Verfahren

Das Verfahren der Beantragung und Ausstellung eines Haftbefehls, die Haftgründe sowie die sich anschließende notwendige Anklageerhebung in Form der *complaint* bei andauernder Inhaftierung wurden bereits dargestellt.[1236] Ein explizit geregeltes Haftprüfungsverfahren mit Überprüfung von Amts wegen wie in §§ 117 ff., insbesondere § 117 V, gibt es in den USA nicht. Die Untersuchungshaft wird, wenn nicht durch einen vorherigen Haftbefehl legalisiert, nachträglich durch den *magistrate*, häufig bei dem *arraignment*, legitimiert.[1237] Eine weitere Prüfung findet in *felonies* bei dem *preliminary hearing* statt: Lehnt der *magistrate* die Feststellung des *probable cause* ab und stellt das Verfahren ein, § 871 Cal. Penal Code, so setzt er den Tatverdächtigen außer Verfolgung und entläßt ihn aus der Haft. Schließlich dient auch der Rechtsbehelf *habeas corpus*[1238] einer Überprüfung der Legitimität der Freiheitsentziehung. Steht allerdings das *preliminary hearing* noch aus, so verweisen die Gerichte in der Regel darauf.[1239]

Es soll noch einmal darauf hingewiesen werden, daß im Gegensatz zu der Bundesrepublik Deutschland die Beantragung eines Haftbefehles bzw. die Inhaftierung durch die Strafverfolgungsbehörden mit erst nachträglicher Haftprüfung durch den *magistrate* in den USA überwiegend als (Vor)Entscheidung zur Anklage gewertet wird.[1240]

b) Historische Ursprünge

Die in den USA im Gegensatz zu der Bundesrepublik Deutschland unterschiedliche Handhabung der häufigen Verhaftung ohne Haftbefehl – in *felonies* sogar dann, wenn genug Zeit besteht, einen solchen vorher einzuholen – geht auf das englische Fallrecht, *common law*, zurück.[1241] Ein Polizeiangehöriger[1242] durfte einen Tatverdächtigen ohne Haftbefehl verhaften, wenn er vernünftige Gründe

---

[1236] Siehe den Abriß über das Strafverfahren sowie die Darlegung der Einbeziehung des Haftbefehlsverfahrens in die Abschlußverfügung, Seite 137 ff.

[1237] *Arenella*, Michigan Law Review 1980, S. 481 spricht in diesem Zusammenhang davon, daß „...judicial supervision of the prosecution may begin." (...die richterliche Aufsicht der Strafverfolgung beginnen kann.).

[1238] Unter *habeas corpus* (lat. „Du hast den Körper") versteht man eine Reihe von Rechtsbehelfen, mit denen eine Entlassung aus einer Inhaftierung erreicht werden soll, die für rechtswidrig gehalten wird. Vgl. genauer dazu *Black*, Black's Law Dictionary, S. 837.

[1239] So *Miller*, Charge a Suspect with a Crime, S. 62.

[1240] Stellvertretend *Goldstein*, The Yale Law Journal 1960, S. 1163. Dies ist allerdings nicht umunstritten, siehe *Miller*, Charge a Suspect with a Crime, S. 13 sowie 25 ff. Ebenso *LaFave/ Israel/ King*, Criminal Procedure, Band 4, S. 7.

[1241] Siehe auch United States v. Watson 423 U.S. 411, 422 (1976).

[1242] Die genauere englische Bezeichnung ist *peace officer*.

hatte, zu glauben, dieser habe eine schwere Straftat, eine *felony*, begangen. Diese Praxis hat sich bis heute in den meisten Bundesstaaten gehalten.[1243] In *misdemeanors* war ein Haftbefehl grundsätzlich notwendig, es sei denn, die öffentliche Ordnung wurde in Anwesenheit eines Polizeiangehörigen gestört.[1244] Diese Ausnahme ist im Laufe der Zeit ausgeweitet worden.

War es im *common law* aufgrund der Möglichkeit der Verhaftung von Tatverdächtigen auch durch Bürger die Regel, daß erstere im Anschluß an die Festnahme einem Richter, *justice of the peace*, vorgeführt wurden,[1245] so hat sich diese Handhabung erst im Laufe der Zeit in den USA etabliert:

Dabei spielt v.a. die 4. Änderung der Verfassung der Vereinigten Staaten (*4th Amendment*) eine entscheidende Rolle.[1246] Es wurde geltend gemacht, der verfassungsrechtliche Schutz vor Eingriffen in die persönliche Freiheit erfordere die Kontrolle der polizeilichen Verhaftung durch einen an der Strafverfolgung nicht beteiligten, unbelasteten *magistrate*. Dieser in der Verfassung geforderte Schutz sei nicht immer durch die Strafverfolgungsbehörden selbst gewährleistet, da diese teilweise zu engagiert in der Verbrechensbekämpfung seien und so in eine einseitige Sichtweise geräten.[1247] Daher sollte, wenn möglich, vor der Verhaftung ein Haftbefehl durch einen *magistrate* eingeholt werden. Allerdings hatte das U.S. Supreme Court zuvor nie eine Verhaftung für ungültig oder rechtswidrig erklärt, nur weil der Haftbefehl gefehlt hatte.[1248] Somit oblag lange Zeit die Entscheidung über eine Inhaftierung den Strafverfolgungsorganen, insbesondere den Polizeibehörden. Zwar wurde bei *felonies* eine genauere Prüfung durch das *preliminary hearing* vorgenommen, nicht dagegen bei *misdemeanors*. Konnte der Tatverdächtige somit die geforderte Kaution nicht erbringen, und wurde er nicht auf sein Versprechen, vor Gericht zu erscheinen, *release on his/her own recognizance*, entlassen, so verblieb er bis auf weiteres in Haft.

Eine stärkere Einbindung des *magistrate* in die Überprüfung der Inhaftierung erfolgte – beeinflußt durch das 4th Amendment – durch das richtungsweisende Urteil des U.S. Supreme Court in *Gerstein v. Pugh*.[1249] Das Gericht setzte neue Maßstäbe für die Überprüfung der Freiheitsentziehung. Dies betraf gerade jene Tatverdächtigen, welche sich in Haft befanden und weder durch Kaution noch

---

1243 Der Verdachtsgrad liegt heute in der Regel bei *probable cause*. Siehe dazu die Ausführungen bei der Darstellung des Strafverfahrens sowie *LaFave/ Israel/ King*, Criminal Procedure, Band 2, S. 153.

1244 Siehe dazu *LaFave/ Israel/ King*, aaO, S. 154: Es mußte sich um einen *breach of the peace* handeln. Darunter versteht man eine Verletzung oder Störung der öffentlichen Ruhe und Ordnung durch lärmendes, gewaltsames oder illegales Verhalten. Siehe im Einzelnen dazu *Black*, Black's Law Dictionary, S. 236.

1245 So die historische Analyse des U.S. Supreme Court zur Untermauerung des wegweisenden Urteils Gerstein v. Pugh, 420 U.S. 103, 114 (1975).

1246 Text im Anhang unter Punkt G. II. 1.

1247 In diesem Sinne Johnson v. United States, 333 U.S. 10, 13-14 (1948).

1248 So ausdrücklich das Gericht in Gerstein v. Pugh, 420 U.S. 103, 113 (1975).

1249 Siehe Gerstein v. Pugh, 420 U.S. 103, 114 (1975).

release on one's own recognizance aus der Haft entlassen wurden. Wenn auch das Gericht nicht die in *felonies* gängige Praxis der Verhaftung ohne Haftbefehl kritisierte,[1250] so wurde die Einbeziehung des *magistrate* in das Verfahren nach Inhaftierung verstärkt. Die Bestimmung des *probable cause* durch einen Polizeibeamten als Haftgrund wurde nun nicht mehr als genügend angesehen. Sie rechtfertige lediglich die Verhaftung selbst und eine kurze Zeitspanne danach. Mit der Inhaftierung allerdings sei die von dem Tatverdächtigen ausgehende Gefahr der Flucht oder weiterer Straftaten beendet. Damit verliere allerdings auch die fehlende Einschaltung des neutralen *magistrate* ihre Rechtfertigung. Denn nun führe die andauernde Haft zu stärkeren Belastungen als die lediglich Inhaftnahme durch die Strafverfolgungsbehörden. Die fortdauernde Freiheitsentziehung führe nicht nur zu einer großen persönlichen Einschränkung, sondern auch zu finanziellen Einbußen bis hin zum Verlust der Arbeitsstelle sowie sehr eingeschränkten zwischenmenschlichen Beziehungen. Diese Auswirkungen der andauernden Inhaftierung verstärkten die Notwendigkeit der Überprüfung der Haft durch einen unvoreingenommenen und an der Strafverfolgung unbeteiligten *magistrate*. Gerade dessen unparteiische Stellung biete Schutz gegen unbegründete Eingriffe in die persönliche Freiheit.[1251]

Somit läßt sich die Tendenz zu einer verstärkten Kontrollfunktion des *magistrate* im Haftrecht verzeichnen.

c) Effektivität der richterlichen Kontrolle

Um die Effektivität der Kontrolle durch den *magistrate* und die geltend gemachte Kritik in ihrem Gesamtkonzept zu verstehen, erscheint es notwendig, auf die traditionelle Rolle des *magistrate*, v.a. bei der Haftprüfung, sowie deren Veränderung einzugehen. Da der *magistrate* häufig, in Kalifornien notwendigerweise, ein Richter sein muß,[1252] sollen auch allgemein die richterliche Stellung, deren historischer Ursprung und allmähliche Veränderung sowie aktuelle Beurteilung beleuchtet werden. Gerade die Rolle des amerikanischen Richters in der Geschichte sowie im modernen adversatorischen Verfahren verdeutlicht und erklärt nicht nur dessen widersprüchliche aktuelle Bewertung, sondern auch die Grenzen seiner Kontrollfähigkeit gegenüber der Staatsanwaltschaft. Es soll dabei – durch entsprechende Gegenüberstellung mit dem deutschen Richter – versucht werden, die relevanten Trennpunkte herauszuarbeiten und so zu einer länderübergreifenden, allgemeinen Einschätzung der jeweiligen richterlichen Kontrollmöglichkeiten zu gelangen.[1253]

[1250] Es wurde insofern nur noch einmal darauf hingewiesen, daß das Gericht die Handhabung bevorzuge, einen Haftbefehl – wenn machbar – möglichst im Vorfeld einzuholen, vgl. Gerstein v. Pugh, 420 U.S. 103, 113 (1975). Allerdings wurde ein Jahr später die Verfassungsmäßigkeit der gängigen Praxis anerkannt, siehe United States v. Watson 423 U.S. 411, 423 (1976).

[1251] So Gerstein v. Pugh, 420 U.S. 103, 114 (1975).

[1252] Vgl. *LaFave/ Israel/ King*, Criminal Procedure, Band 1, S. 92 sowie Cal Jur 3d, S. 26 f.

[1253] *Ploscowe*, Harvard Law Review 1935, S. 443 schreibt in diesem Zusammenhang: „The divergence in character between European and Anglo-American criminal procedure springs aa) Entwicklung und Stellung des *magistrate*

(1) Entwicklung des *magistrate*

Lange Zeit haben *magistrates* richterliche Aufgaben wahrgenommen, ohne ausgebildete Juristen zu sein. In der Regel waren sie juristische Laien. Dies hatte sich unwillkürlich in der Qualität der von ihnen getroffenen Entscheidungen niedergeschlagen und wenig zu ihrer weitergehenden Anerkennung und Übertragung zusätzlicher Befugnisse beigetragen.[1254] Bei Meinungsverschiedenheiten des *magistrate* mit häufig juristisch ausgebildeten Staatsanwälten führte der Laienstatus des *magistrate* und damit die fachliche Unterlegenheit häufig zu einem Einlenken des ersteren oder der Bestätigung der staatsanwaltlichen Auffassung.[1255] Insofern wurde der Entscheidung des *magistrate* kein großer Kontrollwert zugesprochen.[1256]

In Deutschland hingegen, genauer dem Heiligen Römischen Reich Deutscher Nation sowie später, wurden richterliche Untersuchungshandlungen ähnlich dem *preliminary hearing* sowie den Haftprüfungen grundsätzlich nicht von Laienrichtern durchgeführt, sondern von ausgebildeten Juristen.[1257] Wenn diese auch zunächst von den jeweiligen Monarchen abhängig waren, so könnte ihr traditioneller Bildungsgang Motiv für die tendenziell vorhandene Bevorzugung richterlicher Kontrolle in Deutschland gewesen sein.[1258]

Eine Aufwertung der amerikanischen *magistrates* erfolgte allerdings mit Änderung der notwendigen Berufsqualifikation. Immer häufiger wurde das Erfordernis aufgestellt, *magistrates* müßten Juristen sein.[1259]

(2) Stellenwert des Richters

Entscheidend für die heutige Stellung, die Entscheidungskompetenzen und das Selbstverständnis der amerikanischen Richter sind ihre historische Rolle sowie ihre Einbettung in das adversatorische Verfahren. Dies spiegelt sich zwangsläufig in dem Umfang der den Richtern übertragenen Kontrollaufgaben wider.

---

chiefly from the difference in the conception and use of the judicial authority." (Die dem Wesen nach bestehende Abweichung des europäischen zu dem anglo-amerikanischen Strafverfahren entspringt hauptsächlich aus dem Unterschied in der Auffassung und dem Gebrauch der judikativen Macht.).

[1254] So *Weinberg/ Weinberg*, Michigan Law Review 1969, S. 1387.

[1255] Siehe dazu *Miller*, Charge a Suspect with a Crime, S. 58.

[1256] Diese mangelnde juristische Qualifikation der *magistrates* sei ein Grund für die geringe Schutzfunktion des *preliminary hearings*, so *Anderson*, Missouri Law Review 1970, S. 289.

[1257] Vgl. *Ploscowe*, Harvard Law Review 1935, S. 448.

[1258] *Kunert*, Buffalo Law Review 1966, Band 16, S. 143 sieht in den juristisch ausgebildeten Kirchenrichtern des Papstes die Vorläufer des kontinentaleuropäischen Richtertums. Nach der Rezeption Römischen Rechts sei die Tatsachenfeststellung zunehmend von ausgebildeten Richtern wahrgenommen worden.

[1259] Siehe *Weinberg/ Weinberg*, Michigan Law Review 1969, S. 1387.

Zunächst soll auf die geschichtlichen Zusammenhänge und deren Folgen eingegangen werden. Wie bereits bei der Stellung des Staatsanwalts erwähnt, wurden Richter in den amerikanischen Kolonien häufig nicht ihrer juristischen Fähigkeiten wegen ernannt, sondern aufgrund ihrer Loyalität gegenüber der englischen Krone. Bis zur Amerikanischen Revolution führte die richterliche Ernennung durch das englische Königshaus zur „Günstlingswirtschaft“ und tiefem Argwohn gegenüber der Judikative.[1260] Daher begegnete man den Richtern als „Lakaien der Krone“ mit großem Mißtrauen[1261] und bezeichnete sie mitunter als „Marionettenrichter.“[1262] Erschwerend kam ursprünglich hinzu, daß die Judikative in England lange Zeit der Exekutive zugerechnet wurde und den königlichen Gerichten mangels unabhängigem Richterstatus die Eigenständigkeit fehlte.[1263] Dies führte zu einem großen Mißtrauen der Siedler in den jungen amerikanischen Kolonien gegen obrigkeitliche, richterliche Untersuchungen innerhalb des Strafverfahrens.[1264] Demzufolge wurden die *juries* als Ausdruck der Eigenverwaltung, der Demokratie und als Bollwerk gegen staatliche Willkür geschätzt.[1265] Man argwöhnte ferner, daß Richter als Angehörige der gesellschaftlichen Elite in ein ausgeprägtes Klassendenken verfielen. Das Einfließen eines solchen Denkens in Entscheidungen innerhalb des Strafprozesses durch eine Bürgerbeteiligung in Form der Geschworenen sollte verhindert werden.[1266] Daher kam diesem Bürgergremium die wesentliche Entscheidung über Schuld und Unschuld des Angeklagten zu, nicht aber den Richtern. „Judges were little better than glorified bailiffs, mechanical mouthpieces whose own trial pronouncements carried no authority, or who often merely transmitted the legal instructions that rival attorneys wished to offer the jury.“[1267] Diese Grundeinstellung hat sich

---

[1260] So *Rakove*, Stanford Law Review 1997, S. 1062.

[1261] Siehe dazu *Rakove*, aaO, S. 1060.

[1262] So *Simon*, The Jury, S. 6: „...the Crown's puppet judges...“.

[1263] Genauer dazu *Ratnapala*, The American Journal of Jurisprudence 1993, S. 193.

[1264] Siehe *Bradley*, Criminal Law Forum 1996, S. 472.

[1265] *Smith*, Alabama Law Review 1997, S. 475 schreibt diesbezüglich: „...the jury as a check on potential governmental abuse. The jury may counteract both judicial bias as well as corruption. This is especially true of the criminal jury.“. (...die *jury* als ein Kontrolle gegen potentiellen Mißbrauch durch die Regierung. Die *jury* kann sowohl richterlicher Voreingenommenheit wie auch Korruption entgegenwirken. Dies gilt besonders für die *jury* im Strafverfahren.). Dies gilt auch heute noch, zumindest in der Rechtstheorie, vgl. *Asker*, San Francisco Law Review 1996, S. 132: „The cornerstone of this system is the jury, the ultimate arbiter of fact.“ (Der Eckstein dieses Systems ist die *jury*, die letztendliche Richterin bezüglich der Tatsachen.).

[1266] So *Smith*, Alabama Law Review 1997, S. 488. *Kunert*, Buffalo Law Review 1966, S. 122 beschreibt als „Klischee“ die Grundvorstellung, das amerikanische Beweisrecht solle die Parteien vor der Willkür des Einzelrichters schützen und die *jury* zu einer gerechten Entscheidung kommen lassen.

[1267] So *Rakove*, Stanford Law Review 1997, S. 1060: „Die Richter waren nur ein wenig mehr als glorifizierte Gerichtsdiener, mechanische Sprachrohre, deren eigene Prozeßerklärungen keine Autorität beinhalteten, oder die häufig lediglich die juristischen Anweisungen übermittelten, die die gegnerischen Anwälte der *jury* zukommen lassen wollten“.

auch nach der Unabhängigkeit Amerikas, zu einem gewissen Teil sogar bis in die heutigen Tage hinein, nicht wesentlich geändert.[1268]

Anschaulich wird das auch heute noch bestehende Mißtrauen gegenüber einem richterlichen statt einem Geschworenen-Schuldspruch wie auch das Unbehagen gegenüber einer starken Position von Berufsrichtern[1269] insgesamt von dem U.S. Supreme Court, wie folgt, dargelegt:

„Juries are an inestimable safeguard against the corrupt or overzealous prosecutor and against the compliant, biased, or eccentric judge... The jury trial provisions in the Federal and State Constitutions reflect a fundamental decision about the exercise of official power – a reluctance to entrust plenary power over the life and liberty of the citizen to one judge or to a group of judges. Fear of unchecked power, so typical of our State and Federal Governments in other respects, found expression in the criminal law in this insistence upon community participation in the determination of guilt or innocence.“[1270]

Teilweise hat sich allerdings das richterliche Bild auch stark gewandelt. Diese recht junge Veränderung führt in der Gesamtschau zu einer gewissen Widersprüchlichkeit in der Beurteilung des richterlichen Stellenwerts:[1271] Im Gegensatz zu ihrem historischen Ursprung seien Richter nunmehr nicht mehr Vertreter einer fremden Nation, sondern darüber hinaus noch häufig durch eine Direktwahl demokratisch legitimiert.[1272] Vor allem ihre solide Ausbildung und ihre richterliche Unabhängigkeit werden zu ihren Gunsten angeführt:

„After all, judges are trained and selected for their ability to be both objective and pragmatic, to consider conscientiously all pertinent factors in every case – to ‚reach the best result.' In addition, the courts follow exhaustive trial and appeal procedures de-

---

[1268] So *Rakove*, aaO, S. 1062. *Dyke*, The Hastings Law Journal 1976, S. 62 beschreibt dies bezüglich der *grand jury*: „We have given this awesome power to a body of citizens rather than to a panel of experts because we distrust bureaucracies and feel that persons in power tend to abuse that power." (Wir haben diese ehrfurchtsgebietende Macht eher einem Gremium von Bürgern übertragen als einem Expertenkomitee, weil wir Bürokratien mißtrauen und glauben, daß Personen in Machtstellungen diese Macht mißbrauchen.).

[1269] Dieses Mißtrauen bejahend *King*, Law and Contemporary Problems 1996, S. 41.

[1270] So Duncan v. Louisiana, 391 U.S. 145, 156 (1968): *„Juries* sind ein unschätzbarer Schutz gegen den korrupten oder übereifrigen Staatsanwalt sowie gegen den willfährigen, voreingenommenen oder verstiegenen Richter... Die Regelungen bezüglich des *jury trials* in der Bundesverfassung sowie den Verfassungen der Bundesstaates spiegeln eine grundsätzliche Entscheidung über die Ausübung staatlicher Macht wider – einen Unwillen, die völlige Macht über Leben und Freiheit der Bürger einem oder einer Gruppe von Richtern anzuvertrauen. Die Angst vor unkontrollierter Macht, die so typisch ist bezüglich der Regierungen des Bundes und der Bundesstaaten in anderen Beziehungen, hat ihren Ausdruck im Strafrecht gefunden in dem Bestehen auf einer Beteiligung der Gemeinde bei der Bestimmung von Schuld oder Unschuld".

[1271] *Goldstein*, Stanford Law Review 1974, S. 1157 beschreibt die richterliche Überprüfung der vorgebrachten staatsanwaltlichen Beweise als eine Tätigkeit, die erst seit rund einhundert Jahren existiert.

[1272] In diesem Sinne *King*, Law and Contemporary Problems 1996, S. 66.

signed to maximize the chances that disputed issues will be resolved in concrete contexts, after consideration of all relevant arguments. No others in government are so carefully educated in the rigors of problem solving or able to operate under such pure conditions. No other unit of government is so free from political and ideological pressures, and, accordingly, none can so confidently be counted on for a long-range review of policy options.“[1273]

Teilweise werden richterliche Entscheidungen sogar solchen der *juries* vorgezogen. Als Begründung wird angeführt, Richter seien im Durchschnitt intelligenter, besser geschult, disziplinierter und schließlich erfahrener im Umgang mit Strafsachen als Geschworene. Dies wirke sich v.a. in komplizierten Fällen aus.[1274] Auch sei der effektivste Schutz unbeliebter Minderheiten gegen Unterdrückung und Mißbrauch durch die Bevölkerungsmehrheit der richterliche.[1275]

Insgesamt läßt sich zusammenfassen, daß in den USA aufgrund historischer Erfahrungen ein gewisses Mißtrauen gegenüber Richtern verbleibt, welches größer eingeschätzt wird als eine entsprechende Skepsis in der Bundesrepublik Deutschland gegenüber den deutschen Richtern.[1276] Dies ist insofern erstaunlich, als daß in Deutschland die Person des Richters mit viel negativeren historischen Erfahrungen behaftet ist. In der Rolle des verrufenen Inquisitionsrichters wurde er sehr häufig mit Machtmißbrauch, Folter, Geständniserpressung sowie Fehlentscheidungen in Zusammenhang gebracht und geradezu gefürchtet.[1277] Insofern wurde durch die Einführung der Staatsanwaltschaft versucht, die Macht des Inquisitionsrichters zu brechen und einzudämmen.[1278] Während allerdings die Staatsanwaltschaft zunächst als Kontrollorgan des ungeliebten Richters fungieren sollte, erfuhr die Figur des Richters aufgrund neu erworbener Unabhängigkeit eine Aufwertung ihres Ansehens und übernahm immer mehr die Funktion

---

[1273] So *Church*, Wisconsin Law Review 1990, S. 1088: „Nach alledem aber sind Richter ausgebildet und ausgewählt für ihre Fähigkeit, sowohl objektiv wie auch pragmatisch zu sein, alle zur Sache gehörenden Faktoren in jedem Fall in Betracht zu ziehen und „das beste Ergebnis zu erzielen." Darüber hinaus folgen die Gerichte erschöpfenden Prozeß- und Rechtsmittelverfahren, die dazu bestimmt sind, die Chancen zu maximieren, die Streitfragen unter Berücksichtigung aller relevanten Argumente in einem konkreten Zusammenhang zu lösen. Niemand anders in der Regierung ist so behutsam ausgebildet in dem harten Feld der Problemlösung oder fähig, unter solch echten Bedingungen zu arbeiten. Kein anderes Amt der Regierung ist so frei von politischem und ideologischem Druck, auf niemanden kann man sich dementsprechend so vertrauensvoll verlassen für eine Langzeitüberprüfung von politischen Optionen." Sehr ähnlich beschreibend *Chemerinsky*, Harvard Law Review 1989, S. 85.

[1274] Die Vertreter dieser Auffassung stehen der Einbindung der *juries* in den modernen Strafprozeß sehr skeptisch gegenüber, siehe *Smith*, Alabama Law Review 1997, S. 489.

[1275] So *Noll*, Syracuse Law Review 1978, S. 728. So auch *Chemerinsky*, Harvard Law Review 1989, S. 85.

[1276] Zu diesem Schluß kommen auch *Pizzi/ Perron*, Stanford Journal of International Law 1996, S. 52.

[1277] Siehe die Abhandlungen zur Einführung der Staatsanwaltschaft auf Seite 53 ff. dieser Arbeit.

[1278] Siehe stellvertretend *Bohnert*, Abschlußverfügung, S. 38 sowie *Wohlers*, Staatsanwaltschaft, S. 100.

der Kontrolle der Staatsanwaltschaft.[1279] Auch die Erfahrungen mit dem Richterstand im Dritten Reich, insbesondere mit dem Volksgerichtshof,[1280] führten nach dem Zusammenbruch des Nationalsozialismus weder zu einer Abkehr von der Judikativen noch zu einer Einführung anderer bedeutender Kontrollinstitutionen im täglichen Funktionieren der Strafrechtspflege.[1281] Im Gegenteil: Es erfolgte eine Stärkung der Richterstellung in der jungen Bundesrepublik.[1282] Möglichkeiten der Bürgerbeteiligung wie Geschworenengremien konnten sich in Deutschland nicht behaupten, der Geschworenenprozeß, Mitte des 19. Jahrhunderts eingeführt, wurde bereits 1924 wieder abgeschafft.[1283] Auch eine Volkswahl bestimmter Organe der Strafrechtspflege als Ausfluß des Kontrollgedankens in Reaktion auf die historischen Negativerfahrungen wurde nicht eingeführt. Vielmehr kehrte man in Deutschland immer wieder zu einer relativ starken Richterstellung zurück. Während in den USA, insbesondere in deren Entstehungsphase, das Mißtrauen gegenüber Richtern die Wertschätzung anderer Institutionen, der *juries*, bewirkte, fand eine solche Verlagerung auf ein anderes Organ in Deutschland nicht statt. Mangels anderer, täglich verfügbarer und v.a. akzeptierter Kontrollmechanismen im Strafrechtswesen sind die deutschen Rechtsordnungen trotz der aufgeführten historischen Mißbräuche dem einflußreichen Strafrichter treu geblieben.[1284]

Damaska sieht die Gründe hierin in einer Vorliebe der Kontinentaleuropäer für ein zentralisiertes autoritäres Staatswesen. Das Verhältnis des Staates zu dem Bürger mute wie eine ‚Eltern-Kind-Beziehung‘ an. Dementsprechend seien auch Richter als Repräsentanten staatlicher Gerechtigkeit mit großer Macht ausgestattet. Die zugrundeliegenden Wurzeln hierfür sieht er in dem ehemals bestehenden Feudalsystem, in dem eine starke, autoritär geprägte Zentralregierung den Einwohnern nicht nur Stabilität und wirtschaftliche Prosperität zu garantieren schien, sondern auch Schutz vor willkürlich handelnden, lokalen Feudalherren.[1285]

[1279] Vgl. beispielsweise *Fuhrmann*, JR 1964, S. 419.

[1280] Siehe dazu auch *Kroeschell*, Rechtsgeschichte Deutschlands, S. 106, 113 ff.

[1281] Hierbei geht es um täglich in der Strafrechtspflege involvierte Institutionen wie beispielsweise die *trial jury* oder die *grand jury* im amerikanischen Recht und nicht um außergewöhnliche Institutionen wie beispielsweise Untersuchungsausschüsse im deutschen Recht.

[1282] So auch *Finck*, Boston College International & Comparative Law Review 1997, S. 136 f. Die Judikative als die stärkste der Gewalten beschreibend: *Schmidt-Bleibtreu/ Klein*, Kommentar zum Grundgesetz, Art. 20, Rdnr. 19.

[1283] Siehe dazu *Jescheck*, Virginia Law Review 1970, S. 243.

[1284] *Kunert*, Buffalo Law Review 1966, S. 163 führt als Beispiel das Beweisrecht an: Es sei für das deutsche Recht typisch, den Richter aufgrund eines enormen Vertrauens in seine Fähigkeiten mit einer starken und aktiven Stellung auszustatten in der Erwartung, er möge sowohl unparteiisch als auch aktiv-tätig sein. Die im Vergleich zu den USA geringeren Beweisverwertungsverbote gewährten dem deutschen Richter eine größere Machtfülle durch häufigere Abwägungen der widerstreitenden Interessen bei der Zulässigkeit des Beweises. Grund hierfür könnte auch die lange deutsche Tradition richterlicher Prüfung und Tätigkeit sein. Hinweise auf diese Tradition im Heiligen Römischen Reich Deutscher Nation sind zu finden bei *Steinberger*, Columbia Journal of Transnational Law 1997, S. 199.

[1285] In diesem Sinne *Damaska*, The Yale Law Journal 1975, S. 530 sowie 539 ff.

Die geschichtlichen Entwicklungen und darauffolgenden Reaktionen in den USA wie auch in Deutschland zeigen, daß in Deutschland eine viel stärkere Neigung besteht, trotz aller Negativerfahrungen dem Strafrichter eine starke und einflußreiche Position zukommen zu lassen. Die Bevorzugung des Richters in den deutschen Rechtsordnungen begünstigt somit ein zentrales richterliches Engagement im Strafverfahren und damit auch eine umfassende Kontrolle der Staatsanwaltschaft. Eine solche traditionelle Präferenz der richterlichen Aktivität fehlt hingegen in den USA.[1286] Dies wirkt sich unweigerlich auch auf die diskutierte Notwendigkeit richterlicher Kontrolle der Staatsanwaltschaft aus.

Damit verbunden sind – als Folge und Ausdruck dieser Grundeinstellung – die Stellung und das Selbstverständnis der Richter im adversatorischen Verfahren völlig unterschiedlich als im deutschen Strafprozeß. Ein Motiv der Bevorzugung des Parteiverfahrens in den amerikanischen Kolonien war, wie bereits dargelegt, das Mißtrauen gegenüber zu starker obrigkeitlicher Beteiligung im Strafverfahren.[1287] Demzufolge wurde die Prozeßführung den Parteien überlassen. Die staatliche Beteiligung wurde auf ein Minimum reduziert und dem Richter – auch aus Angst vor autoritär-staatlichem Machtmißbrauch – die Rolle eines neutralen Schiedsrichters übertragen.[1288] Auch heute besteht die Aufgabe des Richters in der Wahrung eines fairen Rahmens, innerhalb dessen die Parteien um die Gunst und Überzeugung der Geschworenen ringen. Eine eigene Vernehmung der Zeugen, deren Vorladung sowie weitere eigenständige Beweisuntersuchungen durch den Richter, wie dies in der Bundesrepublik üblich ist,[1289] würden in den USA als Einmischung in die Tätigkeit der Staatsanwaltschaft und Verteidigung mißbilligt werden.[1290] Staatsanwaltliche Entscheidungen wie die der Anklageerhebung sind zu sehr in den Gesamtkontext des Parteiverfahrens eingebunden, als daß diese von dem Richter nachvollzogen werden. Täte er dies dennoch – wenn auch nur im Rahmen von Kontrollmaßnahmen – so wird der Verlust seiner neutralen Stellung und Unvoreingenommenheit befürchtet.[1291] Diese relative Passivitität des amerikanischen Richters erschwert somit ein aktives Engagement im Strafprozeß und damit auch eine weitreichende richterliche Kontrolltätigkeit.[1292] Für den aktiveren deutschen Richter[1293] hingegen stellt dies keine größere Schwierigkeit dar, ist er doch aufgrund seiner Kompetenzen und seines Selbst-

---

[1286] Siehe in diesem Zusammenhang *Friedman*, Michigan Law Review 1993, S. 579 unter Wiedergabe der häufig anzutreffenden Kritik, Gerichtsentscheidungen seien undemokratisch, würden dadurch doch Entscheidungen anderer Gewalten, welche (ebenso) direkt demokratisch legitimiert seien, aufgehoben und damit deren die Volksmehrheit repräsentierenden Willen ignoriert.

[1287] Siehe *Bradley*, Criminal Law Forum 1996, S. 472.

[1288] In diesem Sinne auch *Damaska*, University of Pennsylvania Law Review 1973, S. 583.

[1289] Stellvertretend siehe *Pizzi*, West Virginia Law Review 1998, S. 850 sowie *Damaska*, The Yale Law Journal 1975, S. 524.

[1290] So *Weinreb*, Denial of Justice, S. 104.

[1291] Zu diesem Schluß kommt *Lee*, UCLA Law Review 1994, S. 164.

[1292] Vgl. *Pizzi*, New Law Journal 1993, S. 1160 f.

[1293] Siehe dazu *Smith*, Alabama Law Review 1997, S. 458.

verständnisses mit eigenen Untersuchungshandlungen sowie aktiven Kontrollmaßnahmen vertraut.[1294]

bb) Effektivität der Haftprüfung

(1) Rechtswirklichkeit

Der *magistrate* hat rechtlich die Möglichkeit, bei Beantragung eines Haftbefehles im Vorfeld der Verhaftung oder bei späterer Haftprüfung die Feststellung des *probable cause* abzulehnen.[1295] Laut Beobachtungen geschieht dies in der Praxis allerdings äußerst selten. Es wird geltend gemacht, alle Haftbefehlsanträge würden in der Regel durch den *magistrate* abgesegnet, die Prüfung erfolge schablonenhaft.[1296] Zudem nähmen *magistrates* eine eigene selbständige Prüfung der Hintergründe und Stärke der vorgelegten Beweise nicht vor.[1297] Folglich machten sie von ihrer rechtlichen Möglichkeit der Ablehnung eines Haftbefehles in der Praxis keinen Gebrauch.[1298] Auch der Rechtsbehelf *habeas corpus* mit dem Ziel der Überprüfung der Haft wird als recht uneffektiv beurteilt.[1299] Seine Einlegung erfolgt zudem nur selten.[1300]

Der richterliche Kontrolleffekt bei der Haftprüfung wird daher für recht gering erachtet.[1301]

[1294] Dies hängt auch damit zusammen, daß der Richter gegenüber der Staatsanwaltschaft mehr Kompetenzen hat als in den USA, so *Jescheck*, Virginia Law Review 1970, S. 245. *Goldstein/ Marcus*, The Yale Law Journal 1977, S. 248 bezeichnen diese Rolle der kontinentaleuropäischen Richter gar als „aggressiv inquisitorisch". *Pizzi*, Ohio State Law Journal 1993, S. 1353 beschreibt dies in Kürze wie folgt: „To ask that an American judge plays a similarly aggressive role with respect to charging decisions raises serious separation of power problems and runs contrary to the adversary tradition in which judges are assigned a neutral and passive role..." (Von einem amerikanischen Richter zu verlangen, eine ähnlich aggressive Rolle einzunehmen hinsichtlich der Entscheidung, Anklage zu erheben, wirft ernsthafte Probleme der Gewaltenteilung auf und verhält sich konträr zu der adversatorischen Tradition, in welcher den Richtern eine neutrale und passive Rolle zugedacht ist...).

[1295] *Emerson/ Ames*, Pretrial Sentencing, S. 4 sprechen in diesem Zusammenhang von einer Filterfunktion des *magistrate* im Strafprozeß: „Magistrates perform a screening role when they refuse to issue an arrest warrant".

[1296] Von Schablonenhaftigkeit einer mechanischen Prüfung (perfunctory judicial approval) spricht *Miller*, Charge a Suspect with a Crime, S. 14 f sowie S. 57. Ähnlich auch *Noll*, Syracuse Law Review 1978, S. 724. Siehe auch *Miller/Tiffany*, Washington University Law Quarterly 1964, S. 11. Bestätigend auch. *LaFave*, Take a Suspect into Custody, S. 16.

[1297] So *Melilli*, Brigham Young University Law Review 1992, S. 676 f. Ebenso *LaFave*, Take a Suspect into Custody, S. 503.

[1298] Siehe *Miller/ Tiffany*, Washington University Law Quarterly 1964, S. 4.

[1299] So *LaFave*, Take a Suspect into Custody, S. 384.

[1300] Vgl. *LaFave*, aaO, S. 406 f.

[1301] Zu diesem Schluß kommt *Melilli*, Brigham Young University Law Review 1992, S. 677.

(2) Gründe für die geltend gemachte geringe Kontrollintensität

Die angeführten Gründe hierfür sind unterschiedlich. Zum einen wird die bereits dargelegte Tatsache ins Feld geführt, *magistrates* seien lange Zeit keine ausgebildeten Juristen gewesen und hätten daher im Vertrauen auf die Fachkenntnis der juristisch geschulten Staatsanwälte deren Auffassung übernommen. Auf diese Weise habe sich die Praxis auf die anstandslose Absegnung des beantragten Haftbefehls eingespielt.[1302] Zum anderen wird geltend gemacht, *magistrates* verschöben in *felonies* die genauere Kontrolle des *probable cause* und damit auch des Haftgrundes auf das *preliminary hearing*.[1303] Aufgrund der eigenen Anhörung und des Kreuzverhöres der Zeugen verfüge er in diesem Verfahrensstadium über weitaus mehr Informationen als durch die lediglich schriftlichen Erklärungen der Ermittlungsbehörden vor oder nach Verhaftung des Tatverdächtigen. Insofern sei die Überprüfung dieser vorgelegten Unterlagen nur sehr oberflächlich und löse keine Beanstandung durch den *magistrate* aus. Letzterer verlasse sich vielmehr auf die Einschätzung des Staatsanwalts.[1304] Das Verfahren zur Überprüfung des Haftgrundes vor dem *magistrate* liefe daher vielmehr auf eine staatsanwaltliche Selbstkontrolle hinaus.[1305]

Gerade die fast ausschließliche Schriftlichkeit der Beweise in Form der eidesstattlichen Erklärungen der Ermittlungsbehörden erschwerten eine gründliche Kontrolle. Teilweise gäben die Polizeibeamten in ihren Erklärungen nur Zeugenaussagen dritter Personen wieder. Damit allerdings müsse sich der *magistrate* auf deren Einschätzung der Glaubwürdigkeit verlassen.[1306]

Auch wird die richterliche Rolle innerhalb des adversatorischen Verfahrens insgesamt als Grund für eine schwache Kontrolle angeführt. Die historischen Hintergründe, die heute noch existierenden Vorbehalte gegenüber Richtern wurden bereits dargestellt. Sie sind mitunter Grund für die nur geringe Übertragung von Kontrollfunktionen an den Richter. Vor allem aber wird das adversatorische Verfahren selbst als Ursache geringer Kontrolleffektivität betrachtet. Seien Richter aufgrund ihrer passiven und neutralen Rolle eher auf eine Beobachter- und Schiedsrichterposition beschränkt, so könne von ihnen nicht eine aktivtätige Kontrollfunktion erwartet werden.[1307] Dem stünde zum einen das richterli-

---

[1302] So *Miller*, Charge a Suspect with a Crime, S. 58.

[1303] Siehe *LaFave*, Take a Suspect into Custody, S. 16.

[1304] So *LaFave*, aaO.

[1305] Vgl. *Miller*, Charge a Suspect with a Crime, S. 15 sowie 58. So auch auch *Miller/ Tiffany*, Washington University Law Quarterly 1964, S. 4 ff.

[1306] So *Melilli*, Brigham Young University Law Review 1992, S. 676 f.

[1307] *Hamilton/ Work*, The Journal of Criminal Law & Criminology 1973, S. 183 schreiben dazu: „The court in many respects is an arbitrator, and essentially plays a passive role. It can only consider matters brought to its attention. It is essentially in a position of having to react to actions taken by others.“ (Das Gericht ist in vielerlei Hinsicht ein Schiedsrichter und spielt im wesentlichen eine passive Rolle. Es kann nur Angelegenheiten prüfen, die zu seiner Kenntnis gebracht worden sind. Es ist im wesentlichen in einer Position, in der es auf Handlungen anderer reagiert.). Ähnlich auch *DeMay*, Fordham Urban Law Journal 1996, S. 794 f.: „...to ask a judge to review charging decisions is diametrically opposed to the traditional role che Selbstverständnis als unbefangener Unparteiischer entgegen, zum anderen auch die fehlende notwendige und detaillierte Sachkenntnis in Angelegenheiten der Strafverfolgung. In der Bundesrepublik Deutschland sei dies insofern anders, als daß der grundsätzlich viel aktivere Strafrichter erheblich stärker in staatsanwaltliche Tätigkeiten involviert sei, wie beispielsweise bei der Anordnung von Beweiserhebung noch vor dem Hauptverfahren, § 202, die Abänderung der Anklage, § 207 II, die Anordnung der Klageerhebung im Klageerzwingungsverfahren, § 175 etc. Da Entsprechendes in den USA allerdings nicht der Fall sei, bleibe eine richterliche Kontrolle immer nur eine Formalität.[1308] Erschwerend käme noch hinzu, daß dem amerikanischen Richter im Gegensatz zu seinem deutschen Pendant vielfach die vollständige Aktenkenntnis fehle. Damit könne er weitaus schlechter als sein deutscher Kollege die staatsanwaltschaftliche Entscheidung beurteilen.[1309]

Schließlich möge noch darauf hingewiesen werden, daß die Entscheidung über die Anklageerhebung durch den Staatsanwalt als eine Partei getroffen wird. Somit wird diese Entscheidung – im Gegensatz zu der Bundesrepublik Deutschland – mit dem Parteienstatus des Anklägers verbunden. Dies jedoch erschwert eine richterliche Intervention in diese Entscheidung. Das Parteiverfahren erfordert schon von seinem Wesen her einen unbeteiligten Richter zur Einhaltung eines fairen ‚Wettstreits' zwischen den Parteien. Eine richterliche Überprüfung oder gar Anordnung der Anklageerhebung wird daher teilweise als ein Einbruch in die Autonomie und das Gefüge der Parteien empfunden. Die notwendige unabhängige Schiedsrichterrolle des Richters wird in Gefahr gesehen. Dieses Grundverständnis der Rollenaufteilung im adversatorischen Verfahren wirkt damit erschwerend auf eine effektive richterliche Kontrolle.[1310]

---

of judges in the adversarial system, in which judges maintain a ‚neutral and passive role' regarding decisions and the development of evidence at trial. Unless one is prepared to alter this role, it is an inescapable reality that judicial review of a prosecutor's decision will be a mere ‚formality'." (Von einem Richter zu fordern, Entscheidungen über eine Anklageerhebung nachzuprüfen, ist der traditionellen Rolle der Richter in dem adversatorischen Verfahren, in dem Richter eine neutrale und passive Position gegenüber Entscheidungen über eine Anklageerhebung sowie der Beweisführung in der Hauptverhandlung einnehmen, genau entgegengesetzt. Solange man nicht bereit ist, diese Rolle zu verändern, ist es unausweichlich, daß die richterliche Prüfung der staatsanwaltlichen Entscheidung eine bloße ‚Formalität' bleibt.). Vgl. auch *Pizzi*, New Law Journal 1993, S. 1160 f., der ausführt, man könne nicht von dem amerikanischen Richter erwarten, im Vorverfahren eine aktive Kontrolltätigkeit auszuüben und sich dann in der Hauptverhandlung passiv zu verhalten.

1308 In diesem Sinne *Pizzi*, Ohio State Law Journal 1993, S. 1353 f.

1309 Vgl. *Pizzi*, New Law Journal 1993, S. 1160 f.

1310 Siehe dazu *Lee*, UCLA Law Review 1994, S. 164. *Bennett*, George Mason University Civil Rights Law Journal 1994, S. 282 sowie 276 weist darauf hin, wie wichtig die neutrale Schiedsrichterrolle des amerikanischen Richters ist. Unvereinbar mit dieser Neutralität sei die Übernahme staatsanwaltlicher Tätigkeiten: „A judge cannot simultaneously engage in prosecutorial and adjudicative functions in the same case." (Ein Richter kann sich nicht gleichzeitig in demselben Fall in staatsanwaltschaftlichen und urteilenden Tätigkeiten aktiv zeigen.).

Bedeutsam in diesem Zusammenhang ist auch, daß der deutsche Richter aufgrund seines Werdeganges durch den frühen Eintritt in die Justiz und durch den in aller Regel häufig anzutreffenden Laufbahnwechsel zwischen Staatsanwaltschaft und Richteramt weitere Sachkenntnis erwirbt. Ein solcher Laufbahnwechsel ist in den USA sehr selten. Auch beginnt bei amerikanischen Richtern der Eintritt in die Justiz häufig viel später als in der Bundesrepublik. Während in der Bundesrepublik dies mit Ausbildungsende, dem Zweiten Juristischen Staatsexamen, geschieht, ist in den USA eine richterliche Ernennung oder Wahl nach Ausbildungsende die Ausnahme. In der Regel haben amerikanische Richter zuvor jahre-oder gar jahrzehntelang als Rechtsanwalt gearbeitet und werden im fortgeschrittenem Alter zum Richter ernannt oder gewählt.[1311] So sei es möglich, daß ein amerikanischer Jurist zum Richter ernannt oder gewählt werde, der keine staatsanwaltliche Erfahrung habe und dessen einzige Gerichtserfahrung sich – wenn überhaupt – auf Zivilsachen beschränke. Dieser typische Werdegang des amerikanischen Richters wirke daher erschwerend auf seine Bereitschaft und seine Sachkenntnis bei der Kontrolle des Staatsanwalts.[1312]

d) Beurteilung der Wirksamkeit der Haftprüfung

Allgemein wird die übliche Handhabung kritisiert, die Verhaftung und häufig auch andauernde Inhaftierung nur auf den Verdachtsgrad des *probable cause* zu stützen und keine darüberhinaus gehenden Haftgründe notwendig zu machen. Im Sinne der 4. Änderung der Verfassung der Vereinigten Staaten[1313] sei eine Inhaftierung allerdings nur dann gerechtfertigt, wenn über den entsprechenden Tatverdacht hinaus auch eine Notwendigkeit für die Freiheitsentziehung selbst bestehe, wie eine Fluchtgefahr oder die ernsthafte Möglichkeit der Bedrohung anderer durch Begehung weiterer Straftaten.[1314] Diese Auffassung würde zu einer Annäherung an das restriktivere deutsche Haftrecht samt seinen zusätzlich zum dringenden Tatverdacht notwendigen Haftgründen führen.

Bezüglich der richterlichen Kontrolle der Inhaftierung wird deren fehlende Effektivität kritisiert. Da der gegenwärtige Rechtszustand unbefriedigend sei, müsse man neue Wege beschreiten. Entweder stärke man die richterliche Überprü-

---

[1311] Vgl. *Volkmann-Schluck*, American Journal of Criminal Law 1981, S. 7 mit einer anschaulichen Zusammenfassung: „The gray-haired American judge, who has been elected or appointed after having practiced law for perhaps twenty years or more, has very little in common with a German jurist who enters the judicial profession while still in his twenties and whose first working day might require putting into prison a defendant who is old enough to be his grandfather." (Der grauhaarige amerikanische Richter, der gewählt oder ernannt ist nach möglicherweise 20 Jahren juristischer Tätigkeit, hat wenig gemeinsam mit einem deutschen Juristen, der die richterliche Laufbahn einschlägt und noch in den Zwanzigern ist, und dessen erster Arbeitstag es erfordert, einen Angeklagten, der vom Alter sein Großvater sein könnte, in das Gefängnis zu bringen.). Vgl. auch dazu *Pizzi*, New Law Journal 1993, S. 1160 f.

[1312] In diesem Sinne auch *Pizzi*, Ohio State Law Journal 1993, S. 1354. Zu dem unterschiedlichen Werdegang in seiner typischen Gestalt siehe auch *Merryman*, Civil Law Tradition, S. 34 f.

[1313] Text im Anhang.

[1314] Vgl. *LaFave/ Israel/ King*, Criminal Procedure, Band 2, S. 160 f.

fung oder lege die gesamte Verantwortung direkt in die Hände des Staatsanwalts. Da insgesamt die Tendenz zur Bevorzugung einer unabhängigen richterlichen Prüfung vorherrsche, solle die richterliche Teilnahme an dem Haftverfahren gestärkt werden. Anstatt der üblichen Überprüfung der vorgelegten Schriftstücke solle der Richter nunmehr den inhaftierten Tatverdächtigen persönlich vernehmen. Erst bei Bejahung der Rechtmäßigkeit der Haft solle der Beschuldigte den Ermittlungsbehörden zur weiteren Vernehmung zugeführt werden.[1315]

e) Zusammenfassung

In den USA läßt sich eine verstärkte Tendenz zur richterlichen Einbindung und Kontrolle bei dem Verfahren der Untersuchungshaft verzeichnen. Allerdings ist der Kontrollwert nur sehr gering. Die Gründe hierfür sind vielfältig: Sie hängen maßgebend mit der historischen Entwicklung, dem heutigen Selbstverständnis, der Stellung und dem Werdegang des amerikanischen Richters zusammen. Im Gegensatz zu Deutschland fehlt in den USA eine traditionelle Präferenz für eine starke richterliche Position. Diese gilt vielmehr den Geschworenen. Auch war und ist der Richterstand mit großem historischen Mißtrauen belegt. Ein weiteres Hindernis für eine aktiv engagierte Kontrolltätigkeit des amerikanischen Richters ist dessen Stellung im adversatorischen Strafverfahren. Dort wird von ihm eine neutrale und eher passive Schiedsrichterrolle erwartet. Eine geringe Kontrollintensität wurde auch lange Zeit durch die niedrige Qualifikation der *magistrates* als Laien bedingt. Darüberhinaus fehlt dem Richter häufig die vollständige Aktenkenntnis. Schließlich findet eine eigene Vernehmung des Beschuldigten bei der Haftprüfung meistens nicht statt. Allerdings gibt es Bestrebungen, die Kontrolle des Richters bei der Haftprüfung zu verstärken.

3. Kontrolle der Staatsanwaltschaft durch die Anklage der *grand jury*

Um das Ausmaß und die Stärke der richterlichen Kontrolle der staatsanwaltschaftlichen Entscheidung in den USA und v.a. Kalifornien richtig einschätzen zu können, erscheint es notwendig, auch andere Kontrollmechanismen wie die *grand jury* zu untersuchen, die demselben Zweck wie die richterliche Überprüfung der Anklage dienen: dem Schutz vor unbegründeten, übereilten oder gar „böswilligen" Anklagen.[1316]

[1315] So zusammengefaßt die Vorschläge von *LaFave*, Take a Suspect into Custody, S. 503, 517 sowie 519.

[1316] *Dash*, The American Criminal Law Review 1972, S. 808 faßt deutlich zusammen: „...the preliminary hearing and the indicting grand jury perform the same function. They both lead to a determination of whether the prosecutor can establish a probable cause case against the accused. Moreover, there is absolutly no difference in the applicable standart of probable cause." (...das *preliminary hearing* und die anklagende *grand jury* üben diesselbe Funktion aus. Beide bestimmen, ob der Staatsanwalt *probable cause* gegenüber dem Angeklagten darlegen kann. Darüberhinaus gibt es absolut keinen Unterschied in dem anwendbaren Prüfungsmaßstab des *probable cause*.). Siehe *Kinaga/ Jordan*, Santa Clara Lawyer 1962, S. 72. Ebenso Wood v. Georgia, 370 U.S. 375, 390 (1962) sowie United States v. Mandujano, 425 U.S. 564, 571 (1976). Siehe auch *Schneider*, Columbia Journal of Law and Social Problems

Häufig wird die richterliche Kontrolle nämlich mit Hinweis auf andere Schutzmechanismen in den USA nicht ausgeübt. Um diese besser verstehen und v.a. das praktische Gewicht dieser Argumente besser einordnen zu können, erscheint ein Eingehen auf die *grand jury* notwendig. Gerade bei der *grand jury* wird die historische Verankerung sowie ihr traditionell verwurzelter Stellenwert als außergerichtliches Kontrollorgan deutlich werden. Auf diese Weise wird die Schwierigkeit des Abrückens von der *grand jury* oder gar deren Aufgabe genauer nachvollziehbar.[1317] Damit läßt sich aber ebenfalls die Tendenz hin zu richterlicher Kontrolle durch die Verschiebung zu dem *preliminary hearing* besser aufzeigen.

Dabei muß beachtet werden, daß sich diese Beschreibung rein auf die strafrechtlichen Aufgaben der *grand jury* beschränkt. Ihre anderen Funktionen der Regierungskontrolle und Aufdeckung von staatlichen Mißständen werden von nachfolgenden Ausführungen nicht abgedeckt.[1318]

a) Historischer Ursprung

aa) Ursprung im englischen Recht

Die Ursprünge der *grand jury* sind bis heute recht umstritten. Ihre Vorläufer werden in verschiedenen Zeiten und Kulturen angesiedelt. Einige gehen davon aus, daß *juries* durch die Kelten in vorchristlicher Zeit Verwendung fanden, andere sehen deren Wurzeln in Asien,[1319] in Skandinavien,[1320] im antiken Athen,[1321] im Rechtssystem der Frankenkönige[1322] der Angelsachsen,[1323] oder

---

1973, S. 701. Zum historischen Hintergrund der Aufnahme in die Fünfte Änderung der Verfassung der Vereinigten Staaten siehe *Vaira*, The Journal of Criminal Law & Criminology 1984, S. 1129. Vgl. auch *Arenella*, Michigan Law Review 1980, S. 485.

[1317] Siehe *Dooley*, Cornell Law Review 1995, S. 325: Sie beschreibt die *jury* allgemein als eine Ikone, welche in den USA ebenso verehrt werde wie die amerikanische Flagge.

[1318] Genauer zu dieser Funktion, die an deutsche Untersuchungsausschüsse oder Rechnungshöfe erinnert: *Schneider*, Columbia Journal of Law and Social Problems 1973, S. 690 ff.

[1319] Vgl. *Keane*, Hastings Law Journal 1996, S. 1249.

[1320] So *Alexander/ Portman*, The Hastings Law Journal 1974, S. 998 f.

[1321] Siehe *Kennedy/ Briggs*, California Law Review 1955, S. 251, allerdings unter Hinweis darauf, daß die zeitliche Distanz zu der im frühen Mittelalter sich verfestigenden *grand jury* in England zu groß gewesen sein mag, um auf das englische Recht Einfluß nehmen zu können.

[1322] So *Cates*, Alabama Law Review 1961, S. 2.

[1323] *Kennedy/ Briggs*, California Law Review 1955, S. 252 verweist auf den angelsächsischen König Aethelred (980-1016) und eines seiner Gesetze, in dem es heißt: „III.3. ... And a court shall be held in every wapentake and there the twelve leading thegns, together with the reeve, shall come forward and swear on holy things, to be placed in their hands, that they will neither accuse any innocent man nor spare any guilty one...“ (Und ein Gericht möge in jedem Bezirk abgehalten werden, und dort sollen die zwölf führenden Lehensleute, zusammen mit dem lokalen königlichen Verwalter, vortreten und auf die heiligen Sachen, welche in ihren der normannischen Fürsten. Jene sollen eine der *grand jury* ähnliche Institution bei ihrer Eroberung Englands 1066 dort eingeführt haben.[1324]

Wo auch immer die Wurzeln der *grand jury* liegen mögen, Einigkeit besteht darüber, daß eine solche Institution bei deren Festschreibung durch die Tagung von Clarendon im Jahre 1166 durch König Henry II. nicht unbekannt war und spätestens zu diesem Zeitpunkt als bestehend angesehen werden kann.[1325] Dabei bestimmte Henry II. folgendes:

> „For the preservation of peace and the enforcement of justice, inquiry shall be made in every county and in every hundred through twelve of the more lawful men of the hundred and through four of the more lawful men of each vill, [put] on oath to tell the truth, whether in their hundred on in their vill there is any man accused or publicly known as a robber or murderer or thief, or any one who has been a receiver of robbers or murderers or thieves, since the lord king has been king."[1326]

Ziel dieser Bestimmung war zunächst, einen Tatverdächtigen nicht aufgrund einer unvereidigten Andeutung oder eines unsicheren Gerüchtes zur gerichtlichen Verantwortung zu ziehen. Vielmehr sollten Mitglieder der Nachbarschaft für die Anschuldigung per Eid und mit ihrem Namen geradestehen.[1327]

Hintergrund der Schaffung einer solchen ‚Nachbarschaftsinstitution' zur Wissensvermittlung an königliche Richter war allerdings die Stärkung des Königs gegenüber der Kirche sowie die Verbesserung der Einnahmen der Krone.[1328] Die Kirche hatte im Laufe der Zeit eine immer stärkere Position und Machtstellung eingenommen, welche Henry II. zu brechen gedachte. Die praktische Immunität des Klerus bei Straftaten vor den königlichen Gerichten führte gleichzeitig in vielen Fällen zu einer überaus milden Aburteilung von Geistlichen und Angehö-

---

Hände plaziert sind, schwören, daß sie weder einen Unschuldigen anklagen werden noch einen Schuldigen aussparen.).

1324 So *Kennedy/ Briggs*, California Law Review 1955, S. 252. Ebenso *Morse*, Oregon Law Review 1931, S. 106.

1325 Vgl. *Pollock/ Maitland*, History of English Law, S. 151 f. sowie *Leipold*, Cornell Law Review 1995, S. 280. Ebenso *Garcia*, University of Toledo Law Review 1998, S. 228. So auch *Younger*, The People's Panel, S. 1. Bestätigend auch *Johnston*, The Journal of Criminal Law & Criminology 1974, S. 157 sowie *Schneider*, Columbia Journal of Law and Social Problems 1973, S. 682. Siehe auch *Alexander/ Portman*, The Hastings Law Journal 1974, S. 998. So auch *Antell*, American Bar Association Journal 1965, S. 155.

1326 „Zur Wahrung des Friedens und Durchsetzung der Gerechtigkeit möge eine Untersuchung angestellt werden in jedem Distrikt und jedem Bezirk durch zwölf oder mehr gesetzestreue Männer des Distrikts und durch vier oder mehr gesetzestreue Männer einer jeden Örtlichkeit, welche durch Eid verpflichtet sind, die Wahrheit zu sagen, ob in ihrem Bezirk oder ihrer Örtlichkeit irgendein Mann beschuldigt oder öffentlich bekannt ist als Räuber oder Mörder oder Dieb, oder irgendjemand ist, welcher Räuber oder Mörder oder Diebe aufgenommen hat, seit der Herr und König König ist." Zitiert nach *Kennedy/ Briggs*, California Law Review 1955, S. 252 f.

1327 Vgl. *Pollock/ Maitland*, History of English Law, S. 151.

1328 Vgl. *Antell*, American Bar Association Journal 1965, S. 155.

rigen der Kirche durch klerikale Gerichte. Durch Einführung des neuen Verfahrens sollte nicht nur der Klerus erfaßt,[1329] sondern auch das kirchliche Strafverfahren eingedämmt werden.[1330] Daneben sollte auch die Einnahmequelle der Krone ausgeweitet werden. Im Falle der Verhängung der Todesstrafe gegenüber einem Angeklagten fiel dessen Vermögen der Krone zu. Zwecks dessen Vermehrung war die Krone um eine möglichst gründliche Erfassung und Verurteilung aller Tatverdächtigen bemüht. Die königliche zentrale Administration wollte sich aus diesem Grund das lokale Wissen der Einwohner nutzbar machen.[1331] Daher übten Vertreter der Krone erheblichen Druck auf die Geschworenen aus, auch jeden Tatverdächtigen offiziell zur Anklage zu bringen. Im Falle der Unterlassung drohten den Geschworenen ebenfalls Strafen.[1332] War die Anklage vorgebracht, so oblag es dem Angeklagten, seine Unschuld zu beweisen.[1333] Die Folge einer Anklage durch die Geschworenen war sodann die Unterziehung des Verdächtigen unter die damalige Prozeßart, welche vornehmlich aus einem Gottesurteil, einem Zweikampf oder teilweise später aus einem *jury trial* bestand.[1334] Das Gottesurteil umfaßte beispielsweise das Eintauchen der Hand des Angeklagten in kochendes Wasser. Trug er dadurch Verletzungen zur Folge, so war dies ein Zeichen der Schuld. Selbst im Falle des Bestehens des Gottesurteiles wurde der Angeklagte schließlich verbannt.[1335] Insofern war die Anklage einer Verurteilung gleichbedeutend.[1336]

Mit allmählichem Niedergang der Gottesurteile nahmen *jury trials* immer mehr zu. Dabei allerdings saßen dieselben Geschworenen der *grand jury* auch bei dem *trial* als Prozeßgeschworene. Hatten diese zunächst einen Verdächtigen selbst angeklagt und später bei dem Prozeß freigesprochen, so wurde dies als ein Widerspruch mit der Folge einer möglichen Bestrafung der Geschworenen aufgefaßt.[1337] Die englische Krone übte auf die Geschworenen starken Druck in Form von Einschüchterung und Bestrafung aus, um möglichst viele Verurteilungen und damit auch Einnahmen zu erreichen.[1338]

[1329] Siehe *Garcia*, University of Toledo Law Review 1998, S. 228 unter Hinweis darauf, daß Angehörige der Kirche in den ersten 8 Amtsjahren Henry's II. mehr als einhundert Morde verübt haben, für die sie äußerst milde vor den kirchlichen Gerichten abgeurteilt worden waren. Unter den Opfern befand sich zur Demütigung des Königs auch ein Ritter der Krone.

[1330] Vgl. *Pollock/ Maitland*, History of English Law, S. 151.

[1331] So *Alexander/ Portman*, The Hastings Law Journal 1974, S. 999.

[1332] *Garcia*, University of Toledo Law Review 1998, S. 228 f. Ebenso *Deutsch*, The Journal of Criminal Law & Criminology 1984, S. 1163.

[1333] So *Antell*, American Bar Association Journal 1965, S. 155. Ebenso *Campbell*, The Journal of Criminal Law & Criminology 1973, S. 175.

[1334] Vgl. *Kennedy/ Briggs*, California Law Review 1955, S. 253 f.

[1335] So die geschichtliche Beurteilung der *grand jury* durch den U.S. Supreme Court, vgl. Hurtado v. State of California, 110 U.S. 516, 530 (1884).

[1336] So *Deutsch*, The Journal of Criminal Law & Criminology 1984, S. 1163. Ebenso *Antell*, American Bar Association Journal 1965, S. 155. Zu diesem Schluß kommt auch der U.S. Supreme Court, siehe Hurtado v. State of California, 110 U.S. 516, 530 (1884).

[1337] Vgl. *Morse*, Oregon Law Review 1931, S. 114.

[1338] Vgl. *Garcia*, University of Toledo Law Review 1998, S. 229.

Zusammenfassend läßt sich sagen, daß die *grand jury* ursprünglich als königliches Machtinstrument[1339] nicht dem Schutz des Angeklagten diente,[1340] sondern als Unterdrückungswerkzeug weithin gefürchtet war.[1341] Viele Autoren kommentieren diese Anfänge mit einem Unverständnis bezüglich der später vielgepriesenen Schutz- und Freiheitsfunktion der *grand jury.*[1342]

Lange Zeit später erst, im Jahr 1350[1343], kam es zu der heute üblichen Trennung der *petty (trial) jury* und der *grand jury.*[1344] Zum Schutz gegen staatliche Einflußnahmen hat die *grand jury* im Laufe der Zeit auch immer mehr ihr Verfahren hinter verschlossenen Türen abgehalten. Durch die Abgeschlossenheit des Verfahrens sowie die Ausschließung selbst des königlichen Staatsanwalts sollten die Geschworenen vor Unterjochung durch die Krone sicher sein.[1345] Dieses geheime Verfahren gilt bis heute fort und ist teilweise auch Angriffspunkt heftiger Kritik.

Wurde die *grand jury* im Laufe der Zeit auch immer unabhängiger von Einflüssen der Krone,[1346] so werden zwei aufsehenerregende historische Fälle im Jahre 1681 als Wahrzeichen ihrer Schutzfunktion des Angeklagten gefeiert.[1347] Seitdem wird die *grand jury* immer wieder als „Bollwerk gegen Unterdrückung und Despotismus der Krone“ gepriesen,[1348] eine Auffassung, die bis in moderne aktuelle Diskussionen hineinwirkt. Zu jener Zeit strebte der englische König Charles II. Anklagen wegen Hochverrats gegen seine politischen Feinde Antho-

---

1339 So auch *Younger*, The People's Panel, S. 2.

1340 *Schneider*, Columbia Journal of Law and Social Problems 1973, S. 682 schreibt „...it was not intended that the grand jury fulfill a protective function; quite the contrary, the sworn accusation of the jurors deprived the accused of the opportunity to prove his innocence by compurgation...“ (...es war nicht beabsichtigt, der *grand jury* eine Schutzfunktion zukommen zu lassen, sondern im Gegenteil, die Anklage der Geschworenen unter Eid beraubte den Angeklagten der Möglichkeit, seine Unschuld zu beweisen...). Bestätigend auch *LaFave/ Israel/ King*, Criminal Procedure, Band 3, S. 10 sowie *Deutsch*, The Journal of Criminal Law & Criminology 1984, S. 1163.

1341 Siehe auch *Campbell*, The Journal of Criminal Law & Criminology 1973, S. 175.

1342 *Cates,* Alabama Law Review 1961, S. 2 schreibt: „From such rude and ruthless beginnings probably came the institution which we so often call the palladium of our liberties.“ (Aus solchen rohen und unbarmherzigen Anfängen entspringt die Institution, welche wir so oft den Hort unserer Freiheiten nennen.). Ähnlich auch *Antell,* American Bar Association Journal 1965, S. 155.

1343 Vgl. *Dyke*, The Hastings Law Journal 1976, S. 38.

1344 Vgl. *Johnston*, The Journal of Criminal Law & Criminology 1974, S. 157 f. Ebenso *Alexander/ Portman*, The Hastings Law Journal 1974, S. 999.

1345 So *Schneider*, Columbia Journal of Law and Social Problems 1973, S. 682. Ebenso *Johnston*, The Journal of Criminal Law & Criminology 1974, S. 158.

1346 Siehe dazu der kurze geschichtliche Abriß in Costello v. United States, 350 U.S. 359, 362 (1956).

1347 Der Verweis auf diese Fälle führte bei einigen Autoren zu einer einseitigen Sichtweise. So schreiben *Kinaga/ Jordan*, Santa Clara Lawyer 1962, S. 72, die *grand jury* habe traditionell als Barriere gegenüber ungerechten und willkürlichen Anklagen der Krone und ihrer Vertreter fungiert.

1348 Vgl. In re Russo, 53 F.R.D. 564, 568 (C.D.Cal.1971).

ny Ashley Cooper, den Earl of Shaftesbury und Stephen Colledge an. Trotz großen Druckes auf die Geschworenen sowie des Versuches, das *grand-jury*-Verfahren öffentlich durchzuführen, bestanden die Geschworenen auf einer Zeugenanhörung hinter verschlossenen Türen und lehnten nach Beratung die Anklageerhebung ab. Diese Entscheidung brachte der *grand jury* große Popularität ein.[1349] Nichtsdestoweniger wurden beide Widersacher des Königs später von anderen *grand juries* unter dem Druck der Krone angeklagt. Während Colledge nach Verurteilung hingerichtet wurde, konnte der Earl of Shaftesbury diesem Schicksal durch seine Flucht entgehen.[1350]

Die Beurteilung dieser Fälle ist bis heute kontrovers. Einige Autoren stellen mit Verwunderung die Beschreibung der *grand jury* als „Bollwerk gegen Unterdrückung" in Frage und verweisen vielmehr auf die hohe Anfälligkeit der *grand jury* gegenüber Mißbrauch durch die herrschende politische Staatsführung.[1351] Jene historischen Ereignisse zeigten gerade, wie wenig Schutz die *grand jury* im Endeffekt zu gewähren imstande sei.[1352] Andere hingegen sehen den Präzedenzfall des unabhängigen Agierens der *grand jury* auch zum Schutz des Tatverdächtigen etabliert.[1353] Dritte wiederum ziehen aus der gesamten Geschichte der *grand jury* den Schluß, man könne deren Vergangenheit gleichermaßen sowohl zur Diskreditierung als auch zur ihrer Verteidigung heranziehen.[1354]

Ungeachtet des letztendlichen Ausgangs der beiden Strafverfahren wurde die *grand jury* Ende des 17. Jahrhunderts – aufgrund ihrer immer stärkeren Unabhängigkeit von der Krone – als Schutzinstitution der Freiheit englischer Bürger angesehen.[1355]

bb) Übernahme der *grand jury* in den amerikanischen Kolonien

Die englischen Kolonien in Amerika haben die *grand jury* – offensichtlich auch aufgrund ihrer erworbenen Wertschätzung – in ihr Rechtssystem übernommen.[1356] Dabei bewahrte die *grand jury* ihre traditionelle Befugnis, nicht nur über die Anklage der ihr vorgelegten Fälle zu entscheiden, sondern auch selbst Ermittlungen anzustellen und aus eigener Autorität heraus Anklage zu erheben. Demzufolge wird eine Anklageerhebung aufgrund eigener Informationen – teils

---

1349 Siehe *Johnston*, The Journal of Criminal Law & Criminology 1974, S. 158. So auch *Younger*, The People's Panel, S. 2.

1350 Siehe dazu genauer *Leipold*, Cornell Law Review 1995, S. 282 unter Hinweis, daß der Obmann der *grand jury*, welche die Anklage von Colledge verweigert hatte, dafür gar verhaftet und inhaftiert wurde.

1351 So *Frankel/ Naftalis*, Grand Jury, S. 9 f.

1352 So *Garcia*, University of Toledo Law Review 1998, S. 230.

1353 Vgl. *Garcia*, a.a.O., Ebenso *Johnston*, The Journal of Criminal Law & Criminology 1974, S. 158.

1354 So. *Leipold*, Cornell Law Review 1995, S. 280.

1355 Siehe *Younger*, The People's Panel, S. 2. Ähnlich *LaFave/ Israel/ King*, Criminal Procedure, Band 3, S. 12. So auch *Kinaga/ Jordan*, Santa Clara Lawyer 1962, S. 72.

1356 So *Leipold*, Cornell Law Review 1995, S. 283. So auch Costello v. United States, 350 U.S. 359, 362 (1956).

auch aufgrund eigener Ermittlungen – auch heute noch *presentment* genannt, während eine Anklageerhebung aufgrund eines vorgelegten Falles als *indictment* bezeichnet wird.[1357] In Kalifornien beispielsweise haben die Geschworenen weiterhin die Befugnisse der Eigenermittlung und eigenständigen Anklageerhebung.[1358]

In den jungen Kolonien wurde die *grand jury* ein vitaler Bestandteil der lokalen Verwaltung und fungierte häufig als Lokalversammlung[1359] mit größerer Unabhängigkeit als ihre englischen Pendants.[1360] Letzteres wird auf die relativ schwache Kolonialregierung zurückgeführt. Mangels Polizei- und Ordnungskräften übernahm die *grand jury* fast ausschließlich die Funktion der Anklage von Straftaten.[1361] Als Ausdruck und Form der Selbstverwaltung war es den Siedlern der englischen Kolonien in Amerika über die *grand jury* möglich, unliebsame Gesetze des englischen Mutterlandes faktisch durch Nichtanklage bei deren Übertretung außer Kraft zu setzen. Auf diese Weise konnten sie ihre eigenen Vorstellungen von Gerechtigkeit verwirklichen.[1362] Insofern war die *grand jury* als Protest gegen die britische Autorität beliebt. Sie diente gleichzeitig als Überwachungsapparat gegen Korruption oder Straftaten seitens Vertretern der englischen Krone.[1363] Teilweise übernahm die *grand jury* auch eine aktivpolitische Rolle des Kampfes gegen die englische Kolonialmacht durch verstärkte Strafverfolgung englischer Soldaten.[1364]

Ähnlich wie die beiden bereits erwähnten, illustren Fälle der zurückgewiesenen Anklagen in England kam es auch zu ähnlichen Situationen in den amerikanischen Kolonien. Obgleich die Vertreter der englische Krone auf eine Anklage drängten, weigerten sich die *grand juries*, eine solche zu erheben.[1365] Einer der prominentesten Fälle in diesem Zusammenhang ist die versuchte Strafverfolgung des New Yorker Verlegers John Peter Zenger im Jahre 1734. Dessen Kritik an dem Gouverneur der Kolonie brachte ihm die Beschuldigung der aufrüh-

---

[1357] Vgl. *Younger*, The People's Panel, S. 1.

[1358] Dies ist theoretisch die einzige Form der alternativen Anklageerhebung bei staatsanwaltlicher Untätigkeit, worauf später eingegangen wird. Vgl. im übrigen §§ 917 f Cal. Penal Code.

[1359] So *Younger*, The People's Panel, S. 2 f.

[1360] Siehe *Garcia*, University of Toledo Law Review 1998, S. 230 f.

[1361] In diesem Sinne *Leipold*, Cornell Law Review 1995, S. 283.

[1362] *Younger*, The People's Panel, S. 3 beschreibt die Funktion der *grand jury* in diesem Zusammenhang als Möglichkeit, sich Einmischungen der Krone zu widersetzen. Ähnlich *Leipold*, Cornell Law Review 1995, S. 285, der die fehlende strafrechtliche Ahndung von Verstößen englischer Steuergesetze durch die *grand jury* erwähnt, da diese Gesetze von den Siedlern ohnehin als „unterdrückend" bewertet wurden.

[1363] Siehe *LaFave/ Israel/ King*, Criminal Procedure, Band 4, S. 194 sowie *Younger*, The People's Panel, S. 27 unter Hinweis darauf, daß *grand juries* sehr wohlwollend gegenüber Verstößen britischer Handelsgesetze durch Schmuggler eingestellt waren sowie gegenüber patriotischen Anführern. *Gerstein/ Robinson*, American Bar Association Journal 1978, S. 338 beschreiben die grand jury in diesem Zusammenhang als Schutz vor englischer Tyrannei.

[1364] *Leipold*, Cornell Law Review 1995, S. 285 beschreibt dies sogar als „schikanieren" (harass) der ungeliebten Briten.

[1365] Vgl. *LaFave/ Israel/ King*, Criminal Procedure, Band 4, S. 194.

rerischen Verleumdung ein. Zwei Versuche des Gouverneurs, eine Anklage gegen den Verleger durch *grand juries* durchzusetzen, scheiterten.[1366] Infolgedessen war die allgemeine Beliebtheit der *grand jury* zu Beginn der amerikanischen Unabhängigkeit sehr hoch.

Aufgrund der der *grand jury* zugesprochenen Schutzfunktion vor staatlichem Machtmißbrauch wurde die Notwendigkeit der Anklage per *indictment* ohne Diskussionen in die *Bill of Rights*, die berühmten Änderungen der Verfassung der Vereinigten Staaten, aufgenommen.[1367] In der Fünften Erweiterung der Verfassung der Vereinigten Staaten (*Fifth Amendment*) ist seitdem die Unumgänglichkeit des *indictment* der *grand jury* für schwere Verbrechen festgeschrieben.[1368]

Auch wurde das Erfordernis der *grand-jury*-Anklage für *felonies* in die Verfassungen der vorhandenen älteren Bundesstaaten aufgenommen.[1369]

Die damals aufgekommene Wertschätzung der *grand jury* hat sich teilweise, v.a. aus der Sicht der Gerichte, bis heute gehalten.[1370] Anschaulich wird ihre historische Stellung durch das U.S. Supreme Court wie folgt charakterisiert:

> „Historically, this body has been regarded as a primary security to the innocent against hasty, malicious and oppressive persecution; it serves the invaluable function in our society of standing between the accuser and the accused, whether the latter be an individual, minority group, or other, to determine whether a charge is founded upon reason or was dictated by an intimidating power or by malice and personal ill will.“[1371]

cc) Teilweises Abrücken von der *grand-jury*-Anklage

Ungeachtet ihrer anfänglichen Beliebtheit kam bereits gegen Ende des 18. Jahrhunderts verstärkte Kritik an der *grand jury* sowohl in England als auch in den Vereinigten Staaten auf mit dem Ziel, diese abzuschaffen. Wellen der Kritik überzogen seitdem immer wieder die USA bis hin zum heutigen Tag. Schon

---

1366 Siehe *Garcia*, University of Toledo Law Review 1998, S. 231: Letztlich wurde Zenger zwar im Wege der *information* angeklagt, jedoch im Prozeß von der *trial jury* freigesprochen.

1367 Vgl. *Dyke*, The Hastings Law Journal 1976, S. 37, 39. Ebenso *Zwerling*, Hastings Law Journal 1976, S. 1266.

1368 Der Text ist im Anhang zu finden unter Punkt G. II. 2.

1369 Vgl. *Morse*, Oregon Law Review 1931, S. 121. Ebenso *Garcia*, University of Toledo Law Review 1998, S. 232.

1370 Sehr kritisch zu dieser gerichtlichen Haltung *Campbell*, The Journal of Criminal Law & Criminology 1973, S. 177.

1371 So Wood v. Georgia, 370 U.S. 375, 390 (1962): „Historisch gesehen wurde dieses Organ als primäre Sicherheit des Unschuldigen gegen übereilte, böswillige und tyrannisierende Verfolgung betrachtet; es dient in unserer Gesellschaft der unschätzbaren Funktion, zwischen dem Ankläger und Angeklagten zu stehen, ganz gleich, ob es sich bei dem letzteren um ein Individuum, eine Minderheitengruppe oder andere handelt, mit dem Ziel zu bestimmen, ob eine Anklage begründet ist oder diktiert ist durch einschüchternde Macht, Böswilligkeit oder persönliche Bosartigkeit.“

damals war Kritikpunkt die geltend gemachte fehlende Effizienz der *grand jury* sowie deren zeitaufwendiges Verfahren. Die *grand jury* wurde als ein Relikt längst vergangener Zeiten aufgefaßt, welches nicht mehr in moderne Zeiten passe. Sie möge zwar ihre Schutzfunktion zu Zeiten des Absolutismus der britischen Krone und der Beherrschung durch die englische Kolonialmacht ausgeübt haben, werde aber den Anforderungen eines aufgeklärten Strafverfahrens nicht mehr gerecht.[1372]

Wie in England, so war es auch in den amerikanischen Kolonien und später in den unabhängigen Vereinigten Staaten in *misdemeanors* möglich, Anklage per *information* zu erheben.[1373] Mit Ausnahme von Connecticut war allerdings für schwere Straftaten wie *felonies* zunächst nur eine Anklage per *indictment* durch die *grand jury* zugelassen.[1374]

Während die älteren Bundesstaaten an dem *grand-jury*-Verfahren für schwere Verbrechen festhielten, ließen gerade die neueren Staaten eine Anklage auch per *information* zu. Dieser *information* ging in aller Regel eine Anklageprüfung durch einen *magistrate* voraus. Die Gründe hierfür dürften in der Anpassung der Rechtssysteme an die Erfordernisse des Lebens in den neueren Staaten liegen.[1375] Weiterhin werden die Wirtschaftlichkeit des Verfahrens per *information* genannt sowie die sich herauskristallisierende Auffassung, die *grand jury* habe als Anklageorgan mit gleichzeitiger Schutzfunktion ausgedient. Ihr Verfahren sei zudem viel zu schwerfällig gegenüber der *information* mit Anklageprüfung durch den *magistrate.*[1376] Zudem sei es auch zu kostspielig.[1377] Als erster Bundesstaat schwenkte Michigan 1859 zu der Alternativmöglichkeit der Anklage per *information* statt *indictment* für schwere Straftaten über.[1378] Mehrere Bundesstaaten folgten, darunter auch Kalifornien. 1879 änderte Kalifornien seine Verfassung von 1849 u.a. dahingehend,[1379] daß für *felonies* und ähnliche schwere Verbrechen statt der obligatorischen Anklage über die *grand jury* nunmehr wahlweise auch eine Anklage per *information* möglich sei.[1380] Dies führte 1884 zu einem richtungsweisenden Urteil des U.S. Supreme Court, *Hurtado v. Cali-*

[1372] Im Einzelnen siehe *Younger*, The People's Panel, S. 138 f.

[1373] So *Morse*, Oregon Law Review 1931, S. 121.

[1374] Siehe *Garcia*, University of Toledo Law Review 1998, S. 231.

[1375] Vgl. *Morse*, Oregon Law Review 1931, S. 121.

[1376] In diesem Sinne *Schneider*, Columbia Journal of Law and Social Problems 1973, S. 684 f.

[1377] So auch *LaFave/ Israel/ King*, Criminal Procedure, Band 3, S. 14.

[1378] Siehe *LaFave/ Israel/ King*, aaO, Band 4, S. 216.

[1379] Art. 1, § 8 der Kalifornischen Verfassung von 1849 lautet wie folgt: „No person shall be held to answer for a capital or otherwise infamous crime...unless on presentment or indictment of a grand jury..." (Niemand soll für ein Kapitalverbrechen oder sonstiges schändliches Verbrechen verantwortlich gemacht werden...außer durch Anklagen seitens der *grand jury*...).

[1380] Die abgeänderte und – mit gewissen Änderungen – bis heute gültige Kalifornische Verfassung von 1879 sieht in Art. 1, § 14 wie folgt vor: „Felonies shall be prosecuted as provided by law, either by indictment or, after examination and commitment by a magistrate, by information." (*Felonies* sollen, wie gesetzlich geregelt, entweder per *indictment* oder nach Untersuchung und Überstellung durch einen *magistrate* per *information* verfolgt werden.).

fornia, in welchem das Gericht zu der Verfassungsmäßigkeit dieses Verfahrens Stellung nehmen mußte.

Das Gericht bejahte die Verfassungsmäßigkeit. Es billigte die um sich greifende Praxis in einigen Bundesstaaten, sich verstärkt einer staatsanwaltlichen Anklage per *information* ohne Beteiligung der *grand jury* bei *felonies* zu bedienen. Das Gericht führt hierbei u.a. in seiner klassischen Entscheidung aus:

> „Administration and remedial proceedings must change, from time to time, with the advancement of legal science and the progress of society; and, if the people of the state find it wise and expedient to abolish the grand jury and prosecute all crimes by information, there is nothing in our state constitution and nothing in the fourteenth amendment to the constitution of the United States which prevents them from doing so..."[1381]

> „It is more consonant to the true philosophy of our historical legal institutions to say that the spirit of personal liberty and individual right, which they embodied, was preserved and developed by a progressive growth and wise adaptation to new circumstances and situations of the forms and processes found fit to give, from time to time, new expression and greater effect to modern ideas of self-government."[1382]

> „...we are unable to say that the substitution for a presentment or indictment by a grand jury of the proceeding by information after examination and commitment by a magistrate, certifying to the probable guilt of the defendant, with the right on his part to the aid of counsel, and to the cross-examination of the witnesses produced for the prosecution, is not due process of law."[1383]

Die weitere Geschichte der *grand jury* ist begleitet von Höhen und Tiefen, Erfolgen und Tiefschlägen. Die *grand jury* wurde wiederholt gegen Korruption und staatlichen Amtsmißbrauch sowie organisierte Kriminalität erfolgreich tätig,

---

[1381] So Hurtado v. State of California, 110 U.S. 516, 521 (1884): „Verwaltungs- und Rechtsmittelverfahren müssen sich von Zeit zu Zeit mit dem Fortschritt der Rechtswissenschaft und der Fortentwicklung der Gesellschaft ändern; und, wenn das Volk des Staates es als weise und ratsam erachtet, die *grand jury* abzuschaffen und alle Verbrechen per *information* strafrechtlich zu verfolgen, so steht nichts in unserer Verfassung des Staates und auch nicht die 14. Änderung der Verfassung der Vereinigten Staaten der Verwirklichung entgegen."

[1382] Hurtado v. State of California, 110 U.S. 516, 530 (1884): „Es stimmt mit der wahren Philosophie unser historischen Rechtsinstitutionen weitaus mehr überein zu sagen, daß der Geist der persönlichen Freiheit und der Individualrechte, der durch sie verkörpert ist, durch eine progressive Fortbildung und weise Anpassung der Formen und Verfahren an neue Umstände und Situationen bewahrt und weiterentwickelt wurde, welche geeignet erscheinen, von Zeit zu Zeit neuen Ausdruck und größere Wirkung den modernen Ideen der Selbstverwaltung zu verleihen."

[1383] Hurtado v. State of California, 110 U.S. 516, 537 (1884): „...wir sind außerstande zu sagen, daß die Ersetzung der Anklagen seitens einer *grand jury* durch das Verfahren der *information* nach Untersuchung und Überstellung durch einen *magistrate*, welcher die wahrscheinliche Schuld des Angeklagten bestätigt, unter Berücksichtigung dessen Rechts auf einen Rechtsbeistand sowie des Kreuzverhöres der von der Staatsanwaltschaft vorgebrachten Zeugen, nicht rechtsstaatlich sei."

wie beispielsweise in Minneapolis, San Francisco oder New York in den 1930er Jahren.[1384] Auf der anderen Seite wurde sie selbst wegen Mißbrauches ihrer eigenen Kompetenzen zur Verfolgung politischer Widersacher in der Nixon-Ära angeprangert.[1385]

Als stetige Gesamttendenz, gerade seit der wegweisenden Entscheidung des U.S. Supreme Court in *Hurtado v. California*, läßt sich ein Abrücken von dem *grand-jury*-Verfahren verzeichnen.[1386] Es erfolgte dabei ein Umschwenken hin zu der staatsanwaltlichen Anklage in Form der *information* mit Prüfung durch den *magistrate*.[1387] Dieser Trend ist dabei v.a. in den neueren westlichen Bundesstaaten zu verzeichnen.[1388] Der Grund hierfür wird auch darin gesehen, daß jene Staaten neueren ‚stromlinienförmigeren', also effizienter arbeitenden Verfahren aufgeschlossen waren. Aufgrund geringerer Verhaftung gegenüber überlieferten Traditionen schien die Adaption neuer Verfahrensformen einfacher.[1389] Allerdings verhindert offensichtlich die verfassungsrechtliche Verankerung der *grand jury* in einigen Bundesstaaten[1390] sowie in der Verfassung der Vereinigten Staaten das *5th Amendment* eine tiefgreifende Reform.[1391]

[1384] Genauer dazu siehe *Johnston*, The Journal of Criminal Law & Criminology 1974, S. 159. Sehr detailliert auch *Younger*, The People's Panel, S. 208 ff. Kritisch dazu allerdings *Campbell*, The Journal of Criminal Law & Criminology 1973, S. 179, der ausführt, hinter der Erfolgsgeschichte der *grand jury* stehe letztendlich ein engagierter Staatsanwalt, während die *grand jury* selbst einfach nur dessen Initiativen umgesetzt habe. Letzteres wird bestätigt durch *Leipold*, Cornell Law Review 1995, S. 318.

[1385] Vgl. *Dyke*, The Hastings Law Journal 1976, S. 42 f mit Beispielen. Von einer „Beflekkung des Rufes" der *grand jury* durch deren einseitige politische Verwendung sprechen auch *LaFave/ Israel/ King*, Criminal Procedure, Band 3, S. 16. Siehe dazu auch *Sullivan/ Nachman*, Journal of Criminal Law & Criminology 1984, S. 1047.

[1386] So auch *Campbell*, The Journal of Criminal Law & Criminology 1973, S. 174. Ebenso *Dyke*, The Hastings Law Journal 1976, S. 40.

[1387] *LaFave/ Israel/ King*, Criminal Procedure, Band 3, S. 15 schreiben dazu: „Over the years since, there has been a gradual movement of the states to prosecution by information, so that today only eighteen states continue to grant the defendant a right to grand jury screening in all felony cases..." (Seitdem hat im Laufe der Jahre ein allmählicher Übergang in den Bundesstaaten zu der Strafverfolgung in Form der *information* stattgefunden, so daß heutzutage nur 18 Bundesstaaten weiterhin dem Angeklagten das Recht auf eine Überprüfung durch die *grand jury* in allen *felonies* gewähren...).

[1388] So auch *Goldstein*, Stanford Law Review 1974, S. 1169. *Jacoby*, American Prosecutor, S. 137 spricht von der zunehmenden Beliebtheit des *preliminary hearing* aufgrund seiner höheren Effektivität.

[1389] *Younger*, The People's Panel, S. 148 spricht in diesem Zusammenhang davon, daß „legislators and convention delegates were most receptive to poposals to streamline their judicial machinery." (Gesetzgeber und Konventabgeordnete waren überaus aufgeschlossen gegenüber Vorschlägen zur Effektivierung ihres Justizapparates.). Siehe auch *Morse*, Oregon Law Review 1931, S. 121. Vgl. ebenso *Jacoby*, American Prosecutor, S. 146.

[1390] Vor allem den älteren traditionelleren Bundesstaaten, siehe die nachfolgende Auflistung.

[1391] *Leipold*, Cornell Law Review 1995, S. 321 beschreibt dies v.a. für die Ebene des Bundes. Die Verfassungsänderungen, *Bill of* Rights, seien seit ihres Erlasses noch nie geändert worden. Man befürchte bei einer ersten Änderung einen allmählichen Dammbruch mit nachfol-

Inwieweit man heute in den USA von dem *grand-jury*-Verfahren abgekommen ist, wird nun im folgenden untersucht.

b) Moderne Rechtswirklichkeit

Vorab soll die aktuelle und zur Zeit gültige Definition der *grand jury* vorangestellt werden: „A grand jury is a body of qualified persons selected and organized for the purpose of inquiring into the commission of crimes within the county of jurisdiction from which its members are drawn, determining the probability of a particular person's guilt, and finding indictments against supposed offenders."[1392] In der Regel hat die *grand jury* 23 Mitglieder.[1393]

aa) Aktuelle Situation in den USA im Überblick

(1) Bundesstaaten mit obligatorischer Anklage der *grand jury* bei schweren Verbrechen

Heute gewähren lediglich 18 Bundesstaaten in den Vereinigten Staaten, das Bundesrecht[1394] und der District of Columbia[1395] dem Angeklagten ein Recht, bei schweren Straftaten auf eine Anklage durch die *grand jury* zu bestehen.[1396] Dabei handelt es sich um Alabama,[1397] Alaska,[1398] Delaware,[1399] Georgia,[1400] Kentucky,[1401] Maine,[1402] Massachusetts,[1403] Mississippi,[1404] New Hamphire,[1405]

---

genden Abänderungen. Daher würden die Formulierungen in der Verfassung gar nicht erst angetastet.

1392 Siehe die Definition bei *American Jurisprudence*, § 1, S. 826: Heute wird die *grand jury* als Organ qualifizierter Personen definiert, welche zum Zwecke der Untersuchung vergangener Verbrechen innerhalb des Gerichtsbezirks, aus welchem sich ihre Mitglieder rekrutieren, sowie zum Zwecke der Feststellung der Wahrscheinlichkeit der Schuld einer bestimmten Person wie auch zur Erhebung der Anklage gegen mutmaßliche Straftäter ausgewählt und organisiert sind.

1393 So *Antell*, American Bar Association Journal 1965, S. 155.

1394 Aufgrund der 5. Änderung der Verfassung der Vereinigten Staaten, deren Text im Anhang zu finden ist.

1395 Vgl. *LaFave/ Israel/ King*, Criminal Procedure, Band 4, S. 221.

1396 Eine sehr gut strukturierte Gesamtübersicht über den Gebrauch der *grand jury* in allen Bundesstaaten gibt *Dyke*, The Hastings Law Journal 1976, S. 63 ff.

1397 So in der Verfassung Alabamas, Ala.Const. art. I, § 8 in der Fassung der Verfassungsänderung Nr. 37.

1398 Siehe die Verfassung Alaskas, Alaska Const. Art I, § 8 sowie die Strafprozeßordnung Alaska Rules of Criminal Procedure (R.Crim.P.) 7 (a).

1399 Ebenso in der Verfassung, vgl. Del.Const. art. I, § 8 sowie Delaware Superior Court Rules of Criminal Procedure (Del.Super.Ct. R.Crim.P.) 7 (a).

1400 Anklage in der Form des *indictment* als Erfordernis des common law, vgl. Webb v. Henlery, 209 Ga. 447, 74 S.E.2d 7 (1953).

1401 Ebenfalls als Verfassungsregelung, Ky.Const. § 12 sowie in der hiesigen Strafprozeßordnung, Ky.R.Crim.P. (Kentucky Rules of Criminal Procedures) 6.02.

1402 Vgl. Verfassung, Me.Const. art.I, § 7 sowie Strafprozeßordnung Me.R.Crim.P. 7 (a).

New Jersey,[1406] New York,[1407] North Carolina,[1408] Ohio,[1409] South Carolina,[1410] Tennessee,[1411] Texas,[1412] Virginia[1413] sowie West Virginia.[1414] Vierzehn dieser Staaten haben das Recht auf eine *grand-jury*-Anklage in ihrer Verfassung verbrieft.[1415] Verallgemeinernd läßt sich sagen, daß dieses Recht bei *felonies* einschlägig ist. In vier Verfassungen und in der Bundesverfassung[1416] wird der Ausdruck „*capital or otherwise infamous crime*"[1417] benutzt,[1418] der allerdings ungefähr dem Begriff der *felonies* gleichzusetzen ist.[1419]

Einige dieser Staaten sehen vor, daß die Anklage der *grand jury*, *indictment*, von dem Staatsanwalt gegengezeichnet werden muß.[1420] Alle aufgeführten 18 Bundesstaaten gewähren dem Angeklagten ein Recht auf ein *preliminary hearing* innerhalb eines bestimmten Zeitraumes nach seiner Verhaftung.[1421] Die ge-

---

1403 Hier einfachgesetzlich geregelt, siehe Strafprozeßordnung Mass.R.Crim.P. 3 (a),(b) (1) sowie in allgemeinen Regelungen, siehe Massachusetts General Laws Annotated (Mass.Gen.Laws Ann.C.) 263, § 4.

1404 Hier nur in Verfassung geregelt, siehe Miss.Const.art.3, § 27.

1405 Vgl. die einfachgesetzliche Regelung in New Hampshire Revised Statutes Annotated (N.H.Rev.Stat.Ann.) 601:1.

1406 Siehe N.J.Const. art.I, § 8 sowie in der Strafprozeßordnung N.J.R.Crim.P. 3:7-2.

1407 So die Verfassung, N.Y.Const. art. I, § 6. Ebenso die Strafprozeßordnung N.Y.Crim.Proc.L § 195.10 (1)(b).

1408 Vgl. N.C.Const. art. I, § 22. Siehe auch die General Statutes of North Carolina (N.C.Gen.Stat.) § 15 A-642 (a).

1409 Die Verfassung regelt dies in Ohio Const. Art I, § 10 sowie einfachgesetzlich in der Strafprozeßordnung Ohio Rules of Criminal Procedure (R.Crim.P.) 7 (a).

1410 Vgl. S.C.Const. art I, § 11 sowie einfachgesetzlich Code of Laws of South Carolina (S.C.Code) § 17-19-10.

1411 Dazu die Verfassung in Tenn.Const. art I, § 14 wie auch Tennessee Code Annotated (Tenn.Code Ann.)
§ 40-3-101.

1412 In der Verfassung Tex.Const. art I, § 10 sowie in der Strafprozeßordnung Texas Code of Criminal Procedure (Tex.Code Crim.P.) art 1.141.

1413 Hier nur einfachgesetzlich geregelt im Code of Virginia Annotated (Va.Code Ann.) § 19.2-217.

1414 Auch hier in der Verfassung W.Va.Const. art. III, § 4 sowie der Strafprozeßordnung West Virginia Rules of Criminal Procedure (W.Va.R.Crim.P.) 7 (a).

1415 Diese Bundesstaaten sind Alabama, Alaska, Delaware, Kentucky, Maine, Mississippi, New Jersey, New York, North Carolina, Ohio, South Carolina, Tennessee, Texas sowie West Virginia.

1416 Siehe die Fünfte Änderung der Verfassung der Vereinigten Staaten, *Fifth Amendment*, deren Text im Anhang abgedruckt ist.

1417 „Kapitalverbrechen oder sonstiges schändliches Verbrechen".

1418 So in Alaska, siehe Alaska Const. Art I, § 8, in Maine, Me.Const. art.I, § 7, in New York, N.Y.Const. art.I, § 6, sowie in Ohio, vgl. Ohio Const. art I., § 10.

1419 Dies gilt für Alaska, Maine sowie Ohio.

1420 So in Alaska, R.Crim.P. 7 (c), Delaware, Del.R.Crim.P. 7 (c) sowie West Virginia, W.Va.R.Crim.P. 7 (c).

1421 Siehe beispielsweise Ala.Code § 15-11-1, Alaska R.Crim.P. 5 (e) sowie Delaware, vgl. Del.Super.Ct.R. Crim.P. 5.

wöhnliche Handhabung in diesen Staaten besteht darin, daß dieses *preliminary hearing* bei vorheriger Anklage durch die *grand jury* in Form eines *indictment* obsolet wird. Dies ist entweder die Folge von gesetzlichen Regelungen[1422] oder gerichtlichen Entscheidungen. Insofern sind Staatsanwälte teilweise bestrebt, das *preliminary hearing* durch eine rasche Anklage der *grand jury* zu umgehen.[1423]

Wird der Angeklagte ungeachtet seines Rechts auf ein *indictment* durch die *grand jury* stattdessen im Wege der *information* angeklagt, so wird dieser Verfahrensfehler nicht als ‚unbeachtlich' angesehen. Vielmehr wird bei rechtzeitigem Einwand die Verurteilung automatisch aufgehoben.[1424] In der Mehrheit der Bundesstaaten kann der Tatverdächtige allerdings auf sein Recht auf Anklage durch die *grand jury* verzichten.[1425]

(2) Bundesstaaten mit grundsätzlich alternativer Anklageform

Fast zwei Drittel aller Bundesstaaten erlauben auch für schwere Verbrechen, in der Regel *felonies*, eine Anklage entweder über die *grand jury* in Form des *indictment* oder wahlweise in Form der *information*. Dies soll genauer aufgeschlüsselt werden.

In vier dieser Bundesstaaten ist eine Anklage per *indictment* zwar nicht für die meisten *felonies* vorgeschrieben, jedoch unentbehrlich bei Schwerstverbrechen mit Maximalstrafen. So gewähren Louisiana und Rhode Island dem Tatverdächtigen eine Anklage über die *grand jury* bei Kapitalverbrechen sowie solchen mit lebenslanger Freiheitsstrafe.[1426] Florida beschränkt diese Garantie auf Kapitalverbrechen,[1427] während für Minnesota der Anwendungsbereich des obligatorischen *indictment* bei allen Straftaten mit lebenslanger Haftstrafe liegt.[1428]

Die überwältigende Mehrheit derjenigen Staaten, welche für *felonies* eine Anklage sowohl per *indictment* als auch *information* vorsehen, verwendet in der

---

[1422] Siehe zum Beispiel Del.R.Super.Ct.R.Crim.P. 5, Ky.R.Crim. P. 3.07 sowie Ohio R.Crim. P. 5 (b).

[1423] So für die Bundesebene *Weinberg/ Weinberg*, Michigan Law Review 1969, S. 1364.

[1424] So schon Mackin v. United States, 117 U.S. 348, 354 (1886).

[1425] Dieses Recht wird mehrheitlich als ein persönliches Recht des Betroffenen angesehen, so daß er über ein solches Recht auch selbst verfügen kann. Es wird hier eine Analogie zu dem Recht auf einen Geschworenenprozeß gesehen, *jury trial*, auf das der Angeklagte häufig auch verzichtet im Wege des *plea bargaining*. Siehe mit ausführlichen Nachweisen *LaFave/ Israel/ King*, Criminal Procedure, Band 4, S. 241.

[1426] Für Louisiana ist dies in der Verfassung geregelt, La.Const. art. I, § 15 sowie in der dortigen Strafprozeßordnung, siehe Louisiana Code of Criminal Procedure (La.Code Crim.P.) art.382. Bezüglich Rhode Island liegt ebenfalls eine verfassungsrechtliche Regelung vor, R.I. Const. art.I, § 7 sowie eine einfachgesetzliche, General Laws of Rhode Island (R.I.Gen.Laws) § 12-12-1.1.

[1427] Vgl. die Verfassung, Fla.Const. art. I, § 15 (a) sowie die Strafprozeßordnung, Fla.R.Crim.P. 3.140.

[1428] So die Strafprozeßordnung, Minn.R.Crim.P. 17.01.

Praxis die *information* als Anklageform.[1429] Dabei schalten fast alle diese Staaten bei einer Anklage per *information* ein *preliminary hearing* mit Anklageüberprüfung durch einen *magistrate* vor. Häufig ist dieses Erfordernis in der Verfassung des betreffenden Bundesstaates verankert.[1430] Die meisten Bundesstaaten machen ein *preliminary hearing* zur Vorbedingung für die Erhebung der Anklage in Form der *information*. In mehreren Staaten wird ein solches allerdings obsolet, wenn der Staatsanwalt vorher ein *indictment* durch eine *grand jury* erreicht.[1431] Dies wiederum ist sehr häufig nur eine theoretische Möglichkeit, da der Gebrauch von *grand juries* in diesen Staaten recht selten, zum Teil sogar in einigen Gerichtsbezirken seit Jahrzehnten nicht mehr vorgekommen ist. Insgesamt ist in diesen Staaten die Tendenz zu einer geringeren Einschaltung der *grand jury* zu verzeichnen.[1432]

Einige Bundesstaaten erlauben die direkte Anklageerhebung ohne ein *preliminary hearing*. Im Ergebnis findet allerdings zumeist auch hier wie bei dem *preliminary hearing* und der Anklageprüfung durch den *magistrate* eine richterliche Überprüfung der Anklage statt. Dies geschieht entweder durch die notwendige Billigung der Anklageerhebung seitens des für die Hauptverhandlung zuständigen Gerichts[1433] oder durch die Antragsmöglichkeit des Angeklagten bei Gericht, das Verfahren aus Mangel an Beweisen einzustellen.[1434]

(3) Grundzüge des *grand-jury*-Verfahrens

In einigen Bundesstaaten und Gerichtsbezirken hat die *grand jury* immer noch die aus der Geschichte gewachsene Befugnis, anhand eigener Informationen oder gar Ermittlungen Anklage in Form des *presentment* zu erheben.[1435] Diese Form der Anklageerhebung geschieht ohne Zutun des Staatsanwalts aufgrund eigener Initiative der *grand jury*. Ansonsten legt gewöhnlich der Staatsanwalt in geheimer Sitzung der *grand jury* die Sachverhalte zu deren Entscheidung vor. Dabei ist der Staatsanwalt verpflichtet, nur rechtlich zulässige Beweise der *grand jury* vorzulegen. Auf der anderen Seite besteht in fast allen Bundesstaaten keine Verpflichtung der *grand jury*, Entlastungsbeweise zugunsten des Ange-

---

1429 So bereits 1931, siehe *Morse*, Oregon Law Review 1931, S. 123. Vgl auch *Kennedy/ Briggs*, California Law Review 1955, S. 259. Ebenso *Arenella*, Michigan Law Review 1980, S. 530.

1430 Siehe beispielsweise die Verfassungen von Arizona, Ariz.Const. art. 2, § 30, von Hawaii, Hawaii Const. art. 1, § 10, von New Mexiko, N.M.Const. art. II, § 14 sowie von Oklahoma, Okla.Const. art. II, § 317.

1431 So zum Beispiel Hawaii Penal R. 5 (c)(1), Iowa Code Ann. § 813.2 sowie Kan.Stat.Ann. § 22-2902 (2).

1432 Vgl. dazu *LaFave/ Israel/ King*, Criminal Procedure, Band 4, S. 135. Ebenso *Morris*, The Yale Law Journal 1978, S. 682.

1433 So im Bundesstaat Montana, siehe Montana Code Annotated (Mont.Code Ann.) § 46-10-5, 46-11-201.

1434 Dies ist im Bundesstaat Vermont möglich, vgl. die Praxis zur Regelung in der Strafprozeßordnung Vermont Rules of Criminal Procedure (Vt.R.Crim.P.) 12 (d).

1435 Mit ausführlichen Nachweisen *American Jurisprudence*, § 28, S. 849 f. Siehe auch *Schneider*, Columbia Journal of Law and Social Problems 1973, S. 687.

klagten einzufordern oder anzuhören.[1436] Das Verfahren vor der *grand jury* selbst ist informell und kennt keine prozessualen Regelungen zum Ausschluß von möglicherweise rechtswidrig erlangten Beweisen. Der Angeklagte selbst hat kein Anwesenheitsrecht bei der Sitzung. Ist er dennoch anwesend, beispielsweise aufgrund einer Vorladung, so ist es seinem Rechtsbeistand – wie auch dem der Zeugen – verwehrt, den Sitzungsraum zu betreten.[1437] Ansonsten dürfen nur vorgeladene Zeugen und der Staatsanwalt bei den Sitzungen anwesend sein. Im Gegensatz zu dem Richter darf der Staatsanwalt jederzeit der Sitzung der *grand jury* beiwohnen[1438] und ist dazu sogar verpflichtet, wenn die Geschworenen sich mit Rechtsfragen an ihn wenden möchten. Bei der Beratung über die Anklageentscheidung müssen die Geschworenen allerdings alleine sein.[1439] Dabei müssen die Laiengeschworenen nach Darlegung und Erklärung des Sachverhaltes durch den Staatsanwalt über den *probable cause*, den wahrscheinlichen Fall der Tatbegehung durch den Tatverdächtigen, entscheiden. Die Mehrzahl der Gerichte enthält sich dabei jeder nachfolgenden Überprüfung des *indictment*, ungeachtet ob die der *grand jury* vorgelegten Beweise die Erhebung der Anklage rechtfertigen oder nicht.[1440]

In den meisten Bundesstaaten kann der Staatsanwalt selbst nicht das Erscheinen eines Zeugen im Vorverfahren erzwingen. Zwecks Aussage vor der *grand jury* kann diese aber Zeugen vorladen oder durch den Staatsanwalt vorladen lassen. Kommen die Zeugen der Vorladung nicht nach, so können sie durch gerichtliche Order inhaftiert werden.[1441]

(4) Statistische Werte und Erklärungsansätze

Die umfangreichste und bekannteste Untersuchung zu dem Anklageverhalten der *grand jury* stammt aus den Jahren 1929-30 . Diese Untersuchung erstreckte sich auf 21 Bundesstaaten und erfaßte 7.414 Fälle, in welchen die *grand jury* über eine Anklage beraten hatte. Die Untersuchung brachte folgendes Ergebnis;[1442] Von den gesamten 7.414 Fällen wurden 7.061 durch den Staatsanwalt vorgelegt. In 1.170 Fällen, 16.57 %, hat die *grand jury* eine Anklageerhebung abgelehnt. Während dies für eine eigenständige Filterfunktion der *grand jury* sprechen könnte und möglicherweise gar für eine fehlerhafte Vorlagenentscheidung der Staatsanwälte – womit die Notwendigkeit deren Überprüfung durch die *grand jury* bewiesen wäre – so müssen folgende Hintergründe berücksichtigt

---

1436 Vgl. *Schneider*, aaO, S. 689.

1437 Siehe United States v. Mandujano, 425 U.S. 564, 581 (1976).

1438 *Leipold*, Cornell Law Review 1995, S. 266.

1439 Vgl. 38 AmJur 2d, Grand Jury, §§ 33, 34, West Group 1999, S. 855.

1440 So beispielsweise Costello v. United States, 350 U.S. 359, 364 (1956). NwN *Schneider*, Columbia Journal of Law and Social Problems 1973, S. 704. Für die Bundesebene siehe *Arenella*, Michigan Law Review 1980, S. 487.

1441 Das Nichterscheinen eines Zeugen wird als „Mißachtung des Gerichts" betrachtet und kann erhebliche Haftstrafen von teils unbestimmter Dauer auslösen, siehe *Schneider*, Columbia Journal of Law and Social Problems 1973, S. 694 ff.

1442 *Morse*, Oregon Law Review 1931, S. 122 ff.

werden: Zum einen sind Staatsanwälte in einigen Bundesstaaten zu der Vorlage aller Fälle gesetzlich verpflichtet gewesen, zum anderen gaben sie häufig selbst der *grand jury* die Empfehlung ab, eine Anklageerhebung abzulehnen.[1443] Schließlich war die Rate der Anklageablehnung mit 20,40 % noch größer, wenn die *grand jury* ohne staatsanwaltliche Vorlage über eigeninitiierte Fälle entschied.[1444] Mangels Ermessen des Staatsanwalts ist die Häufigkeit der Anklageablehnung alleine noch keine aufschlußreiche Information.[1445] Hilfreicher erscheint daher die Aufschlüsselung derjenigen Fälle, in denen Staatsanwalt und *grand jury* unterschiedliche Auffassungen bezüglich der Entscheidung der (Nicht)Anklageerhebung hatten. In der Regel vertraten Staatsanwälte häufiger eine andere Meinung als die *grand jury*, wenn diese die Anklageerhebung ablehnte als wenn sie eine solche erhob. Legte der Staatsanwalt der *grand jury* einen Fall zur Entscheidung vor und erhob diese Anklage, so vertrat der Staatsanwalt in nur 2,53 % aller Fälle eine unterschiedliche Auffassung. Lehnte die *grand jury* dagegen eine Anklageerhebung ab, so betrug die Quote der Meinungsverschiedenheit darüber rund 20 %.[1446]

Als Gesamtergebnis wurde festgestellt, daß es bei den 6.453 Fällen, in denen staatsanwaltliche Stellungnahmen vorlagen, in nur 5,39 % zu unterschiedlichen Ansichten zwischen Staatsanwalt und *grand jury* kam.[1447] Daraus schließt Morse folgendes: Die *grand jury* akzeptiert in aller Regel die von dem Staatsanwalt vorgelegten Fälle und beschließt erwartungsgemäß die (Nicht)Anklageerhebung. Vereinzelt wurde allerdings das von der Staatsanwaltschaft vorgeschlagene, anzuklagende Delikt als zu weitgehend empfunden. Im Gegensatz zu einer Anklagereduzierung wie häufig bei dem *preliminary hearing* findet eine solche bei der *grand jury* nicht statt. Stattdessen wird eine Anklageerhebung insgesamt abgelehnt.[1448]

Die damaligen statistischen Werte sind jedoch auf heutige Verhältnisse nur mit Vorsicht zu übertragen. Es muß wohl davon ausgegangen werden, daß der Einfluß des Staatsanwalts auf die *grand jury* zugenommen und damit die Prozentzahl abweichender Auffassungen abgenommen hat.[1449]

Im Jahre 1984 betrug bezüglich der *federal grand juries* die Quote der erhobenen Anklagen bei den von der Staatsanwaltschaft vorgelegten Fällen 99,6 %. Dies entspricht – trotz unregelmäßig erstellter Statistiken[1450] – den Zahlen ver-

---

[1443] So *Morse*, aaO, S. 146. Zu derselben Interpretation gelangen auch *Bubany/ Skillern*, The American Criminal Law Review 1976, S. 484.

[1444] So *Morse*, Oregon Law Review 1931, 146.

[1445] So *Morse*, aaO, S. 141.

[1446] Vgl. *Morse*, aaO, S. 153.

[1447] *Morse*, aaO.

[1448] So *Morse*, aaO, S. 157.

[1449] So *Zwerling*, Hastings Law Journal 1976, S. 1268.

[1450] Selbst Staaten, in denen *felonies* ausschließlich per *indictment* zur Anklage gebracht werden, verfügen nicht über durchgehende Statistiken, aus denen die Anklageablehnung durch gangener Jahre. Zwischen 1992 und Juni 1994 betrug die Anklagerate im District of Columbia 98 %.[1451] Aber auch hier scheint der Aussagewert der Statistiken fragwürdig. Zum einen wird geltend gemacht, der Kontrolleffekt der *grand jury* finde im Wege der psychologischen Antizipation weit vor dem eigentlichen Verfahren statt. Gehe der Staatsanwalt davon aus, er könne die *grand jury* nicht zu einer Anklage bewegen, so lege er ihr erst gar nicht den Fall vor. In Vorausberechnung der Entscheidung der Geschworenen würden nur solche Fälle zur Prüfung eingereicht, deren Beweislage auch den Anforderungen der *grand jury* entspreche. Da sich in aller Regel diese Vorausbewertung der erwarteten Entscheidung mit den späteren Voten der Geschworenen selbst decke, sei die Übereinstimmungsquote naturgemäß sehr hoch.[1452] Diese Erklärung birgt auffällige Parallelen zu der Interpretation der hohen Kongruenz staatsanwaltlicher und richterlicher Entscheidungen in Deutschland. Bei allen deutschen richterlichen Kontrollen wie dem Zwischenverfahren, der gerichtlichen Zustimmung zur Verfahrenseinstellung, dem Strafbefehlsverfahren etc. wird die psychologische Vorwegnahme der richterlichen Entscheidung durch den Staatsanwalt als maßgebend erachtet. Insofern ist auch in der Bundesrepublik die Übereinstimmungsquote sehr hoch.[1453]

Eine hohe Rate der Diskrepanz würde entweder bedeuten, daß der Staatsanwalt verstärkt Fehleinschätzungen unterliege oder die *grand jury* in ihren Entscheidungen sehr unberechenbar sei. Allerdings berge der Rückschluß der Effektivität der *grand jury* durch psychologische Vorwegnahme seitens des Staatsanwalts insofern eine Gefahr in sich, als daß er die Wirkung der *grand jury* gerade voraussetze: Der Staatsanwalt sehe nur dann von der Vorlage unsicherer Fälle ab, wenn er mit deren Ablehnung durch die *grand jury* rechnen müsse. Dies setze jedoch voraus, daß die *grand jury* auch wirklich beweisschwache Fälle ablehne.[1454] Dies ist jedoch gerade umstritten.[1455] Die Zugrundelegung der Verurteilungsrate nach *indictment* helfe insofern wenig, als daß die meisten Verurteilungen per *plea bargaining* zustande kämen. Bei diesem Verfahren allerdings komme es nicht zu einer genauen Prüfung der Beweisstärke des Falles: So würden beispielsweise Zeugen nicht befragt und entlastende Umstände teilweise nicht aufgedeckt. Auch sei nicht erkennbar, ob ein zu weitgehendes Delikt angeklagt worden sei, da sich der Deliktscharakter nach dem *plea bargaining* teilweise ändere. Insofern ließe sich daran nicht die Prüfungsqualität der *grand jury* messen.[1456]

---

die *grand jury* ersichtlich ist, vgl. dazu *LaFave/ Israel/ King*, Criminal Procedure, Band 4, S. 301.

[1451] Vgl. *Leipold*, Cornell Law Review 1995, S. 275.

[1452] Siehe *Leipold*, aaO, S. 278.

[1453] Siehe dazu *Blankenburg/ Sessar/ Steffen*, Staatsanwaltschaft, S. 113.

[1454] Vgl. *Leipold*, Cornell Law Review 1995, S. 278.

[1455] Letztendlich führen also die statistischen Untersuchungen auch nicht zu einer Streitlösung. Zu der anhaltenden Diskussion siehe im einzelnen *LaFave/ Israel/ King*, Criminal Procedure, Band 4, S. 249 ff.

[1456] So *Leipold*, Cornell Law Review 1995, S. 276.

bb) Aktuelle Situation in Kalifornien

Das Verfahren vor der *grand jury* ist ähnlich dem oben Beschriebenen. In der Regel haben *grand juries* 23 Mitglieder für Bezirke mit mehr als 4 Millionen Einwohnern, ansonsten nur 19, in Bezirken mit weniger als 20.000 Einwohnern sogar nur 11 Mitglieder.[1457] Weiterhin gibt es in Kalifornien insofern eine Besonderheit – wie auch in einigen anderen Bundesstaaten[1458] –, daß Gerichte die Anklagen von *grand juries* auf speziellen Antrag des Angeklagten hin überprüfen können. Dies ist das Ergebnis einer besonderen gesetzlichen Regelung, auf die später eingegangen wird, § 995 Cal. Penal Code.

Im Jahre 1968 beispielsweise wurden lediglich in 4,3 % aller *felonies* per *indictment* verfolgt,[1459] 1971 waren dies 4,1 %.[1460]

In Kalifornien wird somit ganz überwiegend die *information* als Anklageform und nicht das *grand-jury*-Verfahren benutzt.[1461] In den wenigen Fällen, in denen von der *grand jury* Gebrauch gemacht wird, liegen v.a. folgende Umstände vor: (1) ein großes öffentliches Interesse an dem Fall, (2) die Schonung von Kindern und aussagescheuen Zeugen, welche bei dem *preliminary hearing* einem Kreuzverhör ausgesetzt sein würden, (3) der Test eines schwachen oder bedenkenreichen Falles vor Laiengeschworenen, (4) die Strafverfolgung von Amtsmißbrauchsfällen[1462] und (5) politisch brisante Fälle.[1463]

c) Aktuelle Beurteilung der *grand jury* im Falle der Anklageerhebung

Die wechselreiche Geschichte der *grand jury*, ihrer Erfolge und auch ihrer Mißbräuche sowie ihre Verwendung in der modernen Strafrechtspflege führen zu äußerst konträren Auffassungen.[1464] Deren Divergenz soll in dieser kurzen Gegenüberstellung angedeutet werden.

Auf der einen Seite wurde und wird die *grand jury* immer wieder als „das großartigste, unserer Regierungsform bekannte Werkzeug der Freiheit und als Boll-

---

1457 Vgl. § 888.2 Cal. Penal Code.

1458 So beispielsweise in New York, mit Einzelheiten siehe *Schneider*, Columbia Journal of Law and Social Problems 1973, S. 705.

1459 Siehe dazu *Schneider*, aaO, S. 685.

1460 Siehe im Einzelnen *Alexander/ Portman*, The Hastings Law Journal 1974, S. 1014. Bestätigend *Dyke*, The Hastings Law Journal 1976, S. 48.

1461 Vgl. *Kennedy/ Briggs*, California Law Review 1955, S. 259.

1462 Siehe *Note*, Stanford Law Review 1956, S. 644.

1463 Vgl. *Dyke*, The Hastings Law Journal 1976, S. 48.

1464 Nach *Leipold*, Cornell Law Review 1995, S. 262 ist diese Debatte immer noch nicht ausgefochten. Gemäß *LaFave/ Israel/ King*, Criminal Procedure, Band 4, S. 243 dauert diese Diskussion – auch mit der Forderung der Abschaffung der *grand jury* – schon seit Mitte des 19. Jahrhunderts an.

werk gegen Unterdrückung" gepriesen.[1465] Andere hingegen sehen die *grand jury* als eine „gefährliche moderne Form der geheimen Inquisition."[1466]

Als Gesamttendenz läßt sich jedoch feststellen, daß es weitaus mehr Kritiker der *grand jury* gibt als uneingeschränkte Befürworter.[1467] Darauf soll nun im einzelnen eingegangen werden.

aa) Positive Einschätzung der Funktion der *grand jury*

Die Befürworter der *grand jury* beschreiben diese als „Bollwerk der Freiheit und des Gesetzes", als „Gewissen der Gemeinschaft", „Wächter der Gerechtigkeit" sowie „Eckstein unseres Strafrechtssystems."[1468]

Der Nutzen der *jury* im allgemeinen sowie der *grand jury* im besonderen wird in der Verhinderung von staatlicher Korruption gesehen wie auch in dem Einbringen lokaler Vorstellungen und Werte.[1469] Darüberhinaus gewinne der Strafprozeß durch die direkte Bürgerbeteiligung an Legitimität und moralischer Autorität. Die Entscheidung eines Bürgergremiums gegenüber einem anderen Bürger werde eher akzeptiert als die eines Einzelrichters.[1470] Traditionell wurden *juries* auch insofern gegenüber Richtern bevorzugt, als deren elitäres Klassendenken durch die Einbindung von Bürgern und Anhängern verschiedener Klassen ausgeglichen werden sollte.[1471] Gerade die *grand jury* verkörpere wie kein anderes Organ im Vorverfahren die Unmittelbarkeit demokratischer Kontrolle.[1472] In modernen Zeiten der Zentralisierung von Regierungsgewalt und wachsender Bürokratie wie in den USA müsse dieses Bürgergremium stärker denn je erhalten werden.[1473] Die Geschichte beweise sehr anschaulich, daß in zentralisierten Regierungsformen, wie beispielsweise unter der englischen Krone die Bürgerbeteiligung in Form der *grand jury* ein effektives Instrument gegen staatlichen Mißbrauch dargestellt habe.[1474] Auch sei das geheime Verfahren insofern vor-

---

[1465] So Wood v. Georgia, 370 U.S. 375, 390 (1962) sowie United States v. Hogan, 712 F.2d 757, 759 (2d Cir. 1983) und United States v. Skurla 126 F.Supp. 711, 713 (W.D. Pa. 1954).

[1466] So der Senator Edward M. Kennedy 1973, zitiert nach *Leipold*, Cornell Law Review 1995, S. 261. Ähnlich auch der Kalifornische Supreme Court in Johnson v. Superior Court, 15 C.3d 248, 257 (1975).

[1467] *Leipold*, Cornell Law Review 1995, S. 278 faßt dies wie folgt zusammen: „Modern defenders of the grand jury are hard to find." (Moderne Verfechter der *grand jury* sind schwierig zu finden.).

[1468] Siehe *Antell*, American Bar Association Journal 1965, S. 153.

[1469] Siehe *Smith*, Alabama Law Review 1997, S. 474.

[1470] Siehe *West*, Harvard Law Review 1990, S. 91.

[1471] Vgl. *Smith*, Alabama Law Review 1997, S. 488.

[1472] In diesem Sinne auch *Abramson*, Jury System, S. 8, der allerdings den allmählichen Verlust der demokratischen Grund- und Kontrollidee beklagt und die *jury* zum mechanisches Werkzeug reduziert sieht. Vgl. auch *Gerstein/ Robinson*, American Bar Association Journal 1978, S. 340. Ähnlich auch *Nissman/ Hagen*, Prosecution Function, S. 20 sowie 24.

[1473] Siehe dazu *Wickersham*, American Bar Association Journal 1965, S. 1161.

[1474] So das Résumé der geschichtlichen Untersuchung der *grand jury* durch *Younger*, The People's Panel, S. 246.

teilhaft, als daß bei Absehen von einer Anklageentscheidung der Ruf des Tatverdächtigen unangetastet bleibe. In diesem Fall erleide die „Strafsache einen geheimen Tod.“[1475]

Schließlich habe die Beteiligung von unvoreingenommenen Bürgern in dem Strafrechtssystem auch den Vorteil, daß die Entscheidungen nicht von abgestumpften Berufsprofessionellen vorgenommen würden. Letztere neigten gerade nach jahrelanger Routine dazu, aufgrund erworbener „Denkmuster“ alle Straffälle mechanisch abzuhandeln. Die Berücksichtigung individueller Besonderheiten und menschlicher Hintergründe werde eher von den unbefangenen Laien vorgenommen, welche dem gesamten Geschehen unverbraucht gegenüberstünden.[1476] Durch die Bürgergremien der *juries* würden auch unmittelbare Werte und Gerechtigkeitsvorstellungen der betroffenen Gemeinde in das Strafverfahren einfließen. Dies mache das Strafverfahren lebensnah und steigere die Akzeptanz des Ergebnisses.[1477]

bb) Negative Einschätzung der Funktion der *grand jury*

Überwiegend wird die Funktion der *grand jury* im modernen Strafverfahren sehr negativ beurteilt.

Die *grand jury* habe in ihrer Geschichte allzuoft Beispiele des Mißbrauches abgegeben.[1478] Ihre weitreichende und im Geheimen wirkende Machtfülle sei zu häufig eine terrorisierende Waffe in den Händen rechtschaffener oder auch zynischer Staatsanwälte gewesen.[1479] Die *grand jury* stehe komplett unter dem Einfluß des Staatsanwalts, welcher sie vollkommen dominiere.[1480] Somit bete sie dessen Vorgaben und Empfehlungen nur noch nach und sei daher dessen Werkzeug,[1481] sogar dessen Unterdrückungsinstrument.[1482] So kam bereits 1931 die

---

1475 Vgl. *Leipold*, Cornell Law Review 1995, S. 269.

1476 Genauer dazu *Leipold*, aaO, S. 323.

1477 Mit einem Vergleich zu den kontinentaleuropäischen Ländern, die diese Institution nicht haben, siehe *Asker*, San Francisco Law Review 1996, S. 135.

1478 So *Deutsch*, The Journal of Criminal Law & Criminology 1984, S. 1163. Gerade für die Frühzeit der *grand jury* auch So auch *Antell*, American Bar Association Journal 1965, S. 155. In diesem Sinne auch *Morris*, The Yale Law Journal 1978, S. 682, der zu dem Schluß kommt, die *grand jury* biete entgegen historischer Vorstellungen keine Schutz gegen Mißbrauch durch die Regierung.

1479 So *Frankel/ Naftalis*, Grand Jury, S. 117.

1480 Siehe *Johnston*, The Journal of Criminal Law & Criminology 1974, S. 160 sowie *Schneider*, Columbia Journal of Law and Social Problems 1973, S. 699. Ebenso *Dyke*, The Hastings Law Journal 1976, S. 41. Diese Einschätzung teilt auch *Dash*, The American Criminal Law Review 1972, S. 828. Siehe auch der Kalifornische Supreme Court in Hawkins v. Superior Court, 22 Cal.3d 584, 587 ff (1978).

1481 So auch *Schneider*, Columbia Journal of Law and Social Problems 1973, S. 701: „...a prosecutor can virtually obtain an indictment at will.“ (...ein Staatsanwalt kann praktisch beliebig ein *indictment* erlangen.). Dies gelte auch für die *federal grand juries*, siehe auch *Sullivan/ Nachman*, Journal of Criminal Law & Criminology 1984, S. 1049. Ähnliches gilt auch für Kalifornien, siehe *Note*, Stanford Law Review 1956, S. 643. Ähnlich auch der Kalifornis-

National Commission on Law Observance and Enforcement zu dem Schluß: „The grand jury usually degenerates into a rubber stamp wielded by the prosecuting officer according to the dictates of his own sense of propriety and justice. [The grand jury] has ceased to perform or be needed for the function for which it was established.“[1483] Sie wird nicht mehr benötigt.[1484] Teilweise wird die *grand jury* auch das ‚alter ego‘ des Staatsanwalts genannt.[1485] In der vielzitierten Entscheidung United States v. Dionisio faßt ein Richter des U.S. Supreme Court in seiner von der Mehrheit abweichenden Meinung zusammen: „Any experienced prosecutor will admit that he can indict anybody at any time for almost anything before any grand jury. It is, indeed, common knowledge that the grand jury, having been conceived as a bulwark between the citizen and the Government, is now a tool of the Executive.“[1486] Überspitzt hatte sich ein New Yorker Richter dahingehend geäußert, die *grand jury* klage selbst ein Schinkensandwich an, wenn der Staatsanwalt es wünsche. Der einzige nämlich, der eine klare Vorstellung von dem Ziel und Ablauf der *grand-jury*-Sitzung habe, sei derjenige Amtsträger, den die „23 Novizen kontrollieren sollen.“[1487]

---

che Supreme Court in Johnson v. Superior Court, 15 C.3d 248, 257 (1975). So auch *Bubany/ Skillern*, The American Criminal Law Review 1976, S. 484. Bestätigend auch *Gifford*, George Washington Law Review 1981, S. 670.

[1482] Von einem solchen „device for prosecutorial repression“ spricht *Zwerling*, Hastings Law Journal 1976, S. 1265. Ebenso *Antell*, American Bar Association Journal 1965, S. 154.

[1483] So auch *Gerstein/ Robinson*, American Bar Association Journal 1978, S. 340. Beispiele unzureichender Schutzfunktion durch voreilige Anklageerhebung geben *Weinberg/ Weinberg*, Michigan Law Review 1969, S. 1382: Sie verweisen auf Anklageerhebungen im Zusammenhang mit Krawallen nach dem Tod Martin Luther King's. Viele der dort erhobenen Anklagen seien nicht gerechtfertigt gewesen.

[1484] So die National Commission on Law Oberservance and Enforcement, Report on Prosecution, zitiert nach *Alexander/ Portman*, The Hastings Law Journal 1974, S. 1001: „Die *grand jury* ist in der Regel zu einer Nachbeterin degeneriert. Sie wird von dem Staatsanwalt nach dessen eigenen Gerechtigkeitsvorstellungen gelenkt. Die *grand jury* hat aufgehört, die Funktion, um derentwegen sie eingerichtet wurde, zu erfüllen.“ Ebenso *Kennedy/ Briggs*, California Law Review 1955, S. 266.

[1485] So *Campbell*, The Journal of Criminal Law & Criminology 1973, S. 179. Diesselbe Bezeichnung verwendend *Antell*, American Bar Association Journal 1965, S. 156.

[1486] Siehe die abweichende Meinung des Richters *Douglas* in United States v. Dionisio, 410 U.S. 1, 23 (1973): „Jeder erfahrene Staatsanwalt wird zugeben, daß er jedermann zu jeder Zeit für fast alles vor einer *grand jury* anklagen kann. Es ist in der Tat Allgemeinwissen, daß die *grand jury*, welche als Bollwerk zwischen dem Bürger und der Regierung ersonnen war, nunmehr ein Werkzeug der Exekutive ist.“ Selbst die Mehrheitsmeinung äußert gewisse Vorbehalte gegenüber der Schutzfunktion der grand jury: „The grand jury may not always serve its historic role as a protective bulwark standing solidly between the ordinary citizen and an overzealous prosecutor.“ (Die *grand jury* mag nicht immer ihre historische Rolle als solides Bollwerk zwischen den gewöhnlichen Bürgern und einem übereifrigen Staatsanwalt gespielt haben.), so United States v. Dionisio, 410 U.S. 1, 17 (1973). Von einem solchen „Werkzeug“ spricht auch *Johnston*, The Journal of Criminal Law & Criminology 1974, S. 161.

[1487] So *Antell*, American Bar Association Journal 1965, S. 154.

Auch wurde eine Organisation mit dem Ziel der Beendigung des Mißbrauches durch die *grand jury* (*Coalition To End Grand Jury Abuse*) gegründet.[1488] Es ist aufschlußreich, daß die hartnäckigsten Verfechter der *grand jury* Staatsanwälte sind.[1489]

Die Gründe für die genannten Mißstände sowie das geltend gemachte Versagen der *grand jury* im allgemeinen werden auf folgende geschichtliche Entwicklungen sowie moderne Handhabungen zurückgeführt:

(1) Lokale Vernetzung der damaligen Geschworenen

In der Vergangenheit waren die Geschworenen durch die geringere Wohnbevölkerung und überschaubareren Wohngemeinden mit den Geschehnissen ihrer Umgebung vertraut. Insofern war ihr eigenes Wissen bezüglich der in ihrer Gemeinde begangenen Straftaten recht hoch.[1490] Mit Zunahme der Verstädterung sowie anonymeren Wohngemeinden hätten sich diese Verhältnisse allerdings geändert. Im Gegensatz zu den Ursprüngen der *grand jury* sei diese nun vielmehr auf Informationen angewiesen, die ihr extern zugeführt werden. Dies wiederum mache sie von dieser Informationsquelle, dem Staatsanwalt, abhängig.[1491]

(2) Unkompliziertes Strafverfahren in der Vergangenheit

Sowohl bei Aufkommen der *grand jury* wie auch während der meisten Zeit ihres Bestehens seien Verbrechen, die Art und Weise ihrer Begehung, die Tataufklärung sowie das Strafverfahren sehr unkompliziert gewesen.[1492] Da die gesamte Strafrechtspflege allgemeinverständlich gewesen sei, hätten sich die Laiengeschworenen ohne weiteres ihr eigenes Bild machen können. Zur Entscheidungsfindung hätten sie keiner externen Erklärungen oder Einweisungen bedurft. Auch war bei Verwendung der ersten *grand juries* das Amt eines öffentlichen

---

[1488] Diese Organisation besteht ihrerseits aus vielen weiteren Gruppierungen und Zusammenschlüssen wie die American Civil Liberties, National Conference of Black Lawyers, National Lawyers Guild, Department of Law, Justice and Community Relations etc. Siehe im Einzelnen dazu *Zwerling*, Hastings Law Journal 1976, S. 1274.

[1489] So *Leipold*, Cornell Law Review 1995, S. 261.

[1490] *Gerstein/ Robinson*, American Bar Association Journal 1978, S. 340 beschreiben dies wie folgt: „Law was simple then... Most citizens who served on a grand jury lived and died in the same community; they knew their neighbors." (Das Gesetz war damals einfach... Viele Bürger, die in einer *grand jury* ihren Dienst geleistet haben, lebten und starben in derselben Gemeinde; sie kannten ihre Nachbarn.).

[1491] Vgl. *Campbell*, The Journal of Criminal Law & Criminology 1973, S. 178. Ebenso *Johnston*, The Journal of Criminal Law & Criminology 1974, S. 160. Bestätigend auch *Zwerling*, Hastings Law Journal 1976, S. 1268.

[1492] Siehe *Gerstein/ Robinson*, American Bar Association Journal 1978, S. 340.

Strafverfolgers in Gestalt eines Staatsanwalts unbekannt.[1493] Insofern hätten *grand juries* ihre Funktion eigenständig ausüben können.[1494]

Gerade in den letzten zweihundert Jahren und v.a. in den letzten Jahrzehnten habe allerdings der technische Fortschritt rasant zugenommen. Neue Technologien, wirtschaftliche Innovationen und weitreichende Erkenntnisse auf allen Gebieten der Wissenschaft machten das Leben komplizierter. Mit ihnen habe sich auch die Qualität der Verbrechen geändert, man denke beispielsweise nur an Manipulationen im Computer-, Subventions- oder Gentechnologiebereich. Einhergehend damit sei allerdings das gesamte Strafverfahren entsprechend komplex und diffizil geworden. Insofern sei es eine folgerichtige Entwicklung, daß Laiengeschworene bei ihrer Entscheidung in die Abhängigkeit professioneller Experten wie den Staatsanwalt gerieten.[1495] Als einziger Jurist mit staatlicher Autorität im Kreise von ‚zivilen' Nichtjuristen verließen sich letztere auf dessen Einschätzungen und Empfehlungen.[1496] Es sei geradezu absurd zu erwarten, die Laiengruppe der Geschworenen solle in selbständiger Weise Gesetzen zu ihrer Geltung verhelfen, von denen sie zum Teil noch nie etwas gehört habe.[1497] Den Geschworenen fehle somit schlichtweg die Qualifikation.[1498]

Dieser Fall sei vergleichbar mit der Verhaftung eines Tatverdächtigen durch die Polizei. Als Voraussetzung hierfür müsse der wahrscheinliche Fall der Tatbegehung durch den Betreffenden, *probable cause*, festgestellt werden. Wie auch bei der *grand jury*, so werde diese Feststellung durch Nichtjuristen, nämlich Polizeibeamte, vorgenommen. Allerdings sei das Vertrauen in die Richtigkeit dieser Feststellung bei letzteren so gering, daß innerhalb von maximal 48 Stunden ein *magistrate* die polizeiliche Feststellung kontrollieren müsse. Die vergleichbare Entscheidung der Laiengeschworenen hingegen werde in den meisten Bundesstaaten nicht einmal mehr anschließend auf einen Antrag hin richterlich überprüft. Dies sei um so bedenklicher, als daß Polizeibeamte häufig noch juristisch geschult seien.[1499] Komme hier noch die staatsanwaltliche Dominanz hinzu, so

---

[1493] Vgl. *Schneider*, Columbia Journal of Law and Social Problems 1973, S. 699.

[1494] *Dession*, Yale Law Journal 1932, S. 165 erklärt, die *grand jury* habe ihre Rechtfertigung im englischen System der Privatklage gefunden, nicht allerdings in dem unterschiedlichen amerikanischen Rechtssystem.

[1495] Siehe *Zwerling*, Hastings Law Journal 1976, S. 1268. Ähnlich *Leipold*, Cornell Law Review 1995, S. 288. Dieser Einschätzung schließen sich auch an: *LaFave/ Israel/ King*, Criminal Procedure, Band 3, S. 19 sowie *Arenella*, Michigan Law Review 1980, S. 539 und *Weinberg/ Weinberg*, Michigan Law Review 1969, S. 1380. So auch *Graham/ Letwin*, UCLA Law Review 1971, S. 680.

[1496] *Vaira*, The Journal of Criminal Law & Criminology 1984, S. 1148 kommentiert dies damit, daß der Wert der *grand jury* von der Integrität des Staatsanwalts abhänge. Siehe hierzu auch *Schneider*, Columbia Journal of Law and Social Problems 1973, S. 699. Von einer Einschüchterung der Laien durch den Staatsanwalt sprechen auch *Gerstein/ Robinson*, American Bar Association Journal 1978, S. 340. *Johnston*, The Journal of Criminal Law & Criminology 1974, S. 160 beschreibt den Respekt der Geschworenen gegenüber dem Staatsanwalt.

[1497] So *Antell*, American Bar Association Journal 1965, S. 154.

[1498] So auch *Leipold*, Cornell Law Review 1995, S. 264.

[1499] Vgl. *Leipold*, aaO, S. 297 ff.

falle das unzeitgemäße *grand-jury*-Verfahren vollkommen aus dem Rahmen des modernen Strafverfahrens. Darüberhinaus sei der Staatsanwalt im Vollbesitz aller Informationen und bestimme damit über die Auswahl der vorgelegten Materialen.[1500]

(3) Nichterfassung des *grand-jury*-Verfahrens von modernen Prozeßgrundsätzen der *due process clause*[1501]

Als weiterer Grund für das Versagen der *grand jury* wird die Abgeschlossenheit des Verfahrens ohne Anwesenheitsrecht des Angeklagten angeführt. Dies wird als völlig unzeitgemäß erachtet.[1502] Dies zeige sich auch darin, daß die *grand jury* nunmehr die einzige Institution im gesamten Strafprozeß sei, in dem das essentielle Recht auf einen Rechtsbeistand weder für Zeugen noch für den Angeklagten Anwendung finde.[1503] So entstehe der absurde Kontrast, daß der Beschuldigte ein Recht auf einen Rechtsbeistand bei einer polizeilichen Gegenüberstellung, dem *preliminary hearing* sowie dem *arraignment* vor dem für die Hauptverhandlung zuständigen Gericht, nicht aber vor der *grand jury* habe.[1504] Auch die Tatsache, daß die *grand jury* ihre Anklage auf unzulässige Beweise stützen könne, spreche gegen moderne Auffassungen vom Strafprozeß. Hier sei die Kluft zu dem *preliminary hearing* als Alternativverfahren besonders groß.[1505] Dies verstärke ferner noch die Dominanz des Staatsanwalts gegenüber der *grand jury*.[1506]

[1500] So *Schneider*, Columbia Journal of Law and Social Problems 1973, S. 699. Ebenso *Johnston*, The Journal of Criminal Law & Criminology 1974, S. 160 wie auch *Leipold*, Cornell Law Review 1995, S. 267. Bestätigend: *LaFave/ Israel/ King*, Criminal Procedure, Band 3, S. 20.

[1501] Die *due process clause* läßt sich in etwa mit dem deutschen Rechtsstaatsprinzip vergleichen, so auch *Bradley*, Harvard Law Review 1983, S. 1039. Die *due process clause* läßt sich in aller Kürze wie folgt zusammenfassen: Zum einen versteht man darunter die Einbeziehung bestimmter Regelung, die in der *Bill of Rights* niedergelegt sind. Zweitens enthält dieses Prinzip eine materiell-rechtliche Variante, „*substantive due process*" genannt, welche ungeachtet eines ordnungsgemäßen Verfahrens bestimmte willkürliche Handlungen des Staates verbietet. Und drittens wird darin die Gewähr eines fairen Verfahrens eingeschlossen, auch als „*procedural due process*" bezeichnet, die dem Staat untersagt, einen Angeklagten mit einer Geld- oder Gefängnisstrafe zu belegen oder gar zu exekutieren, ohne ihm vorher ein fairen Gerichtsprozeß zugebilligt zu haben, vgl. Daniels v. Williams, 474 U.S. 327, 337 (1986).

[1502] Aufgrund kritischer Stellungnahme solle ein Überdenken dieser Verfahrensart stattfinden, siehe *Lytton*, The Journal of Criminal Law & Criminology 1984, S. 1100 ff.

[1503] So die Regel, genauer dazu *Schneider*, Columbia Journal of Law and Social Problems 1973, S. 718.

[1504] Vgl. *Schneider*, aaO. So auch *Leipold*, Cornell Law Review 1995, S. 288.

[1505] So *Schneider*, Columbia Journal of Law and Social Problems 1973, S. 722 f.

[1506] In diesem Sinne *Schneider*, aaO, S. 708 ff. Dabei legt er die wesentlichen Gründe für die Abgeschlossenheit des Verfahrens dar unter Gegenüberstellung der gegen sie sprechenden Argumente. Ebenso *Campbell*, The Journal of Criminal Law & Criminology 1973, S. 180 unter Hinweis darauf, daß dieses Verfahren den Staatsanwalt immunisiere gegenüber jeglicher Kontrolle.

Insgesamt zeige sich, daß das Verfahren vor der *grand jury* die Anpassung des gesamten Strafprozesses an die Grundsätze der *due process clause* nicht nachvollzogen habe.[1507]

(4) Gerichtliche Haltung der Nichteinmischung

Ein weiterer Grund für den geltend gemachten Mißbrauch von *grand juries* wird in der gerichtlichen Weigerung deren Überprüfung gesehen.[1508] Als Gründe für die unterlassene Prüfung nennen die Gerichte den nicht zu rechtfertigenden Einbruch in die Abgeschlossenheit des *grand-jury*-Verfahrens. Gerade die Art und Weise des Verfahrens habe der *grand jury* in ihrer Geschichte zu ihrem Ansehen und Erfolg verholfen. So würden Laien unbelastet von technischen Verfahrensregeln zu dem für sie gerechten Urteil kommen. Eine gerichtliche Einmischung ziehe zudem eine unannehmbare Verfahrensverzögerung nach sich.[1509]

(5) Moderne Einstellung der Geschworenen

Eine weitere Ursache des Scheiterns der *grand jury* wird in der psychologischen Haltung der Geschworenen gesehen. In heutigen *grand juries* herrsche die Einstellung vor, der Staatsanwalt als ordnungsgemäß ernannter Amtsträger lege ihr nur solche Fälle zur Entscheidung vor, in denen er auch überzeugt sei, eine Verurteilung erreichen zu können. Die Geschworenen seien ihrerseits, nun mit einer gewissen Machtstellung versehen, darum bemüht, der ‚Polizei den Rücken zu stärken', ‚Exempel zu statuieren' und ‚durchzugreifen'. Skeptische Zwischenfragen, bedächtige Abwägungen und geduldige Nachforschungen würden ferner durch eine passive Akzeptanz der Vorschläge des Staatsanwalts ersetzt.[1510]

Moralische Entrüstung über – teilweise strafrechtlich nur geringes – Fehlverhalten, eigene Verhaltensstandards und Unverständnis bezüglich verfassungsrechtlicher Garantien zum Schutz von Angeklagten, welche ‚ihrem Fall' entgegenstünden, mache die Geschworenen zu untauglichen Hütern eines faires Verfahren.[1511]

(6) Kontrast zur richterlichen Anklageprüfung

Ferner seien gerade in komplizierten Fallkonstellationen Geschworene professionellen Strafrechtlern wie Richtern unterlegen. Letztere verfügten nicht nur

---

[1507] Vgl. *Dyke*, The Hastings Law Journal 1976, S. 41. Von einer Befreiung der *grand jury* von allen Erfordernissen der *due process clause* spricht auch *Zwerling*, Hastings Law Journal 1976, S. 1267. In diesem Sinne auch. *Antell*, American Bar Association Journal 1965, S. 153 sowie *Gerstein/ Robinson*, American Bar Association Journal 1978, S. 337.

[1508] So *Zwerling*, Hastings Law Journal 1976, S. 1268.

[1509] Siehe Costello v. United States, 350 U.S. 359, 364 (1956). Zu der geringen richterlichen Überprüfung siehe auch *Vaira*, The Journal of Criminal Law & Criminology 1984, S. 1131.

[1510] Vgl. *Antell*, American Bar Association Journal 1965, S. 154. Ähnlich *Leipold*, Cornell Law Review 1995, S. 405.

[1511] In diesem Sinne *Melvin*, The Modern Grand Jury, S. 154.

über eine durchschnittlich höhere Intelligenz und einen besseren Bildungsgrad, sondern auch über mehr Erfahrung.[1512]

(7) Undemokratischer Charakter der *grand jury*

Auch sei die *grand jury* nicht Sinnbild der Demokratie, wie von den Befürwortern gepriesen. Schon das ihr zuerkannte Privileg, demokratisch erlassene Gesetze bei ihrer Entscheidung einfach zu ignorieren, spreche dagegen. Auch sei die Art und Weise der Entscheidungsfindung mit dem Wesen einer offenen Demokratie unvereinbar, da sie geheim hinter verschlossenen Türen stattfinde. Eine Rechtfertigung oder zumindest Erklärung der getroffenen Entscheidung werde auch nicht einmal gegeben.[1513] So passiere es durchaus, daß eine *grand jury* die Anklage ablehne, weil das Opfer unbeliebt sei oder dem Täter aufgrund gleicher Rassenzugehörigkeit Sympathien entgegengebracht würden.[1514] Höchst problematisch sei in diesem Zusammenhang auch die Auswahl der Geschworenen, welche häufig nicht die Bevölkerung repräsentiere, sondern lediglich die führenden Schichten.[1515]

d) Konsequenzen der Gesamtbeurteilung

Trotz der überwiegenden Kritik an der *grand jury* sind die daraus gezogenen Konsequenzen recht unterschiedlich.

aa) Auffassung der Gerichte

Die bisherige Haltung der Gerichte, v.a. des U.S. Supreme Court bezüglich verstärkter Überprüfung der *grand jury* aufgrund obiger Kritik bleibt unverändert. In seiner letzten großen Entscheidung hierzu im Jahre 1992 hat das Gericht entschieden, daß das englische *common law* keine richterliche Nachprüfung des *grand-jury*-Verfahrens kenne. Das Gericht fühle sich daher außerstande, umfangreichere Reformen wie die richterliche Prüfung umzusetzen. Solche Verfahrensänderungen müßten von dem Gesetzgeber selbst eingeführt werden.[1516]

Viele Gerichte hingegen haben wiederholt ihre Besorgnis über die Dominanz des Staatsanwalts zum Ausdruck gebracht. Gleichzeitig haben sie die Notwendigkeit von Reformen der *grand jury* unterstrichen. Auch haben nicht wenige Gerichtsentscheidungen die Ansicht der Kritiker der *grand jury* geteilt, jene fungiere nur als Nachbeterin, *rubber stamp*, des Staatsanwalts.[1517]

[1512] Vgl. *Smith*, Alabama Law Review 1997, S. 489. Ähnlich auch *Campbell*, The Journal of Criminal Law & Criminology 1973, S. 178, der anführt, Laiengeschworene verfügten einfach nicht über die Ausbildung noch das Wissen, um ihre Aufgabe eigenständig auszuführen.
[1513] Vgl. *Keane*, Hastings Law Journal 1996, S. 1251.
[1514] So *Antell*, American Bar Association Journal 1965, S. 156.
[1515] So für Kalifornien und die Bundesebene *Dyke*, The Hastings Law Journal 1976, S. 62.
[1516] So United States v. Williams, 504 U.S. 36, 55 (1992).
[1517] Ausführlich zu den verschiedenen gerichtlichen Stellungnahmen *LaFave/ Israel/ King*, Criminal Procedure, Band 4, S. 254.

Der Kalifornische Supreme Court ging dabei am weitesten. Es stellte eine mindere Schutzfunktion des Angeklagten bei einer Anklage per *indictment* fest. Dies sei eine Benachteiligung gegenüber denjenigen Angeklagten, welche einem *preliminary hearing* unterzogen würden. Zur Wahrung des verfassungsrechtlichen Gleichbehandlungsgrundsatzes forderte das Gericht daher bei einer Anklage per *indictment* auf Antrag eine nachträgliche richterliche Überprüfung in Form des *postindictment preliminary hearing.*[1518] Diese klare Bevorzugung der richterlichen Kontrolle mit prozessualen Auswirkungen ist eine Sondererscheinung in den USA.[1519] Darauf wird bei dem *prelimary hearing* genauer eingegangen werden.

bb) Auffassung des Schrifttums

(1) Grundsätzliche Beibehaltung der *grand jury*

Trotz teilweise umfangreicher Reformvorschläge wollen viele Autoren die *grand jury* – häufig auch wegen des ermittlungstechnischen Vorteils des geheimen Verfahrens – beibehalten.[1520] Viele machen dies allerdings von der Umsetzung verschiedener Reformen und Änderungsvorschläge abhängig.[1521] Die Unzufriedenheit über die *grand jury* ist teilweise auch gepaart mit der geltend gemachten Reformnotwendigkeit bei der *trial jury.*[1522] Das Eingehen auf die verschiedenen Reformvorschläge an dieser Stelle würde zu weit führen, da ihre Liste sehr erheblich ist. Von den maßgebenden sollen an dieser Stelle beispielhaft nur die Zulassung eines Rechtsanwalts,[1523] eine stärkere gerichtliche Kontrolle der *grand jury*[1524] sowie die Bestellung eines anderen unabhängigen Beraters bei Rechtsfragen als den Staatsanwalt genannt werden.[1525]

[1518] Siehe Hawkins v. Superior Court, 22 Cal.3d 584, 593 (1978).

[1519] So *LaFave/ Israel/ King*, Criminal Procedure, Band 4, S. 135.

[1520] So *Keane*, Hastings Law Journal 1996, S. 1253.

[1521] *Frankel/ Naftalis*, Grand Jury, S. 121-137 mit kompletter Aufzählung aller Reformvorschläge unter grundsätzlicher Beibehaltung der *grand jury.* Vgl. auch *Schneider*, Columbia Journal of Law and Social Problems 1973, S. 730. Er plädiert hierbei für eine verstärkte richterliche Kontrolle der *grand jury.* Auch die *federal grand jury* solle nach Reformen grundsätzlich beibehalten werden, siehe *Sullivan/ Nachman*, Journal of Criminal Law & Criminology 1984, S. 1049. So auch *Gerstein/ Robinson*, American Bar Association Journal 1978, S. 338.

[1522] Siehe *Curriden*, American Bar Association Journal 1995, S. 72 f. Ebenso über Unzufriedenheit und Reformwillen bei der *trial jury* siehe *Ellsworth*, U. Mich. J. L. Reform 1999, S. 213 f.

[1523] Vgl. *Gerstein/ Robinson*, American Bar Association Journal 1978, S. 339.

[1524] Siehe *Johnston*, The Journal of Criminal Law & Criminology 1974, S. 166. Ebenso *LaFave/ Israel/ King*, Criminal Procedure, Band 3, S. 20.

[1525] Vgl. *Dyke*, The Hastings Law Journal 1976, S. 45.

(2) Abschaffung der *grand jury*

Extreme Kritiker der *grand jury* fordern deren bedingungslose Abschaffung. Da die Handlungen der *grand jury* im Grunde solche des sie dominierenden Staatsanwalts seien, wäre es besser, dem Staatsanwalt direkt deren Kompetenzen zu übertragen.[1526] Denn bisher könne der Staatsanwalt unliebsame Entscheidungen, v.a. die der Nichtanklage, auf die *grand jury* abwälzen, obgleich er tatsächlich der *grand jury* eine solche Entscheidung angeraten hat.[1527] Statt des *grand-jury*-Verfahrens sollten Anklagen im Rahmen des *preliminary hearing* von einem Richter überprüft werden.[1528] Andere schlagen eine verstärkte Orientierung an kontinentaleuropäische Vorverfahren vor.[1529]

Auf die geltend gemachte Bevorzugung des *preliminary hearing* sowie die Gründe dafür wird bei dessen Darstellung eingegangen.

e) Aktuelle Beurteilung der *grand jury* im Falle staatsanwaltlicher Untätigkeit

aa) Rechtslage und Rechtswirklichkeit

Wie bereits dargelegt, ist in einigen Bundesstaaten und Gerichtsbezirken die historische Befugnis der *grand jury* erhalten geblieben, selbst Untersuchungen

---

1526 So bereits 1878 bei der Kalifornischen Verfassungsversammlung (*California Constitutional Convention*). Dort vertrat der Abgeordnete Huestis folgende Auffassung: „In many cases they are, in whole or in part, composed of persons ignorant of the law; and in a majority of cases, if the District Attorney tells them that the evidence is sufficient to convict the indict, and on the contrary, if he tells them the evidence is not sufficient, they do not indict. The are, in the very nature of things, almost entirely under the control of the District Attorney...and merely echo his opinions. The whole thing, then, practically viewed, merely amounts to a roundabout and very expensive method of getting the opinion of the District Attorney. And...then, in the name of common sense, why not get the opinion of the District Attorney directly, and thus curtail the enormous expense attending the present system." (In vielen Fällen setzen sie [die Geschworenen] sich ganz oder teilweise aus juristischen Laien zusammen; und in der Mehrheit der Fälle erheben sie Anklage, wenn der Staatsanwalt ihnen sagt, daß die Beweise für eine Verurteilung ausreichend seien. Im Gegenteil dazu unterlassen sie eine Anklage, wenn der Staatsanwalt ihnen sagt, die Beweise seien nicht ausreichend. Sie sind naturgemäß fast völlig unter der Kontrolle des Staatsanwalts und...hallen seine Meinungen wider. Die ganze Sache läuft dann, praktisch gesehen, auf einen Umweg und eine sehr kostspielige Methode hinaus, die Meinung des Staatsanwalts einzuholen. Und...warum soll man dann nicht gleich im Namen des gesunden Menschenverstandes die Meinung des Staatsanwalts direkt einholen und so die enormen Kosten des gegenwärtigen Systemes beschneiden.). Zitiert nach *Alexander/ Portman*, The Hastings Law Journal 1974, S. 1006.

1527 So *Campbell*, The Journal of Criminal Law & Criminology 1973, S. 178. In diesem Sinne auch *Antell*, American Bar Association Journal 1965, S. 156. Ebenso *Leipold*, Cornell Law Review 1995, S. 520.

1528 Mit einem Überblick über weitere Befürworter des Vorzuges des *preliminary hearing* siehe *Arenella*, Michigan Law Review 1980, S. 530. Ebenso *Campbell*, The Journal of Criminal Law & Criminology 1973, S. 174 und 180. Ebenfalls in diese Richtung tendierend *Note*, Havard Law Review 1977, S. 524.

1529 So *Morris*, The Yale Law Journal 1978, S. 681.

durchzuführen und eigenständig Anklage (*presentment*) zu erheben. Kalifornien gehört zu diesen Bundesstaaten.[1530] Existiert ein solches Recht, so bedeutet dies, daß die *grand jury* bei staatsanwaltlichem Unterlassen stattdessen ihrerseits Anklage erheben kann. So könne theoretisch sichergestellt werden, daß „kein Verbrechen der Untersuchung aufgrund Versehens oder Begünstigung durch die Staatsanwaltschaft entgeht."[1531] Dies könnte bedeuten, daß es ähnlich dem deutschen Klageerzwingungsverfahren auch in einigen amerikanischen Bundesstaaten ein Verfahren gibt, das staatsanwaltliches Untätigbleiben überwindet.

Allerdings ist diese Möglichkeit eher theoretischer Natur und in der Rechtswirklichkeit ohne Bedeutung.[1532] Tatsächlich übt die *grand jury* ihre Befugnis, eigenständige Untersuchungen und Anklagen zu erheben, so gut wie nicht aus.[1533] Dies gilt ebenso für *grand juries* in Kalifornien.[1534] Eine bereits erwähnte Untersuchung aus den Jahren 1929-1930 hatte ergeben, daß von den untersuchten 7.414 Fällen[1535] in lediglich 4,76 % die *grand jury* selbst eigenständig ohne Zutun des Staatsanwalts Anklage erhoben hatte. Dies hing vorrangig damit zusammen, daß beschwerte Bürger sich direkt an die *grand jury* statt an den Staatsanwalt wandten.[1536]

bb) Gründe für die Erfolglosigkeit des *presentment*

Eine eigeninitiierte Anklage der *grand jury* in Form des *presentment* sei aus mehreren Gründen selten und kaum geeignet, staatsanwaltliche Untätigkeit auszugleichen:

Zum einen sei die *grand jury* für eine solch eigenständige Aufgabenwahrnehmung, die große Unabhängigkeit und Eigeninitiative erfordere, viel zu abhängig vom Staatsanwalt. Ferner komme hinzu, daß in einigen Rechtsordnungen dieser Bundesstaaten der Staatsanwalt die Anklage der *grand jury* gegenzeichnen muß. Dies zeige bereits, daß die historischen Kompetenzen nicht darauf angelegt seien, staatsanwaltliche Passivität zu überwinden.[1537]

1530 Vgl. §§ 917 f Cal. Penal Code.

1531 So *Schneider*, Columbia Journal of Law and Social Problems 1973, S. 702.

1532 Von einer „unrealistischen" Aufgabe spricht *Schneider*, aaO.

1533 Vgl. *Schneider*, aaO, S. 685.

1534 Siehe *Note*, Stanford Law Review 1956, S. 643: In dem gesamten Jahr 1955 seien nur 15 solcher Eigenerkundigungen gemeldet worden. Ebenso *Witkin/ Epstein*, California Criminal Law, S. 2135. Dies wird bestätigt durch *Graham/ Letwin*, UCLA Law Review 1971, S. 684.

1535 Dabei handelte es sich um reine *grand-jury*-Anklagen, also nicht um *informations*.

1536 Siehe die Untersuchung von *Morse*, Oregon Law Review 1931, S. 134.

1537 So *Schneider*, Columbia Journal of Law and Social Problems 1973, S. 702 f. *Kagel*, California Law Review 1964, S. 120 billigt sogar die Abhängigkeit der *grand jury* von dem Staatsanwalt, um übermäßige und kompetenzüberschreitende Eigenuntersuchungen zu verhindern.

Auch habe die *grand jury* weder den notwendigen Ermittlungsapparat noch die erforderliche Sachkenntnis, um selbständige Untersuchungen anzustellen.[1538] Diese Schwierigkeit wird anschaulich von Antell, wie folgt, beschrieben:

> „Who can believe that even a moderately complex inquiry can be managed by twenty-three untrained people who must work within the framework of the law ? The work of examining and collating documents, interviewing witnesses, analyzing discordant evidence, all these require the application of skills and techniques which are totally outside the knowledge of the average of the average grand juror."[1539]

Eine der weiteren Erschwernisse für den Erfolg von Anklagen aufgrund Bürgerbeschwerden statt staatsanwaltlicher Vorlagen ist die Abgeschlossenheit des Verfahrens. Unzulässige Kommunikation mit den Geschworenen ist nicht nur verboten, sondern kann strafrechtlich wegen Mißachtung des Gerichts sogar mit Haftstrafe geahndet werden.[1540]

Würde die *grand jury* dennoch eigenständige Ermittlungen mit anschließender Anklageerhebung durchführen, so würde deren geforderte Schutzfunktion darunter leiden, müßten doch die Laiengeschworenen ihre eigenen Ermittlungen bewerten und kontrollieren.[1541]

f) Zusammenfassung

Die amerikanische *grand jury* findet ihre Ursprünge in England. Dort diente sie sowohl als königliches Machtinstrument wie auch später als Schutzschild des Bürgers vor ungerechtfertigten Anklagen. Im Kampf gegen die englische Herrschaft in den amerikanischen Kolonien war sie nicht nur Ausdruck lokaler Selbstverwaltung, sondern auch mitwirkender Teil der Unabhängigkeitsbestrebungen. Aus diesen Gründen erfreute sie sich in den amerikanischen Kolonien großer Beliebtheit. Deswegen wurde sie mit der Unabhängigkeit in die Verfassungen der jungen Bundesstaaten aufgenommen. In ihrer darauffolgenden wechselhaften Geschichte wurde sie allerdings immer stärker und wiederholt Ansatzpunkt heftiger Kritik. Der wiederkehrende Ruf ihrer Abschaffung wurde laut. Trotz der allgemeinen traditionellen Verwurzelung der *grand jury* rückten Mitte des 19. Jahrhunderts die neueren amerikanischen Bundesstaaten im Westen der USA zunehmend von dem Erfordernis einer Anklage durch die *grand jury* ab. Stattdessen wurde die Anklageerhebung durch den Staatsanwalt mit anschlie-

---

[1538] Ähnlich *LaFave/ Israel/ King*, Criminal Procedure, Band 3, S. 19.

[1539] So *Antell*, American Bar Association Journal 1965, S. 155: „Wer kann glauben, daß eine auch nur gemäßigt komplexe Untersuchung von 23 unausgebildeten Leuten gemeistert werden kann, die dabei innerhalb des Rahmens der Gesetze arbeiten müssen? Die Tätigkeit des Untersuchens und Vergleichens von Schriftstücken, die Befragung von Zeugen, die Analyse von abweichenden Beweisen, all dies erfordert die Anwendung von Fertigkeiten und Techniken, die vollkommen außerhalb der Kenntnisse des durchschnittlichen Geschworenen liegen."

[1540] Genauer dazu 38 AmJur 2d, Grand Jury, § 38, West Group 1999, S. 854. Ebenso *Note*, The Yale Law Journal 1955, S. 213.

[1541] So *Schneider*, Columbia Journal of Law and Social Problems 1973, S. 687.

ßend richterlicher Überprüfung im Rahmen eines *preliminary hearing* gestattet. Heute bedient sich die Mehrzahl aller Bundesstaaten dieser Vorgehensweise bei schweren Straftaten. Am klarsten läßt sich die Verschiebung von einer Anklageprüfung und -erhebung durch Laiengeschworene hin zu einer richterlich überprüften Anklage in den jüngeren westlichen Bundesstaaten, wie etwa Kalifornien, ablesen.

Die Gründe für das Abrücken von der *grand-jury*-Anklage sind zahlreich. Sie liegen v.a. in der klaren Dominanz des Staatsanwalts über die Laiengeschworenen, folglich auch in der Beeinflussung der Geschworenen durch den Staatsanwalt, in den stromlinienförmigeren richterlichen Überprüfungsverfahren sowie in der Gewährung geringerer Rechtspositionen für den Beschuldigten bei der *grand jury*. Ferner ist die *grand jury* aufgrund ihrer Struktur, Zusammensetzung und faktischen Abhängigkeit von der Staatsanwaltschaft nicht geeignet, staatsanwaltliche Passivität durch eine eigene Anklageerhebung (*presentment*) zu überwinden. Weigert sich der Staatsanwalt also, eine Anklage zu erheben, so hat der Bürger praktisch kaum eine Möglichkeit, diese über die *grand jury* zu erreichen.

Während einige dennoch an der *grand jury*, u.a. wegen ihres demokratischen Charakters festhalten, fordern viele neben Reformen auch ihre Abschaffung.

4. Richterliche Kontrolle in Form des *preliminay hearing* bei erhobener Anklage

a) Historischer Ursprung und Entwicklung

Das erste Gesetz bezüglich eines *preliminary hearing* – auch *preliminary examination* genannt – wurde 1554 erlassen. Es sah vor, daß zwei Richter zwecks Bestimmung von Kaution Gefangene vernahmen sowie die Aussagen der Ankläger anhörten.[1542] Das Gesetz lautete:

> „And that the said justices...when any such prisoner is brought before them for manslaughter or felony, before any bailment..., shall take the examination of the said prisoner...of the fact and circumstances thereof...or as much thereof as shall be material to prove the felony shall put in writing before they make the same bailment..."[1543]

Diese Untersuchung war ihrer Natur nach inquisitorisch. Die Richter unternahmen aktive Untersuchungsmaßnahmen und vernahmen den Tatverdächtigen in

---

[1542] *Weinberg/ Weinberg*, Michigan Law Review 1969, S. 1365.

[1543] An Act Touching Bailment of Persons, 1 & 2 Phil.& M., c. 13, § 4 (1554): „Und besagte Richter sollen,...wenn ein solcher Gefangener wegen Totschlags oder eines schweren Verbrechens vor sie gebracht wurde, vor jeglicher Kautionshinterlegung...den besagten Gefangenen,...die Tat und deren Umstände untersuchen...oder soviel, wie wesentlich ist zum Beweis der Straftat. Sie sollen dies niederschreiben, bevor sie dieselbe Kautionshinterlegung festlegen." Zitiert nach *Comment*, University of Pennsylvania Law Review 1968, S. 1416 f.

einem geheimen Verfahren.[1544] Die Belastungszeugen wurden in Abwesenheit des Tatverdächtigen befragt, dem der direkte Zugang zu den gegen ihn vorgebrachten Beweisen versagt blieb. Seine Vernehmung erfolgte ferner ohne einen Rechtsbeistand.[1545] Aufgrund des in England herrschenden Privatklagesystems war eine der Hauptfunktionen dieser Untersuchung die Überstellung des Tatverdächtigen ins Gefängnis oder die Haftentlassung auf Kaution. Dadurch sollte das sich anschließende Strafverfahren sichergestellt werden. Diese Überstellung erfolgte automatisch, es sei denn, die Untersuchung ergab, daß entweder kein Verbrechen begangen worden oder der Gefangene dessen nicht verdächtig ist.[1546]

Dieses *preliminary hearing/ examination* ist von seinem Ursprung her gesehen eine Folge des Fremdeinflusses durch das inquisitorische Verfahren in Kontinentaleuropa. England hat trotz seiner relativen Isolation diese Verfahrensart übernommen.[1547] Mangels organisierter Polizei- und Ermittlungsorgane gerieten die Richter durch ihre Eigenermittlungen dabei in eine anklägerähnliche Rolle.[1548] Als Werkzeug der Krone[1549] ist dieses Verfahren wegen der repressiven, geheimen inquisitorischen Vernehmungsmethoden Anfang des 18. Jahrhunderts in Ungnade gefallen.[1550]

Daher änderte sich der Charakter des Verfahrens. Es entwickelte sich im Laufe der Zeit zu einer richterlichen Anklageüberprüfung sowie Haftprüfung. Zur Überwindung und Verbesserung der inquisitorischen Verfahrenszüge mußte die Staatsanwaltschaft zum einen den Beweis der wahrscheinlichen Verbrechensbegehung durch den Tatverdächtigen, *probable cause,* antreten. Zum anderen wurde das adversatorische Verfahren eingeführt sowie später das Recht des Tatverdächtigen auf einen Rechtsbeistand, auf eigene Beweisanträge und auf Kreuzverhör der Zeugen der Anklage.[1551]

Wie bei der Untersuchung der *grand jury* bereits ausgeführt, hat sich in den USA die Gesamtentwicklung hin zur *information* mit richterlicher Kontrolle im Rahmen des *preliminary hearing* bewegt. Insofern läßt sich die Tendenz zu verstärkter richterlicher Kontrolle feststellen.[1552]

[1544] Siehe *Ploscowe*, Harvard Law Review 1935, S. 458 f.

[1545] So *Anderson,* Missouri Law Review 1970, S. 284.

[1546] *Anderson,* aaO.

[1547] Vgl. *Ploscowe,* Harvard Law Review 1935, S. 446 sowie 457. So auch Johnson v. Superior Court 15 C.3d 248, 260 (1975).

[1548] Ähnlich *Comment,* University of Pennsylvania Law Review 1968, S. 1417. Es ist dabei zu beachten, daß die Richter Laien und nicht wie *magistrates* in Vernehmungen geübt waren, siehe *Ploscowe,* Harvard Law Review 1935, S. 459.

[1549] Vgl. Johnson v. Superior Court 15 C.3d 248, 260 (1975).

[1550] Vgl. *Anderson,* Missouri Law Review 1970, S. 285.

[1551] Siehe *Comment,* University of Pennsylvania Law Review 1968, S. 1419 sowie *Anderson,* Missouri Law Review 1970, S. 285. Ähnlich Johnson v. Superior Court 15 C.3d 248, 260 f (1975).

[1552] *Logan,* Wisconsin Law Review 1990, S. 1734 faßt dies bündig zusammen: „Traditionally shunned as an affront to separation of powers doctrine, judicial review is assuming increasing

b) Aktueller Stand in den USA

aa) Zweck des *preliminary hearing*

Neben dem Schutz vor unbegründeten Anklagen[1553] dient das *preliminary hearing* der Offenlegung von Informationen durch beide Parteien[1554] wie auch der Beweissicherung von Zeugenaussagen.[1555] Weiterhin soll bei dem *preliminary hearing* die Legitimität der andauernden Inhaftierung erneut und exakt geprüft[1556] sowie die Kaution individueller festgesetzt werden.[1557] Der Hauptzweck ist allerdings unstreitig die Überprüfung der Anklage. Dies wird in der häufig zitierten, klassischen Gerichtsentscheidung des Wisconsin Supreme Court von 1922 deutlich:

> „The object or purpose of the preliminary investigation is to prevent the hasty, malicious, improvident and oppressive prosecutions, to protect the person charged from open and public accusations of crime, to avoid both for the defendant and the public the expense of a public trial, and to save the defendant from the humiliation and anxiety involved in a public prosecution, and to discover whether or not there are substantial grounds upon which a prosecution may be based."[1558]

bb) Grundsätzliche Verfahrenszüge

Wie bereits dargestellt,[1559] ist das *preliminary hearing* ein adversatorisches Verfahren ohne Geschworenenteilnahme, in dem der *magistrate* im Anschluß über das Vorliegen des *probable cause* entscheiden muß.

---

popularity today as a discretion control measure." (Traditionell gemieden als ein Affront gegen die Gewaltenteilungslehre, erfreut sich die gerichtliche Kontrolle zunehmender Beliebtheit als Mittel zur Kontrolle des Ermessens.). Interessanterweise so auch für die richterliche Position im *trial*: *Smith*, Alabama Law Review 1997, S. 446 sowie 451.

[1553] So *Weinberg/ Weinberg*, Michigan Law Review 1969, S. 1365.

[1554] Im amerikanischen Recht unter dem Stichwort *discovery* bekannt, siehe hierzu *Arenella*, Michigan Law Review 1980, S. 476. Ebenso *Anderson*, Missouri Law Review 1970, S. 287.

[1555] Ebenso *Arenella*, Reforming the Federal Grand Jury, S. 476.

[1556] Siehe *Arenella*, aaO, S. 482.

[1557] So *Anderson*, Missouri Law Review 1970, S. 287. Eine gute Übersicht über weitere Zwecke gibt auch *Dam*, Criminal Justice Journal 1986, S. 211.

[1558] Vgl. Thies v. State, 178 Wis. 98, 103, 189 N.W. 539, 541 (1922): „Das Ziel oder der Zweck des *preliminary hearing* ist die Verhinderung von übereilten, böswilligen, unbedachten und unterdrückenden Anklagen, der Schutz von Personen vor einer jedermann zugänglichen und öffentlichen Anklage einer Straftat, die Vermeidung der Kosten einer öffentlichen Hauptverhandlung sowohl für den Angeklagten wie auch für die Öffentlichkeit, ferner die Schonung des Angeklagten vor der Demütigung und Aufregung, die mit einer öffentlichen Strafverfolgung verbunden sind sowie die Erforschung, ob oder ob nicht wesentliche Gründe für eine Strafverfolgung vorliegen." Sehr ähnlich auch der Kalifornische Supreme Court, siehe Jaffe v. Stone, 18 Cal. 2d 146, 150, 114 P.2d 335, 338 (1941).

[1559] Vgl. den Abriß über das Strafverfahren in C. I. 3 ‚Verfahren zur Überprüfung der vorläufigen sowie anschließende Erhebung der endgültigen Anklage.'

Insofern ist dieses Verfahren teilweise den kontinentaleuropäischen „inquisitorischen“ Verfahren bzw. Hauptverhandlungen angenähert. Während in Kontinentaleuropa der Richter allerdings die von ihm selbst in der Verhandlung gesammelten Beweise beurteilt, so entscheidet der *magistrate* nur über solche Beweise, die ihm von den Parteien vorgelegt werden.[1560]

c) Aktueller Stand in Kalifornien

Das Verfahren speziell in Kalifornien ist bereits erläutert worden.[1561]

Eine Untersuchung im Jahre 1971 in Los Angeles, Kalifornien, ergab, daß Staatsanwälte beim *preliminary hearing* sehr häufig umfangreiche Beweise, v.a. Zeugenbeweise, vorbrachten. Hauptgrund dafür war die erstrebte Beweissicherung der Aussagen bei einem späteren *trial*. Wie auch in den übrigen Bundesstaaten trat die Verteidigung keinerlei Beweise an. In der Regel dauert ein *preliminary hearing* rund 30 Minuten. Insgesamt führen *magistrates* pro Tag rund sechs bis zehn *hearings* durch. Die Einstellungsquote von Verfahren sowie die Verwerfung der Anklagen wird auf etwa 9 % geschätzt.[1562]

d) Vergleich zum *grand-jury*-Verfahren

Im Gegensatz zum *preliminary hearing* wird beim *grand-jury*-Verfahren eine unabhängige richterliche Anklageprüfung nicht vorgenommen.[1563] Sie wird durch die Laiengeschworenen ersetzt. Somit kommen bei der *grand jury* juristische Laien zur Anklageprüfung und -entscheidung, während dies beim *preliminary hearing* in der Regel ein Jurist ist. Ferner entscheidet bei der *grand jury* ein Kollektiv, beim *preliminary hearing* hingegen eine Einzelperson.[1564] Während demzufolge beim Verfahren vor der *grand jury* die Gerechtigkeitsmaßstäbe der Gemeinde einfließen (sollen), wird im *preliminary hearing* durch den *magistrate* eine genauere juristische Beweisanalyse durchgeführt.[1565] Auch ist die Anwesenheit eines Richters in den Sitzungen der *grand jury* nicht erlaubt, es sei denn, er wird von dieser offiziell um Rat gebeten. Demgegenüber ist er beim *preliminary hearing* die zentrale Figur, bestimmt er doch letztlich über die Zulässigkeit der Anklage. Außerdem beinhaltet das *preliminary hearing* eine Reihe von Rechtspositionen für den Angeklagten, die ihm beim *grand-jury*-Verfahren nicht

[1560] So schon *Ploscowe*, Harvard Law Review 1935, S. 433. Allerdings muß berücksichtigt werden, daß der Vergleich mit den kontinentaleuropäischen Verfahren auf deren Hauptverhandlungen abstellt, das *preliminary hearing* jedoch im Vorverfahren stattfindet. Wie bereits dargelegt, ist jenes von seinem Zweck her am ehesten mit dem deutschen Zwischenverfahren zu vergleichen, auch wenn bei diesem keine öffentliche Verhandlung stattfindet.

[1561] Siehe Seite 148 ff. in dieser Arbeit.

[1562] So das Ergebnis einer Untersuchung in Los Angeles, vgl. *Graham/ Letwin*, UCLA Law Review 1971, S. 658 f. sowie 721. Zu den Schwierigkeiten dieser Schätzung Siehe S. 722 f.

[1563] Vgl. *Alexander/ Portman*, The Hastings Law Journal 1974, S. 1004.

[1564] Siehe *Graham/ Letwin*, UCLA Law Review 1971, S. 681.

[1565] So *Arenella*, Michigan Law Review 1980, S. 538. Ähnlich *Note*, The Yale Law Journal 1974, S. 802.

zustehen: das Recht auf eigene Anwesenheit während der Sitzung, auf einen Rechtsbeistand während der Sitzung, auf ein Kreuzverhör der Belastungszeugen sowie das Recht, selbst Entlastungsbeweise zu präsentieren.[1566]

Somit ist das *preliminary hearing* ein adversatorisches öffentliches Verfahren, das der *grand jury* ein eher inquisitorisches geheimes.[1567] Ein weiterer Unterschied besteht darin, daß die *grand jury* theoretisch die Entscheidung des Staatsanwalts, keine Anklage zu erheben, durch eine eigene, in Form des *presentment*, kompensieren kann. Dem *magistrate* hingegen fehlen bei unterlassener Strafverfolgung die Möglichkeiten, diese staatsanwaltliche Untätigkeit zu kompensieren.[1568]

e) Beurteilungen des *preliminary hearing*, v.a. im Vergleich zum *grand-jury*-Verfahren

Die aus dem Vergleich zum Verfahren vor der *grand jury* gezogenen Schlüsse sind unterschiedlich.

aa) Negative Bewertung des *preliminary hearing*

Nur wenige Autoren erachten die *grand jury* als vorzugswürdig gegenüber dem *preliminary hearing*. Als tragendes Argument dabei wird von ihnen geltend gemacht, die *grand jury* bewerte nicht nur wie der Richter die Glaubwürdigkeit der Zeugen, sondern bringe darüberhinaus auch die Vorstellungen der Gemeinde bezüglich Fairneß und Gerechtigkeit ein. Im Gegensatz zum *magistrate* könne die *grand jury* selbst bei ausreichender Beweislage eine Anklage verhindern, würde diese als Folge zu strikter Gesetze empfunden oder allgemeinem Gerechtigkeitsempfinden widersprechen.[1569] Ferner werde durch das *preliminary hearing* an Stelle der *grand jury* auch die Bürgerbeteiligung im Strafverfahren reduziert.[1570]

Die regelmäßige Bejahung des *probable cause* im Sinne der vorläufigen Anklage, *complaint*, durch den *magistrate* geschehe im Vertrauen auf die grundsätzlich als korrekt eingestufte Entscheidung sowie Sachkenntnis des Staatsan-

---

[1566] Vgl. § 939.7 Cal. Penal Code. Im übrigen hat ein Angeklagter nur dann ein Recht – und eine Pflicht – vor der *grand jury* zu erscheinen, wenn er als Zeuge vorgeladen ist, vgl. im übrigen mit weiteren Details *Alexander/ Portman*, The Hastings Law Journal 1974, S. 1004. So auch der Kalifornische Supreme Court in Johnson v. Superior Court, 15 C.3d 248, 256 (1975).

[1567] So *Graham/ Letwin*, UCLA Law Review 1971, S. 683. Bestätigend *Emerson/ Ames*, Pretrial Sentencing, S. 7.

[1568] Siehe *Graham/ Letwin*, UCLA Law Review 1971, S. 684.

[1569] Siehe näher dazu *LaFave/ Israel/ King*, Criminal Procedure, Band 4, S. 247.

[1570] So *Schneider*, Columbia Journal of Law and Social Problems 1973, S. 730.

walts.[1571] Dies hänge u.a. mit der engen Beziehung zwischen *magistrate* und Staatsanwalt als zwei Professionellen in der Strafrechtspflege zusammen. Deren Vergleichbarkeit in bezug auf Prestige, Einfluß und Denkweise begünstige eine Duplizität der Entscheidungen und damit einen geringen Kontrollwert durch den *magistrate*.[1572] Insofern sei die Prüfung der Anklage durch den *magistrate* nur „schablonenhaft" und schematisch und habe nur ein Ziel: die Zulassung der Anklage.[1573] Diese Einschätzung erinnert an Beurteilungen des deutschen Zwischenverfahrens.[1574]

bb) Positive Bewertung des *preliminary hearing*

Im Gegensatz dazu wird geltend gemacht, die Möglichkeit der *jury* zur faktischen Außerkraftsetzung von Gesetzen durch deren Nichtbeachtung sei zweifelhafter Natur. So würden ordnungsgemäß erlassene Gesetze, teilweise aus unzulässigen Motiven wie Bevorzugung des Täters aufgrund gleicher Rassenzugehörigkeit oder Antipathie gegenüber dem Opfer übergangen.[1575]

Der Wert des *preliminary hearing* wird u.a. in der Möglichkeit des Kreuzverhöres der Belastungszeugen durch die Verteidigung gesehen. Teilweise würden sie einem intensiven Kreuzverhör mit dem Ziel der Feststellung ihrer Glaubwürdigkeit und des Beweiswerts ausgesetzt.[1576] Im Gegensatz zur *grand jury*, in der ein Kreuzverhör durch den Strafverteidiger des Angeklagten nicht erlaubt ist, erfülle das *preliminary hearing* durchaus seinen Zweck des Ausfilterns unbegründeter Anklagen.[1577] Dies könne von der *grand jury* auch insofern nicht erreicht werden, als daß der Staatsanwalt in der Regel nicht verpflichtet sei, den Geschworenen entlastende Umstände vorzulegen.[1578] Eine Studie in einem Bundesstaat er-

---

1571 In diesem Sinne *Miller*, Charge a Suspect with a Crime, S. 46. *Bubany/ Skillern*, The American Criminal Law Review 1976, S. 483 sprechen davon, daß der *magistrate* in der Regel die Auffassung der Staatsanwaltschaft bevorzuge und daher bestätige.

1572 So *Dession*, Yale Law Journal 1932, S. 169.

1573 Das Kalifornische Berufungsgericht in People v. Gibbs, 255 Cal. App. 2d 739, 743, 63 Cal.Rptr. 471, 475 (1967) schreibt hierzu: „In most California criminal prosecutions the preliminary examination is conducted as a rather perfunctory uncontested proceeding with only one likely denouement – an order holding the defendant for trial". (In den meisten kalifornischen Strafverfolgungen wird das *preliminary hearing* in einem eher mechanischen, unstreitigen Verfahren durchgeführt mit nur einem wahrscheinlichen Abschluß – einer gerichtlichen Verfügung, den Angeklagten der Hauptverhandlung zu unterziehen.).

1574 Siehe stellvertretend schon *Kulemann*, GS 1895, S. 101 sowie eigene Ausführungen auf Seite 117 ff.

1575 Mit weiteren geschichtlichen Nachweisen und Beispielen hierzu siehe *Leipold*, Cornell Law Review 1995, S. 309 f. Ebenso skeptisch *Graham/ Letwin*, UCLA Law Review 1971, S. 681.

1576 So das Ergebnis einer Vergleichsstudie zwischen *grand jury* und *preliminary hearing*; siehe *Emerson/ Ames*, Pretrial Sentencing, S. 140.

1577 Siehe *Miller*, Charge a Suspect with a Crime, S. 74. Ähnlich *Graham/ Letwin*, UCLA Law Review 1971, S. 680.

1578 Mit Beispielen aus der Rechtsprechung, in denen mangels vorgelegten Entlastungsbeweisen eine Anklage durch die *grand jury* erhoben wurde, obgleich ein *magistrate* diese vorher gab, daß der Staatsanwalt in keinem der untersuchten Fälle der *grand jury* Entlastungsbeweise vorgelegt hatte.[1579] Schließlich sei die Öffentlichkeit des *preliminary hearing* sowie die adversatorische Verfahrensart weitaus besser geeignet, eine unabhängige Anklageprüfung als das abgeschlossene *grand-jury*-Verfahren darzustellen.[1580] Für Staatsanwälte sei es überdies vorteilhaft, ihre Hauptzeugen bereits in einem frühen Stadium den Belastungen eines Kreuzverhöres auszusetzen. In diesem Testlauf könnten nicht nur die Staatsanwälte die Prozeßtauglichkeit ihrer Zeugen sondieren, sondern auch die Verteidigung könne sich durch den Einblick in die belastende Beweisstärke zu einem Schuldbekenntnis bewegen lassen.[1581]

Der U.S. Supreme Court hat in einer vielzitierten Entscheidung den Wert des *preliminary hearing* auch im Hinblick auf das adversatorische Verfahren hervorgehoben:

> „Plainly the guiding hand of counsel at the preliminary hearing is essential to protect the indigent accused against an erroneous or improper prosecution. First, the lawyer's skilled examination and cross-examination of witnesses may expose fatal weaknesses in the State's case that may lead the magistrate to refuse to bind the accused over. Second, in any event, the skilled interrogation of witnesses by an experienced lawyer can fashion a vital impeachment tool for use in cross-examination of the State's witnesses at the trial, or preserve testimony favorable to the accused of a witness who does not appear at the trial. Third, trained counsel can more effectively discover the case the State has against his client and make possible the preparation of a proper defense to meet that case at the trial."[1582]

---

aufgrund der entlastenden Umstände abgelehnt hatte: *Arenella*, Michigan Law Review 1980, S. 549 ff. Siehe im übrigen § 939.7 Cal. Penal Code.

[1579] So *Emerson/ Ames*, Pretrial Sentencing, S. 140.

[1580] Zu diesem Schluß kommen *Weinberg/ Weinberg*, Michigan Law Review 1969, S. 1382. Dies ist auch das Ergebnis der Untersuchung von *Emerson/ Ames*, Pretrial Sentencing, S. 148. Allerdings werden beide Verfahren als nicht besonders effektiv bezeichnet; das *preliminary hearing* sei jedoch ein besserer Filter unbegründeter Anklagen als die *grand jury*.

[1581] So *Anderson*, Missouri Law Review 1970, S. 288 f. Das Handbuch „Trial Tactics for Prosecutors" der *California District Attorneys Association*, S. 225 gibt diesbezüglich folgende interessante Bewertung ab: „Likewise, a preliminary hearing, skillfully presented, is invaluable for preserving testimony, demonstrating the strength of your case, and reassuring your witnesses. Defense attorneys have often been convinced, on the basis of a thorough and yet properly restrained prelim that a plea is better than a trial." (Ebenfalls ist ein geschickt präsentiertes *preliminary hearing* von unschätzbarem Wert zur Beweissicherung, Demonstration der Stärke Ihres Falles sowie der Rückversicherung Ihrer Zeugen. Strafverteidiger sind oft auf der Grundlage eines gründlichen und doch maßvollen *preliminary hearings* überzeugt worden, daß ein Schuldbekenntnis besser sei als ein *trial*.). Siehe auch *Berend*, Pacific Law Journal 1992, S. 1137. Ebenso auch *Dam*, Criminal Justice Journal 1986, S. 211.

[1582] Siehe Coleman v. Alabama, 399 U.S.1, 9 (1970): „Die führende Hand eines Rechtsanwaltes ist schlicht grundlegend, um den mittellosen Angeklagten vor irrtümlicher oder unzutreffender Strafverfolgung zu schützen. Erstens kann das geschickte anwaltliche Verhör und Kreuzverhör der Zeugen fatale Schwächen in der Anklage offenlegen, die zu deren Ablehnung durch den *magistrate* führen. Zweitens kann auf jeden Fall die geübte Befragung von Zeugen durch einen erfahrenen Juristen ein wesentliches Instrument zur Anzweiflung von

Der Wert des *preliminary hearing*, wie auch allgemein eines jeden Kontrollmechanismus, wird u.a. in der Anpassung staatsanwaltlichen Handelns durch Vorwegnahme der erwarteten richterlichen Entscheidung gesehen. Diese psychologische Antizipation führe zu einer maßgebenden Wirkung im Vorfeld dieses Kontrollmechanismus. Demgegenüber erschöpfe sich seine eigentliche Anwendung und Durchführung dann nur noch in der Bestätigung der vorweggenommenen Erwartungen. Insoweit werde dem Durchführungsstadium selbst häufig nur ein sehr geringer und formaler Kontrollwert zugeschrieben.[1583]

Ähnlich wie in der Bundesrepublik Deutschland wird in den USA bereits die Anklageerhebung als eine Belastung für den Angeklagten gesehen, die einhergeht mit möglicher Beschädigung seines Rufes selbst bei nachfolgendem Freispruch.[1584] Deshalb müsse die öffentliche Erhebung der Anklage einer Prüfung unterzogen werden. Auch ergebe sich eine verstärkte Notwendigkeit des *preliminary hearing* durch Umgehung des *trial* aufgrund des *plea bargaining*. Es stelle daher die einzige unabhängige Überprüfung der vorgeworfenen Straftat innerhalb des *plea bargaining* dar.[1585]

Insgesamt sei das *preliminary hearing* vor einem neutralen, unabhängigen und juristisch geschulten *magistrate* gegenüber dem *grand-jury*-Verfahren vorzugswürdig.[1586] Gerade die eigene juristische Fachkenntnis entziehe den Richter – anders als die *grand jury* – dem dominanten Einfluß des Staatsanwalts. Nur so seien die Bürger letztlich vor unbegründeten Anklagen geschützt.[1587] Darüberhinaus könne der *magistrate* im Gegensatz zu den Laiengeschworenen der *grand jury* auch die Zulässigkeit der vorgebrachten Beweise beurteilen.[1588] Daher müsse die richterliche Position gestärkt werden.[1589] Das amerikanische Recht kenne nur ein Bollwerk zum Schutz von Individualrechten: Dies sei nicht – wie oft

Zeugen der Anklage im Kreuzverhör in der Hauptverhandlung darstellen, oder dem Angeklagten günstige Aussagen von solchen Zeugen sichern, die nicht in der Hauptverhandlung erscheinen. Drittens kann ein ausgebildeter Anwalt effektiver Informationen bezüglich der Anklage erlangen und die Vorbereitung einer angemessenen Verteidigung in der Hauptverhandlung vornehmen."

1583 Ähnlich mit Beispielen auch aus dem Haftrecht, dem Ausstellen von Haftbefehlen, *Miller*, Charge a Suspect with a Crime, S. 340.

1584 So *Davis*, Discretionary Justice, S. 190.

1585 Zu diesem Schluß kommt auch *Note*, The Yale Law Journal 1974, S. 786. Ähnlich *Arenella*, Michigan Law Review 1980, S. 498 sowie 522. Für eine insgesamt verstärkte richterliche Kontrolle des *plea bargainings* siehe *Hobbs*, California Law Review 1971, S. 993.

1586 So *Morris*, The Yale Law Journal 1978, S. 683. Ebenso *Arenella*, Michigan Law Review 1980, S. 538 sowie *Dession*, Yale Law Journal 1932, S. 189. In diese Richtung tendiert auch *Note*, The Yale Law Journal 1974, S. 802: Da die *grand jury* keinen Schutz vor einer unbegründeten Anklage biete, solle sogar auf der Bundesebene ein *preliminary hearing* unumgänglich sein. Dieser Einschätzung sich anschließend, zumindest bis eine grundlegende Reform der *grand jury* in Kraft tritt: *Dash*, The American Criminal Law Review 1972, S. 809.

1587 So *Campbell*, The Journal of Criminal Law & Criminology 1973, S. 180.

1588 Vgl. *Alexander/ Portman*, The Hastings Law Journal 1974, S. 1006.

1589 Vgl. *Morris*, Harvard Law Review 1978, S. 1371. So insgesamt auch für den *jury trial*, siehe *Smith*, Alabama Law Review 1997, S. 450.

fälschlicherweise gepriesen – die *grand jury*, sondern die Gerichte selbst.[1590] Damit sei das *preliminary hearing* als richterliches Instrument der einzige effektive Kontrollmechanismus, der in der Lage sei, ein Gegengewicht zur gewaltigen Macht des Staatsanwalts zu bilden.[1591]

Folge der per *indictment* Angeklagten verglichen mit denjenigen, die über eine *information* angeklagt werden, sei eine Ungleichbehandlung und Benachteiligung. Angeklagten im Rahmen des *grand-jury*-Verfahrens würden fundamentale Rechte vorbehalten, welche dagegen beim *preliminary hearing* gewährt würden.[1592] Dies sei ein Verstoß gegen Verfassungsprinzipien, nämlich den Gleichheitsgrundsatz, *equal protection clause*,[1593] sowie das „Rechtsstaatsprinzip",[1594] *due process clause*.[1595]

[1590] So *Antell*, American Bar Association Journal 1965, S. 156.

[1591] Zu diesem Ergebnis ihrer umfangreichen Untersuchungen kommen *Graham/ Letwin*, UCLA Law Review 1971, S. 641 sowie S. 916, 953.

[1592] Sehr anschaulich wird dies beschrieben von *Dash*, The American Criminal Law Review 1972, S. 814 f: „One can imagine a prosecutor piously explaining to an accused: ‚Yes, indeed, if you have a preliminary hearing, it is a critical stage of the prosecution and you are entitled to a counsel. You will be able to cross-examine witnesses against you, present any testimony you wish to give, challenge whether probable cause has been established and obtain some discovery of the case against you – but, of course, that is if I permit you to have a preliminary hearing. If I choose to go directly to the grand jury, on the other hand, all these precious rights I just outlined for you are not available'..." (Man stelle sich einen Staatsanwalt vor, der pflichtgetreu einem Angeklagten erklärt: ‚Ja, in der Tat, wenn Sie ein *preliminary hearing* haben, dann ist dies ein kritisches Stadium der Strafverfolgung und Sie haben ein Recht auf einen Rechtsbeistand. Es wird Ihnen möglich sein, Belastungszeugen einem Kreuzverhör zu unterziehen, jeden von Ihnen gewünschten Beweis anzutreten, die Feststellung des entsprechenden Tatverdachts anzuzweifeln und Informationen von der Anklage zu erhalten – aber natürlich nur, wenn ich Ihnen ein *preliminary hearing* erlaube. Wenn ich andererseits die Wahl treffe, mich direkt an die *grand jury* zu wenden, dann sind Ihnen all diese wertvollen Rechte, welche ich gerade aufgezeigt habe, vorenthalten...').

[1593] Die *equal protection clause* ist in der 14. Änderung der Verfassung der Vereinigten Staaten niedergelegt, *Fourteenth Amendment*, deren Text im Anhang abgedruckt ist. Eine ähnliche Verfassungsregelung ist auch in Kalifornien in Art I § 7 zu finden. Dort wird der Grundsatz *equal protection of the laws* genannt. Beide Verfassungsprinzipien eröffnen im Wesentlichen denselben Schutz. Zusammenfassend gesprochen verlangen sie, daß Gleiches auch gleich behandelt wird. Ungleichbehandlungen vergleichbarer Sachverhalte aus diskriminierenden Gründen verstoßen gegen genannte Grundsätze. Ferner schaffen sie kein Recht, sondern setzen ein solches voraus. Somit finden diese Verfassungsprinzipien im deutschen Gleichbehandlungsgrundsatz des Art. 3 I GG ein ähnliches Pendant. Siehe insgesamt auch 13 Cal Jur 3d Part 1, San Francisco 1989, Stand 1999, Constitutional Law §§ 295 ff, S. 739 ff.

[1594] Die deutsche Übersetzung der *due process clause* mit Rechtsstaatsprinzip ist etwas verkürzt, trifft aber am ehesten ein etwa gleichwertiges Übersetzungspendant. Zur Ähnlichkeit des Rechtsstaatsprinzipes und der *due process clause* siehe *Bradley*, Harvard Law Review 1983, S. 1039. Auch *Frase/ Weigend*, Boston College International & Comparative Law Review 1995, S. 349 vergleichen das deutsche Rechtsstaatsprinzip mit dem amerikanischen *„due process of law"*.

[1595] So *Alexander/ Portman*, The Hastings Law Journal 1974, S. 1008 ff. Die *due process clause* läßt sich in aller Kürze wie folgt zusammenfassen: Zum einen versteht man darunter

Aufgrund der Schwächen der *grand jury* solle daher eine nachträgliche richterliche Überprüfung des Verfahrens und der Anklage ermöglicht und ein *indictment* so durch einen Richter aufgehoben werden, wenn es nicht auf hinreichenden und zulässigen Beweisen beruhe.[1596]

f) Prozessuale Konsequenzen der Gerichte aus dem Vergleich mit dem *grand-jury*-Verfahren

aa) Einführung eines *postindictment preliminary hearing*

Der Kalifornische Supreme Court hat 1978 entschieden, daß Angeklagte per *indictment* ein Recht auf eine nachfolgende richterliche Anhörung ähnlich dem *preliminary hearing* haben, sog. *postindictment preliminary hearing.*[1597] Diese überaus starke Präferenz richterlicher Kontrolle geht innerhalb der USA über den Rahmen des Gewöhnlichen hinaus.[1598] Eine ähnliche Auffassung ist zur Zeit nur im Bundesstaat Wisconsin zu finden.[1599] Das Gericht gibt für seine Haltung folgende Gründe an:

Die bereits dargelegte Benachteiligung eines Angeklagten durch Anklage per *indictment* statt *information* mit nachfolgendem *preliminary hearing* verstoße gegen den Gleichheitsgrundsatz, *equal protection clause*, sowie das „Rechtsstaatsprinzip", die *due process clause*. Keines der fundamentalen Rechte des Angeklagten wie das auf einen Rechtsbeistand, auf ein Kreuzverhör der Belastungszeugen, ein eigenes Anwesenheitsrecht sowie ein Präsentationsrecht von Entlastungsbeweisen würden ihm bei der *grand jury* zugebilligt.[1600] Ein Tatverdächtiger habe daher mehr Rechte bei einer polizeilichen Gegenüberstellung als vor der *grand jury*. Dies gelte auch bei einer Anhörung im Rahmen der Verletzung von Bewährungsauflagen. Selbst das Verfahren zur Verhängung von Disziplinarmaßnahmen gegenüber Strafgefangenen habe mehr Schutzmechanismen

---

die Einbeziehung bestimmter Regelungen, die in der *Bill of Rights* niedergelegt sind. Zweitens enthält dieses Prinzip eine materiell-rechtliche Variante, *„substantive due process"* genannt, die ungeachtet eines ordnungsgemäßen Verfahrens bestimmte willkürliche Handlungen des Staates verbietet. Und drittens wird darin die Gewähr eines fairen Verfahrens eingeschlossen, auch als *„procedural due process"* bezeichnet, die dem Staat untersagt, einen Angeklagten mit einer Geld- oder Gefängnisstrafe zu belegen oder gar zu exekutieren, ohne ihm vorher ein fairen Gerichtsprozeß zugebilligt zu haben, vgl. Daniels v. Williams, 474 U.S. 327, 337 (1986).

[1596] Vgl. *Arenella*, Michigan Law Review 1980, S. 559. So auch *Alexander/ Portman*, The Hastings Law Journal 1974, S. 1008 ff, insbesonders 1013.

[1597] Siehe Hawkins v. Superior Court, 22 Cal.3d 584, 593 (1978).

[1598] Vgl. *LaFave/ Israel/ King*, Criminal Procedure, Band 4, S. 135.

[1599] Dort allerdings ist die geltend gemachte Ungleichbehandlung legislativ geregelt: So ist nach einem *indictment* dennoch ein *preliminary hearing* abzuhalten, siehe genauer bei *Emerson/ Ames*, Pretrial Sentencing, S. 151.

[1600] So sogar schon 3 Jahre vor der wegweisenden Entscheidung, siehe Johnson v. Superior Court, 15 C.3d 248, 263 (1975). Später dann bestätigt in Hawkins v. Superior Court, 22 Cal.3d 584, 587 (1978).

als das *grand-jury*-Verfahren. Sogar eine lediglich Voranhörung zur Widerrufung der Bewährung sei mit stärkeren prozessualen Sicherungen ausgestattet.[1601] Diese Unzulänglichkeiten des *grand-jury*-Verfahrens seien weiterhin durch die Abwesenheit eines neutralen und unvorbelasteten *magistrate* erschwert. Gerade jener könne im Gegensatz zu den Geschworenen aufgrund seiner juristischen Kenntnisse die Zulässigkeit der vorgebrachten Beweise beurteilen.[1602]

Die Möglichkeit einer anschließenden richterlichen Kontrolle des *indictment* in Kalifornien gemäß § 995 Cal. Penal Code wiege die Nachteile der *grand jury* nicht auf. Denn diese Überprüfung beziehe sich lediglich auf das Verfahrensprotokoll. Nichtsdestoweniger bleibe der Mangel des *grand-jury*-Verfahrens auch bei nachfolgender Prüfung der schriftlichen Unterlagen bestehen: Das fehlende Recht auf ein Kreuzverhör, auf eine eigene Beweispräsentation des Angeklagten sowie auf Anwesenheit würden dadurch nicht ausgeglichen.[1603]

bb) Beurteilung und Abschaffung des *postindictment preliminary hearing*

Die Generalstaatsanwaltschaft hatte die prozessuale Neugestaltung durch den Kalifornischen Supreme Court als „unkontrollierten Aktivismus“ kritisiert.[1604] Das Gericht habe sich als Gesetzgeber geriert und das Strafverfahren zeitraubender und kostspieliger ausgestaltet. Überfüllte Gerichtssäle hingegen erforderten straffere Verfahren.[1605] Auch der Gouverneur des Staates Kalifornien, ehemals Generalstaatsanwalt, wie auch Staatsanwälte im allgemeinen haben den Supreme Court für seine angeklagtenfreundliche Haltung kritisiert.[1606] Daher hat der Verband der Staatsanwälte in Kalifornien, California District Attorneys Association, eine Wählerinitiative zur Abschaffung des *postindictment preliminary hearing* formuliert. Diese wurde von den Wählern am 5. Juni 1990 mehrheitlich angenommen.[1607] Der Verband der Strafverteidiger hingegen hat die Abschaffung der zusätzlichen richterlichen Anhörung als eine Erodierung fundamentaler Rechte bewertet.[1608]

[1601] So Johnson v. Superior Court, 15 C.3d 248, 263 f. (1975).
[1602] Siehe Hawkins v. Superior Court, 22 Cal.3d 584, 587 (1978).
[1603] So Hawkins v. Superior Court, 22 Cal.3d 584, 588 f. (1978).
[1604] Siehe hierzu den Brief des Office of the Attorney General vom 6. Januar 1992 an das Gremium der Herausgeber des Pacific Law Journal, Pacific Law Journal, Band 23, 1992.
[1605] Office of the Attorney General, aaO.
[1606] In seinem Aufruf zur Abschaffung der prozessualen Neuregelung durch Wählerinitiative schrieb der Kalifornische Gouverneur Deukmejian u.a.: „Yet, higher courts of this state have created additional rights for the criminally accused and placed more restrictions on law enforcement officers. This proposition will overcome some of the adverse decisions by our higher courts.“ (Dennoch haben höhere Gerichte dieses Staates zusätzliche Rechte für den Angeklagten geschaffen und den Polizeibehörden weitere Restriktionen auferlegt. Dieser Vorschlag wird einige der nachteiligen Entscheidungen unserer höheren Gerichte überwinden.). Zitiert nach *J. Brown*, Pacific Law Journal 1992, S. 881 sowie 888.
[1607] Siehe *Berend*, Pacific Law Journal 1992, S. 1131.
[1608] So der Brief der California Public Defenders Association an das Gremium der Herausgeber des Pacific Law Journal, veröffentlicht in Pacific Law Journal, Band 23, 1992.

Durch die Entscheidung der Wähler hat der Kalifornische Supreme Court seine eigene Auffassung als obsolet angesehen.[1609]

g) Zusammenfassung

Das *prelimininary hearing* überprüft die staatsanwaltliche Anklage in Form der *information* und stellt damit ein Alternativverfahren zur *grand jury* dar. Obwohl teilweise umstritten ist, welches Anklageverfahren einen besseren Schutz vor ungerechtfertigten Anklagen bietet und daher vorzugswürdig ist, gibt es eine klare Tendenz zugunsten des *preliminary hearing*. Bei diesem Verfahren werden die Schutzrechte des Angeklagten als besser verwirklicht angesehen. Die Anklageüberprüfung durch einen juristisch geschulten Richter wird gegenüber der Anklageerhebung durch Laien als überlegen betrachtet. Dem *preliminary hearing* werden klare Vorteile gegenüber der *grand jury* eingeräumt. Am weitesten ging der Kalifornische Supreme Court in seiner Beurteilung beider Anklageverfahren. Verglichen mit dem *preliminary hearing* enthalte die Anklage über die *grand jury* dem Angeklagten wichtige Rechtspositionen vor. Dies verstoße gegen wichtige Verfassungsprinzipien. Das in Kalifornien daraufhin eingeführte *postindictment preliminary hearing* wurde jedoch durch ein direktes Votum der Wähler wieder abgeschafft. Insgesamt wird aber auch dem *preliminary hearing* nur ein mäßiger Kontrollwert zugesprochen.

5. Richterliche Überprüfung der Anklagen auf speziellen Antrag des Angeklagten

a) Situation in den USA insgesamt

Die nachträgliche richterliche Überprüfung, v.a. der *grand-jury*-Anklagen auf Antrag des Angeklagten, ist in den USA kaum existent.[1610] Auf der Ebene des Bundes ist dies nicht möglich. Grund hierfür ist die Tatsache, daß das englische *common law* eine solche richterliche Überprüfung einer Anklage durch die *grand jury* nicht kannte. Folglich hat der U.S. Supreme Court in seiner letzten großen Entscheidung hierzu 1992 ausgeführt, das Gericht könne nicht aus eigener Autorität eine Verfahrensänderung einführen, selbst wenn dies wünschenswert erscheine.[1611]

b) Situation in Kalifornien

In Kalifornien hingegen gibt es eine besonders ausgeprägte Möglichkeit, alle Anklagen einer unabhängigen richterlichen Kontrolle zuzuführen.[1612] Die staatsanwaltliche Anklage, *complaint*, wird bereits im *preliminary hearing* durch ei-

---

[1609] So Bowens v. Superior Court, 1 Cal.4th 36, 45 (1991).

[1610] Siehe genauer dazu *Leipold*, Cornell Law Review 1995, S. 299.

[1611] So United States v. Williams, 504 U.S. 36, 53 (1992).

[1612] Zu der Ausdehnung der Regelung des § 995 Cal. Penal Code durch Einführung weiterer Aufhebungsgründe einer Anklage im Jahre 1939 siehe *Kingsley*, Southern California Law Review 1939, S. 31 f.

nen Richter geprüft. Die die Anklage ablehnende Entscheidung des *magistrate* kann vom Staatsanwalt mit einem Rechtsbehelf und bei dessen Ablehnung mit einer weiteren Beschwerde angegangen werden, §§ 871.5, 1238 (a) (9) Cal. Penal Code. Wird jedoch aufgrund der Feststellung des *probable cause* durch den *magistrate* im Anschluß eine *information* erhoben, so steht dem Angeklagten mit dem Antrag nach § 995 Cal. Penal Code die Möglichkeit einer richterlichen Überprüfung zu. Selbst bei Ablehnung dieses Antrages durch das für die Hauptverhandlung zuständige Gericht kann der Angeklagte sich an das Berufungsgericht wenden, §§ 1238 (a) (1), 999 (a) Cal. Penal Code. Bei Gewährung des Antrages steht dem Staatsanwalt wiederum der Weg zum Berufungsgericht zu, §§ 1238 (a), 999 (a) Cal. Penal Code. Dies bedeutet eine ausgeprägte richterliche Kontrollkette.

Derselbe prozessuale Weg bei Stellung eines Antrags nach § 995 Cal. Penal Code gilt auch für das *indictment* der *grand jury*.[1613]

Insgesamt wird die Erfolgsquote dieser Anträge als sehr niedrig eingeschätzt. Fast alle Anträge des Angeklagten, eine Entscheidung des *magistrate* aufzuheben, scheitern und bestätigen im Endergebnis den Beschluß des *magistrate*.[1614] Der Hauptgrund hierfür liegt offensichtlich daran, daß das überprüfende Gericht sich auf die Durchsicht des Verfahrensprotokolls beschränkt. Die dabei erforderliche Auslegung wird „in dem für die Strafverfolgung günstigsten Lichte" vorgenommen.[1615]

Ein großer Vorteil der richterlichen Überprüfungsmöglichkeit wird allerdings für das *grand-jury*-Verfahren gesehen. Das Bewußtsein einer möglichen gerichtlichen Prüfung des Verfahrens sowie der hinreichenden Beweislage für das *indictment* verhindere den sonst so üblichen Mißbrauch der *grand jury*. Der Staatsanwalt könne daher nicht wie in anderen Bundesstaaten die *grand jury* als sein ‚Gegenzeichnungsinstrument' benutzen. Aus diesem Grund würde auch insgesamt von der *grand jury* weniger Gebrauch gemacht werden.[1616]

Negativ wird angemerkt, daß die weitläufigen Antragsrechte vor dem *trial* zu einer wesentlichen Verfahrensverlangsamung führten. Darunter leide ein schnelles, effektives und unkompliziertes Strafverfahren.[1617]

Insgesamt wird jedoch die gesetzliche Regelung einer solchen richterlichen Überprüfung auch für andere Bundesstaaten befürwortet.[1618]

[1613] Siehe S. 150 ff. der eigenen Ausführungen.
[1614] *Graham/ Letwin*, UCLA Law Review 1971, S. 697.
[1615] So *Knoepp*, San Diego Law Review 1973, S. 224.
[1616] Siehe *Graham/ Letwin*, UCLA Law Review 1971, S. 680.
[1617] Siehe *Geary*, Pacific Law Journal 1973, S. 862.
[1618] So *Johnston*, The Journal of Criminal Law & Criminology 1974, S. 169.

6. Richterliche Einstellungsverfügung, *dismissal*

Wie in Deutschland kennen auch amerikanische Rechtsordnungen eine richterliche Beteiligung bei der staatsanwaltlichen Einstellung des Verfahrens. Interessanterweise sind die Gründe für eine Einbeziehung des Richters in die Verfahrenseinstellung den deutschen Motiven sehr ähnlich.

a) Hintergrund der richterlichen Beteiligung

Mangels gegenteiliger gesetzlicher Regelungen wurde die Einstellung des Verfahrens zu einem beliebigen Zeitpunkt, *nolle prosequi*, als Ausfluß staatsanwaltlicher Tätigkeit betrachtet. Allerdings führten frühzeitige Bedenken sowie geltend gemachter Mißbrauch diesbezüglich zu einer Einführung richterlicher Billigung der Einstellung durch einige Gesetzgeber.[1619]

Grund für die heute in vielen Bundesstaaten notwendige richterliche Einstellungsverfügung auf Antrag der Staatsanwaltschaft ist somit die Intention des Gesetzgebers, das staatsanwaltliche Ermessen zu kontrollieren. Die mit einer Verfahrenseinstellung verbundene Machtfülle soll teilweise auf das Gericht übertragen werden. Diese richterliche Beteiligung bei der Einstellung kann als Ausdruck der Besorgnis über eine allzu große staatsanwaltliche Entscheidungskompetenz gesehen werden.[1620] Der U.S. Supreme Court sieht den Zweck des Erfordernisses einer richterlichen Einstellung im Schutz des Angeklagten vor „staatsanwaltlicher Schikanierung, beispielsweise durch Anklageerhebung, Einstellung sowie erneute Anklageerhebung".[1621] Eine auffällig ähnliche Begründung liegt dem richterlichen Zustimmungserfordernis bei einer Verfahrenseinstellung nach dem Opportunitätsprinzip in Deutschland zugrunde. Die richterliche Zustimmung soll kontrollierend auf die Entscheidungen der Staatsanwaltschaft wirken.[1622] Sie soll „den Ausschluß jeder Willkür gewährleisten"[1623] und eine mißbräuchliche Anwendung durch eine gegenseitige Kontrolle erschweren.[1624]

Gegenwärtig besteht in rund 30 Bundesstaaten das Erfordernis einer richterlichen Zustimmung bei der Verfahrenseinstellung nach offizieller Erhebung einer

---

[1619] Siehe dazu *Kosicki*, Connecticut Bar Journal 1962, S. 160. Vgl. auch *Moley*, Southern California Law Review 1928, S. 98 sowie *Miller*, Charge a Suspect with a Crime, S. 308. Zu der traditionellen Möglichkeit des *nolle prosequi* ohne gerichtliche Zustimmung siehe auch United States v. Cox, 342 F.2d 167, 170 (5th Cir. 1965).

[1620] *Miller*, Charge a Suspect with a Crime, S. 166.

[1621] So in Rinaldi v. United States, 434 U.S. 22, 29 (1977): „The principal object of the „leave of court" requirement is apparently to protect the defendant against prosecutorial harassment, e.g., charging, dismissing, and recharging...".

[1622] *Nagler*, GS 1924, S. 425; *Mannheim*, JW 1924, S. 1648. Ebenso *Dencker*, JZ 1973, S. 147 sowie *Cramer*, Ahndungsbedürfnis, S. 498. So auch *H. Vogel*, Das „öffentliche Interesse", S. 260.

[1623] So *Nagler*, GS 1924, S. 425.

[1624] So BT-Drucks. IV/ 3250, S. 284. Ebenso BT-Drucks. VI/ 3478, S. 48. Ebenso *Gössel*, Legalitätsprinzip, S. 141 f.

Anklage (*complaint*).[1625] Auch das Bundesrecht macht eine richterliche Zustimmung bei der Einstellung des Strafverfahrens nach Anklageerhebung notwendig.[1626]

Die Einstellung wird heute eher als Ausfluß gerichtlicher Tätigkeit denn exekutiver und damit staatsanwaltschaftlicher gesehen. Das Erfordernis einer staatsanwaltlichen Einwilligung zur Einstellung des Verfahrens durch den Richter würde somit in inakzeptabler Weise die gerichtliche Unabhängigkeit beeinträchtigen.[1627] Insofern kann das Gericht selbst ohne staatsanwaltliche Einwilligung das Verfahren einstellen.[1628] Die Einstellung muß in Kalifornien, § 1385 Cal. Penal Code, wie auch in anderen Bundesstaaten „*in furtherance of justice*", zur Förderung der Gerechtigkeit, erfolgen. Diese Bundesstaaten mit gleicher Regelung sind Alaska,[1629] Idaho,[1630] Iowa,[1631] Minnesota,[1632] Montana,[1633] New York,[1634] Oklahoma,[1635] Oregon,[1636] Utah,[1637] Vermont[1638] sowie Washington.[1639] Der genannte Einstellungsgrund wird allgemein dahingehend ausgelegt, daß ein Richter – ähnlich einem Staatsanwalt - das Verfahren auch dann einstellen kann, wenn genügend Beweismaterial für seine Fortsetzung vorhanden ist, eine solche Fortsetzung allerdings als „grundlegend unfair" eingestuft werden muß.[1640]

b) Effektivität der richterlichen Kontrolle

Die richterliche Zustimmung, sofern überhaupt erforderlich, wird allerdings sehr selten verweigert.[1641] In aller Regel folgt der Richter dem Gesuch des Staatsanwalts.[1642]

1625 Dieses Erfordernis ist entweder Ergebnis richterlicher Rechtsfortbildung oder aber gesetzlich geregelt, vgl. dazu *Misner*, The Journal of Criminal Law and Criminology 1996, S. 749.

1626 Siehe Federal Rules of Criminal Procedure, Rule 48 (a).

1627 So der Kalifornische Supreme Court, vgl. People v. Superior Court (Romero) 13 Cal.4th 497, 512, 53 Cal.Rptr.2d 789; 917 P.2d 628 (1996).

1628 Eine genaue diesbezügliche Untersuchung und Auslegung gerichtlicher Entscheidungen gibt *Gorder*, California Law Review 1976, S. 505 ff.

1629 Siehe Alaska Rules of Criminal Procedure (R. Crim.P.) 43 (c).

1630 So Idaho R.Crim. P. 48 (a) (2).

1631 Vgl. Iowa R.Crim.P. 27 (1).

1632 Laws of Minnesota (Minn.Laws) § 631.21.

1633 So Montana Code Annotated (Mont.Code Ann.) § 46-13-401.

1634 N.Y. Code of Criminal Procedure § 210.40.

1635 Oklahoma Statutes (Okla.Stat.) tit. 22., § 815.

1636 Oregon Revised Statutes (Or.Rev.Stat.) § 135.755.

1637 So Utah R.Crim.P. 25.

1638 Vgl. Vermont Rules of Criminal Procedure, Rule 48 (b) (2).

1639 Wash.R.Crim.P. 8.3.

1640 So unter Hinweis auf die Rechtsprechung in anderen Bundesstaaten ausdrücklich der Supreme Court in Vermont, State v. Sauve, 164 Vt. 134, 140 (1995). Siehe auch *Miller*, Charge a Suspect with a Crime, S. 334 f.

1641 So *Miller*, aaO, S. 14 sowie 166 wie auch 314. So auch schon *Moley*, Southern California Law Review 1928, S. 100.

Die Gründe hierfür sind unterschiedlich. Teilweise gäben die Staatsanwälte als Grund für die gewünschte Einstellung den Mangel an Beweisen an, obgleich ein solcher nicht vorliege und die Strafverfolgung aus anderen Gründen unterbleibe. Deshalb verschleierten sie die wahren Motive ihres Unwillens einer andauernden Strafverfolgung. Dies wiederum führe zu einer nur sehr geringen richterlichen Kontrollwirkung.[1643] Darüberhinaus seien die richterlichen Nachforschungsmöglichkeiten der Gründe für die beantragte Einstellung derart limitiert, daß der Richter geradezu gezwungen werde, dem Begehren des Staatsanwalts zu folgen.[1644]

Verweigert der Richter dennoch die beantragte Verfahrenseinstellung und lehnt der Staatsanwalt weiterhin eine Fortsetzung der Strafverfolgung ab, so ist diese Pattsituation komplizierter als in Deutschland. In der Bundesrepublik übernimmt der Richter nach erhobener Anklage aufgrund seiner aktiven Stellung die Verfahrensherrschaft und beschließt nach Durchlaufen des notwendigen Verfahrens die Eröffnung des Hauptverfahrens. Er beraumt schließlich die Hauptverhandlung an und sorgt für die Vollständigkeit der Beweise. Diese Machtstellung durch Übergang der Verfahrensherrschaft fehlt dem amerikanischen Richter oder *magistrate*. Auch stehen amerikanische Richter einer vergleichbaren Verfahrensstellung ablehnend gegenüber, möchten sie doch ihre unabhängige Schiedsrichterrolle im adversatorischen Verfahren wahren.[1645] Somit belassen die schwächere Stellung des Richters sowie das Parteiverfahren dem Staatsanwalt rechtlich und faktisch die Verfahrensherrschaft. In einigen Bundesstaaten kann der Richter zwar die Strafverfolgung anordnen[1646] oder den Staatsanwalt zur Anklageerhebung zwingen.[1647] die Beweispräsentation sowie deren Vollständigkeit hängt allerdings immer noch vom Staatsanwalt ab. Dessen Unwilligkeit der Strafverfolgung drückt sich unweigerlich in einer geringen Qualität der

---

1642 *Lee*, UCLA Law Review 1994, S. 165 spricht in diesem Zusammenhang vom richterlichen „Nachbeten" des staatsanwaltlichen Gesuchs („rubberstamp"). Ebenso *Bubany/ Skillern*, The American Criminal Law Review 1976, S. 485.

1643 Zu dieser Verschleierung siehe *Miller*, Charge a Suspect with a Crime, S. 155.

1644 So *Moley*, Southern California Law Review 1928, S. 100.

1645 Siehe *Sunderland*, The Journal of Criminal Law, Criminology and Police Science 1958, S. 540.

1646 Die Weigerung des Staatsanwalts zur Strafverfolgung wird dann als Mißachtung des Gerichtes aufgefaßt und führt durch die Auferlegung von Sanktionen zu dem Zwang, der gerichtlichen Verfügung nachzukommen, vgl. auch *Miller*, Charge a Suspect with a Crime, S. 306 sowie die Sonderregelung in Kansas: § 22-2301 *(Kansas Code of Criminal Procedure)* Commencement of prosecution. Der Text ist im Anhang zu finden unter Punkt G. I. 5.

1647 Siehe hierzu *Miller*, Charge a Suspect with a Crime, S. 306. Eine solche Regelung gibt es in Colorado: § 16-5-209 *(Colorado Revised Statutes)* Judge may require prosecution. Ebenso § 767.41. *(Michigan Compiled Laws Annotated)* Investigation by prosecutor; statement of reasons for failure to file information; order of court for filing. Auch in Nebraska findet sich ein vergleichbares Gesetz: § 29-1606. *(Revised Statutes of Nebraska)* Persons committed or held to bail; preliminary hearing; failure of county attorney to file information; written statement required; power of court; siehe die Texte im Anhang unter G. I. 4, 6 und 7. Auf alle Regelungen wird genauer unter dem späteren Prüfungspunkt C. III. 7. c) ‚Ausnahmen der gerichtlichen Überprüfung durch legislative Regelungen' eingegangen werden.

– wenn überhaupt – vorgebrachten Beweise aus.[1648] Dies wiederum endet letztlich in einer den Angeklagten begünstigenden Entscheidung der Geschworenen, so daß die ursprüngliche Ablehnung der Strafverfolgung durch den Staatsanwalt auch im Spätstadium des Verfahrens, dem *trial*, ergebnisprägend ist. Im Wissen darum ist dem Richter die Ergebnislosigkeit einer die Strafverfolgung anordnenden Verfügung bewußt. In anderen Bundesstaaten kann der Richter den Staatsanwalt auswechseln oder den *attorney general*, den Generalstaatsanwalt, um Strafverfolgung ersuchen oder per Verfügung anhalten. Aber auch in diesen Fällen kann aufgrund vorheriger interner Absprachen, gleicher Sachbeurteilung aus staatsanwaltlicher Sicht oder Solidarität ein halbherziges Engagement bei dem Betreiben der umstrittenen Strafsache zur Ineffektivität dieses richterlichen Vorgehens führen.[1649] Wird, wie teilweise möglich, ein privater Rechtsanwalt mit der Strafverfolgung und Anklagevertretung vor Gericht statt des Staatsanwalts beauftragt, so erscheinen dessen Erfolgsaussichten mangels aktiver Unterstützung durch den staatsanwaltlichen Verwaltungsapparat mit dessen Informationszugängen zweifelhaft.[1650]

c) Beurteilung der richterlichen Beteiligung bei der Einstellung

Das Erfordernis einer richterlicher Einstellungsverfügung als Beschränkung staatsanwaltlicher Macht wird überwiegend gutgeheißen.[1651] Selbst wenn der Richter am Ende wenig Möglichkeiten habe, gegen den Willen des Staatsanwalts tatsächlich eine effektive Strafverfolgung zu gewährleisten, so werde dieser dennoch zu einer Offenlegung seiner Gründe für die Nichtverfolgung in öffentlicher Gerichtsverhandlung gezwungen.[1652]

Teilweise wird allerdings die notwendige richterliche Beteiligung bei der Nichtweiterverfolgung durch den Staatsanwalt kritisiert. Zum einen wird vorgebracht, die Vorzüge einer frühzeitigen richterlichen Beteiligung im Verfahren würden durch den Verlust richterlicher Unabhängigkeit und Neutralität mehr als aufgehoben. Als Hauptargument hingegen wird zum anderen angeführt, es obliege in erster Linie dem Staatsanwalt als demokratisch gewählter Amtsperson, die Wünsche der Wählerschaft bei der Art und Weise der Strafverfolgung umzusetzen. Dies beinhalte allerdings auch die Beendigung der Strafverfolgung,

---

[1648] Vgl. dazu auch *Bubany/ Skillern*, The American Criminal Law Review 1976, S. 486.

[1649] Zu diesen Möglichkeiten siehe *Miller*, Charge a Suspect with a Crime, S. 306. Von der Möglichkeit der Ernennung eines Anwaltes als Ankläger spricht auch United States v. Cox, 342 F.2d 167, 179 (5th Cir. 1965).

[1650] Insofern spricht *Miller*, Charge a Suspect with a Crime, S. 306 f. von einer geringen Effektivität dieser Kontrollmöglichkeiten. Auch *Gifford*, George Washington Law Review 1981, S. 671 stuft die Effektivität als sehr gering ein. Von eingeschränkten rechtlichen Befugnissen spricht in diesem Zusammenhang *Sunderland*, The Journal of Criminal Law, Criminology and Police Science 1958, S. 540.

[1651] Mit Beispielen *Moley*, Southern California Law Review 1928, S. 98.

[1652] So auch United States v. Cox, 342 F.2d 167, 180 (5th Cir. 1965).

wenn der Staatsanwalt sie für unangebracht erachte. Der Richter hingegen sei nicht für den Modus der Strafverfolgung gewählt.[1653]

d) Zusammenfassung

Die Einbeziehung des Richters als kontrollierende Instanz in staatsanwaltliche Einstellungsverfügung hat an Umfang zugenommen. In der Mehrzahl der Bundesstaaten wird eine richterliche Mitwirkung zur Verfahrenseinstellung benötigt. Letztere kann sogar in einigen Bundesstaaten gegen den Willen der Staatsanwaltschaft durch den Richter verfügt werden. Während ursprünglich der Staatsanwalt – wie auch heute noch in einigen Bundesstaaten – alleine eine Verfahreneinstellung aussprechen konnte, so wurde vielfach die Notwendigkeit einer richterlichen Kontrolle geltend gemacht. Zur Vermeidung staatsanwaltlichen Mißbrauchs sollte der Richter bei einer Verfahrenseinstellung (mit)entscheiden, obgleich dabei eine Unvereinbarkeit mit seiner neutralen Schiedsrichterrolle geltend gemacht wurde. In der Tat sind die Möglichkeiten des Richters sehr beschränkt, sich einem staatsanwaltlichen Einstellungsbegehren zu versagen und auf eine Strafverfolgung hin zu wirken. Nichtsdestoweniger wird die richterliche Beteiligung überwiegend als positiv angesehen.

7. Richterliche Kontrolle durch (Rechtsmittel)gerichte

In der Bundesrepublik Deutschland ist eine Kontrolle der staatsanwaltlichen Anklageentscheidung durch Rechtsmittelgerichte im Rahmen eingelegter Rechtsmittel gegen Strafurteile so gut wie nicht üblich. Die Aufhebung eines Urteils im Rechtsmittelzug wegen unzulässiger Anklageerhebung findet so gut wie nicht statt.[1654]

In den USA hingegen werden recht häufig Rechtsmittel gegen Urteile mit der Begründung eingelegt, die Anklageentscheidung der Staatsanwaltschaft sei fehlerhaft gewesen und verstoße gegen Verfassungsprinzipien. Gleichzeitig wird bis in die Instanzen der Rechtsmittelgerichte versucht, bei Untätigkeit der Staatsanwaltschaft diese zu einer Anklageerhebung zu bewegen.

Aufgrund dessen haben sich auch die Bundesgerichte des öfteren mit den damit zusammenhängenden Streitpunkten auseinandergesetzt. Diese Entscheidungen mit verfassungsinterpretierendem Inhalt legen Maßstäbe für die Auslegung der Verfassung der Vereinigten Staaten fest. Sie geben auch Orientierungspunkte für die Auslegung ähnlicher Formulierungen der Verfassungen von Bundesstaaten.[1655] Somit ist die Rechtsprechung der Bundesgerichte und v.a. des U.S. Su-

[1653] Vgl. People v. Florio, 301 N.Y. 46, 92 N.E.2d 881 (1950).

[1654] Zu dem seltenen Fall, daß ein deutsches Rechtsmittelgericht ein Verfolgungshindernis annimmt, welches der Durch- bzw. Weiterführung eines Strafverfahrens entgegensteht, siehe OLG Karlsruhe, Beschl. vom 21.12.1987, NStZ 1988, S. 135, 136.

[1655] Zwar sind die kalifornischen Gerichte bei der Auslegung der Kalifornischen Verfassung, welche gleichlautende Bestimmungen wie die Bundesverfassung hat, nicht an die Rechtsprechung der Bundesgerichte gebunden. Allerdings haben kalifornische Gerichte die Befolgung preme Court für alle Bundesstaaten richtungsweisend.[1656] Letztere ziehen im wesentlichen deren gefestigte Rechtsprechung nach.[1657] Aus diesem Grunde soll vorrangig auf diese eingegangen werden.

Die Ursache für die Auseinandersetzung gerade der Rechtsmittelgerichte mit diesen verfassungsrechtlichen Problematiken und nicht nur der erstinstanzlichen Ausgangsgerichte dürfte u.a. darin liegen, daß die Gründe für den Einwand einer diskriminierenden oder „böswilligen" Strafverfolgung erst nach Ende des Ausgangsstrafverfahrens klarer zu Tage treten. So wird häufig erst nach einer Verurteilung deutlich, daß andere Straftäter in ähnlichen Situationen nicht strafrechtlich verfolgt wurden oder das Verfahren aufgrund sanktionsloser Einstellung beendet wurde. Schließlich kann erst die Einlegung von Rechtsmitteln die Staatsanwaltschaft zu einer Hochstufung der Anklage oder anderen belastenden Maßnahmen bewegen. Teilweise werden also die Gründe für eine unzulässige Strafverfolgung erst nach Durchlaufen erstinstanzlicher Prozeßstadien geschaffen.[1658]

a) Grundsätzliche Haltung der Gerichte: keine gerichtliche Überprüfung

In der Regel finde, abgesehen von dem *preliminary hearing*, keine unmittelbare gerichtliche Überprüfung der staatsanwaltlichen Anklage- oder Nichtanklageentscheidung statt.[1659] Diese Praxis hat sich zu einer Zeit entwickelt, als Exeku-

---

der Sichtweise des U.S. Supreme Court empfohlen. So heißt es in einer Entscheidung des Kalifornischen Supreme Court, People v. Teresinski 30 Cal. 3d 822, 836 (1982) wie auch in einer Entscheidung eines Berufungsgerichtes in People v. Chestnut, 151 Cal. App. 3d 721, 724 (1983, 3rd Dist): „Decisions of the United States Supreme Court are entitled to respectful consideration...and ought to be followed unless persuasive reasons are presented for taking al different course." (Entscheidungen des U.S. Supreme Court können ehrerbietige Berücksichtigung beanspruchen...und sollen befolgt werden, wenn nicht überzeugende Gründe für die Einschlagung eines anderen Weges vorgebracht werden.).

[1656] Diese Doktrin der *„stare decisis"* bedeutet, daß kalifornische Gerichte durch die Entscheidung höherrangiger Gerichte gebunden sind. Alle Gerichte Kaliforniens sind an Entscheidung des U.S. Supreme Court gebunden, welche die Bundesverfassung interpretieren. Sie sind nicht an Entscheidung rangniedrigerer Bundesgerichte gebunden, allerdings sind diese Entscheidungen von großem Gewicht. („Such decisions are persuasive and entitled to great weight, but they do not bind California courts."). Siehe hierzu People v. Superior Court (Moore) 50 Cal.App.4th 1202, 1211 (1996).

[1657] Siehe dazu *LaFave/ Israel/ King*, Criminal Procedure, Band 4, S. 32.

[1658] In United States v. Goodwin, 457 U.S. 368, 381-383 (1982) erläutert der U.S. Supreme Court dazu: Eine unzulässige Strafverfolgung in Form der „rachsüchtigen Strafverfolgung" sei viel eher nach Beendigung des erstinstanzlichen Verfahrens anzunehmen. Grund hierfür sei, daß die Ermittlungen noch bis und während des *trials* weiterliefen. Daher würden in diesem Stadium noch zusätzliche Informationen aufgedeckt, welche das staatsanwaltliche Handeln ändern könnten. Sei allerdings der *trial* beendet, so seien in aller Regel die entscheidenden Kenntnisse über den Fall komplett. Daher sei die Wahrscheinlichkeit viel höher, daß eine Änderung der Anklage nach dem *trial* auf unzulässigen Kriterien beruhe.

[1659] So schon der U.S. Supreme Court in United States v. Thompson, 251 U.S. 407, 412-413, 415 (1920). Das Gericht spricht hier von einem absoluten Recht der Regierung zur Strafverfolgung, ein Recht, welches nicht durch richterliches Ermessen kontrolliert werde. Ein entscheidung statt.[1659] Diese Praxis hat sich zu einer Zeit entwickelt, als Exekutiventscheidungen grundsätzlich gerichtlich nicht überprüfbar waren. Obgleich mittlerweile andere Exekutivorgane bei ihrer Ermessensausübung gerichtlich kontrolliert werden, wird die Staatsanwaltschaft davon ausgenommen.[1660] Die untermauernden Gründe werden in aller Regel von den Gerichten selbst vorgebracht. Die klassische und vielzitierte Entscheidung *Pugach v. Klein* im Jahre 1961 hat dabei bleibende Maßstäbe gesetzt. Bis zum heutigen Tag wiederholen bestätigende Gerichtsentscheidungen die Grundausführungen jener Entscheidung:[1661]

„...it is, nevertheless, clear beyond question that it is not the business of the Courts to tell the United States Attorney to perform what they conceive to be his duties. Article II, Section 3 of the Constitution, provides that „[the President] shall take Care that the Laws [shall] be faithfully executed." The prerogative of enforcing the criminal law was vested by the Constitution, therefore not in the Courts, nor in private citizens, but squarely in the executive arm of the government. Congress has implemented the powers of the President by conferring the power and the duty to institute prosecution for federal offenses upon the United States Attorney for each district. ... It by no means follows, however, that the duty to prosecute follows automatically from the presentation of a complaint. The United States Attorney is not a rubber stamp. His problems are not solved by the strict application of an inflexible formula. Rather, their solution calls for the exercise of judgement. Judgement reached primarily by balancing the public interest in effective law enforcement against the growing rights of the accused. ... There are a number of elements in the equation, and all of them must be carefully considered. Paramount among them is a determination that a prosecutor will promote the ends of justice, instill respect for the law, and advance the cause of ordered liberty. ... Surely it is for the United States Attorney to decide whether the public interest is better served by prosecuting or delining to prosecute. ... Other considerations are the likelihood of conviction, turning on choice of a strong case to test uncertain law, the degree of criminality, the weight of the evidence, the credibility of witnesses, precedent, policy, the climate of public opinion, timing, and the relative gravity of the offense. ... Still other factors are the relative importance of the offense compared with the competing demands of other cases on the time and resources of investigation, prosecution and trial. All of these and numerous other intangible and imponderable factors must be carefully weighed and considered by the conscientious United States Attorney in deciding whether or not to prosecute.

[1659] So schon der U.S. Supreme Court in United States v. Thompson, 251 U.S. 407, 412-413, 415 (1920). Das Gericht spricht hier von einem absoluten Recht der Regierung zur Strafverfolgung, ein Recht, welches nicht durch richterliches Ermessen kontrolliert werde. Ein Berufungsgericht des Bundes führt hierzu aus in Inmates of Attica Correctional Facility v. Rockefeller, 477 F.2d 375, 379 (2d Cir. 1973): „...federal courts have traditionally and, to our knowledge, uniformly refrained from overturning...discretionary decisions of federal prosecuting authorities not to prosecute persons regarding whom a complaint of criminal conduct is made." (...Bundesgerichte haben traditionell und unseres Wissens einheitlich davon Abstand genommen....Ermessensentscheidungen von Bundesanwälten aufzuheben, welche die Nichtverfolgung von Personen betreffen, bezüglich derer ein Strafantrag gestellt wurde.).

[1660] Vgl. *Davis*, Discretionary Justice, S. 229.

[1661] Vgl. beispielsweise Smith v. United States, 375 F.2d 243, 248 (5th Cir. 1967) wie auch United States v. Berrigan, 482 F.2d 171, 181 (3rd Cir. 1973). Mit ähnlichen Argumenten Wayte v. United States, 470 U.S. 596, 607 (1985).

reasons for not acting. The remedy for any dereliction of his duty lies, not with the courts, but, with the executive branch of our government and ultimately with the people."[1662]

Weiterhin wird durch die Bundesgerichte geltend gemacht, daß legitime Erwägungen den Staatsanwalt trotz hinreichender Beweislage dazu veranlassen können, von einer Anklageerhebung abzusehen. Das verfassungsrechtlich verankerte Gewaltenteilungsprinzip verbiete es den Gerichten, in diese Ermessensausübung der Exekutive durch den Staatsanwalt einzubrechen.[1663] Die Staatsanwaltschaft sei kein Zweig des Gerichts und damit auch nicht gerichtlicher Überprüfung unterworfen. Sie sei vielmehr eine separate Behörde und habe alleine

[1662] So Pugach v. Klein, 193 F.Supp. 630, 634-635 (S.D.N.Y. 1961): „...es steht nichtsdestoweniger völlig außer Frage, daß es nicht Sache der Gerichte ist, dem Bundesanwalt (*United States Attorney*) die Erfüllung dessen vorzuschreiben, was sie als dessen Pflicht auffassen. Artikel II, Absatz 3 der Verfassung bestimmt, daß „[der Präsident] dafür Sorge tragen möge, daß die Gesetze gewissenhaft ausgeführt werden [sollen]." Das Vorrecht der Durchsetzung des Strafrechtes wurde durch die Verfassung daher weder den Gerichten übertragen noch privaten Bürgern, sondern unzweideutig dem exekutiven Arm des Staates. Der Kongreß hat die Befugnisse des Präsidenten durch Übertragung der Befugnis und der Pflicht zur Einleitung der Strafverfolgung für Straftaten des Bundes an den *United States Attorney* eines jeden Bezirkes umgesetzt. ... Daraus folgt allerdings auf keinen Fall, daß die Pflicht zur Strafverfolgung automatisch aus der Vorlage einer Beschwerde erwächst. Der *United States Attorney* ist kein Aktenstempler. Seine Probleme werden nicht durch die strikte Anwendung einer unflexiblen Formel gelöst. Vielmehr erfordert deren Lösung die Vornahme von Beurteilungen. Beurteilungen werden vorrangig durch die Abwägung des öffentlichen Interesses an einer effektiven Strafverfolgung gegen die zunehmenden Rechte des Angeklagten getroffen. In dieser Gleichung befinden sich eine Reihe von Elementen, und alle müssen sorgfältig berücksichtigt werden. Herausragend unter ihnen ist die Entscheidung, daß eine Strafverfolgung das Ziel der Gerechtigkeit fördern, Respekt für das Gesetz einflößen und die Freiheit im Rahmen der Gesetze fördern wird. ... Es obliegt klar dem *United States Attorney* zu entscheiden, ob dem öffentlichen Interesse besser durch eine Strafverfolgung oder deren Ablehnung gedient ist. ... Andere Überlegungen sind die Wahrscheinlichkeit einer Verurteilung, die Auswahl eines erfolgsversprechenden Falles zum Test eines unsicheren Gesetzes, der Grad der Kriminalität, das Gewicht der Beweise, die Glaubwürdigkeit der Zeugen, die Präzedenzfälle, die eigenen Maxime, das Klima der öffentlichen Meinung, die zeitliche Koordination sowie die relative Schwere der Straftat. ... Andere Faktoren sind noch die relative Wichtigkeit der Straftat im Vergleich zu dem widerstreitenden Bedarf an Zeit und Ermittlungskapazitäten sowie den Anforderungen an die Strafverfolgung und die Hauptverhandlung anderer Fälle. Alle diese und zahlreiche andere, schwer zu fassenden sowie unwägbaren Faktoren müssen bei der Entscheidung über eine Anklage durch den *United States Attorney* sorgfältig abgewägt und berücksichtigt werden. Alle diese Erwägungen unterstreichen die Klugheit, den *United States Attorney* mit einem weiten Ermessen auszustatten. Die Bundesgerichte sind außerstande, in die Ausübung seiner Ermessensbefugnis zu intervenieren. Das Gericht kann ihn nicht zur Strafverfolgung einer Beschwerde oder gar eines *indictment* zwingen, was auch immer die Gründe für sein Nichthandeln sein mögen. Das Mittel zur Abhilfe gegenüber seinen Pflichtverletzungen liegt nicht bei den Gerichten, sondern bei der Exekutive unseres Staates und letztlich beim Volk."

[1663] Vgl. United States v. Cox, 342 F.2d 167, 171 (5th Cir. 1965).

ihre Handlungsmaxime zu bestimmen.[1664] Eine richterliche Überprüfung würde die klare Unterscheidung der drei Gewalten wieder zunichtemachen.[1665]

Für eine richterliche Überprüfung fehlten auch klare Prüfungsmaßstäbe, ausformulierte Richtlinien oder gesetzgeberische Vorgaben. Deren Abwesenheit mache eine gerichtliche Kontrolle nahezu unmöglich. Im Gegenteil werfe eine solche Überprüfung viele weitergehende Probleme auf wie die klare Ziehung der Trennlinie zwischen den jeweiligen Kompetenzen von Gericht und Staatsanwaltschaft, die exakte Abgrenzung eigenständiger Entscheidungsspielräume der Staatsanwaltschaft ohne gerichtliche Intervention, der Umfang staatsanwaltlicher Berücksichtigung der Wählerwünsche, richterliche Vorgaben durch die Anordnung der Strafverfolgung bei anderweitig eingeteilten Ermittlungskapazitäten etc.[1666] Bei Zulassung einer gerichtlichen Überprüfungsmöglichkeit käme es unweigerlich zu der Aufdeckung der Handlungsmaxime und internen Handhabungen der Staatsanwaltschaft. Eine solche Offenlegung würde allerdings das Strafrecht teilweise seiner Abschreckungswirkung berauben, gerade bei den Delikten, deren Ahndung keine hohe Priorität erfahre.[1667]

Gegen eine richterliche Kontrolle wird weiterhin geltend gemacht, das Strafverfolgungsermessen der Exekutive sei Ausdruck ihres exekutiven Privileges sowie ihrer politischen Maxime. Ihr umfassenderer Informationszugang, ihre Sachkenntnis wie auch ihr weitreichender Überblick mache sie Gerichten überlegen und rechtfertige ihr alleiniges Entscheidungsermessen.[1668] Auch erfordere der Schutz der Interessen der Vereinigten Staaten ein weites Ermessen.[1669] Demgegenüber könnten bei der Zubilligung richterlicher Kontrolle vertrauliche Ermittlungen durch die Notwendigkeit der Gewährung eines Akteneinsichtsrechts der sich beschwert fühlenden Partei gestört werden.[1670]

Weiterhin sei von der Rechtmäßigkeit staatsanwaltlichen Handelns und der Einhaltung ihres Amtseides auszugehen. Diesbezügliche Abweichungen seien gegenüber dem jeweiligen Vorgesetzten des Staatsanwalts zu verantworten, nicht hingegen gegenüber den Gerichten. Entsprechende Möglichkeiten der Disziplinarstrafe sogar durch den Präsidenten der Vereinigten Staaten stellten hinreichende Kontrollmittel bei Fällen von Amtspflichtverletzungen dar. Es sei nicht die Aufgabe der Gerichte, ein solches Fehlverhalten zu korrigieren, sei es das

---

[1664] Siehe Newman v. United States, 382 F.2d 479, 481 (D.C.Cir. 1967).

[1665] So die Richter *Cummings, Hastings* und *Pell* in ihrer zu der Mehrheit abweichenden Meinung, siehe United States v. Falk, 479 F.2d 616, 630 (7th Cir. 1973).

[1666] Vgl. Inmates of Attica Correctional Facility v. Rockefeller, 477 F.2d 375, 380 (2d Cir. 1973).

[1667] So Wayte v. United States, 470 U.S. 596, 607 (1985).

[1668] So argumentiert der Richter Wisdom in seinen zusätzlichen Ausführungen zu dem Urteil United States v. Cox, 342 F.2d 167, 193 (5th Cir. 1965). Ähnlich Smith v. United States, 375 F.2d 243, 247 (5th Cir. 1967).

[1669] Vgl. Newman v. United States, 382 F.2d 479, 480 (D.C.Cir. 1967).

[1670] In diesem Sinne, auch im Hinblick auf das geheime *grand-jury*-Verfahren siehe Inmates of Attica Correctional Facility v. Rockefeller, 477 F.2d 375, 380 (2d Cir. 1973).

des Präsidenten selbst oder seiner Untergebenen. Solange die Staatsanwaltschaft innerhalb ihres Kompetenzbereiches verbleibe, seien Rechtsbehelfe gegen Fehlausübung dieser Kompetenzen nur in diesem Bereich zu finden. Auch Gerichte verblieben innerhalb des ihnen zugewiesenen Aufgabenbereiches. Sie seien weder allwissend noch allmächtig, und könnten daher nicht alle drei Staatsgewalten anweisen.[1671] Letzteres würde eine übergroße Machtanmaßung der Gerichte bedeuten.[1672]

Die Funktionen eines Staatsanwalts seien zudem unvereinbar mit denen eines Richters.[1673] Eine gerichtliche Überprüfung der staatsanwaltlichen Ermessensentscheidungen würde das betreffende Gericht ansonsten in die unerwünschte Position einer „Superstaatsanwaltschaft" stellen.[1674]

Auch führe die Formulierung gesetzlicher Bestimmungen zur Regelung der Strafverfolgung nicht unweigerlich zu dem Schluß, eine solche sei zwingend. Zwar ließe der Wortlaut eine solche Auslegung zu, siehe 42 U.S.C. § 1987,[1675] 28 U.S.C. § 547 (1)[1676] sowie 33 U.S.C. § 413,[1677] der legislative Hintergrund spreche allerdings gegen eine derart wörtliche Auslegung. Der Erlaß solcher Regelungen sei nie in der Absicht geschehen, das traditionelle staatsanwaltliche Ermessen einzuschränken.[1678] Selbst bei Zugrundelegung einer zwingenden Rechtsfolge aus diesen Regelungen bedeutete die Vernachlässigung der Pflicht

[1671] Siehe Newman v. United States, 382 F.2d 479, 482 (D.C.Cir. 1967).

[1672] So die Richter *Cummings, Hastings* und *Pell* in ihrer zu der Mehrheit abweichenden Meinung, siehe United States v. Falk, 479 F.2d 616, 629 (7th Cir. 1973).

[1673] So der Richter Wisdom in seinen zusätzlichen Ausführungen zu dem Urteil United States v. Cox, 342 F.2d 167, 192 (5th Cir. 1965). Ebenso *DeMay*, Fordham Urban Law Journal 1996, S. 801: Bei einer richterlichen Prüfung staatsanwaltlicher Entscheidungen würde die unabhängige und neutrale Stellung des Richters geopfert werden. Letztere sei jedoch wesentlich im adversatorischen Verfahren.

[1674] Vgl. Inmates of Attica Correctional Facility v. Rockefeller, 477 F.2d 375, 380 (2d Cir. 1973).

[1675] 42 United States Code (U.S.C.) § 1987 lautet: „The United States attorneys...are authorized and *required*...to institute prosecutions against all persons violating any of the provisions of section...". (Die Bundesanwälte...sind ermächtigt und *aufgefordert*...ein Strafverfahren gegen alle Personen einzuleiten, welche die Regelungen übertreten haben.). Der jeweilige Kursivdruck ist nicht im Originaltext und erfolgt hier zur Hervorhebung.

[1676] Diese Regelung lautet u.a.: „each United States attorney...*shall* – (1) prosecute for all offenses against the United States..." (jeder Bundesanwalt *soll* alle Straftaten gegen die Vereinigten Staaten strafrechtlich verfolgen...). Der Kursivdruck ist auch hier nicht im Originaltext und dient der Hervorhebung.

[1677] Der Wortlaut ist: „it *shall* be the duty of United States attorneys to vigorously prosecute all offenders..." (Es *möge* die Pflicht des Bundesanwalts sein, alle Straftäter mit Nachdruck strafrechtlich zu verfolgen...).

[1678] So schon Powell v. Katzenbach, 359 F.2d 234, 235 (App.D.C. 1965). Siehe auch Inmates of Attica Correctional Facility v. Rockefeller, 477 F.2d 375, 381 (2d Cir. 1973).

zur Strafverfolgung noch lange nicht die Verfügbarkeit einer diesbezüglichen gerichtlichen Nachprüfungsmöglichkeit.[1679]

Kalifornische Gerichte vertreten eine identische Sichtweise. Auch hier könnte der Wortlaut ähnlicher Regelungen zwar auf eine zwingende Pflicht zur Strafverfolgung schließen lassen,[1680] allerdings wird wie von den Bundesgerichten von einer Ermessensvorschrift des Staatsanwalts ausgegangen.[1681] Daher könne ein Staatsanwalt in der Regel nicht zu einer Anklage gezwungen werden.[1682]

Überdies habe das Opfer einer Straftat kein einklagbares Recht auf eine Strafverfolgung. Insofern könne ein solches Recht auch nicht bei den Gerichten geltend gemacht werden, denn die Pflicht des Staates zur Strafverfolgung bestehe nicht gegenüber dem Opfer, sondern der Gesellschaft insgesamt.[1683] Das Einfließenlassen von Individualperspektiven des Opfers verzerre zudem das auf Effizienz und Gerechtigkeit ausgerichtete Gesamtgefüge staatsanwaltlicher Koordination.[1684]

b) Anerkannte Ausnahmen der gerichtlichen Überprüfung

Die Gerichte erkennen allerdings die Möglichkeit einer richterlichen Prüfung staatsanwaltlichen Anklageverhaltens in eng begrenzten Fällen an. Diese gerichtliche Intervention erfolgt dann, wenn die Strafverfolgung gegen Verfassungsprinzipien verstößt. Ein solcher Verstoß liegt vor, wenn durch eine ‚diskriminierende', ‚böswillige' oder ‚rachsüchtige' Strafverfolgung die *equal protection clause* oder die *due process clause* verletzt wird.

[1679] So Inmates of Attica Correctional Facility v. Rockefeller, 477 F.2d 375, 382 (2d Cir. 1973).

[1680] § 26500 des California Government Code besagt: „The public prosecutor shall...initiate and conduct on behalf of the people all prosecutions for public offenses." Noch vor Änderung dieser Regelung durch Einfügung des Zusatzes „within his or her discretion" im Jahre 1980 wurde diese Regelung als Ermessensvorschrift aufgefaßt. Ebenso § 26501 California Government Code: „The district attorney shall institute proceedings before magistrates for the arrest of persons charged with or reasonably suspected of public offenses...". Zu der Auslegung siehe Taliafero v. Locke, 182 Cal.App.2d 752, 756 (1960).

[1681] So Taliafero v. Locke, 182 Cal.App.2d 752, 756 (1960).

[1682] So der Kalifornische Supreme Court in Board of Supervisors v. Simpson, 36 Cal.2d 671, 676 (1951): „Ordinarily a district attorney cannot be compelled by mandamus to prosecute a criminal case..." (Gewöhnlicherweise kann ein Staatsanwalt nicht zur Strafverfolgung gezwungen werden durch [den Rechtsbehelf] mandamus...).

[1683] Vgl. Smith v. United States, 375 F.2d 243, 245 (5th Cir. 1967). Ebenso Moses v. Kennedy, 219 F.Supp.762, 764 (D.D.C. 1963): In diesem Verfahren zur Erzwingung der Einleitung von Strafverfahren machte der Kläger geltend, diese Pflicht zur Strafverfolgung bestehe ihm gegenüber als Opfer der Straftaten. Das Gericht hatte dies abgelehnt.

[1684] In diesem Sinne Smith v. United States, 375 F.2d 243, 247 (5th Cir. 1967).

aa) Einwand der diskriminierenden Strafverfolgung aufgrund selektiver Ermessensausübung

Zunächst zum weitaus wichtigsten und häufigsten Grund gerichtlicher Anrufung: der Einwand der Verletzung der *equal protection clause* durch eine unzulässige, da diskriminierende selektive Strafverfolgung.[1685]

Zur Verletzung der *equal protection clause* durch bewußte behördliche Ungleichbehandlung hat der U.S. Supreme Court zum ersten Mal im Jahre 1886 Stellung genommen.[1686] Das Gericht hat dabei die umstrittene Behördenentscheidung aufgrund eines Verstoßes gegen die 14. Änderung der Verfassung der Vereinigten Staaten, *Fourteenth Amendment*,[1687] aufgehoben.[1688] Diese Entscheidung wird gemeinhin als der Ursprung richterlicher Intervention bei Verstößen gegen die Verfassung durch eine selektive Anwendung der Gesetze seitens der Exekutive angesehen.[1689] Dabei führt das Gericht aus:

> „Though the law itself be fair on its face and impartial in appearance yet, if it is applied and administered by public authority with an evil eye and an unequal hand, so as practically to make unjust and illegal discriminations between persons in similar circumstances, material to their rights, the denial of equal justice is still within the prohibition of the Constitution."[1690]

Lange Zeit später hat der U.S. Supreme Court ausdrücklich entschieden, daß eine bewußte selektive Strafverfolgung noch kein Verstoß gegen die Verfassung sei. Die Strafverfolgung dürfe nur nicht auf unzulässigen und nicht zu rechtfertigenden Kriterien beruhen.[1691] Im Anschluß daran wurde zusätzlich das Erfordernis aufgestellt, daß nicht nur objektiv diskriminierende Auswirkungen vorhan-

---

[1685] Einen aktuellen Kurzüberblick gibt *Sheer*, The Georgetown Law Journal 1998, S. 1357.

[1686] So in der vielzitierten Entscheidung Yick Wo v.Hopkins, 118 U.S. 356 (1886).

[1687] Der Text ist im Anhang unter Punkt G. II. 3. abgedruckt.

[1688] Hierbei möge angemerkt werden, daß die „equal protection of the laws" sich nur auf die Bundesstaaten bezieht (no State shall „deny to any person within its jurisdiction the equal protection of the laws"). Insofern gibt es kein unmittelbares Verbot für die Behörden des Bundes. Allerdings wird von den Bundesgerichten die *due process clause* der Fünften Verfassungsänderung, *Fifth Amendment*, dahingehend ausgelegt, daß diese den Gleichbehandlungsgrundsatz im Sinne der *equal protection clause* mitenthält. Vgl. hierzu Bolling v. Sharpe, 347 U.S. 497, 499 (1954) sowie *Heller*, University of Pennsylvania Law Review 1997, S. 1316.

[1689] So *Herbrand*, American Law Reports 1979, S. 286. Vgl. auch United States v. Crowthers, 456 F.2d 1074, 1080 (4th Cir. 1972). Ebenso *Comment*, Michigan Law Review 1974, S. 1115. So auch *Heller*, University of Pennsylvania Law Review 1997, S. 1317 wie auch *Note*, Southern California Law Review 1969, S. 537.

[1690] Siehe Yick Wo v. Hopkins, 118 U.S. 356, 373-374 (1886): „Obgleich das Gesetz selbst auf den ersten Blick fair und unparteiisch erscheint, so bedeutet eine übelgesinnte und ungleiche Anwendung und Handhabung durch die staatlichen Behörden mit der praktischen Folge von Ungerechtigkeiten und illegaler Diskriminierung von Personen in gleichen Umständen mit wesentlichen Auswirkungen auf ihre Rechte eine Versagung gleichförmiger Gerechtigkeit. Dies ist immer noch durch die Verfassung verboten."

[1691] So Oyler v. Boles, 368 U.S. 448, 456 (1961).

den sein müßten, sondern auch subjektiv die Absicht zur Diskriminierung vorzuliegen habe.[1692] Dies wurde dahingehend konkretisiert, daß der Betroffene nicht nur diskriminierende Folgen für sich darlegen mußte, sondern gleichzeitig auch den von den Behörden verfolgten diskriminierenden Zweck.[1693]

Zur besseren Einordnung dieser gerichtlichen Vorgaben erscheint es notwendig, auf das Verständnis und den Stellenwert der selektiven Strafverfolgung kurz einzugehen. Die Ausübung von Ermessen durch Strafverfolgungsbehörden in Form der selektiven Strafverfolgung wird als ein wesentliches Charakteristikum des Rechtssystems beschrieben.[1694] Diese Handhabung hat sich im Laufe der Zeit herauskristallisiert, obgleich auch Versuche der Gegensteuerung unternommen worden waren.[1695] Davis schätzt, daß eine selektive Ermessensausübung rund die Hälfte aller Ermessensentscheidungen ausmache.[1696] Auf der Bundesebene wird eine verstärkte Tendenz zu selektiver Strafverfolgung festgestellt.[1697]

Im Gegensatz zur deutschen Strafrechtsgeschichte wurde in den Vereinigten Staaten nie der Versuch einer gleichförmig-strikten Rechtsanwendung im Sinne unseres Legalitätsprinzips unternommen. Wie auch die ersten Jahre des fast uneingeschränkten Legalitätsprinzips in Deutschland gezeigt haben, war eine flexible Strafverfolgung, das Setzen von Prioritäten sowie eine schnelle Fallbearbeitung durch völlige Überlastung nicht möglich.[1698] Amerikanische Rechtsordnungen haben daher von vornherein Abstand davon genommen. Die kompromißlos-rigorose Ahndung aller Verstöße sei weder machbar noch erstrebens-

---

[1692] So der U.S. Supreme Court in Snowden v. Hughes, 321 U.S. 1, 8 (1944). Diese Entscheidung betraf allerdings noch nicht eine selektive Strafverfolgung, wird aber in späteren Entscheidungen zugrundegelegt. Das Gericht führte an dieser Stelle aus, daß eine rechtswidrige und ungleichmäßige Anwendung von Gesetzen noch kein Verstoß gegen die *equal protection clause* darstelle, solange nicht aufgezeigt werde, daß „ein Element absichtlicher oder bezweckter Diskriminierung" vorliege. („The unlawful administration by state officers of a state statute...resulting in its unequal application to those who are entitled to be treated alike, is not a denial of equal protection unless there is shown to be present in it an element of intentional or purposeful discrimination."). Ebenso Washington v. Davis, 426 U.S. 229, 235 (1976).

[1693] Das Gericht führte hierzu in Wayte v. United States, 470 U.S. 598, 608 (1985) aus: „Under our prior cases, these standarts require petitioner to show both...a discriminatory effect and...a discriminatory purpose." (Gemäß den vorangegangenen Fällen erfordern diese Maßstäbe von der beschwerten Partei das Aufzeigen sowohl von diskriminierenden Auswirkungen wie auch eines diskriminierenden Zweckes.). MwN auch *Comment*, Michigan Law Review 1974, S. 1118.

[1694] Vgl. Dazu *Applegate*, Temple Law Quarterly 1982, S. 38.

[1695] Siehe *Davis*, Discretionary Justice, S. 163. Kritisch zu dieser selektiven Strafverfolgung *Langbein*, The University of Chicago Law Review 1974, S. 466 f. Deren Notwendigkeit hingegen beschreibt *Snyder*, Journal of the American Institute of Criminal Law and Criminology 1940, S. 169 ff.

[1696] Vgl. *Davis*, Discretionary Justice, S. 166.

[1697] So *Frase*, University of Chicago Law Review 1980, S. 283.

[1698] Siehe dazu die anschauliche Beschreibung von *Aschrott*, Die Reform des Strafprozesses, S. 36.

wert;[1699] eine Gleichbehandlung aller Straftaten sei technisch unmöglich und auch nicht gewollt.[1700] Zur Förderung der Gerechtigkeit sei die Ausübung von Ermessen geradezu notwendig, vielfältige Faktoren wie die Begehung einer ersten oder wiederholten Straftat, das Alter des Straftäters, das Ausmaß der Tatbeteiligung etc. müßten in die Entscheidung über eine Anklageerhebung einfließen.[1701]

Hierbei soll angemerkt werden, daß die Gleichförmigkeit der Rechtsanwendung für deutsches Rechtsverständnis weitaus wichtiger ist als für amerikanisches.[1702] Der Grund hierfür wird bereits in der Tradition der Rechtssysteme gesehen. Während im anglo-amerikanischen Kulturkreis des *common law* sich Recht durch konkrete Einzelfälle sowie individuelle Fallvergleiche entwickelt, wird in der deutschen Rechtstradition bereits allgemeingültiges, kodifiziertes Recht auf den nachfolgenden Einzelfall angewendet.[1703] Die deutsche Vorliebe für eine möglichst gleichförmige Rechtsanwendung zeigt sich im Gegensatz zur amerikanischen Rechtsauffassung in der Kombination kodifizierten Rechts mit dessen einheitlicher Anwendung durch das Legalitätsprinzip.[1704] Daß im amerikanischen Rechtskreis eine solch konforme Rechtsanwendung einen niedrigeren Stellenwert einnimmt, wird dadurch bestätigt, daß *juries* die faktische Befugnis zur Nichtbeachtung der verletzten Strafnorm haben. Während unter Zugrundelegung desselben Falles und Beweismaterials eine *jury* zu einem Schuldspruch kommen kann, empfindet eine andere möglicherweise das verletzte Gesetz als ungerecht und spricht den Angeklagten frei. Eine übergeordnete, zentralere Überprüfung des Freispruches durch Rechtsmittelgerichte findet im Gegensatz zur Bundesrepublik Deutschland nicht statt. Das so gewollte Einfließenlassen lokaler und damit regional verschiedener Gerechtigkeitsvorstellungen in Strafurteile ist dem einheitlichen bundesdeutschen Strafprozeß fremd.[1705]

1699 So *LaFave/ Israel/ King*, Criminal Procedure, Band 4, S. 23. So auch *Noll*, Syracuse Law Review 1978, S. 719: „The point that full enforcement is unwise and impossible...is readily conceded." (Der Standpunkt, daß eine vollständige Ahndung der Verstöße unklug und unmöglich ist...wird bereitwillig anerkannt.).

1700 Vgl. dazu auch *Applegate*, Temple Law Quarterly 1982, S. 38.

1701 Siehe Newman v. United States, 382 F.2d 479, 482 (D.C.Cir. 1967). Ebenso die Richter Cummings, Hastings und Pell in ihrer zu der Mehrheit abweichenden Meinung, siehe United States v. Falk, 479 F.2d 616, 634 (7th Cir. 1973).

1702 Vgl. *Vultejus*, ZRP 1999, S. 136.

1703 So *Pizzi*, Ohio State Law Journal 1993, S. 1346 ff. Siehe auch *Damaska*, The Yale Law Journal 1975, S. 483 f. Vgl. auch die Gegenüberstellung der geschichtlichen Entwicklung der Rechtsauffassungen Englands und Kontinentaleuropas, v.a. Frankreichs bei *Merryman*, Civil Law Tradition, S. 24 f.

1704 Siehe C. II. 1. ‚Historische Entstehung.' Das Legalitätsprinzip war v.a. bei seiner Verabschiedung Ausdruck der absoluten Straftheorie. Ziel war u.a. die gleichmäßige Bestrafung aller Schuldigen, vgl. *Weigend*, Anklagepflicht und Ermessen, S. 29 sowie *Kirstgen*, Klageerzwingungsverfahren, S. 10 f.

1705 Dieses Verhalten der *jury* wird *jury nullification* genannt. Genauer dazu und zu den im Gegensatz zur Bundesrepublik Deutschland eingeschränkten Rechtsmittelmöglichkeiten *Pizzi*, Ohio State Law Journal 1993, S. 1346 f. Zum Ausschluß von Rechtsmitteln bei einem Frei-

Anhand dieser kurzen Gegenüberstellung soll deutlich werden, daß und warum eine gleichförmige Rechtsanwendung in den USA von geringerer Priorität ist als in Deutschland. Daher ist eine selektive Strafverfolgung viel akzeptabler.[1706] Somit werden die Standards für eine selektiv-diskriminierende Strafverfolgung aus bundesdeutscher Sicht eher als zu hoch empfunden als aus amerikanischer Perspektive.

Verallgemeinernd läßt sich sagen, daß der Einwand unzulässiger diskriminierender Strafverfolgung drei zu erfüllende Voraussetzungen hat: Erstens hat der Betroffene darzulegen, daß andere vergleichbare Straftaten nicht verfolgt wurden.[1707] Zweitens muß die Selektion des Betreffenden „absichtlich oder bezweckt" gewesen sein.[1708] Und drittens muß die Auswahl des Beschuldigten auf „willkürlichen Kriterien" beruhen.[1709]

So gut wie alle Bundesstaaten haben sich dieser Sichtweise angeschlossen.[1710] Auch Kalifornisches Recht erfordert zunächst den Nachweis, daß andere Straftäter mit vergleichbaren Straftaten und Hintergründen nicht strafrechtlich verfolgt wurden.[1711] Ferner hat auch hier die Auswahl der Strafverfolgung des Betroffenen auf unzulässigen Motiven zu beruhen,[1712] was auch durch die Strafverfolgungsbehörden bezweckt sein muß.[1713]

---

spruch, wie fehlerhaft die gerichtlichen Entscheidungen im Laufe des Verfahrens auch immer sein mögen, siehe Sanabria v. United States, 437 U.S. 54, 75 (1978).

1706 *Snyder*, Journal of the American Institute of Criminal Law and Criminology 1940, S. 169 ff untermalt die Notwendigkeit der selektiven Strafverfolgung mit anschaulichen Beispielen. Kritisch dazu allerdings *Frase*, U. Mich. J. L. Reform 1999, S. 282. Frase spricht von einer „potential unfairness of selective enforcement".

1707 So schon der U.S. Supreme Court in Ah Sin v. Wittman, 198 U.S. 500, 507-508 (1905). Bestätigend auch U.S. v. Armstrong, 517 U.S. 456, 465 (1996).

1708 Vgl. Ah Sin v. Wittman, 198 U.S. 500, 507-508 (1905) sowie Oyler v. Boles, 368 U.S. 448, 456 (1961).

1709 Oyler v. Boles, 368 U.S. 448, 456 (1961) sowie mit zahlreichen weiteren Nachweisen anderer erstinstanzlicher sowie Rechtsmittelgerichte *Herbrand*, American Law Reports 1979, S. 296.

1710 Mit einer sehr guten Übersicht siehe *Herbrand*, aaO, S. 290 ff.

1711 So der Kalifornische Supreme Court in People v. Superior Court of Alameda County, 19 Cal.3d 338, 348 (1977).

1712 Vgl. People v. Superior Court, 19 Cal.3d 338, 348 (1977): „the defendant must prove...that he has been deliberately singled out for prosecution on the basis of some invidious criterion..." (der Angeklagte muß beweisen...daß er zur Strafverfolgung auf der Grundlage inakzeptabler Kriterien ausgewählt wurde...).

1713 So auch Murguia v. Municipal, 15 Cal.3d 286, 298 (1975): [the defendant must prove that] „the prosecution would not have been pursued except for the discriminatory design of the prosecuting authorities." ([der Angeklagte muß beweisen, daß] die Strafverfolgung nicht erfolgt wäre außer zu dem Zwecke der Diskriminierung durch die Strafverfolgungsbehörden.). Bestätigend unter Hinweis auf die Rechtsprechung des U.S. Supreme Court Baluyut v. Superior Court, 12 Cal.4th 826, 832 (1996).

In den letzten Jahren haben sich zahlreiche Gerichte des Bundes sowie der einzelnen Bundesstaaten mit Einwänden diskriminierender Strafverfolgung auseinandersetzen müssen.[1714] Nichtsdestoweniger hat sich immer noch keine trennscharfe Abgrenzung und Definition dieser „willkürlichen Kriterien" herauskristallisiert. Ihre jeweilige Bestimmung wird im Kontext des jeweiligen Einzelfalles vorgenommen. Zusammenfassend kann man jedoch feststellen, daß eine Strafverfolgung dann als diskriminierend empfunden wird, wenn ihre zugrundeliegenden Motive lediglich auf Merkmalen des Täters basieren wie dessen Rassenzugehörigkeit,[1715] Herkunftsland,[1716] Geschlecht,[1717] politische Aktivitäten oder Zugehörigkeit zu einer bestimmten politischen Gruppe,[1718] Religionszugehörigkeit,[1719] Zugehörigkeit zu einer Gewerkschaft oder insgesamt seine Ausübung verfassungsrechtlich verbriefter Rechte.[1720]

Der Einwand diskriminierender Strafverfolgung ist sowohl in den Gerichten des Bundes wie auch der Bundesstaaten in den wenigsten Fällen erfolgversprechend und wird in aller Regel abgewiesen.[1721] Grund hierfür ist die Beweislast für diesen Einwand. Die Gerichte legen ihren Entscheidungen die Prämisse der vermuteten Rechtmäßigkeit staatsanwaltlichen Handeln zugrunde.[1722] Folgerichtig ist damit die Verpflichtung des Angeklagten verbunden, Tatsachen einer unzulässigen Strafverfolgung vorzubringen. Das Ausmaß der zu tragenden Beweislast war allerdings lange Zeit zwischen den Gerichten unterschiedlich und unklar.[1723] Ein Berufungsgericht des Bundes entschied, ein prima-facie-Beweis sei ausreichend. Wenn der Angeklagte Tatsachen vorbringe, die geeignet seien, vernünftige Zweifel an der vermuteten Rechtmäßigkeit staatsanwaltlichen Handelns zu wecken, so komme es zu einer Beweislastumkehr. Nunmehr müsse der Staatsanwalt seinerseits darlegen, daß keine der geltend gemachten unzulässigen Motive seinen Handlungen zugrundelag.[1724] Dafür spreche auch, daß der Betroffene im Gegensatz zum Staatsanwalt in der Regel keinen Zugang zu den ihn be-

---

[1714] Vgl. *LaFave/ Israel/ King*, Criminal Procedure, Band 4, S. 44.

[1715] Siehe Oyler v. Boles, 368 U.S. 448, 456 (1961).

[1716] Vgl. *Applegate*, Temple Law Quarterly 1982, S. 85.

[1717] So Oyler v. Boles, 368 U.S. 448, 456 (1961).

[1718] Siehe People v. Serna, 71 Cal. App.3d 229, 235 (1977).

[1719] Oyler v. Boles, 368 U.S. 448, 456 (1961).

[1720] Vgl. United States v. Falk, 479 F.2d 616, 620 (7th Cir. 1973). So auch People v. Serna, 71 Cal. App.3d 229, 235 (1977).

[1721] So *LaFave/ Israel/ King*, Criminal Procedure, Band 4, S. 44. Ebenso *Herbrand*, American Law Reports 1979, S. 288.

[1722] So führt der U.S. Supreme Court in U.S. v. Armstrong, 517 U.S. 456, 464 (1996) aus: „As a result, the presumption of regularity supports their prosecutorial decisions and, in the absence of clear evidence to the contrary courts presume that they have properly discharged their official duties." (Als Folge daraus untermauert die Vermutung der Rechtmäßigkeit staatsanwaltliche Entscheidungen. Mangels klarem Gegenbeweis nehmen Gerichte an, daß Staatsanwälte ordnungsgemäß ihre Pflichten ausgeübt haben.).

[1723] Mit einer ausführlichen Darstellung der einzelnen Nuancen der Beweisführung siehe *LaFave/ Israel/ King*, Criminal Procedure, Band 4, S. 46 ff.

[1724] Siehe United States v. Falk, 479 F.2d 616, 621 (7th Cir. 1973).

günstigenden Beweisen habe.[1725] Die Tatsache allerdings, daß ein Angeklagter, der nicht einmal die Tatbegehung bestreiten muß, einen Staatsanwalt in den Zeugenstand zwingen kann und dieser im Kreuzverhör Rede und Antwort stehen muß, wurde vielfach kritisert.[1726]

Insofern hat der U.S. Supreme Court 1992 entschieden, daß den Angeklagten alleine die volle Beweislast trifft.[1727] Aufgrund der Annahme rechtmäßigen staatsanwaltlichen Handelns muß auch in Kalifornien der Angeklagte den vollen Beweis des Gegenteiles erbringen.[1728]

Im Gegensatz zu den Vereinigten Staaten ist in Deutschland eine Urteilsaufhebung aufgrund diskriminierender Strafverfolgung oder ein diesbezügliches Strafverfolgungshindernis nicht anerkannt. Ein solcher Einwand kann als Dienstaufsichtsbeschwerde bei der Staatsanwaltschaft geltend gemacht werden. Das Ausmaß diskriminierender Strafverfolgung dürfte in Deutschland, sofern vorhanden, wesentlich geringer sein, was mit der Geltung des Legalitätsprinzips zu erklären ist.[1729] Anders als in den Vereinigten Staaten eröffnet dieses nämlich konträr zum Opportunitätsprinzip bei schweren Straftaten keinen Handlungsspielraum und damit keinen Platz für sachfremde Ermessenserwägungen. Außerdem dürfte die hierarchische Struktur der deutschen Staatsanwaltschaft Beschwerden und Einwendungen einer ungleichen, diskriminierenden Strafverfolgung im Sinne einer Abhilfe eher als eine lokale dezentralisierte Staatsanwaltschaft in den USA dienlich sein. Deren interne Kontrollstufen sind viel eher durchlaufen als in Deutschland, und ihre lokale Begrenzung führt eher zu Bestätigung der Ausgangsentscheidung aufgrund ähnlicher Sichtweise als bei einer entfernten zentralen Revisionsstelle.

Ferner bietet auch die amerikanische Gesellschaftsstruktur wesentlich mehr Angriffsfläche für eine diskriminierende Strafverfolgung als die deutsche. Die Vereinigten Staaten umfassen als klassisches Einwanderungsland eine höhere Zahl ethnischer Bevölkerungsgruppen. Dies führt zu stärkeren kulturellen Unterschieden und Traditionen innerhalb der Gesellschaft als in der Bundesrepublik, die im Vergleich dazu homogener erscheint.[1730] Schließlich ist die selektive Strafverfolgung ein Ausfluß der Ermessensausübung von Strafverfolgungsbe-

---

[1725] Vgl. United States v. Crowthers, 456 F.2d 1074, 1078 (4th Cir. 1972).

[1726] So schon in derselben Entscheidung. vgl. die Richter Cummings, Hastings und Pell in ihrer zu der Mehrheit abweichenden Meinung in United States v. Falk, 479 F.2d 616, 629 (7th Cir. 1973).

[1727] Siehe U.S. v. Armstrong, 517 U.S. 456, 465 (1996): „In order to dispel the presumption that a prosecutor has not violated equal protection, a criminal defendant must present clear evidence to the contrary." (Um die Vermutung zu widerlegen, ein Staatsanwalt habe nicht gegen den Gleichbehandlungsgrundsatz verstoßen, muß ein Angeklagter den klaren Gegenbeweis antreten.).

[1728] So ausdrücklich der Kalifornische Supreme Court, People v. Superior Court, 19 Cal.3d 338, 348 (1977).

[1729] So schon *Davis*, Discretionary Justice, S. 195.

[1730] So auch *Volkmann-Schluck*, American Journal of Criminal Law 1981, S. 16.

hörden, die generell verbreiteter und akzeptierter ist als in kontinentaleuropäischen Staaten.[1731]

Insgesamt läßt sich als Tendenz festhalten, daß der U.S. Supreme Court zunehmend Verurteilungen aufgrund verfassungsrechtlicher Einwände bezüglich der Art und Weise der Strafverfolgung überprüft,[1732] wenn auch mit dem Ergebnis zumeist ablehnender Entscheidungen.[1733] Durch diese verfassungsrechtlichen Begrenzungen des staatsanwaltlichen Anklageermessens wird deshalb nur bei extremen Ermessensmißbräuchen der Staatsanwaltschaft richterlich gegengesteuert.[1734] Somit ist die Bedeutung richterlicher Kontrolle wegen möglicher Verfassungsverstöße in der Praxis gering.[1735]

bb) Einwand der „rachsüchtigen", „böswilligen" Strafverfolgung und sonstige Einwände

Neben der diskriminierenden Strafverfolgung gibt es auch andere Einwände, die vereinzelt gegenüber staatsanwaltlichem Anklageverhalten geltend gemacht werden.

Einer davon ist ein geltend gemachter Verstoß gegen die *due process clause* durch eine ‚rachsüchtige Strafverfolgung', *vindictive prosecution*.[1736] Bei dieser Fallkonstellation geht es um eine nachträgliche Hochstufung der Anklage oder Hinzufügung neuer Anklagepunkte durch die Staatsanwaltschaft bei Ausübung prozessualer Rechte seitens des Angeklagten.[1737] In der Regel handelt es sich hierbei um die zulässige Einlegung zustehender Rechtsmittel, die durch belastende staatsanwaltliche Reaktionen abgeschreckt werden soll.[1738] Somit bedeutet *vindictive prosecution* die „Benutzung des Anklagemechanismus, um die Ausübung verfassungsrechtlich garantierter oder einfachgesetzlicher Rechte zu bestrafen."[1739] Im führenden Fall Blackledge v. Perry stellte der U.S. Supreme Court fest, daß die *due process clause* die Ausübung prozessualer Rechte wie die Einlegung von Rechtsmitteln schütze. Der Angeklagte dürfe nicht aus Angst vor staatsanwaltlicher Vergeltung in Form der Hochstufung der Anklage einge-

---

1731 Vgl. *Davis*, Discretionary Justice, S. 162.

1732 So *Herbrand*, American Law Reports 1979, S. 286. Zu diesem Schluß kommen auch *Goldstein/ Marcus*, The Yale Law Journal 1977, S. 242.

1733 So *LaFave/ Israel/ King*, Criminal Procedure, Band 4, S. 44.

1734 Siehe auch *Gershman*, Fordham Urban Law Journal 1993, S. 519.

1735 Zu diesem Schluß kommt auch *Welling*, Arizona Law Review 1988, S. 113.

1736 Vgl. dazu *Sheer*, The Georgetown Law Journal 1998, S. 1361. Siehe ebenso *Gifford*, George Washington Law Review 1981, S. 686 ff. Gifford sieht die gerichtliche Aktivität bei „rachsüchtiger" Strafverfolgung höher an als bei diskriminierender.

1737 So die Zusammenfassung aller Fallkonstellationen durch *LaFave/ Israel/ King*, Criminal Procedure, Band 4, S. 67.

1738 Siehe United States v. Goodwin, 457 U.S. 368, 381-383 (1982) sowie Blackledge v. Perry, 417 U.S. 21, 28 (1973).

1739 So *DeMay*, Fordham Urban Law Journal 1996, S. 774: „Vindictive prosecution may result when a prosecutor uses the charging process to penalize the exercise of constitutional or statutory rights."

schüchtert werden. Eine subjektive Vergeltungsabsicht durch den Staatsanwalt sei dabei nicht erforderlich.[1740] Später wurde diese Einschätzung teilweise abgeändert. Der Angeklagte hat nunmehr die Beweislast für eine subjektive Vergeltungsabsicht des Staatsanwalts im Vorverfahren zu tragen. In diesem noch flexiblen Verfahrensstadium liege nämlich die typische Fallkonstellation einer staatsanwaltlichen Vergeltung noch nicht vor.[1741]

Eine identische Rechtsprechung ist auch in Kalifornien gegeben.[1742] In Übereinstimmung mit der Rechtsprechung der Bundesgerichte ist die Darlegung einer subjektiven Komponente nach Durchlaufen des Ausgangsgerichts nicht notwendig, wohl aber im Vorverfahren.[1743]

In Kalifornien wird auch gelegentlich eine ‚böswillige Strafverfolgung', *malicious prosecution*" durch den Angeklagten angeprangert. Voraussetzung dafür ist ein gerichtliches Verfahren, das ohne *probable cause* angestrengt und danach zugunsten des Betroffenen beendet wurde sowie Böswilligkeit des Verfahrensbetreibenden.[1744] Diese Voraussetzungen beziehen sich allerdings auch auf Schadensersatzansprüche in Zivilverfahren, weshalb die allermeisten Fälle Schadensersatzforderungen vor Zivilgerichten betreffen.[1745] Selten, wenn überhaupt, betrifft eine gerichtliche Anrufung den Vorwurf der Böswilligkeit eines Staatsanwalts.[1746] Grund hierfür dürfte auch die Strafbarkeit eines solchen Verhaltens sein.[1747]

c) Ausnahmen der gerichtlichen Überprüfung durch legislative Regelungen

aa) Colorado

Der Bundesstaat Colorado sieht eine gesetzliche Regelung vor, die dem Richter die Möglichkeit gibt, die Strafverfolgung durch die Staatsanwaltschaft anzuordnen, wenn deren Unterlassung „willkürlich oder kapriziös und ohne vernünftige Entschuldigung" ist, so Colorado Revised Statutes, Section 16-5-209.[1748] Diese Norm ist allerdings nicht als Einschränkung staatsanwaltlichen Ermessens gedacht, sondern soll nur vor solchen willkürlichen Entscheidungen schützen, die nicht mehr zu verantworten sind und den Ausdruck ‚Ermessensausübung' nicht

---

[1740] So Blackledge v. Perry, 417 U.S. 21, 28 (1973).
[1741] Vgl. United States v. Goodwin, 457 U.S. 368, 381-383 (1982).
[1742] Unter ausdrücklichem Bezug auf Blackledge v. Perry kommt die Rechtsprechung des Kalifornischen Supreme Court zu einer identischen Auffassung, siehe Twiggs v. Superior Court, 34 Cal.3d 360, 369 (1983).
[1743] Siehe In re Bower, 38 Cal.3d 865, 876 (1985).
[1744] So bereits der Kalifornische Supreme Court in Jaffe v. Stone, 18 Cal.2d 146, 149 (1941). Bestätigend auch in Crowley v. Katleman, 8 Cal.4th 666, 676 (1994).
[1745] Vgl. dazu Axline v. Saint John's Hospital & Health Center, 63 Cal.App. 4th 907, 915 (1998).
[1746] 19 Cal Jur 3d (Rev), § 1978 spricht in den wenigen nicht zivilrechtlichen Fällen nur von der Möglichkeit eines böswilligen Strafverfolgung durch Polizeibehörden.
[1747] Vgl. § 170 Cal. Penal Code.
[1748] Der Gesetzestext ist im Anhang zu finden unter Punkt G. I. 4.

verdienten. Deshalb ist die daraufhin ausgeübte richterliche Kontrolle sehr gering und oberflächlich.[1749] Der Supreme Court von Colorado führte hierzu aus, sofern nicht klarer und überzeugender Beweis zur Bejahung der Norm vorliege, dürfe der Richter nicht die Erwägungen des Staatsanwalts durch seine eigenen ersetzen. Dabei bezieht sich das Gericht auf die bereits dargestellte Rechtsprechung der Bundesgerichte.[1750]

bb) Kansas

Auch Kansas hat eine ähnliche Regelung in seiner Strafprozeßordnung, § 22-2301 Kansas Code of Criminal Procedure. Dabei darf der Richter allerdings nur in „extremen Fällen dem Staatsanwalt gegenüber anordnen, ein Strafverfahren einzuleiten..."[1751]

Allerdings ist somit in allen „nicht extremen Fällen" keine richterliche Intervention möglich.[1752] Daher ist die gerichtliche Kontrolle hier nicht nur selten, sondern auch sehr oberflächlich und „schablonenartig."[1753]

cc) Michigan

In Michigan existiert eine Regelung seit 1859, die dem Gericht die Möglichkeit gibt, die von der Staatsanwaltschaft vorgelegte Erklärung der Nichtverfolgung zu überprüfen, § 767.41 Mich.Comp.Laws Ann.[1754] In ihr muß der Staatsanwalt seine Gründe für ein Nichtweiterbetreiben des Verfahrens sowie die bisher ermittelten Beweise darlegen. Stimmt das Gericht nach Durchsicht aller Materialien mit der staatsanwaltlichen Auffassung nicht überein, so kann es diesen zur Anklageerhebung zwingen.

Die Anwendung dieser Regelung ist allerdings sehr selten.[1755] Daher gibt es hierzu weder gerichtliche Ausführungen[1756] noch Kommentare durch das Schrifttum.[1757]

[1749] Vgl. *Pizzi*, Ohio State Law Journal 1993, S. 1337.

[1750] Siehe Tooley v. District Court, 190 Colo. 468, 471 (1976): „In our view, a district judge should not, in the absence of clear and convincing evidence that the terms of the statute have been met, substitute his judgement or discretion for that of the prosecutor in a criminal case. See Inmates of Attica Correctional Facility v. Rockefeller, 477 F. 2d 375 (2d Cir.1973)."

[1751] Der Gesetzestext ist im Anhang unter Punkt G. I. 5. abgedruckt.

[1752] Siehe *Miller*, Charge a Suspect with a Crime, S. 158 f.

[1753] *Pizzi*, Ohio State Law Journal 1993, S. 1337. Auch bezüglich dieser Regelung sind keine hilfreichen Ausführungen durch Gerichte oder Aufsätze zu finden, vgl. *Kansas Statutes Annotated*, Topeka, S. 432 f.

[1754] Der Gesetzestext ist im Anhang abgedruckt, G. I. 6. Das Gesetz wurde geringfügig durch eine Änderung im Jahre 1978 abgeändert.

[1755] Vgl. *Pizzi*, Ohio State Law Journal 1993, S. 1337. So auch *S. P. Green*, The Yale Law Journal 1988, S. 488.

[1756] Siehe dazu *Michigan Compiled Laws Annotated*, Sections 760.1 to 767.End, S. 728 f.

[1757] Ohne nennenswerte Stellungnahme auch *Comment*, Michigan Law Review 1971, S. 1336.

dd) Nebraska

Entscheidet sich der Staatsanwalt in Nebraska, keine Anklage zu erheben, so hat er die dafür sprechenden Tatsachen und Rechtsgründe in einer Stellungnahme darzulegen. Diese wird beim zuständigen Gericht eingereicht. Sollte das Gericht nach Untersuchung der staatsanwaltlichen Stellungnahme wie auch der ermittelten Beweise von der Entscheidung der Staatsanwaltschaft nicht überzeugt sein, so kann es den Staatsanwalt zur Anklageerhebung zwingen, so die Revised Statutes of Nebraska § 29-1606.[1758]

Eine richterliche Konkretisierung dieser Regelung fand kaum statt. Veröffentlichte Gerichtsentscheidungen sind so gut wie nicht zu finden. Daher ist von einer sehr geringen Anwendung auszugehen.[1759]

ee) Wisconsin

Auch der Bundesstaat Wisconsin hatte lange Zeit eine Regelung zur gerichtlichen Anklageerzwingung, die allerdings 1987 durch den Supreme Court des Staates Wisconsin für verfassungswidrig erklärt wurde.[1760] Gemäß § 968.02 der Wisconsin Statutes (1987) durfte Anklage nur durch den Staatsanwalt erhoben werden. Weigerte sich dieser jedoch, so konnte der Richter eine besondere Anhörung anberaumen, zu welcher der Staatsanwalt erscheinen durfte. Stellte der Richter nach der Anhörung im Gegensatz zu dem Staatsanwalt *probable cause* fest, so ermächtigte er eine Anklageerhebung auch gegen den Willen des Staatsanwalts.[1761]

Grund für den damaligen Erlaß des Gesetzes war eine Abänderung des Erfordernisses einer *grand-jury*-Anklage in der Verfassung zugunsten des *preliminary hearing*. Mit folglicher Ausdehnung des Anwendungsbereiches des *preliminary hearing* und aufgrund höheren Vertrauens in eine unabhängige richterliche Fallbewertung wurde die Möglichkeit der Anklageerzwingung in die Strafprozeßordnung aufgenommen.[1762] Wenn auch die Norm für rund 100 Jahre rechtskräftig war, so wurde selten auf sie zurückgegriffen. Bis zu der richtungsweisenden Entscheidung des Supreme Court von Wisconsin gab es kaum Gerichtsentscheidungen zu der Vorschrift.[1763]

[1758] Der genaue Originaltext ist im Anhang unter Punkt G. I. 7. wiederzufinden.

[1759] So *S. P. Green*, The Yale Law Journal 1988, S. 488.

[1760] Vgl. State ex rel. Unnamed Petitionars v. Connors, 136 Wis.2d 118, 119 (1987).

[1761] So insbesondere § 968.02 Absatz 3 der Wisconsin Statutes: „If a district attorney refuses or is unavailable to issue a complaint, a circuit judge may permit the filing of a complaint, if the judge finds there is probable cause to believe that the person to be charged has committed an offense after conducting a hearing. If the district attorney has refused to issue a complaint, he or she shall be informed of the hearing and may attend. The hearing shall be ex parte without the right of cross examination."

[1762] So *Becker*, Marquette Law Review 1988, S. 751 sowie 755.

[1763] Vgl. *Becker*, aaO, S. 788.

Der Supreme Court von Wisconsin erklärte die Regelung wegen Verstoßes gegen das Gewaltenteilungsprinzip für verfassungswidrig. Das Gericht teilte die bereits dargelegte Auffassung der strikten Gewaltenteilung anderer Gerichte. Unter besonderer Bezugnahme auf die Rechtsprechung der Bundesgerichte wurde die gerichtliche Anklageanordnung als ein Einbruch in den Kernbereich der Exekutive gewertet.[1764] Ferner verwies das Gericht auf die ultimative Kontrolle durch die Wählerschaft. In Verbindung mit der Berichterstattung durch die Presse sei der Staatsanwalt so einer hinreichenden Kontrolle ausgesetzt.[1765]

In seiner von der Mehrheit abweichenden Meinung kritisierte ein Richter des Supreme Court die Entscheidung. Die Kontrolle durch die Wählerschaft wie auch die gerichtlichen Interventionen bei Verstößen gegen die Verfassung seien von nur geringer Intensität. Gerade das Opfer einer Straftat verspüre ein großes Bedürfnis, bei unterlassener staatsanwaltlicher Anklageerhebung einen unabhängigen Richter anrufen zu können. Selbst wenn dieser die staatsanwaltschaftliche Entscheidung bestätige, so sei deren Akzeptanz durch das Opfer größer. Auch werde so das Vertrauen in das Strafrechtssystem gestärkt.[1766]

Auch das Schrifttum hat die beanstandete Regelung für verfassungsgemäß gehalten.[1767]

ff) Wyoming

Bis zur Erklärung der Verfassungswidrigkeit 1984 hatte auch Wyoming eine Regelung zur Anklageerzwingung durch den Richter. Gemäß § 7-6-110 der Wyoming Statutes (1984) konnte der Richter bei Vorlage hinreichender Beweise zur Annahme der Begehung einer Straftat den Staatsanwalt zur Erhebung einer entsprechende Anklage zwingen. Dieser Gerichtsverfügung hatte der Staatsanwalt nachzukommen, ansonsten drohten ihm Geld- oder gar Haftstrafen.[1768]

Wie auch in Wisconsin wurde die gesetzliche Regelung wegen Verstoßes gegen das Gewaltenteilungsprinzip durch den Supreme Court in Wyoming für verfassungswidrig erklärt. Mit ähnlicher Argumentation wie in Wisconsin verwies der

---

1764 Vgl. State ex rel. Unnamed Petitionars v. Connors, 136 Wis.2d 118, 120 (1987).

1765 So State ex rel. Unnamed Petitionars v. Connors, 136 Wis.2d 118, 141 (1987).

1766 So der Richter J. Steinmetz in State ex rel. Unnamed Petitionars v. Connors, 136 Wis.2d 118, 153 (1987).

1767 Kritisch zu der Entscheidung *Becker*, Marquette Law Review 1988, S. 767. Er hält die Regelung für verfassungsmäßig und bezieht sich hierbei auf die geschichtliche Rolle des *magistrate* in Wisconsin. Dessen Aufgabenfeld habe lange Zeit auch die Erhebung von Anklagen neben dem Staatsanwalt umfaßt.

1768 § 7-6-11 Wyoming Statutes (1985) lautete: „The judge of the district court may, upon affidavits filed, or other satisfactory proof to him made, of the commission of any crime of offense, require the county and prosecuting attorney to prosecute any criminal by information for such crime or offense, and may compel, by attachment, fine or imprisonment, either for a stated period, or until there shall be a compliance with his order, on the part of the county and prosecuting attorney, a compliance with the order and requirement of such judge, and such order may be made in open court, or in the vacation and recess of such court.“

Supreme Court in Wyoming auf die letztendliche Kontrolle durch die Wähler. Als weitere Sicherung gegen den staatsanwaltlichen Ermessensfehlgebrauch nannte das Gericht eine mögliche Übernahme der Strafverfolgung durch den *Attorney General.*[1769]

d) Beurteilung der herrschenden Praxis durch das Schrifttum

Die Beurteilung der herrschenden Gerichtspraxis durch das Schrifttum ist nicht einheitlich. Während einige grundsätzlich die gängige Handhabung durch die Gerichte billigen, macht die überwältigende Mehrheit der Stellungnahmen starke Kritik an der aktuellen Praxis geltend.

aa) Befürwortung der gerichtlichen Haltung

Die gerichtliche Haltung der strikten Gewaltentrennung wird durch einige Autoren unterstützt.[1770] Tragendes Argument dabei ist, daß eine gerichtliche Aufhebung der staatsanwaltlichen Entscheidung mehrheitsfeindlich sei.[1771] Der gewählte Staatsanwalt habe den Vorstellungen und Wünschen seiner Wählerschaft zu entsprechen. Fälle er somit die Entscheidung der (Nicht)Anklageerhebung, so spiegele dies den Willen der Mehrheit der Wählerschaft wider. Eine gerichtliche Aufhebung oder Abänderung dieser Entscheidung hingegen ignoriere nicht nur den Wählerwillen, verkörpert durch den Staatsanwalt, sondern laufe ihm zuwider. Insofern verstoße eine gerichtliche Überprüfung gegen demokratische Prinzipien.[1772]

[1769] Vgl. In re Padget, 678 P.2d 870, 873-874 (Wyo.1984).

[1770] *Burt*, Constitution, S. 46 f ist der Auffassung von der Gleichheit der drei Gewalten. Der Supreme Court sei nicht die ultimative Hüterin der Verfassung und Gesetze. In abgeschwächter Form auch *S. P. Green*, The Yale Law Journal 1988, S. 498.

[1771] Ausführlich *Bickel*, Least Dangerous Branch, S. 16 ff.
Vgl. dazu auch *Rostow*, Harvard Law Review 1952, S. 193 f.

[1772] So schon *Thayer*, Harvard Law Review 1893, S. 130. Genauer zu dem Spannungsverhältnis zwischen richterlichen Entscheidungen und dem Mehrheitswillen, verkörpert durch die durch das Gericht aufgehobene Entscheidung: *Kronman*, The Yale Law Journal 1985, S. 1573 ff. Anzumerken sei an dieser Stelle, daß diese Argumentation sich stärker auf von Gerichten aufgehobene legislative Maßnahmen richtet und weniger auf die Staatsanwaltschaft als Teil der Exekutive. Siehe aber im Einzelnen dazu *Chemerinsky*, Harvard Law Review 1989, S. 62. Dieser lehnt allerdings das Argument der „Mehrheitsfeindlichkeit" gerichtlicher Entscheidungen ab, siehe S. 81. Ebenso ablehnend *Friedman*, Michigan Law Review 1993, S. 628 ff. Schon die zugrundeliegende Prämisse sei fragwürdig, nämlich ob Exekutiventscheidungen tatsächlich den Mehrheitswillen der Bevölkerung widerspiegelten. Ebenso fragwürdig sei die Ablehnung richterlicher Intervention, da Richter ihrerseits entweder gewählt oder aber durch einen demokratisch direkt legitimierten Repräsentaten wie den Präsidenten beispielsweise ernannt werden. Zur Vertiefung der aktuellen richterlichen Ernennung oder Wahl siehe *Deja*, Michigan Bar Journal 1996, S. 904 ff. Nach *Greenspan*, Southern California Law Review 1993, S. 2199 sei es aber gerade die Aufgabe der Gerichte, Exzesse der Mehrheit gegenüber unpopulären Minderheiten zu verhindern.

bb) Kritik an der gerichtlichen Haltung

Mehrheitlich wird im amerikanischen Schrifttum die Haltung der Gerichte einer teilweise heftigen Kritik unterzogen.[1773] Diese soll der Übersichtlichkeit wegen auf ihre Kernaussagen reduziert und schematisch eingeteilt werden:

(1) Unterschiedliches Verständnis der Gewaltenteilung

Angriffspunkt ist zunächst das von den Gerichten kundgetane Verständnis der Gewaltenteilung.[1774] Gegen die klassische Sichtweise der Gewaltenteilung wird geltend gemacht, die Legislative und Exekutive hätten in den letzten zwei Jahrhunderten ihre Kompetenzen in einem Maße ausgedehnt, das von den Verfassungsvätern so nicht vorgesehen gewesen sei. Demzufolge könne die Kontrolle dieser beiden Gewalten auch nur durch eine ausgedehntere Prüfungskompetenz der Judikative erfolgen. Die Gefahr des Machtmißbrauches durch Exekutivbehörden mit fast unbegrenzten Entscheidungsspielräumen ohne effektive Rechenschaftspflichten sei viel ernster zu nehmen als die der richterlichen Machtausdehnung.[1775] Gerade die in dem Verwaltungsrecht gängige Praxis der gerichtlichen Überprüfung behördlicher Ermessensentscheidungen mache das vorgebrachte Argument der Gewaltenteilung zunichte.[1776] Das Gesetz über das Ver-

[1773] Teilweise kritisieren gerade von der Mehrheitsmeinung abweichende Richter im Einklang mit dem Schrifttum die gerichtliche Praxis. Der Übersichtlichkeit wegen wurde jedoch eine Unterteilung in die Auffassung der Gerichte und der Literatur vorgenommen. Als Beispiel einer richterlichen Kritik siehe die abweichende Meinung des Richters Black in der Entscheidung Berra v. United States, 351 U.S. 131, 138, 140 (1956). In ihr beschreibt er seinen Unwillen bezüglich der richterlichen Zurückhaltung bei der staatsanwaltlichen Überprüfung: „Of course it is true that under out system Congress may vest the judge and jury with broad power to say how much punishment shall be imposed for a particular offense. But it is quite different to vest such powers in a prosecuting attorney. A judge and a jury act under procedural rules carefully prescribed to protect liberty of the individual... No such protections are thrown around decisions by a prosecuting attorney.“ (Natürlich ist es zutreffend, daß in unserem System der Kongreß den Richter wie auch die *jury* mit weitreichenden Befugnissen bezüglich des Strafmaßes für eine bestimmte Straftat ausstatten kann. Es verhält sich aber ganz anders, wenn man den Staatsanwalt mit solchen Befugnissen ausstattet. Ein Richter wie auch eine *jury* handeln gemäß behutsam ausgearbeiteten prozessualen Regeln, um die Freiheit des Individuums zu schützen... Keiner solcher Schutzvorrichtungen hingegen umgeben die Entscheidung eines Staatsanwalts.). Ähnlich auch die abweichende Meinung des Richters Douglas in United States v. Bland, 412 U.S. 909, 909-913 (1973).

[1774] Das von den Gerichten vertretene Verständnis der Gewaltenteilung kann als sehr formal bezeichnet werden, stützt es sich doch vorrangig auf Formulierungen der U.S.-Verfassung. Das von den Kritikern propagierte Verständnis der Gewaltenteilung wird hingegen „funktional“ genannt, siehe dazu im Einzelnen *Werhan*, Tulane Law Review 1996, S. 2682 ff.

[1775] In diesem Sinne *Church*, Wisconsin Law Review 1990, S. 1091 f. Ähnlich Ebenso *Heller*, University of Pennsylvania Law Review 1997, S. 1340 f.: Das Versagen gerichtlichen Schutzes bei Ermessensüberschreitung der Staatsanwaltschaft ignoriere die den Gerichten zukommende Rolle im System der „checks and balances“. Zu der Geschichte und den Hintergründen der gerichtlichen „Abstinenz“ siehe *Chemerinsky*, Harvard Law Review 1989, S. 65 sowie 68.

[1776] So *Kane*, Tulane Law Review 1993, S. 2309. Auch *Bubany/ Skillern*, The American Criminal Law Review 1976, S. 490 kommentieren dies damit, daß die Funktionen anderer waltungsverfahren, *Administrative Procedure Act*, lasse die richterliche Kontrolle exekutiven Ermessens zur Regel werden.[1777] Auch auf dem Gebiet des Beschlagnahmerechts sei die gerichtliche Aufhebung behördlicher Ermessensentscheidungen längst anerkannt.[1778] Habe das von den Rechtsmittelgerichten in der Regel angeführte Argument Gültigkeit, das verfassungsrechtliche Prinzip der Gewaltenteilung verbiete eine richterliche Kontrolle staatsanwaltschaftlicher Entscheidungen, so sei dies geradezu absurd. Es gebe hunderte Gerichtsentscheidungen, in denen, dessen ungeachtet, Ermessensentscheidungen der Exekutive, zu der auch die Staatsanwaltschaft gehöre, aufgehoben worden seien.[1779] Vielmehr sei unter Hinweis auf das klassische Zitat Montesquieus, ‚die Macht möge die Macht bremsen', eine Vernetzung der verschiedenen Gewalten in Form der ‚checks and balances' notwendig:

> „If there is one aspect of the doctrine of Separation of Powers that the Founding Fathers agreed upon, it is the principle, as Montesquieu stated it: „To prevent the abuse of power, it is necessary that by the very disposition of things, power should be a check to power." Taking their institutions as they found them, the framers wove a web of checks and balances designed to prevent abuse of power, regardless of the age, origin, and character of the institution. At the same time, the framers were too sophisticated to believe that the three branches of government were absolutely separate..."[1780]

Unter Hinweis auf dasselbe Zitat Montesquieus wird auch in der Bundesrepublik Deutschland eine gegenseitige Vernetzung der Gewalten für erforderlich gehalten.[1781]

Behörden eine auffällige Ähnlichkeit mit der Staatsanwaltschaft aufwiesen, letztere aber ein ebenso auffälliges Fehlen entsprechender Kontrollen zeige. Vgl. auch *DeMay*, Fordham Urban Law Journal 1996, S. 794. Ganz klar auch *Joseph*, Columbia Law Review 1975, S. 137. Ebenso *Cox*, The American Criminal Law Review 1975, S. 402.

[1777] Vgl. *Davis*, Discretionary Justice, S. 210.

[1778] Genauer dazu *Brown/ Shaut*, American Law Review 1976, S. 571.

[1779] So schon 1969 *Davis*, Discretionary Justice, S. 210. Bestätigend auch *Noll*, Syracuse Law Review 1978, S. 732.

[1780] So der Richter Wisdom in seinen zusätzlichen Ausführungen zu dem Urteil United States v. Cox, 342 F.2d 167, 190 (5th Cir. 1965): „Wenn es einen Aspekt der Doktrin der Gewaltenteilung gibt, mit dem die Gründungsväter übereingestimmt haben, so ist es das Prinzip wie von Montesquieu dargelegt: ‚Damit die Macht nicht mißbraucht werden kann, ist es nötig, durch die Anordnung der Dinge zu bewirken, daß die Macht die Macht bremse.' Unter Verwendung der vorgefundenen Institutionen haben die Verfassungsgeber ein Netz gegenseitiger Prüfungen mit dem Ziel der Verhinderung von Machtmißbrauch gewoben, ungeachtet des Alters, Ursprungs und Charakters der Institution. Gleichzeitig waren die Gründungsväter zu scharfsinnig zu glauben, die drei Staatsgewalten seien absolut getrennt...". Von der notwendigen Auslegung des Gewaltenteilungsprinzipes als System der „checks and balances" sprechen auch *Brown/ Shaut*, American Law Review 1976, S. 563. Im Ergebnis auch *Neddo*, Albany Law Review 1997, S. 1953.

[1781] Siehe B. II. 2. ‚Wandel der Funktion der Staatsanwaltschaft'.

(2) Unterschiedliche Auslegung der Gesetzeswortlaute

Auch wird die traditionelle Auslegung der gesetzlichen Regelungen, die von ihrem Wortlaut her eine Verpflichtung des Staatsanwalts zur Strafverfolgung nahelegen, kritisiert. Diese Vorschriften, nach denen der Staatsanwalt Gesetzesübertretungen „zu verfolgen hat“ (*shall prosecute*), würden einfach als ermessenseröffnende Regelungen eingeordnet. Auf diese Weise würden die eindeutigen Wortlaute einfach mißachtet. Es stelle sich überdies die Frage, warum ein Staatsanwalt von der Verfolgung einer Straftat, bei der die Beweislage eindeutig sei, einfach Abstand nehmen dürfe und seine Entscheidung auf politischen Erwägungen beruhe, und er darüberhinaus noch nicht einmal eine Erklärung für seine Entscheidung abgeben müsse. Werde allerdings der Vorschlag gemacht, das staatsanwaltliche Ermessen zu strukturieren und verstärkten Kontrollen zu unterwerfen, so verstoße dies angeblich gegen althergebrachte Gewohnheit und Handhabung.[1782]

(3) Gerichtliche Kontrollnotwendigkeit durch übergroße staatsanwaltliche Ermessensreichweite

Gerade das Ausmaß und die Auswirkungen staatsanwaltlicher Entscheidungen mache eine gerichtliche Kontrolle notwendiger als bei den übrigen Behörden. Denn die Machtfülle des Staatsanwalts führe immer wieder zu deren Mißbrauch.[1783] Es gebe keinen Grund, warum er bei solch weitreichenden Entscheidungen vor anderweitiger Kontrolle, v.a. gerichtlicher, immun sein solle. Das übrige amerikanische Rechtssystem gehe auch sonst von der Notwendigkeit der Kontrolle menschlichen Verhaltens aufgrund dessen Fehlbarkeit aus. Daß dies möglich sei, beweise ein Vergleich mit der Bundesrepublik Deutschland und ihrem System der gerichtlichen Überprüfung.[1784] Auch versprächen die Verfassungen in den USA Schutz, den die Gerichte durch überhohe Anforderungen vorenthielten.[1785] Gerade dessen Gewährung sei aber zur Wahrung der Freiheitsrechte unumgänglich.[1786] Somit erfordere die Verfassung, insbesondere die *due process clause*, die Eröffnung eines effektiven Rechtsweges und die gerichtliche Überprüfung geltend gemachter Verstöße.[1787] Denn anerkanntermaßen seien die

[1782] So *Davis*, Discretionary Justice, S. 189 f. *Heller*, University of Pennsylvania Law Review 1997, S. 1327 spricht in diesem Zusammenhang davon, daß das staatsanwaltliche Ermessen wie ein unantastbares Evangelium behandelt würde.

[1783] So *Brown/ Shaut*, American Law Review 1976, S. 594. Sie auch weiter oben die Darstellung der Kritik bezüglich des staatsanwaltlichen Ermessens.

[1784] *Davis*, Discretionary Justice, S. 212 f.

[1785] *Chemerinsky*, Harvard Law Review 1989, S. 59 spricht in diesem Zusammenhang unter Anführung von Statistiken davon, daß die Gerichte durch ihren Respekt vor den Entscheidungen der Exekutive viel zu passiv seien. Damit jedoch gewinne die Exekutive jeden Verfassungsrechtsstreit. *Greene*, Buffalo Law Review 1991, S. 760 f. spricht in diesem Zusammenhang von einem „Lippenbekenntnis“ der Gerichte.

[1786] In diesem Sinne *Poulin*, American Criminal Law Review 1997, S. 1124 f.

[1787] So *Fallon*, Columbia Law Review 1993, S. 328 sowie 338. Siehe in diesem Zusammenhang auch *Post*, California Law Review 1998, S. 437. Er spricht davon, daß die Verfas-

Gerichte die „letztlichen Hüter der Gesetze."[1788] Dieser Verfassungsschutz dürfe nicht durch Zweckmäßigkeitserwägungen wie Stelleneinsparung in der Justiz durch möglichst weite Reduzierung gerichtlicher Inanspruchnahme und Strafverfolgung des Verfahrens ausgehebelt werden.[1789]

Das Problem der staatsanwaltlichen Entscheidungsfreiheit faßt Davis in seinem klassischen und vielzitierten Ausspruch, wie folgt, zusammen:

> „Let us not oppose discretionary justice that is properly confined, structured, and checked; let us oppose discretionary justice that is improperly unconfined, unstructured, and unchecked."[1790]

Während die staatsanwaltliche Ermessensentscheidung in Form der Anklageerhebung gewissen Kontrollen gegen Mißbrauch unterworfen sei, so sei die mindestens ebenso folgenschwere Machtausübung in Form der unterlassenen Strafverfolgung hingegen keinem Kontrollmechanismus ausgesetzt.[1791] Unterlasse der Staatsanwalt trotz hinreichender Beweise die Strafverfolgung, so maße er sich die Funktion eines Richters oder einer *jury* an.[1792]

(4) Stärkere Berücksichtigung der Opfer durch gerichtliche Anrufungsmöglichkeiten

Aufgrund verstärkter Anerkennung der Opferrechte in den letzten Jahren ist die Tendenz in vielen Bundesstaaten gewachsen, diese in eine verstärkte prozessuale Einbindung und Beteiligung umzusetzen.[1793] Ein durch die Straftat traumatisiertes Opfer dürfe nicht erneut in die hilflose Opferrolle gedrängt werden, wenn die Strafverfolgungsbehörden, die vorgäben, im Interesse des Opfers zu handeln, die Strafverfolgung aus nicht nachvollziehbaren Gründen ablehnten.[1794]

---

sungsmäßigkeit eines Staates auch die richterliche Überprüfung beinhalte: „Constitutionalism, at least in the United States, entails the institution of judicial review...".

[1788] „The judiciary [is] the ultimate arbiter of the laws...", so auch *Brown/ Shaut*, American Law Review 1976, S. 571.

[1789] Vgl. *Heller*, University of Pennsylvania Law Review 1997, S. 1330.

[1790] So *Davis*, Discretionary Justice, S. 26: „Laßt uns nicht ein Rechtswesen mit Ermessensbefugnissen bekämpfen, die angemessen begrenzt, strukturiert und kontrolliert sind; laßt uns aber ein Rechtswesen mit Ermessensspielräumen bekämpfen, die in unangebrachter Weise unbegrenzt, unstrukturiert und unkontrolliert sind." Ganz ähnlich auch *Greene*, Buffalo Law Review 1991, S. 758.

[1791] Zu diesem Schluß kommen *LaFave/ Israel/ King*, Criminal Procedure, Band 4, S. 27. Ebenso *Davis*, Discretionary Justice, S. 188. Bestätigend *Brown/ Shaut*, American Law Review 1976, S. 563 f. und *Bubany/ Skillern*, The American Criminal Law Review 1976, S. 483.

[1792] So *Noll*, Syracuse Law Review 1978, S. 700.

[1793] Siehe genauer dazu *Logan*, Wisconsin Law Review 1990, S. 1696. Zu der gewachsenen Stellung des Opfers im Strafprozeß siehe auch *Welling*, Arizona Law Review 1988, S. 117.

[1794] *Logan*, Wisconsin Law Review 1990, S. 1720. *Cardenas*, Harvard Journal of Law & Public Policy 1986, S. 389 beschreibt die Opfer als die „vergessenen Menschen" im Strafrechtssystem, die nicht nur durch die Straftat, sondern auch ein zweites Mal durch das Strafrechtssystem viktimisiert würden.

(5) Prüfungskompetenz der Gerichte

Entgegen der Annahme der Gerichte,[1795] ihnen fehle zu einer Überprüfung staatsanwaltlicher Anklageentscheidung die Fachkompetenz, wird sie von den Kritikern dieser Auffassung sehr wohl bejaht. Staatsanwaltliche Erwägungen der Beurteilungen einer Straftat deckten sich mit den richterlichen bei Verhängung des Strafmaßes. Insofern verleihe die Berücksichtigung ähnlicher Faktoren bei richterlicher Tätigkeit den Richtern auch die entsprechende Fachkompetenz zur staatsanwaltlichen Überprüfung.[1796]

Insgesamt wird daher ein stärkeres richterliches Engagement gefordert, insbesondere eine gerichtliche Überprüfung der staatsanwaltschaftlichen (Nicht-) Anklageentscheidung.[1797] So wird für einen Abbau der hohen Hürden richterlicher Überprüfungen plädiert. Es solle bei geltend gemachten Verfassungsverstößen, v.a. bei vermeintlicher diskriminierender Strafverfolgung, die Beweislast des Angeklagten reduziert werden.[1798] Auch wird die Absenkung der fast nicht erfüllbaren Zulässigkeitsvoraussetzungen eines gerichtlichen Anklageerzwingungsverfahrens für notwendig gehalten.[1799]

[1795] So auch neben den Gerichten einzelne Autoren, die den Gerichten die ausreichende Kompetenz und Sachkenntnis zur Überprüfung staatsanwaltlicher Entscheidunge absprechen, vgl. *DeMay*, Fordham Urban Law Journal 1996, S. 801.

[1796] So *Kane*, Tulane Law Review 1993, S. 2309. Genauso *Bubany/ Skillern*, The American Criminal Law Review 1976, S. 494. Ähnlich mit Hinweis auf andere Exekutivmaßnahmen, die problemlos durch Gerichte überprüft würden: *Gifford*, George Washington Law Review 1981, S. 718.

[1797] Vgl. *Goldstein*, Stanford Law Review 1974, S. 1024. Goldstein schlägt ein stärkeres richterliches Engagement in Anlehnung an kontinentaleuropäische Verfahren vor und damit ein Abrücken von der passiven richterlichen Stellung im adversatorischen Verfahren. Siehe v.a. auch *Joseph*, Columbia Law Review 1975, S. 132 sowie 159. So auch für die Stellung des Richters in der Hauptverhandlung *Bradley/ Hoffmann*, Southern California Law Review 1996, S. 1290 f. Für eine verstärkte richterliche Kontrolle auch *Kane*, Tulane Law Review 1993, S. 2310. In diesem Sinne auch *Heller*, University of Pennsylvania Law Review 1997, S. 1314. Für eine stärkere richterliche Kontrolle plädiert auch *Morris*, Harvard Law Review 1978, S. 1371. Ebenso *Brown/ Shaut*, American Law Review 1976, S. 571. Gerade im Hinblick auf die Anwendung der Todesstrafe auch *Neddo*, Albany Law Review 1997, S. 1953. Für eine verstärkte Kontrolle des *plea bargaining*: *Hobbs*, California Law Review 1971, S. 993 wie auch *Note*, The Yale Law Journal 1965, S. 1308 ff. Siehe auch *Cox*, The American Criminal Law Review 1975, S. 403.

[1798] So *Jampol*, Journal of Criminal Law & Criminology 1997, S. 965 f. Ähnlich *Zoran Stojanovic*, United States v. Armstrong, 116 S.Ct. 1480 (1996), Duquesne Law Review, Band 35, 1997, S. 1073, 1091. In diesem Sinne auch *Poulin*, American Criminal Law Review 1997, S. 1111. Ebenso *Applegate*, Temple Law Quarterly 1982, S. 85 ff.

[1799] So *Gifford*, George Washington Law Review 1981, S. 717 f.

e) Vorgeschlagene Verfahrensänderungen

Die von den Kritikern der derzeitigen richterlichen Prüfungsreichweite vorgeschlagenen Verfahrensverbesserungen differieren. Viele haben jedoch eine auffällige Ähnlichkeit mit dem deutschen Recht, insbesondere dem Klageerzwingungsverfahren.

aa) Festschreibung bindender Verfahrensrichtlinien

Die verbindliche schriftliche Fixierung von Verfahrensrichtlinien wird aus zweierlei Gründen für notwendig erachtet.[1800] Zum einen soll das staatsanwaltliche Ermessen strukturiert werden, damit eine verstärkte Gleichbehandlung ähnlich gelagerter Fälle erreicht werden könne. Dies wiederum führe zu einer insgesamt gerechteren staatsanwaltlichen Handhabung. Gleichzeitig würden somit auch nachvollziehbare Prüfungsmaßstäbe bei einer gerichtlichen Anrufung gesetzt.[1801] Im Anschluß daran solle ein gerichtliches Prüfungsverfahren gestaltet und eingeführt werden, das Ähnlichkeit mit dem deutschen Klageerzwingungsverfahren hat.[1802]

Im Jahre 1996 hatten lediglich rund 12 % aller Staatsanwaltschaften solche ausformulierten schriftlichen Richtlinien.[1803]

bb) Notwendigkeit schriftlicher Einstellungsverfügungen

Weiterhin solle die Staatsanwaltschaft insgesamt die Einstellung eines Falles mit einer schriftlichen Stellungnahme verbinden, in der sie ihre Gründe für die Nichtverfolgung angibt. Damit werde nicht nur eine behördeninterne Kontrolle erleichtert, sondern auch eine eventuell richterliche.[1804]

[1800] Ausdrücklich *Beck*, The American University Law Review 1978, S. 378. Vgl. dazu ebenso *Ferguson*, Rutgers Law Review 1957, S. 512 ff. Dies empfiehlt auch *Frase*, U. Mich. J. L. Reform 1999, S. 292 sowie 298. Mit einer positiven Einschätzung auch *Schwendiman*, The Brigham Young University Journal of Public Law, S. 37.

[1801] So *Brown/ Shaut*, American Law Review 1976, S. 591 sowie 595. So auch mit genaueren Ausführungen *Vorenberg*, Harvard Law Review 1981, S. 1562 ff. Ebenso *Bubany/ Skillern*, The American Criminal Law Review 1976, S. 496. In diesem Sinne auch *Note*, Southern California Law Review 1969, S. 544. Mit Beispielen auch *Pizzi*, Ohio State Law Journal 1993, S. 1364 ff. In die gleiche Richtung gehend *Joseph*, Columbia Law Review 1975, S. 140. Ähnlich auch *Gifford*, George Washington Law Review 1981, S. 709.

[1802] Vgl. *LaFave/ Israel/ King*, Criminal Procedure, Band 4, S. 24. Von der Notwendigkeit solcher „guidelines“ spricht auch *Noll*, Syracuse Law Review 1978, S. 737. So auch *N. Abrams*, UCLA Law Review 1971, S. 41.

[1803] So *Misner*, The Journal of Criminal Law and Criminology 1996, S. 772.

[1804] *LaFave/ Israel/ King*, Criminal Procedure, Band 4, S. 26. Ebenso *Lezak/ Leonard*, Prosecutor's Discretion, S. 53.

cc) Einführung eines eingeschränkten Legalitätsprinzips

Vereinzelt und nicht typisch für amerikanische Kommentatoren wird sogar die Einführung eines eingeschränkten Legalitätsprinzips vorgeschlagen. In Anlehnung an kontinentaleuropäische Verfahren solle dadurch die staatsanwaltschaftliche Machtstellung eingeschränkt werden, denn das uneingeschränkte Ermessen bei der Entscheidung über eine Anklageerhebung führe zu großem Mißbrauch und zu einer Ungleichbehandlung. Um diese zu überwinden, sei ein Legalitätsprinzip für schwerere Straftaten empfehlenswert. Zudem ermögliche dieses eine intensivere richterliche Kontrolle staatsanwaltschaftlicher Anklageentscheidungen.[1805]

dd) Gerichtliche Überprüfungsverfahren

(1) Gerichtliches Verfahren bei erhobener Anklage und geltend gemachter diskriminierender Strafverfolgung

Sofern der Angeklagte aufzeigen kann, daß er selektiv zur Strafverfolgung ausgesondert wurde und dahinter diskriminierende Gründe vermutet, solle das Gericht die staatsanwaltlichen Akten unter Ausschluß der Öffentlichkeit untersuchen. Fänden sich so Anhaltspunkte für eine unzulässige, da diskriminierende Strafverfolgung, so habe das Gericht eine Abwägung vorzunehmen. Dabei sei das Interesse des Staatsanwalts an geheimen und vertraulichen Informationen und Ermittlungsgängen gegen das Interesse des Angeklagten am Zugang des Beweises seiner Diskriminierung abzuwägen. Überwiege letzteres, so solle das Gericht dem Angeklagten das Beweismaterial aushändigen. Auf diese Weise würden die jetzigen hohen Hürden der Beweisführung des Angeklagten gesenkt und eine richterliche Kontrolle effektiviert. Darüberhinaus bleibe auch in möglichst weitem Umfang die Vertraulichkeit der Ermittlungen gewährleistet.[1806]

Dabei wird weiterhin vorgeschlagen, der Richter möge die Übereinstimmung der Anklage des Staatsanwalts mit dessen interner Richtlinie überprüfen. Bei beträchtlicher Abweichung von diesen internen Verfolgungsgrundsätzen obliege es dem Staatsanwalt, dafür einen zulässigen Grund vorzubringen, andernfalls solle das Gericht das Verfahren einstellen. Dieses Verfahren solle möglichst mit dem *preliminary hearing* verbunden werden.[1807]

1805 So ausdrücklich *Mack*, Indiana International & Comparative Law Review 1996, S. 91 f.

1806 So *Kane*, Tulane Law Review 1993, S. 2309. Ebenso *Heller*, University of Pennsylvania Law Review 1997, S. 1336 f. In eine ähnliche Richtung geht auch *Poulin*, American Criminal Law Review 1997, S. 1124 f. Sollte das Gericht Anhaltspunkte für eine unzulässige Strafverfolgung aufdecken, so solle es seine Beobachtungen der Staatsanwaltschaft mitteilen. Diese könne dem dann abhelfen. Vgl. ferner *DeMay*, Fordham Urban Law Journal 1996, S. 801. Ähnlich auch *Applegate*, Temple Law Quarterly 1982, S. 88.

1807 So *Vorenberg*, Harvard Law Review 1981, S. 1570 f.

(2) Gerichtliches Verfahren bei unterlassener Anklageerhebung der Staatsanwaltschaft

Durch Einlegung des im amerikanischen Recht anerkannten Rechtsbehelfs „*mandamus*"[1808] solle es möglich werden, die Staatsanwaltschaft zur Strafverfolgung und Anklageerhebung zu zwingen.[1809]

Problematisch erscheint bereits die Antrags- bzw. Klagebefugnis (*standing*) bei staatsanwaltlicher Untätigkeit. Nach bisheriger Rechtslage ist eine gerichtliche Anordnung per *mandamus* erfolglos,[1810] da nur gebundene Rechtsfolgen, die dem Kläger gegenüber geschuldet werden, damit erzwungen werden können.[1811] Die staatliche Strafverfolgung liegt jedoch im Ermessen der Staatsanwaltschaft, das Opfer hat kein subjektives Recht auf eine Verfolgung des Täters.[1812] Somit

---

1808 *Mandamus* (das lateinische Wort bedeutet wörtlich „wir ordnen an") ist ein Rechtsbehelf, der im 14. Jahrhundert im englischen Recht seinen Ursprung findet. Er ordnete ursprünglich gegenüber jeder Person, Gesellschaft oder jedem rangniedrigeren Gericht die Erfüllung solcher Pflichten an, deren Einhaltung der Kläger beanspruchen konnte. Zu der Geschichte dieses Rechtsbehelfes siehe *Brown/ Shaut*, American Law Review 1976, S. 564 ff.

1809 Für eine sehr eingeschränkte gerichtliche Kontrolle der Nichtanklageerhebung, wie immer sie auch aussehen mag, spricht sich auch aus: *Abrams*, UCLA Law Review 1975, S. 48. Für eine Anklageerzwingung und gerichtliche Überprüfung plädiert auch *Note*, The Yale Law Journal 1965, S. 1308 ff.

1810 Aus den Gerichtsurteilen wird nicht ersichtlich, ob der Rechtsbehelf an der Zulässigkeit oder Begründetheit scheitert. Allerdings scheint ohnehin fraglich, ob man die dem deutschen Recht strenge Einteilung ohne weiteres in das amerikanische Recht übertragen kann. Die von den Gerichten im Zusammenhang mit *mandamus* aufgeworfenen Rechtsprobleme erinnern allerdings eher an Zulässigkeitsprobleme wie Zuständigkeit des Gerichts, Klagebefugnis, Ineffektivität anderer Rechtsmittel. Insgesamt ist daher von Zulässigkeitsproblemen auszugehen. Vgl. dazu *Brown/ Shaut*, American Law Review 1976, S. 570.

1811 So drückte das Bundesgericht in Hammond v. Hull, 131 F.2d 23, 25 (D.C.Cir. 1942) aus: „The writ [mandamus] should be used only when the duty of the officer to act is clearly established and plainly defined and the obligation to act is peremptory." (Die gerichtliche Anordnung [im Wege des *mandamus*] sollte nur dann erlassen werden, wenn die Handlungspflicht des Beamten klar festgelegt, deutlich definiert und die Handlungspflicht zwingend ist.). Auch schreibt ein anderes Berufungsgericht in der bereits zitierten Entscheidung Inmates of Attica Correctional Facility v. Rockefeller, 477 F.2d 375, 379 (2d Cir. 1973): „Federal mandamus is, of course, available only to compel an officer or employee of the United States to perform a duty owed to the plaintiff...courts are not to direct or influence the exercise of discretion of the officer or agency in the making of the decision." (Der Rechtsbehelf *mandamus* ist auf Bundesebene natürlich nur statthaft, um einen Beamten oder Angestellten der Vereinigten Staaten zu zwingen, seine dem Kläger gegenüber geschuldete Pflicht zu erfüllen... Es steht den Gerichten nicht an, die Ausübung von Ermessen des Beamten oder der Behörde bei der Entscheidungsfindung zu steuern oder zu beeinflussen.). So auch United States ex rel. Schonbrun v. Commanding Officer, 403 F.2d 371, 374 (2d Cir. 1968). *Mandamus* als Rechtsbehelf nur bei zwingender Rechtsfolge, nicht bei Ermessensentscheidungen: *Joseph*, Columbia Law Review 1975, S. 134. Siehe auch dazu die Zusammenfassung bei *Gifford*, George Washington Law Review 1981, S. 711 ff.

1812 So der Kalifornische Supreme Court in Board of Supervisors v. Simpson, 36 Cal.2d 671, 676 (1951): „Ordinarily a district attorney cannot be compelled by mandamus to prosecute a fehlt dem Opfer bisher die Klagebefugnis für ein Anklageerzwingungsverfahren.[1813] Allerdings solle nach dem Reformvorschlag jeweils im Einzelfall eine Abwägung vorgenommen werden, ob die die Strafverfolgung beschreibenden Gesetzestexte (*shall*)[1814] – entgegen der herrschenden Auffassung – nicht doch eine gebundene Rechtsfolge nach sich ziehen. Aber selbst bei der Eröffnung von Ermessen sollten die Gerichte die behördliche Entscheidung auf Ermessensfehler hin überprüfen, wie beispielsweise die Ermessensüberschreitung.[1815] Ferner solle es ausreichend sein, wenn der Kläger oder Antragsteller ein berechtigtes Interesse an der ordnungsgemäßen Ermessensausübung geltend machen kann. Darunter wird entweder eine Rechtsverletzung oder eine Einbeziehung in bestimmte Interessenssphären verstanden.[1816]

Nach anderer Auffassung sollen solche Personen antragsberechtigt bzw. klagebefugt sein, die durch die Straftat verletzt und vom Schutzbereich der Norm erfaßt sind. Dies seien alle Personen, die durch die Begehung der Straftat entweder einen direkten oder angedrohten Schaden physischer, finanzieller oder emotionaler Natur erlitten haben. Bei Tötungsdelikten seien die nächsten Verwandten dabei eingeschlossen.[1817] Andere wiederum definieren den Antragsteller als „beschwerten Bürger"[1818] oder einfach als das Opfer des geltend gemachten Verbrechens.[1819] Dieser verletzte Antragsteller solle verpflichtet sein, sich zuerst bei dem Ausgangsstaatsanwalt um Abhilfe zu bemühen. Bei Ablehnung solle er sich dann an eine zentrale staatsanwaltliche Stelle wenden, die ebenfalls abhelfen könne. Erst dann könne der Rechtsweg zu den Gerichten beschritten werden. Somit solle zunächst erst der behördeninterne Beschwerdeweg durchlaufen werden, bevor der Beschwerdeführer sich an das Gericht wenden kann. Diese Erschöpfung interner Abhilfemöglichkeiten ist der deutschen Vorschaltbeschwerde vor dem gerichtlichen Klageerzwingungsverfahren, § 172, sehr ähnlich. Für amerikanische Verhältnisse setzt dies freilich eine verstärkte Zentralisierung sowie eine ausgeprägtere hierarchische Gliederung der lokalen Strukturen der Staatsanwaltschaften voraus. Allerdings empfehlen die Autoren dieses Reformvorschlages ohnehin eine stärkere Zentralisierung.[1820]

---

criminal case..." (Gewöhnlicherweise kann ein Staatsanwalt nicht zur Strafverfolgung durch [den Rechtsbehelf] *mandamus* gezwungen werden...). Für die Bundesgerichte stellvertretend Inmates of Attica Correctional Facility v. Rockefeller, 477 F.2d 375, 379 (2d Cir. 1973).

1813 So zusammenfassend *Cardenas*, Harvard Journal of Law & Public Policy 1986, S. 388.

1814 Siehe beispielsweise 42 U.S.C. § 1987, 28 U.S.C. § 547 (1) sowie 33 U.S.C. § 413.

1815 So *Brown/ Shaut*, American Law Review 1976, S. 575.

1816 Ausführlich dazu *Brown/ Shaut*, aaO, S. 586 ff.

1817 *Logan*, Wisconsin Law Review 1990, S. 1738 mit Hinweis auf Konkretisierungen dieser Definitionen durch gesetzliche Regelungen in Michigan sowie Gerichtsentscheidungen.

1818 So *Bubany/ Skillern*, The American Criminal Law Review 1976, S. 504.

1819 Siehe *Gifford*, George Washington Law Review 1981, S. 714.

1820 Vgl. *Bubany/ Skillern*, The American Criminal Law Review 1976, S. 502 ff. Ein ähnliches Verfahren wird auch favorisiert von *Cardenas*, Harvard Journal of Law & Public Policy 1986, S. 393. Dabei lehnt sich Cardenas ausdrücklich an das deutsche Klageerzwingungsverfahren an und propagiert dessen Übernahme.

Die gerichtliche Prüfung solle dabei auf Ermessensfehler wie Ermessensüberschreitungen begrenzt sein.[1821]

Darüber hinaus wird vorgeschlagen, der Staatsanwalt möge bei Ablehnung der Strafverfolgung seine Gründe dafür schriftlich niederlegen. Sei der Richter hiervon nicht überzeugt, so könne er eine besondere Anhörung anberaumen. In dieser solle der Staatsanwalt erneut und ausführlich seine Begründung für die unterlassene Strafverfolgung vorbringen. Betrachte der Richter sie immer noch als ungenügend, so sei er berechtigt, die Strafverfolgung anzuordnen. Wie auch immer die Entscheidung des Richters sei, so solle sie auf jeden Fall mit Rechtsbehelfen angreifbar sein. Antragsberechtigt sollen der Staatsanwalt, das Opfer oder dessen Hinterbliebene sein, jeweils bei entsprechender Beschwer. Für den häufigsten Fall der staatsanwaltlichen Nichtverfolgung durch Mangel an Beweisen solle eine volle richterliche Prüfung der Beweislage stattfinden. Komme der Richter zu dem Schluß, die Beweise rechtfertigten eine Hauptverhandlung, so könne er den Staatsanwalt zur Anklageerhebung zwingen. Beruhe hingegen die staatsanwaltliche Nichtverfolgung auf deren selbstbestimmten Verfolgungsgrundsätzen und -maximen, so solle er lediglich prüfen, ob diese Grundsätze nachvollziehbar und nicht willkürlich seien. Außerdem solle der Staatsanwalt an der Einhaltung seiner eigenen Richtlinien und Maxime festgehalten werden können. Insofern solle hier eine eingeschränkte richterliche Kontrolle stattfinden. Auf diese Weise werde der Staatsanwalt nicht nur gezwungen, seine eigenen Richtlinien und Verfolgungsgrundsätze zu erklären, sondern diese auch einheitlich anzuwenden. Selbst im Fall der fast ausnahmslosen Bestätigung der staatsanwaltlichen Entscheidung durch den Richter sei die richterliche Kontrolle nicht wertlos, denn alleine ihre Existenz erzeuge bereits eine einheitliche willkürfreie Fallbearbeitung durch die Staatsanwaltschaft.[1822] Letztere Argumentation besitzt eine auffällige Ähnlichkeit mit den vorgebrachten Gründen zugunsten des deutschen Klageerzwingungsverfahrens. Auch hier wird der Hauptwert des Verfahrens bereits in seiner Existenz und der psychologischen Wirkung auf die Staatsanwaltschaft selbst bei scheinbar statistischer Bedeutungslosigkeit gesehen.[1823]

Ein solches gerichtliches Kontrollverfahren solle somit nicht nur eine verstärkte Gleichförmigkeit der staatsanwaltlichen Rechtsanwendung fördern, sondern auch den Prozeß der Entscheidungsfindung transparenter machen. Darüber hinaus wachse bei der Abgabe einer schriftlichen Darlegung der Gründe für eine Nichtverfolgung durch die Staatsanwaltschaft und einer gerichtlichen Kontrolle

---

[1821] So *Bubany/ Skillern*, The American Criminal Law Review 1976, S. 504. Andeutend auch *Joseph*, Columbia Law Review 1975, S. 138.

[1822] Zu den genauen prozessualen Abläufen siehe *Noll*, Syracuse Law Review 1978, S. 708 ff. Auch *Brown/ Shaut*, American Law Review 1976, S. 596 wollen bei Nichtbeachtung der eigenen Verfolgungsgrundsätze durch die Staatsanwaltschaft den prima-facie-Beweis unzulässiger Nichtverfolgung als erbracht ansehen mit der Folge der Anordnung der Strafverfolgung per *mandamus*.

[1823] Siehe stellvertretend nur *Maiwald*, GA 1970, S. 50 sowie die eigenen Ausführungen auf Seite 65.

mit Rechtsbehelfsmöglichkeiten des Opfers die Akzeptanz der Verfahrensbeendigung. Gerade die stärkere Einbindung des Opfers bei der Beendigung des Verfahrens ohne Verurteilung des Tatverdächtigen führe zu einer höheren Akzeptanz des Ergebnisses.[1824] Dieses Argument findet sich auch in der Bundesrepublik als ein tragender Zweck des Klageerzwingungsverfahrens wieder.[1825] Durch ein solches Verfahren zur Erzwingung staatsanwaltlicher Strafverfolgung werde auch das Vertrauen der Öffentlichkeit in das ordnungsgemäße Funktionieren der Strafrechtspflege gestärkt.[1826]

Ein anderer Reformvorschlag steht für einen recht gemäßigten Kurs richterlicher Kontrolle. Unter Respektierung der Auffassung der Gerichte, daß eine richterliche Anklageerzwingung gegen das Gewaltenteilungsprinzip sowie eine Privatklage gegen die *due process clause* verstoße,[1827] wird eine abgeschwächte Kombination richterlicher Prüfung vorgeschlagen. Die Geschädigten der vermeintlichen Straftat sollten sich im Falle staatsanwaltlicher Ablehnung der Strafverfolgung an das Gericht wenden können. Bei Darlegung einer direkten Betroffenheit durch die staatsanwaltschaftliche Entscheidung sei die Klagebefugnis anzunehmen. Dies gelte für Opfer einer Straftat sowie Hinterbliebene bei Tötungsdelikten. Die Klagebefugnis sei allerdings ebenso bei Juristischen Personen oder solchen Personengesellschaften anzunehmen, die durch Vermögensdelikte geschädigt worden seien. In einer Anhörung unter Ausschluß der Öffentlichkeit habe der Staatsanwalt dann die Gründe für seine Entscheidung darzulegen.[1828] Der Kläger solle hierbei ein Anwesenheitsrecht haben, der Prüfungsumfang des Gerichts aber nur auf einen möglichen Ermessensmißbrauch begrenzt sein. Auf diese Weise fände kein Einbruch in den Kernbereich der Exekutive statt. Komme das Gericht zu dem Schluß, ein Ermessensmißbrauch liege vor, so möge es eine entsprechende, offizielle Erklärung erlassen. Aufgrund des Gewaltenteilungsprinzips solle eine Anklageanordnung allerdings verwehrt bleiben. Die amtliche Erklärung eines Gerichts, der Staatsanwalt habe sein Ermessen mißbraucht, übe genügend politischen und öffentlichen Druck aus, um ihn zur Korrektur seines Verhaltens zu bewegen. Dies sei v.a. im Hinblick auf seine Abhängigkeit von der Wählerschaft anzunehmen.[1829]

[1824] So *Noll*, Syracuse Law Review 1978, S. 715.

[1825] Zu den verschiedenen Zwecken des Klageerzwingungsverfahrens, insbesondere des Rechtes des Verletzten auf Genugtuung sowie die gewollte Akzeptanzsteigerung siehe die eigenen Ausführungen auf Seite 59 ff. Siehe stellvertretend auch *Kirstgen*, Klageerzwingungsverfahren, S. 49 ff.

[1826] Diesen Vorteil in dem deutschen Klageerzwingungsverfahren sehen *Frase/ Weigend*, Boston College International & Comparative Law Review 1995, S. 355 f.

[1827] Siehe ein Gerichtsurteil in Missouri, State v. Harrington, 534 S.W. 2d 44, 48-49 (Mo.1976) sowie die weiteren Ausführungen bei der Privatklage.

[1828] Siehe *S. P. Green*, The Yale Law Journal 1988, S. 504 ff. Für den Ausschluß der Öffentlichkeit dabei *Joseph*, Columbia Law Review 1975, S. 142.

[1829] Vgl. *S. P. Green*, The Yale Law Journal 1988, S. 504 ff.

f) Zusammenfassung

Die Problematik der richterlichen Überprüfung des staatsanwaltlichen Anklageverhaltens zeigt die komplette Bandbreite der damit verbunden praktischen und dogmatischen Schwierigkeiten, Diskussionen sowie der Unzufriedenheit über die bestehende gerichtliche Praxis. In der Regel enthalten sich die Gerichte der Überprüfung des staatsanwaltlichen Anklageverhaltens. Dies geschieht hauptsächlich unter Verweis auf ein klassisches Gewaltenteilungsverständnis sowie die Wählerverantwortung des Staatsanwalts. Allerdings treten die Gerichte verstärkt in eine Überprüfung des Anklageverhaltens bei geltend gemachten Verfassungsverstößen ein. Der wichtigste vorgebrachte Verfassungsverstoß liegt in der Verletzung des Gleichbehandlungsgrundsatzes, *equal protection clause*, durch eine diskriminierende selektive Strafverfolgung. Dabei zeigen sich die Schwierigkeiten einer effektiven gerichtlichen Prüfung aufgrund des weiten Ermessens der Staatsanwaltschaft und der Stellung der Gerichte im amerikanischen Strafprozeß. Aufgrund der hohen Beweislast des Angeklagten bei der Darlegung einer unzulässigen verfassungswidrigen Strafverfolgung sind allerdings die weitaus meisten Gerichtsverfahren für ihn erfolglos. In aller Regel bleibt das staatsanwaltliche Verhalten gerichtlich unbeanstandet. In einigen Bundesstaaten gibt es spezielle gesetzliche Regelungen, welche eine gerichtliche Überprüfung der Anklageentscheidung bzw. der Nichtanklageentscheidung ermöglichen. Der Richter ist dabei per Gesetz befugt, die Strafverfolgung bzw. Anklageerhebung auch gegen den Willen der Staatsanwaltschaft anzuordnen. Allerdings wurde von diesen Regelungen kaum Gebrauch gemacht. Eine effektive richterliche Kontrolle wird durch jene Vorschriften nicht gewährleistet. Dies hängt u.a. mit dem gerichtlichen Prüfungsumfang zusammen, der auf grobe staatsanwaltliche Fehlentscheidungen beschränkt ist. In zwei Bundesstaaten wurden die Vorschriften, die eine richterliche Anklageerzwingung ermöglicht haben, von den Obersten Gerichten für verfassungswidrig erklärt. Auch hier wurde eine Unvereinbarkeit mit dem Gewaltenteilungsprinzip sowie der Wählerverantwortung des Staatsanwalts geltend gemacht.

Im Schrifttum ist die gerichtliche Haltung der grundsätzlichen Nichteinmischung auf scharfe Kritik gestoßen. Von den Gerichten wird ein Umdenken sowie eine verstärkte Prüfung des staatsanwaltlichen Anklageverhaltens gefordert. Die gegenwärtige Praxis entspreche nicht dem allgemeinen Prüfungsverhalten der Gerichte auf anderen Rechtsgebieten und sei unvereinbar mit einem modernen Verständnis von Staat und Gewaltenteilung. Aufgrund der staatsanwaltlichen Machtfülle wird ein verstärktes Bedürfnis nach richterlicher Kontrolle vorgebracht. Als Reformvorschläge werden Verfahren beschrieben, die teilweise große Ähnlichkeit mit dem Klageerzwingungsverfahren haben. So solle es beispielsweise bei Beanstandungen des staatsanwaltlichen Anklageverhaltens zunächst eine Art staatsanwaltschaftliche „Vorschaltbeschwerde“ geben. Verbindliche Verfahrensrichtlinien und Einstellungsverfügungen sollen dabei nicht nur eine gleichförmigere Rechtsanwendung ermöglichen, sondern auch eine spätere gerichtliche Kontrolle vereinfachen. Bei Erfolglosigkeit der staatsanwaltschaftsinternen Abhilfe sollten die Gerichte dem Verletzten ein Anrufungsrecht geben und nötigenfalls die Anklageerhebung anordnen dürfen. Teilweise wird auch angeregt, das gerichtliche Prüfungsrecht solle sich nur auf staatsanwaltliche Ermessensfehler beschränken. Zur Wahrung des Gewaltenteilungsprinzips wird auch statt einer Anklageanordnung eine amtliche Erklärung der Gerichte propagiert, in der ein Ermessensmißbrauch der Staatsanwaltschaft festgestellt wird.

8. Behördeninterne Kontrolle

a) Generell in den USA

Auf der Bundesebene existiert ein enges Beaufsichtigungsverhältnis des Generalbundesanwalts (*United States Attorney General*) gegenüber den einzelnen Bundesanwälten (*United States Attorney*). Ansonsten ist das Kontrollgeflecht in den einzelnen Bundesstaaten zwischen dem Generalstaatsanwalt, *Attorney General,* und den gewählten lokalen Staatsanwälten eher lose. Nur wenige Bundesstaaten geben dem *Attorney General* ein direktes Aufsichtsrecht gegenüber den lokalen Staatsanwälten. Zu diesen Staaten gehören neben Kalifornien[1830] Alaska,[1831] Connecticut,[1832] Delaware,[1833] New Hampshire,[1834] Nebraska[1835] sowie Rhode Island.[1836] Die Ausübung der Beaufsichtigungsrechte ist aber selten.[1837] Ebenso selten ist die Auswechslung eines Staatsanwalts.[1838]

Dies dürfte nicht nur auf die dezentralisierte Struktur der Staatsanwaltschaften zurückgehen,[1839] sondern auch auf den unabhängigen Status der lokalen Staatsanwälte aufgrund der direkten Volkswahl.[1840] Insofern sind hier sehr große Unterschiede zur zentralisierten bundesdeutschen Behördenstruktur zu vermerken.[1841] Die eigene demokratische Legitimation des lokalen Staatsanwalts beeinträchtigt die Legitimität der Überprüfung durch eine andere Einzelperson wie die des *Attorney General*.[1842] Überdies steht einem engen und häufig ausgeübten Beaufsichtigungsverhältnis auch die Einstellung der Wählerschaft des lokalen Staatsanwalts entgegen. Der von ihr gewählte Staatsanwalt solle die Gerechtigkeitsvorstellungen seiner Kommune und nicht die einer entfernten Revisions-

[1830] So in der Verfassung Kaliforniens, vgl. Art. 5 § 13 sowie § 12550 Government Code.
[1831] Vgl. Alaska Statutes § 44.23.020.
[1832] So Connecticut General Statutes Annotated (Conn.Gen.Stat.Ann.) §§ 51-275 bis 51-277.
[1833] Delaware Code Annotated (Del.Code Ann.tit.) 29, § 2502.
[1834] Siehe New Hampshire Revised Statutes Annotated (N.H.Rev.Stat. Ann.) § 7:6.
[1835] So die Revised Statutes of Nebraska (Neb.Rev.Stat.) § 84-204.
[1836] General Laws of Rhode Island (R.I.Gen.Laws) § 42-9-1 & 42-9-4.
[1837] *Logan*, Wisconsin Law Review 1990, S. 1726. Ebenso *Miller*, Charge a Suspect with a Crime, S. 158 wie auch *Davis*, Discretionary Justice, S. 208. Dies wird ferner bestätigt durch *Sunderland*, The Journal of Criminal Law, Criminology and Police Science 1958, S. 532.
[1838] Vgl. *Miller*, Charge a Suspect with a Crime, S. 158.
[1839] So *LaFave*, The American Journal of Comparative Law 1970, S. 538.
[1840] Siehe dazu *LaFave/ Israel/ King*, Criminal Procedure, Band 4, S. 27.
[1841] Vgl. *LaFave/ Israel/ King*, aaO, S. 28.
[1842] So *Sunderland*, The Journal of Criminal Law, Criminology and Police Science 1958, S. 537.

stelle umsetzen. Schon aufgrund der geschichtlichen Tradition besteht auf kommunaler Ebene ein ausgeprägtes Mißtrauen gegenüber zentralisierten Entscheidungen und Einflüssen. Deshalb solle die Strafverfolgung nach vielfacher Ansicht eine lokale Aufgabe bleiben und damit auch die dazugehörigen Kontrollen.[1843]

Allerdings ist eine gewisse Tendenz zur Aufgabenzentralisierung beim *Attorney General* zu verzeichnen. In den Bundesstaaten erlassen die Gesetzgeber Regelungen mit einer verstärkten Delegation von neuen Tätigkeiten und Vollmachten an den *Attorney General.*[1844]

b) Rechtslage in Kalifornien

Die Beaufsichtigungsrechte der lokalen Staatsanwälte durch den *Attorney General* sind in der Verfassung Kaliforniens, Art. 5 § 13[1845] sowie in § 12550 Government Code[1846] niedergelegt. Diese Regelungen erklären den *Attorney General* u.a. zum obersten Strafverfolgungsorgan. Weiterhin wird ihm die Vollmacht zur direkten Aufsicht nicht nur über alle Polizeiverbände verliehen, sondern auch über die Staatsanwaltschaften. Bei Übernahme der Strafverfolgung an Stelle des lokalen Staatsanwalts stehen ihm dessen Befugnisse zu.

Somit unterliegt der lokale Staatsanwalt – abgesehen von einer Abwahl durch die Wähler – auch der Aufsicht durch den *Attorney General.*[1847] Allerdings ist der Verfassungstext schon frühzeitig einer sehr einschränkenden Auslegung durch Kalifornische Gerichte zugeführt worden. Aufgrund der Stellung des Staatsanwalts sei ‚Aufsicht' (*supervision*) nicht als ‚absolute Kontrolle' und Anordnungsbefugnis zu verstehen, daher seien die Kontrollrechte des *Attorney General* begrenzt. Sie kämen nur dann zur Geltung, wenn „die Gesetze des Staates nicht adäquat durchgesetzt würden". Eine Ersetzung des staatsanwaltlichen Ermessens auf lokaler Ebene durch das des *Attorney General* ermöglichten die Aufsichtsrechte nicht.[1848] Sofern jedoch der *Attorney General* die Überzeugung gewonnen hat, die „Gesetze seien nicht adäquat durchgesetzt", kann er statt des

---

[1843] In diesem Sinne *Sunderland*, aaO, S. 538.

[1844] So die *National Association of Attorneys General*, Powers and Responsibilities, S. 12.

[1845] Der Text ist im Anhang abgedruckt unter Punkt G. II. 4.

[1846] Siehe Anhang unter Punkt G. I. 3.

[1847] So People v. Municipal Court, 27 Cal.App. 3d 193, 203 (1972): Der Staatsanwalt unterliegt ausdrücklich nicht der Kontrolle durch ein Gericht.

[1848] Diese bis heute gültige Auslegung stammt aus dem Jahr 1942, vgl. People v. Brophy, 49 Cal.App. 2d 15, 28 (1942): „It is at once evident that ‚supervision' does not contemplate control, and that...district attorneys cannot avoid or evade the duties and responsibilies of their respective offices by permitting a substitution of judgement." (Es wird sogleich offensichtlich, daß ‚Aufsicht' keine Kontrolle meint, und daß...Staatsanwälte die Pflichten und Verantwortung ihrer jeweiligen Ämter nicht durch das Zulassen der Ersetzung ihrer Beurteilung vermeiden und umgehen können.).

lokalen Staatsanwalts selbst die Strafverfolgung übernehmen.[1849] Dabei braucht er nach neuester Rechtsprechung die Notwendigkeit seines Einschreitens nicht darzulegen.[1850]

Insgesamt zeigt sich, daß die Beaufsichtigungsrechte des *Attorney General* gegenüber den lokalen Staatsanwälten in Kalifornien weitaus eingeschränkter sind als entsprechende behördeninterne Weisungsrechte in der Bundesrepublik Deutschland. Während der *Attorney General* nur im Falle des Ermessensmißbrauches lokaler Staatsanwälte unter obiger Prämisse einschreiten kann, beinhaltet das deutsche Weisungsrecht im Anwendungsbereich des Opportunitätsprinzips auch Zweckmäßigkeitserwägungen durch höherrangige Beamte.

Die Ausübung der besagten Beaufsichtigungsrechte ist ebenso selten[1851] wie die Auswechslung eines Staatsanwalts.[1852]

c) Effektivität der staatsanwaltschaftlichen Eigenkontrolle

Eine Untersuchung staatsanwaltlichen Anklageverhaltens in Los Angeles 1971 ergab, daß nur in rund der Hälfte der Fälle, in denen Polizeibehörden eine Anklage angestrebt haben, eine solche auch erhoben wurde. Nach Verhaftungen für eine *felony* wurde in weniger als 45 % eine entsprechende Anklage erhoben, in 15 % erfolgte eine Anklage lediglich für ein *misdemeanor*. Ein Drittel aller Verhaftungen für eine *felony* endeten ohne jegliche Anklageerhebung.[1853] Ähnliche statistische Angaben existieren auch für die Jahre 1956-57.[1854] Ob der daraus gezogene Schluß der effektiven Filterfunktion und Selbstkontrolle der Staatsanwaltschaft gezogen werden kann, ist auch für die Autoren zweifelhaft. Dagegen wird das Verhalten der Polizeibehörden eingewandt, selbst bei schwacher Beweislage eine Verhaftung vorzunehmen und anschließend den Staatsanwalt entscheiden zu lassen, ob eine weitere Strafverfolgung möglich sei. Auf diese Weise könne die Polizei den ‚schwarzen Peter' der letztlich unterlassenen Strafverfolgung an die Staatsanwaltschaft weitergeben. Statistische Auflistung von Fällen schwebender Ermittlungen als abgelehnte Strafverfolgung sowie die Abhängigkeit der Strafverfolgung von der Opferreaktion erschweren eine Beurteilung.[1855] Allerdings könne insgesamt – trotz einiger weniger staatsanwaltlicher

---

1849 Vgl. People v. Honig, 48 Cal.App. 4th 289, 354 (1996). Aufgrund des Gewaltenteilungsprinzipes fühlte sich das Berufungsgericht nicht dazu berufen, die Entscheidung des *Attorney General* zur Übernahme der Strafverfolgung zu überprüfen.

1850 So People v. Honig, 48 Cal.App. 4th 289, 355 (1996).

1851 *Logan*, Wisconsin Law Review 1990, S. 1726. Ebenso *Miller*, Charge a Suspect with a Crime, S. 158 wie auch *Davis*, Discretionary Justice, S. 208.

1852 Vgl. *Miller*, Charge a Suspect with a Crime, S. 158.

1853 Siehe *Graham/ Letwin*, UCLA Law Review 1971, S. 674 ff. Ähnliche Zahlen nennt auch *Gifford*, George Washington Law Review 1981, S. 666.

1854 Eine ältere Untersuchung in Kalifornien, ebenfalls Los Angeles, geht von einer staatsanwaltlichen Ablehnung der Strafverfolgung von *felonies* in 25 % aller *felonies* aus, siehe *Klein*, Los Angeles Bar Bulletin 1957, S. 327.

1855 Vgl. *Graham/ Letwin*, UCLA Law Review 1971, S. 676 f.

Fehlentscheidungen – von einer hohen Arbeitsqualität der Staatsanwaltschaft ausgegangen werden.[1856]

Eine andere Studie des National Institute of Justice ergab, daß die Ablehnung einer vom Staatsanwalt begehrten Anklage sowohl bei der *grand jury* wie auch dem *magistrate* sehr selten ist. Eine Erklärung hierfür ist die hohe Effektivität staatsanwaltlicher Fallauslese.[1857]

Die Effektivität staatsanwaltschaftsinterner Kontrollen wird insgesamt dennoch weiterhin unterschiedlich beurteilt. Einige gehen davon aus, daß die führenden Staatsanwälte keiner realen Aufsicht unterliegen[1858] oder zumindest einer nur recht schwachen.[1859] Andere hingegen erachten die Qualität der staatsanwaltlichen Eigenkontrolle als sehr hoch.[1860] Der Schaden an Karriere und Ruf innerhalb der Staatsanwaltschaft sei bei verstärkt unbegründeten Anklagen so hoch, daß dies bereits ein hinreichend starker Abschreckungseffekt sei.[1861] Damit funktioniere die Eigenkontrolle der Staatsanwaltschaft sehr effektiv.[1862] Das gelte besonders für die Ebene des Bundes, in der ein enges Beaufsichtigungsverhältnis zwischen dem Generalbundesanwalt und den Bundesanwälten herrscht. Dieses wird als Grund für eine bessere Arbeitsqualität der lokalen Bundesanwälte angesehen.[1863] Zudem zeigten die hohen Verurteilungsraten der Staatsanwaltschaften, daß sie sehr sorgfältig die zu verfolgenden Fälle auswählten.[1864]

1856 So *Graham/ Letwin*, aaO, S. 706.

1857 Vgl. *Emerson/ Ames*, Pretrial Sentencing, S. 147.

1858 So *Davis*, Discretionary Justice, S. 207: „The top prosecutors of federal, state, and local governments are typically subject to little or no checking either by higher officers or by reviewing courts, no matter how seriously they have abused their powers and no matter how flagrant the injustice." (Die führenden Staatsanwälte auf der Ebene des Bundes, eines Bundesstaates oder der lokalen Verwaltung sind typischerweise wenig oder gar keiner Kontrolle entweder durch höhere Beamte oder durch Gerichte ausgesetzt, ganz gleich wie schwerwiegend sie ihre Macht mißbraucht haben und ganz gleich wie offenkundig die Ungerechtigkeit ist.).

1859 In diesem Sinne *DeMay*, Fordham Urban Law Journal 1996, S. 788 ff.

1860 *Miller*, Charge a Suspect with a Crime, S. 78 spricht von einer „exzellenten Prüfungsfunktion der Polizei und Staatsanwaltschaft": „Because of excellent police and prosecutor screening, there is little need for further evidence-sufficiency screening by the time most cases reach the preliminary examination stage."

1861 Ähnlich *Graham/ Letwin*, UCLA Law Review 1971, S. 672.

1862 So *Leipold*, Cornell Law Review 1995, S. 276.

1863 So schreibt der Richter Wisdom in seinen zusätzlichen Ausführungen zu dem Urteil in United States v. Cox, 342 F.2d 167, 186 (5th Cir. 1965): „The Attorney General's tight control over local United States attorneys lessens the likelihood of a United States attorney's failing to investigate and prosecute in the proper case." (Die enge Kontrolle des *Attorney General* über lokale Bundesanwälte vermindert die Wahrscheinlichkeit unterlassener Ermittlungen und Strafverfolgung in dem dafür geeigneten Fall von Seiten des Bundesanwaltes.).

1864 So führt das U.S. District Court in seiner klassischen, oben zitierten Entscheidung die hohe Verurteilungsrate von 97 % als Beweis für die gründliche Arbeitsweise der Staatsanwalt an, vgl. Pugach v. Klein, 193 F.Supp. 630, 635 (S.D.N.Y. 1961).

d) Beurteilung des Werts der Eigenkontrolle sowie Reformvorschläge

Fast einheitlich wird eine behördeninterne Überprüfung für gut geheißen. Der große Vorteil wird darin gesehen, daß sie dem Entscheidungsprozeß am nächsten steht. Je entfernter der Kontrollmechanismus von dem Prozeß der zu überprüfenden Entscheidung sei, desto geringer sei die Effektivität und Dichte der Kontrolle.[1865] Behördeninterne Kontrollen stellten eine der wichtigsten Absicherungen gegen Fehlentscheidungen dar.[1866] Teilweise seien sie den richterlichen weit überlegen. Im Gegensatz zu letzteren fielen nämlich viele erschwerende und zeitraubende Formvorschriften und Zulässigkeitsvorschriften weg. Gerade in Fällen minderer Bedeutung seien die hohen Kosten einer gerichtlichen Entscheidung abträglich.[1867]

Daher wird eine Ausdehnung der internen Kontrollen vorgeschlagen,[1868] besonders die verstärkte Ausübung von Beaufsichtigungsrechten durch den *Attorney General* sowie die Schaffung von Kontrollgremien mit unabhängigen Mitgliedern.[1869] Durch stärkere Zentralisation solle eine gleichförmigere Rechtsanwendung gewährleistet werden. Besagtes Kontrollgremium solle ferner bei der Entscheidung, keine Anklage zu erheben, vom Opfer der vermeintlichen Straftat angerufen werden können. Gegebenenfalls solle das Gremium auf internem Wege die Anklageerhebung anordnen können.[1870]

Auf der anderen Seite wird geltend gemacht, Zentralisierung und Gleichförmigkeit seien in der amerikanischen Strafrechtspflege nicht unbedingt wünschenswert.[1871] Vielmehr solle jeder Staatsanwalt die lokalen und eigenen Vorstellungen seines Bezirkes umsetzen.[1872]

Andere Autoren erachten zwar interne Kontrollen für notwendig, sehen sie jedoch nicht als ausreichend an. Wenn auch interne Kontrollen sehr wünschenswert seien, so genügten sie nicht, hinreichenden Schutz vor ‚schlampigen' oder bewußten Fehlentscheidungen zu bieten. Gerade zusätzliche externe Kontrollmechanismen schafften einen weiteren Anreiz für eine nicht zu beanstandende Pflichterfüllung der Staatsanwälte.[1873]

[1865] So ein hoher Vertreter des Justizministeriums, *Bromwich*, Fordham Urban Law Journal 1999, S. 751.

[1866] Für die Ebene des Bundes *Sullivan/ Nachman*, Journal of Criminal Law & Criminology 1984, S. 1049.

[1867] Vgl. *Davis*, Discretionary Justice, S. 145.

[1868] Im Ergebnis auch *N. Abrams*, UCLA Law Review 1971, S. 53 ff, v.a. im Hinblick auf bindende Richtlinine.

[1869] So *Bubany/ Skillern*, The American Criminal Law Review 1976, S. 492.

[1870] Vgl. *Bubany/ Skillern*, aaO, S. 503.

[1871] Dies widerspreche amerikanischer Tradition und sei auch politisch gar nicht durchsetzbar, so *Pizzi*, New Law Journal 1993, S. 1160 f.

[1872] So der Bundesrichter *Martin*, Fordham Urban Law Journal 1999, S. 722.

[1873] Siehe *Noll*, Syracuse Law Review 1978, S. 704. Für eine Verstärkung der externen Kontrolle plädiert auch *Vorenberg*, Harvard Law Review 1981, S. 1572 f.

e) Zusammenfassung

Die Arbeitsqualität der Staatsanwälte wird insgesamt als hoch erachtet. Der Hauptgrund ist das starke Eigeninteresse der Staatsanwaltschaft an begründeten Anklagen und hohen Verurteilungsraten. Inwiefern auch effektive interne Kontrollen hierzu beitragen, bleibt umstritten. Verglichen mit der hierarchisch aufgebauten deutschen Staatsanwaltschaft ist die behördeninterne Kontrolldichte der amerikanischen Staatsanwälte geringer. Dies hängt mit der dezentralisierten Struktur der Staatsanwaltschaft wie auch mit der direkten demokratischen Legitimation des örtlichen Staatsanwalts zusammen. Gemeinsam mit einem historischen Mißtrauen gegenüber zentralisierten Staatsapparaten bilden diese Gründe die Ursache für eine nur beschränkte Kontrolle des lokalen Staatsanwalts durch den Generalstaatsanwalt in den einzelnen Bundesstaaten. Wenn auch die Ausübung von Beaufsichtigungsrechten durch den Generalstaatsanwalt sehr selten ist, so wird mehrheitlich eine solche behördeninterne Kontrolle für gut geheißen. Inwieweit allerdings die jetzt schon sich verstärkende Tendenz zur Zentralisierung in das amerikanische Strafrechtsgefüge paßt, wird kontrovers beurteilt. Gegenüber externen Kontrollen wird den internen Überprüfungen jedoch der Vorteil der Nähe zur Entscheidung, der Schnelligkeit sowie der geringeren Formvorschriften und Kosten zugesprochen.

9. Privatklage

a) Rechtslage in den USA insgesamt

Wie bereits dargestellt, hat die zunächst aus dem englischen Recht entnommene Privatklage eine ähnliche Entwicklung genommen wie in Deutschland: Sie wurde allmählich verdrängt. Das ursprünglich vorherrschende System der Privatklage in den amerikanischen Kolonien ist allmählich durch eine öffentliche Strafverfolgung ersetzt worden.[1874] Insofern gibt es heute in den meisten Bundesstaaten der USA keine Privatklage.[1875] Denn die der Privatklage zugrundeliegende Vorstellung, die vorgeworfene Straftat sei eine private Angelegenheit zwischen Täter und Opfer, paßt nicht mehr in das amerikanische Strafrechtsverständnis. Vielmehr sei durch die begangene Straftat die Gesellschaft als Ganzes verletzt.[1876]

Allerdings sind gewisse Überreste der Privatklage durchaus auch heute noch zu finden.[1877] Dabei ist jedoch die Tendenz zu einer Verminderung privater Beteiligung in Form der eigenen Strafverfolgung zu verzeichnen.[1878] Eine gewisse

[1874] 1849 hat sich ein Supreme Court eines Bundesstaates zum ersten Mal gegen eine Privatklage ausgesprochen, so der Supreme Court von Massachusetts, vgl. im einzelnen *Sidman*, The American University Law Review 1976, S. 769.
[1875] *Logan*, Wisconsin Law Review 1990, S. 1726. Ebenso *Gershman*, University of Pittsburgh Law Review 1992, S. 408: In der Regel habe ein Privatkläger keine Klagebefugnis.
[1876] So *Jacoby*, American Prosecutor, S. 10.
[1877] Siehe *Miller*, Charge a Suspect with a Crime, S. 327.
[1878] *Miller*, aaO, S. 166.

Form der Privatklage wird in einigen wenigen Bundesstaaten allerdings als zulässig erachtet.[1879] Dabei geht diese Befugnis auf gesetzliche Regelungen zurück, die jedoch teilweise für verfassungswidrig erklärt wurden.[1880] Sofern eine Privatklage aufgrund genannter Gesetze möglich erscheint, wird insgesamt sehr selten von ihnen Gebrauch gemacht. Häufig gelingt es Richtern, die Privatkläger von einem Verfahren abzubringen.[1881]

Insgesamt haben sich Gerichte der Privatklage sehr abgeneigt gezeigt. Teilweise wurden sogar Urteile aufgehoben, die auf einer privaten Strafverfolgung beruhten.[1882] Diese Tendenz wird als steigend angesehen. Bei der Ablehnung der Privatklage haben Gerichte zunehmend eine Verletzung der *due process clause* geltend gemacht.[1883] Der Angeklagte habe ein Recht auf eine faire Strafverfolgung durch einen unvoreingenommenen und unparteiischen Staatsanwalt.[1884] Das Volk hingegen habe ein Recht, in Strafsachen nur durch seinen gewählten Repräsentanten, den Staatsanwalt, vertreten zu sein.[1885] Auch im Schrifttum stößt die Privatklage auf Kritik: Die Strafverfolgung durch Private verstoße ge-

---

[1879] Vgl. hierzu besonders Code of Alabama § 12-17-186, Laws of Minnesota § 388.12 sowie North Dakota Century Code, § 11-16-06. Zu den genauen Gerichtsentscheidungen und gesetzlichen Regelungen siehe *S. P. Green*, The Yale Law Journal 1988, S. 495. Mit weiteren Gerichtsentscheidungen, v.a. aus New York, siehe *Cardenas*, Harvard Journal of Law & Public Policy 1986, S. 374 ff. Von der Privatklage ist allerdings die Klage Qui Tam zu unterscheiden, in denen ein Privatkläger in seinem Namen wie auch im Namen der Vereinigten Staaten in einem Zivilprozeß Schadensersatz einfordert. Dem Verfahren liegen gesetzliche Regelungen zugrunde, deren Verletzung durch den Beklagten entweder unter Strafe steht und/oder Schadensersatzforderungen auslöst. Der eingeklagte Schadensersatz wird dann zwischen dem Kläger und den Vereinigten Staaten geteilt. Siehe genauer bei *Caminker*, The Yale Law Journal 1989, S. 341 ff.

[1880] So West's Wisconsin Statutes Annotated (Wis.Stat.Ann.) § 968.02 (3). Diese Regelung wurde 1987 für verfassungswidrig erklärt. Siehe ebenso Wyoming Statutes, § 7-6-110, die 1984 für verfassungswidrig erklärt wurde. Dazu genauer oben bei den legislativen Ausnahmen gerichtlicher Anordnung der Strafverfolgung oder Anklageerhebung.

[1881] Siehe dazu *S. P. Green*, The Yale Law Journal 1988, S. 488.

[1882] MwN *Jacoby*, American Prosecutor, S. 10.

[1883] Vgl. beispielsweise ein Gerichtsurteil in Missouri, State v. Harrington, 534 S.W. 2d 44, 48-49 (Mo.1976): Das Gericht hob einer Verurteilung wegen Mordes wegen der zugrundeliegenden Privatklage auf und nannte diese fundamental unfair („inherently and fundamentally unfair"), obgleich die Möglichkeit der Privatklage seit Jahren existiert hatte. Auch New Yorker Gerichte sind der Privatklage gegenüber immer kritischer eingestellt, siehe People v. Vial, 132 Misc.2d 5, 14 (N.Y.Crim.Ct.1986): „...a trial judge hearing this matter will be sensitive to the delicate balance necessary to afford all parties the fundamental fairness and substantial justice that due process requires..." (...ein Richter der Hauptverhandlung, der diese Angelegenheit anhört, wird behutsam sein gegenüber der heiklen Gratwanderung, die notwendig ist, um allen Parteien die fundamentale Fairness und grundlegende Gerechtigkeit zu gewähren, welche die *due process* erfordert...).

[1884] Vgl. *S. P. Green*, The Yale Law Journal 1988, S. 495.

[1885] Siehe People v. Vlasto, 78 Misc.2d 419, 422 (N.Y.Crim.Ct.1974): Bezüglich schwerer Straftaten erklärt das Gericht: „People are entitled to be represented by counsel they have elected, the District Attorney." (Das Volk hat ein Recht darauf, durch den von ihnen gewählten Anwalt vertreten zu werden, nämlich den Staatsanwalt.).

gen grundlegende Prinzipien der Fairneß. Dem Privatkläger würden zur Verfolgung persönlicher Interessen staatliche Machtmittel an die Hand gegeben, deren Handhabung besser dem unparteiischen Staatsanwalt überlassen bleiben sollte.[1886]

b) Rechtslage in Kalifornien

Eine Privatklage ist in Kalifornien nicht möglich. Zwar gibt es keine ausdrückliche gesetzliche Regelung, die eine solche verbietet. Auch ließe sogar eine wörtliche Auslegung des Strafgesetzbuches eine Privatklage möglich erscheinen.[1887] Allerdings sind alle Versuche einer Privatklage ohne staatsanwaltliche Einschaltung oder Billigung von den Gerichten wiederholt abgelehnt worden. Als Hauptargument wird dabei vorgetragen, daß der Staatsanwalt alleine das Volk repräsentiere, in dessen Namen die Strafverfolgung geschehe. Die vorgeworfene Straftat verletze die Gemeinschaft als Ganzes, so daß deren alleiniger Repräsentant, der Staatsanwalt, über die Strafverfolgung zu entscheiden habe. Die Zulassung einer Privatklage würde dieses Repräsentationssystem außer Kraft setzen. Zudem würde das Strafrecht ansonsten für ‚frivole' Klagen und zur Befriedigung persönlicher Kränkungen mißbraucht. Der Strafprozeß dürfe nicht in ein Mittel zur Ausschaltung eigener Gegner umgeformt werden. Gerade daher sei es wichtig, daß ein verantwortungsvoller und integerer Staatsanwalt im öffentlichen Interesse handle. Zum Schutz des Einzelnen vor ‚erdichteten' oder überzogenen Anklagen solle der Staatsanwalt daher im Vorfeld jene überprüfen und noch vor Einleitung des offiziellen Strafverfahrens herausfiltern.[1888]

c) Fazit

Die einst vorherrschende Privatklage hat heute in den USA so gut wie keine Bedeutung mehr. Die letzten Überreste einer Privatklagemöglichkeit sind im Rückzug begriffen. Der Einfluß eines Privatklägers wird als negativ angesehen. Die Möglichkeit, das staatliche Strafverfahren zur Befriedigung persönlicher Kränkungen und Rachegedanken sowie Ausschaltung eigener Gegner auszunützen, sei inakzeptabel. Ein faireres Verfahren wird dagegen vom unvoreingenommenen Staatsanwalt erwartet. Daher ist die Privatklage in den USA mittlerweile fast bedeutungslos.

[1886] Mit genauerer Kritk und Hinweis auf die mögliche Verfassungswidrigkeit der Privatklage *Sidman*, The American University Law Review 1976, S. 773 ff.

[1887] §§ 740, 806 Cal. Penal Code bestimmen nur, daß das Strafverfahren durch eine schriftliche Anklage seitens des Klägers (*complainant*) eingeleitet werden muß. Die Regelungen lassen offen, ob diese schriftliche Anklage nur durch einen Staatsanwalt oder auch eine andere Person wie etwa beschwerte Bürger eingereicht werden kann.

[1888] Vgl. Rosato v. Superior Court, 51 Cal.App. 3d 190, 226 (1975): „No one can institute criminal proceedings without the concurrence, approval or authorization of the district attorney." (Niemand kann ein Strafverfahren ohne Mitwirkung, Billigung oder Bevollmächtigung durch den Staatsanwalt einleiten.). So auch People v. Municipal Court, 27 Cal.App. 3d 193, 199-206 (1972). Siehe auch Taliaferro v. Locke, 182 Cal.App. 2d 752, 755-756 (1960). Ebenso Ascherman v. Bales, 273 Cal.App. 2d 707, 708 (1969).

10. Verantwortung gegenüber der Wählerschaft

a) Wahlerfordernis

Gegenwärtig werden fast alle lokalen Staatsanwälte in den Bundesstaaten gewählt. Die Bundesanwälte, *United States Attorney*, werden hingegen ernannt. Schätzungen aus dem Jahr 1993 gehen davon aus, daß in den USA insgesamt rund 97 % aller Staatsanwälte direkt demokratisch legitimiert sind.[1889]

Gemäß §§ 24000, 24009, 24200, 24201 California Government Code wird der Staatsanwalt in Kalifornien für jeweils vier Jahre gewählt.

b) Beurteilung

Die Bewertung des Wahlerfordernisses für Staatsanwälte ist sehr konträr.

aa) Argumente für die Volkswahl des Staatsanwalts

Viele sehen in der Notwendigkeit des Staatsanwalts, von der Mehrheit seiner Gemeinde gewählt bzw. wiedergewählt zu werden, einen wichtigen Anreiz zur ordnungsgemäßen und untadeligen Verrichtung seiner Pflichten. Die Kontrolle durch die Wählerschaft zwinge ihn, in fairer, gleichmäßiger Weise seine Entscheidungen zu treffen.[1890] Jede ungleichmäßige oder gar willkürliche Ermessensausübung erhöhe das Risiko einer Negativbeurteilung durch Presse und Wählerschaft und vermindere die Chancen zur Wiederwahl. Daher sei der Staatsanwalt vielmehr um eine hohe Akzeptanz seiner Tätigkeit und Entscheidungen bemüht. Aus diesem Grunde nehme er sich Zeit, sein Vorgehen gegenüber der ermittelnden Polizei, der Öffentlichkeit und dem Opfer zu erklären und zu rechtfertigen.[1891]

Als Ausdruck direkter Demokratie ermögliche die Wahl des Staatsanwalts durch die lokale Gemeinde deren Einflußnahme auf die Art und Weise der Strafverfolgung. Der so von ihr gewählte Staatsanwalt versuche nämlich, die Vorstellung und Prioritäten der Wahlgemeinde bei seiner Tätigkeit umzusetzen.[1892] Schaffe er dies nicht, so werde er bei den nächsten Wahlen abgewählt. In aller Regel sei der Staatsanwalt daher bemüht, den Wünschen der Wählerschaft entgegenzukommen und diejenigen Straftaten besonders intensiv zu verfolgen, die sie am stärksten beunruhigten.[1893]

[1889] Vgl. *Pizzi*, Ohio State Law Journal 1993, S. 1338.

[1890] Ähnlich auch *Welling*, Arizona Law Review 1988, S. 109.

[1891] So *Pizzi*, Ohio State Law Journal 1993, S. 1344 f. Ähnlich, wenn auch viel kritischer *DeMay*, Fordham Urban Law Journal 1996, S. 786. In diesem Sinne, wenn auch mit kritischen Anmerkungen *Horowitz*, Fordham Law Review 1997, S. 2575.

[1892] Siehe *Jacoby*, American Prosecutor, Einleitung S. 15.

[1893] In diesem Sinne *Horowitz*, Fordham Law Review 1997, S. 2575. Ähnlich *McIntyre/ Lippman*, American Bar Association Journal 1970, S. 1157. Siehe auch *K. Abrams*, Texas Law Review 1993, S. 1419.

Somit habe die Kontrolle durch die Wählerschaft einen starken Einfluß auf die Arbeitsweise des Staatsanwalts.[1894]

bb) Argumente gegen das Wahlerfordernis

Die Palette der Kritik am Wahlerfordernis des Staatsanwalts rangiert von dessen Einstufung als ineffektives Kontrollmittel bis hin zur Verursachung schädlicher Einflüsse auf die Strafrechtspflege.

Einer der Hauptkritikpunkte der staatsanwaltlichen Kontrolle durch die Wahl ist der sehr geringe Informationszugang der Öffentlichkeit, denn in aller Regel seien weder die staatsanwaltlichen Entscheidungen noch die Gründe dafür und die zugrundeliegenden Umstände der Wählerschaft bekannt. Nur in seltenen Fällen der Medienwirksamkeit und Veröffentlichung eines Straffalles werde das staatsanwaltliche Handeln publik und so erst der Bewertung durch die Öffentlichkeit zugänglich.[1895] Dies führe, wenn überhaupt, zu einer nur geringen Kontrollintensität durch die Wählerschaft und auch nur in den Fällen „zügellosen staatsanwaltlichen Fehlverhaltens."[1896] Willkürliche Handhabungen könnten dadurch nicht verhindert werden.[1897]

Für eine wirksame Kontrolle, gerade der staatsanwaltschaftlichen Abschlußverfügung, *charging decision*, sei das Gedächtnis der Wählerschaft zu kurz. Bereits vergangene Mißstände würden schnell von der Öffentlichkeit vergessen. Eine Kontrolle des konkreten Einzelfalles sei durch die Notwendigkeit der (Wieder) Wahl des Staatsanwalts nicht gegeben.[1898]

[1894] Vgl. *Pizzi*, Ohio State Law Journal 1993, S. 1345.

[1895] Vgl. *Logan*, Wisconsin Law Review 1990, S. 1724. Dies bestätigen auch *LaFave/ Israel/ King*, Criminal Procedure, Band 4, S. 27, die nur von einer „theoretischen Kontrolle" sprechen. So auch *Greene*, Buffalo Law Review 1991, S. 776 f. und *Davis*, Discretionary Justice, S. 208. Ebenso *Vorenberg*, Harvard Law Review 1981, S. 1559. Siehe weiter *Bubany/ Skillern*, The American Criminal Law Review 1976, S. 488. Ähnlich *Note*, Indiana Law Journal 1959, S. 483. Ebenso bestätigend *Horowitz*, Fordham Law Review 1997, S. 2575 f. Ebenso *McIntyre/ Lippman*, American Bar Association Journal 1970, S. 1154. Siehe auch *Baker/ De Long*, American Journal of Criminal Law & Criminology 1934, S. 1025. In dieselbe Richtung tendierend auch *Gifford*, George Washington Law Review 1981, S. 670. Ferner auch *LaFave*, The American Journal of Comparative Law 1970, S. 538.

[1896] Von einem solchen „outrageous prosecutorial misconduct" spricht *Logan*, Wisconsin Law Review 1990, S. 1726. Von einer ähnlichen Ineffektivität der Wahl spricht *Note*, Harvard Law Review 1974, S. 1717. In diesem Sinne auch *S. P. Green*, The Yale Law Journal 1988, S. 493.

[1897] So v.a. bei der Beantragung der Todesstrafe durch den Staatsanwalt, vgl. *DeMay*, Fordham Urban Law Journal 1996, S. 787. *Greene*, Buffalo Law Review 1991, S. 777 spricht davon, daß eine ernsthafte Verantwortlichkeit des Staatsanwalts gegenüber der Wählerschaft „illusorisch" sei. Kritisch auch *Kennedy*, Journal of the American Judicature Society 1940, S. 181.

[1898] So. *Gifford*, George Washington Law Review 1981, S. 670.

Die Notwendigkeit einer hohen Verurteilungsrate als präsentierter Beweis für eine eindrucksvolle und professionelle Tätigkeit des Staatsanwalts gegenüber der Öffentlichkeit, v.a. im Wahlkampf, trage das Risiko einer gerade nicht umfassenden Strafverfolgung mit sich. Denn viele zweifelhafte Fälle, die sich aufgrund ihres unsicheren Ausgangs negativ in der Verurteilungsquote niederschlagen könnten, würden nicht weiter verfolgt oder im Rahmen des *plea bargaining* zu teilweise weitaus geringeren Delikten herabgestuft. Auf diese Weise werde zwar die Verurteilungsrate auf hohem Niveau gehalten, in Wahrheit jedoch würden viele Straftäter nicht ihrer gerechten Strafe zugeführt.[1899] Eine hohe Verurteilungsrate tröste allerdings über bedenkliche Unregelmäßigkeiten bei der Arbeitsweise der Staatsanwälte hinweg.[1900] Ferner sei der Staatsanwalt durch seine Beurteilung anhand der Verurteilungsrate für „Verurteilungen um jeden Preis" anfällig.[1901]

[1899] Vgl. *Noll*, Syracuse Law Review 1978, S. 701 f. Mit ähnlichen Bedenken *Miller*, Charge a Suspect with a Crime, S. 342. *Levenson*, Fordham Urban Law Journal 1999, S. 558 zählt diejenigen Gründe auf, die für die Entscheidung über eine Anklageerhebung maßgebend sind. Darunter fallen auch die staatsanwaltliche Erwartung der öffentlichen Reaktionen sowie die Auswirkungen auf die Verurteilungsrate. *Bresler*, The Georgetown Journal of Legal Ethics 1996, S. 543 f. beschreibt dies wie folgt: „A prosecutor who counts convictions also has a countervailing incentive to drop weak cases. The prosecutor may decline, dismiss or otherwise refuse to try cases that, although supported by probable cause and sufficient evidence to convict, would nonetheless be difficult cases in which to secure convictions... Prosecutors who protect their record of convictions by declining to take hard-to-prove cases to trial are not bold prosecutors, which they have the duty to be. Recklessness and fecklessness are both undesirable traits in prosecutors. Counting convictions encourages both." (Ein Staatsanwalt, der Verurteilungen zählt, hat auch einen entsprechenden Anreiz, schwache Fälle nicht zu verfolgen. Der Staatsanwalt mag so die Strafverfolgung ablehnen, das Verfahren einstellen oder Fälle nicht vor Gericht verhandeln, obgleich diese durch *probable cause* gestützt und durch genügend Beweise für eine Verurteilung abgesichert sind, auch wenn es nichtsdestoweniger schwierig sein würde, diese Verurteilungen sicherzustellen... Staatsanwälte, die ihre Verurteilungsrate durch Ablehnung der Verhandlung beweisschwerer Fälle schützen wollen, sind keine kühnen Staatsanwälte, obwohl sie verpflichtet sind, so zu sein. Rücksichtslosigkeit und Unfähigkeit sind beides Charakterzüge, die bei einem Staatsanwalt unerwünscht sind. Verurteilungen zu zählen fördert beides.). Bestätigend auch *Cox*, The American Criminal Law Review 1975, S. 414.

[1900] Dazu schreibt *Canlen*, California Lawyer 1999, S. 36 bei der Darstellung einiger Beispiele: „This elite group of prosecutors already had a statewide reputation for its focused approach to gang-related crime... Its methods were unorthodox, but with a 93 percent conviction rate, few people complained." (Diese Elitegruppe von Staatsanwälten hatte bereits einen Ruf im gesamten Staat für ihr entschlossenes Angehen von Gangdelikten... Ihre Methoden waren unorthodox, aber mit einer Verurteilungsrate von 93 Prozent haben sich nur wenige beklagt.). Kritisch zu der Verurteilungsrate als Argument im Wahlkampf *Note*, Indiana Law Journal 1959, S. 490.

[1901] Siehe *Kosicki*, Connecticut Bar Journal 1962, S. 162. So auch *Bresler*, The Georgetown Journal of Legal Ethics 1996, S. 543. Von einer sog. „Verurteilungspsychologie" spricht. *Melilli*, Brigham Young University Law Review 1992, S. 690. In abgeschwächter Form auch *Mack*, Indiana International & Comparative Law Review 1996, S. 75: Sie spricht davon, daß im Prozeßstadium die Motivation, den Fall unbedingt zu gewinnen, mindestens ebenso groß

Gegen die staatsanwaltliche Wahl wird darüberhinaus der schädigende Einfluß der Politik aufgrund des Wahlkampfes und der politischen Stellung des Staatsanwalts geltend gemacht: Politische Erwägungen führten entweder zu einer überaus milden oder aber sehr rigorosen Behandlung der Tatverdächtigen, je nach deren politischen Einstellung.[1902] Gleiches gelte für die Abneigung des Staatsanwalts, einflußreiche Bürger bei deren Straftaten zu verfolgen oder unbeliebte Gesetze durchzusetzen.[1903] Weiterhin führe das Wahlerfordernis häufig zur Besetzung des Amtes des Leitenden Oberstaatsanwalts mit Personen, deren juristische Fähigkeiten für diese Stellung insgesamt nicht ausreichend seien.[1904]

Auch erzeuge die Abhängigkeit von der Wählerschaft für den Staatsanwalt die Notwendigkeit, immer wieder im Rampenlicht der Medien stehen zu müssen. Nur so werde über ihn und seine Arbeitsweise berichtet.[1905] Um daraus einen positiven Werbeeffekt herauszuziehen, bemühe sich der Staatsanwalt gelegentlich mehr um Schlagzeilen als um eine fallangemessene Behandlung.[1906] Dies

---

ist wie das Bestreben, Gerechtigkeit zu üben, wie auch immer diese sich auf den Prozeßausgang auswirken mag.

[1902] So *Vorenberg*, Harvard Law Review 1981, S. 1558. Von einem übergroßen Einfluß politischer Erwägung bei der Anklageentscheidung sprechen auch *Nissman/ Hagen*, Prosecution Function, S. 14.

[1903] So *Bubany/ Skillern*, The American Criminal Law Review 1976, S. 488.

[1904] Diese Kritik äußerte bereits 1931 die National Commission on Law Observance and Enforcement, Report on Prosecution 7, zitiert nach *Misner*, The Journal of Criminal Law and Criminology 1996, S. 731.

[1905] So v.a. bei spektakulären Fällen mit möglicher Todesstrafe. *Ragone/ Williams*, The American University Law Review 1995, S. 286 beschreiben dies wie folgt: „Trying death cases has helped these prosecutors get in front of the community. They call press conferences and announce they are going for the death penalty. Cameras in the court means that they are on television all during the trial, calling and arguing for the death penalty." (Fälle mit möglicher Todesstrafe vor Gericht zu verhandeln, hat diesen Staatsanwälten geholfen, bei der Gemeinde in den Vordergrund zu rücken. Sie berufen Pressekonferenzen ein und verkünden, sie werden die Todesstrafe beantragen. Die Kameras im Gericht lassen sie während des gesamten Prozesses im Fernsehen erscheinen, während sie argumentieren und die Todesstrafe einfordern.).

[1906] *DeMay*, Fordham Urban Law Journal 1996, S. 785 beschreibt dies bezüglich der Todesstrafe wie folgt: „As elected officials, prosecutors are concerned about their political well-being. District attorneys deciding whether to seek the death penalty have the opportunity to state their intentions during press conferences, and to be seen on television while in the courtroom arguing a case. Because potential death penalty cases place prosecutors in the limelight, there is some concern that media attention focused on these cases may be sought for political advantage." (Als gewählte Beamte sind Staatsanwälte um ihr politisches Wohlergehen besorgt. Staatsanwälte, welche zu entscheiden haben, ob sie die Todesstrafe beantragen, haben die Gelegenheit, ihre Absichten in Pressekonferenzen kundzutun und im Fernsehen gesehen zu werden, während sie im Gerichtsaal argumentieren. Da Fälle mit potentieller Todesstrafe den Staatsanwalt ins Rampenlicht setzen, besteht Grund zu der Besorgnis, daß der Medienrummel, der mit diesen Fällen verbunden ist, zur Erzielung politischer Vorteile angestrebt wird.). Bestätigend bezüglich des medienwirksamen Effektes der Todesstrafe und der Verwendung im Wahlkampf *Bresler*, The Georgetown Journal of Legal Ethics 1994, S. 947 ff.

sei die unweigerliche Konsequenz aus der Tatsache, daß er mehr aufgrund seiner politischen denn juristischen Fähigkeiten gewählt werde. Geschickte Selbstdarstellung und Überzeugungskunst hätten höheren Einfluß auf den Wahlausgang als juristische Qualitäten. Die Wahrung der Rechte des Angeklagten seien dagegen zweitrangig, eine medienträchtige Verurteilung wichtiger. Dies habe in der Vergangenheit zur Unterdrückung von Entlastungsbeweisen zugunsten des Angeklagten, zu voreingenommenen und hetzerischen Presseerklärungen, zu gesetzeswidrigen Ermittlungsmethoden etc. geführt.[1907]

Schließlich werden auch Bedenken vorgetragen, ob der von der Mehrheit gewählte Staatsanwalt hinreichend objektiv und neutral bei der Strafverfolgung unbeliebter Minderheiten sei. Eine zusätzliche diesbezügliche Kontrolle durch Gerichte wird dabei für unerläßlich erachtet.[1908]

Somit wird von einigen Reformatoren vereinzelt gefordert, der Staatsanwalt müsse von der Einflußsphäre der Politik befreit werden.[1909] Diese Forderung geht bis hin zur Abschaffung des Wahlerfordernisses. Der Staatsanwalt solle vielmehr wie auf der Bundesebene ernannt werden.[1910]

c) Zusammenfassung

Die Beurteilung des Wahlerfordernisses des Staatsanwalts ist sehr konträr. Seine demokratische Legitimation wird teilweise als direkte Kontrolle durch die Wählerschaft gepriesen, die auf diese Art und Weise ihren Vorstellungen von Strafrechtspflege Ausdruck verschaffen könne. Überdies sei der Staatsanwalt ständig gezwungen, sich um die Gunst der Wähler zu bemühen, was einhergehend mit einer kritischen Presse zu einer sehr empfindlichen Kontrolle seines Verhaltens führe. Fehlentscheidungen, unprofessionelle Arbeit sowie Mißbrauch würden schnell öffentlich angeprangert und zögen die Abwahl des Staatsanwalts nach sich. Dem gegenüber wird die Untauglichkeit des Wahlerfordernisses als Kontrollmechanismus hervorgehoben. Das Wählergedächtnis sei zu kurz, die Wählerschaft zu schlecht und unzureichend informiert, um eine echte Kontrolle gerade der konkreten Einzelfallentscheidungen des Staatsanwalts darzustellen. Manipulationen und einseitige staatsanwaltliche Arbeit seien vielmehr die Folge der Notwendigkeit, sich ständig in einem bestimmten Rampenlicht der Öffentlichkeit zu präsentieren. Daher schlagen einige sogar die Abschaffung des Wahlerfordernisses vor. Andere hingegen halten eine zusätzliche richterliche

---

Dies habe ferner den negativen Effekt, daß der Staatsanwalt nach einer Verurteilung neu aufgetauchten Entlastungsbeweisen abweisend eingestellt sei.

1907 Mit weiteren Einzelheiten *Note*, Indiana Law Journal 1959, S. 483.

1908 So *Noll*, Syracuse Law Review 1978, S. 728. So auch *Chemerinsky*, Harvard Law Review 1989, S. 84. Nach *Greenspan*, Southern California Law Review 1993, S. 2206 ist es ohnehin die Aufgabe der Gerichte, unpopuläre Minderheiten zu schützen.

1909 Einen ähnlichen Gedanken aufgreifend *Davis*, Discretionary Justice, S. 190.

1910 So *Note*, Indiana Law Journal 1959, S. 491. Ebenso *Kennedy*, Journal of the American Judicature Society 1940, S. 182. Für ein System der Ernennung statt Wahl spricht sich im Ergebnis auch aus *Kosicki*, Connecticut Bar Journal 1962, S. 162.

Kontrolle, gerade der Einzelfälle und zum Schutz der Minderheiten, für notwendig.

11. Sonstige Kontrollmechanismen

a) Kontrollmittel und -möglichkeiten

Bei Fehlverhalten des Staatsanwalts ist seine Absetzung (*impeachment*) denkbar. In Kalifornien kann dies nur aufgrund einer Anklage durch das Unterhaus, *Assembly*, sowie einer Verhandlung vor dem Senat geschehen.[1911] Insgesamt ist ein *impeachment* aber sehr selten.[1912] Ebenso selten ist der Ausschluß von der Anwaltschaft (*disbarment*).[1913] Auch Verstöße gegen anwaltliches bzw. staatsanwaltliches ‚Standesrecht' werden kaum offiziell mit Disziplinarmaßnahmen belegt.[1914] Ferner steht das zivilrechtliche Verfahren des *quo warranto* zur Verfügung.[1915] Dies ist eine gerichtliche Verfügung gegenüber solchen Personen, die eine bestimmte Amtsstellung innehaben. Die Legitimität dazu wird ihnen allerdings abgesprochen. Der Verfügung liegt die Vorstellung zugrunde, besagte Person habe sich entweder widerrechtlich die Amtsstellung angemaßt oder diese durch Mißbrauch verloren. Die gerichtliche Verfügung beinhaltet die Aufforderung an den Betroffenen zu zeigen, aufgrund welchen Rechts er die Amtsstellung innehabe.[1916] Der Gebrauch von *quo warranto* ist sehr selten und kommt nur in den Fällen offenkundigen Amtsmißbrauches vor.[1917]

[1911] So die Kalifornische Verfassung in Art. 4, § 18: „The Assembly has the sole power of impeachment. Impeachments shall be tried by the Senate. A person may not be convicted unless, by rollcall vote entered in the journal, two thirds of the membership of the Senate concurs." (Das Unterhaus hat die alleinige Befugnis einer Absetzung. Die Absetzungsverfahren sollen vor dem Senat verhandelt werden. Eine Person kann nicht verurteilt werden, bevor nicht eine Mehrheit von zwei Dritteln aller Mitglieder des Senates in namentlicher Abstimmung mit Eintrag in das Protokoll zustimmt.). Folge eines *impeachments* ist die Entfernung aus dem Amt und die Disqualifizierung für jedes weitere staatliche Amt. Siehe genauer bei 52 Cal Jur 3d, Public Officers, Etc, §§ 112 ff, S. 269 ff.

[1912] Vgl. *LaFave/ Israel/ King*, Criminal Procedure, Band 4, S. 27. Ebenso *LaFave*, The American Journal of Comparative Law 1970, S. 538.

[1913] So *Note*, The Yale Law Journal 1955, S. 212. Siehe auch *Miller*, Charge a Suspect with a Crime, S. 157 f. Zu dem genauen Verfahren des Ausschlusses aus der Anwaltschaft siehe 7 Cal Jur 3d San Francisco, Kalifornien 1989, Stand 1999, Attorneys at Law, §§ 267 ff, S. 709 ff.

[1914] Dieses Standesrecht wird mit *ethical rules of responsibility* beschrieben, vgl. *Melilli*, Brigham Young University Law Review 1992, S. 683. Das genaue Verfahren wird beschrieben in 7 Cal Jur 3d San Francisco, Kalifornien 1989, Stand 1999, Attorneys at Law, §§ 241 ff, S. 668 ff.

[1915] *Quo warranto* (lat.) heißt wörtlich „aufgrund welchen Rechtes" und stammt aus dem englischen Recht, vgl. *Black*, Black's Law Dictionary, S. 1417.

[1916] Vgl. 53 Cal Jur 3d, Quo Warranto §§ 1 ff.

[1917] So *LaFave/ Israel/ King*, Criminal Procedure, Band 4, S. 27. Ebenso *LaFave*, The American Journal of Comparative Law 1970, S. 538.

Neben Kalifornien ist in zwei Bundesstaaten auch eine Ablösung (*supersedure*) eines Staatsanwalts durch den Gouverneur denkbar.[1918] Einer der Staaten ist New York aufgrund einer Verfassungsregelung, N.Y. Const. Art.13, § 13. Der andere Bundesstaat ist Colorado, so Colorado Revised Statutes Annotated § 24-31-101 (1) (a). Von diesen rechtlichen Möglichkeiten wird in der Praxis allerdings sehr wenig Gebrauch gemacht. Dies dürfte auch daran liegen, daß die Legitimität einer Ablösung eines frei gewählten Staatsanwalts durch einen Gouverneur sehr fraglich erscheint.[1919]

Klagen wegen Dienstpflichtverletzungen (*nonfeasance, malfeasance* oder *misfeasance*)[1920] sind zwar theoretisch möglich, in der Praxis aber zu vernachlässigen. Sehr selten ist auch die Strafverfolgung von Staatsanwälten wegen Straftaten, die in den Zusammenhang mit ihrer Amtsstellung gebracht werden.[1921]

b) Beurteilung

Die Beurteilung dieser ungewöhnlichen Kontrollmittel der Staatsanwaltschaft ist kontrovers. Teilweise werden sie trotz ihrer Seltenheit als tauglich erachtet, zumindest illegales Verhalten und Korruption zu verhindern. Trotz ihres raren Gebrauches stünden diese Kontrollen immer zur Verfügung und hielten daher den Staatsanwalt zur ordnungsgemäßen Ausübung seiner Tätigkeit, zumindest innerhalb ihrer Minimalanforderungen, an.[1922]

Auf der anderen Seite werden diese Disziplinierungsmöglichkeiten als völlig ineffektiv betrachtet. Dadurch könnten nur die „unerhörtesten" Pflichtverletzungen und Ermessensüberschreitungen in Schach gehalten werden. Ansonsten seien diese Kontrollmöglichkeiten jedoch viel zu ineffektiv,[1923] denn zu ihrem Erfolg müsse das betreffende staatsanwaltliche Handeln offensichtlich „zügellos" sein. Solange die Gesetzlosigkeit des Handelns nicht ins Auge springe und die öffentliche Entrüstung – wenn überhaupt – nur auf sehr geringem Niveau sei, sei der Staatsanwalt praktisch immun gegenüber jedweden Sanktionen. Addiere

---

[1918] Die Möglichkeit der Ablösung eines Staatsanwalts durch den *Attorney General* – auch auf Druck des Gouverneurs – wurde bereits bei der behördeninternen Kontrolle angesprochen. Siehe hierzu auch Article 5, § 13 of the Constitution of the State of California. Die Ablösung eines Staatsanwalts steht der Übernahme der Strafverfolgung durch einen anderen Staatsanwalt für einen bestimmten Fall gleich.

[1919] *Logan*, Wisconsin Law Review 1990, S. 1726. Ebenso *Noll*, Syracuse Law Review 1978, S. 705: Dieser geht genauer auf die Problematik der Legitimität einer solchen Absetzung im Hinblick auf die direkte demokratische Legitimation des Staatsanwalts ein. Vgl. auch *DeMay*, Fordham Urban Law Journal 1996, S. 787 f. Die Problematik der Absetzung eines New Yorker Staatsanwalts durch den Gouverneur des Bundesstaates untersucht im Detail *Horowitz*, Fordham Law Review 1997, S. 2572 ff. Zu dem seltenen Gebrauch dieser *supersedure* siehe auch schon *Note*, The Yale Law Journal 1955, S. 212.

[1920] Für eine deutsche Übersetzung dieser Begriffe mit „Dienstpflichtverletzung" spricht sich auch aus: *Dohr*, Wiedergutmachung des Täters, S. 46.

[1921] Vgl. *Miller*, Charge a Suspect with a Crime, S. 299.

[1922] Siehe *Miller*, aaO, S. 304.

[1923] So *Noll*, Syracuse Law Review 1978, S. 704.

man nun das Fehlen jeglicher Richtlinien für die staatsanwaltliche Ermessensausübung hinzu und die Tatsache, daß beschriebene Kontrollmechanismen nur äußerst selten Verwendung finden, so sei deren Effektivität als extrem gering anzusiedeln.[1924]

[1924] Vgl. *Miller*, Charge a Suspect with a Crime, S. 306.

D. Erkenntnisse aus dem Vergleich für die deutsche Diskussion

Aus dem Vergleich der deutschen mit der amerikanischen Rechtsordnung ergeben sich zahlreiche Erkenntnisse. Sie betreffen sowohl den spezifischen Punkt der richterlichen Kontrolle der Abschlußverfügung der Staatsanwaltschaft als auch allgemeine Verfahrenserkenntnisse, die mit dem Vorverfahren und der Stellung der Staatsanwaltschaft zusammenhängen. Zunächst soll die deutsche Diskussion hinsichtlich der Notwendigkeit und des Umfangs der richterlichen Kontrolle der Abschlußverfügungen mit den Erfahrungen beider Rechtsordnungen bereichert werden.

I. Erkenntnisse bezüglich der richterlichen Kontrolle der Abschlußverfügung

1. Ausdehnung der Machtstellung der Staatsanwaltschaften

Die historische Tendenz, sowohl in den USA wie auch in Deutschland, zeigt das Anwachsen der Bedeutung und des Einflusses der Staatsanwaltschaften in beiden Ländern. Von zunächst zweitrangiger Stellung haben sie die Schlüsselposition im Strafrechtssystem errungen.

Noch wesentlich stärker als in Deutschland haben sich in den USA die Staatsanwälte zu der Hauptfigur der Strafverfahrens entwickelt und sprechen durch ihre Entscheidungen entweder einen Sanktionsverzicht aus oder leiten eine Sanktionierung ein. Auch wird durch die Wahl der Sanktionierungsform nicht nur das zugrundeliegende Verfahren bestimmt, sondern auch maßgeblich Einfluß auf die Strafhöhe genommen, wobei die Art und Weise der ‚Abschlußverfügung', der *charging decision*, zentralen Einfluß auf die Strafhöhe hat. Auch bestimmen sie wesentlich die Verfahrensart, in der es zu einer Sanktionierung des Beschuldigten kommt.[1925]

Die Gründe für das Anwachsen der Machtstellung der Staatsanwaltschaften in beiden Ländern sind sehr ähnlich: Die beschränkten Kapazitäten der Strafverfolgungsbehörden bei steigender Kriminalität, die Notwendigkeit effektiver Strafverfolgung durch Konzentration auf strafwürdige Fälle, die Erzielung von Individualgerechtigkeit sowie in unterschiedlichen Ausprägungen die Entkriminalisierung zu weit gefaßter Straftatbestände zwangen beide Länder zu der Übertragung immer weitreichender Kompetenzen auf die Staatsanwaltschaf-

[1925] Vgl. B. I. 3. a) ‚Selektionsmacht der Staatsanwaltschaft' und B. I. 3. b) ‚Sanktions- und Entscheidungsmacht der Staatsanwaltschaft'. Für das amerikanische Recht siehe *Levenson*, Fordham Urban Law Journal 1999, S. 566. Ebenso *Misner*, The Journal of Criminal Law and Criminology 1996, S. 748.

ten.[1926] In den USA führten die Besonderheiten der direkten demokratischen Legitimation sowie der stärken Kriminalisierung bestimmter Verhaltensweisen durch den Gesetzgeber zu einer noch stärkeren Kompetenzfülle des amerikanischen Staatsanwalts.[1927]

Fazit: Die Entwicklungen der Staatsanwaltschaften beider Länder führte zu einer permanenten Ausdehnung ihrer Kompetenzen bis hin zu der Erlangung der Schlüsselstellung im Strafrechtssystem. Durch die ‚Abschlußverfügung', die *charging decision*, sprechen die Staatsanwälte entweder einen Sanktionsverzicht aus oder leiten eine Sanktion ein, wobei sie durch die jeweilige Wahl der Abschlußverfügung auch die Verfahrensart bestimmen. Der Einfluß des amerikanischen Staatsanwalts auf das Strafmaß ist dabei wesentlich direkter und stärker als bei seinem deutschen Kollegen.

2. Große Gesetzestreue der Staatsanwälte

Der Vergleich beider Länder zeigt, daß die weitaus überwiegende Anzahl der Staatsanwälte sowohl in der Bundesrepublik wie auch in den USA in Übereinstimmung mit bestehenden gesetzlichen und internen Regelungen handelt. Schon aus Eigeninteresse, Berufsethos, Angst vor Ansehensverlust bei Fehlentscheidungen und Kritik sowie zwecks möglichst effektiven Einsatzes der eigenen begrenzten Kapazitäten sind sie an unbegründeten Anklagen und unsachgemäßen Entscheidungen nicht interessiert. In beiden Ländern fallen die Gesamteinschätzungen der staatsanwaltlichen Arbeitsqualität positiv aus. Dies wird neben beschreibenden Stellungnahmen auch empirisch gestützt.

In der Bundesrepublik kann auf die genannte Vergleichsstudie von Werner verwiesen werden, die die Qualität staatsanwaltlicher Verfahrenseinstellungen sowie deren behördeninterne Nachprüfung untersucht hat.[1928] Als Untersuchungsergebnis konnte dabei festgestellt werden, daß Verfahrenseinstellungen mit und ohne gerichtliche Überprüfungsmöglichkeit behördenintern gleich behandelt wurden. Eine geringere Qualität oder Präzision der staatsanwaltlichen Arbeitsweise wegen des Fehlens externer Kontrollen wie des Klageerzwingungsverfahrens konnte nicht festgestellt werden. Ein hoher Grad an staatsanwaltlicher Gründlichkeit und Gesetzmäßigkeit zeigt sich ferner an der Effizienz der Vorschaltbeschwerde beim Klageerzwingungsverfahren.[1929] Darüber hinaus werden die hohe Quote der Verfahrenseinstellungen, die zu vernachlässigende Anzahl der zurückgewiesenen Anklagen sowie die geringe Zahl der Freisprüche als Zei-

---

[1926] Vgl. für das deutsche Recht B. I. 3. c) ‚Faktische Abschaffung des Legalitätsprinzips' und B. I. 3. d) ‚Auffangen des gestiegenen Geschäftsanfalles'. Für den amerikanischen Rechtskreis siehe C. II. 2. b) ‚Gründe für staatsanwaltschaftliche Entscheidungskompetenzen'.
[1927] Siehe C. II. 2. ‚Heutige Entscheidungskompetenz, deren Gründe und Kritik'.
[1928] *Werner*, NStZ 1984, S. 402.
[1929] Siehe Machalke mit einer Untersuchung der Rechtswirklichkeit des OLG Frankfurt: *Machalke*, Klageerzwingungsverfahren, S. 167 ff sowie 256 ff.

chen dafür gesehen, daß die Staatsanwaltschaft keinesfalls zu unbegründeten Anklagen tendiert.[1930]

Auch in den USA werden die Arbeitsqualität und die Gesetztestreue der Staatsanwaltschaft hoch eingeschätzt, wie Untersuchungsstudien ergaben.[1931] In beiden Ländern werden die hohen Verurteilungsraten als Indiz für eine sorgfältige staatsanwaltliche Entscheidungsfindung gewertet.[1932] Damit kann den Staatsanwaltschaften insgesamt eine gute Bewertung ausgesprochen werden.

Daraus ergibt sich für die Kontrollen der Staatsanwaltschaft folgende Schlußfolgerung: Wegen der in der Regel gesetzestreuen sorgfältigen Arbeitsweise der Staatsanwaltschaften beider Länder liegt es auf der Hand, daß alle Kontrollmechanismen anstandslos durchlaufen werden. Wo es wenig zu beanstanden gibt, fallen Beanstandungen entsprechend selten aus. Dies erklärt zu einem gewissen Grad bereits die scheinbar statistische Erfolglosigkeit aller Kontrollmechanismen. Ausdrücklich wird diese Begründung bei dem deutschen Klageerzwingungsverfahren angeführt. Wegen der hohen Effektivität der staatsanwaltlichen Tätigkeit und der internen Vorschaltbeschwerde verbleiben in den meisten Fällen lediglich unbegründete Anträge zur gerichtlichen Überprüfung. Dementsprechend niedrig ist auch die Quote der erfolgreichen Verfahren.[1933]

Folglich lassen sich aus den Statistiken kaum Rückschlüsse auf die Qualität und Effektivität der Kontrollen ziehen.

Fazit: Die Gesetzestreue und Arbeitsqualität der Staatsanwaltschaften beider Länder sind hoch. Daher wird staatsanwaltliches Anklageverhalten insgesamt wenig beanstandet. Dies erklärt teilweise die scheinbar statistische Wirkungslosigkeit der Kontrollen der Abschlußverfügung.

3. Fehlgebrauch staatsanwaltlicher Entscheidungskompetenzen

Trotz der insgesamt guten Arbeitsqualität der Staatsanwaltschaften beider Länder kommt es dennoch zu bewußten oder unbewußten Fehlentscheidungen und Fällen des Mißbrauchs. Entweder werden ungerechtfertigte Anklagen erhoben oder gebotene Anklagen unterlassen; Verfahren werden teilweise zu Unrecht eingestellt oder ungerechtfertigterweise fortgeführt, unberechtigte Sanktionen eingeleitet oder berechtigte Sanktionen verhindert.

Das demonstrieren bereits die in der Einleitung dargestellten Ausgangsfälle. Gestützt wird diese Feststellung zudem durch Untersuchungen und deskriptive

---

[1930] Vgl. *E. Schmidt*, NJW 1963, S. 1083.

[1931] Siehe *Graham/ Letwin*, UCLA Law Review 1971, S. 674 ff. Ähnliche Zahlen nennt auch *Gifford*, George Washington Law Review 1981, S. 666.

[1932] Vgl. stellv. Pugach v. Klein, 193 F.Supp. 630, 635 (S.D.N.Y. 1961). Für das deutsche Recht siehe *E. Schmidt*, NJW 1963, S. 1083.

[1933] Genauer B. III. 1. d) ‚Grund für geringe Anwendung und Erfolgsaussicht des Klageerzwingungsverfahrens'.

Stellungnahmen in beiden Ländern. Für Deutschland kann an dieser Stelle die Untersuchung von Peters angeführt werden. Neben der Auflistung diverser staatsanwaltlicher Fehlentscheidungen im Vorverfahren hat die Untersuchung gezeigt, daß solche bewußten oder unbewußten Entscheidungen im Ermittlungsverfahren teilweise irreparabel sind und das nachfolgende Hauptverfahren entscheidend prägen.[1934] Auch wird in Deutschland die Tendenz der Strafverfolgungsbehörden genannt, Straftaten durch Amtsträger unverfolgt zu lassen.[1935] Darüberhinaus wird nach wie vor die Gefahr fehlerhafter Anklagen gesehen, mögen sie auf Überarbeitung, Irrtum oder bewußtem Handeln beruhen.[1936] Schließlich werden Beispiele unzulässiger politischer Erwägungen bei dem Anklageverhalten angeführt.[1937]

Auch in den USA gibt es zahlreiche Darstellungen des Miß- und Fehlgebrauchs staatsanwaltlichen Ermessens.[1938] Gerade bei den Beschreibungen der staatsanwaltlichen Machtfülle beim *plea bargaining*,[1939] der Dominanz des Staatsanwalts innerhalb des *grand-jury*-Verfahrens,[1940] der zahlreichen Fälle geltend gemachter unzulässiger Strafverfolgung[1941] sowie des negativen Einflusses des Wahlerfordernisses[1942] wird bewußter staatsanwaltlicher Mißbrauch angeprangert. Wiederholt werden willkürliche Entscheidungen angemahnt, die auf unzulässigen Kriterien beruhten wie Rasse, Geschlecht, Klassenzugehörigkeit und politischer Einstellung des Beschuldigten.[1943] Weiterhin kann auf die bereits beschriebenen Studien verwiesen werden,[1944] insbesondere auf die Vergleichsuntersuchung in Georgia. Diese hatte starke Ungleichbehandlungen bei der Einforderung der Todesstrafe in Abhängigkeit von der Hautfarbe des Beschuldigten aufgedeckt.[1945]

Hervorgerufen werden solche Fehlentscheidungen der Staatsanwaltschaften beider Länder durch vielerlei Gründe. Die wichtigsten hierbei sind die Ar-

---

1934 Siehe *Peters*, Fehlerquellen, S. 195-212.

1935 Vgl. *Gössel*, Legalitätsprinzip, S. 142.

1936 Siehe *Heghmanns*, Zwischenverfahren, S. 72 ff. Vgl. auch *Ernst*, Zwischenverfahren, S. 39.

1937 Siehe beispielsweise *Zuberbier*, DRiZ 1988, S. 255 unter Hinweis auf das Weisungs- sowie Substitutionsrecht. Siehe auch die FAZ vom 1.3.1986 sowie der SPIEGEL Nr. 12/1986, S. 20.

1938 Siehe hierzu v.a. die Darstellungen bei dem Erörterungspunkt des amerikanischen Rechts „Kritik an der staatsanwaltlichen Kompetenzfülle".

1939 Stellv. für alle *Arenella*, Michigan Law Review 1980, S. 505.

1940 Stellv. *Zwerling*, Hastings Law Journal 1976, S. 153 f.

1941 Siehe die Fälle diskriminierender, böswilliger oder rachsüchtiger Strafverfolgung sowie die Kritik des Schrifttums, stellv. *Brown/ Shaut*, American Law Review 1976, S. 594 sowie *Herbrand*, American Law Reports 1979, S. 286.

1942 Stellv. *Note*, Indiana Law Journal 1959, S. 483.

1943 Statt aller *DeMay*, Fordham Urban Law Journal 1996, S. 772.

1944 Zu finden bei *Gershman*, University of Pittsburgh Law Review 1992, S. 409 sowie *Note*, Southern California Law Review 1969, S. 532.

1945 Siehe *Baldus/ Woodworth/ Pulaski*, The Journal of Criminal Law & Criminology 1983, S. 661 ff.

beitsüberlastung der Staatsanwaltschaften, die damit verbundene Schnelligkeit der Entscheidungen, oberflächliche Prüfungen, persönliche Voreingenommenheit und Antipathien des entscheidenden Staatsanwalts.

In beiden Ländern führt dies zu nicht zu rechtfertigenden Entscheidungen der Staatsanwälte aufgrund der Zugehörigkeit des Beschuldigten zu einer bestimmten Gesellschaftsschicht, Rasse, Religion, sowie aufgrund der Abstammung, des Geschlechtes oder der politischen Anschauung des Beschuldigten.[1946]

Die Gesamtschau beider Rechtsordnungen legt den Schluß nahe, daß sich staatsanwaltliche Fehlentscheidungen und Mißbrauchsfälle in den USA häufiger ereignen als in der Bundesrepublik Deutschland. Aber auch in qualitativer Hinsicht scheint staatsanwaltlicher Mißbrauch in den USA stärker und folgenreicher als in Deutschland zu sein. Vergleicht man die Beurteilungen der staatsanwaltlichen Kompetenzen sowie deren Kontrollmechanismen in beiden Ländern, so fällt die Kritik am amerikanischen Staatsanwalt ungleich schärfer aus. Ungerechte und willkürliche Entscheidungen werden dort weitaus stärker beklagt als in Deutschland.

Die Gründe hierfür sind v.a. im folgenden zu sehen:

a) Der amerikanische Staatsanwalt verfügt über mehr Kompetenzen und ausgedehntere Befugnisse als sein deutsches Pendant. Fehlentscheidungen und willkürliche Handhabungen des amerikanischen Staatsanwalts haben damit größere Auswirkungen als in Deutschland. Dies trifft v.a. auf die Todesstrafe wie auch auf die vergleichsweise weitaus höheren Haftstrafen in den USA zu.[1947] Da somit die Konsequenzen staatsanwaltlichen Handelns weitreichender als in Deutschland sind, zieht auch ein Mißbrauch der Befugnisse verheerendere Folgen nach sich.

b) Die Einzelfallentscheidungen des Staatsanwalts unterliegen insgesamt einer geringeren internen und externen Kontrolle.

   Die richterliche Kontrolle der staatsanwaltlichen Anklageentscheidung ist schwächer als in Deutschland. Dies hängt maßgebend mit der historischen Entwicklung, dem heutigen Selbstverständnis, der Stellung und dem Werdegang des amerikanischen Richters zusammen. Wie bereits angesprochen, fehlt im Gegensatz zu Deutschland in den USA eine traditionelle Präferenz für eine starke richterliche Position. Grund hierfür ist, daß der Richterstand mit großem historischen Mißtrauen belegt war und es immer noch ist.[1948] Ein weiteres Hindernis für eine aktiv engagierte Kontrolltätigkeit des amerikanischen Richters ist dessen Stellung im adversatorischen Strafverfahren. Dort

[1946] So schon *Nagler*, GS (o.J.), S. 347 sowie *Peters*, Fehlerquellen, S. 196, 212. Ebenso für das amerikanische Recht stellv. *DeMay*, Fordham Urban Law Journal 1996, S. 772.
[1947] Vgl. C. II. 2. a) ‚Kompetenzen des Staatsanwalts'.
[1948] Genauer dazu C. II. 2. c) aa) (2) ‚Stellenwert des Richters'. Siehe insbesondere *Church*, Wisconsin Law Review 1990, S. 1088.

wird von ihm eine neutrale und eher passive Schiedsrichterrolle erwartet, von der er nur unter großen Schwierigkeiten abrücken kann.[1949] Aber auch konkrete Unterschiede wie die fehlende vollständige Aktenkenntnis des amerikanischen Richters reduzieren den richterlichen Kontrollwert gegenüber der Staatsanwaltschaft.[1950] Dies wird besonders bei den Beurteilungen der Effektivität der Haftprüfung, dem *preliminary hearing* und den nachfolgenden praktischen Schwierigkeiten des Richters deutlich, sich einer beantragten Verfahrenseinstellung zu verweigern.[1951] Daher ist die Kontrolleffektivität durch den Richter in Deutschland höher einzuschätzen. Dies wird im einzelnen nachfolgend erläutert.[1952]

Andere Kontrollen in den USA wie die behördeninterne Kontrolle sind aufgrund der fehlenden Zentralisierung und kaum ausgeprägten Hierarchie ebenfalls von geringerer Intensität als in Deutschland.[1953] Weiterhin erscheint sehr fraglich, inwieweit eine Kontrolle des amerikanischen Staatsanwalts durch die Wählerschaft kompensierend wirken kann. Zu groß sind die amerikanischen Bedenken der Wirkungslosigkeit der konkreten Einzelfallkontrolle wegen des kurzen Wählergedächtnisses und des schlechten Informationszuganges der Öffentlichkeit.[1954]

c) Überdies bietet das amerikanische Rechtssystem eine größere Angriffsfläche für Fehlentscheidungen als dies in Deutschland der Fall ist. Das reine Opportunitätsprinzip in den USA läßt im Gegensatz zum deutschen Legalitätsprinzip bei schweren Straftaten mehr Raum für Ermessensentscheidungen und damit Ermessensfehlgebrauch. Auch ist eine selektive Ermessensausübung in den USA traditionell verwurzelt, systemimmanent und akzeptierter als in Deutschland.[1955] Mit einer selektiven Strafverfolgung wächst gleichzeitig das Risiko, daß unzulässige Auswahl- und Entscheidungskriterien in das Anklageverhalten einfließen. Obgleich das Legalitätsprinzip in Deutschland statistisch nicht mehr die Regel ist,[1956] so sichert es dennoch bei schweren Straftaten eine gewisse gleichförmige Rechtsanwendung. Der Einbruch unzulässiger Ermessenskriterien wird dadurch erschwert. Solche Entscheidungskriterien können nur unter dem Deckmantel einer unzureichenden Beweislage verschleiert werden. Sie unterliegen dann allerdings einer, wenn

---

[1949] *Hamilton/ Work*, The Journal of Criminal Law & Criminology 1973, S. 183.

[1950] Vgl. *Pizzi*, Ohio State Law Journal 1993, S. 1358.

[1951] Siehe beispielsweise die Folgen einer verweigerten Verfahrenseinstellung in den USA unter Punkt C. III. 6. b) ‚Effektivität der richterlichen Kontrolle'.

[1952] Vgl. D. I. 8. ‚Bewertung der richterlichen Kontrolle in der Bundesrepublik Deutschland' sowie *Pizzi*, Ohio State Law Journal 1993, S. 1353.

[1953] Vgl. dazu die Darstellung der behördeninternen Kontrolle in den USA unter C. III. 8. b) ‚Rechtslage in Kalifornien' und e) ‚Zusammenfassung'.

[1954] Siehe beispielsweise *Gifford*, George Washington Law Review 1981, S. 670 sowie *Logan*, Wisconsin Law Review 1990, S. 1724.

[1955] Vgl. C. III. 7. b) aa) ‚Einwand der diskriminierenden Strafverfolgung aufgrund selektiver Ermessensausübung'.

[1956] Siehe B. I. 4. c) ‚Faktische Abschaffung des Legalitätsprinzipes'.

auch selten durchgeführten, aber dafür effektiven staatsanwaltlichen Überprüfung im Rahmen einer Dienstaufsichts- und Vorschaltbeschwerde sowie dem Klageerzwingungsverfahren.

Fazit: Trotz insgesamt guter Bewertung der staatsanwaltlichen Arbeitsqualität kommt es in beiden Ländern zu Fehlentscheidungen und Mißbrauch durch die Staatsanwaltschaften. Letztere sind allerdings in den USA quantitativ und qualitativ stärker als in Deutschland.

4. Anklageerhebung bereits Belastung

In beiden Ländern hat zunehmend die Erkenntnis Raum gewonnen, daß bereits die Anklageerhebung ein ‚Übel' ist, das den Betreffenden schwer belastet. In den USA hat sich diese Auffassung erst später durchgesetzt, wird doch häufig immer noch die Hauptverhandlung, der *trial*, als *die* Anklagekontrolle gesehen. Mit dessen Rückgang aufgrund des *plea bargaining* rückt allerdings das Vorverfahren immer mehr in den Vordergrund. In beiden Ländern werden die Auswirkungen einer Anklage v.a. auf den Ruf des Betroffenen – selbst bei nachfolgendem Freispruch – als schwerwiegend betrachtet.[1957] Dabei sind in den USA die belastenden Folgen einer Anklageerhebung noch stärker als in Deutschland einzuschätzen. Dies hängt mit der wesentlich häufiger einhergehenden Untersuchungshaft sowie den Kosten der Verteidigung zusammen. Wegen des adversatorischen Verfahrens ist die Stellung des Verteidigers noch wichtiger als in Deutschland.[1958]

Fazit: In beiden Ländern wird die Anklageerhebung als schwere Belastung für den Betroffenen gewertet. Die Folgen einer Anklageerhebung sind in den USA für den Betroffenen schwerwiegender als in Deutschland.

5. Allgemeine Notwendigkeit von Kontrollen

Die beiden letztgenannten Punkte führen zu einer weiteren Erkenntnis, die gerade in der deutschen Geschichte nicht immer selbstverständlich war: Wenn die Anklageentscheidung der Staatsanwaltschaft anerkanntermaßen eine schwere Belastung für den Betroffenen auslöst, und wenn dabei bewußte und unbewußte Fehlentscheidungen gefällt werden, dann muß diese Kernentscheidung des Staatsanwalts um so mehr kontrolliert werden.[1959] Nur so können Unrecht, Willkür und Mißbrauch verhindert werden, nur so können Beschuldigte vor ungerechtfertigten Belastungen geschützt werden.

[1957] Stellv. *Vorenberg*, Harvard Law Review 1981, S. 1525. In Deutschland so schon die Motive zur RStPO, vgl. *Hahn*, Materialien zur Strafprozeßordnung, S. 169.

[1958] Vgl. *Melilli*, Brigham Young University Law Review 1992, S. 671. Mit Hinweis auf die historische schwache Rolle des deutschen Verteidigers *Grüner*, Mißbrauch von Mitwirkungsrechten, S. 4 ff.

[1959] So beispielsweise *Heghmanns*, Zwischenverfahren, S. 62 ff. Für das amerikanische Recht vgl. *Leipold*, Cornell Law Review 1995, S. 268.

Dies bedeutet, daß eine Verpflichtung der Staatsanwaltschaft im besonderen wie auch anderer wichtiger Entscheidungsträger im allgemeinen auf Prinzipien der Gerechtigkeit, Objektivität und Wahrheit zur Vermeidung von Mißbrauch nicht ausreichend ist. Der Amtseid sowie ethische und moralische Vorgaben vermögen bewußte Pflichtverletzungen nicht abzuwehren.

Diese Aussage wird um so allgemeingültiger, als daß sie dem Erfahrungswert zweier unabhängiger Rechtsordnungen zu entnehmen ist.[1960] Gerade die deutsche Rechtsgeschichte bietet hierfür eine starke Untermauerung durch historische Beispiele. Der mittelalterliche Inquisitionsrichter war auf die Prinzipien der Wahrheit und Gerechtigkeit eingeschworen.[1961] Nichtsdestoweniger führte das Fehlen jeglicher effektiver Kontrollen in Verbindung mit einer großen Machtfülle zu den gefürchteten Willkürverfahren mit vielen Justizirrtümern.[1962] Eben wegen der unhaltbaren Fehlurteile und der berüchtigten Kabinettsjustiz wurde die Staatsanwaltschaft als neue Institution zur Kontrolle des Richters eingeführt. Die lediglich Verpflichtung des Inquisitionsrichters auf Wahrheit und Gerechtigkeit ohne dessen Kontrolle vermochte also die genannten Mißstände nicht zu verhindern.

Ein weiteres Beispiel bieten die deutschen Erfahrungen mit der Justiz während des Nationalsozialismus. Durch die Beseitigung der existierenden justizinternen Kontrollen und durch die Stärkung der Staatsanwaltschaft wurde die Justiz zu einem Werkzeug des nationalsozialistischen Machtstaates umgeformt. Der Gedanke der Kontrolle der Staatsanwaltschaft wurde als Ausdruck unbegründeten und inakzeptablen Mißtrauens verworfen. Ein solches Mißtrauen wurde als Unterstellung unsachgemäßer staatsanwaltlicher Arbeit gewertet und löste den folgenschweren Verdacht staatskritischer Haltung aus.

Der daraus entstehende Justizterror zeigt, wie falsch diese Auffassung von Kontrollen ist und wie überaus notwendig funktionierende Kontrollen sind.

In den USA wird aufgrund der schwachen Kontrollen der ‚Abschlußverfügung', *charging decision*, des Staatsanwalts seine Machtposition stark kritisiert. Sehr häufig wird die Konzentration staatsanwaltlicher Befugnisse in Verbindung mit den geringen Kontrollen mit dem kontinentaleuropäischen mittelalterlichen Inquisitionsrichter verglichen.[1963] Daraus wird u.a. die Notwendigkeit verstärkter Kontrollen des Staatsanwalts gezogen.[1964]

[1960] Siehe die Beurteilung der herrschenden gerichtlichen Prüfungspraxis in den USA durch das Schrifttum unter dem Punkt C. III. 7. d) bb) ‚Kritik an der gerichtlichen Haltung' sowie für das deutsche Recht die abstrakte Kontroverse bezüglich der Kontrollmechanismen unter dem Punkt B. IV. 2. a) ‚Beibehaltung oder Verstärkung der gegenseitigen Kontrolle'.

[1961] Im einzelnen dazu B. II. 1. ‚Grund für die Einführung der Staatsanwaltschaft'.

[1962] Siehe die Darstellung des deutschen Rechts B. II. 1. ‚Grund für die Einführung der Staatsanwaltschaft'; stellv. *Kohlhaas*, Stellung der Staatsanwaltschaft, S. 37.

[1963] Vgl. beispielsweise *Arenella*, Michigan Law Review 1980, S. 522.

[1964] Ein klassischer Vertreter dieser Auffassung ist *Davis*, Discretionary Justice. Siehe im einzelnen C. III. 7. d) bb) (1) ‚Unterschiedliches Verständnis der Gewaltenteilung'.

Abstrahiert bedeutet dies für Deutschland und die USA folgendes: Eine bestimmte Machtkonzentration einer Schlüsselperson im Strafprozeß, hier des Staatsanwalts, wird als gerechtigkeitsgefährdend betrachtet. Daraus entsteht sowohl ein transkulturelles und intertemporales Bedürfnis nach Kontrolle dieser Machtkonzentration sowie eine objektive Notwendigkeit einer solchen Kontrolle zur Verhinderung von Mißbrauch.

Fazit: Kontrollen gerade der Abschlußverfügung der Staatsanwaltschaft sind zur Verhütung von Fehlentscheidungen und Mißbrauch essentiell. Ihr Fehlen war häufig die Ursache ungerechter oder terrorisierender Justizsysteme. Daher besteht ein Bedürfnis nach Kontrollen der entscheidenden Machtkonzentrationen.

6. Rein interne Kontrollen ungenügend

Die soeben festgestellte Notwendigkeit einer Kontrolle der staatsanwaltlichen Tätigkeit beantwortet jedoch noch nicht die Frage, ob das Kontrollbedürfnis bereits durch eine interne Kontrolle gestillt ist oder ob es einer darüber hinausgehenden externen Kontrolle bedarf. Diese Kernfrage zieht sich durch die gesamte deutsche Diskussion bei den unterschiedlichen Kontrollmechanismen wie dem Klageerzwingungsverfahren, dem Zwischenverfahren, dem Strafbefehl, der richterlichen Zustimmung bei Verfahrenseinstellungen sowie der Überprüfung des öffentlichen Interesses bei der Privatklage.[1965]

Die Argumente für eine lediglich interne Kontrolle der Staatsanwaltschaft sind nicht von der Hand zu weisen. Zunächst spricht die festgestellte hohe Arbeitsqualität der Staatsanwaltschaft beider Länder dafür. Wenngleich die Effektivität staatsanwaltschaftsinterner Kontrollen in den USA umstritten ist, so wird sie zumindest in Deutschland als sehr hoch eingeschätzt. Dies zeigt die sorgfältige staatsanwaltliche Prüfung der Dienstaufsichtsbeschwerden wie auch der Vorschaltbeschwerden beim Klageerzwingungsverfahren.[1966] Zudem werden interne Kontrollen in beiden Ländern als vorteilhaft angesehen. Gegenüber externen Kontrollen sind sie schneller, kostengünstiger, unbürokratischer und ohne erschwerende Form- und Zulässigkeitsvorschriften.[1967]

Die Erfahrungen sowohl in der deutschen als auch in den amerikanischen Rechtsordnungen zeigen aber folgendes: Rein interne Kontrollen sind zur Verhinderung von Fehlentscheidungen und Mißbrauch effektiv und notwendig, aber nicht ausreichend. Externe Kontrollen sind unerläßlich.

Diese Erkenntnis nährt sich in Deutschland zunächst aus den gewonnenen Erfahrungen mit dem mittelalterlichen Inquirenten. Das Fehlen effektiver externer Kontrollen hatte zu den beklagten Mißständen und Unrechtsprozessen geführt. Die lediglich Aktenversendung des Inquirenten an ein anderes Richterkollegi-

---

[1965] Siehe in einer Zusammenstellung die Einleitung unter A. ‚Einleitung'.

[1966] Dazu *Werner*, NStZ 1984, S. 402.

[1967] Vgl. *Werner*, Einfluß des Verletzten, S. 158. Für das amerikanische Recht siehe *Davis*, Discretionary Justice, S. 145.

um zwecks Urteilsfällung war nur eine wirkungslose formale Rollenaufspaltung, da der fallentscheidende Akteninhalt vom Inquirenten in eigener Regie und Verantwortung erstellt wurde. Teilweise saß der Inquirent sogar noch als Berichterstatter oder entscheidender Richter dem Spruchkörper bei.[1968] Das zusätzliche Verblassen schützender prozessualer Formen wie der General- und Spezialprävention bestätigt die Feststellung Eberhard Schmidts, daß unkontrollierte Machtbefugnisse bald in ein unbeschränktes Zweckmäßigkeitsdenken übergehen.[1969] Die weitere Rechtsgeschichte zeigt den Wert und die Notwendigkeit externer Kontrollen. Die Überwindung der genannten Mißstände des verrufenen Inquisitionsverfahrens erfolgte nicht durch interne Kontrollen, sondern v.a. durch externe Kontrollen: Die Einführung der völlig neuen Institution der Staatsanwaltschaft sollte die „Hauptgebrechen" des Inquisitionsverfahrens beseitigen.[1970]

Die Wichtigkeit externer Kontrollen zur Aufrechterhaltung eines fairen Strafverfahrens wird auch durch das Vorgehen der Nationalsozialisten bei der Umgestaltung der deutschen Justiz demonstriert. Einer der wesentlichsten Schritte zur Instrumentalisierung der Justiz war die Abkoppelung der Staatsanwaltschaft von der externen richterlichen Kontrolle. Die Aufgabe des Zwischenverfahrens, des Klageerzwingungsverfahrens und die grundsätzliche Abkoppelung der richterlichen Zustimmung bei den Verfahrenseinstellungen führte zu der prozessualen Ermöglichung dessen, was Freisler als Zielpunkt des Strafrechts sah: den „Gegner zu vernichten."[1971]

Die Wiedereinführung gegenseitiger externer Kontrollen zwischen Gericht und Staatsanwaltschaft nach dem Zusammenbruch des Nationalsozialismus unterstreicht im übrigen die wiedergewonnene Erkenntnis ihrer Unerläßlichkeit.[1972]

Auch in den USA läßt sich diese Erkenntnis belegen. Obgleich interne Kontrollen für wichtig und notwendig erachtet werden, erscheint vielen Autoren ihre Schutzwirkung vor Fehlentscheidungen nicht ausreichend. Daher wird ein verstärkter Schutz durch externe Kontrollmechanismen gefordert.[1973] Sehr anschaulich wird dieses Bedürfnis bei dem verbreiteten Ruf nach stärkerer richterlicher Kontrolle der *charging decision* der Staatsanwaltschaft vor Augen geführt. Obwohl im Wahlerfordernis des Staatsanwalts bereits eine unabhängige Kontrolle durch die Wählerschaft vorliegt, ist das Bedürfnis nach einer externen Überprüfung dadurch nicht gestillt. Gerade wegen des Ausmaßes der staatsanwaltlichen Ermessensreichweite wird wiederholt die Notwendigkeit richterlicher Kontrolle hervorgehoben. Die Vielfalt der geforderten Reformen wie die unterschiedlichen Anklageerzwingungsverfahren oder die gerichtlichen Verfahren bei geltend ge-

---

[1968] Stellv. *Wohlers*, Staatsanwaltschaft, S. 55 f.

[1969] Vgl. *E. Schmidt*, Strafrechtspflege, S. 209.

[1970] Siehe allgemein dazu *Zachariä*, Deutsches Strafverfahren, sowie *Kerbel*, Staatsanwaltschaft, S. 43.

[1971] Vgl. *Gürtner/ Freisler*, Das neue Strafrecht, S. 134.

[1972] Siehe *Stern*, Staatsrecht, S. 624.

[1973] Stellv. *Noll*, Syracuse Law Review 1978, S. 704.

machter diskriminierender Strafverfolgung[1974] zeigen die Tiefe und Stärke des Bedürfnisses nach einer effektiven externen Kontrolle.

Des weiteren kann eine zusätzliche Bestätigung des eben Beschriebenen in den aufgelisteten Ursachen für das geltend gemachte Versagen der *grand jury* gesehen werden. Als ein Grund für den vorgeworfenen Mißbrauch von *grand juries* wird das Fehlen effektiver externer Kontrollen, also die unterlassene gerichtliche Überprüfung des Verfahrens und ihrer Anklagen, angeführt.[1975] Aus dem gleichen Grund wird auch die spezielle kalifornische Rechtslage bezüglich der richterlichen Überprüfung der *grand-jury*-Anklagen lobend bewertet. Entgegen der sonst üblichen Handhabungsweise in den USA kann der Angeklagte auf einen speziellen Antrag hin die Anklage der *grand jury* durch ein Gericht überprüfen lassen. Gegen die gerichtliche Entscheidung steht ihm sogar das Beschwerderecht zu.[1976] Diese externe Anklageprüfung wird als Grund dafür gesehen, daß in Kalifornien der vielbeklagte Mißbrauch der *grand juries* als ‚*rubber stamp*‘ durch den Staatsanwalt verhindert wird.[1977]

Schließlich wird in beiden Ländern die Notwendigkeit externer staatsanwaltlicher Kontrollen aufgrund tendenziöser Fallbeurteilung aus der einseitigen Sicht einer Strafverfolgungsbehörde bejaht. Teilweise werden die Staatsanwaltschaften als in der Verbrechensbekämpfung zu engagiert angesehen, um unvoreingenommene Entscheidungen zu treffen. Die letztliche Vorurteilslosigkeit strafjustizieller Maßnahmen wird nur durch einen unparteiischen und an der Strafverfolgung nicht beteiligten Richter als gewährleistet angesehen.[1978]

Fazit: Rein staatsanwaltschaftsinterne Kontrollen sind zur Gewährleistung eines gerechten, ordnungsgemäßen und willkürfreien Strafverfahrens effektiv und notwendig, genügen aber nicht. Gerade externe Kontrollmechanismen sind die entscheidende Absicherung zur Verhinderung von Fehlentscheidungen, Mißbrauch und Instrumentalisierung der Strafverfolgungsbehörden für rechtsstaatswidrige Zwecke.

7. Abstrakte Voraussetzungen für effektive Kontrollmechanismen

Nachdem festzuhalten ist, daß im allgemeinen externe Kontrollen unerläßlich sind, ist damit noch nicht gesagt, welche Voraussetzungen im Detail erfüllt sein müssen, um eine effektive und wirkungsvolle Kontrolle zu bilden. Daher soll

---

1974 Siehe genauer den Punkt C. III. 7. e) ‚Vorgeschlagene Verfahrensänderungen‘.

1975 Siehe auch *Zwerling*, Hastings Law Journal 1976, S. 1268.

1976 Vgl. §§ 995, 1238 (a) (1), 999 (a) Cal. Penal Code. Siehe im übrigen die Erörterung unter dem Punkt C. III. 5. ‚Richterliche Überprüfung der Anklage auf speziellen Antrag des Angeklagten‘.

1977 Siehe *Graham/ Letwin*, UCLA Law Review 1971, S. 680.

1978 Stellv. für die USA Johnson v. United States, 333 U.S. 10. 13-14 (1948); für die Bundesrepublik Deutschland siehe den Punkt B. IV. 2.a) dd) ‚Kontrollnotwendigkeit wegen einseitiger Sichtweise der Staatsanwaltschaft‘.

nun in abstrakter Weise herausgearbeitet werden, welche Hauptfaktoren das erfolgreiche Funktionieren eines Kontrollmechanismus ausmachen.

Zur Wahrung möglichst verallgemeinerungsfähiger Kriterien werden singuläre Ausnahmegründe für das Funktionieren oder Versagen eines Kontrollmechanismus, die nur diesen betreffen, beiseite gelassen. Auch wird der in der Bundesrepublik und in den USA gleichermaßen beklagte Umstand der Überlastung der Justiz als klassischer Grund für eine geringe Kontrolle außer acht gelassen.[1979]

a) Hohes Bildungsniveau sowie juristische Befähigung des Kontrollorgans

Einer der wichtigsten Faktoren für eine wirksame Kontrolle der Staatsanwaltschaft durch ein anderes Kontrollorgan ist dessen hoher Bildungsgrad sowie profunde juristische Sachkenntnis.

Dies wird sehr deutlich bei der Entwicklung des *magistrates* in den USA. Als zunächst noch juristischer Laie fehlten ihm tiefere Kenntnisse des immer komplizierter werdenden Straf- und Strafprozeßrechts. Diese fachliche Unterlegenheit gegenüber dem häufig juristisch ausgebildeten Staatsanwalt wurde als einer der Hauptgründe für den niedrigen Kontrollwert des *preliminary hearing* angeführt. Beklagt wurde diesbezüglich, der *magistrate* habe häufig die staatsanwaltliche Entscheidung einfach bestätigt oder bei Meinungsverschiedenheiten mit dem Staatsanwalt eingelenkt.[1980] Auch bei der Haftprüfung war der Wert der Kontrolle des Haftgrundes, *probable cause*, wegen der niedrigen fachlichen Qualifikation des *magistrate* sehr gering.[1981] Mit der Änderung seiner Berufsqualifikation erfolgte allerdings eine Aufwertung seiner Stellung und eine Verbesserung des Kontrollwerts.[1982] Gerade das heutige Erfordernis der juristischen Ausbildung des *magistrates* läßt diesen zu einem besseren Kontrollorgan der Staatsanwaltschaft werden als die *grand jury*.[1983]

Eine der wichtigsten Ursachen für das geltend gemachte Versagen der *grand jury* ist ihre Abhängigkeit vom dominanten Staatsanwalt. Hintergrund dafür ist wiederum die fachliche Überlegenheit des Staatsanwalts als Jurist und das häufig geringere Bildungsniveau der Laiengeschworenen. Gerade komplizierte Sachverhalte und anspruchsvolle rechtliche Würdigungen werden von den Geschworenen nicht immer nachvollzogen. Dafür fehlt ihnen teilweise die Qualifikation. Wegen der Komplexität vieler Zusammenhänge im modernen Strafprozeß, gerade im Bereich der Wirtschafts- oder Computerkriminalität, geraten die Laiengeschworenen unweigerlich in die Abhängigkeit professioneller Experten

[1979] Für das deutsche Recht siehe eine ausführlichere Schilderung unter B. I. 2. c) ‚Faktische Abschaffung des Legalitätsprinzipes'. Für die USA siehe hierzu C. II. 2. b) ‚Gründe für staatsanwaltschaftliche Entscheidungskompetenzen'.

[1980] So *Anderson*, Missouri Law Review 1970, S. 289.

[1981] So *Miller/ Tiffany*, Washington University Law Quarterly 1964, S. 4.

[1982] Näher dazu unter C. III. 2. c) aa) (1) ‚Entwicklung des *magistrate*'.

[1983] Vgl. C. III. 4. e) bb) ‚Positive Bewertung des *preliminary hearing*', wie des Staatsanwalts.[1984] Daher wird das *preliminary hearing* mit einem juristisch geschulten *magistrate* der *grand jury* als überlegen angesehen.[1985]

Wegen der traditionellen juristischen Ausbildung der deutschen Richter stellt sich diese Problematik in Deutschland nicht.[1986]

b) Fachliche, organisatorische und faktische Unabhängigkeit des Kontrollorgans

Eine Kontrolle kann nur dann wirksam und effektiv ausgeübt werden, wenn das Kontrollorgan organisatorisch, fachlich und faktisch unabhängig ist. Diese Unabhängigkeit muß im allgemeinen wie auch in Bezug auf das zu kontrollierende Organ gegeben sein.

Diese grundsätzliche Notwendigkeit wird durch die Schwächen der *grand jury* und die Kritik an ihr bestätigt. Die *grand jury* ist zwar organisatorisch und rechtlich unabhängig. Sie verfügt auch über die eigenständige Befugnis, nach ihrer Überzeugung Anklage zu erheben, eine solche abzulehnen oder gar eigene Ermittlungen anzustellen. Nichtsdestoweniger ist sie faktisch vom Staatsanwalt abhängig. Er legt in aller Regel das von ihm vorher selektierte Beweismaterial der *grand jury* vor, präsentiert dies entsprechend und gibt häufig Empfehlungen über das gewünschte Abstimmungsverhalten der Geschworenen ab. Aufgrund der überlegenen Fachkenntnis, Professionalität und Autorität sowie des besseren Informationszugangs des Staatsanwalts geraten die Geschworenen in aller Regel in die vielkritisierte Position der ‚Nachbeter', *rubber stamp*.[1987] Anstatt als Schutzschild gegen ungerechtfertigte Anklage zu fungieren,[1988] wird die *grand jury* daher überwiegend als ‚Werkzeug des Staatsanwalts' betitelt.[1989] Gerade wegen des beklagten Versagens als Kontrollmechanismus und ihrer Umformung als ‚*tool of the Executive*' wird vielfach die Abschaffung der *grand jury* gefordert.[1990]

Aufgrund der faktischen Abhängigkeit vom Staatsanwalt ist auch ihre eigenständige Anklagefunktion in Form des *presentment* zu vernachlässigen. Weigert sich die Staatsanwaltschaft, Anklage zu erheben, so kann diese staatsanwaltliche Passivität durch ein *presentment* kaum überwunden werden. Einer der Gründe ist die fehlende inhaltliche Unabhängigkeit der *grand jury* vom Ermittlungsapparat der Staatsanwaltschaft und ihrer Sachkenntnis.[1991]

1984 Stellv. *Leipold*, Cornell Law Review 1995, S. 288.

1985 Vgl. *Smith*, Alabama Law Review 1997, S. 489. Ähnlich auch *Campbell*, The Journal of Criminal Law & Criminology 1973, S. 178.

1986 Vgl. dazu *Ploscowe*, Harvard Law Review 1935, S. 448.

1987 Siehe die Beurteilungen der *grand jury* unter dem Prüfungspunkt C. III.3.c) bb) ‚Negative Einschätzung der Funktion der *grand jury*' sowie stellv. *Vaira*, The Journal of Criminal Law & Criminology 1984, S. 1148.

1988 In diesem Sinne beispielsweise In re Russo, 53 F.R.D. 564, 568 (C.D.Cal.1971).

1989 Stellv. *Bubany/ Skillern*, The American Criminal Law Review 1976, S. 484.

1990 Genauer unter C. III. 3. d) bb) (2) ‚Abschaffung der *grand jury*'.

1991 Vgl. *Schneider*, Columbia Journal of Law and Social Problems 1973, S. 702 f.

Die *grand jury* kann jedoch auch als ein positives Beispiel wirksamer Kontrolle aufgrund ihrer organisatorischen Unabhängigkeit dienen. Gerade in weit zurückliegenden Zeiten trug v.a. diese Form der Unabhängigkeit zu ihrer Beliebtheit bei. Die berühmten Fälle der Beschuldigten Earl of Shaftesbury, Stephen Colledge in England sowie des John Peter Zenger in den amerikanischen Kolonien zeigen, wie sehr ein organisatorisch unabhängiges Gremium dem Druck zentralistischer Staatsgewalt widerstehen kann.[1992] Dadurch hat sie mehrfach staatlichen Mißbrauch verhindert.

Eine interessante hypothetische Fragestellung in diesem Zusammenhang ist die, ob ein unabhängiges Bürgergremium wie das der *jury* während des Dritten Reiches die Umformung und Benutzung der deutschen Justiz als nationalsozialistisches Machtinstrument teilweise verhindert oder erschwert hätte. Auch im Hinblick auf die eigene Geschichte der *grand jury* muß diese hypothetische Frage offen bleiben. Die *grand jury* hatte sowohl in England wie auch in den USA immer wieder Beispiele abgegeben, in denen sie sowohl staatlichen Beeinflussungsversuchen sowie dem Druck der Regierung widerstanden als auch nachgegeben hatte. Die Beispiele der Instrumentalisierung und Instrumentalisierungsversuche der *grand jury* in England wie in den USA zeigen jedoch, daß organisatorische Unabhängigkeit alleine noch keine Gewähr zur Sicherstellung eines mißbrauchsfreien Strafverfahrens bieten kann, aber wesentlich dazu beiträgt.

Auch die deutsche Rechtsgeschichte führt den hohen Stellenwert der Unabhängigkeit des Kontrollorgans anschaulich vor Augen. Während ursprünglich der gefürchtete Inquisitionsrichter einer externen Kontrolle durch die Staatsanwaltschaft bedurfte, erfolgte bald eine umfassende Kehrtwendung des Kontrollgedankens. Mit Unabhängigkeit von den Landesherren wurde das den Richtern entgegengebrachte Vertrauen größer. Der Richter entwickelte sich nunmehr zu dem Garanten bürgerlicher Freiheiten. Damit wandelte sich das zu kontrollierende Organ zu einem Kontrollorgan und bildet noch heute im deutschen Strafprozeß unangefochten die wichtigste unabhängige Prüfungsinstanz der Staatsanwaltschaft im Vorverfahren.[1993] Das Kontrollbedürfnis der weisungsabhängigen Staatsanwaltschaft findet seinen klaren Ausdruck v.a. in der Anfangszeit ihres Bestehens. Der Einfluß der Regierung über das Weisungsrecht bedeutete eine fachliche Abhängigkeit der Staatsanwaltschaft mit der Folge, daß die ursprünglich als Kontrollorgan konzipierte Institution nun ihrerseits zum kontrollierten Organ wurde.[1994]

c) Möglichst großer Informationszugang des Kontrollorgans

Ein Kontrollmechanismus entfaltet nur dann effektive Wirkung, wenn das Prüfungsorgan einen möglichst vollständigen Informationszugang zu den Informa-

---

[1992] Genauer unter C. III. 3. a) bb) ‚Übernahme der *grand jury* in den amerikanischen Kolonien'.

[1993] Zu der Entwicklung siehe die Darstellung unter C. II. 2. ‚Wandel der Funktion der Staatsanwaltschaft'.

[1994] Stellv. siehe *Kausch*, Der Staatsanwalt, S. 230.

tionen besitzt, auf denen die zu kontrollierende Entscheidung beruht. Fehlt dieser Zugang, büßt der Kontrollmechanismus einen wesentlichen Teil seiner Wirkung ein.

Der Mangel an diesen Informationen ist der Grund für das geltend gemachte Versagen vieler Kontrollmechanismen v.a. im amerikanischen Recht. Die Tatsache, daß der Staatsanwalt der *grand jury* in der Regel keine Entlastungsbeweise vorlegen muß – und nach Untersuchungen teilweise auch nicht tut –, wird in den USA vielfach kritisiert. Die selektive Beweispräsentation des Staatsanwalts wird als einer der Hauptursachen für das Versagen der *grand jury* und ihrer Unterlegenheit gegenüber dem *preliminary hearing* gesehen.[1995] Auch bei der richterlichen Zustimmung bzw. Verfügung der Verfahrenseinstellung liegt die Ursache der geringen Kontrollwirkung in der Unkenntnis des Richters bezüglich der tatsächlichen Hintergründe des staatsanwaltlichen Einstellungsbegehrens.[1996]

Ebenso ist der geringe Informationszugang der Wählerschaft der Haupteinwand gegen das Funktionieren einer effektiven Kontrolle des Staatsanwalts durch seine Wähler. Die meisten Einzelfallentscheidungen des Staatsanwalts entziehen sich der Kenntnis der Öffentlichkeit und damit ihrer Bewertung und Kontrolle. Nur bei entsprechender Medienwirksamkeit und Publikmachung kann dieser Kontrollmechanismus nach weitverbreiteter Ansicht seine volle Wirksamkeit entfalten.[1997]

Bei der Haftprüfung sowie der Anklageprüfung im *preliminary hearing* durch den *magistrate* wird die für gering erachtete Kontrolleffektivität u.a. mit dem unvollständigen Informationszugang erklärt. Im Gegensatz zum deutschen Strafrichter fehlt dem amerikanischen Richter häufig die vollständige Aktenkenntnis. Damit wird jedoch die Beurteilung der staatsanwaltlichen Entscheidungen erschwert und eine mögliche wirkungsvolle Kontrolle häufig auf Formalitäten reduziert.[1998]

In abgeschwächter Form wird der nur eingeschränkte Informationszugang des Kontrollorgans zu den Informationen, auf denen die zu kontrollierende Entscheidung beruht, auch bei anderen Kontrollmechanismen kritisiert. Darin sieht man allgemein die Ursache für eine geringe Kontrollwirkung. In den USA ist bei der richterlichen Überprüfung der Anklage auf speziellen Antrag des Angeklagten die Erfolgsquote sehr gering. Als Grund hierfür wird die Tatsache genannt, daß das überprüfende Gericht auf die ledigliche Durchsicht des Verfahrensprotokolls beschränkt ist und darüberhinaus keine weiteren Informationsquellen besitzt.[1999]

[1995] Zu einer Studie diesbezüglich siehe *Emerson/ Ames*, Pretrial Sentencing, S. 140.
[1996] *Miller*, Charge a Suspect with a Crime, S. 155.
[1997] Siehe stellv. *Logan*, Wisconsin Law Review 1990, S. 1726.
[1998] Stellv. *Pizzi*, New Law Journal 1993, S. 1160 f.
[1999] Vgl. *Knoepp*, San Diego Law Review 1973, S. 224.

In Ansätzen wird diese auch bei dem deutschen Zwischenverfahren geltend gemacht. Als Ursachen für seine vorgebrachte fehlende Effektivität wird die Begrenztheit der richterlichen Erkenntnismöglichkeit angeführt. Kritikpunkt ist hierbei, der Richter müsse seine Entscheidung auf das von der Staatsanwaltschaft präsentierte Material stützen, ohne eigene Eindrücke wie bei einer mündlichen Verhandlung sammeln zu können.[2000]

Logische Folge hieraus ist der Ruf nach Ausdehnung des Informationszugangs durch eine zusätzliche Beweisaufnahme. Eine solche Forderung wird bei dem deutschen Zwischenverfahren geltend gemacht[2001] und wurde teilweise sogar in den USA umgesetzt.[2002]

d) Klare Prüfungsmaßstäbe für das Kontrollorgan

Weitere Voraussetzung für das erfolgreiche Funktionieren eines Kontrollmechanismus ist das Vorhandensein klarer Prüfungsmaßstäbe und -kriterien.

Auf diese Notwendigkeit weisen v.a. die amerikanischen Gerichte hin. Sie führen als einer der wesentlichen Gründe für ihre Zurückhaltung bei der Prüfung staatsanwaltlichen Anklageverhaltens das Fehlen klarer Prüfungsmaßstäbe an. Die Gerichte tragen vor, ohne klar definierte Kriterien könne eine effektive Überprüfung nicht erfolgen. Im Gegenteil werfe eine Prüfung des staatsanwaltlichen Ermessens viel weitergehende Probleme auf wie beispielsweise die Ziehung der Trennlinie zwischen zulässigem und unzulässigem Verhalten, daraus resultierenden widersprüchlichen Prüfungsentscheidungen sowie die Frage der Zuerkennung eigenständiger staatsanwaltlicher Entscheidungsspielräume ohne richterliche Intervention.[2003] Gerade deswegen fordert das Schrifttum den Erlaß bindender staatsanwaltlicher Richtlinien, die den Gerichten als verbindliche Prüfungsgrundlage dienen sollen.[2004]

Diese Schwierigkeiten werden ebenso bei der ausnahmsweise erfolgenden gerichtlichen Prüfung im Falle der diskriminierenden Strafverfolgung deutlich. Der Beschuldigte muß hierbei u.a. darlegen, daß die Wahl der Strafverfolgungsbehörden, gerade ihn strafrechtlich zu verfolgen, auf willkürlichen Kriterien beruhte. Dieser unscharfe Prüfungsmaßstab der ‚willkürlichen Kriterien' wirkt erschwerend auf die gerichtliche Kontrolle. Trotz zahlreicher Anrufungen der Gerichte in den letzten Jahren hat sich immer noch keine trennscharfe Abgrenzung und Definition dieser ‚willkürlichen Kriterien' herauskristallisiert. Die hohe

[2000] So schon 1889 *Kries*, ZStW 1889, S. 102.

[2001] Vgl. *Heghmanns*, Zwischenverfahren, S. 146 ff. und 169 f.

[2002] Siehe hierzu genauer C. III. 4. f) aa) ‚Einführung eines *postindictment preliminary hearing*', ferner die Problematik, inwieweit der unmittelbarste Augenzeuge bei dem *preliminary hearing* vernommen werden muß sowie die generelle Frage der Ausführlichkeit des *preliminary hearings*. Vgl. auch *Arenella*, Michigan Law Review 1980, S. 534 ff.

[2003] Im einzelnen C. III. 7. a) ‚Grundsätzliche Haltung der Gerichte: keine gerichtliche Überprüfung'.

[2004] Vgl. C. III. 7. e) aa) ‚Festschreibung bindender Verfahrensrichtlinien'.

Auslegungsbedürftigkeit dieser Kriterien erschwert zudem auch die Berechenbarkeit der gerichtlichen Entscheidungen.

Die Wirkungslosigkeit der Kontrolle willkürlicher staatsanwaltlicher Entscheidungskriterien durch amerikanische (Rechtsmittel)Gerichte zeigt sich schließlich an ihrem Kontrolleffekt. Fast alle gerichtlichen Anrufungen enden erfolglos. Trotz großer Bedenken am staatsanwaltlichen Vorgehen werden fast alle Einwände diskriminierender Strafverfolgung abweisend beschieden. Eine wirkliche Kontrollwirkung wird nur bei „extremen Ermessensmißbräuchen" gesehen.[2005]

Ähnliches gilt auch für die entfernteren Kontrollmechanismen in den USA wie die Absetzung eines Staatsanwalts, der Ausschluß von der Anwaltschaft, die Ablösung des Staatsanwalts durch einen Gouverneur sowie die verschiedenen Dienstpflichtverletzungen durch einen Staatsanwalt. Die geltend gemachte Ineffektivität dieser Kontrollen wird teilweise auf das Fehlen verbindlicher Richtlinien zurückgeführt, aufgrund derer das staatsanwaltliche Ermessen klarer strukturiert und besser geprüft werden kann.[2006]

Dies wird durch die Erfahrungen mit der richterlichen Anordnung der Strafverfolgung in den Bundesstaaten Colorado und Kansas bestätigt. In Colorado kann der Richter die Strafverfolgung anordnen, wenn deren Unterlassung „willkürlich oder kapriziös und ohne vernünftige Entschuldigung" ist.[2007] Diese Prüfungskriterien sind sehr vage und unklar, die daraufhin ausgeübte richterliche Kontrolle ist dementsprechend selten und oberflächlich. Ähnliches läßt sich ebenfalls in Kansas feststellen. Dort kann der Richter gegenüber der Staatsanwaltschaft anordnen, ein Strafverfahren einzuleiten, allerdings nur „in extremen Fällen."[2008] Auch hier wird die richterliche Kontrolle als sehr gering eingestuft.

In der Bundesrepublik Deutschland erleichtert das Legalitätsprinzip wesentlich die gerichtliche Prüfung. Die Gerichte prüfen, wie auch die Staatsanwaltschaften, übereinstimmend den genügenden Anlaß zur Erhebung der öffentlichen Klage, §§ 170 I, 174, 175. Die Prüfungskriterien sind hierbei klarer definiert als in den USA, v.a. der Kernpunkt des hinreichenden Tatverdachts. Trotz eines gewissen Beurteilungsspielraumes läßt sich die Einschätzung der Wahrscheinlichkeit einer späteren Verurteilung aufgrund vorläufiger Tatbewertung besser vornehmen als die Herausarbeitung willkürlicher staatsanwaltlicher Entscheidungskriterien. Um eine intensivere gerichtliche Prüfung staatsanwaltlicher Anklageentscheidungen zu ermöglichen, wird daher in den USA vereinzelt der Ruf nach der Einführung eines Legalitätsprinzips laut.[2009]

2005 Stellv. *Gershman*, Fordham Urban Law Journal 1993, S. 519.

2006 Vgl. *Noll*, Syracuse Law Review 1978, S. 704.

2007 „arbitrary or carpicious and without reasonable excuse", der Text ist im Anhang. Siehe ferner die Beschreibung bei C. III. 7. c) aa) ‚Colorado'.

2008 „in extreme cases", der Text ist ebenfalls im Anhang. Siehe auch C. III. 7. c) bb) ‚Kansas'.

2009 Vgl. *Mack*, Indiana International & Comparative Law Review 1996, S. 91 f.

Die günstigen Auswirkungen klar bestimmter Vorgaben bei der Kontrolle zeigen sich an der notwendigen Feststellung des *probable cause* durch den *magistrate* im *preliminary hearing*. Auch hier ist der Prüfungsmaßstab klar und eindeutig vorgegeben. Der dadurch entstehende Kontrollwert führt zu der insgesamt positiven Einschätzung des *preliminary hearing* und der historischen Ausdehnung seiner Anwendung.

e) Kontrollfunktion sollte Teil der typischen Tätigkeit des Kontrollorgans sein

Der Vergleich der deutschen und amerikanischen Rechtspraxis zeigt, daß die Ausübung der Kontrolltätigkeit dann als wirksam eingeschätzt wird, wenn sie Teil der typischen Tätigkeit des Kontrollorgans ist.

Dieser Schluß tritt v.a. durch den Vergleich des Kontrollwerts des deutschen und amerikanischen Richters zu Tage. Die Effektivität richterlicher Prüfung staatsanwaltlicher Anklageentscheidungen wird in den USA als geringer eingestuft.[2010] Dies hängt damit zusammen, daß von dem amerikanischen Richter eher eine beobachtende neutrale Schiedsrichterstellung erwartet wird. Die Übernahme aktiver Kontrolltätigkeiten fällt ihm daher schwerer als dem ohnehin aktiveren deutschen Strafrichter. Letzterer ist erheblich stärker in staatsanwaltliche Tätigkeitsgebiete involviert wie beispielsweise bei der Anordnung von Beweiserhebungen vor dem Hauptverfahren, § 202 , der Abänderung der Anklage, § 207 II sowie bei der Tätigkeit im Klageerzwingungsverfahren. Demgegenüber wird eine Anklageüberprüfung oder -anordnung in den USA häufig als ein Einbruch in die Autonomie der Staatsanwalt als Exekutive gesehen. Sie scheint mit der beobachtenden richterlichen Tätigkeit unvereinbar und ist untypisch für sie.[2011] Wird dennoch eine richterliche Anordnung der Strafverfolgung oder Anklage ermöglicht, wie in Colorado, Kansas, Michigan und Nebraska, so läuft diese Kontrolltätigkeit des Richters systembedingt leer. Diese Tätigkeit ist dem richterlichen Aufgabengebiet und seiner Stellung so divergent, daß ihr Kontrollwert in der Praxis zu vernachlässigen ist.[2012]

Ähnliches gilt für die richterliche Beteiligung bei der von der Staatsanwaltschaft begehrten Verfahrenseinstellung. Wie sehr der amerikanische Richter von seiner ursprünglichen Verfahrensstellung im adversatorischen Strafprozeß abweicht, zeigt sich bei den Schwierigkeiten des Richters, einer beantragten Verfahrenseinstellung nicht zuzustimmen. Durch seine verweigerte Zustimmung bringt der Richter zwar zum Ausdruck, daß das Strafverfahren nicht eingestellt, sondern zur Anklage gebracht werden soll. Allerdings fehlen ihm die Möglichkeiten, das Ergebnis seiner Kontrolltätigkeit effektiv durchzusetzen. Daher folgt er in aller Regel dem staatsanwaltlichen Gesuch und stellt das Verfahren ein. Die so hervorgerufene Kontrollwirkung wird als sehr gering eingestuft. Die Anklageentscheidung und deren Umsetzung fallen zu sehr in die Sphäre der Staatsan-

[2010] Siehe *Pizzi*, Ohio State Law Journal 1993, S. 1353.
[2011] Genauer dazu bei C. III. 2. c) bb) ‚Effektivität der Haftprüfung.'
[2012] Vgl. die Ausführungen unter dem Punkt C. III. 7. c) ‚Ausnahmen der gerichtlichen Überprüfung durch legislative Regelungen'.

waltschaft, als daß der Richter im Rahmen ihrer Kontrolle effektiv auf diese einwirken könnte.[2013]

Sehr anschaulich wird die Schwierigkeit der richterlichen Kontrolle wegen der fehlenden Überschneidung der typischen Tätigkeitsfelder von Gericht und Staatsanwaltschaft durch die Gerichte selbst dargelegt. Bis zum heutigen Tag weisen die amerikanischen Gerichte, v.a. die Bundesgerichte, immer wieder auf die praktischen und dogmatischen Schwierigkeiten bei der Überprüfung der staatsanwaltlichen Anklageentscheidung hin. Gerade die Ermessensentscheidung, ob Anklage erhoben werden soll oder nicht, wollen die Gerichte nicht nachvollziehen.[2014]

Damit wirken sich das typische Tätigkeitsfeld des amerikanischen Richters als eher passiver Beobachter in einem adversatorischen Strafverfahren und das damit verbundene Selbstverständnis erschwerend auf eine aktive Kontrolltätigkeit aus. Darüberhinaus zieht es auch eine geringere Bereitschaft und Sachkenntnis bei der Überprüfung staatsanwaltlicher Abschlußverfügungen nach sich. Aus diesem Grunde wird die Kontrolleffektivität deutscher Strafrichter allgemein höher erachtet.[2015]

Entsprechendes läßt sich auch bei der *grand jury* verzeichnen. Die Tätigkeit der Anklageerhebung aufgrund eigener Ermittlungen, *presentment*, ist für die *grand jury* mittlerweile so untypisch, daß ihr hierzu die logistischen und fachlichen Voraussetzungen fehlen. Daher erfolgen solche Anklagen sehr selten. Ein brauchbares Alternativverfahren bei unterlassener Anklageerhebung durch die Staatsanwaltschaft kann im *presentment* daher nicht gesehen werden. Die Garantie dafür, daß „kein Verbrechen der Untersuchung aufgrund staatsanwaltlichen Versehens oder Begünstigung entgeht“[2016] läuft somit praktisch leer. Sieht man also in der Möglichkeit des *presentment* der *grand jury* eine Kontrolle bei staatsanwaltlicher Untätigkeit, so erweist sich diese als regelmäßig erfolglos.[2017]

f) Möglichst geringe Komplexität und Aufwendigkeit des Kontrollmechanismus

Damit ein Kontrollmechanismus wirkungsvoll ist, sollte er von geringer Komplexität und Aufwendigkeit bei der Anwendung sein. Je komplizierter und zeitaufwendiger das Kontrollverfahren ist, desto schwerfälliger und störender erscheint es in einem straffen Strafverfahren und desto geringer ist folglich seine Anwendung. Damit läßt aber auch seine Wirkung nach.

[2013] Zu den praktischen Schwierigkeiten siehe die Beschreibung unter C. III. 6. b) ‚Effektivität der richterlichen Kontrolle‘.

[2014] Siehe die klaren Äußerungen unter C. III. 7. a) ‚Grundsätzliche Haltung der Gerichte: keine gerichtliche Überprüfung‘.

[2015] Vgl. *Pizzi*, Ohio State Law Journal 1993, S. 1353.

[2016] *Schneider*, Columbia Journal of Law and Social Problems 1973, S. 702.

[2017] Vgl. die Ausführungen bei C. III. 3. e) ‚Aktuelle Beurteilung der *grand jury* im Falle staatsanwaltlicher Untätigkeit‘.

Untermauert wird diese Feststellungen durch die kritischen Einschätzungen des amerikanischen *jury trials*. Traditionell wird er als *die* Prüfung der Anklage gesehen. Da allerdings nur noch rund 7 % aller Straffälle einem *jury trial* unterzogen werden, ist das informelle *plea-bargaining*-Verfahren längst zum Standardverfahren zur Aburteilung der Hauptmasse der Beschuldigten geworden. Diese Praxis geht einher mit zahlreichen Befürchtungen: Die Schutz- und Sicherungsmechanismen des *trials* würden ausgehebelt, die Beweisanforderungen zur Sicherstellung einer Verurteilung beim *plea bargaining* seien geringer, es werde unzulässiger Druck auf den Beschuldigten zur Abgabe eines Schuldbekenntnisses ausgeübt. Auch würden nicht gerechtfertigte Anklagen erhoben. Wiederholt wird vorgetragen, der Staatsanwalt orientiere sich bei seiner Anklageentscheidung nicht mehr an den hohen Beweisanforderungen des *jury trials*, sondern vielmehr an den geringeren informellen Anforderungen des *plea-bargaining*-Verfahrens. Die Fernwirkung und der Schutzzweck des *jury trials* wird vielfach als verloren betrachtet. Dadurch könne der Staatsanwalt Verurteilungen sicherstellen, die er niemals in einem klassischen *jury trial* hätte erzielen können. Wegen dieses Verlustes des Kontrollwerts des *jury trials* wird daher die Notwendigkeit anderer zeitlich vorgezogener Kontrollen wie des *preliminary hearing* hervorgehoben.[2018]

Eine ähnliche Tendenz zeigen auch die kalifornischen Erfahrungen mit dem *postindictment preliminary hearing*. Ursprünglich war dieses richterliche Anklageprüfungsverfahren als Ausgleich für die fehlenden Rechtspositionen des Beschuldigten bei einer *grand-jury*-Anklage in den Strafprozeß eingeführt worden. Dadurch sollte eine Verletzung der verfassungsrechtlichen Grundsätze der *equal protection clause* sowie der *due process clause* bei einem *indictment* gegenüber der Anklage per *information* mit nachfolgendem *preliminary hearing* abgewendet werden.[2019] Der Nachteil dieses zusätzlichen richterlichen Anhörungsverfahrens wurde allerdings allgemein darin gesehen, daß es das gesamte Strafverfahren langsamer, zeitraubender und kostspieliger ausgestaltete. Die Aufwendigkeit dieses Überprüfungsverfahrens ließ es zu einem Störfaktor im Strafverfahren werden, weswegen das *postindictment preliminary hearing* durch Mehrheitsentscheidung der Wähler wieder abgeschafft worden ist.[2020] Dadurch verblieb es bei dem gewöhnlichen Verfahren der Anklage durch die *grand jury*, deren Kontrollwert sehr umstritten, zumindest aber sehr niedrig ist.

Schließlich wird als Grund für das Abrücken von der Anklage durch die *grand jury* hin zu der *information* auch die fehlende Effizienz und die Schwerfälligkeit des *grand-jury*-Verfahrens genannt. Gerade die ‚Stromlinienförmigkeit' der *information* war einer der Gründe ihres Siegeszuges gegenüber der *grand jury*.[2021]

[2018] Siehe die Erörterungen bei C. III. 1. b) ‚Bedenken gegen die Kontrollwirkung'.
[2019] Im einzelnen C. III. 4. f) ‚Prozessuale Konsequenzen der Gerichte aus dem Vergleich'.
[2020] C. III. 4. f) bb) ‚Beurteilung und Abschaffung des *postindictment preliminary hearing*'.
[2021] Vgl. stellv. *Schneider*, Columbia Journal of Law and Social Problems 1973, S. 684.

g) Keine zu hohen Zulässigkeitsvoraussetzungen für inhaltliche Prüfung

Um einen Kontrollmechanismus nicht zu einer wirkungslosen Formalität und einem aussichtslosen Rechtsbehelf zu reduzieren, dürfen die Zulässigkeitsvoraussetzungen für eine inhaltliche Prüfung nicht zu hoch angesetzt sein.

Die Reaktionen auf solch hohe Zulässigkeitshürden sind sowohl in der Bundesrepublik Deutschland als auch in den USA auffällig ähnlich.

Beim deutschen Klageerzwingungsverfahren scheitern rund 80 % aller Anträge bereits an formalen Kriterien, so daß nur ein Fünftel aller Anträge einer inhaltlichen Prüfung unterzogen wird.[2022] Die Zulässigkeitsvoraussetzungen sind hierbei von der Rechtsprechung über den Gesetzeswortlaut hinaus verschärft worden, v.a. zum Schutz vor querulatorischen Anträgen. Gerade die von den Gerichten zusätzlich geforderte Auseinandersetzung mit den Bescheiden der Staatsanwaltschaft führt zum Scheitern vieler Anträge. Daher richtet sich die Hauptkritik bei der Ausgestaltung des Klageerzwingungsverfahrens v.a. gegen diese Voraussetzung im besonderen und gegen die hohen Zugangsvoraussetzungen im allgemeinen. Am schärfsten wurde diese Kritik von Langer geäußert, der zusammenfaßt, daß es wohl kaum einen Rechtsanwalt geben dürfte, der in der Lage sei, alle Zulässigkeitsvoraussetzungen zu erfüllen.[2023] Vor diesem Hintergrund wird die Forderung Bohnerts nach Abschaffung des Klageerzwingungsverfahrens wegen seiner Wirkungslosigkeit verständlich. Er argumentiert v.a. damit, daß die Staatsanwaltschaft die Unwahrscheinlichkeit und Wirkungslosigkeit des Rechtsbehelfes kenne. Damit sei aber auch der Kontrollwert eingebüßt.[2024]

Auch in den USA sind die hohen Zulässigkeitsvoraussetzungen hinsichtlich des Einwandes unzulässiger Strafverfolgung wegen geltend gemachter Verfassungsverstöße Gegenstand starker Kritik. Der häufigste Anfechtungsgrund unzulässiger Strafverfolgung in Form der bewußten Diskriminierung des Beschuldigten durch die Strafverfolgungsbehörden ist fast immer erfolglos. Auch bei berechtigten Zweifeln an der Lauterkeit des behördlichen Vorgehens vermag der Beschuldigte die von ihm alleine zu tragende Beweislast in aller Regel nicht zu erfüllen. Fast alle Einwände unzulässiger Strafverfolgung werden somit von den Gerichten abgewiesen, ohne sich inhaltlich mit ihnen weitergehend auseinanderzusetzen. Daher wird der gerichtlichen Prüfung von Verfassungsverstößen nur ein sehr geringer Kontrollwert zugesprochen.[2025] Aufgrund dessen versuchen alle Reformvorschläge, die hohen Hürden der Beweislast zu reduzieren, um eine intensivere gerichtliche Prüfung zu erreichen.[2026]

[2022] Im einzelnen hierzu B. III. 1. b) ‚Moderne Rechtswirklichkeit'.

[2023] *Langer*, JR 1989, S. 96.

[2024] Vgl. *Bohnert*, Abschlußverfügung, S. 331 sowie *Bischoff*, Klageerzwingungsverfahren, S. 168. Siehe ferner die Darstellung B. III. 1. ‚Einstellung nach § 170: Klageerzwingungsverfahren'.

[2025] Stellv. *Herbrand*, American Law Reports 1979, S. 288.

[2026] Siehe im einzelnen C. III. 7. e) dd) (1) ‚Verfahren bei diskriminierender Strafverfolgung'.

Eine gleiche Einschätzung ergibt sich für den Fall der häufig angestrengten, aber erfolglosen Anklageerzwingung durch den Rechtsbehelf *mandamus*. In aller Regel hat das Opfer einer Straftat keine Antrags- bzw. Klagebefugnis, *standing*, um die Staatsanwaltschaft bei Untätigkeit zur Strafverfolgung oder Anklageerhebung zu zwingen. Obgleich in den vorgebrachten Fällen auch von Gerichten teilweise ein berechtigtes Bedürfnis nach Abhilfe anerkannt wird, wird eine gerichtliche Entscheidung in der Sache unter Hinweis auf das Fehlen des *standing* versagt. Daher wird vom Schrifttum die Absenkung dieser hohen Zulässigkeitsvoraussetzung und die Ausweitung des antrags- bzw. klageberechtigten Kreises gefordert. Die Fülle der verschiedenen Reformvorschläge zeigt, wie groß das Bedürfnis nach einer inhaltlichen Prüfung der staatsanwaltlichen Nichtanklageentscheidung durch die Gerichte ist. Alle Reformvorschläge fordern eine Senkung der kaum zu erfüllenden Zulässigkeitsvoraussetzungen durch deren Reduktion und Vereinfachung.[2027]

Fazit: Damit ein Kontrollmechanismus erfolgreich und effektiv funktionieren kann, müssen verschiedene Grundfaktoren gegeben sein. Bereits das Fehlen einer dieser Faktoren kann die beabsichtigte Kontrollwirkung wesentlich beeinträchtigen. Die wichtigsten dieser Faktoren sind ein hohes Bildungsniveau, eine fundierte juristische Ausbildung und Befähigung des Kontrollorgans sowie dessen fachliche, organisatorische und faktische Unabhängigkeit. Darüberhinaus muß das Kontrollorgan einen möglichst vollständigen Zugang zu allen Informationen besitzen, auf die das zu kontrollierende Organ seine Entscheidung stützt. Auch müssen dem Kontrollorgan klar bestimmte, präzise Kriterien zur Prüfung vorgegeben sein. Weiterhin muß die Kontrolltätigkeit typisch für das Kontrollorgan sein und sich in sein gewöhnliches Tätigkeitsfeld, Selbstverständnis sowie in seine charakteristische Rolle im Strafverfahren einpassen. Um die Wirkung des Kontrollmechanismus zu sichern, sollte seine umfassende Anwendung durch geringe Komplexität und Aufwendigkeit der Anwendung gewährleistet sein. Zu hohe Zulässigkeitsvoraussetzungen für eine inhaltliche Prüfung wirken ebenfalls reduzierend auf den Kontrollwert.

8. Bewertung der richterlichen Kontrolle in der Bundesrepublik Deutschland

Überträgt man die abstrakten Voraussetzungen für ein effektives Funktionieren eines Kontrollorgans auf den deutschen Strafrichter, so umfaßt er alle wesentlichen Grundvoraussetzungen, um eine wirkungsvolle Kontrolle der Staatsanwaltschaft im Ermittlungsverfahren zu bilden.

a) Ausbildung

Zunächst verfügt der deutsche Richter über ein hohes Bildungsniveau sowie eine fundierte juristische Ausbildung und Befähigung. Eine fachliche Unterlegenheit gegenüber dem Staatsanwalt entfällt damit, wie dies ursprünglich beim amerikanischen *magistrate* der Fall war oder heute noch bei der *grand jury* ist. Dadurch

---

[2027] Vgl. C. III. 7. e) dd) (2) ‚Verfahren bei unterlassener Anklageerhebung'.

ist es ihm im Gegensatz zu den beiden amerikanischen Beispielen möglich, auch bei sehr komplexen Sachverhalten eine eigene unabhängige Bewertung vorzunehmen.

b) Richterliche Unabhängigkeit

Weiterhin ist der Richter fachlich, organisatorisch und faktisch unabhängig. Diese Unabhängigkeit gilt im allgemeinen ebenso sehr wie im besonderen hinsichtlich der Staatsanwaltschaft. Die richterliche Unabhängigkeit nach Art. 97 I GG, § 25 DRiG sichert ihm in sachlicher wie persönlicher Hinsicht die Abkoppelung von Fremdeinflüssen und gewährleistet die ungehinderte Ausübung der Kontrollaufgaben.

c) Vollständiger Informationszugang

Als Kontrollorgan der Staatsanwaltschaft verfügt der Richter über einen vollständigen Zugang zu den Informationen, auf die die Staatsanwaltschaft ihre Entscheidung stützt. Im Gegensatz zu seinem amerikanischen Pendant, dem *magistrate*, besitzt der deutsche Richter die vollständige Strafakte, sei es bei der richterlichen Zustimmung zu einer Verfahrenseinstellung, dem Strafbefehl, dem Klageerzwingungsverfahren oder dem Zwischenverfahren. In der Akte enthaltene Entlastungsbeweise gelangen damit unweigerlich zu seiner Kenntnis. Damit entfällt die Schwäche der *grand jury*, die auf die ausdrückliche Darlegung auch der entlastenden Umstände durch den Staatsanwalt angewiesen ist. Staatsanwalt und Richter entscheiden in Deutschland somit auf der Grundlage desselben Aktenmaterials, was sich positiv auf den Kontrollwert der richterlichen Überprüfung auswirkt.

d) Klarer Prüfungsmaßstab

Auch sind dem deutschen Richter klar bestimmte, präzise Kriterien zur Prüfung vorgegeben. Soweit der Anwendungsbereich des Legalitätsprinzips reicht, ist dies beispielsweise ‚der genügende Anlaß zur Erhebung der öffentlichen Anklage' im Sinne der §§ 170, 174, 175 oder der ‚hinreichende Tatverdacht' nach § 203. Die hierbei notwendigen gerichtlichen Prüfungen sind in der Regel anhand juristischer Kriterien vorzunehmen und nicht politischer Natur wie etwa die *policies* der amerikanischen Staatsanwaltschaften oder die von ihr selbstgewählten Verfolgungsmaxime. Am sichtbarsten wird der Prüfungsunterschied im Fall der unterlassenen staatsanwaltlichen Anklage. Während in Deutschland das Oberlandesgericht beim Klageerzwingungsverfahren in der Regel den hinreichenden Tatverdacht prüft, versuchen amerikanische Reformatoren, die schwierige Gratwanderung zwischen gerichtlich nachprüfbaren Kategorien auf der einen Seite und den von der Staatsanwaltschaft selbst bestimmten Verfolgungsgrundsätzen auf der anderen Seite. Bezeichnend hierfür ist der amerikanische Reformvorschlag, die Staatsanwaltschaft solle dem Gericht ihre Verfolgungsgrundsätze und Richtlinien mitteilen. Das Gericht solle dann lediglich die Einhaltung dieser Grundsätze und ihre Willkürfreiheit überprüfen.[2028]

e) Kontrolltätigkeit typisch für Kontrollorgan

Wie dargelegt, muß die Kontrolltätigkeit typisch für das Kontrollorgan sein und sich in sein gewöhnliches Tätigkeitsfeld, Selbstverständnis sowie in seine charakteristische Rolle im Strafverfahren einpassen. Die notwendige Herbeischaffung aller erforderlichen Beweismittel im Hauptverfahren, die eigenständige Beweisaufnahme und Vornahme aller notwendigen Untersuchungshandlungen sowie die Ermittlung des wahren Sachverhalts in der Hauptverhandlung wie auch die insgesamt sehr starke, aktive Stellung erleichtern dem deutschen Richter die Überprüfung der staatsanwaltlichen Anklageentscheidung. Im Gegensatz zum amerikanischen Richter bilden diese Aufgaben sein typisches Tätigkeitsfeld im Hauptverfahren. Auch paßt sich die staatsanwaltliche Kontrolle viel eher in das Selbstverständnis, die Rolle und den Werdegang des deutschen Richters ein.[2029] Die Aktivitäten des Richters im Hauptverfahren sind denen der Staatsanwaltschaft im Ermittlungsverfahren viel ähnlicher als dies in den USA der Fall ist. Daher ist für den deutschen Richter die Durchführung des Zwischenverfahrens oder Klageerzwingungsverfahrens viel unproblematischer.

f) Geringe Anwendungskomplexität sowie hohe Zulässigkeitsvoraussetzungen

Schließlich wurde festgestellt, daß zu hohe Zulässigkeitsvoraussetzungen für eine inhaltliche Prüfung reduzierend auf den Kontrollwert wirken. Gleiches gilt für die Komplexität und den Aufwand der Einschaltung des Kontrollmechanismus. Wie bereits erörtert, bezieht sich im deutschen Recht die Problematik der hohen Zugangshürden lediglich auf das Klageerzwingungsverfahren. Bei allen anderen Kontrollmechanismen wie dem Strafbefehl, der richterlichen Zustimmung zur Verfahrenseinstellung sowie dem Zwischenverfahren werden die Strafakten dem Richter ohne weiteres Interimsverfahren automatisch vorgelegt. Die richterliche Prüfung ist in diesen Fällen nicht an bestimmte einzuhaltende Zulässigkeitskriterien gekoppelt. Damit wird in den meisten Fällen die Möglichkeit zur inhaltlichen Prüfung automatisch eröffnet. Die Komplexität dieser Vorlageverfahren wie auch ihr Aufwand sind sehr gering. Einzig das Klageerzwingungsverfahren erscheint in seiner Anwendung aufwendiger. Berücksichtigt man allerdings, daß nach der Untersuchung von Bischoff rund 63% aller Verfahren vor dem OLG bereits innerhalb eines Monats entschieden werden, so deutet dies auf ein dennoch relativ straffes Verfahren hin.[2030] Auch die übliche Ermittlungsanordnung statt eigener Ermittlungen durch das OLG vereinfacht für das Gericht das Prüfungsverfahren.

[2028] Stellv. *Brown/ Shaut*, American Law Review 1976, S. 596.

[2029] Nicht so in den USA, siehe die Argumente der Gerichte in C. III. 7. a) ‚Grundsätzliche Haltung der Gerichte: keine gerichtliche Überprüfung'.

[2030] Vgl. *Bischoff*, Klageerzwingungsverfahren, S. 201.

Fazit: Strukturell ist der deutsche Richter ein effektives Kontrollorgan der Staatsanwaltschaft. Sowohl seine Stellung als auch die von ihm durchgeführten Kontrollverfahren vereinigen alle wichtigen Grundvoraussetzungen, um eine sehr wirkungsvolle Kontrolle der Staatsanwaltschaft zu bilden.

9. Geltend gemachte Schablonenhaftigkeit und Oberflächlichkeit richterlicher Überprüfungen

Die strukturelle Einstufung des deutschen Richters als sehr wirkungsvolles Kontrollorgan der staatsanwaltlichen Abschlußverfügung im Ermittlungsverfahren scheint allerdings in Widerspruch zu den statistischen und deskriptiven Aussagen über den Kontrollwert zu stehen. Obgleich dem deutschen Richter eine höhere Wirksamkeit bei der staatsanwaltlichen Kontrolle zuzusprechen ist, sind die Einschätzungen der Effektivität richterlicher Überprüfungen in der Bundesrepublik und in den USA auffällig ähnlich.

a) Bewertung der Effektivität

In beiden Ländern werden diesselben Kritikpunkte bezüglich der Effektivität richterlicher Kontrolle vorgebracht.

Bezüglich der Bundesrepublik Deutschland konnte festgestellt werden, daß die Untersuchungen der einzelnen Kontrollmechanismen in ihrer Gesamtschau ein einheitliches Bild ergeben. Beanstandungen und der Staatsanwaltschaft konträre richterliche Entscheidungen kommen fast nicht vor. In aller Regel wird die staatsanwaltschaftliche Handlungsweise richterlich bestätigt und ‚abgesegnet'.[2031]

Hinsichtlich der Zustimmung bei Verfahrenseinstellungen nach dem Opportunitätsprinzip in der Bundesrepublik wird ausgeführt, die Zustimmung des Richters erfolge „fast ausnahmslos", eine Zustimmungsversagung sei eine seltene Ausnahme. Die Zustimmungserteilung sei zu einer Routinehandlung „ohne Filterfunktion" herabgesunken.[2032] Eine ähnliche Einschätzung erfährt die richterliche Einstellungsverfügung in den USA. Sie wird ebenfalls in aller Regel erlassen, eine Verweigerung der richterlichen Zustimmung erfolgt in den seltensten Fällen. Die Kontrollwirkung wird wie auch in Deutschland als sehr gering erachtet.[2033]

Eine gleiche Einschätzung erfolgt bei dem deutschen Zwischenverfahren und dem amerikanischen Pendant des *preliminary hearing*. In Deutschland wird der Kontrollwert des Zwischenverfahrens überwiegend gering eingestuft. Es wird geltend gemacht, die Eröffnung des Hauptverfahrens werde schematisch beschlossen und sei „oft zur Schablone herabgewürdigt." Der Eröffnungsbeschluß

[2031] Dazu B. IV. 1. ‚Grundtendenzen aller Kontrollmechanismen und Effektivität der richterlichen Kontrolle'.
[2032] Im einzelnen B. III. 2. b) ‚Moderne Rechtswirklichkeit der Kontrollintensität'.
[2033] Vgl. C. III. 6. b) ‚Effektivität der richterlichen Kontrolle'.

sei auf eine stereotype Schreibleistung reduziert, das Hauptverfahren werde „ohne viel Federlesens eröffnet."[2034] Kritiker des *preliminary hearing* in den USA bewerten den Kontrollwert dieses Verfahrens ebenfalls niedrig. Die Prüfung der staatsanwaltlichen Anklage durch den *magistrate* sei auch „schablonenhaft" und schematisch und habe nur ein Ziel: die Zulassung der Anklage.[2035]

Eine Abrundung erfährt das gezeichnete Bild durch die Bewertung der richterlichen Gegenzeichnung des Strafbefehls. Fast alle Strafbefehlsanträge werden von dem Richter unterschrieben. Wegen dieser „anstandslosen Gegenzeichnung" wird die Kontrolleffektivität der richterlichen Unterschrift bei dem Strafbefehl ebenfalls gering erachtet.[2036]

Parallelen hierzu finden sich in dem amerikanischen Haftprüfungsverfahren. Dieses Verfahren hat mit dem Strafbefehlsverfahren die prozessuale Gemeinsamkeit, daß dem Richter in beiden Fällen die Sachverhalte durch die Strafverfolgungsbehörden zur Entscheidung vorgelegt werden, ohne daß es einer ausdrücklichen Anrufung des Richters durch Dritte bedarf. Die Vergleichbarkeit beruht damit auf dem Automatismus der Vorlage des Falles bei dem Richter. Die Prüfung der Haft des Beschuldigten durch den *magistrate* endet in fast allen Fällen mit der Bestätigung des Begehrens der Strafverfolgungsbehörden. Haftbefehle werden fast nie abgelehnt. In der Regel werden alle Haftbefehlsanträge durch die Richter ‚abgesegnet', die richterliche Prüfung wird als „schablonenhaft" beschrieben.[2037]

Aber auch bei den Kontrollmechanismen, die erst durch eine ausdrückliche Anrufung der Gerichte ausgelöst werden, wird in beiden Ländern der Kontrollwert niedrig eingeschätzt. Dies betrifft sowohl das deutsche Klageerzwingungsverfahren[2038] als auch die richterliche Kontrolle durch (Rechtsmittel)Gerichte bei geltend gemachten Verfassungsverstößen in den USA.[2039]

Obgleich die richterliche Kontrolle aufgrund ihrer Struktur effektiv sein müßte, wird sie sowohl in Deutschland als auch in den USA überwiegend für recht gering eingeschätzt. Dieser augenscheinliche Widerspruch findet allerdings in beiden Ländern seine identische Erklärung.

b) Erklärung des niedrig erachteten richterlichen Kontrollwerts

Wie bereits festgestellt, durchlaufen staatsanwaltliche Entscheidungen die Kontrollmechanismen in der Regel anstandslos. Ein bereits genannter Grund hierfür liegt in der gesetzestreuen sorgfältigen Arbeitsweise der Staatsanwaltschaften.

2034 Ausführlicher dazu B. III. 4. d) ‚Kontrollintensität der Gerichte und deren Ursachen'.
2035 MwN C. III. 4. e) aa) ‚Negative Bewertung des *preliminary hearing*'.
2036 Vgl. B. III. 5. d) ‚Grund für geltend gemachte Ineffektivität'.
2037 Genauer C. III. 2. c) bb) ‚Effektivität der Haftprüfung'.
2038 Stellv. *Gössel*, Legalitätsprinzip, S. 143.
2039 So *Gershman*, Fordham Urban Law Journal 1993, S. 519. Ähnlich *Welling*, Arizona Law Review 1988, S. 113.

Wo es wenig zu beanstanden gibt, fallen Beanstandungen entsprechend selten aus. Dies wiederum führt unweigerlich zu einer schnellen Routinierung der Kontrollorgane.[2040] Dadurch entsteht der Eindruck, daß die Kontrollen leerlaufen. Diese Argumentation findet sich ausdrücklich bei dem deutschen Zwischenverfahren.[2041]

Mindestens ebenso wichtig ist aber die Erkenntnis, wie und wann die Kontrollmechanismen ihre Hauptwirkung entfalten. In beiden Ländern wird demnach die eigentliche Wirkung der Kontrollen nicht dem Stadium ihrer Durchführung zugesprochen. Vielmehr verlagert sie sich in das Vorfeld ihrer Anwendung. Voraussetzung dafür allerdings ist, daß der Kontrollmechanismus aufgrund seiner Beschaffenheit und des mit ihm verbundenen Verfahrens per se effektiv sein kann. Sind die Kontrollmechanismen durch ihre Struktur somit in der Lage, die staatsanwaltlichen Entscheidungen effektiv zu überprüfen, so entfalten sie eine Fernwirkung in das Stadium der Entscheidungsfindung der Staatsanwaltschaft. Durch die psychologische Vorwegnahme des späteren Prüfungsvotums wird die zu kontrollierende Entscheidung an die erwartete nachfolgende Kontrollreaktion angepaßt. Damit werden nur solche Entscheidungen durch die Staatsanwaltschaft getroffen, deren Billigung durch das Kontrollorgan als gesichert angesehen werden kann. Dies bedeutet jedoch folglich, daß die eigentliche Anwendung und Durchführung der Kontrolle sich in der Bestätigung des staatsanwaltlichen Vorgehens erschöpft. Somit scheint das Durchführungsstadium nur noch von formalem und geringem Kontrollwert. Statistische Erhebungen über die Effektivität des Durchführungsstadiums der Kontrollmechanismen müssen unweigerlich zu dem Ergebnis hoher Übereinstimmungen zwischen der zu kontrollierenden und der Kontrollentscheidung kommen. Der daraus häufig gezogene Schluß der Ineffektivität der Kontrollen ist insofern falsch, da der Zeitpunkt der statistischen Erhebung zu spät ansetzt. Die eigentliche psychologische Wirkung der Kontrollen im Vorfeld der Durchführung wird durch die Statistiken gar nicht erfaßt. Gleiches gilt für die deskriptiven Stellungnahmen über die Effektivität der Kontrollen. Solange diese lediglich auf das Durchführungsstadium abstellen, ist die Kontrollwirkung verkannt und die Einschätzung verfehlt.

Diese Feststellung wird durch Erfahrungen aus den Rechtsordnungen der Bundesrepublik Deutschland und der Vereinigten Staaten gestützt.

Das deutsche Zwischenverfahren wird sowohl statistisch wie auch deskriptiv überwiegend als wirkungslos eingeschätzt. Die Quote der Nichtzulassungen der Anklage beläuft sich statistisch im Durchschnitt auf rund 1 %. Schon bald nach Erlaß der RStPO wurde der Eröffnungsbeschluß als „wertlose Formalität“ bezeichnet. Beide Einschätzungen stellen aber auf das Stadium der Durchführung des Verfahrens ab. Daß dem Zwischenverfahren dennoch ein echter Kontrollwert zugesprochen werden muß, zeigt sich anhand der Folgen der Abschaffung

[2040] Für die Bundesrepublik Deutschland: *Herrmann*, JuS 1976, S. 416. Für die USA *Miller*, Charge a Suspect with a Crime, S. 46 sowie *Bubany/ Skillern*, The American Criminal Law Review 1976, S. 483.

[2041] Stellv. *Ernst*, Zwischenverfahren, S. 75.

des Eröffnungsbeschlusses während des Nationalsozialismus. In einer Entscheidung aus dem Jahre 1942 wies das Reichsgericht ausdrücklich auf die Mißstände hin, die der abgeschaffte Eröffnungsbeschluß nach sich zog.[2042] Die Gerichtsentscheidung ist um so bemerkenswerter, als daß das Reichsgericht seine Entscheidung in einer anderen Sache zum Anlaß nahm, seine Besorgnis über die fehlende Kontrolle der Anklage im Zwischenverfahren zum Ausdruck zu bringen. Das Gericht bemängelte die niedrige Qualität der staatsanwaltlichen Anklagen. Entlastende Umstände zugunsten des Beschuldigten sowie eine vollständige Tataufklärung fehlten häufig, so daß eine Nachermittlung in der Hauptverhandlung notwendig wurde.[2043] Somit zeigt erst der Wegfall des Kontrollmechanismus dessen Wert. Dies wird bestätigt durch die häufig vertretene Auffassung, bereits das Bewußtsein einer nachfolgenden richterlichen Kontrolle der Anklage bewirke eine sorgfältigere Arbeitsweise der Staatsanwaltschaft.[2044]

Eine identische Erklärung wird für die hohe Übereinstimmungsquote des staatsanwaltlichen Strafbefehlsantrags und der richterlichen Gegenzeichnung abgegeben. Der Grund hierfür wird in der gedanklich vorweggenommenen Einschätzung der nachfolgenden Kontrollreaktion gesehen. Es wird die Beobachtung gemacht, die Staatsanwaltschaft stelle nur solche Strafbefehlsanträge, bei denen sie die richterliche Unterschrift als gesichert ansieht. Dies sei das Ergebnis der ‚Konfliktvermeidungsstrategie' der Staatsanwaltschaft. Mögliche konträre richterliche Entscheidungen werden bereits durch die Anpassung staatsanwaltlichen Verhaltens im Vorfeld des Tätigwerdens des Richters vermieden.[2045]

Deckungsgleich mit den deutschen Erklärungen bezüglich der Wirkung der richterlichen Kontrolle sind auch die amerikanischen hinsichtlich des *preliminary hearing*, der vorgeschlagenen Anklageerzwingungsverfahren sowie der Kontrolle der Staatsanwaltschaft durch die Wählerschaft.

Der Wert des *preliminary hearing* wird u.a. in der Anpassung staatsanwaltlichen Handelns durch Vorwegnahme der erwarteten richterlichen Entscheidung gesehen. Es wird geltend gemacht, daß richterliche Prüfungsverfahren entwickle seine maßgebende Wirkung im Vorfeld der Durchführung des Verfahrens. Die Durchführung des *preliminary hearing* durch den *magistrate* erfülle und bestätige dann lediglich die vorweggenommenen Erwartungen. Obgleich der Kontrollwert damit gesichert sei, erzeuge die Durchführung des Verfahrens den unzutreffenden Eindruck der Wirkungslosigkeit.[2046]

Die gleiche Wirkung erwarten die reformorientierten Verfechter eines Anklageerzwingungsverfahrens. Wenngleich vermutet wird, daß die staatsanwaltliche Ablehnung der Anklageerhebung in der Regel durch den Richter bestätigt wird,

---

[2042] Vgl. die Entscheidung des RG vom 19.11.1942, DJ 1943, S. 173, 174.
[2043] Vgl. RG vom 19.11.1942, DJ 1943, S. 173, 174.
[2044] Zu den Vertretern dieser Auffassung siehe B. III. 4. e) cc) ‚Beibehaltung des Zwischenverfahrens'.
[2045] So *Blankenburg/ Sessar/ Steffen*, Staatsanwaltschaft, S. 113.
[2046] Vgl. C. III. 4. e) bb) ‚Positive Bewertung des *preliminary hearing*'.

so wird davon ausgegangen, daß bereits die Existenz eines Anklageerzwingungsverfahrens die Staatsanwaltschaft zu sorgfältigerem Arbeiten anhält.[2047]

Eine ähnliche Argumentation wird vertreten durch die Befürworter des Wahlerfordernisses des Staatsanwalts. Sie tragen vor, die Beurteilung seiner Arbeit durch die Wählerschaft schaffe einen wichtigen Anreiz zur ordnungsgemäßen und untadeligen Verrichtung seiner Pflichten. Seine Besorgnis, negativ durch die Presse und Wählerschaft beurteilt zu werden mit dem Risiko seiner Abwahl, zwinge ihn zu einer fairen, gesetzestreuen Ausübung seines Ermessens. In Vorwegnahme der Reaktion der Wählerschaft passe er somit sein Verhalten bereits im Vorfeld an. Daher erkläre er auch bewußt sein Vorgehen gegenüber der Presse und der Öffentlichkeit. Dies trage schließlich zu einer hohen Akzeptanz seiner Tätigkeit und damit zu seiner Wiederwahl bei.[2048]

Bei der *grand jury* bleibt die Wirkung der psychologischen Antizipation allerdings umstritten. Die Übereinstimmungsquote der Entscheidungen von seiten der Staatsanwaltschaft und der *grand jury* ist sehr hoch. So betrug beispielsweise 1984 die Quote der erhobenen Anklagen durch *federal grand juries* bei den von der Staatsanwaltschaft vorgelegten Fälle 99,6 %. Als Erklärung hierfür wird geltend gemacht, der Staatsanwalt lege in Vorausberechnung der Entscheidung der Geschworenen nur solche Fälle zur Anklageerhebung vor, bei denen die Beweislage den Anforderungen der *grand jury* entspreche. Da sich in der Regel diese Vorausbewertung der erwarteten Entscheidungen mit den späteren Voten der Geschworenen selbst decke, sei folglich die Übereinstimmungsquote entsprechend hoch. Eine hohe Diskrepanzrate würde zudem bedeuten, daß der Staatsanwalt verstärkt Fehleinschätzungen unterliege.[2049] Diese Einschätzung trifft allerdings auf Bedenken. Die Wirkungsweise der gedanklichen Antizipation der Kontrollreaktion setzt gerade voraus, daß eine effektive Kontrolle möglich ist. Der Staatsanwalt sieht nur dann von der Vorlage unsicherer Fälle ab, wenn er mit deren Ablehnung durch die *grand jury* rechnen muß. Dies setzt jedoch voraus, daß die *grand jury* auch wirklich beweisschwache Fälle ablehnt.[2050] Ob dies die *grand jury* allerdings vermag, ist umstritten. An dieser Diskussion zeigt sich, daß ein Kontrollmechanismus nur dann seine Vorfeldwirkung entfalten kann, wenn er aufgrund seiner Beschaffenheit und des mit ihm verbundenen Verfahrens per se effektiv sein kann. Wegen der Dominanz des Staatsanwalts und der fachlichen Unterlegenheit der Geschworenen erscheint die grundsätzliche Effektivität der *grand jury* als Kontrollorgan zu Recht sehr fraglich.

Fazit: Die richterliche Kontrolle scheint trotz ihrer strukturellen Eignung als effektiver Kontrollmechanismus auf den ersten Blick zu versagen. Die statistischen wie deskriptiven Bewertungen räumen der richterlichen Kontrolle sowohl in Deutschland wie in den USA einen sehr geringen oberflächlichen Kontrollwert ein. Diese Einschätzungen sind allerdings unzutreffend. Sie verkennen die

---

[2047] Stellv. *Noll*, Syracuse Law Review 1978, S. 708 ff.

[2048] Genauer dazu C. III. 10. b) aa) ‚Argumente für die Volkswahl des Staatsanwalts.'

[2049] Statt aller *Leipold*, Cornell Law Review 1995, S. 278.

[2050] Vgl. *Leipold*, aaO.

Hauptwirkung strukturell effektiver Kontrollmechanismen, die im Vorfeld ihrer Anwendung liegt. Aufgrund der Fernwirkung der Kontrollen wird im Vorfeld ihrer Durchführung das zu kontrollierende Verhalten an die nachfolgende Kontrollreaktion angepaßt. Diese Wirkungsweise ist allerdings statistisch kaum erfaßbar. Für die Bundesrepublik Deutschland bedeutet dies, daß die richterliche Kontrolle der Staatsanwaltschaft nicht nur strukturell, sondern auch tatsächlich wirkungsvoll ist. Die Kontrolle der Abschlußverfügung durch den Richter ist damit besser als ihr landläufiger Ruf.

10. Zunehmende richterliche Kontrolle in den USA

Die Schlußfolgerung, daß die richterliche Kontrolle der Anklageentscheidung der Staatsanwaltschaft wirkungsvoll und daher systemnotwendig ist, findet eine weitere Bestätigung in der amerikanischen Rechtsentwicklung.

Die historische Gesamttendenz zeigt eine Zunahme der richterlichen Kontrolle in den USA und damit eine diesbezügliche Annäherung an den deutschen Rechtszustand.[2051] Der Wert und die Notwendigkeit der Prüfung staatsanwaltlicher Anklageentscheidungen durch einen Richter zeigen sich v.a. anhand der historischen Entwicklung in den USA hin zur richterlichen Kontrolle der Staatsanwaltschaft, der dafür geltend gemachten Gründe sowie der zukünftigen Reformvorschläge. Auch letztere fordern eine verstärkte Einbeziehung richterlicher Prüfungsaktivitäten in das staatsanwaltliche Vorverfahren.

a) Historische Gesamttendenzen

Die Hinwendung zu einer verstärkten richterlichen Kontrolle läßt sich sehr klar an folgenden Dynamiken im amerikanischen Strafprozeß ablesen: dem Rückgang der Anklage durch die *grand jury* zugunsten des *preliminary hearing*,[2052] der Ausweitung richterlicher Kontrolle im Haftrecht,[2053] der allmählichen, wenn auch zurückhaltenden Ausdehnung richterlicher Überprüfungen bei Verfassungsverstößen seit dem Präzedenzfall 1886 Yick Wo v. Hopkins[2054] sowie der Einführung richterlicher Zustimmung bei Verfahrenseinstellung durch die Abschaffung des *nolle prosequi* in vielen Bundesstaaten.[2055]

Für die tägliche Praxis des amerikanischen Justizsystems liegen die weitreichendsten Folgen dieser Entwicklung in der allmählichen Verdrängung der Anklage der *grand jury* durch das *preliminary hearing*. Trotz ihrer traditionellen Verwurzelung rückten Mitte des 19. Jahrhunderts die neueren amerikanischen Bundesstaaten im Westen der USA zunehmend von dem Erfordernis einer Anklage durch die *grand jury* ab. Stattdessen wurde die Anklageerhebung durch den Staatsanwalt mit anschließend richterlicher Überprüfung im Rahmen eines

---

[2051] Siehe *Vorenberg*, Harvard Law Review 1981, S. 1572.

[2052] Genauer dazu C. III. 3. a) cc) ‚Teilweises Abrücken von der *grand-jury*-Anklage'.

[2053] C. III. 2. b) ‚Historische Ursprünge'.

[2054] Siehe 118 U.S. 356 ff (1886).

[2055] C. III. 6. a) ‚Hintergrund der richterlichen Beteiligung'.

preliminary hearing gestattet. Heute bedient sich die Mehrzahl aller Bundesstaaten dieser Vorgehensweise bei schweren Straftaten. Die Grundsatzentscheidung des Kalifornischen Supreme Court von 1884 nimmt ausdrücklich Stellung zu dem ‚modernen' Verfahren der Anklageprüfung durch einen *magistrate* und billigt diese als neue, rechtsstaatlich einwandfreie Form der Absicherung von Individualrechten.[2056]

Die verstärkte Tendenz zur richterlichen Einbindung und Kontrolle bei dem Verfahren der Untersuchungshaft beruht auf dem Kontrollwert, der dem Richter zugesprochen wird. Die Gerichte machen geltend, der Schutz vor Eingriffen in die persönliche Freiheit erfordere die Kontrolle der polizeilichen Verhaftung durch einen unbeteiligten, neutralen *magistrate*. Die Strafverfolgungsbehörden seien nicht immer imstande, die Rechte des Beschuldigten in der erforderlichen Weise zu wahren. Dafür seien sie teilweise zu engagiert in der Verbrechensbekämpfung und gerieten in eine einseitige Sichtweise.[2057] Daher sei die kontrollierende Tätigkeit des unvoreingenommenen und an der Strafverfolgung unbeteiligten *magistrate* notwendig. Gerade dessen unparteiische Stellung biete Schutz gegen unbegründete Eingriffe in die persönliche Freiheit.[2058] An dem immer populärer werdenden *preliminary hearing* wird geschätzt, daß es den einzigen effektiven Kontrollmechanismus darstelle, der in der Lage sei, ein Gegengewicht zur gewaltigen Macht des Staatsanwalts zu bilden.[2059]

Die Ausweitung richterlicher Kontrolle wird auch bei den geltend gemachten Verfassungsverstößen deutlich. Seit dem richtungsweisenden Präzedenzfall 1886 Yick Wo v. Hopkins treten die Gerichte verstärkt in eine Überprüfung des Anklageverhaltens bei behaupteten Verfassungsverstößen ein.[2060]

Eine stetige Ausdehnung richterlicher Kontrollfunktion erfolgte ebenso bei der Einstellung von Strafverfahren. War ursprünglich die Verfahrenseinstellung zu beliebigem Zeitpunkt durch den Staatsanwalt in Form der Erklärung *nolle prosequi* möglich, so wurde die richterliche Billigung der Einstellung zur Kontrolle der Staatsanwaltschaft eingeführt. Heute besteht das Erfordernis einer Zustimmung des Richters zu einer Verfahrenseinstellung nach Anklageerhebung in rund 30 Bundesstaaten.[2061]

Dabei ist zu beachten, daß diese Entwicklungen erschwert sind durch das aus Kolonialzeiten herrührende traditionelle Mißtrauen gegenüber Richtern als ‚Lakaien der englischen Krone'. Wie dargestellt, hemmt ferner deren Stellung und Selbstverständnis als neutrale Schiedsrichter im adversatorischen Verfahren die Übernahme aktiver Kontrollfunktionen, die sich wie die Ermittlungs- oder Anklageerzwingung bis in eigeninitiierende richterliche Untersuchungshandlungen

---

2056 Vgl. Hurtado v. State of California, 110 U.S. 516, 530-537 (1884).

2057 In diesem Sinne Johnson v. United States, 333. U.S. 10, 13-14 (1948).

2058 So Gerstein v. Pugh, 420 U.S. 103, 114 (1975).

2059 In diesem Sinne *Graham/ Letwin*, UCLA Law Review 1971, S. 641 sowie S. 916, 953.

2060 Stellv. *Herbrand*, American Law Reports 1979, S. 286.

2061 Siehe C. III. 6. a) ‚Hintergrund der richterlichen Beteiligung'.

hinein erstrecken kann.[2062] Insoweit ist auch durch die traditionelle Bevorzugung anderer Institutionen wie *juries* diese Entwicklung in den USA um so bemerkenswerter.

Ferner wird die generelle Zunahme richterlicher Kontrolle der Staatsanwaltschaft dadurch erschwert, daß die Strafverfolgung in den USA viel stärker politisiert ist. Gerade durch die Volkswahl des Staatsanwalts fließen in die Strafverfolgung politische Erwägungen und Wählervorstellungen ein, die einer richterlichen Überprüfung entgegenwirken.[2063] Eines der Haupthindernisse der richterlichen Kontrolle ist daher, daß der Staatsanwalt sich seiner Wählerschaft gegenüber verantworten muß. Seine Entscheidungen werden in aller Regel als Spiegel des Wählerwillens angesehen. Eine Aufhebung dieser Entscheidungen durch den Richter wird somit teilweise als mehrheits- und demokratiefeindlich angesehen, da sie den Mehrheitswillen der Wählerschaft in Form der staatsanwaltlichen Entscheidung mißachte.[2064]

Vor dem Hintergrund dieser systemimmanenten Erschwernisse einer gerichtlichen Überprüfung staatsanwaltlicher Entscheidungen ist die stetige Ausdehnung gerichtlicher Überprüfungskompetenzen um so bemerkenswerter.

b) Angestrebte richterliche Kontrolltätigkeiten durch das Schrifttum

Der Nutzen und die Dringlichkeit richterlicher Kontrolle treten ebenfalls sehr prägnant in den Reformforderungen der amerikanischen Literatur zu Tage. Aufgrund der staatsanwaltlichen Machtfülle wird ein verstärktes Bedürfnis nach richterlicher Kontrolle vorgebracht.

Die Reformvertreter machen geltend, die amerikanische Verfassung, insbesondere die *due process clause*, erfordere die Eröffnung eines effektiven Rechtswegs und die gerichtliche Überprüfung geltend gemachter Verstöße. Schließlich seien die Gerichte die ‚letztendlichen Hüter der Gesetze'.[2065] Die Gerichte besäßen ferner die notwendige Fachkompetenz zur Überprüfung staatsanwaltlicher Anklageentscheidungen. Die Erwägungen der Staatsanwaltschaft bei der Beurteilung einer Straftat deckten sich mit den richterlichen bei der Verhängung des Strafmaßes.[2066]

Die einzelnen Reformforderungen für gerichtliche Prüfungsverfahren bei geltend gemachter diskriminierender Strafverfolgung sowie die Verfahren bei unterlassener Anklageerhebung der Staatsanwaltschaft zeigen im einzelnen, wie ausgedehnt die richterliche Kontrolltätigkeit in Zukunft angelegt sein soll. Kein

---

2062 Dies wird genauer dargelegt unter D. I. 7. e) ‚Kontrollfunktion sollte Teil der typischen Tätigkeit des Kontrollorgans sein'.

2063 Dies wird auch von den Gerichten selbst geltend gemacht, vgl. den U.S. Supreme Court in Wayte v. United States, 470 U.S. 596, 607 (1985).

2064 Siehe im einzelnen C. III. 7. d) aa) ‚Befürwortung der gerichtlichen Haltung'.

2065 Vgl. *Brown/ Shaut*, American Law Review 1976, S. 571.

2066 Statt aller *Kane*, Tulane Law Review 1993, S. 2309.

anderer Kontrollmechanismus im amerikanischen Recht verzeichnet in der jüngeren Geschichte eine solche tatsächliche und angestrebte Zunahme, kein anderes Kontrollmittel erfährt ein solches Bedürfnis nach verbreiteter Anwendung.

Fazit: Der Wert, die Notwendigkeit und die Dringlichkeit der richterlichen Kontrolle staatsanwaltlicher Anklageentscheidungen treten sehr erkennbar in der Dynamik der amerikanischen Rechtsentwicklung hervor. Die Gesamttendenz zeigt eine klare Herausbildung verstärkter richterlicher Kontrolltätigkeiten. Diese Entwicklung ist auch heute noch nicht zum Erliegen gekommen. Viele Reformvorschläge fordern eine verstärkte Einbindung des Richters im Rahmen der Überprüfung staatsanwaltlicher Anklageentscheidungen und demonstrieren somit das Bedürfnis und den Stellenwert unabhängiger richterlicher Kontrollen im Vorverfahren.

11. Anfälligkeit vieler Kontrollmechanismen für Mißbrauch

Der Vergleich beider Länder unter Einbeziehung historischer Erfahrungen zeigt, daß Kontrollinstitutionen ihrerseits anfällig für Machtmißbrauch sind, insbesondere dann, wenn sich das Kontrollorgan in fachlicher, organisatorischer oder faktischer Abhängigkeit befindet. Daraus folgt, daß ein ausgewogenes und vernetztes System der gegenseitigen Kontrolle zur Reduzierung von Kompetenzmißbrauch und Willkür unabdingbar ist. Dadurch wird die Notwendigkeit der Umsetzung des Grundsatzes der ‚checks and balances' bestätigt.

Diese Erkenntnis wird durch die Erfahrungen sowohl der deutschen wie auch der amerikanischen Rechtsgeschichte getragen:

Gerade die Rollendynamik der deutschen Staatsanwaltschaft nach ihrer Einführung bezeugt die Anfälligkeit eines Kontrollorgans bei fehlender Unabhängigkeit. War die Staatsanwaltschaft ursprünglich als Kontrollinstrument gegenüber den Gerichten konzipiert, war sie aufgrund ihrer Abhängigkeit von den Regierungen bald mit staatlichem Mißbrauch in Verbindung gebracht worden. Verschrien als Werkzeug der Regierung wurden die mißbräuchlichen Eingriffe der Regierung in die Strafrechtspflege als immer unerträglicher empfunden, weswegen die Gerichte nun ihrerseits die Staatsanwaltschaften kontrollieren sollten.[2067]

Aber auch die *grand jury* in England erfüllte ihren ursprünglichen Sicherungs- und Kontrollzweck nur ungenügend. Einer der Gründe für die Entstehung des Geschworenengremiums war der Schutz des Einzelnen vor anonymen Beschuldigungen. Ein Tatverdächtiger sollte nicht aufgrund einer unvereidigten Andeutung oder eines unsicheren Gerüchts zur Verantwortung gezogen werden. Vielmehr sollten angesehene Mitglieder der Nachbarschaft für die Anschuldigung mit ihrem Namen und per Eid geradestehen.[2068] Nichtsdestoweniger beugte

[2067] Siehe im einzelnen C. II. 2. ‚Wandel der Funktion der Staatsanwaltschaft'.
[2068] Vgl. *Pollock/ Maitland,* History of English Law, S. 151.

sich die *grand jury* aufgrund ihrer zunächst fehlenden Unabhängigkeit dem Druck der englischen Krone und diente als königliches Machtinstrument.[2069]

Die gesamte weitere Geschichte der *grand jury* gibt immer wieder Beispiele für die Anfälligkeit eines Kontrollorgans gegenüber mißbräuchlicher Machtausübung.[2070] Exemplarisch können an dieser Stelle die geltend gemachten Mißbrauchsfälle der *grand juries* in der Nixon-Ära angeführt werden, die auf die beschriebene Dominanz des Staatsanwalts zurückgeführt werden.[2071]

Maßgebend sind daher nicht der moralische Anspruch, die gewollte oder auch tatsächlich vorhandene Rechtschaffenheit einer Kontrollinstitution als solcher, sondern die Ausbalancierung ihrer Befugnisse sowie die Einbindung in ein System der gegenseitigen Kontrolle.

Fazit: Kontrollorgane sind ihrerseits anfällig für mißbräuchliche Ausübung ihrer Kompetenzen, gerade wenn ihre fachliche, organisatorische oder persönliche Unabhängigkeit nicht gewährleistet ist. Daher ist neben der notwendigen Unabhängigkeit des Kontrollorgans seine Einbindung in ein System wechselseitiger Kontrollen notwendig. Dies bestätigt die Auffassung des Prinzips der ‚checks and balances'. Ein solches System besteht bei der wechselseitigen Kontrolle zwischen Staatsanwaltschaft und Gericht in Deutschland und sollte daher beibehalten werden.

12. Zu viele nicht nutzbringende Kontrollmechanismen

Ferner ergibt sich gerade aus den Erfahrungen der amerikanischen Rechtsordnungen die Erkenntnis, daß eine Erhöhung der Anzahl der Kontrollmechanismen, insbesondere wenn sie nacheinander geschaltet sind, wegen der einhergehenden Verfahrensverlangsamung und Aufwendigkeit unproportional zu dem erhofften Gewinn steht. Darüber hinaus entfalten in einem solchen Fall die einzelnen Kontrollen nicht ihre volle Wirkung. Vielmehr werden zu viele Kontrollmechanismen für das Gesamtsystem als schädlich eingestuft.[2072]

Diese Erkenntnis stützt sich zunächst auf die amerikanische Praxis der Haftprüfung bei *felonies*. Dort existieren zwei Kontrollmechanismen in kurzer zeitlicher Abfolge. Die exakte Prüfung des Haftgrundes in Form des *probable cause* wird häufig auf das nachfolgende *preliminary hearing* verschoben. Daher wird der

---

[2069] Stellv. *Younger*, The People's Panel, S. 2.

[2070] Im einzelnen C. III. 3. a) ‚Historischer Ursprung'.

[2071] Stellv. siehe *Johnston*, The Journal of Criminal Law & Criminology 1974, S. 159. Sehr detailliert auch *Younger*, The People's Panel, S. 208 ff. Kritisch dazu allerdings *Campbell*, The Journal of Criminal Law & Criminology 1973, S. 179, der ausführt, hinter der Geschichte der *grand jury* stehe letztendlich ein engagierter Staatsanwalt, während die *grand jury* selbst einfach nur dessen Initiativen umgesetzt habe. Letzteres wird bestätigt durch *Leipold*, Cornell Law Review 1995, S. 318.

[2072] Dies wurde teilweise bereits unter dem obigen Punkt D. I. 7. f) ‚Möglichst geringe Komplexität und Aufwendigkeit des Kontrollmechanismus' angesprochen.

Kontrollwert der Haftprüfung für niedrig erachtet; die Haftprüfung kann nicht ihre volle Wirkung entfalten.[2073]

Ferner wird in den Bundesstaaten der USA mit obligatorischer Anklage durch die *grand jury* bei *felonies* das Erfordernis des *preliminary hearing* innerhalb eines bestimmten Zeitraumes nach Verhaftung durch vorherige Anklage der *grand jury* umgangen. Durch eine rasche Anklage vor Ablauf des festgelegten Zeitraums nach Verhaftung entfällt die Notwendigkeit eines *preliminary hearing*, wodurch auch dessen Schutz leerläuft. Die Gewährung zweier Kontrollmechanismen, der *grand jury* wie des *preliminary hearing*, wird somit von der Praxis zwecks Verfahrensbeschleunigung zunichte gemacht.[2074]

Paradebeispiel ist ferner die Abschaffung des kalifornischen *postindictment preliminary hearing* durch Wählervotum. Während der Kalifornische Supreme Court die Einführung des zusätzlichen Kontrollmechanismus des *postindictment preliminary hearing* aus rechtsstaatlichen Gesichtspunkten für notwendig erachtet hatte, wurde dieses dem *grand-jury*-Verfahren nachgeschaltete Kontrollverfahren als zu zeitraubend und kostspielig kritisiert. Aus Gründen der Straffung des Strafverfahrens wurde das *postindictment preliminary hearing* wieder abgeschafft.[2075]

Eine ähnliche Kritik erfahren auch die Antragsrechte des Beschuldigten zur Überprüfung der erhobenen Anklage. Diese nachträgliche richterliche Überprüfung einer bereits erhobenen Anklage ist in den USA insgesamt kaum möglich, in Kalifornien hingegen ausführlich gesetzlich geregelt. Die Kritikpunkte an diesen Antragsrechten sind dahingehend, daß die Antragsmöglichkeiten zur einer wesentlichen Verfahrensverlangsamung führen. Dies wird teilweise als nachteilig für ein schnelles, effektives und unkompliziertes Strafverfahren betrachtet.[2076]

Fazit: Ein Mehr an Kontrollmechanismen bedeutet nicht gleichzeitig ein tatsächliches Mehr an rechtsstaatlicher Sicherung des Strafverfahrens. Wird die Gratwanderung zwischen Schutzmechanismen auf der einen Seite und straffem Strafverfahren auf der anderen Seite zu Lasten des letzteren nicht mehr gewahrt, werden die Kontrollmechanismen entweder umgangen, praktisch entwertet oder gänzlich abgeschafft.

[2073] Siehe stellv. *LaFave*, Take a Suspect into Custody, S. 58.
[2074] *Weinberg/ Weinberg*, Michigan Law Review 1969, S. 1364.
[2075] Vgl. C. III. 4. f) bb) ‚Beurteilung und Abschaffung des *postindictment preliminary hearing*'.
[2076] So *Geary*, Pacific Law Journal 1973, S. 862.

13. Beibehaltung des Klageerzwingungsverfahrens

a) Grundsätzliche Bewertung

Die grundsätzliche Notwendigkeit der Beibehaltung des deutschen Klageerzwingungsverfahrens ergibt sich zunächst aus der bereits festgestellten Unerläßlichkeit externer, v.a. richterlicher Kontrollen.[2077] Darüber hinaus wird der Wert eines solchen Verfahrens durch das in den USA geltend gemachte Bedürfnis nach einem spezifisch richterlichen Anklageerzwingungsverfahren bestätigt. Schließlich wird bei einem Vergleich mit amerikanischen Alternativverfahren die Effektivität des deutschen Klageerzwingungsverfahrens noch deutlicher.

aa) Bedürfnis in den USA nach einem Klageerzwingungsverfahren

Während in der Bundesrepublik ein Verfahren zur Erzwingung der staatsanwaltlichen Anklage in Gestalt des Klageerzwingungsverfahrens seit langem existiert, wird ein auffällig ähnlich ausgestattetes Verfahren in den USA zunehmend für notwendig erachtet. Vereinzelt bestehen sogar in einigen Bundesstaaten gewisse Parallelverfahren. Wenn auch diese Verfahren kaum Anwendung finden, so drückt deren Existenz doch eine verstärkte Notwendigkeit zur Einführung eines Anklageerzwingungsverfahrens aus. Die Tatsache, daß bei amerikanischen Reformvorschlägen entweder ausdrücklich auf das deutsche Klageerzwingungsverfahren hingewiesen oder ein vergleichbares Verfahren favorisiert wird, spricht für den Wert des deutschen Klageerzwingungsverfahrens.

Gerade diese Tendenz in den Vereinigten Staaten ist insofern erstaunlich, als daß die dortige Staatsanwaltschaft nicht nur durch die unmittelbare Volkswahl des leitenden Staatsanwalts direkt legitimiert ist. Die Volkswahl dient auch der Kontrolle des Staatsanwalts. Obgleich er damit einem weiteren externen Kontrollmechanismus unterworfen ist, den es im deutschen Recht nicht gibt, wird die Notwendigkeit eines richterlichen Klageerzwingungsverfahrens geltend gemacht.

Auch muß bei dieser Entwicklung in den USA wiederum stets die bereits genannte schwächere Richterstellung mitberücksichtigt werden. Aufgrund seines Werdeganges sowie seiner Stellung im adversatorischen Verfahren fällt es dem amerikanischen Richter wesentlich schwerer als seinem deutschen, aktiveren Pendant, die Staatsanwaltschaft zur Anklageerhebung zu zwingen. Viel stärker als in Deutschland wird in den USA die Erzwingung oder Anordnung einer Anklageerhebung als Einbruch in den staatsanwaltlichen Aufgabenbereich empfunden.[2078] Gerade durch die Parteienstellung des amerikanischen Staatsanwalts und die neutrale ‚Schiedsrichterrolle' des Richters führt eine richterliche Anklageerzwingung unweigerlich zu tiefgreifenden Problematiken und strukturellen

---

[2077] Siehe v.a. D. I. 6. ‚Rein interne Kontrollen ungenügend'.

[2078] Für das deutsche Recht siehe *Maiwald*, GA 1970, S. 50 f. Stellv. für das amerikanische Recht *Lee*, UCLA Law Review 1994, S. 282 sowie 276.

Verwerfungen im Gesamtgefüge.[2079] Nicht umsonst wurden die gesetzlichen Regelungen zur richterlichen Anklageerzwingung in Wisconsin und Wyoming durch die jeweiligen Supreme Courts beider Bundesstaaten wegen Verstoßes gegen das Gewaltenteilungsprinzip für verfassungswidrig erklärt.[2080]

Nichtsdestoweniger besteht aus praktischer Notwendigkeit der Kontrolle der staatsanwaltlichen Machtfülle das Bedürfnis, eine unterlassene staatsanwaltliche Anklageerhebung durch einen Richter kontrollieren zu lassen.

Dies führt zu folgendem Erst-recht-Schluß: Wenn schon bei dem amerikanischen Staatsanwalt trotz demokratischer Legitimation und Wählerverantwortlichkeit ein richterliches Klageerzwingungsverfahren zunehmend für notwendig erachtet wird, dann muß ein solches erst recht bei dem deutschen Staatsanwalt ohne Direktverantwortlichkeit gegenüber einer Wählerschaft beibehalten werden. Dafür spricht auch das – im Vergleich zum amerikanischen Recht – Fehlen von Alternativinstitutionen mit kontrollierender Wirkung wie *juries* sowie die im deutschen Recht traditionelle Bevorzugung des Richters als Kontrollorgan.

bb) Anerkennung der dem Klageerzwingungsverfahren zugrundeliegenden Zwecke

Die Notwendigkeit und das Bedürfnis nach einem richterlichen Klageerzwingungsverfahren wird ferner durch die Anerkennung der dem Verfahren zugrundeliegenden Kerngedanken und Intentionen in beiden Ländern bestätigt. Das Erfordernis eines Klageerzwingungsverfahrens beruht beiderorts im wesentlichen auf denselben Erwägungen:[2081] Er wird sowohl in Deutschland wie auch in den USA anerkannt, daß das Unterlassen der Strafverfolgung und Anklageerhebung eine ebenso weitreichende und mißbrauchsgefährdete Machtausübung darstellt wie eine erhobene Anklage. Staatsanwaltliches Handeln wie auch das dazu spiegelbildliche Unterlassen müssen daher gleichermaßen externen Kontrollen unterworfen werden. Aus diesen Gründen wird die Erkenntnis abgeleitet, daß nur bei einer Überprüfung der Abschlußverfügung durch einen unabhängigen Richter eine mißbräuchliche Ausnutzung der staatsanwaltlichen Monopolstellung verhindert wird.[2082] Dadurch wird auch die Entscheidung, keine Anklage zu erheben, sowohl von dem Opfer als auch von der Allgemeinheit stärker akzeptiert. Dies fördert den Rechtsfrieden und verhindert Selbstjustiz.[2083] Darüberhin-

[2079] Zu den dogmatischen und praktischen Problemen siehe C. III. 7. a) ‚Grundsätzliche Haltung der Gerichte: keine gerichtliche Überprüfung'. Zu dem Selbstverständnis und der Rolle des Richters vgl. insbesondere C. III. 2. c) (2) ‚Stellung des Richters'.

[2080] Genauer hierzu C. III. 7. c) ee) ‚Wisconsin' sowie C. III. 7. c) ff) ‚Wyoming'.

[2081] In den USA wird dieses in der Regel durch das Schriftum anerkannt, weniger durch die Gerichte, vgl. C. III. 7. d) ‚Beurteilung der herrschenden Praxis durch das Schriftum'.

[2082] Vgl. *Ostendorf*, RuP 1980, S. 201 sowie *LaFave/ Israel/ King*, Criminal Procedure, Band 4, S. 27, *Davis*, Discretionary Justice, S. 188; bestätigend *Brown/ Shaut*, American Law Review 1976, S. 563f. und *Bubany/ Skillern*, The American Criminal Law Review 1976, S. 483.

[2083] Siehe *Kirstgen*, Klageerzwingungsverfahren, S. 49 ff sowie *Noll*, Syracuse Law Review 1978, S. 715.

aus baut die richterliche Überprüfungsmöglichkeit Mißtrauen jeglicher Art gegen die Justiz ab. Verdächtigungen und Unterstellungen der „Mauscheleien und Klüngeleien" der Staatsanwaltschaft wird entgegengewirkt.[2084] Auch werden die Belange und Interessen des Opfers durch die gerichtliche Anrufungsmöglichkeit des Gerichts stärker berücksichtigt.[2085] Wenn auch die überwiegende Meinung in beiden Ländern dem Verletzten kein Recht auf Strafe und Anklage durch den Staat einräumt,[2086] so ist doch gerade in den letzten Jahren eine verstärkte Anerkennung der Verletztenrechte im Sinne eines Genugtuungs- und Befriedigungsinteresses erfolgt. Daraus wird die Notwendigkeit ihrer prozessualen Absicherung abgeleitet.[2087] Schließlich wird in beiden Ländern anerkannt, daß bereits die Existenz eines richterlichen Klageerzwingungsverfahrens von entscheidender Wirkung ist und die Staatsanwaltschaft zur ordnungsgemäßen sowie willkürfreien Fallbearbeitung anhält.[2088]

cc) Effektivität des deutschen Klageerzwingungsverfahrens im Vergleich

Schließlich kann das deutsche Klageerzwingungsverfahren trotz seiner zahlenmäßig geringen Anwendung und seiner Bedeutungslosigkeit bezüglich der statistischen Erfolgsquote als prozessual erfolgreiches und effektives Kontrollinstrument angesehen werden. Zu diesem Schluß führt bereits die obige abstrakte Analyse des Werts der richterlichen Kontrolle,[2089] aber auch der Vergleich mit der Effektivität amerikanischer Alternativverfahren zur Anklageerzwingung. Im amerikanischen Recht sind ähnliche Kontrollmöglichkeiten bei Untätigkeit des Staatsanwalts schon von ihrem Anwendungsbereich, ihrer Einbettung in das Gesamtsystem sowie aufgrund innerer Schwächen weitaus uneffektiver und erfolgloser.

Die verfahrensrechtlichen Möglichkeiten eines amerikanischen Richters, durch entsprechende Anordnung wirksam die Fortsetzung der Strafverfolgung oder eine Anklageerhebung zu erzwingen, sind wesentlich schwächer als bei dem

---

[2084] So *Frase/ Weigend*, Boston College International & Comparative Law Review 1995, S. 355 f sowie *Blei*, NJW 1955, S. 333. In diesem Sinne auch *Kirstgen*, Klageerzwingungsverfahren, S. 54.

[2085] Stellv. *Roxin*, Strafverfahrensrecht, S. 290. Für den amerikanischen Rechtskreis vgl. *Noll*, Syracuse Law Review 1978, S. 715.

[2086] Siehe *Rieß*, JA 1984, S. 486. Für den amerikanischen Rechtskreis siehe Smith v. United States, 375 F.2d 243, 245 (5th Cir. 1967). Ebenso Moses v. Kennedy, 219 F.Supp.762, 764 (D.D.C. 1963). Ebenso Inmates of Attica Correctional Facility v. Rockefeller, 477 F.2d 375, 379 (2d Cir. 1973).

[2087] In diesem Sinne *Jans*, Klageerzwingungsverfahren, S. 264 sowie *Logan*, Wisconsin Law Review 1990, S. 1696.

[2088] Siehe *Löwe-Rosenberg/ Rieß*, Großkommentar, 24. Auflage, § 172, Rdnr. 3. Siehe auch *Maiwald*, GA 1970, S. 50. Ebenso *Langer*, JR 1989, S. 96. *Noll*, Syracuse Law Review 1978, S. 708 ff.

[2089] Siehe D. I. 9. ‚Geltend gemachte Schablonenhaftigkeit und Oberflächlichkeit richterlicher Überprüfungen'.

deutschen Klageerzwingungsverfahren.[2090] Gleiches gilt für Erzwingung weiterer Strafverfolgung durch richterliche Verweigerung der beantragten Verfahrenseinstellung.[2091] Dem Richter fehlen zunächst eigene Nachforschungsmöglichkeiten wie in § 173 III. Zudem erschweren seine passive Schiedsrichterstellung und sein Selbstverständnis eine aktive Kontrolltätigkeit. Darüber hinaus bleiben dem Richter die wahren Gründe für die Ablehnung der Strafverfolgung häufig verborgen. Aufgrund des weitreichenden staatsanwaltlichen Ermessens und des Fehlens klarer Prüfungskriterien ist eine Kontrolle nur auf Extremfälle beschränkt. Schließlich wirkt die dem Staatsanwalt dauerhaft verbleibende Verfahrensherrschaft bis in das Ermittlungsverfahren hinein und läßt jeden wie auch immer gearteten Verfahrensausgang letztlich ohnehin nur von dem Staatsanwalt abhängen. Die richterlich ausgesprochene Verpflichtung zur Strafverfolgung läuft daher im Endergebnis praktisch ins Leere.[2092]

Eine eigeninitiierte Anklage der *grand jury* in Form des *presentment* ist ebenfalls zur Überwindung staatsanwaltlicher Untätigkeit untauglich. Die fachliche Abhängigkeit der Geschworenen vom Staatsanwalt, ihr fehlender Ermittlungsapparat, ihre Unkenntnis hinsichtlich der Führung von Ermittlungen sowie die Schwierigkeiten der Anrufung der Geschworenen durch Verletzte oder Betroffene nehmen der *grand jury* jede Möglichkeit, ein im Ansatz wirksames Gegengewicht zu einer untätigen Staatsanwaltschaft darzustellen.[2093]

b) Reform des Klageerzwingungsverfahrens

Das deutsche Klageerzwingungsverfahren hat sich somit als unentbehrlich, effektiv und förderungswürdig erwiesen. Die Grundlagen und Motive, auf denen das Verfahren basiert, sind transkulturell anerkannt und rufen in beiden Ländern die Notwendigkeit ihrer prozessualen Umsetzung hervor. Neben der deutschen Geschichte haben auch die amerikanischen Rechtsordnungen gezeigt, wie erstrebenswert ein solches Verfahren ist. Daher ist sein Anwendungsbereich auszudehnen.

aa) Senkung der Zulässigkeitsvoraussetzungen

Wie bereits festgestellt, dürfen die Zulässigkeitsvoraussetzungen für eine inhaltliche Prüfung eines Kontrollmechanismuses nicht zu hoch angesetzt sein. Ansonsten wird der Kontrollwert eingebüßt.[2094] Die von den Gerichten zusätzlich geforderte Auseinandersetzung mit den Bescheiden der Staatsanwaltschaft so-

---

[2090] In Colorado, Kansas, Michigan und Nebraska, siehe C. III. 7. c) ‚Ausnahmen der gerichtlichen Überprüfung durch legislative Regelungen'.

[2091] Genauer dazu siehe C. III. 6. b) ‚Effektivität der richterlichen Kontrolle'.

[2092] Vgl. C. III. 7. c) ‚Ausnahmen der gerichtlichen Überprüfung durch legislative Regelungen' sowie C. III. b) ‚Effektivität der richterlichen Kontrolle'.

[2093] Im einzelnen C. III. 3. e) bb) ‚Gründe für die Erfolglosigkeit des *presentment*'.

[2094] Ausführlich dazu wie zu den hohen Zulässigkeitsvoraussetzungen des Klageerzwingungsverfahren D. I. 7. g) ‚Keine zu hohen Zulässigkeitsvoraussetzungen für inhaltliche Prüfung'.

wie die Schilderung des Ganges des Ermittlungsverfahrens sollten nicht mehr vorausgesetzt werden. Die staatsanwaltlichen Bescheide sind nur Anlaß, nicht aber Objekt des Verfahrens. Das Klageerzwingungsverfahren hat nicht den Nachweis einer Pflichtverletzung der Staatsanwaltschaft zum Ziel.[2095] Der Wegfall dieser gesetzlich nicht ausdrücklich vorgesehenen Zulässigkeitsvoraussetzung dürfte eine begrüßenswerte Verstärkung der inhaltlichen Prüfung durch die Gerichte nach sich ziehen.[2096] Insgesamt sollten die Zulässigkeitsvoraussetzungen für das Klageerzwingungsverfahren abgesenkt werden. Dies würde auch der Tatsache Rechnung tragen, daß der Anwendungsbereich des Klageerzwingungsverfahrens immer weiter abgenommen hat und die Zulässigkeitsvoraussetzungen immer strenger geworden sind.[2097]

bb) Ausdehnung der Antragsberechtigung[2098]

Ferner sollte das Anwendungsfeld des Klageerzwingungsverfahrens durch die Ausdehnung des Kreises der Antragsberechtigten erweitert werden. Dabei sollte gerade bei Straftaten ohne Verletzten eine möglichst umfassende Anwendung des Klageerzwingungsverfahren gewährleistet werden, ohne jedoch dadurch eine Popularklage einzuführen.[2099] Ähnlich wie in den favorisierten Verfahren in den USA sollten nur Personen oder Personengruppen antragsberechtigt sein, die entweder durch die Straftat verletzt sind oder zumindest vom Schutzbereich der Norm erfaßt werden,[2100] also auch Inhaber berechtigter Interessen.[2101] Die entsprechende Auslegung gerade hinsichtlich der letzten beiden Punkte sollte großzügig erfolgen. Beispielsweise sollten auch bestimmte Interessenvertreter ein Antragsrecht erhalten wie Umweltverbände bei Umweltdelikten. Dabei könnte eine Anlehnung an die Klagebefugnis der Umweltverbände vor den Verwaltungsgerichten erfolgen. Auch könnte bei Korruptionsdelikten ein anzeigender

---

[2095] Genauer siehe B. III. 1. d) aa) ‚Grundsätzliche Beibehaltung'.

[2096] Wie *Bischoff*, Klageerzwingungsverfahren, S. 173, festgestellt hatte, wurden 1982 insgesamt 65,93 % aller Verfahren wegen Begründungsmängeln als unzulässig betrachtet. Unter diese Kategorie fiel auch die von den Gerichten geforderte Auseinandersetzung mit den Bescheiden der Staatsanwaltschaft. Vgl. im einzelnen B. III. 1. b) ‚Moderne Rechtswirklichkeit'.

[2097] Siehe B. I. 3. c) ‚Faktische Abschaffung des Legalitätsprinzips' sowie B. III. 1. d) ‚Grund für geringe Anwendung und Erfolgsaussicht des Klageerzwingungsverfahrens'

[2098] Zur sprachlichen Vereinfachung wird hier in Anbetracht der durchzuführenden Vorschaltbeschwerde des § 172 I nur der Begriff der Antragsberechtigung und nicht der Klageberechtigung verwandt.

[2099] Siehe dazu später unter D. I. 19. ‚Auswirkungen auf die subsidiäre Privatklage und Popularklage'.

[2100] Vgl. *Logan*, Wisconsin Law Review 1990, S. 1738.

[2101] Vgl. dazu *Küpper*, Jura 1988, S. 285. Für eine Ausdehnung auf jeden Inhaber eines ‚berechtigten Interesses' *E. Schmidt*, Lehrkommentar, § 171, Rdnr. 12. Siehe ebenso *Jung*, ZStW 1981, S. 1166. Für eine Erweiterung des antragsbefugten Kreises *Geisler*, ZStW 1981, S. 1145.

Konkurrent als Verletzter angesehen werden.[2102] Entsprechende Bescheide mit Rechtsmittelbelehrungen wären in diesen Fällen zu erlassen.

Aufzugreifen ist auch der Vorschlag Ostendorfs, bestimmte Gremien zu schaffen, denen bei lediglich gemeinschaftsbezogenen Straftaten ohne einen konkreten Verletzten ein Antragsrecht zuerkannt wird.[2103] Dies sollte im einzelnen ausgearbeitet werden.

cc) Ausdehnung auf Opportunitätseinstellungen

Darüberhinaus sollte das Klageerzwingungsverfahren auch auf Opportunitätseinstellungen ausgedehnt werden.

Dies hätte den Vorteil, daß der Verletzte stärker in das Strafverfahren eingebunden wird. Im Gegensatz zur jetzigen Regelungen hätte er somit eine stärkere prozessuale Möglichkeit, sich vor Gericht Gehör zu verschaffen. Bisher hat der Verletzte keine prozessuale Garantie, daß der die Zustimmung erteilende Richter ihn hört oder auch nur von seiner Auffassung erfährt.[2104] Soll ferner das Klageerzwingungsverfahren der prozessualen Absicherung des Legalitätsprinzips dienen, so muß beachtet werden, daß das Legalitätsprinzip nicht sich selbst dient, sondern der Legalität des Strafverfahrens. Darunter fallen aber auch die Fälle des Opportunitätsprinzips. Instrumentalisiert man den Verletzten zur Sicherung und Überwachung der Legalität des Strafverfahrens, so ist nicht einzusehen, warum ein Teil davon ausgenommen sein soll.[2105] Ferner ist es mit der Anerkennung der Verletztenrechte, insbesondere mit dem Genugtuungsrecht unvereinbar, diese für die Einhaltung des Legalitätsprinzips zu billigen, sie außerhalb dieses Prinzips aber zu negieren. In beiden Fällen sind die Rechtsgüter des Verletzten gleichermaßen betroffen, unabhängig davon, ob die jeweilige Straftat nun dem Legalitäts- oder Opportunitätsprinzip unterfällt. Dies gilt um so mehr, als die Stellung des Verletzten international gestärkt wird oder werden soll.[2106]

Als prüfendes Gericht sollte wie auch bei den Verfahren nach § 170 II das OLG zuständig sein. Die Ranghöhe des OLG spricht nicht gegen den häufig vorlie-

---

2102 Für eine Ausdehnung des Klageerzwingungsverfahrens in ähnlichem Sinne *Hefendehl*, GA 1999, S. 590 ff. *Hefendehl* nimmt eine umfassende Bestandsaufnahme des Verletztenbegriffs vor und plädiert für eine erweiterte Anwendung des Klageerzwingungsverfahrens.

2103 *Ostendorf*, RuP 1980, S. 203. Eine Benachrichtigung der Abgeordneten oder eine Bescheidung im Sinne des § 171 lehnt Ostendorf allerdings aus Gründen der fehlenden Realisierbarkeit und des Datenschutzes ab. Insofern sei die Kontrolle durch Parlamentarier ebenfalls lückenhaft, eine absolute Kontrolle wird von ihm aber auch gar nicht angestrebt. Diesen Vorschlag unterstützt auch *Jans*, Klageerzwingungsverfahren, S. 268.

2104 Siehe auch *Mayer*, JZ 1955, S. 603. Siehe im übrigen genauer zu den Argumenten B. III. 1. e) bb) (2) ‚Ausdehnung des Anwendungsbereichs'.

2105 Ähnlich *H. Vogel*, Das „öffentliche Interesse", S. 256.

2106 Für die USA vgl. *Logan*, Wisconsin Law Review 1990, S. 1696. Zu der gewachsenen Stellung des Opfers im Strafprozeß siehe auch *Welling*, Arizona Law Review 1988, S. 117. Für das deutsche Recht siehe *Jung*, ZStW 1981, S. 1147, ebenso *Weigend*, Deliktsopfer und Strafverfahren, S. 13. Siehe auch *Jans*, Klageerzwingungsverfahren, S. 264.

genden Bagatellcharakter der Delikte, da sich das OLG auch bei Ordnungswidrigkeiten gemäß § 79 OwiG mit geringfügigen Übertretungen beschäftigt. In Anbetracht der bundesweit geringen Anrufungen der OLGe im Rahmen der Klageerzwingungsverfahren ist ohnehin mit einer nur geringfügigen Anzahl zusätzlicher Klagen zu rechnen. Nach Berechnungen aufgrund der bisherigen Häufigkeit angestrengter Klageerzwingungsverfahren ist jährlich mit lediglich rund 600 weiteren Verfahren zu rechnen.[2107]

Problematisch ist allerdings, welchen Einfluß die Anwendbarkeit des Klageerzwingungsverfahrens auf das Erfordernis der richterlichen Zustimmung zur Verfahrenseinstellung haben soll. Folgende Grundmodelle sind hierbei denkbar:

(1) Ausdehnung des Klageerzwingungsverfahrens auf Opportunitätseinstellungen unter Beibehaltung des richterlichen Zustimmungserfordernisses

Eine doppelte Kontrolle durch den Richter im Rahmen des Zustimmungserfordernisses wie auch eines möglichen Klageerzwingungsverfahrens hätte auf den ersten Blick den Vorteil einer doppelten rechtsstaatlichen Sicherung gegenüber staatsanwaltlichen Fehlentscheidungen. Diese Hypothese muß jedoch in Zweifel gezogen werden. Der historische und internationale Vergleich hat gezeigt, daß zu viele nacheinander geschaltete Kontrollmechanismen wirkungslos und durch die einhergehende Verfahrensverzögerung eher systemschädlich sind.[2108] Der die Zustimmung erteilende Richter würde eher geneigt sein, seine Zustimmung leichtfertig im Wissen um den möglicherweise fehlenden endgültigen Charakter seiner Handlung zu erteilen. Das Bewußtsein, der Verletzte könne ja das OLG anrufen, wenn ihm die Verfahrenseinstellung nicht passe, könnte das Gefühl der letztendlichen Verantwortung sowie der Endgültigkeit der eigenen Entscheidung verhindern. Der Kontrolleffekt wäre daher gering. Aber auch das OLG könnte angesichts der bereits vorangegangenen richterlichen Prüfung und Zustimmung das anschließende Klageerzwingungsverfahren eher als Zumutung und formale Pflichtkür empfinden. Auch hier wäre die Kontrollwirkung entsprechend gering. Schließlich würde die doppelte richterliche Inanspruchnahme zu einer unerwünschten Mehrbelastung der ohnehin überforderten Justiz führen.

(2) Abschaffung des richterlichen Zustimmungserfordernisses und Anwendbarkeit des Klageerzwingungsverfahrens

Aus den oben genannten Gründen erscheint die Abschaffung der richterlichen Zustimmung bei Ausdehnung des Klageerzwingungsverfahrens sinnvoller. Der Vorteil hierbei wäre nicht nur eine Entlastung der Justiz. Gerade bei den die Zustimmung erteilenden Amtsrichtern würde die Abschaffung des Zustimmungserfordernisses neue Kapazitäten freisetzen. Darüberhinaus fände eine Konzentration richterlicher Prüfung auf streitige und schwierige Fälle anstatt einer eher

---

[2107] So *Rieß*, Gutachten C, C 117 ff. In diesem Sinne auch *Werner*, Einfluß des Verletzten, S. 156.

[2108] Siehe oben unter D. I. 12. ‚Zu viele nicht nutzbringende Kontrollmechanismen'.

oberflächlichen Prüfung aller Fälle statt.[2109] Diese Regelung würde auch zu einer Verfahrensstraffung führen, da die Einschaltung des zustimmenden Richters wegfiele. In Anbetracht der zu erwartenden geringen Anrufung des OLG wären viele Verfahren schneller aus dem ‚Justizkreislauf' heraus genommen.

Der Nachteil einer solchen Neuregelung könnte in einem enormen Machtzuwachs der Staatsanwaltschaft liegen. Die Gefahr bewußter oder unbewußter Fehlentscheidungen könnte steigen. Die bisherige prozentuale Häufigkeit des Klageerzwingungsverfahrens könnte wegen des Bagatellcharakters vieler Delikte im Opportunitätsbereich noch geringer als bisher ausfallen. Wird zur Zeit in lediglich rund 1 bis 3 % aller Verfahrenseinstellungen nach § 170 II eine Beschwerde vom Verletzten erhoben und ein förmliches Klageerzwingungsverfahren gar in nur 0,15 bis 0,25 % aller eingestellten Verfahren angestrengt, so ist dies schon sehr gering.[2110] Die Abschaffung des Zustimmungserfordernisses unter gleichzeitiger Ausdehnung des Klageerzwingungsverfahrens könnte deshalb zu Rechtsschutzlücken führen. Der Verletzte könnte sich wegen der Geringfügigkeit der Delikte noch stärker als bisher mit einer Verfahrenseinstellung abfinden und kein förmliches Klageerzwingungsverfahren einleiten.[2111]

Daher muß eine solche Umgestaltung an eine deutliche Effektivierung des Klageerzwingungsverfahrens gekoppelt sein. Wie dargelegt, müssen die Zulässigkeitsvoraussetzungen gesenkt und der Kreis der Antragsberechtigten erweitert werden. Damit beantwortet sich gleichzeitig die bisher offene Streitfrage des Umfangs der gerichtlichen Prüfung.[2112] Eine Beschränkung auf lediglich Ermessensfehler der Staatsanwaltschaft würde dem Verfahren seine Kontrollwirkung nehmen. Insofern kann hierbei auf die us-amerikanischen Erfahrungen der richterlichen Prüfung des staatsanwaltlichen Anklageermessens sowie die obigen Grundvoraussetzungen für eine wirksame Kontrolle verwiesen werden.[2113] Notwendig ist vielmehr eine vollständige richterliche Kontrolle in Anlehnung an den jetzigen Prüfungsumfang bei der richterlichen Zustimmung.[2114] Allenfalls im Bereich der §§ 153 c II sowie 153 d I könnte wegen der zugrundeliegenden politischen Erwägungen ein Ausschluß des Klageerzwingungsverfahrens in Erwägung gezogen werden.[2115]

[2109] So auch *Rieß*, Gutachten C, C 117 ff. In diesem Sinne auch *Werner*, Einfluß des Verletzten, S. 156.

[2110] Genauer dazu B. III. 1. b) ‚Moderne Rechtswirklichkeit'.

[2111] In diesem Sinne auch *Machalke*, Klageerzwingungsverfahren, S. 236 f.

[2112] Siehe B. III. 1. e) bb) (2) ‚Ausdehnung des Anwendungsbereichs'.

[2113] Ausführlich zu den Problematiken C. III. 7. a) ‚Grundsätzliche Haltung der Gerichte: keine gerichtliche Überprüfung' sowie D. I. 7. d) ‚Klare Prüfungsmaßstäbe für das Kontrollorgan'.

[2114] Ähnlich *Kröpil*, NJW 1992, S. 656. Vgl. auch *Werner*, Einfluß des Verletzten, S. 312.

[2115] Siehe *Werner*, aaO, S. 331.

Der Vorteil hierbei wäre auch eine Konkretisierung der angewandten Ermessensnormen durch ein ranghohes Gericht. Dadurch würden mehr Rechtssicherheit und Rechtsklarheit gewonnen.[2116]

Fazit: Das deutsche Klageerzwingungsverfahren ist im deutschen Recht unentbehrlich. Seine Notwendigkeit wird auch durch einen Vergleich mit den amerikanischen Rechtsordnungen untermauert, in denen ein großes Bedürfnis nach einem solchen Verfahren geltend gemacht wird. Dies ist umso aussagekräftiger, als daß bereits andere externe Kontrollmechanismen in den USA zur Überprüfung staatsanwaltlichen Handelns existieren und ein richterliches Anklageerzwingungsverfahren sogar zu strukturellen Systemverwerfungen führt. Daß ein solches Verfahren dennoch immer stärker favorisiert wird, spricht für den beigemessenen Wert richterlicher Einzelfallprüfung der staatsanwaltlichen Entscheidung, keine Anklage zu erheben. Verglichen mit amerikanischen Alternativverfahren ist das deutsche Klageerzwingungsverfahren wirksam und effektiv. Daher sollte es einen größeren Anwendungsbereich finden. Die Zulässigkeitsvoraussetzungen sollten gesenkt und der Kreis der Antragsberechtigten erweitert werden. Ferner sollte das Klageerzwingungsverfahren grundsätzlich auf alle Opportunitätseinstellungen ausgedehnt werden. Im Gegenzug dafür sollte das richterliche Zustimmungserfordernis abgeschafft werden. Wegen des dadurch drohenden Machtzuwachses der Staatsanwaltschaft und möglicher Rechtsschutzlücken ist diese Neuregelung jedoch unbedingt an eine deutliche Effektivierung des Klageerzwingungsverfahrens zu koppeln.

14. Beibehaltung des Zwischenverfahrens

Aufgrund der festgestellten Effektivität der deutschen richterlichen Kontrolle der Abschlußverfügung der Staatsanwaltschaft erfüllt das Zwischenverfahren entgegen weitverbreiteter Einschätzung durchaus seinen Schutzzweck.[2117] Aus diesem Grunde muß das Zwischenverfahren in dieser Grundform beibehalten werden. Die von einigen geforderte Abschaffung des Zwischenverfahrens wäre in Anbetracht des hohen Kontrollwerts und der Notwendigkeit der richterlichen Anklagekontrolle fatal.[2118] Bestätigt wird dies auch durch die Entwicklungen und Einschätzungen der richterlichen Kontrolle staatsanwaltlicher Anklageentscheidungen in den USA im allgemeinen[2119] und den Siegeszug des *preliminary hearing* im besonderen.[2120] Lediglich der Umfang des Zwischenverfahrens ist im einzelnen zu klären.

[2116] Vgl. *Weigend*, Deliktsopfer und Strafverfahren, S. 500.

[2117] Ausführlich wird der Kontrollwert des Zwischenverfahrens unter D. I. 9. b) ‚Erklärung des niedrig erachteten richterlichen Kontrollwertes' diskutiert.

[2118] Genauer siehe D. I. 6. ‚Rein interne Kontrollen ungenügend'.

[2119] Siehe D. I. 10. ‚Richterliche Kontrolle in den USA zunehmend'.

[2120] Vgl. die kontinuierliche Ausdehnung des preliminary hearing und die allmähliche Verdrängung der *grand jury* als Instrument der Anklageprüfung, C. III. 3. a) cc) ‚Teilweises Abrücken von der *grand-jury*-Anklage'.

Zur weiteren Erhöhung des Kontrollwerts könnte der Vorschlag Heghmanns aufgegriffen werden, eine befristete Eröffnungsbeschwerde neu einzuführen. Um die geltend gemachte kritiklose Eröffnung des Hauptverfahrens zu verhindern, könnte dem Angeschuldigten zugestanden werden, mit der Rüge der fehlenden oder fehlerhaften Begründung des hinreichenden Tatverdachts den Eröffnungsbeschluß gemäß § 207 anzugreifen.[2121]

Wie jedoch die Erfahrungen der amerikanischen Rechtsordnungen in ähnlichen Fallkonstellationen zeigen, läuft eine derartige Anhäufung nachgeschalteter Kontrollmechanismen leer. Die mit einer solchen Eröffnungsbeschwerde einhergehende Verfahrensverlangsamung sowie die Mißbrauchsmöglichkeiten durch auf Zeitverzögerung spielende Strafverteidiger würden zu denselben Erfahrungen und Konsequenzen wie in den USA, wie beispielsweise bei dem *postindictment preliminary hearing* oder dem *preliminary hearing* bei obligatorischer *grand-jury*-Anklage, führen. Daher ist zu erwarten, daß ein solch zusätzliches Kontrollinstrument in der Praxis entweder umgangen, praktisch entwertet oder schließlich wieder gänzlich abgeschafft würde.[2122]

Die gleichen Erwägungen gelten auch für den Fall einer Ausdehnung richterlicher Beweiserhebung durch obligatorische Regelungen im Zwischenverfahren. Die amerikanischen Erfahrungen mit dem *preliminary hearing*, in der viele Verteidiger auf die Präsentation der Entlastungszeugen aus prozeßtaktischen Gründen verzichten[2123] sowie die Problematik der Vorwegnahme der Hauptverhandlung[2124] sprechen im übrigen ebenfalls dagegen.

Aber auch eine Reduzierung des Zwischenverfahrens ist nicht empfehlenswert. Diese wurde beispielsweise in Form der automatischen Eröffnung des Hauptverfahrens bei Anklageerhebung mit der Option der Entscheidung auf Eröffnung des Hauptverfahrens nur auf schriftlichen Antrag des Angeschuldigten vorgeschlagen.[2125] Die dadurch erhoffte Verfahrensstraffung und Entlastung des Richters tritt insofern nicht ein, als daß der Richter aufgrund des Übergangs der Verfahrensherrschaft die Hauptverhandlung ohnehin vorbereiten muß. Die vollständige Beibringung aller Beweismittel wie gegebenenfalls Gutachten und

---

2121 Im einzelnen *Heghmanns*, Zwischenverfahren, S. 146 ff sowie S. 169 f, der allerdings selbst Bedenken dagegen vorträgt. Siehe auch C. III. 4. f) ‚Reformvorschläge'.

2122 Die genaue Analyse findet sich unter D. I. 12. ‚Zu viele nicht nutzbringende Kontrollmechanismen'.

2123 Dies mag zunächst eine Eigenheit des adversatorischen Prozesses sein, vgl. die Untersuchungen von *Graham/ Letwin*, UCLA Law Review 1971, S. 658 f sowie 721. Wegen der nur eingeschränkten Sperrwirkung des § 211 ist jedoch ein Freispruch wesentlich günstiger für den Angeklagten, so daß auch in Deutschland Prozeßtaktik zu erwarten ist.

2124 Vgl. *Ernst*, Zwischenverfahren, S. 157.

2125 So *Herrmann*, ZStW 1973, S. 276. Von dem Verhalten des Angeschuldigten sollte auch das Zwischenverfahren nach den Vorstellungen der 1902 einberufenen Reformkommission abhängig gemacht werden, welche 1905 ihre Ergebnisse präsentierte, vgl. Beschluß Nr. 146, siehe *Aschrott*, Reform des Strafprozesses, S. 22 f.

Dolmetscher erfordert eine genaue Aktenkenntnis, so daß eine Zeitersparnis durch Wegfall des Zwischenverfahrens nicht gegeben ist.

Fazit: Das Zwischenverfahren ist in seinem jetzigen Umfang beizubehalten. Weder eine Ausdehnung des Verfahrens durch Eröffnung weiterer Beschwerdemöglichkeiten noch eine Reduzierung des Verfahrens durch richterliche Prüfung nur auf Antrag ist sinnvoll.

15. Auswirkungen auf Strafbefehl

Das bisherige Strafbefehlsverfahren ist in seiner jetzigen Grundform beizubehalten. Wie dargelegt, ist die richterliche Kontrolle in Deutschland durchaus effektiv.[2126] Aufgrund ihrer Wirkung im Vorfeld durch psychische Vorwegnahme der erwarteten richterlichen Reaktion ist davon auszugehen, daß Staatsanwälte nur in solchen Fällen einen Strafbefehl beantragen, in denen auch mit ihrem Erlaß gerechnet werden kann. Das gilt v.a. bei geständigen Tätern sowie in den Fällen, in denen kein Einspruch erwartet wird.[2127]

Daher kann der Vorschlag der Übertragung der alleinigen Strafbefehlsbefugnisse auf den Staatsanwalt keine Unterstützung finden.[2128] Dieser Vorschlag basiert auf der Prämisse der Angleichung der rechtlichen Befugnisse an die faktischen Verhältnisse. Ausgangspunkt ist dabei die fehlende Kontrollwirkung richterlicher Mitwirkung. Diese zugrundeliegende Hypothese ist jedoch unrichtig.[2129]

Fazit: Das Strafbefehlsverfahren ist mit seiner bisherigen Aufgabenverteilung zwischen Richter und Staatsanwalt beizubehalten. Eine weitergehende Kompetenzübertragung auf den Staatsanwalt ist abzulehnen.

16. Richterliche Kontrolle bei Verfahrensreformen und -änderungen

Aufgrund des Werts und der Notwendigkeit richterlicher Kontrolle staatsanwaltlicher Anklageentscheidungen ist diese bei allen Verfahrensänderungen oder grundlegenden Reformen beizubehalten.

In Anbetracht der kontinuierlichen Tendenz wachsender registrierter Kriminalität und der Erschöpfung der Ressourcen der Organe der Strafrechtspflege ist mit einer weiteren Ausdehnung des Opportunitätsprinzips und daher mit verstärkten Ermesseneinstellungen der Staatsanwaltschaft zu rechnen. Solche neuen Einstellungsmöglichkeiten sollten ebenfalls dem Klageerzwingungsverfahren unterworfen werden.

[2126] Genauer dazu unter D. I. 8. ‚Bewertung der richterlichen Kontrolle in der Bundesrepublik Deutschland' sowie D. I. 9. ‚Geltend gemachte Schablonenhaftigkeit und Oberflächlichkeit richterlicher Überprüfungen'.

[2127] In diesem Sinne *Blankenburg/ Sessar/ Steffen*, Staatsanwaltschaft, S. 113 und 245.

[2128] Siehe *Hausel*, ZRP 1994, S. 95.

[2129] D. I. 8. ‚Bewertung der richterlichen Kontrolle in der Bundesrepublik Deutschland' sowie D. I. 9. b) ‚Erklärung des niedrig erachteten richterlichen Kontrollwertes'.

Aber auch bei grundlegenderen Verfahrensreformen sollte eine umfassende richterliche Kontrolle staatsanwaltlicher Abschlußverfügung gewährleistet sein.

Fazit: Eine umfassende richterliche Kontrolle ist bei allen Änderungen und Reformen des Strafverfahrens beizubehalten.

17. Abschaffung der Privatklage

a) Grundsätzliche Existenz der Privatklage

Die historische Entwicklung und heutige Bedeutung der Privatklage sind in der Bundesrepublik Deutschland und in den USA auffällig ähnlich: Der Anwendungsbereich der Privatklage ist im Laufe der Geschichte immer weiter zurückgedrängt worden, ihre praktische Bedeutung für das moderne Strafverfahren wird immer geringer. Eine gerichtliche Bestrafung des Täters aufgrund erhobener Privatklage findet in beiden Ländern kaum mehr statt.[2130]

Erstaunlicherweise ist diese Entwicklung in den USA, in denen die Privatklage noch zu Kolonialzeiten vorherrschend war, schneller und konsequenter als in Deutschland verlaufen. Stellte die Privatklage zu Beginn der Besiedlung und Kolonialisierung das Charakteristikum des Strafprozesses dar, so war sie bereits mit Ende der Amerikanischen Revolution weitgehend verdrängt.[2131] Der Prozeß einer solchen umfassenden Verdrängung der Privatklage setzte in Deutschland erst später ein und hält bis heute an. In Deutschland kommt die Verweisung auf den Privatklageweg einer faktischer Verfahrenseinstellung gleich, eine daraufhin erhobene Privatklage ist selten.[2132] In den USA ‚überlebten' nur noch ganz vereinzelte rudimentäre Privatklagemöglichkeiten in einigen Bundesstaaten, von denen jedoch kaum Gebrauch gemacht wird.[2133]

Eine gemeinsame Tendenz in den USA wie in Deutschland ist die Reaktion der Gerichte auf eine ausnahmsweise erhobene Privatklage: Die Richter zeigen sich abgeneigt, aufgrund erhobener Privatklagen staatliche Strafen auszusprechen. In den USA wurden zunehmend Urteile aufgehoben, die auf einer privaten Strafverfolgung beruhten.[2134] Auch in Deutschland enden die wenigsten Verfahren mit der Verhängung einer Strafe. Die meisten Verfahren werden mit einem Vergleich zwischen Privatkläger und Angeklagten hinsichtlich der Kostentragungspflicht der Gerichts- und Anwaltsgebühren abgeschlossen, teilweise werden dennoch ausgesprochene Verurteilungen im Rechtsmittelzug wieder aufgehoben.[2135]

2130 Vgl. stellv. für das deutsche Recht *Gössel*, Legalitätsprinzip, S. 146 sowie für die USA *S. P. Green*, The Yale Law Journal 1988, S. 488.

2131 Zur Entwicklung siehe C. II. 1. ‚Historische Entstehung'.

2132 Siehe B. I. 3. b) dd) (3) ‚Verweisung auf den Privatklageweg oder Anklageerhebung'.

2133 Näher dazu *Miller*, Charge a Suspect with a Crime, S. 327.

2134 Genauer dazu C. III. 9. a) ‚Rechtslage in den USA insgesamt'.

2135 Vgl. B. III. 3. b) ‚Gründe für die Wirkung einer faktischen Verfahrenseinstellung'.

Diese gleichartige Einstellung zur Privatklage basiert auf ähnlichen Erfahrungen und Bewertungen. Die Privatklage wird einerseits häufig als Einfallstor für privaten Mißbrauch und als unangemessene Befriedigungsmöglichkeit persönlicher Kränkungen mißbilligt. Beklagt wird das in beiden Ländern festgestellte Bestreben hartnäckiger, uneinsichtiger oder finanziell potenter Kläger, unverhältnismäßig und überzogen auf unbedeutende Vergehen reagieren oder gar persönliche Gegner ausschalten zu wollen.[2136]

Auf der anderen Seite wird die Privatklage als systemfremd angesehen, da sie die staatliche Monopolisierung des Rechts zur Strafverfolgung und Bestrafung des Täters untergräbt. In den USA werden v.a. die Fairneß und Gerechtigkeit eines modernen Strafverfahrens in den Vordergrund gerückt. Diese werden eher durch Einbindung eines professionellen und im Vergleich zum Opfer als Ankläger objektiveren Staatsanwalts als gewährleistet erachtet.[2137] In Deutschland wird das Argumentationsgewicht weniger auf den Schutz des Beschuldigten gelegt, sondern vielmehr auf die beschwerliche Rechtsverfolgung durch den Privatkläger, auf eine ungleiche Rechtsanwendung und damit einhergehende ungerechtfertigte Straflosigkeit des Täters.[2138] Dies hängt v.a. mit der – im Gegensatz zu den USA – hohen Bedeutung gleichmäßiger Rechtsanwendung in Deutschland zusammen, die auch im Legalitätsprinzip ihren Ausdruck findet.[2139]

Die auffällig ähnlichen historischen Entwicklungen und Bewertungen der Privatklage in beiden Ländern legen den Schluß nahe, die rechtlichen Verhältnisse den faktischen, international bestätigten Erfahrungen anzupassen sowie die historischen Entwicklungen zum Abschluß zu bringen und die Privatklage in Deutschland abzuschaffen.

Neben diesen länderübergreifenden Erfahrungen mit der Privatklage sprechen für ihre Abschaffung auch spezifisch dem deutschen Recht anhaftende Umstände: Die Verweisung auf den Privatklageweg war ursprünglich als Entlastung des umfassend geltenden Legalitätsprinzips konzipiert. Mit kontinuierlichem Rückgang des Legalitätsprinzips und verstärkter Anwendung des Opportunitätsprinzips greift der Gedanke der Arbeitsentlastung der Staatsanwaltschaften nicht mehr voll durch. Wie festgestellt wurde, ist in jüngerer Zeit der verstärkte Arbeitsanfall aufgrund gestiegener registrierter Kriminalität in der Regel durch Opportunitätseinstellungen ohne Auflagen abgefangen worden.[2140] Unter dem Gesichtspunkt der geringen Strafwürdigkeit der Privatklagedelikte und der Ar-

---

2136 Stellv. für das deutsche Recht *Geerds*, JZ 1984, S. 790 f. Für den amerikanischen Rechtskreis siehe Rosato v. Superior Court, 51 Cal.App. 3d 190, 226 (1975). So auch People v. Municipal Court, 27 Cal.App. 3d 193, 199-206 (1972). Siehe auch Taliaferro v. Locke, 182 Cal.App. 2d 752, 755-756 (1960). Ebenso Ascherman v. Bales, 273 Cal.App. 2d 707, 708 (1969).

2137 Siehe stellv. People v. Vlasto, 78 Misc.2d 419, 422 (N.Y.Crim.Ct.1974).

2138 So *Maiwald*, GA 1970, S. 47 f.

2139 Ebenso *Pizzi*, Ohio State Law Journal 1993, S. 1346 f.

2140 Näher dazu unter B. I. 3. d) ‚Auffangen des gestiegenen Geschäftsanfalles durch die Staatsanwaltschaft'.

beitsentlastung der Staatsanwaltschaften bieten sich solche Einstellungsmöglichkeiten aus Opportunitätsgründen auch für Privatklagedelikte an, wenn diese dem Offizialverfahren unterworfen werden. Ein solcher Weg wäre insofern konsequenter und auch fairer gegenüber dem Privatkläger, als daß die Strafverfolgungslast nicht auf ihn abgewälzt werden würde. Die Weigerung der Staatsanwaltschaft, das Privatklagedelikt im konkreten Fall zu verfolgen, sollte auch formal als Verfahrenseinstellung deklariert und nicht nur faktisch mit einer solchen gleichgestellt werden.

Gegen die Privatklage spricht in diesem Zusammenhang ferner die formal einwandfreie Gewährung effektiven Rechtsschutzes gegen den Täter bzw. Beschuldigten durch den Staat unter gleichzeitiger praktischer Aushöhlung der gewährten Rechte. Die zeit- und kostenträchtigen Erschwernisse des Privatklägers bei seinem Bestreben, durch Verurteilung des Täters Genugtuung zu erreichen, entwerten die Privatklage. Folgende Hauptpunkte führen zu dem vielbeklagten ‚Leidensweg' des Privatklägers: Die fehlenden staatlichen Zwangsmittel des Privatklägers bei unterlassener Vollaufklärung der Tat, die dadurch verstärkte zeitliche Inanspruchnahme der Gerichte bei der Aufklärung in der Hauptverhandlung, die Gebührenvorschüsse des Klägers für das Sühneverfahren und das Gericht, die Sicherheitsleistung zugunsten des Beschuldigten, die Kostentragungspflicht des Privatklägers hinsichtlich des Verfahrens und der dem Beschuldigten notwendigen Auslagen bei unterbliebener Verurteilung des Beschuldigten und schließlich die Einstellungsmöglichkeiten des Verfahrens durch das erstinstanzliche Gericht sowie das Berufungsgericht ohne Zustimmung des Privatklägers.[2141] Wird die Erhebung der Privatklage von der Rechtsordnung so erschwert und ist eine Verurteilung des Täters aufgrund erhobener Privatklage in der Regel unerwünscht, so muß die Rechtsordnung dies klar und unmißverständlich zum Ausdruck bringen und ihre Intention nicht hinter reformbedürftigen Regelungswerken verstecken.

Insofern erinnert diese Situation an den Wendepunkt des Schicksals der Privatklage in den amerikanischen Kolonien. Aufgrund der hohen Kosten und des Aufwandes des Bürgers für eine private Strafverfolgung wurde die Privatklage immer uneffektiver und weniger geeignet, Verbrechen zu ahnden. Daher wurde sie schließlich durch eine öffentliche Strafverfolgung vollständig abgelöst.[2142]

b) Verfahrensalternativen für die Privatklagedelikte

Insgesamt sollte ein neues Gesamtkonzept für die Privatklagedelikte unter Anerkennung und Einbeziehung der Opferrechte entworfen werden. In ein solches Gesamtkonzept könnte die Einbeziehung dieser Delikte in das Offizialverfahren fallen, wobei für bestimmte persönliche Delikte ein Sühneverfahren vorgeschaltet werden sollte. Dieses Sühneverfahren hat sich als sehr erfolgreich erwiesen und sollte von den Gerichten von Amts wegen als Voraussetzung für

---

[2141] Siehe im einzelnen B. III. 3. b) ‚Gründe für die Wirkung einer faktischen Verfahrenseinstellung'.

[2142] Siehe stellv. *Misner*, The Journal of Criminal Law and Criminology 1996, S. 729.

jedwede Sanktionierung – beispielsweise im Rahmen des § 153 a, beim Strafbefehl oder einer Verurteilung in der Hauptverhandlung – geprüft werden.

Fazit: Die Privatklage ist abzuschaffen. Sie paßt in beiden Ländern nicht mehr in das System eines modernen, effektiven und staatlichen Strafprozesses und eröffnet auf der einen Seite zu viel Raum für privaten Mißbrauch. Auf der anderen Seite überträgt sie gleichzeitig die Strafverfolgungslast auf den Kläger, der in der Regel das Opfer ist, und verwehrt diesem in Deutschland aufgrund zahlreicher Erschwernisse den Weg zu einem für ihn zumutbaren Strafverfahren oder gar einer Sanktionierung des Täters.

18. Auswirkungen auf die subsidiäre Privatklage und Popularklage

Dieselben Gründe, die zur Forderung der Abschaffung der derzeitigen Privatklage führen, machen auch die subsidiäre Privatklage und die Popularklage als Alternativkontrollverfahren bei staatsanwaltlicher Nichtanklage untauglich. Die Befürchtungen des privaten Mißbrauchs dieser Klageverfahren wiegen schwer. Aufgrund unterschiedlichen Klägerverhaltens käme es zudem zu weitreichenden Ungleichbehandlungen gleichgelagerter Fälle. Das Gesamtgefüge staatsanwaltlicher Einstellungskriterien als Ausdruck kriminalpolitischer Entscheidungen würden durch das Einfließenlassen der Individualperspektive des Opfers verzerrt. Diese Bewertung erfolgt sowohl in den USA als auch in der Bundesrepublik Deutschland.[2143]

Fazit: Die subsidiäre Privatklage wie auch die Popularklage sind als Kontrollverfahren bei staatsanwaltlicher Untätigkeit ungeeignet. Die Auswirkungen so weitgehender privater Einflußnahmen verzerren das Gesamtgefüge staatsanwaltlicher Kriminalpolitik und Koordination.

19. Volkswahl des Leitenden Oberstaatsanwalts in Deutschland?

Vor dem Hintergrund der Rolle der deutschen Justiz während des Nationalsozialismus erscheint eine stärkere demokratische Anbindung der Justiz in Anlehnung an das amerikanische Strafrechtssystem interessant. Wären beispielsweise Richter und Staatsanwälte direkt vom Volk gewählt, könnte ein solch stärkerer demokratischer Einfluß zu einer geringeren Anfälligkeit der Justiz für staatsinterne Fehlentwicklungen wie im Dritten Reich führen.

Auch in den USA war die Demokratisierung durch direkte Volkswahl lokaler Beamter, Richter und Staatsanwälte eine Folge der negativen Erfahrungen mit der (englischen) Staatsmacht. Vorteil einer solchen Direktwahl des Staatsanwalts wäre die externe Kontrolle durch die Wählerschaft sowie die dadurch hervorgerufene Notwendigkeit, sich um eine hohe Akzeptanz staatsanwaltlicher Entscheidungen zu bemühen. Der Staatsanwalt müßte sein

---

[2143] Für das deutsche Recht siehe *Rieß*, Gutachten C, C 116. Für den amerikanischen Rechtskreis siehe Smith v. United States, 375 F.2d 243, 247 (5th Cir.1967).

Vorgehen somit stärker als bisher transparent gestalten und gegenüber dem Opfer sowie der Öffentlichkeit rechtfertigen.[2144]

Gegen eine solche Übertragung amerikanischer Strukturen nach Deutschland spricht zunächst die völlig unterschiedlich gewachsene institutionelle, kulturelle und politische Struktur beider Länder. Die Strafverfolgung ist in Deutschland weitaus weniger mit Politik verbunden als in den USA.[2145] Politische Erwägungen bei der Tätigkeit der Strafverfolgungsbehörden wurden und werden in Deutschland als nicht legitim erachtet. Gerade die Einführung des Legalitätsprinzips, die in Amerika nie in Frage stand, sollte Einflußnahmen der Regierung auf die Strafrechtspflege unterbinden.[2146] Noch vor Einführung der RStPO wurde immer wieder die Gefahr der Anklageerhebung oder Nichterhebung aus politischen Erwägungen beschworen.[2147] Am deutlichsten wird diese deutsche Grundeinstellung zu Politik und Recht bereits bei den Gesetzgebungsberatungen der RStPO zum Klageerzwingungsverfahren von dem Abgeordneten Dr. Grimm zum Ausdruck gebracht. „Es widerspreche aber dem Gefühl unseres Volkes, Rechtsfragen auf das politische Gebiet verwiesen zu sehen."[2148]

Im übrigen wird der positive Einfluß des Wahlerfordernisses des Staatsanwalts als demokratische Kontrolle in den USA selbst sehr konträr beurteilt. Häufig wird die Kontrollwirkung verneint und sogar die Abschaffung der Volkswahl des Staatsanwalts gefordert. Der geringe Informationszugang der Wählerschaft, die Transparenz staatsanwaltlichen Handelns in lediglich medienwirksamen Fällen sowie das kurze Gedächtnis der Wählerschaft verhindern in der Regel eine effektive Kontrolle des Staatsanwalts. Die Notwendigkeit des Wahlkampfs führt ferner zu dem Erfolgsdruck, hohe Verurteilungsraten als Meßlatte effektiver und professioneller staatsanwaltlicher Tätigkeit präsentieren zu müssen. Zweifelhafte Fälle mit ungewissem Verfahrensausgang werden mitunter zwecks Erhalt der guten Statistik einer hohen Verurteilungsrate nicht in der gebührenden Weise verfolgt. Straftäter werden daher teilweise nicht ihrer gerechten Strafe zugeführt. Diese Ausrichtung an der Verurteilungsrate kann ferner zu einer Haltung der ‚Verurteilung um jeden Preis' nach erhobener Anklage führen. Die Abhängigkeit von der Wählerschaft kann darüber hinaus zu unterschiedlicher Sanktionierung führen, je nachdem, inwieweit der Beschuldigte die Wählergunst beanspruchen kann oder nicht. Problematisch kann dies bei der Strafverfolgung unbeliebter Minderheiten sein, deren rigorose Strafverfolgung von der Mehrheit der Wähler erwünscht wird.[2149]

[2144] Dies ist die Einschätzung aufgrund der Beurteilung des Wahlerfordernisses des Staatsanwalts in den USA, vgl. C. III. 10. b) aa) ‚Argumente für die Volkswahl des Staatsanwalts'.

[2145] So auch die Einschätzung aus amerikanischer Sicht, vgl. *McIntyre/ Lippman*, American Bar Association Journal 1970, S. 1159.

[2146] Ausführlich dazu B. II. 2. ‚Wandel der Funktion der Staatsanwaltschaft'.

[2147] Stellv. *von Schwarze*, GS 1864, S. 410, 415, 417.

[2148] Siehe *Hahn*, Materialien zur Strafprozeßordnung, S. 732 f.

[2149] Im einzelnen zu den Bedenken der Kontrolle durch die Wählerschaft C. III. 10. b) bb) ‚Argumente gegen das Wahlerfordernis'.

Aus diesen Gründen leidet das Kontrollinstrument der Volkswahl des Staatsanwalts an zu großen systemimmanenten Mängeln, um eine Übertragung in den deutschen Rechtskreis trotz unterschiedlicher institutioneller und kultureller Strukturen zu rechtfertigen.

Fazit: Die Volkswahl der Staatsanwalts in Deutschland widerspricht den deutschen historischen, kulturellen und politischen Strukturen. Darüber hinaus leidet das Kontrollinstrument der Wahl und Abwahl des Staatsanwalts seinerseits an einer Reihe negativer Eigenschaften, deren Einfluß auf die Strafrechtspflege bedenklich ist. Daher ist von einer solchen unmittelbaren Volkswahl abzuraten.

20. Einführung eines Laiengremiums als Kontrollorgan der Staatsanwaltschaft?

Vor dem Hintergrund einer stärkeren Bürgerbeteiligung und eines stärkeren demokratischen Charakters des amerikanischen Strafprozesses erscheint überlegenswert, ob bestimmte demokratische Elemente nicht in den deutschen Strafprozeß übernommen werden sollten. Basierend auf den amerikanischen Erfahrungen könnte ein Laiengremium in Anlehnung an die *grand jury* die letztendliche Entscheidung über Anklage oder Nichtanklage fällen. Ein solches Organ könnte – im Sinne des U.S. Supreme Court – als primäre Sicherheit des Unschuldigen gegen übereilte, böswillige und tyrannisierende Strafverfolgung dienen. Es hätte ferner die Funktion, zwischen Ankläger und Angeklagtem zu stehen und zu entscheiden, ob eine Anklage tatsächlich begründet ist.[2150]

Ein solches Laiengremium zur Anklageprüfung und Entscheidung über eine Anklageerhebung hätte den Vorteil, durch eine stärkere Bürgerbeteiligung dem Strafverfahren mehr Legitimität und moralische Autorität zu verleihen. Die Unmittelbarkeit demokratischer Kontrolle könnte Fehlentwicklungen in einem zentralisierten Staat verhindern, staatlichem Mißbrauch und Korruption im Strafverfahren entgegenwirken und den Einfluß richterlichen Klassendenkens ausgleichen. Darüberhinaus würden Entscheidungen im Strafverfahren von unbefangenen Laien lebensnah und nicht von abgestumpften Richtern gefällt.[2151]

Allerdings zeigen die Schwächen der *grand jury*, daß Laien im Ermittlungsverfahren für die Absicherung eines rechtsstaatlichen Verfahrens wie auch der Beschuldigtenrechte in aller Regel ungeeignet sind. Aufgrund des auch in Deutschland grundsätzlich geheimen Ermittlungsverfahrens ist wie auch in den USA mit einer einseitigen Darstellung des Beweismaterials durch den Staatsanwalt zu rechnen. Auch ein deutsches Laiengremium würde an demselben Man-

---

[2150] Wörtlich schreibt der U.S. Supreme Court: „...this body has been regarded as a primary security to the innocent against hasty, malicious and oppressive persecution; it serves the invaluable function in our society of standing between the accuser and the accused, whether the latter be an individual, minority group, or other, to determine whether a charge is founded upon reason or was dictated by an intimidating power or by malice and personal ill will." So Wood v. Georgia, 370 U.S. 375, 390 (1962).

[2151] So die Argumente für die *grand jury*, vgl. C. III. 3. c) aa) ‚Positive Einschätzung der Funktion der *grand jury*'.

gel wie die *grand jury* leiden, nämlich der fachlichen Abhängigkeit von dem Staatsanwalt. Die juristische Unterlegenheit von Laien, der teils geringere Bildungsgrad gegenüber dem Staatsanwalt, teilweise komplizierte Sachverhalte und Rechtsfragen, fehlende eigene Informationsquellen der Laien sowie die häufig fehlende Fähigkeit zu bedächtigen Abwägungen und geduldigen Nachforschungen verhindern die Kontrollfunktion eines solchen Laiengremiums gegenüber dem Staatsanwalt. Vielmehr ist die Abhängigkeit der Laien von der staatsanwaltlichen Autorität zu erwarten. Folge davon kann sogar wie in den USA die Benutzung des Laiengremiums als staatsanwaltliches Machtinstrument sein. Die amerikanischen Bewertungen der *grand jury* sowie die oben herausgearbeiteten abstrakten Voraussetzungen für das effektive Funktionieren eines Kontrollorgans sprechen eindeutig gegen eine Laienbeteiligung im Rahmen des Ermittlungsverfahrens zur Kontrolle der Staatsanwaltschaft.[2152]

Fazit: Die amerikanischen Erfahrungen mit der *grand jury* zeigen die Untauglichkeit von Laien als Kontrollorgan im Ermittlungsverfahren gegenüber der Staatsanwaltschaft. Vielmehr ist sogar mit staatsanwaltlichem Mißbrauch des Laienorgans als Machtinstrument zu rechnen. Von der Einführung eines Laiengremiums zur Kontrolle der Staatsanwaltschaft nach dem Modell der *grand jury* ist daher abzuraten.

[2152] Im einzelnen zu den Nachteilen der *grand jury* unter C. III. 3. c) bb) ‚Negative Einschätzung der Funktion der *grand jury*'.

II. Allgemeine Verfahrenserkenntnisse

1. Annäherung beider Rechtssysteme

Der Vergleich beider Rechtsordnungen ergibt, daß sie sich in tatsächlicher Umsetzung einander annähern.[2153] Sind auch die zugrundeliegenden Prinzipien sehr verschieden, so kommt es zu immer größeren Übereinstimmungen in der alltäglichen Praxis.[2154] Ist das rechtstheoretisch tragende Prinzip im deutschen Recht immer noch das Legalitätsprinzip, welches in starkem Kontrast zu dem reinen Opportunitätsprinzip der Vereinigten Staaten steht, so ist die Praxis davon abgerückt. Wie aufgelistet, sind staatsanwaltliche Abschlußverfügungen in der Bundesrepublik nach dem Opportunitätsprinzip nun mittlerweile in der Mehrheit.[2155] Im amerikanischen Recht setzte sich das Opportunitätsprinzip von vornherein trotz entgegenlautender Normen konkurrenzlos durch und blieb alleinherrschend. Die Annäherung beider Systeme hinsichtlich der Strafverfolgungsprinzipien ist somit durch stetige Dynamiken des deutschen Rechts erfolgt. Die konsequente allmähliche Abkehr von dem einst fast ausnahmslos geltenden Legalitätsprinzip zu dem nun faktisch herrschenden Opportunitätsprinzip führte zu der heutigen Angleichung der ehemals völlig gegensätzlichen Rechtssysteme.[2156]

Zudem kamen seit der 1970er Jahre die Absprachen im deutschen Strafprozeß, *deals*, auf. Sie finden ihre amerikanische Entsprechung in dem *plea bargaining*. Trotz ihrer schwierigen Vereinbarkeit mit dem Prinzip der ‚materiellen Wahrheit' findet diese in der amerikanischen Rechtskultur anzusiedelnde Handhabung in immer größeren Maße Eingang in die deutsche Strafprozeßlandschaft. Auch hier zeigt sich eine faktische Annäherung des deutschen Rechtssystems an us-amerikanische Verhältnisse.[2157]

Im Gegenzug dazu gibt es gerade im Bereich der amerikanischen Reformideen viele Stimmen, die Strukturen aus zentraleuropäischen Rechtssystemen entleihen möchten.[2158] Alle Anklageerzwingungsverfahren, die vorgeschlagen werden, passen sich von ihrer Ausrichtung eher in die ‚inquisitorischen' denn adver-

---

[2153] So auch bezüglich des *plea bargaining Herrmann*, University of Pittsburgh Law Review 1992, S. 775.

[2154] Ebenso *Frase/ Weigend*, Boston College International & Comparative Law Review 1995, S. 318.

[2155] Genauer B. I. 3. c) ‚Faktische Abschaffung des Legalitätsprinzips'.

[2156] Ähnlich *Frase/ Weigend*, Boston College International & Comparative Law Review 1995, S. 318. So auch bezüglich des *plea bargaining Herrmann*, University of Pittsburgh Law Review 1992, S. 775.

[2157] Siehe dazu *V. Weber*, DRiZ 2000, S. 377 ff. Weber tritt für weitere konsensuale Verfahrensabwicklungen ein, wenn er auch ausdrücklich darauf hinweist, nicht das amerikanische Strafrechtssystem übernehmen zu wollen, siehe S. 380.

[2158] *Langbein/ Weinreb*, The Yale Law Journal 1978, S. 1550. Mit sehr weitreichenden Vorschlägen der Abschaffung des kontradiktorischen Verfahrens und der Übernahme kontinentaleuropäischer Strafprozeßformen *Mack*, Indiana International & Comparative Law Review 1996, S. 67.

satorischen Rechtssysteme ein. Gerade deshalb gibt es die bekannten Schwierigkeiten bei der Umsetzung der Anklageerzwingungsverfahren in den USA.[2159] Bezeichnend ist beispielsweise der Vorschlag, ein beschränktes Legalitätsprinzip in den USA einzuführen.[2160] Aber auch die bereits existierenden richterlichen Prüfungsverfahren wie bei der Untersuchungshaft sowie dem *preliminary hearing* sind von ihrer Struktur her den zentraleuropäischen und deutschem Verfahren recht ähnlich.[2161] Ihr Anwendungsbereich hat sich in den USA kontinuierlich vergrößert. Insgesamt liegt daher auch eine gewissen Annäherung der amerikanischen Rechtsordnungen an die deutsche vor.

Fazit: Die deutsche wie auch die amerikanischen Rechtsordnungen haben sich aus zunächst sehr konträren Positionen bezüglich der Prozeßstrukturen immer weiter angenähert. Dies beruht hauptsächlich auf Dynamiken des deutschen Rechts. Bei aktuellen Reformplänen hingegen orientieren sich die amerikanischen Vorschläge stärker an den zentraleuropäischen und damit dem deutschen Rechtssystem.

2. Aufgabe des deutschen Legalitätsprinzips?

Die Rechtswirklichkeit der Verfahrensbeendigung aller staatsanwaltlich erfaßten Delikte ist von dem Legalitätsprinzip bereits abgerückt. Faktisch ist das Opportunitätsprinzip dominierend, während in der Rechtsdogmatik das Legalitätsprinzip immer noch der tragende Grundsatz ist.[2162] Insofern stellt sich die Frage, ob die dogmatischen Grundsätze der Rechtswirklichkeit nicht anzupassen seien und das Legalitätsprinzip abzuschaffen sei.[2163]

Von einer solchen Abschaffung des Legalitätsprinzips wird abgeraten. Dafür sprechen mehrere Gründe.

Zum einen ist das Legalitätsprinzip nur bei Delikten unterer und mittlerer Tatschwere durch das Opportunitätsprinzip ersetzt, nicht jedoch bei schweren Straftaten. Gerade bei letzteren ist die Koppelung mit dem Klageerzwingungsverfahren eine effektive Kontrolle gegen mißbräuchliche Handhabung. Darüberhinaus wird durch eine gleichmäßige Rechtsanwendung die Rechtssicherheit erhöht. Gerade das Legalitätsprinzip bietet den Gerichten in Deutschland als klassische Kontrollinstanz der Staatsanwaltschaft den Vorteil eines klaren Prüfungsmaßstabs. Wie festgestellt, erhöht dies die Wirksamkeit der richterlichen

[2159] Siehe v.a. C. III. 7. a) ‚Grundsätzlichze Haltung der Gerichte: keine gerichtliche Überprüfung‘ sowie C. III. 7. c) ee) ‚Wisconsin‘ und C. III. 7. e) ff) ‚Wyoming‘ sowie C. III. 7. e) dd) (2) ‚Verfahren bei unterlassener Anklageerhebung‘.
[2160] Dazu C. III. 7. e) cc) ‚Einführung eines eingeschränkten Legalitätsprinzips‘.
[2161] Nicht umsonst liegen die Ursprünge des *preliminary hearing* in einem, dem englischen Recht fremden, inquisitorischen Fremdeinfluß, siehe *Ploscowe*, Harvard Law Review 1935, S. 446 sowie 457. So auch Johnson v. Superior Court 15 C.3d 248, 260 (1975).
[2162] Siehe B. I. 3. c) ‚Faktische Abschaffung des Legalitätsprinzips‘.
[2163] Näher dazu *Baumann*, ZRP 1972, S. 275.

Kontrolle.[2164] Das Fehlen solcher festen Prüfungskriterien ist daher in den USA eine der viel beklagten Hauptschwierigkeiten auf dem Weg zu einer effektiveren staatsanwaltlichen Kontrolle.[2165] Nicht umsonst werden wiederholt die Einführung ausformulierter Richtlinien, gesetzgeberischer Vorgaben oder gar eines Legalitätsprinzips gefordert, um eine wirkungsvolle Kontrolle der Staatsanwaltschaft zu erleichtern.[2166] Mit dem Legalitätsprinzip besitzt das deutsche Recht gerade im Bereich der schweren Straftaten eine exakte und klar definierte Vorgabe sowohl für die Staatsanwaltschaft als auch für das Gericht. Nicht ohne Bewunderung wird darauf in den USA verwiesen.[2167]

Das weite Feld der gerichtlichen Entscheidungen zu selektiv-unzulässiger Strafverfolgung in den USA sowie die starke Kritik daran zeigen, wie problematisch eine richterliche Kontrolle auch in Deutschland bei einem reinen Opportunitätsprinzip sein würde. Diese Erfahrungen lassen erahnen, mit welchen Schwierigkeiten die Bundesrepublik Deutschland bei völliger Abschaffung des Legalitätsprinzips rechnen müßte. Ein verstärktes Auswahlermessen würde – ähnlich wie in den USA – zu der Gefahr einer selektiven Strafverfolgung führen. Es ist zu befürchten, daß wie in den USA wegen der notwendigen Zubilligung weiter Ermessensräume zugunsten der Staatsanwaltschaft eine richterliche Kontrolle leerlaufen und nur auf Extremfälle begrenzt sein würde.[2168] In den USA ist zwar das Ausmaß selektiver Strafverfolgung gegenüber Deutschland insofern höher einzustufen, als daß die Staatsanwaltschaften aufgrund ihrer demokratischen Legitimation lokal orientiert und weit weniger zentralisiert sind wie in Deutschland. Auch bietet die heterogene amerikanische Gesellschaft als Produkt zahlreicher Einwanderungsströme viel mehr Ansatzpunkte für eine Ungleichbehandlung aufgrund von Rasse, Religion oder Hautfarbe als die dazu homogenere deutsche Gesellschaft. Allerdings demonstrieren auch die deutschen Erfahrungen aus dem Verwaltungsrecht die Problematiken fehlerhafter Ermessensausübung und ihrer Kontrolle.[2169]

Ferner wurde auch deutlich, daß eine gleichförmige Rechtsanwendung für die USA nie den hohen Stellenwert hatte wie für Deutschland. Amerikanische Rechtsordnungen haben schon immer und von vornherein von einer gleichmäßigen Ahndung aller Verstöße Abstand genommen, während sich diese Praxis erst im Laufe der Zeit in Deutschland herauskristallisiert hatte. Die Notwendigkeit eines Legalitätsprinzips als Ausfluß des Gleichbehandlungsgrundsatzes und der Maxime willkürfreien staatlichen Handelns wurde in den USA so nicht gesehen.

2164 Genauer dazu unter D. I. 7. d) ‚Klare Prüfungsmaßstäbe für das Kontrollorgan'.

2165 Vgl. C. III. 7. a) ‚Grundsätzliche Haltung der Gerichte: keine gerichtliche Überprüfung'. Stellv. vgl. Pugach v. Klein, 193 F.Supp. 630, 634-635 (S.D.N.Y. 1961).

2166 Vgl. C. III. 7. e) ‚Vorgeschlagene Verfahrensänderungen'.

2167 *Davis*, Discretionary Justice, S. 212f.

2168 Siehe beispielsweise die Darstellung der Schwierigkeiten des Gerichts bei der Prüfung staatsanwaltlicher Entscheidungen in Pugach v. Klein, 193 F.Supp. 630, 634-635 (S.D.N.Y. 1961).

2169 Einen kurzen Überblick geben *Redeker/ von Oertzen*, Verwaltungsgerichtsordnung, S. 700 ff.

Alleine schon wegen der unterschiedlichen historischen Entwicklungen des Amtes des Anklägers in beiden Ländern hatte der amerikanische Staatsanwalt als Nachfolger des Privatklägers stets ein Anklageermessen. In Deutschland hingegen sollte der aus der Figur des Inquisitionsrichters hervorgegangene Staatsanwalt jeden Rechtsbruch gleichermaßen ahnden; das Legalitätsprinzip sollte hierbei nicht nur eine Kontrolle des mittlerweile mißtrauisch beäugten Staatsanwalts darstellen, sondern gleichzeitig auch einen der „Marksteine, welche die Grenzlinie einer freiheitlichen Ordnung und einer totalitären Willkürherrschaft bezeichnen."[2170] Daher ist davon auszugehen, daß Ungleichbehandlungen aufgrund unzulässiger selektiver Strafverfolgung in Deutschland auf weit mehr Kritik stoßen würden als dies bei gleicher Intensität in Amerika der Fall ist.[2171]

Gegen die Abschaffung des Legalitätsprinzips spricht auch der daraus resultierende enorme Umfang staatsanwaltlichen Ermessens. Gerade der immense Kompetenzbereich amerikanischer Staatsanwälte wird als zu weitgehend betrachtet und scharf kritisiert. Trotz direkter demokratischer Legitimation wird eine Begrenzung staatsanwaltlicher Machtfülle gefordert. Daher sollte im deutschen Recht keinesfalls eine solche rechtsstaatliche Begrenzungsmöglichkeit aufgegeben werden. In Anbetracht amerikanischer Erfahrungen mit selektiver Strafverfolgung anhand unzulässiger Kriterien wie Rasse, Religion, politischer Anschauung etc. erfüllt das Legalitätsprinzip durchaus seinen ursprünglichen Zweck: die Aktualisierung des staatlichen Willkürverbots[2172] sowie die Gewährleistung der Gerechtigkeit ohne Ansehen der Person.[2173]

Fazit: Das Legalitätsprinzip ist auf jeden Fall beizubehalten. Es sichert den traditionell deutschen Anspruch auf gleiche Rechtsanwendung ungeachtet der Person und effektiviert als Prüfungsmaßstab die richterliche Kontrolle. Ferner begrenzt und strukturiert es die staatsanwaltliche Kompetenzfülle und wirkt einer unzulässigen Strafverfolgung aufgrund willkürlicher Kriterien entgegen.

3. Möglichst geringe Verfahrenskomplexität der Hauptverhandlung

Die Wichtigkeit straffer Verfahren wurde unter dem Gesichtspunkt der Kontrollwirkung bereits dargelegt.[2174] Die hiesige Feststellung bezieht sich vielmehr auf die Kriminalitätsverarbeitung des Strafprozesses als solchen.

Je komplizierter, aufwendiger und länger das formelle Strafverfahren, insbesondere die Hauptverhandlung ausgestaltet ist, desto mehr Fälle werden dem formellen Verfahren entzogen und damit auch seinen Schutzmechanismen. Stattdessen werden diese Fälle einem vereinfachten, teilweise informelleren Verfah-

---

[2170] Siehe *Willms*, JZ 1957, S. 465.
[2171] Ähnlich *Davis*, Discretionary Justice, S. 162.
[2172] Vgl. BVerfGE 20, 162, 222.
[2173] Vgl. *Jans*, Klageerzwingungsverfahrens, S. 8.
[2174] Siehe unter D. I. 7. f) ‚Möglichst geringe Komplexität und Aufwendigkeit des Kontrollmechanismus'.

ren zugeführt. Daher muß das formelle Verfahren neben der Gewährleistung von rechtsstaatlichen Schutzmechanismen auch um Durchführbarkeit in überschaubarer Zeit bemüht sein, um angesichts moderner Kriminalitätsraten seine möglichst große Anwendbarkeit zu erhalten und seine Schutzmechanismen auf möglichst viele Fälle zu erstrecken.

Dieser Schluß wird durch die Praxis beider Rechtssysteme, sowohl des deutschen, aber v.a. des amerikanischen, untermauert. Während in den USA der Geschworenenprozeß teilweise immer noch als allentscheidender Eck- und Endpunkt des Strafverfahrens angesehen wird, in dem unter Wahrung ausgefeilter Schutzvorschriften zwecks Erreichung eines möglichst fairen und objektiven Verfahrens der Strafvorwurf der Staatsanwaltschaft sein endgültiges Urteil finden soll, ist die Praxis schon längst davon abgerückt. Der Geschworenenprozeß ist so kompliziert, umständlich und zeitraubend geworden, daß er als hochgehaltenes Ideal von der Masse der Verfahren gar nicht mehr erreicht wird und werden kann. Auf das in der Verfassung garantierte Recht auf einen Geschworenenprozeß muß im Namen der Praxis verzichtet werden: Um in Anbetracht der Massenkriminalität die Überlebensfähigkeit des Strafrechtssystems zu sichern, muß systemintern versucht werden, die überwiegende Mehrheit der Angeklagten, teilweise unter erheblichem Druck, von dem eigentlichen Zielpunkt des Gesamtverfahrens, der Hauptverhandlung, fernzuhalten. Dies geschieht durch das *plea bargaining*. Dieses informelle Verfahren entbehrt dabei der meisten Schutzmechanismen des formellen Verfahrens, welche auf diese Weise umgangen und faktisch entwertet werden. Eine ähnliche Feststellung wurde bereits oben hinsichtlich der übergroßen Anhäufung von Kontrollmechanismen getroffen.[2175]

Das Idealverfahren in Form des Geschworenenprozesses ist zu ideal, um praktikabel zu sein und wird daher in den allermeisten Fällen gegen ein nicht ideales Verfahren eingetauscht, das allerdings praktikabel ist.

Verglichen dazu ist die bundesdeutsche Hauptverhandlung um einiges schneller und praktikabler, so daß der Druck auf informelle Ausweichverfahren geringer ist als in den USA. Allerdings sind diese durchaus in Form des Strafbefehles und § 153 a vorhanden, in anwachsender Anwendung und spiegeln unter dem Druck der steigenden Kriminalität auch hier das Bedürfnis nach schnellen, informelleren Verfahren.

Fazit: Die Rechtsstaatlichkeit und Eignung eines Strafverfahrens, v.a. der Hauptverhandlung, muß auch unter dem praxisnahen Blickwinkel ihrer Fähigkeit der schnellen Kriminalitätsverarbeitung gesehen werden. Fällt die Gratwanderung zwischen Verfahrensschnelligkeit und Schutzmechanismen sehr zu Lasten der ersteren aus, so führt die ungebrochene Notwendigkeit der Verfahrensschnelligkeit dazu, daß die überwiegende Masse der Verfahren informellen Alternativverfahren zugeführt werden. Diese Verfahren entbehren jedoch die

---

[2175] Vgl. D. I. 12. ‚Zu viele nicht nutzbringende Kontrollmechanismen'.

Schutzmechanismen, aufgrund derer das gewollte ‚Regelverfahren' unpraktikabel geworden ist.

4. Gesetzgeberische Entkriminalisierung wichtig

Sowohl die USA wie auch die Bundesrepublik Deutschland sehen in dem staatsanwaltlichen Ermessen ein Mittel der Entkriminalisierung. Die Korrektur zu weit gefaßter Straftatbestände wird dem Staatsanwalt im Einzelfall überlassen.[2176] Wenn auch in der Bundesrepublik ein stärkeres Engagement des Gesetzgebers bei der Entkriminalisierung überkommener oder zu weit gefaßter Straftatbestände gefordert wird, geht man allgemein davon aus, daß man ohne eine zumindest flankierende prozessual-unterstützende Selektion durch die Staatsanwaltschaft im Einzelfall nicht auskommt.[2177]

Gerade die Erfahrungen aus den USA demonstrieren die Wichtigkeit gesetzgeberischer Entkriminalisierung sowie die Notwendigkeit scharfer Konturierungen des materiellen Strafrechts: je unsauberer und überlappender nämlich die Straftatbestände des materiellen Rechts sind und je geringer die Entkriminalisierung durch den Gesetzgeber ist, desto stärker übernimmt der Staatsanwalt diese legislativen Tätigkeiten. Die Folge hiervon ist nicht nur ein Verlust an Rechtssicherheit mangels Vorhersehbarkeit der jeweiligen Einzelentscheidung eines Staatsanwalts. Auch führt dies zu einem erheblichen und häufig nicht gewünschten Machtzuwachs des Staatsanwalts mit der Gefahr ungerechtfertigter Ungleichbehandlungen. Deshalb wird die ungenaue Konturierung des materiellen Strafrechts, dessen übergroßer Anwendungsbereich sowie die Kriminalisierung nicht mehr strafwürdigen, sondern nur noch moralisch zu mißbilligenden Verhaltens in den USA scharfer Kritik unterzogen. Diese geht einher mit der Forderung der Enthebung des Staatsanwalts von seiner legislativen Aufgabe der Entkriminalisierung und Konturierung des materiellen Strafrechts. Dadurch sollen übergroße und unnötige staatsanwaltliche Ermessensräume mitsamt ihres Mißbrauchspotentials eingegrenzt werden.[2178]

Diese Erfahrung ist gerade für die Bundesrepublik relevant. Die Rechtssicherheit und -klarheit sowie die Gleichheit der Rechtsanwendung sind noch wichtiger als in den USA.[2179] Daher ist eine möglichst weitgehende gesetzgeberische Entkriminalisierung notwendig.[2180]

2176 Für die Bundesrepublik vgl. *Löwe-Rosenberg/ Rieß*, Großkommentar, 24. Auflage, § 153, Rdnr. 1. Bei Scheitern materiell-rechtlicher Entkriminalisierung rechnet Lorenzen mit einem weiteren Ausbau der §§ 153 ff, vgl. *Lorenzen*, Legalitätsprinzip und Opportunitätsprinzip, S. 550. Für die USA vgl. C. II. 2. b) dd) ‚Gesetzgeberische Überkriminalisierung'.

2177 Näher dazu Alternativkommentar-*Schöch*, § 153, Rdnr. 2.

2178 Siehe im einzelnen C. II. 2. dd) ‚Gesetzgeberische Überkriminalisierung' sowie C. II. 2. c) bb) (1) ‚Kritik gegenüber der Überkriminalisierung'.

2179 Näher zu den unterschiedlichen Rechtsauffassungen *Merryman*, Civil Law Tradition, S. 52.

2180 Siehe auch den Vergleich der Rechtsordnungen bei der Schaffung und Weiterentwicklung von Recht unter C. II. 2. c) bb) (1) ‚Kritik gegenüber der Überkriminalisierung'.

Fazit: Der Gesetzgeber muß sich seiner Aufgabe der Entkriminalisierung und exakten Konturierung des materiellen Strafrechts stellen. Tut er dies nicht, so verlagert er lediglich diese Kompetenzen auf die Staatsanwälte mit der Gefahr der Ungleichbehandlung oder gar des Kompetenzmißbrauchs.

5. Reduzierung zu hoher Strafrahmen durch Staatsanwalt in der Praxis

In der Bundesrepublik Deutschland wird insbesondere bei aufsehenerregenden Straftaten die wiederkehrende Forderung erhoben, die Gesetze und v.a. die Strafrahmen zu verschärfen. Mitunter werden jedoch Strafrahmen gefordert, die sich nicht in das deutsche Gesamtgefüge einpassen und die bestehenden Proportionen sprengen.

Gerade die USA zeigen die Folgen und Gefahren gesetzgeberischer Reaktionen auf den Ruf nach ‚härteren Gesetzen' in Form der drastischen Anhebung der Strafrahmen. Wird so zwar der Öffentlichkeit durch sichtbare publikumswirksame Verschärfung der Sanktionen Genugtuung verschafft, so findet der klammheimliche Rückkoppelungseffekt in der Praxis bei der Staatsanwaltschaft in Form der Reduktion der als überzogen angesehenen Strafen statt. Dies geschieht entweder durch Einstellung der Verfahren oder durch eine nur partielle Anklage bestimmter Lebenssachverhalte oder Delikte. Hat der Gesetzgeber damit nach außen hin seine Unnachgiebigkeit im Kampf gegen das Verbrechen demonstriert, hat er in Wahrheit nur den Handlungsspielraum der Staatsanwälte vergrößert und damit allerdings auch die Gefahr ungerechtfertigter Ungleichbehandlungen. Besonders deutlich wird dies bei den amerikanischen ‚Three Strike Laws' sowie anderen Gesetzen mit hohen Mindeststrafen für bestimmte Tätergruppen.[2181]

Insofern ist der Ruf nach unverhältnismäßig ‚härteren Gesetzen' nicht nur Augenwischerei, sondern auch noch insofern gefährlich, als er nur zu einer Übertragung legislativer Entkriminalisierungs- und Ausgleichsaufgaben auf den Staatsanwalt führt. Damit wächst aber auch die Gefahr staatsanwaltlichen Machtmißbrauchs.

Fazit: Die unverhältnismäßige Verschärfung der Gesetze und Strafrahmen v.a. zur medienwirksamen Demonstration der unnachgiebigen Härte des Gesetzgebers ist gefährlich. Sie erhöht die faktische Machtstellung v.a. der Staatsanwälte, die in der täglichen Praxis fallbezogen um eine Reduktion der unangemessenen Regelungen bemüht sind. Gleichzeitig wächst die Gefahr staatsanwaltlicher Ungleichbehandlungen sowie das Risiko und die Schwere eines Machtmißbrauchs.

[2181] Vgl. dazu C. II. 2. a) ‚Kompetenzen des Staatsanwalts'.

E. Gesamtergebnis

Summa summarum ist das Gesamtgefüge der richterlichen Kontrolle der Abschlußverfügung in Deutschland ausbalanciert und in sich stimmig. Die Wirksamkeit richterlicher Kontrolle ist überraschend höher als nach vielen deutschen Bewertungen angenommen. Daher wird mit Ausnahme der hier empfohlenen Abschaffung der Privatklage sowie der Ersetzung des richterlichen Zustimmungserfordernisses bei Opportunitätseinstellungen durch ein ausgedehntes und effektiveres Klageerzwingungsverfahren für die Beibehaltung der bisherigen Strukturen plädiert. Die Übernahme direkter demokratischer Elemente in den Strafprozeß, v.a. des Vorverfahrens nach amerikanischem Muster wird abgelehnt. Die dadurch erhofften Vorteile, insbesondere die Verhinderung staatsinterner Fehlentwicklungen wie im Dritten Reich, sind bei einer Übernahme keinesfalls sicher. Zu schwer wiegen die in den USA geltend gemachten Nachteile einer direkten Laienbeteiligung gerade im Vorverfahren zur Kontrolle der Staatsanwaltschaft sowie der Notwendigkeit eines Wahlkampfs des Staatsanwalts.

F. Schlußbetrachtung

Die Menschheit hat es bisher nicht vermocht, Verbrechen und Unrecht zu überwinden. Genauso wenig ist es ihr gelungen, als Reaktion darauf uneingeschränkte Gerechtigkeit walten zu lassen und Strafrechtssysteme aufzubauen, die jenseits jeglicher menschlicher Willkür Fehlentscheidungen und Ungerechtigkeiten ausschließen. Da der Mensch unvollkommen ist und bleiben wird, wird es auch weiterhin Verbrechen und ungerechte Justizentscheidungen geben. Allerdings können wir auf ihr Ausmaß entscheidenden Einfluß nehmen. Es gibt Strafrechtssysteme, die den Einfluß menschlicher Schwächen begünstigen, ihrer Entfaltung Raum geben oder diese geradezu anfachen. Es gibt allerdings auch Justizordnungen, die sie erschweren und eindämmen. Durch ein durchdachtes und ausbalanciertes System gegenseitiger Kontrollen – damit die Macht die Macht bremse' – können menschliche Fehlentscheidungen, Ungerechtigkeiten und Willkür auf ein minimales Maß reduziert werden.

Ziel dieser Arbeit war es, einen Beitrag dazu zu leisten.

G. Anhang

I. Gesetzliche Regelungen

1.) § 995 *(California Penal Code)*.**Grounds; motion to set aside; delay in final ruling**

(a) Subject to subdivision (b) of Section 995 a, the indictment or information shall be set aside by the court in which the defendant is arraigned, upon his or her motion, in either of the following cases:
(1) If it is an indictment:
(A) Where it is not found, endorsed, and presented as prescribed in this code.
(B) That the defendant has been indicted without reasonable or probable cause.
(2) If it is an information:
(A) That before the filing thereof the defendant had not been legally committed by a magistrate.
(B) That the defendant had been committed without reasonable or probable cause.
(b) In cases in which the procedure set out in subdivision (b) of Section 995 a is utilized, the court shall reserve a final ruling on the motion until those procedures have been completed.

2) § 1385 *(California Penal Code)*. Dismissal on judge or magistrate's own motion or application of prosecuting attorney; statement of reasons; ground of demurrer; authority to strike prior conviction of serious felony for purposes of enhancement of sentence

(a) The judge or magistrate may, either of his or her own motion or upon the application of the prosecuting attorney, and in furtherance of justice, order an action to be dismissed. The reasons for the dismissal must be set forth in an order entered upon the minutes. No dismissal shall be made for any cause which would be ground of demurrer to the accusatory pleading.
(b) This section does not authorize a judge to strike any prior conviction of a serious felony for purpose of enhancement of a sentence under Section 667.

3) § 12550 *(California Government Code)*. Supervisory power; reports; assistance; investigations and prosecutions

The Attorney General has direct supervision over the district attorneys of the several counties of the State and may require of them written reports as to the condition of public business entrusted to their charge.

When he deems it advisable or necessary in the public interest, or when directed to do so by the Governor, he shall assist any district attorney in the discharge of his duties, and may, where he deems it necessary, take full charge of any investigation or prosecution of violations of laws of which the superior court has jurisdiction. In this respect he has all the powers of a district attorney, including the power to issue or cause to be issued subpoenas or other process.

4) § 16-5-209 *(Colorado Revised Statutes)* **Judge may require prosecution**

The judge of a court having jurisdiction of the alleged offense, upon affidavit filed with him alleging the commission of a crime and the unjustified refusal of the prosecuting attorney to prosecute any person for a crime, may require the prosecuting attorney to appear before him and explain his refusal. If after a hearing the judge finds that the refusal of the prosecuting attorney to prosecute was arbitrary or capricious and without reasonable excuse, he may order the prosecuting attorney to file an information and prosecute the case or may appoint a special prosecutor to do so. The judge shall appoint the special prosecutor from among the full-time district attorneys, assistant district attorneys, or deputy district attorneys who serve in judicial districts other than where the appointment is made; except that, upon the written approval of the chief justice of the supreme court, the judge may appoint any disinterested private attorney who is licensed to practice law in the state of Colorado to serve as the special prosecutor. Any special prosecutor appointed pursuant to this section shall be compensated as provided in section 20-1-308, C.R.S.

5) § 22-2301 *(Kansas Code of Criminal Procedure)* **Commencement of prosecution**

(1) Unless otherwise provided by law, a prosecution shall be commenced by filing a complaint with a magistrate. A copy of the complaint shall forthwith be supplied to the county attorney of the county and a copy thereof shall be furnished to the defendant or said defendant's attorney upon request.

(2) A judge of the district court may in extreme cases, upon affidavits filed with such judge of the commission of a crime, order the county attorney to institute criminal proceedings against any person, but any such judge shall be disqualified from sitting in any case wherein such order was entered and is further prohibited from communicating about such case with any other judge appointed to preside therein.

6) **§ 767.41.** *(Michigan Compiled Laws Annotated)* **Investigation by prosecutor; statement of reasons for failure to file information; order of court for filing**

Sec.41. The prosecuting attorney of the proper county shall inquire into and make full examination of all the facts and circumstances connected with a case of preliminary examination as provided by law, concerning the commission of an offense where the offender is committed to jail or becomes recognized or held to bail. If the prosecuting attorney determines in a case other than a major controlled substance offense that an information ought not to be filed, he shall make and subscribe a statement, in writing, containing his reasons in fact and in law, for not filing an information in the case and shall file that statement with the clerk of the court at and during the term of the court at which the offender is held for appearance. The court may examine the statement, together with the evidence filed in the case and if, upon examination, the court is not satisfied with the statement, the prosecuting attorney shall be directed by the court to file the proper information and bring the case to trial.

7) **§ 29-1606.** *(Revised Statutes of Nebraska)* **Persons committed or held to bail; preliminary hearing; failure of county attorney to file information; written statement required; power of court.**

It shall be the duty of the county attorney of the proper county to inquire into and make full examination of all the facts and circumstances connected with any case on preliminary examination, as provided by law, touching the commission of any offense wherein the offender shall be committed to jail, or become recognized or held to bail. If the prosecuting attorney shall determine in any such case that an information ought not to be filed, he shall make, subscribe, and file with the clerk of the court a statement in writing, containing his reasons, in fact and in law, for not filing an information in such case; and such statement shall be filed at and during the term of court at which the offender shall be held for his appearance: *provided*, in such case such court may examine the statement, together with the evidence filed in the case, and if, upon such examination, the court shall not be satisfied with the statement, the county attorney shall be directed by the court to file the proper information and bring the case to trial.

II. Auszüge aus Verfassungen

1.) Amendments to Constitution of United States, Article IV:

The right of the people to be secure in their persons, houses, papers, and effects, against unreasonable searches and seizures, shall not be violated, and no Warrants shall issue, but upon probable cause, supported by Oath or affirmation, and particularly describing the place to be searched, and the persons or things to be seized.

2.) Amendments to Constitution of United States, Article V:

No person shall be held to answer for a capital, or otherwise infamous crime, unless on a presentment or indictment of a Grand Jury, except in cases arising in the land or naval forces, or in the Militia, when in actual service in time of War or public danger; nor shall any person be subject for the same offence to be twice put in jeopardy of life or limb; nor shall be compelled in any criminal case to be a witness against himself, nor be deprived of life, liberty, or property, without due process of law; nor shall private property be taken for public use, without just compensation.

3.) Amendments to Constitution of United States, Article XIV:

Section 1. All persons born or naturalized in the United States, and subject to the jurisdiction thereof, are citizens of the United States and of the State wherein the reside. No State shall make or enforce any law which shall abridge the privileges or immunities of citizens of the United States; nor shall any State deprive any person of life, liberty, or property, without due process of law; nor deny to any person within its jurisdiction the equal protection of the laws.

4.) Article 5, § 13 of the Constitution of the State of California 1879:

§ 13. Attorney general; law enforcement

Sec.13. Subject to the powers and duties of the Governor, the Attorney General shall be the chief law officer of the State. It shall be the duty of the Attorney General to see that the laws of the State are uniformly and adequately enforced. The Attorney General shall have direct supervision over every district attorney and sheriff and over such other law enforcement officers as may be designated by law, in all matters pertaining to the duties of their respective offices, and may require any of said officers to make reports concerning the investigation, detection, prosecution, and punishment of crime in their respective jurisdictions as to the Attorney General may seem advisable. Whenever in the opinion of the Attorney General any law of the State is not being adequately enforced in any county, it shall be the duty of the Attorney General to prosecute any violations of law of which the superior court shall have jurisdiction, and in such cases the Attorney-General shall have all the powers of a district attorney. When required by public interest or directed by the Governor, the Attorney General shall assist any district attorney in the discharge of the duties of that office.

FSC
www.fsc.org
MIX
Papier | Fördert gute Waldnutzung
FSC® C083411

Kolibri 360 GmbH
Ferdinand-Jühlke-Straße 7
99095 Erfurt, Deutschland
produktsicherheit@kolibri360.de

Druck:
CPI Druckdienstleistungen GmbH
im Auftrag der
Kolibri 360 GmbH
Ferdinand-Jühlke-Str. 7
99095 Erfurt